海港区年鉴

2017

秦皇岛市海港区地方志年鉴编纂委员会　编

方志出版社
Publishing House of Local Records

图书在版编目（CIP）数据

海港区年鉴．2017／秦皇岛市海港区地方志年鉴编纂委员会编.--北京：方志出版社，2018.5
ISBN 978-7-5144-3088-2

Ⅰ.①海… Ⅱ.①秦… Ⅲ.①区（城市）—秦皇岛—2017—年鉴 Ⅳ.①Z522.23

中国版本图书馆CIP数据核字（2018）第113446号

海港区年鉴（2017）

编　　者：秦皇岛市海港区地方志年鉴编纂委员会
责任编辑：王海荣

出 版 人：冀祥德
出 版 者：方志出版社
地址　北京市朝阳区潘家园东里9号（国家方志馆4层）
邮编　100021
网址　http://www.fzph.org
发　　行：方志出版社图书经销中心
电话（010）67110500
经　　销：各地新华书店
印　　刷：北京金港印刷有限公司

开　　本：889 × 1194　　1/16
印　　张：28.5
字　　数：807千字
版　　次：2018年5月第1版　　2018年5月第1次印刷
印　　数：0001~1000册

ISBN 978-7-5144-3088-2　　定价：280.00元

编辑说明

一、《海港区年鉴》以马克思列宁主义、毛泽东思想、邓小平理论、“三个代表”重要思想、科学发展观和习近平新时代中国特色社会主义思想为指导，坚持辩证唯物主义和历史唯物主义的立场、观点和方法。

二、本年鉴1986年开始编纂出版，从2012卷起逐年编纂出版，是海港区权威地情年刊，是汇集区情信息资料的地方综合年鉴，全面、真实、系统地记述海港区自然、政治、经济、文化和社会发展进程，客观反映全区的新变化、新成就、新业绩及经验教训，为区内外及海外各界人士和广大读者了解海港区、研究海港区提供准确可靠的信息资料，为编史修志积累资料。

三、本卷为《海港区年鉴》2017年卷，主要记述全区2016年度的基本情况和突出特点，兼有适当的年度对比，供读者了解区情发展脉络。以综合反映为主，注重宏观概述与重点记述结合，完整反映记述事项。

四、本年鉴采用分类编纂的方法，个别相关或相近部类合并立目。大致分类目、分目、条目三个层次记述。

五、本年鉴正文内需要解释的名词或简略语，首次出现时采用括注，再次出现时一般不再括注。特载一般在正文后统一注译。

六、本年鉴所用稿件大部分由各承编单位指定专人撰写，经单位主要负责人审定签字并加盖单位公章。部分稿件参考《秦皇岛市年鉴》《秦皇岛日报》《秦皇岛晚报》《今日海港区》等方面信息。

七、本年鉴所用数据主要由区统计局提供，有些数据由供稿单位提供。因统计范围和口径调整，部分数据不具可比性。“全年”“年内”指2016年，上年指2015年。计量单位采用国家法定单位。

八、本年鉴收录的先进人物为获得市委、市政府以上级别（含市委、市政府）表彰的区内单位工作人员。对获得省委、省政府以上级别表彰的先进人物的事迹进行简要介绍。

海港区地方志年鉴编纂委员会

《海港区年鉴》编辑部

主　审

印　洪

主　编

胡广设

副主编

刘景银　李志贤

编　辑

徐晶晶　洪铉子　杨　君　李利彬　周光欣

法律顾问

张　阔

保密顾问

杨丽晔

目　录

MULU

MULU

特　载

大事记

区情综述

中共海港区委员会

海港区人民代表大会

海港区人民政府

政协海港区委员会

法治　军事

民主党派　人民团体

农业和农村经济

工　业

邮政通信业

商贸　旅游业

交通运输业

金融业

口岸管理

城市建设与管理

社会事业

镇　园区

街　道

人　物

荣　誉

附　录

特　载

TEZAI

TEZAI

主动作为　勇于担当
为实现“一流主城区和沿海经济增长极”目标而努力奋斗
——在中国共产党海港区第九届委员会第八次全体会议上的报告

中共海港区委书记　冯国林

（2016年1月16日）

各位委员、同志们：

这次区委全会和经济工作会议合并召开，是区委、区政府贯彻落实中央和省、市委全会以及经济工作会议精神的一次重要会议。会议的主要任务是，总结回顾2015年以来主要工作，对我区“十三五”期间和2016年工作进行研究部署。

下面，我代表区委常委会向全会报告工作，请予审议。

九届区委七次全会以来的主要工作

2015年，是经济环境严峻复杂、多重任务叠加的一年。区委常委会以党的十八届三中、四中、五中全会精神为指导，团结带领全区干部群众认真学习贯彻省、市委决策部署，大力弘扬和践行“开放、包容、崇德、尚美”海港精神，沉着应对经济发展新常态考验，推动全区经济建设、城市建管、环境治理、社会事业和党的建设取得新进展。预计全年实现区属地区生产总值249亿元，同比增长6%；完成区属全社会固定资产投资225.1亿元，同比增长12%；完成全部财政收入86.1亿元，同比增长6.4%，其中，一般公共预算收入18.4亿元，同比增长8.5%；预计城市居民人均可支配收入和农民人均纯收入分别达到30335元和15539元，同比增长9%和10%，为“十二五”画上圆满句号。

（一）执政基础巩固提升。坚持把学习放在战略高度，建立了区委常委会专题学习制度，全年组织16次集体学习，着力提高领导经济社会发展的能力和水平。围绕总书记系列重要讲话精神，尤其是关于京津冀协同发展重大战略思想，开展解放思想大讨论，着力解决思想观念、发展思路、精神状态的问题。主动融入京津冀协同发展大局，起草了《关于推进京津冀协同发展工作意见》，举办“京津冀协同发展海港区对接企业外溢”等系列活动，夯实了对接融入的基础。勇于自我革新，深入开展“三严三实”专题教育，强化各级党员干部的履职担当，从严从实规范作风建设，在全区范围内形成了树正气、讲团结、聚合力、促转型良好氛围。

（二）经济发展稳中有进。积极应对经济新常态带来的新挑战，加强经济运行调度，围绕产业布局、项目建设、招商引资，出实招、做实功、求实效。把深化改革作为最大红利，全面完成卫生计生、工商质监、文体旅游、督查等机构整合，行政效能不断提高；区本级行政审批事项由184项精简为135项，市场活力得到激发。成功接收北部三镇，区域面积增加2.5倍，有效破解了发展空间不足的难题。美铝渤铝、金海粮油等传统企业实现逆势扩张，羿珩太阳能、双轮环保等高新技术企业不断壮大，博硕光电、环亚设备等上市企业保持良好发展势头。加强与河港集团交流合作，研究制定涉港贸易企业扶持政策，延伸港口产业链条。旅游综合服务中心效应不断增强，全年接待游客超过600万人次，旅游综合收入达到64.5亿元。项目建设步伐加快，茂业中心、华润雪花等9个重点项目实现集体开工，圆明山旅游服务基地一期等42个项目纳入省、市“双百双千”工程，全年共实施千万元以上项目168项，累计完成投资224.8亿元。招商引资成绩显著，成功举办全国50余家知名物流企业参加的物流产业推介暨港航商务聚集区谋划成果展示会，大润发购物广场、北方商贸城等项目成功签约，全年实际利用外资1.63亿美元，引进内资57亿元，引进内资总额全市第一。

（三）城乡建管亮点凸显。争取国家政策扶持贷款26.57亿元，推动圆明山片区、西王岭等6个棚户区改造项目加快建设。西浴场综合改造二期工程全部完工，国内最长的亲海沙滩木栈道全线贯通，环渤海最大的百姓海水浴场整体开放。开展市容市貌“百日攻坚”行动，整治私搭乱建、占道经营等不良行为；加大主次干道清扫保洁力度，街巷路、居民小区环卫保洁实现网格化和精细化管理，“四化一沉”城管体制改革工作得到姜德果副省长的充分肯定。强力开展大气污染防治行动，整治拆除燃煤锅炉229台，关停取缔污染企业19家；完成造林面积1万亩，新增公共绿地面积5158平方米。开展水质污染源治理攻坚行动，主要入海河流和近岸海域水质达到近年来最好水平。开展“打非治违”专项行动，对占用耕地、盗采资源行为予以严厉打击。实施“美丽乡村”建设，刘峪等4个省级重点村面貌焕然一新。

（四）民生事业不断进步。把保障和改善民生摆在重要位置，连续11年提高企业退休人员养老金待遇，1.1万城乡低保对象和困难群众享受到基本生活保障。建成农村互助幸福院12处，新闻里和文体里居家养老服务中心投入使用。对已改造的老旧小区进行全面“回头看”，巩固改造提升效果。促进教育公平发展，继续落实农村教师奖励基金，稳定农村教师队伍；顺利通过“义务教育发展基本均衡县”省级评估认定。文化氛围日益浓厚，成功举办2015中国·秦皇岛金梦海湾帆船帆板邀请赛、望海大会暨首届恐龙文化节等活动。创建食品安全网格化监管体系，得到张庆伟省长的高度评价，全省食品安全网格化管理现场会在我区成功召开。集中开展信访积案化解专项行动和信访疑难问题“百日攻坚”，“三类访”总体呈现下降趋势，“非访”、越级访高发势头得到遏制。加强社会治安综合治理，社区网格化管理工作全面铺开。充分发挥“19+2”巡逻防控机制和“一分钟应急反应圈”作用，八类主要案件发案数同比下降9%，确保了暑期、“9·3”阅兵等重要时期的平安稳定。

（五）党的建设全面加强。把握从严治党要求，聘请党建顾问，制定出台《关于坚持从严治党的深入引领 加强新常态下党建工作的意见》，全面强化新常态下党建工作的引领作用。加强领导班子和干部队伍建设，坚持重实干、重基层、重实绩、重公认的选人用人原则，树立了良好用人导向。狠抓各级党组织党建责任制落实，制定各级书记抓基层党建责任清单、鼓励清单、负面清单，建立两级基层党建工作述职评议机制，经验做法在《河北日报》等媒体刊登。坚持典型引路，表彰并树立了杨家琛、沈汝波、温守文等一批榜样标杆，用身边事、身边人教育人、引导人，被中宣部授予“基层理论宣讲先进集体”称号。以推动省委巡视组反馈意见整改为契机，加大问题整治和自查自纠力度，阶段性整改任务全面完成。推进作风建设常态化，组织开展各类明察暗访活动150余次，查处违反中央“八项规定”问题12件，给予党政纪处分12人，对6名负有领导责任的同志进行了诫勉谈话。全年共初查案件线索61件，给予党政纪处分33人，其中科级干部14人，从严治党的氛围逐步形成。带头加强常委会自身建设，认真贯彻民主集中制原则，自觉遵守廉洁从政各项规定。在全市率先成立了落实主体责任办公室，坚决履行全面从严治党的主体责任，带动了党风政风的根本好转。加强法治海港区建设，深化司法体制改革，严格执法、公正司法、全民守法迈出了新步伐。此外，区委常委会积极支持人大、政协以及工会、共青团、妇联等人民团体开展工作，重视做好新形势下的统一战线、党管武装和国防后备力量建设工作。

以上是区委常委会一年来的主要工作。这些工作的开展和各项成绩的取得，是市委、市政府正确领导的结果，是全区各级党组织和广大党员干部群众团结奋斗的结果。在此，我代表区委常委会，向在座的各位同志，向全区各级党组织和广大党员干部群众，表示衷心感谢！希望同志们提出意见和建议，帮助我们把工作做得更好。

认真回顾2015年和“十二五”期间的工作，我们也存在一些不容忽视的问题。主要表现在：一是经济发展整体质量不优。产业类型单一，外向型经济比重较低，产业链条短，结构亟待优化；创新驱动能力较弱，对辖区科研院所利用不足，企业创新能力不强，产品科技含量和附加值不高。中小企业发展慢、数量少，民营经济发展滞后，活力不足，留住人才、吸引人才的有效举措不多。工业企业对发展的支撑不够，2015年区属工业实现增加值只占GDP的10.5%。园区基础设施建设滞后，发展带动作用不强。项目建设后劲不足，缺乏大项目、好项目、产业项目。作为全市的最大经济体，龙头带动作用发挥不足。与其他沿海城市主城区相比，开放度低，主要经济和社会指标始终在中下游徘徊；与省内其他主城区相比，在地GDP和全部财政收入排名领先，但区属GDP和可用财力并无优势。二是城市功能不完善。城市体量小，承载力不足，社会事业和公共服务水平较低，吸引高端人群聚集的能力不强。对最具优势的港口及相关产业缺乏了解，不能依托这个最大的资源去发展自己，主观上为港口服务的意识不够，港、产、城互动更多的是停在嘴上、纸上，而不是行动上；楼宇经济和金融服务业发展相对滞后，经济容积率较低。缺乏统一的城市定位和规划，没有独特的城市标识，滨海城市主城区的品牌不够靓、名气不够大、特色不明显。在卫生保洁、环境秩序等方面思路不开阔，头痛医头、脚痛医脚，违章建设、垃圾乱扔现象仍比较突出，与主城区形象不相符。三是生态环境治理任务艰巨。生态环境优势逐步弱化，治理难度越来越大。行政区划调整后，接收原抚宁县工业企业136家，大部分是污染企业，其中6家重点能耗企业（首秦金属材料有限公司、浅野水泥、信合水泥、迅发玻璃有限公司、方圆玻璃有限公司、方圆包装玻璃有限公司），去年全年累计消耗120万吨标准煤，治污和减排压力骤增。石门寨、驻操营地区非煤矿山密集，矿山开采带来的山体破坏情况较为突出，治理难度较大。多年煤炭资源的开采，使当地产生了很多采空区，对群众生产生活带来严重影响。四是公共服务投入不足。在经济下行、“营改增”深入推进和税源企业逐渐流失等多重因素影响下，财政持续增收乏力问题逐步显现。承担市、区两级的教育医疗、城市管理、社会稳定等社会服务职能日趋繁重，对有限的财政收入构成了较大挑战。特别是区划调整后，区财政需增加亿元以上用于“北三镇”公职人员和公共服务支出。同时，因企业改制、征地拆迁、环境治理等涉及群众切身利益的问题久拖未决，加之流动人口规模较大，社会治理任务日趋繁重。五是干部思想保守，缺乏执行力。部分同志对区划调整后的资源优势认识不足，对如何将资源优势转化为发展优势的思考不多，对面临的新问题有畏难情绪；个别同志精力分散，干工作不够专注，真正用于上项目、搞建设、抓落实的时间和精力不多。个别干部法治观念较弱，依法行政的水平不高；一些领导干部放不下身段，只愿指手画脚，不愿干具体的工作，致使一些重点工作和重点项目推进缓慢，贻误了发展时机。去年以来，我们加大明察暗访和责任追究力度，处理了一批干部，触动了干部的思想，但是在工作落实方面依然不能满足新常态下的工作节奏，抓落实的紧迫感和责任感需要进一步强化。

看到问题才能激发斗志，看清问题才能知耻后勇。我们绝不能遮遮掩掩，必须正视困难、迎难而上，采取更加有力的措施，切实加以解决。

“十三五”时期的目标任务和工作要求

“十三五”是全面建成小康社会的决胜阶段，也是“打造一流主城区和沿海经济增长极”的决战阶段。党的十八届五中全会、省委八届十二次全会和市委十一届八次全会描绘了“十三五”发展的宏伟蓝图，精辟阐述了一系列新的重大发展理念，科学确定了今后五年经济社会发展的指导思想、目标任务、重大举措。深入贯彻落实中央和省、市委全会精神，谋划部署好我区“十三五”工作任务，是当前的一项重要政治任务。站在新的历史起点上，我们必须抓住机遇、主动作为、主动担当。

客观分析当前形势，我们看到虽然经济下行压力依然较大，但经济长期向好的基本面没有变化，国家对重要战略机遇期的重大判断没有改变，中央以改革释放发展红利的决心依然坚挺。从区域环境看，总书记亲自推动的京津冀协同发展上升为国家战略，第一次把河北全域纳入国家战略来谋划，第一次系统制定了支持河北发展的政策举措，对作为重要节点城市的我们，所带来的影响将是全方位和深层次的。从现实机遇看，西港搬迁工程即将强势启动，无论是西港区开发还是新港区建设，都将对海港区带来脱胎换骨的变化。与此同时，区划调整的深入实施，海港区成为全省最大的主城区，这对于我们做优城市规划、做美城市环境、完善空间布局、调整产业结构等方面都将产生深刻影响、带来积极变化。当然，有机遇必然有挑战，最大的挑战来自于新常态。当前我区经济遭遇的困难，归根结底属于结构性问题，根子在于不适应、不符合新常态要求，我们必须下决心摆脱路径和资源依赖，加快转方式调结构，实现转型发展。如果我们继续奢望等待传统市场回暖和房地产见好，势必会继续透支未来增长，加剧正在积累的矛盾和问题，近年来持续下滑的增速已经向我们敲响了警钟。可以说，我们正处在发展方向抉择的关键关口，早转早见效早主动，慢转困难会更多，与先进地区的差距会越来越大。

从发展基础和自身优势看，作为全市的政治、经济、文化中心，我们得到市委、市政府的关注最高、支持最大、投入最多，这是其他县区不可比拟的优势。作为全省唯一临海的主城区，城市发展基础全市最优，拥有太阳城、金三角等多个成熟商圈，人流、商流、信息流聚集交汇。我们有长达27.9公里的海岸线资源，旅游服务功能齐全；“北三镇”划转后，石门寨、驻操营地区地质、长城、山野等旅游资源，与圆明山片区休闲、养生、度假资源和沿海一线滨海风情旅游形成优势互补效应，山海相依、南北呼应的“大旅游”格局初步显现。此次城市区扩容，为海港区今后发展提供了广阔的规划空间和无限的发展潜力。特别是规划面积117平方公里的4个省级园区（北部工业区、临港物流园区、圆明山文化旅游产业聚集区、杜庄工业区），随着全市城市发展总体规划的调编和基础设施的强劲投入将被全面激活，园区发展将进入快车道。更为难得的是，十八大后，我们借势营造了一个更加风清气正的政治环境。我们通过深入开展解放思想大讨论凝心聚力，更加自觉的强化政治责任和大局意识，更加自觉的汇聚集体智慧和强大合力。我们通过党的群众路线教育实践活动激发活力，让主动作为、敢于担当、狠抓落实成为海港区干部队伍的鲜明特质；我们通过“三严三实”专题教育鼓舞干劲，在党的建设上更好地体现“严”的要求，在特色发展上更好地体现“实”的导向；我们通过完善科学发展目标考核体系和督查推进机制，凝聚了广大干部群众的精气神，这都是我们谋求更高层次跨越的动力之源和底气所在。

整体考虑我们面临的各方面形势和任务，结合省、市委的要求，区委研究提出，我区“十三五”时期经济社会发展的主要目标，概括起来就是：“一个全面建成”“两个提前翻番”“五个明显提升”。“一个全面建成”，就是到2020年如期全面建成小康社会。“两个提前翻番”，就是到2019年生产总值比2010年翻一番以上；到2018年城乡居民人均可支配收入比2010年翻一番以上。“五个明显提升”，就是实现区域经济实力明显提升，综合实力在沿海地区位次前移；产业规模明显提升，“一中心三基地”格局基本形成；城市功能和带动能力明显提升，达到或接近中等城市规模；生态环境明显提升，空气、海水质量较大改善；公共服务能力和水平明显提升，社会事业和精神文明全面进步。实现这些奋斗目标，我们务必坚持“三个牢记”“三个引领”：

——牢记总书记“全面建成小康社会”政治

嘱托，以新的使命引领新的发展。全面建成小康社会是目标，也是梦想，更是责任。实现这一奋斗目标，最后冲刺在这五年，关键也在这五年，我们务必遵循“协同发展、转型升级、又好又快”主基调：协同发展是新一轮经济社会发展的最大机遇，要深刻学习领会、深入贯彻落实总书记京津冀协同发展重大战略思想，更加自觉地把协同发展作为长期的战略思想来贯彻，在新机遇、新理念、新起点面前，抢得先机、赢得主动。转型升级是补齐发展短板的主攻方向。我们必须突破惯性思维和路径依赖，高度重视新兴产业的培育，努力构建现代产业体系，实现更高质量、更有效益、更加公平、更可持续的发展。又好又快是建设经济强区的必然选择。要拿出跨越的勇气、赶超的举措，用学习的眼光看别人、用挑剔的眼光看自己，从主观努力找原因、不从客观因素找理由，千方百计推动经济增比、进位、突破。

——牢记“创新、协调、绿色、开放、共享”发展理念，以新的思维引领新的发展。十八届五中全会提出的“五大发展理念”，是谋篇“十三五”的灵魂主线，是“十三五”乃至更长时期的发展思路、发展方向和发展着力点，对破解发展难题、增强发展动力具有重大指导意义。要将创新摆在全区发展全局的核心位置，同步推进理论创新、制度创新、科技创新和文化创新。要抓住全球产业升级和京津冀产业转型机遇，从创新驱动、产业分工、消费市场、要素保障等方面进一步完善产业链、市场链和供给链；要促进城乡协调发展，加快实施新型城镇化与美丽乡村建设，倾力打造城乡建设布局科学、经济要素高效流通、生活空间相互融合、基础设施互融共享、公共服务均衡同质的城乡一体化发展新格局；要坚持节约资源和保护环境的基本国策，走生态文明发展道路，加快建设资源节约型、环境友好型社会；要实施新一轮高水平对外开放，更好地利用两个市场、两种资源，坚持内外需协调、引进来和走出去并重、引资和引技引智并举，以扩大开放带动创新、推进改革、促进发展；要按照人人参与、人人尽力、人人享有的要求，不断完善制度体系，着力保障和改善民生，建立健全覆盖城乡居民的基本公共服务体系，提高政府保障能力，推进城乡基本公共服务均等化。

——牢记“打造一流主城区和沿海经济增长极”宏伟蓝图，以新的动力引领新的发展。九届区委确定了打造“一流主城区和沿海经济增长极”的奋斗目标，这既是对海港区中心城市定位的战略提升，也是海港区实现跨越崛起梦想的重要支撑。我们要一张蓝图绘到底，一个目标干到底，一任接着一任干。要克服自满心态，勇争第一、勇当标兵、勇扛红旗，绝不能自满自足、自娱自乐、自欺欺人；要树立见贤思齐、唯旗必夺的追求，跳起来摘桃子，跑起来争位次，务求全市当示范、全省争一流、全国有影响。要克服封闭心态，看长远、看全局、看战略，绝不能坐井观天、偏安一隅、一叶障目、不见泰山；要牢牢抓住发展第一要务，不断开拓发展新境界。要克服保守心态，敢于闯、敢于试，面对新形势、新常态，保守只能跟跑，创新才能领跑。我们要坚决破除因循守旧、墨守成规的惯性思维，持续迸发开拓创新的冲动，敢走前人未走之路，在拓宽思路中闯出新路。

2016年全区重点工作和任务安排

2016年，是“十三五”开局之年，做好今年的工作责任重大、意义特殊。全区总的工作思路是：以党的十八届五中全会、省委八届十二次全会、市委十一届八次全会以及中央、省、市经济工作会议精神为指导，抢抓京津冀协同发展和环渤海地区合作发展契机，牢固树立“大海港区”理念，按照“一中心三基地”产业定位（旅游综合服务中心，临港物流产业基地、先进制造及新材料新能源产业基地、新兴产业及现代服务业基地），深入实施“开放引领、港城融合、产业强区、创新驱动”发展战略，坚持用解放思想添动力，坚持用深化改革增活力，坚持用改善民生促和谐，坚持用从严治党聚合力，全面建设秦皇岛首善之区，为实现“沿海强市、美丽港城”发挥主阵地、主窗口、主力军作用。

工作中，重点抓好以下六个方面：

（一）树牢发展理念，加快开放步伐。牢固树立发展是第一要务的理念，克服精力不集中、能力不强、氛围不浓的弱点，坚定不移地抓好经济建设。要加快开放步伐，打破陈旧观念和惯性思维，让开放真正融入干部血液，成为我们城市发展的基因。要依托港口优势，瞄准先进沿海开放城市主城区精准对接，量化差距不足，大力发展外向型经济。要积极融入京津冀协同发展大局，以行政区划调整和实施西港搬迁改造提升工程为契机，加快推进西港新城区、物流园区和大北部工业区建设，重点承接高端商务、现代物流、金融服务、临港制造等产业。要善于总结经验、创新工作，深入研究上级“十三五”期间支持产业功能提升、基础设施建设等方面政策措施，争取更多项目列入上级大盘子。要把招商引资作为扩大开放的重要抓手，按照专业化、精准化、规范化要求，聘请专业机构研究制定“十三五”招商规划。要整合招商力量，依托区内主导产业和重点企业，实行“政府 + 主导产业 + 知名企业 + 主打产品”模式，建立专业化招商团队，瞄准世界 500 强、全国 500 强及行业领军企业，开展点对点精准招商；围绕京津、长三角、珠三角、东三省等重点区域，开展产业链招商，积极引进战略投资者。要鼓励企业以商招商，在企业家中聘请招商顾问，建立专业招商奖励基金，对有贡献的企业家予以重奖。

（二）实施创新驱动，加快产业聚集。要把创新提到发展方式转变的核心位置，依托市场需求，扩大创新主体，营造大众创业、万众创新的良好氛围。要加快传统产业改造升级。扶持和鼓励传统企业加大技改投入，研发新产品，提升市场竞争力。推动耀华玻璃、中信渤铝等传统工业企业通过工艺更新、技术改造和营销创新，提升产品研发生产能力，形成规模效应。要用好现有产业资源，发挥优势产业的产业链效应，通过产业链上下游联动，带动企业内生创新动力，推动产业集聚发展。同时，推动企业上市工作，力争每年有一批企业挂牌上市。要加速新兴产业创新发展。坚持“有中生新”和“无中生有”两手抓，以民营孵化器、中小企业科技服务平台等为依托，探索发展光伏、生物质能等新能源产业，海洋工装、工业机器人等高端制造业以及环境监测、水气治理等节能环保产业，推动新兴产业成为全区先导性、支柱性产业。要出台优惠政策，吸引和培育一批高新技术企业和科技创新型中小企业，推动初创期和成长期科技企业做大规模；吸引一批高技术含量和附加值的科技成果实现落地转化。要激活创新创业主体。支持企业加大研发投入，把拥有自主知识产权、专利产品的企业纳入关注重点，在政策和资金上予以支持。要高度重视发挥高校和科研院所的科技人才优势，围绕先进装备制造、生命健康、新能源、新材料等领域实施科技攻关，促进创新成果与龙头企业、相关园区紧密对接。要搭建创新创业平台。积极融入京津冀协同创新，加强与京津各大院校、科研机构的战略合作，力争在引进高层次研究机构、高水平研发中心以及共建科技园区、研发基地上取得突破。同时，要积极落实科技人才“双百双千”工程，完善人才引进、培养、使用和激励机制，靠政策、靠产业、靠企业、靠服务环境培养和引进一批高端人才在海港区安家创业，共建创新服务平台和创业创新基地。

（三）全力推进园区建设，力促产业结构转型升级。我们当前面临的困难和问题，归根结底是产业结构不合理、水平不够高，解决这些问题，根本出路在于转型升级，基础是园区的提升整合。要做实大北部。以现有优势产业为重点，整合北部工业区和杜庄工业区资源，加速高新技术、高端装备、新材料、新能源和战略性新兴产业向园区聚集，推进玻璃产业高端化、制造产业智能化、建材产业绿色化。要突出对优势产业、骨干企业的扶持力度，鼓励河北羿珩、博硕光电等企业通过技术合作研发新产品；依托美铝渤铝、一重机械等企业，大力发展金属压延和装备制造业；扶持环亚设备、博赫科技等项目，集中力量发展新一代高端制造业。要加快淘汰落后产能，推进石门寨新能源产业基地建设，促进区域转型发展。要畅通大物流。统筹城市规划与港口规划的衔接，加快临港物流园区建设，发挥港口优势大力发展临港物流产业，打造区域性物流枢纽和全国一流物流园区。特别要抢抓西港搬迁重大契机，一方面要树立港、产、城一体化理念，进一步提升港城合作广度，建立长效合作机制，积极推动交通路网及港口腹地规划建设，加快构建电子商务平台；利用全国煤炭枢纽港地位，成立项目攻坚服务小组，建设国家级煤炭交易中心和大宗商品交易中心，扩大港区合作成果。另一方面要增强服务意识，主动为港口集团和涉港企业搞好服务，为企业发展营造良好的外部环境。同时，要加快发展现代物流业，推进互联网、物联网融合，打造城市中心商圈，扶持重点商贸企业扩建升级，形成中心带动、多点开花的商业商务群。要统筹大旅游。积极融入京津冀大旅游格局，把旅游产业作为支柱产业和先导产业来打造，发挥旅游业综合服务中心功能，满足游客“吃住行游购娱”全方位需求。要对全区旅游资源进行重新整合、科学布局，聘请专业团队统筹做好旅游产业专题研究，编制大旅游圈规划，增加文化元素，发掘历史遗存，包装文化品牌。要积极发展“旅游＋文化”“旅游＋互联网”“旅游＋商务”“旅游＋研学”“旅游＋休闲”等五大新兴旅游业态，加快推进旅游基础设施建设，集中培育建设旅游信息化示范区和“智慧旅游”景区。要利用优势资源设计开发多种旅游产品，发展邮轮游艇、游船观光等海上旅游，谋划四季浴场、大型娱乐以及港口体验、工艺制作等工业旅游项目；推动长城文化、山野乡村、地质风貌旅游项目提升改造，积极发展体验观光型农业旅游项目。要打牢基础。按照全区一盘棋思想，以园区整合为契机，完善园区管理体制，创新园区运行机制，加速各园区内路网、通讯、水电等基础设施互联互通，打造资源共享、优势互补的园区发展新格局。要抓住新一轮市级权力下放的机会，研究和用好国开行、农发行贷款政策，统筹做好杜庄与北部工业区道路连接和物流园区、圆明山片区基础设施建设；加速推进迎宾北路、规划四路、南物流路等基础路网建设。积极争取上级扶持政策，加速土地平整、收储等基础工作，确保两年内完成省级园区“十通一平”任务。

（四）加快城市化进程，统筹城乡发展。城市化是区域发展的方向，决定着区域发展的速度和质量。要优化空间布局。结合“十三五”规划编制，统筹研究区划调整后“大海港区”发展，进一步调整空间布局、提升城市功能、明晰发展定位。总的思路是打造“一轴、双核、两翼、三组团”空间布局。一轴：以民族路为轴心，将民族路继续向北延伸，与秦青公路连接，打造贯通南北的城市主动脉。双核：一是以城市核心区为重点，提升发展水平和承载能力，打造中央金融商务区。二是以西部新中心为带动，重点推进汤河以西区域（西港镇、海阳镇）开发，扩大建成区规模。两翼：一是沿海翼，以金梦海湾片区和东山片区为依托，着眼西港新城区的开发建设，发展高端旅游服务业，打造沿海一线景观带。二是长城翼，依托驻操营长城沿线资源，开发长城文化，发展旅游产业和沟域经济。三组团：大北部工业组团，以北部工业区和杜庄工业区为依托，加快产业结构调整，重点发展装备制造、新材料、新能源等产业。东部物流组团，以临港物流园区为重点，借势港口发展临港物流产业。北部大旅游组团，以圆明山片区为带动，打通石门寨、驻操营一线，打造联通北部浅山区和圆明山片区的生态涵养、康体休闲基地。要做强城市经济。拓展中心区商业功能，在培育壮大民营经济的基础上，大力发展楼宇经济、总部经济和商务聚集区，提高经济容积率。一方面，以智力密集型要素为核心，发展电子商务、金融保险等产业，培育创客空间、软件开发、动漫创意等高技术含量、高附加值的行业。另一方面，以满足多层次多元化生活服务需求为核心，大力发展信息服务、教育培训、休闲旅游、文化体育、社会养老等生活性服务业，推动创新和人才要素向城市中心聚集。要拓展城市规模。以重点片区开发建设为带动，拉开城市框架，优化城市功能。要以棚户区改造为契机，加速推进西部片区、海阳片区、圆明山片区开发建设，打造产业新城和城市新区。谋划启动民族路北延伸三期工程，打通贯穿南北的城市主动脉。要树立“大海港区”理念，围绕城市布局、环境治理、社会管理等方面，对“北三镇”发展问题进行综合研究、统筹谋划。加速北部山区综合开发，选准突破口实施重点打造，以此带动周边区域加快发展，加速城市化进程。要精细城市管理。依托“智慧城市”建设，全面学习对标邢台市城市管理经验，按照“两个五”目标，提升环卫保洁质量，集中力量开展小街小巷、城乡结合部等卫生环境综合整治行动。要构建城市管理综合行政执法体系，以更大的决心和力度拆除违章建筑，确保三年内违章建筑全部清除；打造数字化、智能化城市管理系统，力争三年内城市管理水平达到全国一流。要统筹城乡发展。健全城乡一体化体制机制，探索农村土地改革，引导农村土地流转，促进城乡要素平等交换和公共资源均衡配置。加大农村基础设施投入，加快实施“北三镇”环长城旅游公路和乡村路网建设，加速城乡一体化发展。要加快推进农业产业化进程，提升农业发展层级，打造生态农业产业带；在确保基本农田和国家公益林底线的基础上，对北部山区山场、丘陵、平地分布情况进行系统摸排，根据地貌特点规划开发内容。要按照规模化发展思路，谋划开辟板栗、核桃、苹果等单品林果农业园区。同时，要把农业增质提效作为主攻方向，围绕城郊型特色农业，着力提升蔬菜、畜牧等产业发展水平。

（五）做优公共服务，促进民生和社会事业提档升级。抓经济发展、城市建设，归根结底都是为了民生幸福。要坚守民生保障底线。坚持把增加农民收入、缩小城乡差距作为收入分配调整重点，鼓励农民发展特色产业，提高家庭经营性收入；鼓励城市居民投资、创业、置业，增加居民财产性收入。完善政府项目与增强就业联动机制。坚持广覆盖、保基本、多层次、可持续原则，逐步建立覆盖城乡的社会保障制度。要积极应对人口老龄化，加快居家养老服务中心和农村幸福院建设，推进社会救助制度人性化、科学化。加快以公租房、廉租房为主体的保障性住房建设，形成多层次的住房保障体系。要实施重点贫困村、贫困户脱贫工程，全力完成全省扶贫攻坚行动计划。要提升公共服务水平。合理配置公共服务资源，全力缩小城乡、区域间差距，推动公共服务均衡发展。要加强三级便民服务平台建设，完善覆盖城乡、功能完善、管理有效的政务服务网络，满足基层群众生产生活需求。要打造区域教育品牌，积极与北京师范大学等知名高校开展对接合作，在合作办学上实质推进；加大新建学校布局力度，谋划启动“北三镇”、西部片区等未来人口聚集地带的学校建设。要提升各类卫生机构的服务水平，继续深化与北京大学口腔医院和国药控股的交流合作，推动海港医院新院区建设。全力推进秦皇皓月健康城项目，加速健康养老产业集聚发展。要促进社会文明进步。文明是最高层次的民生，不仅要在物质层面满足百姓诉求，更要在精神层面回应百姓需求。要重点打造平民偶像、草根宣讲、百姓故事汇、志愿服务、周末讲堂等五大品牌，不断丰富拓展文化活动内涵。加大平民偶像发掘、宣传力度，引导全区干部群众向身边好人和道德模范学习，合力唱响“美丽港城、美德先行”主旋律，厚植海港精神和区域文化，全力抓好文明城创建。要大力发展文化事业和文化产业，以“文化+”推动全面融合发展，尽快培育一批文化创意新模式、新业态，打造一批高成长、创新型的文化企业。

（六）加强环境建设，提升区域发展软实力。要把环境作为立区之本，力促生产、生活、生态环境有机统一。要建设优良的生态环境。以提高环境质量为核心，全面抓好山水林田海生态保护和恢复。要做好“加法”，大力推进“森林港城”“生态花城”建设，启动城市区“300米见绿、1000米见园”和农村“造林10万亩”三年行动计划。做好“减法”，深入持续打好空气污染治理攻坚战，加强扬尘综合治理，大幅度减少燃煤消费，下决心取缔关停污染企业。要持续推进近岸海域环境综合整治，加强对16条入海河流监管。以美丽乡村建设和农村垃圾治理为抓手，解决农村饮水、道路和居安等问题，集中力量抓好重点片区、重点村的整治提升。要打造靓丽的节点环境。要把握火车站片区改造被列为全市城建“一号工程”的有利契机，成立片区改造指挥部，抽调精干力量组建工作组，全力以赴推进范家店片区征拆工作，坚决不让老实人吃亏，不让违法者沾光。同时，结合火车站站前管理，积极协调市直部门做好片区周边城管、交通秩序整治，彻底解决秩序混乱问题，打造靓丽的窗口环境。要把海岸线保护作为城市发展的生命线，围绕西港新城开发建设，抓紧谋划海岸线恢复、使用相关工作，腾出宝贵的海岸线资源；要严格按照全市海岸线管控规划，科学设定岸段功能，划定生态红线，推进金梦海湾片区开发建设和东、西浴场综合整治，维护和治理好区域内宝贵海岸线资源。同时，要把改善“北三镇”整体环境作为主攻方向，以秦青公路改造提升工程为切入点，清理私搭乱建和路边堆煤场；对区域内非煤矿山进行综合整治，加大依法关停和取缔力度。加快推进中煤科工煤矿资源整合，做好山体生态修复和光伏产业示范园项目，推动采空区科学有序治理。要营造安定的社会环境。推进平安港城创建，织密情报信息、基础防范、视频监控、网络管控、打击整治和区域协防“六张网”，加快社会治安立体防控体系建设。强化“22+2”巡逻防控机制，深入开展打击涉黑涉恶犯罪行为、“两抢一盗”专项行动，依法严厉打击各类违法犯罪活动。围绕组建智慧网格工作，整合人员资源，实施联防联控，强化服务管理。要严格落实安全生产“党政同责、一岗双责”，加强重点行业和作业场所职业危害监管，推进“打非治违”常态化，坚决遏制重特大事故发生。强化食品药品安全区创建工作，打造区域管理品牌。要加强改进群众和信访工作，完善社会矛盾纠纷排查、调解、稳控的管理体系和运行机制建设，畅通群众表达诉求渠道，维护群众现实权益。要建设高效的发展环境。要围绕经济建设这个中心，以政策落实为着力点，统筹推进政府职能转变，提高办事效率，提升服务水平，坚决查处吃拿卡要和失职渎职行为，营造公平高效的营商环境。要全面推进法治海港建设，深化司法体制改革，提高依法执政水平，加快法治政府建设，引导各级领导班子和领导干部，带头增强法治意识，牢树法治观念，带头学法，模范守法，营造健康有序的法治环境。要坚持用民主集中制保障团结，充分发挥区委在全区工作大局中的牵头抓总作用，支持人大、政府、政协履职监督、依法行政和参政议政职能发挥，在汇聚各方力量中营造和谐融洽的政治环境。

以党的建设为统领，推动各项目标任务有效落实

完成上述任务，关键在党，核心在人。全区各级党员领导干部要自觉践行“三严三实”要求，强化责任担当意识，锤炼攻坚克难勇气，激发干事创业热情，为完成各项目标任务提供坚强保障。

一要狠抓思想政治建设。要把学习作为提升发展能力的第一要务，坚持从理想信念这个源头抓起，发挥各级理论中心组学习平台作用，以学习习近平总书记系列讲话精神为统领，推动全区党员领导干部理想信念教育、政策理论教育、责任担当教育常态化，提高各级干部履职尽责能力。要加强意识形态领域建设，注重发挥舆论宣传的正面引导作用，实施铸魂工程、示范工程，把宣传社会主义核心价值观与践行海港精神结合起来，把体现党的主张与反映群众心声统一起来，树正面典型，发正面声音，汇聚全社会各方力量，不断凝聚健康向上的正能量。

二要强化党建工作引领。把抓好党建作为落实“党要管党、从严治党”的关键，严格落实《坚持从严治党的深入引领，加强新常态下党建工作的意见》，全面强化新常态下党建工作对全局工作的引领作用。落实党建责任，“书记抓、抓书记”是关键。要突出各级党组织书记在党建工作中的带头作用，真正把重党建、懂党建的干部选配到书记队伍中来，切实加强镇党委书记、街道工委书记和村居党组织书记能力建设，打造过硬的书记队伍。要继续抓好年度基层党建述职、“三个清单”等制度建设，用科学的制度机制促进党建责任落实。同时，以提升社区、农村党组织领导核心作用为重点，打造更多的优秀基层党组织群体，更好地发挥基层组织服务群众的作用。

三要树立正确用人导向。用一贤人则群贤毕至，见贤思齐就蔚然成风。要强化发展型领导班子、干部队伍建设，落实省委提出的“五个重用、五个不用、五个调整”标准，选出忠诚、干净、担当、实干的好干部，营造风清气正的政治生态。要在抓落实中发现、使用好干部，不搞论资排辈，对不在状态的干部坚决给予调整，对卓有成绩的提拔重用；要把培养选拔优秀年轻干部作为战略工程来抓，对有潜力、有激情、能干事的年轻干部，敢于放到基层和一线历练，使其脱颖而出。要在全区各单位中层以上干部中推行工作日志制度，定期对记录情况进行检查、考核，并将结果作为领导干部选拔任用的重要依据，营造干与不

干、干好干坏、干多干少不一样的氛围。

四要严守党的纪律规矩。要把纪律和规矩挺在前面，特别是要严明政治纪律和政治规矩，对照总书记提出的“七个有之”“五个必须”严格要求，按照《中国共产党廉洁自律准则》和《中国共产党纪律处分条例》，磨炼党性、规范言行。要锲而不舍地落实中央“八项规定”，巩固拓展党的群众路线教育实践活动和“三严三实”专题教育成果，紧盯“四风”最新动向，严肃查处“为官不为”行为，推进作风建设常态化、长效化。要全面落实党风廉政建设党委主体责任和纪委监督责任，深入推进党风廉政建设和反腐败斗争，严肃查处顶风违纪案件，进一步加大巡查常态化力度。要深入推进巡查监督全覆盖，强化权力制约监督，严查违规违纪行为，用最果断的措施打击乱作为、不作为，确保群众利益不受侵犯。

五要狠抓工作落实。作为区级党委政府，我们的工作就是抓落实。当前海港区面临的矛盾困难很多，各项工作任务艰巨繁重，迫切需要党员领导干部敢担当、善作为。每名党员领导干部都要按照祥伟书记提出的“一个党员就是一盏明灯，一个干部就是一个标杆，一个党组织就是一面旗帜”要求，传承和接力好靖红利、杨家琛、沈汝波、温守文精神，时刻牢记自己是一名党员，时刻不忘党的宗旨和任务，让明灯亮起来、标杆树起来、旗帜飘起来。要把推进从严治党与推动工作落实有机结合起来，把抓落实作为工作主基调，按照事事都有“任务书、路线图、时间表、军令状”的要求，把看准的事大干、快干、干出成绩，将部署的工作抓实、抓牢、抓出成效。要强化区级领导“点线面”分包工作机制，并将分包机制向下延伸，健全督查考核体系，做到各项工作有布置、有检查、有考核。要建立完善领导带队常态督查、联席会议调度督办、目标绩效审核督考“三个机制”和台账管理、报告通报、调查复核、问效问责“四个制度”，进一步加大抓落实的力度，让抓落实成为各项工作的常态。

同志们，宏伟蓝图已经绘就，目标任务催人奋进。我们要始终保持奋发有为的精神状态，大力弘扬“开放、包容、崇德、尚美”的海港精神，以主动作为的劲头抢抓机遇，以勇于担当的锐气应对挑战，以锲而不舍的韧劲破解难题，为全面建设秦皇岛首善之区、加快“一流主城区和沿海经济增长极”建设进程而努力奋斗！

秦皇岛市海港区人民代表大会常务委员会工作报告

——在秦皇岛市海港区第十四届人民代表大会第五次会议上

海港区人大常委会主任　鲁　栋

（2016年2月1日）

各位代表：

我受海港区十四届人大常委会委托，向大会报告工作，请予审议，并请各位列席同志提出意见。

过去一年的主要工作

2015年以来，海港区人大常委会在海港区委的坚强领导下，深入学习贯彻党的十八届三中、四中、五中全会和习近平总书记系列重要讲话精神，认真落实中央和省、市、区委关于加强县乡人大工作和建设的部署要求，大力弘扬和践行“开放、包容、崇德、尚美”海港精神，依法履行法定职权，为全区改革开放和经济社会发展做出了应有贡献。

一、围绕中心，服务发展，依法行使重大事项决定权

常委会坚持抓重点、议大事、求实效的原则，依法履职，在推动科学发展上主动作为。

加强预算的审查监督。常委会听取和审议了2014年区本级预算执行和其他财政收支审计工作、2015年上半年度国民经济和社会发展计划、财政预算执行情况及财政预算调整情况的报告，全程监督政府重点项目投资和资金使用情况，督促政府面对当前经济下行压力不断增大的形势，加强对经济运行的分析，从严控制支出增长，科学使用财政资金，防范财政风险，促进全区经济社会稳中求进、协调发展。

依法行使人事任免权。坚持党管干部和人大依法任免相统一，严格任前法律知识考试、任中表态发言、投票表决、颁发任命书等程序，规范权力运行。通过听取部门工作情况报告、部门负责人履职情况汇报等形式加强任后监督，进一步增强被任命人员的责任感、使命感和担当精神。一年来，常委会共任免国家机关工作人员33人，任命人民陪审员62人，依法补选市人大代表6人，为全区经济社会发展提供了人力支持和组织保障。

二、突出重点，加强监督，倾力推动全区科学发展

常委会从和谐稳定入手，强化对重点、热点、难点问题的监督，推动经济社会科学发展和民生改善。

把握新常态，突出重点监督。为促进我区投资环境的改善，常委会组织人大代表利用两周的时间走访了我区具有代表性的国药器械、博硕光电、高鹏泡沫等12家大中型企业，召开了相关企业负责人座谈会，发放调查问卷600份，完成了《优化企业发展环境调研报告》，为促进我区企业有序发展提供了支持。开展了行政许可法律法规执法检查。常委会专门成立了3个执法检查组，制定了执法检查方案，下发调查问卷98份，听取了19个部门单位的汇报，查看了部分制度设施建设情况，召开了服务对象和基层群众座谈会，全面了解了行政许可法律法规贯彻落实情况。针对检查中发现的问题，提出了要进一步提高行政许可事项办理质量，最大限度方便于民等建议，督促政府通过简政放权，积极作为，激活经济发展和项目建设的内生动力。

顺应新期待，关注热点监督。常委会听取和审议了区政府公共文化服务体系示范区建设情况的报告，提出了坚持建管并重，提升设施使用效能和加强人员业务培训，提高文化队伍素质等建议。主任会议听取了区政府创新型海港区建设情况的汇报，督促有关部门在推进大众创业、万众创新过程中，要在打造创新平台、培育创新型企业、引进高层次人才等方面下足功夫，带动整体创新水平的提升。组织部分常委会组成人员、人大代表开展了市容环境卫生视察，实地察看了20条街巷路和城区主干道的环卫、城管情况。就城管体制下沉工作提出了意见建议，并撰写调研报告，在区委《督查半月刊》上转发，为区委决策、政府改进工作提供了参考。配合市人大常委会就教育均衡发展、棚户区改造和居家养老等工作开展了调研视察。

贯彻新要求，聚焦难点监督。常委会听取和审议了区人民法院执行工作情况的报告，对区人民法院的执行工作给予充分肯定，并提出了要进一步加大执行力度，发挥执行联动机制作用，提高执行工作效率等建议。主任会议专题听取了区人民检察院反贪污贿赂工作情况的汇报，认为区人民检察院始终保持查办职务犯罪的高压态势，取得了良好的社会效果和法律效果，并就区人民检察院存在反贪干警不足、公共信息查询渠道不畅等问题提出了意见建议。组织10名区人大代表对全区“六五”普法工作进行了视察。对我区“六五”普法期间区政府高度重视法治文化建设和法律进社区、进村工作给予了充分肯定，进一步促进了“六五”普法任务的顺利完成。进一步加强涉法涉诉信访案件督办协调，积极妥善处理好人民群众的申诉，督促解决人民群众的合理诉求。一年来，共受理来信26件，接待来访群众67人次，对办理情况及时跟踪落实并予以答复，有效地化解了社会矛盾，维护了公民合法权益。同时积极配合省市人大常委会完成了对我区大气污染防治法、行政诉讼法等法律法规贯彻情况的调研。

三、拓宽渠道，丰富内容，充分发挥代表主体作用

常委会始终把发挥代表作用作为重要基础工作，支持保障代表依法履职，努力增强代表工作实效。

支持代表依法履职。加强常委会与人大代表的联系，通过组织参加会议、寄送刊物资料、征求意见等形式，努力为代表知情知政创造条件。积极开展走访代表活动，加强与代表的联系沟通。2015年，常委会对镇、街的基层人大代表进行了走访慰问，共走访代表126人次。

拓宽代表履职空间。主动邀请代表列席常委会会议，参加常委会组织的有关活动，并及时将代表提出的意见建议纳入审议意见，交“一府两院”办理。2015年共交办审议意见5件。拓宽代表参政议政渠道，一年来，先后组织220多名人大代表参与常委会组织的执法检查、视察、调研和有关部门组织的各种工作评议会、民主测评会和法院案件庭审等活动。丰富闭会期间代表团活动内容，各代表团围绕人民群众关心关注的民营企业发展、生态环境建设、物业小区管理等工作，积极组织本团代表开展视察检查活动。全年共组织代表团活动52次。

完善代表履职平台。建立学习培训制度，加强代表培训，通过以会代训、组织代表参加各种报告会等形式加强代表培训，不断提高代表的综合素质和履职能力。加强“代表之家”建设，为开展代表活动积极创造条件。坚持人大代表述职制度，积极开展代表向选民述职活动。全年共有32名代表向选民进行书面述职，有力地促进了代表履职和民情渠道的畅通。

加强代表建议办理。进一步创新代表建议办理模式，不断细化措施，强化办理效果，把代表建议办理工作落到实处。常委会听取和审议了区政府关于代表建议办理情况的报告，督促各职能部门加快代表建议办理进度，不断提高建议办结率、问题解决率和代表满意率。截止到2015年底，区十四届人大四次会议收到的79件代表建议已全部办结，代表满意率或基本满意率100%。

四、转变作风，提升效能，切实加强常委会自身建设

常委会始终坚持高标准、严要求，努力建设政治过硬、业务精通、团结和谐的坚强集体，不断提高履职能力和水平。

加强思想建设，深入开展专题教育活动。以开展“三严三实”专题教育和解放思想大讨论活动为契机，结合人大实际，制定教育方案，列出活动计划，与人大工作同步谋划，同步部署，同步推进。常委会班子成员积极参加专题教育集中学习，深入查找自身存在的问题，列出问题清单，进行专项整改落实，从思想深处清除与“三严三实”不适应、不符合的问题，努力做到忠诚、干净、担当，确保活动扎实推进。

加强素质建设，着力提高常委会履职能力。定期组织常委会组成人员深入学习中国特色社会主义理论体系和习近平总书记系列重要讲话精神，不断深化对上级重大决策部署和形势任务的认识与把握，进一步增强对人大工作和地位的认识，切实提高人大工作的责任感、使命感。2015年，部分常委会组成人员参加了省市人大举办的学习培训班，常委会整体素质得到不断提高。

加强作风建设，强化常委会廉洁从政意识。常委会坚持落实党风廉政建设责任制，认真贯彻执行民主集中制，进一步规范公务用车、公务接待和办公用房等方面管理制度，带头严格执行中央“八项规定”。在重点项目建设、美丽乡村建设和信访维稳工作中，常委会班子成员积极发挥作用，切实履行职责，圆满完成任务。同时，班子成员还扎实做好所联系镇、街及村、社区的帮扶工作，为基层群众办好事办实事。

加强基础建设，提升基层人大工作水平。常委会强化全区人大工作“一盘棋”思想，特别是石门寨、驻操营、杜庄等三镇划入我区后，及时与三个镇沟通联系，全力做好对接工作，确保了人大工作的连续性。常委会还通过召开镇街人大主席主任工作会议、组织座谈交流和学习培训等方式，加强对基层人大的联系指导。坚持做好人大宣传工作，借助新闻媒体和网络，一年来共采写稿件65篇，《人民代表报》和《河北省人大工作通讯》等国家、省级媒体上刊登6篇，充分展示了我区人大工作的风采。

各位代表，一年来，常委会较好地完成了区十四届人大四次会议确定的任务，实现了预期目标。这些成绩的取得，是中共海港区委正确领导的结果，是全体人大代表、常委会组成人员、人大工作者认真履职、辛勤工作的结果，是“一府两院”及社会各界密切配合、大力支持的结果，也是各位离退休老领导、老同志，全区各级党政组织和人民群众关心帮助的结果。在此，我谨代表区人大常委会向大家表示衷心的感谢和崇高的敬意！

面对当前的新形势、新任务，我们也清醒地认识到，常委会的工作与法律要求和全区人民的期望相比，还存在一定的差距。重大事项决定权有待进一步加强，审议质量有待进一步提高，监督实效有待进一步增强，代表履职和联络机制有待进一步完善，常委会自身建设还需进一步强化。对于这些问题和不足，我们将在今后的工作中认真加以改进。

今年的主要任务

各位代表，2016年是全面建成小康社会决胜阶段的开局之年，也是推进结构性改革的攻坚之年。在新的一年里，常委会将以党的十八届五中全会精神为指导，围绕协调推进“四个全面”战略布局，全面落实区委九届八次全会决策部署，认真履行宪法和法律赋予的职责，扎实推动人大工作与时俱进，为在新起点上加快建成小康社会做出新的贡献。

一、把握工作大局，在推进依法治区上迈出新步伐

深入开展以宪法为核心的法治宣传教育，落实《河北省实施宪法宣誓制度办法》，组织好人大及其常委会选举任命的国家工作人员向宪法宣誓。全力支持法、检两院推进司法改革，健全司法权力运行机制。围绕《中华人民共和国人民警察法》的贯彻实施，进一步加强警务正规化建设，促进公安机关进一步提高工作效率。继续加大对涉法涉诉信访案件的督办力度，认真接待和处理人民群众的来信来访，积极化解社会矛盾，维护群众合法权益，促进社会和谐稳定。

二、依法履行职责，在提升监督实效上展示新作为

贯彻落实稳中求进的工作基调，加强全口径预算收入、支出绩效目标和地方政府债务管理等内容监督，适时听取和审议2016年上半年国民经济和社会发展计划及财政预算执行情况的报告，2015年区本级预算执行和其他财政收支审计情况的报告。围绕人民群众最关心的保障性住房建设、生态环境、社会救助等民生问题，综合运用视察、检查和调研等形式，积极回应社会关切，持续有力保障民生改善。

三、强化服务保障，在加强代表工作上力争新突破

强化代表学习培训，积极为代表履职搭建平台，扩大代表参加常委会各项活动的覆盖面，充分发挥人大代表在审议、检查、调研和评议等方面的主体作用，全面推进代表工作向纵深发展。坚持常委会组成人员联系代表、代表联系选民“双联系”制度，持续开展好走访基层人大代表活动。落实代表建议办理责任制、常委会主任重点督办制度、常委会各工作机构跟踪督办及现场办理制度，不断提高办理质量，使代表建议得到有效落实。依法加强对基层人大换届选举工作的指导，认真做好区级换届选举各项工作，选出党和人民满意的人大代表，依法完成好换届选举工作。

四、提升工作效能，在强化自身建设上取得新成效

进一步巩固扩大“三严三实”专题教育和解放思想大讨论活动成果，严格遵守上级各项规定，坚决抵制不良风气，不断改进工作作风。抓好常委会班子思想建设和能力建设，拓展学习领域，创新学习方式，增强学习效果。进一步完善常委会机关工作制度，不断促进常委会各项工作制度化、规范化。按照理想坚定、政治可靠、业务精湛、作风优良、廉洁勤政的要求，进一步加强机关干部队伍建设，全面提升人大工作的整体水平。

各位代表，做好新形势下的人大工作，我们义不容辞，责无旁贷。让我们在中共海港区委的坚强领导下，把握新常态，抢抓新机遇，谋求新发展，统一思想，真抓实干，奋力推动我区经济社会科学健康发展，为全面建设秦皇岛首善之区、加快“一流主城区和沿海经济增长极”建设进程而努力奋斗！

海港区人民政府政府工作报告

——在秦皇岛市海港区第十四届人民代表大会第五次会议上

海港区人民政府代区长　吕国新

（2016年2月1日）

各位代表：

现在，我代表海港区人民政府，向大会报告工作，请连同《海港区国民经济和社会发展第十三个五年规划纲要（草案）》一并审议，并请区政协委员和列席会议的同志提出意见。

一、"十二五"时期政府工作回顾

"十二五"时期，在海港区的发展历程中极不平凡，面对复杂严峻的经济形势，我们在市委、市政府和区委的坚强领导下，团结依靠全区人民，不断解放思想、更新观念，勇于开拓创新、攻坚克难，圆满完成区十四届人大一次会议确定的目标任务，经济社会发展取得新的成绩。

这五年，经济平稳健康发展，综合实力显著提升。2015年区属地区生产总值达到249亿元，是2010年的1.5倍，年均增长8.9%；全部财政收入达到86.1亿元，其中一般公共预算收入18.4亿元，年均分别增长9.9%和16.1%；实现社会消费品零售总额263.3亿元，年均增长13.4%。五年完成全社会固定资产投资1127.8亿元，年均增长7.7%。坚持高端定位，产业结构不断优化，三次产业比调整为1：24：75。累计推广农业新技术85项、新品种300余个，实施产业化重点项目11个，培育市级以上龙头企业8家，设施蔬菜和优质果品基地分别达到3000亩和20万亩，2015年实现农业总产值3.6亿元。投入技改资金55.4亿元，完成耀华玻璃钢等技改项目98个，新增规模工业企业22家，2015年完成区属规模工业增加值27.8亿元，实现税金2.99亿元，以尼特科技、河北羿珩等企业为代表的高新技术产业逐步壮大。义乌小商品城、国际汽配城、世纪港湾等大型商贸中心相继开业，太阳城升级改造工程全部完工。万村千乡市场工程、家电下乡工程全面推进，新建改造农贸市场12个，建成汽车、建材、家居等一批专业市场。打造了连峪山庄、求仙入海处环幕4D影院等10个旅游新项目，建成全国最长的亲海沙滩木栈道，成功举办5届秦皇望海祈福文化旅游节，汤河花海飘带、金海湾森林公园等4个景点被评选为全市新十佳旅游景区。五年累计接待游客2653万人次，旅游综合收入246.3亿元，分别比"十一五"增长178%和66%。服务外包、文化创意、金融保险等新兴服务业迅速起步。

这五年，投资力度不断加大，发展后劲切实增强。主动对接京津，务实合作取得积极进展。成功举办"全国物流年会""韩国首尔招商会"等一系列招商活动，茂业城市综合体、秦皇皓月城等一批重大项目签约落地。累计引进内资209.7亿元，实际利用外资8.93亿美元，引进内资和外资总额均位列全市第一。五年共实施千万元以上项目405个，累计完成投资1124.2亿元，冀盛物流、环亚二期等363个项目建成投产，65个项目列入省市重点。编制完成大北部、大物流、圆明山片区总体规划。投入25亿元，完成北港大街东延伸、龙港路、热力联网、景观绿化等道路和配套设施工程50项，园区形象和承载力大幅提升。海港高新技术产业开发区和圆明山文化旅游产业聚集区获批省级园区。

这五年，改革创新步伐加快，动力活力竞相迸发。公务卡改革、定点供应商准入制度有效落实，政府采购和行政支付行为更加规范。房地产和“三上”企业统计“一套表”改革全面执行，工商注册登记稳步放开，“营改增”扩围平稳有序，私营企业和个体工商户增加37598家，争创省著名商标、名牌产品和优质产品26个，民营经济贡献率占全部财政收入达到7成以上。完成农村土地承包经营权确权登记颁证9.86万亩，争取到园区部分土地供应权限下放，土地使用效益不断提高。医药卫生体制改革深入推进，政府举办的基层医疗机构药物全部零差率销售。成立金梦海湾管委会、火车站广场管理处和西港新城开发建设办公室，完成镇、街道司法所体制调整。乡镇财政所标准化建设率先通过省级验收。科技创新能力持续提高，新增国家级高新技术企业4家，实施省级以上科技项目37项，专利申请和授权量年均分别增长18%以上，连续三次被评为全国科技进步先进区。

这五年，城乡建设统筹推进，环境面貌变化巨大。修编完善各类城市规划34项，规划基本实现全覆盖。累计投入7.6亿元，完成民族路北延伸、兴凯湖路南延伸、建设大街平改立等主次干道、街巷路建设工程102个，修建农村道路45公里，交通体系更加健全。成片改造棚户区10个、农村危房335户，改善提升老旧小区63个。成功推行城管体制下沉，街巷路、居民小区环卫保洁实现网格化、精细化。新建改造公厕16座，垃圾中转站、收集站36座，综合整治各类道路140条，累计治理占道和店外经营3万余起，拆除违建棚亭1400个，创建精品街巷路12条。开展“森林港城、生态花城”建设，建成公园游园30处，新增城市绿化面积79万平方米、乡村林地2.9万亩，人均公共绿地面积达到10.2平方米，森林覆盖率达到53.1%。投入1.07亿元推进农村面貌改造提升，建设双瓮式厕所4040座，引进分散式太阳能污水处理设备135套，重点村主干道全部硬化，“四清四化”工作顺利完成，东陆庄被评为省级美丽乡村。打响了大气污染防治、近岸海域综合整治、节能减排攻坚战。拆除燃煤锅炉426台，完成285家污染企业综合整治，淘汰黄标车3468辆，渣土运输车辆实现卫星定位全覆盖。投资2.68亿元先后实施西浴场综合改造、小汤河二期等5个近岸海域整治重点工程，新建加固各类塘坝和水库45座，主要河流水质逐年变好。单位生产总值能耗下降19.1%，化学需氧量、氨氮、二氧化硫、氮氧化物排放量均完成市下达我区的目标任务。

这五年，社会事业全面进步，人民生活幸福和谐。实施民心民生工程127项，解决了一批群众关心的热点、难点问题。五年来累计新增就业43425人，基本消除零就业家庭。新增企业养老、医疗保险2.3万人。先后3次低保提标扩面，城市低保标准从每人每月330元提高到470元，农村低保标准从每人每年1600元提高到2900元，累计发放各类救助、救济和补贴资金2.38亿元。新农合参合率达到96.8%。建设各类保障性住房16796套。城镇居民人均可支配收入、农民人均纯收入分别达到30153元和15330元，比2010年增长65.1%和95.6%。新建及改扩建中小学和幼儿园11所，承办全省校舍安全和青少年校外教育现场会，被教育部评为“中小学校长培训项目”优秀县区和首批“全国青少年足球试点区”，顺利通过省政府教育督导评估。区文体中心建成投用，成功创建首批国家公共文化服务体系示范区，港城大讲堂、彩色周末等文体活动蓬勃开展，“开放、包容、崇德、尚美”的海港精神深入人心。建成4家社区卫生服务中心，村卫生室建设模式在全省推广。单独两孩政策全面放开，被确定为国家级人口和计划生育综合改革示范区。新建老年日间照料中心7家、农村幸福院130处，新组建社区居委会16个，解决社区办公用房17处，被评为全国民政工作先进单位、全省养老工作先进区。实施残疾人家庭无障碍改造100户。圆明寺复建落成。完成第三次全国经济普查。区人武部荣获省级先进单位称号。审计、人防、“双拥”、外侨等工作取得新成绩。

这五年，政务环境持续优化，民主法治更加健全。深入开展党的群众路线教育实践活动和“三严三实”专题教育，坚决贯彻落实中央“八项规定”，全面整改违规公务用车、超标办公用房、吃空饷等问题，整治“四风”收效显著。市民中心正式落成，36个部门165项审批事项实现集中办理，承接上级下放审批事项97项，取消50项，累计办理市长公开电话32300件，行政效能明显增强。坚持科学民主决策和依法行政，自觉接受人大、政协监督，切实加强与各民主党派、无党派人士和社会团体的联系，累计办结人大代表建议和政协提案792件，按时办结率、规范化率、满意和基本满意率均达到100%。顺利通过省市“六五”普法验收。圆满完成两次农村委员会和社区居委会换届选举。注重监察审计监督和制度建设，源头防治腐败工作全面加强。综合治理、信访排调、安全生产常抓不懈，应急体系逐步完善，成功创建省级食品药品安全区，安全生产事故率下降10%，刑事发案率下降40%，群众的满意度和安全感不断提升。

2015年是“十二五”的最后一年，也是承上启下的关键之年。通过全区上下共同努力，经济社会发展呈现许多新的亮点：一是实现经济发展速度、质量、效益同步提升。区属地区生产总值增长6%，全部财政收入、一般公共预算收入分别增长6.4%和8.5%，全社会固定资产投资增长12%。6家企业成功挂牌上市，规模以上高新技术产业增加值增长16%。二是顺利完成区划调整，辖区面积增加了496平方公里，未来发展空间更加广阔。三是政府机构改革深入推进，工商、质监与食品稽查大队，卫生与计生，旅游与文体部门正式合并，成立城市管理综合执法局、督查局，监管体系和执法体系更加完善。四是项目建设和招商引资工作再掀高潮，73个项目开工、115个项目竣工，42个项目列入省市重点；设立工业、物流等8个招商工作组，引进内资和实际利用外资分别达到57亿元和1.63亿美元，引进内资总量全市第一，外资总量全市第二。五是城市建设取得突破，成功争取棚改贷款资金26.57亿元，前道西、西王岭等6个棚改项目顺利推进。完成兴凯湖路征拆，长江道西延伸、民族北路等多条道路具备通车条件。六是生态环境得到改善，违法占地、煤矿盗采、河道挖沙等违法行为有效遏制。建成区范围内10蒸吨及以下燃煤锅炉基本拆除，压减水泥产能145万吨，圆满完成纪念抗战胜利70周年空气质量保障任务。七是办实办妥了一批关系人民群众切身利益的民生实事，政府在就业、社保、社会事业方面的承诺全部兑现。2015年各项目标任务的顺利完成，为“十二五”画上了圆满句号。

各位代表！“十二五”时期的工作实践，让我们深刻认识到，必须把加速发展、提升实力作为根本任务；必须把转变发展方式、调整产业结构作为工作主线；必须把增强核心竞争力和可持续发展能力作为重要支撑；必须把深化改革和扩大开放作为强大动力；必须把保障和改善民生作为根本出发点和落脚点；必须把依法行政作为基本原则。只有坚定不移地走科学发展的道路，不断在实践中坚持和发扬成功的经验和做法，才能向着“一流主城区”的强区梦想迈出更加坚实的步伐，取得更加丰硕的成果！

各位代表！我们也清醒地看到，当前海港区经济社会中还存在不少困难和问题。主要是：经济总量不大，外向型经济比重较低，产业链条短，结构亟待优化；创新驱动能力不强，民营经济发展滞后，缺少吸引和留住人才的有效举措；环境治理任务艰巨，生态环境优势逐步弱化，治理难度不断加大；城市体量小，城市功能不完善，承载力不足，滨海特色不鲜明，港口资源利用不充分；劳动就业、社会保障、教育卫生、公共服务等关系群众切身利益的问题仍然较多；个别部门和工作人员工作作风、业务能力、办事效率有待改善和提高。看到问题才能激发斗志，看清问题才能知耻后勇。对于以上问题，我们将在今后工作中，以更大的力度，主动有效地加以解决。

二、“十三五”时期经济社会发展的主要任务

各位代表，“十三五”是全面建成小康社会的决胜时期，也是推进经济结构调整、加快转变发

展方式的攻坚时期，做好各项工作意义重大。一方面，国际国内经济形势严峻复杂，不确定因素增多，经济下行压力依然较大；我区正处于阵痛转型、爬坡过坎的艰难阶段，面临区域竞争更趋激烈、市场供需矛盾突出、投资拉动效应不断减弱等多重困难和挑战。另一方面也要看到，京津冀协同发展战略深入实施，《环渤海地区合作发展纲要》获批，必将催生政策、项目、资金等要素加速汇集；西港搬迁工程的全面启动，行政区划的调整，为我们破解土地制约、做大城市规模、缩小城市发展差距提供了更广阔的空间。海港区已经步入全面突破、跨越赶超的关键时期。对此，我们必须增强忧患意识、危机意识、责任意识，以更大的勇气和魄力破解难题、砥砺前行，奋力开创改革发展新局面。

“十三五”时期，我区经济社会发展的指导思想是：全面贯彻党的十八大和十八届三中、四中、五中全会以及省委八届十二次全会、市委十一届八次全会、区委九届八次全会精神，按照“四个全面”战略布局，坚持“打造一流主城区和沿海经济增长极”奋斗目标不动摇，牢固树立“大海港区”理念，按照“一轴、双核、两翼、三组团”空间布局和“一中心三基地”产业定位，深入实施“开放引领、港城融合、产业强区、创新驱动”发展战略，全面建设秦皇岛首善之区，为实现“沿海强市、美丽港城”发挥主阵地、主窗口、主力军的重要作用。

“十三五”时期，我区经济社会发展的总体目标，概括起来就是“一个全面建成”“两个提前翻番”“五个明显提升”。“一个全面建成”，就是到2020年如期全面建成小康社会。“两个提前翻番”，就是到2019年生产总值比2010年翻一番以上；到2018年城乡居民人均可支配收入比2010年翻一番以上。“五个明显提升”，就是实现区域经济实力明显提升，综合实力在沿海地区位次前移；产业规模明显提升，“一中心三基地”格局基本形成；城市功能和带动能力明显提升，达到或接近中等城市规模；生态环境明显提升，空气、海水质量较大改善；公共服务能力和水平明显提升，社会事业和精神文明全面进步。

为实现上述目标，我们必须深化对经济新常态的认识理解，以习近平总书记提出的“十个更加注重”为引领，将创新、协调、绿色、开放、共享发展理念与区情实际相结合，在保证好的同时争取发展更快、保证质的同时争取总量更大，努力实现更高质量、更有效率、更加公平、更可持续发展。

*未来五年，必须加快产业转型步伐，实现创新发展。*坚定不移实施创新驱动战略，提升产业可持续发展能力，加快构建特色鲜明、布局合理、竞争力强的现代产业体系。一是现代农业出特色。大力发展高效、优质、生态、品牌农业，重点打造一批龙头企业和现代农业园区。力争到2020年，发展合作社和家庭农场20家以上，农业总产值增长20%以上。二是新型工业成规模。坚持传统产业转型升级和培育战略性新兴产业“双轮驱动”，推动装备制造、金属压延、粮油食品、玻璃加工业实现产值倍增、税收倍增，电子信息、生物医药、新能源、新材料、节能环保等新兴产业成为拉动经济增长的主力军，高新技术产业产值达到45亿元以上。三是物流产业提档次。抢抓西港搬迁战略契机，树立港产城一体化理念，不断提升港城合作广度深度。加快港区企业搬迁和园区综合开发利用，发展集装箱联运、大宗商品交易等物流产业，打造区域物流枢纽。四是旅游产业创品牌。将旅游业作为支柱产业和先导产业，积极发展“旅游＋文化”“旅游＋互联网”“旅游＋商务”“旅游＋研学”“旅游＋休闲”五大旅游业态，培育建设旅游信息化示范区和“智慧旅游”景区，力争到2020年增加AA级以上景区9家，争创AAAAA级景区1家，年接待游客人数和旅游综合收入突破800万人次和80亿元。五是现代服务业更繁荣。加快现代服务业提档升级，将文化产业、大数据、生命健康产业培育成新的经济增长点。推动“互联网＋”、影视拍摄、电子商务等一批新业态形成规模。

*未来五年，必须积极融入协同发展大局，实现开放发展。*坚持引进来和走出去并重、引资和引技引智并举，在推进协同发展中跨越赶超，开创开放水平更高、资源流通更顺畅的新局面。一是扩大实体经济规模。大力推进质量兴区、名牌兴企战略，放宽市场准入，市场主体数量保持年

均20%以上的增幅，指导20家企业成功挂牌上市。完善项目建设管理平台，谋划亿元以上项目150个，计划实施千万元以上项目500个，完成投资1000亿元。二是引进战略投资主体。通过举办承接产业转移招商会、缔结友好县区、“1+1”对接、以商招商等形式，加强与京津、珠三角、长三角等发达地区以及东北、内蒙古、山西等腹地的经济交流，集聚高端要素和人才，力争在战略性新兴产业领域达成更多合作。引进内资突破300亿元，利用外资突破10亿美元，年均分别增长10%以上。三是推进全领域综合改革。实施行政审批、医药卫生、公共财政、农村综合配套等重点领域和关键环节改革，完善推动科学发展、促进社会和谐的体制机制，营造更具竞争力的经济社会发展环境。

*未来五年，必须全面实施城乡统筹建设，实现协调发展。*坚持以工促农、以城带乡，加快实施新型城镇化与美丽乡村建设，不断提升城市环境质量和人民生活质量。一是优化城市布局。统筹考虑功能定位、人口规模、土地利用、市政设施等要素，加快推动“一轴、双核、两翼、三组团”空间发展布局，形成城乡一体、配套丰富的规划体系。二是完善城市功能。加快路网等基础设施向北部农村延伸，打通村域连接公路，建成环长城旅游公路，加速沿线经济发展。试点开展地下管廊建设，不断提升城市防洪防涝、市政公用设施综合利用能力，建设海绵城市，开发城市慢行和微循环系统，增加公共空间。三是优化人居环境。实施城市棚户区改造项目14个，农村棚户区改造项目35个，改造36000户。基本完成城中（郊）村改造及老旧小区改善工作，建立灵活多样的物业管理体系。逐年落实塌陷区危房安置，帮助更多涉迁居民住上新居。到2020年辖区内村庄全部打造为美丽乡村。四是提升管理水平。建成数字化、智能化城市管理系统，逐步实现城乡环卫保洁、市政设施管护等职能市场化运作，确保三年内城市管理水平国内一流。

*未来五年，必须坚持生态环境优先战略，实现绿色发展。*遵循代际公平原则，对环境污染行为实施源头严防、过程严管、后果严惩，加快建设资源节约型、环境友好型社会。一是实施绿满港城工程。落实城区园林绿化五年计划，城市区绿化覆盖率达到35.8%，人均公共绿地面积达到11平方米。建设重点防护林体系，打造环城、环村的沿海防护林带，造林10万亩，森林覆盖率达到60%以上。二是实施碧水蓝天工程。加快大小汤河、石河上游环境综合整治和沙河、新开河等河流源头治理，建立区域全覆盖的监测防治体系。完成杜庄、石门寨联片供水工程，解决饮水安全问题。加强大气污染联防联控，淘汰区域范围内燃煤锅炉，实现集中供热。对工业废气、城市扬尘、机动车尾气实施综合治理，逐年减少煤炭消费总量。三是实施生态循环工程。开展“气化”城市行动，推广使用生物质能、太阳能等清洁能源，加快“煤油改气”进程，扩大洁净煤推广使用范围，逐步淘汰落后产能。严格控制城区污染物总量，禁止“三高一资”行业发展，引导全社会绿色生产、绿色消费。

*未来五年，必须更加注重民计民生改善，实现共享发展。*从人民群众最关心、最直接、最现实的利益问题入手，落实好每一件民生实事。全区新增城镇就业5万人，下岗失业再就业2万人，城镇登记失业率控制在4%以内。逐步提高养老、医疗、低保标准，困难家庭和弱势群体实现分类救助、分类施保、应保尽保，彻底消除贫困人口。逐年落实保障性住房建设任务，建立较为完善的住房保障体系。完成18所学校的新建（改扩建）工程，公办幼儿园和普惠性民办幼儿园覆盖率达到67%以上，实现义务教育高位均衡发展。创建2~3所省级群众满意乡镇卫生院。建成覆盖城乡的文化体育设施。坚持惩防并举、严打严管，全力维护社会治安、食品安全和安全生产的良好形势，给群众更多获得感。

各位代表，“十三五”序幕已经拉开，号角已经吹响。我们坚信，有市委、市政府和区委的坚强领导，有全区人民的团结奋斗，“十三五”的宏伟目标一定能够实现，我们必将建成一个更加繁荣、更加秀美、更加幸福的新港城！

三、2016年重点工作安排

各位代表，2016年是实施“十三五”规划开局之年，是京津冀协同发展全面推进的关键一年，做好今年的各项工作，意义重大。综合分析发展环境和现实条件，2016年我区经济社会发展的主要预期目标为：区属地区生产总值增长8%；一般公共预算收入增长7.5%；固定资产投资增长12.5%；社会消费品零售总额增长8%以上；城镇居民人均可支配收入增长8%，农民人均纯收入增长8.5%；全年单位生产总值能耗降低2.5%，化学需氧量、氨氮、二氧化硫、氮氧化物排放量分别削减1%、1%、1.5%和1.5%。围绕目标的实现，我们将重点抓好七个方面的工作：

（一）坚持多点支撑扩投资，保持经济平稳健康发展

牢牢把握京津冀协同发展战略机遇，在更广领域、更高层次深化合作，千方百计增投资、上项目、搭平台，不断增强经济发展后劲。

聚焦协同发展。落实协同发展顶层设计，与北京市通州等县区建立“1+1”对接机制，务实承接教育、医疗、健康养老等领域功能和产业转移。深化与河北师范大学战略合作，密切与国药集团、北京三合汇阳医药等企业对接，积极促成北京大学口腔医院建设。依托金梦海湾和西部新中心片区，引进高端商务会展业态，落户1~2家央企总部。推进西港搬迁工程，加快西港区开发，力争150航道实质性开工；启动东扩港区建设，为引进北京马坊物流等项目创造条件。加大健康养老产业投入，建成一批高端养生社区。

强化项目攻坚。科学编制三年滚动投资计划，储备港航商务聚集区等亿元以上项目150个，力争更多项目被列入国家和省重大建设项目库。强化领导分包、一把手抓项目以及分级调度等工作机制，破解制约瓶颈，确保广电发射塔综合体、欢乐水世界等重大前期项目顺利落地，大润发商业广场、国药乐仁堂等50个项目开工建设，一重机械、旅游产品孵化基地等66个项目竣工投用。全年实施千万元以上项目120个，完成投资230亿元，力争40个项目纳入省市重点。

提升园区实力。按照“做实大北部、畅通大物流、统筹大旅游”的发展思路，整合园区资源，推进园区建设。完成杜庄经济开发区总规和重点片区控规编制，加快与北部工业区基础设施互通互联，实施迎宾北路、规划四路等道路工程，确保南物流路竣工通车，打造装备制造、新材料、新能源产业基地。统筹城市规划与港口规划的衔接，加快临港物流园区建设，启动疏港高速连接线工程，推进东部循环经济园变电站建设。依托农产品冷链物流、传化公路港等项目，大力发展涉港、电商物流产业，建设国家级煤炭交易中心和大宗商品交易中心。加快圆明山文化旅游产业聚集区核心区开发，启动圆明山大街等路网建设，完成供水、燃气、返迁安置房一期等重点工程，引进航空小镇等项目，打造更多旅游品牌。用好上级政策，建设园区投融资平台。

扩大招商实效。创新招商模式，整合工作力量，实现精准招商。关注京津以及东三省、山西等地区产业、资源转移，积极开展“装备制造业”“煤炭产业链”等小团组和产业链招商活动。加强与中核、华润等大型国企，以及燕达、上海新城控股等知名民企合作，引进新能源、城市综合体、旅游等领域战略投资，确保万达城市综合体、有色金属交易中心等10个项目顺利签约。设立招商奖励资金，鼓励企业以商招商，全年引进内资60亿元，实际利用外资2.4亿美元。

（二）坚持转型升级调结构，推动产业素质持续提升

注重加减乘除并举，推进供给侧结构性改革，努力消化存量、提升增量，提高产业竞争力。

加快工业转型升级。深入实施“中国制造2025”战略，加快技术、产品、业态创新。抓住耀华集团重组、蓝图水泥技改、首秦集团扩展产业链等契机，压减玻璃、水泥、钢铁过剩产能，研发生产钢化玻璃手机膜、模块建筑等高端产品。加快博硕光电二期、美铝铸锭生产线、华润雪花啤酒搬迁扩能等项目建设，壮大装备制造业和食品加工业规模。重点扶持蓝海天然气加气设备、尼特智能消防等项目，做好与神华、际华等集团对接，推动新能源、生物医药、电子信息等战略性新兴产业发展。用好专项资金，实施重点技改项目10个，全年新增规模以上工业企业4家，规模工业增加值增长5%以上。

扶持壮大农业经济。编制农业产业规划，大力发展特色优质、高效安全的现代农业。加快老

君顶生态农业观光园、龙凤山庄、宝润生态园等一批休闲园区建设。鼓励发展食用菌、中药材的种植及深加工产业，建设食用菌、蔬菜示范园4个。科学规划畜牧业布局，引导农户生态养殖。扩大板栗、核桃、大樱桃等优势树种种植规模，新增果品种植面积1.4万亩。扶持东旭水果等农业合作组织发展壮大，全年新增市级龙头企业1家、培育市级示范专业合作社2家。加大科技支农力度，引进农作物新品种35个，推广农业新技术15项。抓好山区综合开发，加快特色农业产业带建设，打造1~2个市级经济沟。

综合开发旅游资源。强化"大旅游"发展理念，研究制定旅游产业战略性规划，打造具有滨海风情和山地特色的休闲文化旅游目的地。启动西浴场综合改造三期工程，加快海螺岛等项目建设，开发邮轮游艇、帆船帆板、风筝冲浪、四季浴场等产品，建设高端滨海休闲度假区。整合圆明山、连峪、蟠桃峪等浅山区旅游资源，推进沙河生态文化旅游综合开发，不断壮大养生休闲产业。建设环长城旅游公路，提升董家口、板厂峪等旅游景区品质，做大做强长城文化。依托柳江国家地质公园，打造地质科普教育基地。完成旅游景区管理体制机制改革，抓好旅游市场秩序整治。与北部湾、华侨城等大型集团合作，推动旅游产业向市场化、高端化、品牌化发展。

繁荣商贸流通市场。加快茂业中心项目建设，引导世纪港湾业态多元化发展，形成新的城市商圈。谋划实施太阳城雨来散博物馆项目，打造特色商业街，拓展中心商业区服务功能。谋划新建西部标准化农贸市场，完成天开、秦皇小区等市场蔬菜溯源体系建设。依托港口优势大力发展临港物流产业，与涉港企业和港口集团合作，做好对河港集团国际物流公司、项目投资公司等企业服务，加快水果、成品油、煤炭、粮食等大宗商品交易平台建设。搭建义乌小商品城电商园、"广缘微店""冀优选"等营销平台，扩大新型消费。引导房地产企业转变营销策略，鼓励农民工购房，消化存量房。依托牛贝创意产业园等资源，大力发展文化创意、动漫制作、休闲体育等新兴服务业，扶持楼宇经济，力争新纳统规模以上服务业企业20家以上。

（三）坚持改革创新添活力，破除科学发展制约瓶颈

以改革求突破，以创新促升级，全力破解体制机制障碍，为市场主体创造公平竞争的发展环境。

落实各项改革任务。推进预算绩效改革，提高财政资金使用效益。建立向政府报告和评价预警体系，防范和化解债务风险。加强专资平台建设，稳步推进国库电子支付改革。推广网上并联审批新模式，加速行政审批权限向园区下放，减少审批流程。深化城市管理"四化一沉"属地管理，推进城市管理执法资源整合。完成农村土地承包经营权确权登记颁证8.09万亩。落实供销系统综合改革，稳步推进医药卫生体制、机关事业单位养老保险制度、户籍制度和公车等改革。

扶持实体经济发展。实施新兴产业"双创"三年行动计划，加快大众创业、万众创新步伐。完善"创业指导服务中心"功能，指导大学生创业。争创省著名商标和名牌产品4个。扩大"营改增"范围。搭建贷款融资、人才培训等六大服务平台，成立商业联盟和技术联盟，壮大企业家队伍。全力开展"助保贷"业务，拓宽中小微企业融资渠道，新增实力型中小企业100家以上，指导羿珩、奇石园林等10家企业挂牌上市。

加速科技成果转化。实施创新驱动战略，加快海港高新技术产业开发区建设，吸引更多科技成果落户。扶持北岛博智新能源、青豆荚云科技等孵化器建设，完成省级科技型中小企业认定20家，培育科技小巨人企业2家。嫁接首钢创业公社资源，引入高水平管理团队，打造新型众创空间和创客新城。搭建产、学、研合作平台，力争实施国家、省、市科技计划项目35个，培育国家级高新技术企业2家、市级企业工程技术中心3家。

（四）坚持建管齐抓重统筹，实现城乡面貌综合提升

统筹抓好城市基础配套、城市形象塑造和管理服务提升，不断增强城市的吸引力、承载力和辐射力。

城市规划高水平。按照精明增长、紧凑城市理念，全力推进"一轴、双核、两翼、三组团"

空间布局体系建设，研究“北三镇”功能定位、产业定位以及市政基础设施布局，尽快融入主城区整体发展框架。结合城市总体规划调编，完善农贸市场、医疗卫生、社区用房、公共设施等专项规划，形成指导经济社会发展的规划体系。制定城市绿化、美化、亮化等形象提升方案，搞好城市出入口、主次干道、商业区、广场等重要节点景观设计。成立规划审查委员会，建立专家智库，增强规划科学性和刚性约束。

城市功能更完善。着眼城市功能提升，加快完善市政基础设施。完成世纪港湾出行道路建设。翻修铁路街等5条街巷路。对13个主要交叉路口进行渠化改造，启动钢结构立交桥建设，提高道路通行能力。积极对接农发行等政策性金融机构，发挥棚改贷款资金作用，确保前道西、东李庄等6个棚改项目开工建设，启动秦皇皓月城项目用地一级开发整理，积极协调破解开滦路、交建里、东山等片区拆迁回迁难题。稳妥推进范家店片区征拆，全力整治火车站周边环境秩序。推广建管结合工作模式，对先茂里小区进行改善提升。实施西外环景观提升工程，改造红桥里等5个街头游园，为市民提供新的娱乐休闲、运动健身场所。加快秦青公路整治，改善沿线环境秩序，擦亮城市形象窗口。

城市管理提标准。加快“智慧城市”建设，实现市区两级数字化管理平台联网互动。谋划建设立体式停车场，制定停车场管理长效机制，确保停车管理工作规范化、制度化。巩固市容环境综合整治成果，提升机械化作业率，推动环卫保洁由“扫城”向“洗城”转变，完成秦皇大街样板路打造。强化属地管理，创建10条精品街巷路。包装北部农村垃圾收集转运项目，谋划建设大型垃圾中转站2座、地埋式垃圾站105座、建筑垃圾消纳场1座，加快实施张桥庄垃圾场封场和备用场建设。积极推动城市管理地方立法，提高城市管理执法保障水平。

城乡统筹出形象。按照“四美五改”要求，抓好美丽乡村12个省级重点村创建工作。积极开展农村道路硬化、清洁能源利用等12个专项行动，进一步提升农村形象面貌和基础功能。利用分散式太阳能污水处理、太阳能路灯远程实时监控等新型设施，破解污水、垃圾处理等六大难题。改造200户农村危房，安装300盏太阳能路灯，改善群众生活条件。实施乡村路网建设，配合打通祖山连接线，抓好杜温线、石九线改造，方便群众出行，带动沿线经济发展。

（五）坚持保护环境治污染，建设绿色美好生活家园

坚守生态红线，以更大决心、下更大力气推进环境治理，努力建设绿美港城。

打造绿色屏障。按照“增色添彩见缝插绿”原则，对河北大街、建国路等5条线路进行补植改造，增加城区绿量。做好城市北出口等重要节点绿化美化，在主干道两侧建设成片景林，打造绿色长廊。大力开展乡村造林，着力抓好重点村庄绿化、封山育林等六大工程，全年新增造林面积3.16万亩。做好美国白蛾等病虫害防治工作，坚决打击侵占绿地、乱砍滥伐等各类违法行为，严防森林火灾，巩固造林绿化成果。

强化水系治理。严格落实河长、段长负责制，强化沿河排污口监管，严惩偷排、超排行为。完成金梦海湾海堤加固工程，修缮小（2）型水库和蓄水池5座、生产桥2座。加大石河、大小汤河等主要河流上游环境综合治理力度，涵养水源，确保水质达到二类以上。加强农业面源污染防治，推进畜禽养殖废弃物资源化利用，杜绝污水直排。启动杜庄、石门寨联片供水工程，解决农村饮水问题。

保障空气质量。坚决打好大气污染防治攻坚战和持久战，确保我区空气质量持续好转。鼓励企业清洁生产，推广使用洁净煤3万吨。加强运输车辆和建筑工地监督管理，严格抑制遗撒扬尘。落实各类煤堆、料堆封闭苫盖措施，禁止垃圾、秸秆焚烧行为。加大燃煤锅炉整治力度，淘汰建成区35蒸吨及以下燃煤锅炉，取缔城乡结合部区域10蒸吨及以下燃煤锅炉，确保细颗粒物（PM2.5）浓度下降8个百分点，全年空气质量二级以上天数达到290天以上。

维护生态平衡。推进柳江国家地质公园环境综合治理，恢复保护生态系统。采取覆土、栽植、清理危岩等措施，启动破损山体覆绿或转型修复。开展地质灾害评估论证，加快北部塌陷区植被覆盖。加强对温泉堡等水库的监测管理，严控工业、

生活污染，改善周边生态环境。强化国土综合利用及管理管护，严厉打击盗采煤炭资源、河道挖沙等违法行为。编制矿产资源利用总体规划，逐步淘汰关闭非煤矿山。

推动节能减排。严格执行环境污染和能耗评估制度，有序淘汰高能耗、高污染、高风险化工生产企业。狠抓农村、工业、交通、建筑等领域节能工作，确保中核光伏发电项目顺利推进，华能风电项目开工建设，中硅 20 兆瓦太阳能光伏发电等项目竣工。引导企业加大减排设施项目投资，大力发展循环经济，强化“三尘一烟”治理，加强对医疗、屠宰等重点排污行业的监管。

（六）坚持维护和谐惠民生，满足人民群众热切期盼

按照保基本、兜底线、促公平的要求，尽心竭力办好民生实事，推进基本公共服务均等化。

改善民计民生。谋划启动就业和社会保障服务中心建设，全年新增就业岗位 10000 个，失业人员再就业 4000 人，帮扶就业困难人员 2000 人，城镇登记失业率控制在 4% 以内。扩大社会保险覆盖面，积极关注失地农民参保问题，年内新增企业养老、医疗、失业保险 3000 人。加快低保提标进程，城乡低保标准分别提高到每人 550 元 / 月和 3500 元 / 年。新农合筹资标准提高到每人 490 元 / 年，参合率稳定在 95% 以上。全方位推进精准扶贫，引导贫困户通过家庭手工业等方式实现自主脱贫。启动老年人服务中心二期工程，新建社区日间照料中心 2 个、农村幸福院 30 处。建成各类保障性住房 2100 套以上。

繁荣社会事业。启动文耀里小学和东王岭片区配套学校建设，改扩建第十四中学、东华里小学、小高庄小学等学校，检测加固“北三镇”学校危房。深化教学改革，通过国家义务教育发展基本均衡县评估认定，推进全国青少年校园足球试点区建设。确保西港路社区卫生服务中心“国医堂”正式运营。改扩建港城大街、海港镇、石门寨镇综合文化站，新建农村文体广场 2 个，承办全国青少年帆板锦标赛和重走“海上丝绸之路”启航仪式，大力发展全民健身运动。加强基层社区建设，确保工人南一等 7 个社区办公用房投用，打造“在水一方”全市智慧社区示范点。实施全面两孩政策。完成第三次全国农业普查。做好优抚安置、残疾人和慈善事业。继续抓好人防、档案、外事侨务、民族宗教、年鉴方志等工作。

维护和谐稳定。强化“22+2”巡逻防控机制和“七横八纵”立体化治安预警体系建设，实现全天候见警。巩固食品药品安全区创建成果，夯实基层监管基础，保障群众饮食安全。加快智慧安监系统建设，推进煤矿资源整合，严防重特大安全生产事故发生。大力开展公路治超，确保道路交通安全。加大依法治访力度，不断完善约访下访、提级包案工作制度，削减信访存量。启动海港区地震应急救援培训中心项目，提升防震减灾应急处置能力。

（七）坚持服务为本转作风，全面加强政府自身建设

深入开展“三严三实”专题教育和解放思想大讨论活动，积极适应新常态，强化新思维，施展新作为，提高政府制度化、法治化、专业化建设水平。

不断增强依法行政、科学决策的能力。加快政府职能转变，切实履行好法律赋予的经济调节、市场监管、社会管理和公共服务职能，维护社会公平正义。自觉接受人大法律监督、政协民主监督和社会各界监督。进一步完善公众参与、专家论证和政府决定相结合的行政决策机制，确保科学决策、民主决策。大力推进政务公开，让权力在阳光下运行。强化行政执法督察，畅通行政复议渠道，着力解决有法不依、执法不公等问题。

始终保持奋发有为、务实高效的作风。把上级工作部署和群众关注的热点、难点问题作为落实的着力点，严格按照“菜单式分解、契约化管理、审计式验收、公开化奖惩”要求，健全层层负责、前后衔接、环环紧扣、挂账督办的工作机制，打通决策部署的“最先一公里”和政策落实的“最后一公里”。强化全程跟踪问效，对重点工作、重点项目的推进和落实，实行限时办结制和责任追究制，克服懒政怠政，严惩失职渎职，确保各项工作提质提速。

坚决落实从严治政、廉洁从政的要求。认真贯彻落实中央“八项规定”精神，坚决抵制和纠

正“四风”，强化厉行节约、反对浪费制度建设，确保“三公”经费只减不增。严格落实党风廉政建设主体责任制，深入推进廉政风险全方位预警防控系统建设，加快构建监察、审计、司法联动的行政权力监督机制，切实做到用制度管权管事管人。严厉查处工程建设、政府采购、行政审批和专项资金使用等重点领域的腐败行为，努力做到干部清正、政府清廉、政治清明。

各位代表！壮丽蓝图激励人心，宏伟目标催人奋进。让我们肩负起这份光荣而神圣的历史使命，在市委、市政府和区委的坚强领导下，大力弘扬“开放、包容、崇德、尚美”的海港精神，万众一心，奋发进取，团结拼搏，真抓实干，为圆满完成“十三五”和全年的各项目标任务，加快“一流主城区和沿海经济增长极”建设进程而努力奋斗！

附注：

“万村千乡”市场工程：由商务部牵头实施，旨在加快农村市场体系建设，逐步形成以城区店为龙头、乡镇店为骨干、村级店为基础的农村现代商品流通网络，使农村商品流通初步走上连锁化、网络化、规模化、规范化发展轨道。（P17）

“家电下乡”：由财政部、商务部、工业和信息化部联合发起，顺应农民消费趋势，引导和组织工商联手，开发、生产适合农村消费特点、物美价廉的家电产品。对农民购买纳入补贴范围的家电产品给予一定比例的财政补贴。（P17）

“三上”企业：即年主营业务收入或产品销售收入 2000 万及以上的工业企业，具有建设部门颁发《建筑业企业资质证书》的建筑业企业，限额以上批发、零售、住宿和餐饮企业。（P18）

统计“一套表”：即采用联网直报，将数据直接报入联网直报平台，实现数据从始点直达终点，改变过去从乡到省层层上报的情况。（P18）

“营改增”：即营业税改征增值税，自 2013 年 8 月 1 日开始，在交通运输业和部分现代服务业领域试点实施。（P18）

“四清、四化”：即清垃圾、清杂物、清残垣断壁、清庭院和净化、绿化、亮化、美化。（P18）

“三严三实”：严以修身、严以用权、严以律己，谋事要实、创业要实、做人要实。（P19）

“八项规定”：改进调查研究，精简会议活动，精简文件简报，规范出访活动，改进警卫工作，改进新闻报道，严格文稿发表，厉行勤俭节约。（P19）

“四个全面”：全面建成小康社会、全面深化改革、全面依法治国、全面从严治党。（P20）

“一轴、双核、两翼、三组团”：一轴即以民族路为轴心，继续向北延伸，与秦青公路连接，打造贯通南北的城市主动脉；双核即城市核心区和西部新中心片区；两翼即南部沿海翼和北部长城翼；三组团即大北部工业组团、东部物流组团和北部大旅游组团。（P20）

“一中心三基地”：旅游综合服务中心，临港物流产业基地、先进制造及新材料新能源产业基地、新兴产业及现代服务业基地。（P20）

“十个更加注重”：由习近平总书记在 2015 年中央经济工作会议上提出，绘就了经济新常态下“怎么干”的行动路线图。即推动经济发展，要更加注重提高发展质量和效益；稳定经济增长，要更加注重供给侧结构性改革；实施宏观调控，要更加注重引导市场行为和社会心理预期；调整产业结构，要更加注重加减乘除并举；推进城镇化，要更加注重以人为核心；促进区域发展，要更加注重人口经济和资源环境空间均衡；保护生态环境，要更加注重促进形成绿色生产方式和消费方式；保障改善民生，要更加注重对特定人群特殊困难的精准帮扶；进行资源配置，要更加注重使市场在资源配置中起决定性作用；扩大对外开放，要更加注重推进高水平双向开放。（P20）

海绵城市：是新一代城市雨洪管理概念，是指城市在适应环境变化和应对雨水带来的自然灾害等方面具有良好的“弹性”，也可称之为“水弹性城市”。（P21）

代际公平：指当代人和后代人在利用自然资源、满足自身利益、谋求生存与发展上权利均等。即当代人必须留给后代人生存和发展的必要环境资源和自然资源，是可持续发展战略的重要原则。（P21）

“气化”城市行动：在城市的生产、交通、住房等各个领域推广使用天然气。（P21）

“三高一资”：高成本、高污染、高能耗和资源型。（P21）

“1+1”对接机制：按照市委办公厅《关于建立市直各单位与国家对口部委、各县区与北京区县“1+1”对接机制的通知》（秦办发〔2015〕24号）文件要求：决定建立市直各单位与国家对口部委、各县区与北京区县“1+1”对接机制。（P21）

供给侧结构性改革：从提高供给质量出发，用改革的办法推进结构调整，矫正要素配置扭曲，扩大有效供给，提高供给结构对需求变化的适应性和灵活性，提高全要素生产率，更好满足广大人民群众的需要，促进经济社会持续健康发展。（P22）

《中国制造2025》战略：2015年5月19日，国务院印发《中国制造2025》，部署全面推进实施制造强国战略。（P22）

新兴产业“双创”三年行动计划：《国务院关于大力推进大众创业万众创新若干政策措施的意见》中指出，加快实施新兴产业“双创”三年行动计划，建立一批新兴产业“双创”示范基地，引导社会资金支持大众创业。（P23）

“一级开发”：指由政府或其授权委托的企业，对一定区域范围内的城市国有土地（毛地）或乡村集体土地（生地）进行统一的征地、拆迁、安置、补偿，并进行适当的市政配套设施建设，使该区域范围内的土地达到“三通一平”“五通一平”或“七通一平”的建设条件（熟地），再对熟地进行有偿出让或转让的过程。（P24）

“智慧城市”建设：运用信息和通信技术手段感测、分析、整合城市运行核心系统的各项关键信息，从而对包括民生、环保、公共安全、城市服务、工商业活动在内的各种需求做出智能响应。（P24）

“四美五改”：改房、改水、改路、改厕、改厨，做到环境美、产业美、精神美、生态美。（P24）

“三尘一烟”治理：对煤尘、水泥粉尘、锅炉烟尘和餐饮业油烟污染进行集中治理。（P25）

“22+2”巡逻防控机制：即海港区范围内22个派出所，每周至少安排2天进行夜间巡逻防控，确保全区每天夜间都有5~6个派出所开展街面巡防，以无规律巡逻防控应对无规律违法犯罪。（P25）

“七横八纵”立体化治安预警体系：构建社会治安防控、公共安全管理、重点物品管理、特殊人群管理、治安乱点整治、虚拟社会管控、公共视频监控七项工作向横向扩展，以及实有人口管理、重点人员管控、社区警务、群防群治、行业场所管理、物流寄递监管、情报预警机制建设、反恐防暴八项工作向纵向延伸的“七横八纵”治安防控体系。（P25）

“四风”：即形式主义、官僚主义、享乐主义和奢靡之风。（P25）

中国人民政治协商会议
秦皇岛市海港区第八届委员会常务委员会工作报告
——在政协海港区第八届委员会第五次会议上

海港区政协主席　杨永会

（2016年1月31日）

各位委员，同志们：

我受政协海港区第八届委员会常务委员会委托，向大会报告工作，请予审议，并请列席会议的同志提出意见。

2015 年工作回顾

刚刚过去的一年，区政协在中共海港区委的正确领导下，在全区各界的大力支持下，坚持维大局之要，务为民之实，担和谐之责，尽服务之能，充分发挥协调关系、汇聚力量、建言献策、服务大局的作用，为我区经济社会健康发展做出了积极贡献。

一、统一思想认识，坚定政治方向

坚持正确的政治方向，是人民政协履职的基础。一年来，区政协从抓学习入手，积极组织全体政协委员，认真学习贯彻中共十八大、十八届四中、五中全会和习近平总书记系列重要讲话精神。进一步引导政协委员和各界人士，积极践行社会主义核心价值观，不断增强道路自信、理论自信、制度自信。坚持党的领导不动摇，深入贯彻区委九届七次全会精神，大力践行“开放、包容、崇德、尚美”的海港精神，将区委的决策部署贯穿于履职的全过程，内化为全体政协委员和各界人士的自觉行动。扎实开展“三严三实”专题教育，对照“八破八立”要求，把握问题导向，班子成员做表率，深入查找存在问题，制定整改方案，明确改进措施和努力方向，促进了工作作风的转变。坚持周一主席碰头会，周四机关全体学习日和定期组织委员学习、交流、座谈会制度，把党的理论与政协实际工作相结合，真正做到用党的理论武装头脑，坚定理想信念。

二、完善民主协商机制，政治协商规范有序

深入贯彻中共中央《关于加强社会主义协商民主建设的意见》和中共中央办公厅《关于加强人民政协协商民主建设的实施意见》，结合我区实际，确定年度协商的具体事项和内容。积极探索协商于民、协商为民的新路径，改进调研视察、专题议政的方式方法，拉近人民政协与各界别群众的距离，将人民政协的政治优势和组织优势转化为团结和凝聚各界人士促进经济社会发展的强大合力。

以政协常委会为平台，深入开展专题协商。就我区临港物流产业基地建设进行协商议政，提出了准确把握产业定位，建立完善港口与园区互动机制，积极整合现有传统物流资源和提升我区物流业竞争力等建议，为促进我区物流业转型发展出谋划策，形成的《善借国家政策机遇，推进临港物流产业发展》专题报告，被市政协十二届四次全会选用为大会发言材料。关注市容环境综合整治工作，以主席会形式就此项工作进行专题议政，并邀请区政府有关领导、职能部门参加。在强化日常巡查、加大治理力度、推进城市管理社会化等方面，提出了一批具有可操作性的协商意见，部分意见被相关部门采纳落实。

围绕区委九届七次全会确定的各项目标任务，积极推进对口协商。就融入京津产业发展，促进企业减负，鼓励大众创业、万众创新等事关发展的重点问题，与相关部门、单位进行协商讨论，积极建言献策。相关意见建议得到区委、区政府的重视和肯定，为完善出台相关政策起到了积极作用。

加强提案办理协商。从抓好提案督办检查、跟踪反馈、协调推动等环节入手，探索创新办理机制，不断提高办理实效。完善同类提案集中协商，加强难点提案反复协商，促进各办理单位落实办理责任，研究办理措施，及时与提案人见面、协商、沟通。八届四次全会立案的123件提案全部办复，满意率和基本满意率达到100%。关于持续加强河道环境整治工作、进一步推进农村面貌改造提升等一批重点提案通过深入协商，得到了相关部门的重视和逐步解决。

三、抓住履职重点，服务发展大局

针对区划调整的区情变化，就如何科学推动新区情下的新发展，区政协成立了专题调研组，利用近两个月时间，深入杜庄、石门寨、驻操营三镇进行走访调研，对环境保护、小城镇建设、矿产资源整合、农民增收致富等课题进行了深入研究思考，形成了《关于新形势下我区大旅游圈建设的思考》和《打造北部生态农业产业带，积极推进城乡一体化进程》两个调研报告。提出了科学编制旅游业发展规划，积极整合旅游资源，尽快启动北部山区和海滨景区旅游连接线建设，推动农业与二、三产业融合发展等一批建议，为党政科学决策提供了有益参考。

以我市被确定为国家级康养产业发展试验区为契机，与市政协开展联合调研，撰写了《推进医养融合型健康养老产业发展》的调研报告，提出了承接京津卫生医疗资源，打造康养高端产业集群，完善扶持政策，推进医养融合服务体系建设，促进房地产业与康养产业融合发展等意见建议，受到市政协领导关注，被市政协建议案采纳，进入市级决策视野。

深入开展“走百企”活动，针对经济下行压力加大，企业发展遇到困难的实际情况，组织部分委员先后到天正电气、高鹏泡沫塑料、冀盛物流等30余家企业走访调研，深入了解民营企业生产经营状况，广泛收集企业面临的发展难题。在此基础上，组织开展“新常态、新思维、新发展”企业家委员沙龙活动，围绕在经济发展新常态下更好促进企业经营发展这一主题，与企业家们交流思想，传递信息，共商对策，在推进企业转型升级、加快研发新产品、增强市场竞争力等方面提出了诸多合理化建议，收到了良好效果。

积极为公共卫生服务均衡发展建言，通过实地视察、问卷调查和召开座谈会等形式，多层面、多角度了解我区基本公共卫生服务项目实施情况，并结合我区实际，提出了完善公共卫生服务体系，提升基层公共卫生服务能力；加快建立基层首诊、双向转诊制度；推进基本公共卫生服务与医保统筹挂钩等意见建议，得到区政府及相关部门的重视。

四、坚持团结民主，营造和谐氛围

认真贯彻中央统战工作会议精神，坚持发挥政协作为最广泛爱国统一战线组织的作用，把发扬民主、增进团结、协调关系作为履行职能的着力点，积极促进各党派团体和各界人士的团结合作，推动民主政治建设。充分发挥民主党派、工商联、人民团体和无党派人士在政协组织中的作用，主动邀请他们参加政协的专题协商和调研视察活动，鼓励和支持他们通过政协平台参政议政。坚持求同存异，既在着眼“同”、发展“同”中发扬民主，又在承认“异”、尊重“异”中扩大包容，使各党派团体及各界人士的意愿和主张都得到了充分表达。一年来，各党派团体共计提交提案7件，反映社情民意20件，部分建议得到重视和采纳，政治协商制度优势得到进一步发挥。

积极引导广大委员和各党派团体，从维护

团结稳定大局出发，增强民主监督的责任感、使命感。围绕农贸市场改造、停车场秩序整治、老旧小区物业管理等群众关心关注的热点问题，组织委员先后开展了5次专项视察活动，汇总整理出意见建议25条，有效推动了相关问题的妥善解决。全程参与职能部门行风评议、执法单位特约监督、教师招聘全程监督等活动，共有25名委员被聘为区直部门行风建设特邀监督员和政法机关法律监督员，30余名委员担任了区民主评议行风代表。活动中，委员们深入基层，掌握实情，代表社会各阶层提出了大量的意见和建议，对提高部门工作效率、促进窗口单位作风转变发挥了重要作用。

充分发挥政协组织的广泛代表性和巨大包容性，不断扩大政协系统各项工作的社会开放度，积极为各界群众有序参与政治生活畅通渠道。以政协系统“五个一”活动为载体，广泛了解群众的所思所想、所盼所求。全年共收集社情民意信息70余条，上报市政协25条，向区直有关部门反馈30余条。关于规范便民摊点设置、整治集贸市场外溢、完善居民小区绿化等问题已得到有关部门重视并逐步加以解决。

五、加强自身建设，提高履职能力

注重在优化服务、强化管理、创新载体上下功夫。突出委员主体作用，进一步加强委员队伍建设。通过政情通报会、座谈会、《委员之声》及微信公众号等平台，及时向委员传达党委、政府的相关政策，为委员知情明政创造条件。组织委员参观爱国主义教育基地，召开首届政协委员趣味运动会等形式多样的联谊活动，进一步密切与委员的沟通联系，增强政协组织的凝聚力。加强宣传文史工作，充分利用报纸、广播、电视和政协内部刊物，及时报道政协的各项工作动态。一年来，编发《委员之声》12期，省、市新闻媒体刊发稿件16篇。主动加强与省、市政协文史资料委员会的联系沟通，协助做好《秦皇岛文史资料》《秦皇岛名村名镇》的资料征集工作，在充分发挥文史资料“存史、资政、育人”作用的同时，进一步宣传推介了海港区。

加强工作主动性，结合区划调整，及时召开“北三镇”政协委员培训会，为新接收委员尽快了解区情，更好履行职责创造条件。区政协各位主席、专委会积极参加委员小组活动，力所能及地为委员解难题、办实事，真心诚意地与委员交朋友，全面调动了委员参政议政的积极性。全年各委员活动组开展活动30余次，撰写调研报告17篇，提出意见建议110多条。

全体政协委员树立强烈的社会责任意识，尽己所能地奉献爱心，回馈社会，传播正能量。以区政协系统“同心手拉手”活动为载体，尽心竭力为群众做好事、解难题、办实事。由九三学社海港支社倡导，委员积极参与的帮扶基础薄弱学校建设活动，共计向驻操营学区捐助5万元现金及价值6万余元的图书和体育器材；区政协常委徐××出资6万元，向启航幼儿园捐赠20套空气净化设备；医疗卫生界委员开展义诊活动8次，免费提供总计价值18万元的常用药品，受益群众达3000余人次；经济、科技、农业、群工、政法、城建等组委员，在积极参加区政协统一组织的活动外，还充分发挥各自专长，开展各类爱心帮扶、创业就业指导、心理咨询等志愿服务活动20余场次，服务群众2万余人，捐赠各类善款3万余元，进一步彰显了新时期政协委员的时代风采。

各位委员，过去的一年，八届区政协各项工作开展顺利，取得了一定成绩，主要是中共海港区委坚强领导的结果，是区人大、区政府和社会各界倾力支持的结果，是全体委员团结努力的结果。在此，我谨代表区政协八届常委会，向全体委员和所有关心支持政协工作的各级领导、各界人士表示衷心的感谢并致以崇高的敬意！

2016年工作安排

2016年是实施“十三五”规划的开局之年，也是我区如期实现全面建成小康社会目标的关键一年。总的工作思路是：深入学习贯彻中共十八届五中全会精神，紧扣区委九届八次全会提出的工作目标和主要任务，牢固树立“大海港区”理念，全面落实“开放引领、港城融合、产业强区、创新驱动”发展战略，以产业转型、城乡统筹、生态环境、协同发展、民生改善五个方面为履职着力点，团结广大委员和各参加单位，凝聚发展共识，激发创新活力，增进民生福祉，为全面建成秦皇岛首善之区做出新的贡献。

一、把握时代要求，凝聚思想共识

把学习、宣传和贯彻党的十八届五中全会精神作为2016年政协工作的首要政治任务。通过集中培训、界别联谊、小组活动等方式，组织委员深入学习和把握“创新、协调、绿色、开放、共享”五大发展理念，努力把党的思想和主张转化为广大政协委员和社会各界人士的思想共识，以新的理念引领政协事业发展。认真贯彻区委九届八次全会精神，积极引导各界人士全面了解和把握我区“十三五”规划的目标、任务，把思想和行动统一到区委的重大决策部署上来。牢固树立“大海港区”理念，深入践行海港精神，调动一切可以调动的积极因素，为我区经济社会发展凝聚广泛正能量。

二、围绕中心工作，积极建言献策

紧密结合我区“十三五”期间的战略布局和重点工作，找准政协与全局工作同频共振的结合点、着力点，精准建言、服务大局。组织委员围绕“一个全面建成”“两个提前翻番”“五个明显提升”的目标任务，就港城融合、城乡统筹、优化发展环境等重大问题，开展全方位、多层次的协商议政活动，集合众智提出对策、建议，为“十三五”开好局起好步贡献聪明才智。按照“一中心三基地”产业定位和“一轴、双核、两翼、三组团”空间布局，针对项目园区建设、招商引资、中小企业成长等事关发展的重点问题，提出具有前瞻性、针对性的意见、建议，为党委、政府决策提供参考。抓住京津冀协同发展契机，聚焦我区产业转型发展，就扶持壮大现代农业、加快工业转型、综合开发旅游资源等方面问题，开展形式多样的履职活动。围绕城市布局、环境治理、社会管理等方面，就“北三镇”发展问题，深入调查研究，积极建言献策，为“北三镇”尽快融入全区发展大局贡献智慧和力量。

三、加强民主协商，助力民生改善

深入贯彻中共中央《关于加强社会主义协商民主建设的意见》，充分发挥政协作为协商民主重要渠道和专门协商机构作用，切实把协商民主精神贯穿于履行职责的全过程和各个方面。立足我区实际和政协特点，制定并落实年度协商计划，明确协商内容、规范协商形式、完善协商程序，推进协商民主广泛多层制度化发展。加强与党委、政府工作的有效衔接，围绕康养产业发展、食品药品安全区创建、加快社会治安立体防控体系建设、推进“打非治违”常态化等课题，做好专题协商、对口协商、界别协商、提案办理协商，完善协商成果的采纳、落实和反馈机制，不断提高协商实效。

坚持把关注民生作为政协履行职能的重要内容，重点就物价水平、公共服务均衡发展、社区照料中心和农村幸福院建设、市场建设等民生问题，开展经常性的民主监督活动，促进相关工作的落实。深化政协系统“五个一”活动，组织委员深入基层，深入群众，掌握实情，及时向党委、政府及有关部门反映群众诉求，充分发挥好桥梁纽带作用。

四、切实转变作风，提高工作水平

严格执行中央“八项规定”，把“三严三实”的工作作风落实到政协工作的全过程中去。继续创建学习型、效能型、服务型、廉洁型政协机关，加强机关干部队伍作风建设，更好地发挥综合协调、服务保障作用。要按照懂政协、会协商、善议政的要求，进一步加强政协委员队伍建设，着力提升委员发现问题、研究问题、解决问题的能力。把调查研究作为提高履职能力的根本，努力使提出的建议言之有物、言之有据、言之有理，切实提高政协委员的参政议政水平。健全完善委员联络机制，强化委员履职考核。进一步增强委员意识，珍惜委员荣誉，履行委员职责，维护委员形象，切实发挥好委员在政协工作中的主体作用、本职工作中的带头作用和界别群众中的代表作用。

各位委员，发展充满希望，事业凝聚人心，使命催人奋进。让我们在中共海港区委的坚强领导下，倍加珍惜时代机遇，倍加珍惜组织重托，倍加珍惜人民期盼，以更加高昂的斗志、更加科学的方法、更加务实的作风，为我区打造一流主城区和沿海经济增长极贡献新的智慧和力量！

海港区国民经济和社会发展第十三个五年规划纲要

（2016～2020年）

根据中共海港区委《关于海港区国民经济和社会发展第十三个五年规划的建议》，区政府组织编制了《秦皇岛市海港区国民经济和社会发展第十三个五年规划纲要》（以下简称《纲要》）。《纲要》的实施，对于深入践行科学发展观，加快经济发展方式转变，全面落实十八届五中全会，中央、省、市经济工作会议精神，建设小康社会的新要求，加快现代化进程，具有十分重大意义。《纲要》主要阐明未来五年我区发展战略意图、明确政府工作重点，引导市场主体行为，是全区各级政府部门依法履行职责、编制实施年度计划和制定各项政策措施的重要依据，是今后五年我区经济社会发展的宏伟蓝图，是全区人民共同奋斗的行动纲领。

序　言

“十二五”时期，海港区发生了令人瞩目的变化。面对严峻复杂的宏观环境，区委、区政府带领全区人民，坚持以科学发展观为统领，按照“打造一流主城区和沿海经济增长极”战略部署，紧紧围绕“一中心三基地”产业定位和“一线两片三组团”的城市发展布局，积极应对多种不利因素影响，突出经济转型升级、产业集群培育、城市功能完善、民生保障和生态环境改善，建设一流主城区取得积极进展。“十二五”经济社会发展所取得的成就，是区委、区政府团结带领全区人民开拓进取、共同奋斗的结果；是深入贯彻落实科学发展观，加快转变发展方式的结果；是深化改革开放，不断探索创新的结果。刚刚过去的五年，谱写了海港区发展的辉煌篇章，成绩来之不易，成就鼓舞人心，经验丰富宝贵，为打造“一流主城区和沿海经济增长极”，率先建成小康社会，奠定了更加坚实的基础。面向“十三五”未来五年，海港区已经站在一个更高的历史新起点上。

第一章　现实基础和发展环境

一、“十二五”经济社会发展回顾

“十二五”时期，全区上下大力弘扬“开放、包容、崇德、尚美”的海港精神，深入贯彻落实科学发展观，积极实施“产业强区”战略，综合经济实力不断增强，改革开放不断深化、项目建设扎实推进、城市功能显著提升、公共服务日臻完善、生态环境不断优化、和谐社会更加夯实，“十三五”规划发展基础更加牢固。

（一）*发展提速，实力增强，产业结构更加合理。*“十二五”时期，区属地区生产总值年均增长8.9%，2015年完成总量是2010年的1.5倍；全部财政收入达到86.1亿元，其中一般公共预算收入18.4亿元，年均分别增长9.9%和16.1%；实现社会消费品零售总额263.3亿元，年均增长

13.4%。五年完成全社会固定资产投资1127.8亿元，年均增长7.7%。产业结构不断优化，三次产业比例调整为1∶24∶75。现代农业快速发展，累计推广集约化育苗、节水降温灌溉等农业新技术85项、新品种300余个，培育牧羊源、仙岛酿造等市级以上龙头企业8家，设施蔬菜和优质果品基地分别达到3000亩和20万亩，农业总产值突破3.6亿元。工业经济稳步增长，新增规模工业企业22家，完成耀华玻璃钢等98个技改项目，累计投资55.4亿元；2015年完成区属规模工业增加值27.8亿元，年均增长3.6%，以尼特科技、河北羿珩等企业为代表的高新技术产业逐步壮大，环亚设备、博硕光电成功挂牌上市。服务业蓬勃发展，世纪港湾、义乌小商品城等大型商贸中心相继开业，太阳城升级改造工程全部完工。万村千乡市场工程、家电下乡工程全面推进，新建改造农贸市场12个，建成汽车、建材、家居等一批专业市场。打造连峪山庄、求仙入海处景区环幕4D影院等10个旅游新项目，汤河花海飘带等4个景点被评选为全市新十佳旅游景区。五年累计接待游客2653万人次，旅游综合收入突破246.3亿元，年均增长13.2%和23.3%。

（二）改革创新，攻坚破难，体制机制全面优化。科技创新能力持续提高，新增国家高新技术企业4家，实施省级以上科技项目37项，专利申请和授权量年均分别增长18%以上，连续三年被评为全国科技进步先进区。加快推动各项事业改革，全面梳理和审核政府债务，政府负债率持续下降。公务卡改革、定点供应商准入制度有效落实，政府采购和行政支付行为更加规范。出台《综合治税实施意见》等4项规范性文件，进一步完善属地纳税体制。房地产和“三上”企业统计“一套表”改革全面执行，工商注册登记稳步放开，“营改增”扩围平稳有序，私营企业和个体工商户增加37598个，争创省著名商标、名牌产品和优质产品26个，民营经济贡献率占全部财政收入达到7成以上。完成农村土地承包经营权确权登记颁证9.86万亩，争取到园区部分土地供应权限下放，土地使用效益不断提高。医药卫生体制改革深入推进，政府举办的基层医疗机构药物全部零差率销售。探索城管体制下沉，街巷路、居民小区环卫保洁实现网格化、精细化。成立金梦海湾管委会、火车站广场管理处和西港新城开发建设办公室，完成镇、街道司法所体制调整。乡镇财政所标准化建设率先通过省级验收。

（三）狠抓项目，筑牢平台，发展活力愈发彰显。主动对接京津，务实合作取得积极进展。成功举办“全国物流年会”“韩国首尔招商会”等一系列招商活动，茂业城市综合体等一批重大项目签约落地，累计引进内资209.7亿元，实际利用外资8.93亿美元，引进内资和外资总额均位列全市第一。五年共实施千万元以上项目405个，累计完成投资1124.2亿元。实施省、市重点项目65个，累计完成投资297.9亿元，冀盛物流、国际汽配城等363个项目建成投产。海港高新技术产业开发区和圆明山文化旅游产业聚集区获批省级园区。编制完成大北部、大物流、圆明山片区总体规划。累计投入25亿元，实施北港大街东延伸、龙港路、热力联网、景观绿化等道路和配套设施工程50项，园区形象和承载力大幅提升。

（四）科学探索，统筹兼顾，城乡面貌焕然一新。修编完善各类城市规划34项，规划基本实现全覆盖。累计投入城建资金7.6亿元，新建改造城市主次干道、街巷路102条，修建农村道路45公里。创建精品街巷路12条，综合整治各类道路140条。拆迁拆除建筑130万平方米。先后实施10个城中村改造，63个老旧小区完成改善提升，建设各类保障性住房项目16796套，返迁房、商品房500万平方米。投入1.07亿元，对63个村进行面貌改造提升，栽植各类树木30万株，建设双瓮式厕所4040座，引进分散式太阳能污水处理设备135套，实施饮水安全工程10个，重点村主干道全部硬化，“四清四化”工作顺利完成，东陆庄村被评为省级美丽乡村。不断探索城市精细化管理，累计投入8000万元，共治理占道和店外经营33636起，惩处马路遗撒556起，规范门牌字匾2618块，拍卖大型户外广告位56处，拆除违建棚亭1400个。购置机械化作业车辆33台，新建改造公厕16座，垃圾中转站、收集站36座，投放果皮箱4202个，累计清理城区积存垃圾17万吨。先后新建和改造“环卫之家”8处。

（五）绿色发展，决心治污，生态建设成效

显著。打响了大气污染防治、近岸海域综合整治、节能减排攻坚战。共拆除燃煤锅炉426台，完成285家污染企业综合整治，淘汰黄标车3468辆，渣土运输车辆实现卫星定位全覆盖。累计投资2.68亿元，先后实施西浴场综合改造、小汤河二期治理等5个近岸海域整治重点工程，新建加固各类塘坝和水库45座，主要河流水质逐年变好。累计削减煤炭消费量67.6万吨，提前一年完成“十二五”单位生产总值能耗下降17%的任务目标。化学需氧量、氨氮、二氧化硫、氮氧化物排放量均完成市下达我区的目标任务。生态建设成效显著，西浴场综合改造一期、二期工程完工，建成全国最长的亲海沙滩木栈道，沿河、环山造林成效显著，新增城市绿地79万平方米、乡村林地2.9万亩，人均公共绿地面积10.2平方米，森林覆盖率达到53.1%。

（六）助推民生，服务社会，人民生活幸福和谐。实施民心民生工程127项，解决了一批群众关心的热点、难点问题。五年来累计新增就业43425人，基本消除零就业家庭。城镇居民人均可支配收入、农民人均纯收入分别达到30153元和15330元，比2010年分别增长65.1%和95.6%。新增企业养老、医疗保险2.3万人。先后3次低保提标扩面，城市和农村低保标准分别达到470元每人每月和2900元每人每年，提高42.4%和81.3%，提标比例全省领先。新农合筹资标准由230元提高到490元，参合率达到96.8%。教育、文体、医疗、社区等方面条件不断改善。新建及改扩建中小学和幼儿园11所，外语实验学校和建设路小学获得“全国节约型校园”殊荣，承办全省校舍安全和青少年校外教育现场会，被教育部评为“中小学校长培训项目”优秀县区和首批“全国青少年足球试点区”，顺利通过省政府教育督导评估。区文体中心建成投用，精神文明创建以及港城大讲堂、彩色周末、全民健身周等文体活动蓬勃开展，成功创建首批国家公共文化服务体系示范区。建成西港路等政府举办的4家社区卫生服务中心、36个村卫生室，村卫生室建设模式在全省推广。人口自然增长率控制在6.5‰以内，单独两孩政策全面放开，被确定为国家级人口和计划生育综合改革示范区。新建老年日间照料中心（站）7个、农村幸福院130处，各类便民市场12座。新组建社区居委会16个，解决社区办公用房17处，被评为全国民政工作先进单位、全省养老工作先进区。实施残疾人家庭无障碍改造100户。圆满完成第三次全国经济普查。区人武部荣获省级先进单位称号。审计、人防、“双拥”、外侨等工作取得新成绩。

（七）服务为本，效能提高，政府职能切实转变。深入开展党的群众路线及“三严三实”专题教育活动，坚决贯彻落实中央“八项规定”，全面整改违规公务用车、超标办公用房、吃空饷等问题，整治“四风”成效显著。积极推行日报告、周例会、月调度以及首问负责制、承诺必践制、限时办结制和行政问责制，36个部门165项审批事项实现集中办理，承接上级下放审批事项97个，取消50项，行政效能明显增强。坚持科学民主决策和依法行政，自觉接受人大、政协监督，切实加强与各民主党派、工商联、无党派人士和社会群众团体的联系，累计办结人大代表建议和政协提案792件，按时办结率、规范化率、满意和基本满意率均达到100%。加大普法宣传力度，加快民主法治进程，顺利通过省市“六五”普法验收。圆满完成两次农村委员会和社区居委会换届选举。正式接收石门寨、杜庄、驻操营三镇，顺利完成行政区划调整。综合治理、信访排调、安全生产常抓不懈，应急体系逐步完善，五年内未发生一起食品安全事故，安全生产事故率下降10%。圆满完成历次重大活动、重点时段、重要任务期间信访维稳和安全保卫工作，刑事发案率下降40%。

在取得积极成就的同时，我区经济社会发展仍存在一定困难和问题，主要表现在：一是经济发展整体质量不优。产业类型单一，外向型经济比重较低，产业链条短，结构亟待优化；创新驱动能力较弱，对辖区科研院所利用不足，企业创新能力不强，产品科技含量和附加值不高；中小企业发展慢、数量少，民营经济发展滞后，活力不足。园区基础设施建设滞后，发展带动作用不强。二是生态环境治理任务艰巨。生态环境优势逐步弱化，治理难度越来越大。行政区划调整后，治污和减排压力骤增。石门寨、驻操营地区非煤矿山密集，矿山开采带来的山体破坏较为突出，治理难度较大。三是城市功能不完善。城市体量小，承载力不足，社会事业和公共服务水平较低，吸引高端人群聚集的能力不强；对最具优势的港口及相关产业缺乏了解，主观上为港口服务的意识不够，港、产、城融合互动不足。缺乏统一的城市定位和规划，没有独特的城市标识，滨海城市主城区的品牌不够靓、名气不够大、特色不明显。四是公共服务投入不足。在经济下行、"营改增"深入推进和税源企业逐渐流失等多重因素影响下，财政持续增收乏力问题逐步显现。特别是区划调整后，区财政需增加大量资金用于公共服务支出。

专栏1："十二五"时期经济和社会发展指标完成情况

类别	指标名称	"十一五"末	"十二五"目标		完成情况		指标属性
		2010年	2015年	年均增速(%)	2015年实际	年均增长(%)	
经济增长	区属地区生产总值(亿元)	162.30	299	13	249	8.90	预期性
	人均生产总值（元）	28896	48691	11	36087	4.60	预期性
	一般公共预算收入(亿元)	8.70	16	13	18.40	16.10	预期性
	社会消费品零售总额(亿元)	140.20	245	13	263.30	13.40	预期性
	全社会固定资产投资(亿元)	162.20	495	25	235.70	7.70	预期性
城市化水平	城市化率（%）	94.20	94.70	0.50	94.90	—	预期性
	城市人口密度（人/平方公里）	2950	3000	—	3379	—	预期性
	人均公共绿地面积（平方米/人）	8.56	19	—	—	—	预期性
	城镇人均住房面积（平方米/人）	28	35	—	—	—	预期性
	教育事业费支出（万元）	34000	50000	8	82523	—	预期性
	科学事业费支出（万元）	350	1000	23	1106	25.90	预期性
可持续发展	人口自然增长率（‰）	4.50	6.50	—	4.15	—	约束性
	城镇登记失业率（%）	4	7以内	—	2.78	—	约束性
	五年累计新增城镇就业（万人）	—	【4.2】	—	【4.34】	—	预期性
	五年转移农村劳动力就业（人）	【2193】	【2500】	—	390	—	预期性
	垃圾无害化处理率（%）	90	100	—	100	—	预期性
人民生活	城镇居民人均可支配收入（元）	18259	29406	10	30153	10.60	预期性
	农民人均纯收入（元）	7836	12620	10	15330	14.40	预期性
	新农合参合率（%）	93.20	95	—	96.80	—	预期性
	社会治安满意率（%）	95以上	95以上	—	95以上	—	约束性

注：1. 地区生产总值年均增长率按可比价测算；
2. 带【 】为五年累计数

二、"十三五"发展环境分析

"十三五"时期，是海港区全面建成小康社会的决胜期，也是在新起点上转型发展、跨越赶超，全面建设秦皇岛首善之区的关键时期，也是全面深化改革、深入推进京津冀协同发展的攻坚期、加速期，既面临着难得的历史机遇，也面临着诸多风险挑战。

（一）实现率先发展的机遇期。从国际看，和平与发展的时代主题没有变，世界多极化、经济全球化、文化多样化、社会信息化深入发展，世界经济在深度调整中曲折复苏，新一轮科技革命和产业变革蓄势待发。从国内看，经济发展进入新常态，国家着力实施创新驱动发展战略，改革红利加速释放，区域合作发展深入推进，经济发展方式加快转变，新的增长动力正在孕育形成，新型工业化、信息化、城镇化、农业现代化同步发展，促进经济保持中高速增长、迈向中高端水平，经济长期发展向好的基本面没有变。从区域看，环渤海地区成为国家新一轮空间开发的重点，京津冀协同发展、"一带一路"等重大战略全面推进，《环渤海地区合作发展纲要》获批，全市行政区划调整，都为我区经济转型、率先发展注入了前所未有的动力和活力。综合判断，我区处于可以大有作为的战略机遇期，区域发展战略的全面展开，有利于我区集聚国内外先进要素，实现新一轮高水平对外开放。

（二）转方式调结构的攻坚期。“十三五”时期，我区经济社会发展面临着内外双重压力。从内部看，我区产业层次低，传统制造业升级不快，服务业内部结构不合理，科技创新能力有待突破，消费潜力挖掘不足，基础设施相对滞后，城乡发展差距较大，节能减排压力持续加大。从外部看，国际金融危机深层次影响在相当长的时间内依然存在，外部环境不稳定、不确定因素增多。以低碳技术、绿色技术、生物技术、数字技术等为主要特征的新一轮科技革命成为全球经济复苏的新引擎，资源环境问题成为全球关注的重点，对我们现有的生产方式、消费模式构成新的挑战。这些矛盾和问题，严重影响到经济的平稳运行和持续发展。“十三五”期间，必须把转方式、调结构作为一项紧迫的战略任务，勇于攻坚，用心破解，坚持走特色转型发展之路。

（三）深化社会管理的关键期。随着经济持续增长和发展方式的深刻转变，广大群众对加强社会建设、改善公共服务的需求更加强烈，对加快收入分配调整、协调利益关系的呼声不断提高，维护社会和谐稳定的任务更加艰巨。“十三五”时期必须把保障和改善民生放在更加重要的位置，进一步增强政府社会管理能力，构建以政府为主导的社会管理新格局，顺应民意、惠及民生，搞好社会服务，加强社会管理，让更多的人学有所教、劳有所得、病有所医、老有所养、住有所居，实现经济社会协调发展。

第二章　总体要求和目标任务

一、指导思想

以党的十八届五中全会、省委八届十二次全会、市委十一届八次全会以及中央、省、市经济工作会议精神为指导，抢抓京津冀协同发展和环渤海地区合作发展契机，牢固树立“大海港区”理念，按照“一中心三基地”产业定位（旅游综合服务中心，临港物流产业基地、先进制造及新材料新能源产业基地、新兴产业及现代服务业基地），深入实施“开放引领、港城融合、产业强区、创新驱动”发展战略，坚持用解放思想添动力，坚持用深化改革增活力，坚持用改善民生促和谐，坚持用从严治党聚合力，全面建设秦皇岛首善之区，为实现“沿海强市、美丽港城”发挥主阵地、主窗口、主力军作用。

二、基本原则

面对新的发展机遇和挑战，我们必须充分发挥区位优势，立足当前谋划长远发展，抢抓“一带一路”、京津冀协同发展、环渤海地区合作发展等重大战略机遇，遵循“协同发展、转型升级、又好又快”的主基调，坚持打造一流主城区和沿海经济增长极的奋斗目标不动摇，力争用五年时间，把海港区基本建设成为集“文化游、生态游、观光游、休闲游”于一体的高端知名休闲旅游度假区；聚焦战略性新兴领域，发展低碳产业，提高资源综合利用水平，建设成为生态经济示范区，初步形成经济、人口与资源环境相协调的发展格局。

——坚持创新驱动。把创新作为推动我区经济社会发展的动力源泉，大力弘扬创新精神，优化创新环境，构建区域创新体系，提高自主创新能力，建设创新型城市示范区。加快培育战略性新兴产业，形成竞争新优势，构筑发展新动力，实现科技创新、制度创新与管理创新的有机统一。

——坚持转型发展。把转型发展作为未来发展的基本路径，推动形成有利于发展模式转型的体制机制，把发展模式转换到内需主导、消费驱动的轨道，把增长动力转换到科技引领、创新驱动的轨道，把社会建设方向转换到扩大公共服务、完善社会管理的轨道，把生产生活方式转换到绿色发展、生态文明的轨道。

——坚持绿色发展。把建设资源节约型和环境友好型社会作为可持续发展的重要举措，完善节约能源资源和保护生态环境的体制机制，大力发展低碳经济和循环经济，促进人与自然和谐发展。强化全社会节能环保意识，加大绿色投资，倡导绿色消费，促进绿色增长，实现经济效益与社会效益、生态效益的有机统一。

——坚持协调发展。把统筹兼顾、协调发展作为推动科学发展的根本方法，正确认识和妥善处理发展中各个方面、各个环节的关系，增强发展的稳定性、协调性、平衡性和可持续性。在优化结构、提高效益、降低消耗、保护环境的基础上，实现经济发展与社会和谐的有机统一。

——坚持开放发展。把扩大开放作为带动创新、推进改革、促进发展重要突破口，牢固树立开放发展理念，着力破除制约发展的思想障碍和制度藩篱，以更大的决心和勇气突破重点领域改革，以改革红利对冲经济下行压力，面向京津、面向全国、面向世界，全方位扩大开放。

——坚持共建共享。把改善民生作为经济社会发展的最终目的，坚持发展为了人民、发展依靠人民、发展成果由全体人民共享。把发展的出发点和落脚点真正体现在富民、惠民、安民上，努力实现基本公共服务均等化，促进社会公平，构建和谐社会，实现富民与强区的有机统一。

三、发展目标

经济保持中高速增长，在提高发展平衡性、包容性、可持续性的基础上，到2020年经济总量实现倍增，区域竞争力日益增强，创新能力显著提升，产业结构明显优化，经济发展模式转型取得成效。生态建设继续加强，人居环境明显改善。城乡居民收入普遍较快增加，基本实现全民社会保障。基础设施更加完善，布局合理、区域协调、经济高效、社会和谐的城镇化新格局基本形成。

（一）综合实力进一步增强。地区生产总值达到418.7亿元，年均增长8%，到2019年比2010年翻一番以上。一般公共预算收入达到27.6亿元，年均增长8％，社会消费品零售总额达到408.3亿元，年均增长9%。

（二）经济结构进一步优化。产业结构更加合理，战略性新兴产业逐步形成，高新技术产业产值年均增长10%以上，占规模以上工业总产值比重达到15%。全区服务业增加值年均增长10%。传统农业向高效现代农业转型。

（三）创新能力进一步提升。人才聚集效应不断扩大，产学研合作更加紧密，创新平台建设取得新进展，科技企业整体竞争力进步提升。培育高新技术企业18家，市级以上企业工程技术中心5家，实施市级以上科技项目80个。

（四）生态环境进一步优化。资源节约型和环境友好型社会建设步伐加快，单位GDP能耗比2015年下降15%以上，化学需氧量、氨氮、二氧化硫、氮氧化物排放、可吸入颗粒物（PM10）、臭氧、细颗粒物（PM2.5）全部达到省、市要求。水环境功能区达标率90%，城市生活垃圾无害化处理率100%。全区森林覆盖率60%，人均拥有公共绿地面积11平方米。

（五）居民生活进一步改善。居民收入实现与地区生产总值同步增长，到2018年实现城乡居民可支配收入比2010年翻一番以上。城镇居民可支配收入达到44305元，年均增长8%；农民人均纯收入达到23051元，年均增长8.5%。累计实现就业5万人（次），城镇登记失业率控制在4%以内。新型农村合作医疗参合率达到95%以上，城乡居民基本养老保险适龄参保率98%。

专栏2："十三五"时期经济和社会发展指标安排

序号	指标名称	2015年	2020年	年均增长（%）	指标属性
	经济发展（6项）				
1	*地区生产总值（亿元）	285	418.70	8	预期性
2	一般公共预算收入（亿元）	18.80	27.60	8	预期性
3	社会消费品零售总额（亿元）	265.40	408.30	9	预期性
4	规模以上工业增加值（亿元）	46.30	59.10	5	预期性
5	引进市外内资（亿元）	57	80以上	—	预期性
6	实际利用外资（亿美元）	1.60	【10】	—	预期性
	生态环境建设（9项）				
7	单位GDP能耗下降（%）	2.50	【15】	3	约束性
8	垃圾无害化处理率（%）	100	100	—	预期性
9	化学需氧量排放累计下降（%）	1.20	—	达到市要求	约束性
10	氨氮排放总量累计下降（%）	1.20	—	达到市要求	约束性

续专栏 2

序号	指标名称	2015 年	2020 年	年均增长（%）	指标属性
11	二氧化硫排放总量累计下降（%）	1.49	—	达到市要求	约束性
12	氮氧化物排放总量下降（%）	1.31	—	达到市要求	约束性
13	细微颗粒物（PM2.5）浓度下降（%）	26.20	—	达到市要求	约束性
14	空气质量优良天数比率（%）	70	—	达到市要求	约束性
15	森林覆盖率（%）	47.60	60	—	预期性
民生保障（10 项）					
16	城镇居民人均可支配收入（元）	30153	44305	8	预期性
17	农民人均纯收入（元）	15330	23051	8.50	预期性
18	*城乡居民人均住房面积（平方米）	—	35	—	预期性
19	五年累计新增城镇就业（万人）	【4.34】	【5】	—	预期性
20	五年转移农村劳动力就业（人）	【3815】	【3000】	—	预期性
21	城镇登记失业率（%）	2.78	4 以内	—	约束性
22	城镇化率（%）	94.90	96.80	—	预期性
23	新农合参合率（%）	96.80	95 以上	—	预期性
24	城镇棚户区住房改造（套）	44	【2453】	—	预期性
25	社会治安满意率（%）	95 以上	95 以上	—	约束性

注：1. 地区生产总值年均增长率按可比价测算

2. 带【 】为五年累计数

3. 指标体系主要按市《规划纲要》要求制定，不带 * 指标为市定指标，带 * 为我区自行设定指标。

第三章　加强生态建设　构建资源节约环境友好型社会

牢固树立“绿水青山就是金山银山”的发展理念，把建设资源节约型、环境友好型社会作为加快转变经济发展方式的重要着力点，加大生态建设和环境保护力度，转变资源利用方式，大力发展循环经济和低碳产业，增强区域可持续发展能力，着力打造“生态城市、绿色港城”的宜居新城区。

一、筑牢生态安全屏障

注重绿色生态建设。实施城区园林绿化五年计划，按照“增量、添色、调优”的绿化规划理念，突出抓好河北大街等城区主次干道增绿改造，全面增加城区绿量，城市区绿化覆盖率达到35.8%，人均公共绿地面积达到 11 平方米。以山区造林、水系生态林建设和村镇植树为重点，加大植树造林力度，加快膨胀森林资源，提高生态防护和碳汇功能，突出抓好通道绿化、片区造林、社会造林工程，加大京沈高速、102 国道、兴凯湖路等道路沿线、城市出入口的绿色廊道建设，全力打造环城、环村和沿海沿路沿河防护林带。“十三五”期间，全区完成造林补植 10 万亩，森林覆盖率达到 60% 以上。

加强生态涵养区保护。重点加强北部低山丘陵生态控制区的保护。保持城市建设空间规划刚性，严格禁止潜在生态危害类项目进驻。实施退耕还林、封山育林、水源涵养、植被修复等系列保护和治理工程，强化森林资源管护，提高山地的植被质量，基本建成本色、自然的山地生态安全屏障。因地制宜发展生态园区建设，开发资源环境可承载的圆明山文化休闲养生特色旅游，促进保护与开发的协调推进。编制矿产资源利用总体规划，实行全区域矿山露天开采全部退出，推进矿山复绿和综合开发，提升山地生态功能。开展地质灾害评估论证，实施塌陷区居民搬迁安置、土地复垦和再利用、生态修复等综合治理工程。严厉打击非法盗采煤炭资源、河道挖沙等违法行为，筑牢生态屏障。

二、加强资源节约集约利用

强化资源综合利用管理。鼓励可再生能源的开发利用，引导有条件的企业建设内部能源回收利用和企业间能源梯级综合利用等系统。加大节水新技术、新工艺、新装备的推广力度，逐步推进地表水、雨水、中水、海水综合利用。继续实行最严格的耕地保护制度，统筹规划调配用地，提高土地投资强度和产出效益，推动低效用地再开发和工矿废弃地复垦，落实占补平衡、占优补优政策，盘活闲置、低效利用土地。加强对生活垃圾、建筑垃圾的规范管理，提高固体废弃物无害化处置与资源化利用水平。

大力发展循环经济。按照减量化、再利用、资源化原则，推进企业循环式生产、产业循环式组合、园区循环式改造，促进生产和生活系统的循环链接，构建覆盖全社会的资源循环利用体系。优化能源利用结构，大力开展“气化”城市行动，优先发展高效清洁煤电，扩大清洁能源消费。以中核电力等企业为依托，安全发展核电等非化石能源，以华能风电、英利能源、日新科技光伏发电等项目为支撑，科学发展风能、太阳能和生物质能等可再生能源，提高能源普惠服务水平。培育循环经济产业链条，搞好上下游产品配套，鼓励开展以工业废渣、废水、废气为重点的资源综合利用，完善产业链、产品链和废物资源利用链，实现能量的梯级利用、资源的循环利用。积极发展生态循环农业，推广绿色种植和清洁养殖。

大力倡导绿色生活方式。坚持节约优先原则，树立节约集约循环利用的资源观，培养公民环保意识，推动全社会形成绿色生产、绿色消费自觉。推广绿色消费模式。倡导文明、节约、绿色、低碳消费理念，形成绿色生活方式和消费模式。鼓励消费者购买使用节能节水产品、节能环保型汽车和节能省地型住宅，减少使用一次性用品，限制过度包装，抑制不合理消费。大力推广使用新能源汽车，加快推进城市车用充电网络、充电桩建设。倡导步行及利用自行车、公共交通工具出行等“绿色交通”理念。推行政府绿色采购，逐步提高节能节水产品和再生利用产品比重。加强全社会生态文明教育和科普宣传，培育绿色文化，弘扬生态道德，提高全民生态文明素养，形成生态文明社会新风尚。

三、提升生态环境质量

实施大气污染防治攻坚。开展压煤、降尘、减排、节能集中攻坚，落实区域大气污染联防联控和监测预警机制，完善实时在线监测网络和应急响应体系，加强重点行业和区域联防联治。2016年底前淘汰城市建成区35蒸吨以下燃煤锅炉，淘汰城乡结合部地区10蒸吨及以下燃煤锅炉，积极推进供热、玻璃等行业烟气脱硫脱硝除尘技术改造。充分利用污染减排的效益控制污染物排放，到“十三五”末，全区空气质量基本达到二级以上标准。以农用土壤、污染场地、化工企业周边、水源地、地下水周边、城市土地开发等为重点，组织开展污染土壤修复示范工程。

切实抓好水污染防治。实施蓝色海湾整治行动，加快北戴河近岸海域环境深度综合治理，制定中长期综合整治及功能提升规划，完善长效投入机制。以农村垃圾和污水集中处理、重点污染企业为重点，实施全过程、分区、分类管控防治。突出抓好大小汤河、石河上游、新开河等河流源头治理，确保入海河流水质达标，力争近岸海域环境明显改善。到“十三五”末全面消除区域内河流劣Ⅴ类水体，集中式饮用水源地水质达标率100%。开展土壤污染情况调查，以农用土壤、污染场地、化工企业周边、水源地、地下水周边、城市土地开发等为重点，组织开展污染土壤修复与综合治理。

专栏3：生态环境和环境保护重大工程

1. 大气污染防治：城区内重污染企业搬迁改造工程，钢铁、水泥、玻璃等重点行业脱硫脱硝除尘设施建设与改造工程

2. 海洋、水系统保护治理：大小汤河、石河上游、新开河等入海河流源头治理、海藻治理、赤潮预警监测、北部工业区污水处理厂、农村污水集中处理系统工程

3. 山林绿化：退耕还林工程、北部山区绿色生态屏障工程、高速公路出口、102国道绿化带工程、河北大街等主次干道增绿改造工程

第四章　主动适应新常态　着力推进产业结构转型升级

立足现有产业基础，充分发挥比较优势，围绕“一中心三基地”的产业定位，坚持把推进产业转型升级作为加快转变经济发展方式的重大任务，以实施“中国制造2025”“互联网+”行动计划为契机，围绕推进京津冀协同发展，加快构建以现代服务业和先进制造业为主导、战略性新

兴产业为引领、特色农业为基础的新型产业体系，不断提高产业核心竞争力。

一、加快发展现代服务业

顺应制造业服务化、消费个性化多样化趋势，利用先进技术、科学管理模式，坚持做大总量、提升层次、拓展能级，研究把制造业中的服务功能剥离出来的有效途径，促进现代服务业与先进制造业的融合发展。

优先发展生产性服务业。围绕社会化服务、专业化分工，大力发展现代物流、金融服务、商务服务、信息服务、科技服务等生产性服务业，加快建立高效生产服务体系。

一是大力发展现代物流业。依托港口、公路、铁路等运输优势，整合区域物流资源，以港口物流为龙头，陆路物流为支撑，着力打造中国北方沿海港口物流集散基地。加快物流基础设施建设。统筹各类规划衔接，着力构建区域综合交通网络体系，打造京津秦一小时经济圈。配合做好承秦铁路、京秦高速等路网建设，完善内蒙古、冀北、辽西南地区出海通道，合作发展腹地内陆港。加快面向港口的基础设施建设，利用好东扩港区建设的契机，健全物流二级节点城市枢纽设施，尽快形成港口、城市、产业互动的局面。推进物流园区建设。以西港搬迁为契机，立足满足港口综合服务功能，瞄准以京、津、晋、蒙（内蒙古）及东三省为重点的腹地物流市场，重点发展商贸物流、港口物流、国际物流，打造“商贸仓储、区港联动、多式联运、集散分拨、信息智能”五位一体的综合性物流枢纽，建设国家级综合服务型物流园区。以“货运集散”和“市场交易”为核心，以浙江传化物流、湖南和立东升实业为依托，谋划建设“物流公路港”和“云计算商贸物流园”项目，实现产业聚集与平台建设双突破，力促园区不断提档升级。不断培育物流主体。依托秦港股份、河北远洋等企业，做强做大物流业龙头。培育发展第三方专业物流企业，支持物流企业通过兼并、重组等方式整合物流资源，支持物流业加强与装备制造、食品加工等企业的合作，促进生产企业与物流业联动发展。加快同京津物流企业的合作，承接京津物流业转移。积极引入世界500强和国内100强物流企业建立区域物流节点和区域总部。推进区域内集原材料供应、产品中转与加工、城市物流配送等为一体的物流网络建设，构筑与周边城市、省区对接的物流通道。鼓励和支持品牌物流企业申报国家物流企业A级评定。“十三五”期间，力争1家以上物流企业进入全国百强行列。促进物流信息化建设。加快物流信息平台建设，不断提高物流业专业化、标准化、信息化服务水平。推进电子交易服务，构建电子商务平台，依托秦皇岛海运煤炭交易市场，建设国家级煤炭交易中心。发挥港口优势，大力发展涉港、电商物流产业，制定相关优惠政策，加强与大集团、大企业及战略投资者的合作，建设大宗商品交易平台和进口水果交易中心，完善服务功能，提升运营水平，着力打造城市区域物流枢纽。

二是加快发展金融保险业。充分发挥区位优势，积极搭建服务平台，引导各类金融机构向核心区域集中，不断增强金融服务功能，打造区域金融中心。建立健全金融市场体系。积极承接京津金融产业转移和金融功能外溢，引进各类银行、保险等金融总部到我区设立产品研发、客户服务和数据备份中心等后台机构。鼓励国内外金融机构开设营业网点，引进股权投资基金。鼓励和支持银行、保险、证券、基金、股权投资、金融租赁等机构创新金融品种和经营模式，积极培育和引进各类金融主体，初步建立金融市场完善、金融机构健全、金融业态丰富的多元化金融市场体系。推动金融信息平台建设。完善政府与各金融机构协调机制，搭建金融信息服务平台，及时发布融资需求类信息，及时公布政策类信息引导金融机构调整信贷投向和配置信贷资金。完善金企对接平台，积极开展专业化对接活动。创新担保服务模式，鼓励金融机构扩大“助保贷”投放，探索建立网络联保贷款机制。加快区内小额贷款公司建设。探索保险业发展模式。建立社会责任保险体系，统筹推进城乡居民大病保险，鼓励有资质的商业保险机构参与各类养老、医疗保险经办服务。鼓励保险机构开展与基本医疗相衔接的医疗、疾病和失能收入损失保险等商业健康保险。加快发展医疗责任保险、医疗意外保险，探索发展多种形式的医疗执业保险。

三是扶持拓展服务外包业。以海港高新技术

产业园区、临港物流园区为依托，发挥重点企业示范带头作用，促进服务外包与其他产业融合互动。培育服务外包产业集群。支持服务外包企业开展知识、业务流程外包等高附加值项目，开拓新市场、新业务和营销网络，搭建具有国际先进水平的外包产业平台。大力发展软件和信息技术、研发、金融、政府服务等领域的服务外包，推动向价值链高端延伸。鼓励有条件的企业主动与京津对接，积极承接重大服务外包企业落户我区，重点吸引京津服务外包企业投资创业，寻求合作发展。培育发展信息数据产业。依托燕山大学科技园、IBM（秦皇岛）物联网技术中心、数据产业研究院，加快信息技术服务与传统产业的融合发展，支持企业大力发展第三方移动支付、互联网接入等应用模式、服务模式创新，开拓新兴信息数据服务消费领域，推进信息服务业在政务、金融、电信、医疗、教育、交通、电力等行业的创新应用。

提升发展生活性服务业。提高服务质量、规范服务标准、拓展服务领域，全面发展休闲旅游、商贸餐饮、健康养老、社区服务等生活性服务业，更好地满足城乡居民消费扩大和消费升级的需求。

一是全面提升发展旅游业。积极融入京津冀大旅游格局，把旅游产业作为支柱产业和先导产业来打造，进一步强化“大旅游”理念，科学布局实施一批中高端旅游项目，努力打造文化休闲特色旅游主城区。统筹发展大旅游。以打造具有滨海风情、山地特色的文化休闲旅游产业为目的，着力形成海港区大旅游圈，突出滨海、购物、休闲、生态等旅游特色，建设复合型旅游功能区。整合全区现有旅游资源，聘请专业团队统筹做好旅游产业专题研究，编制大旅游圈建设规划，增加文化元素，挖掘历史遗存，打造文化品牌。充分发挥旅游综合服务中心功能，满足游客“吃住行游购娱”全方位需求。加快培育旅游新业态。强化“旅游+X”融合发展理念，积极发展“旅游+文化”“旅游+互联网”“旅游+商务”“旅游+研学”“旅游+休闲”等五大新兴旅游业态，重点培育健康养生、邮轮游艇、温泉度假、欢乐冰雪等高端特色旅游业态，延长旅游产业链，形成四季旅游新格局。打造滨海旅游核心品牌，坚持“碧海金沙吸引人”与“体验消费留着人”并重，启动西浴场综合改造三期工程，加快海螺岛项目建设，开发邮轮游艇、帆船帆板、风筝冲浪、四季浴场等旅游产品，打造高端滨海休闲度假区。挖掘文化旅游内涵。充分利用历史文化、长城文化、民俗文化等资源，不断丰富文化旅游内涵，打造历史探秘、长城故事、名人名迹寻访等一批旅游精品，培育城市文化个性与魅力。谋划建立长城民俗博物馆。开发山区旅游资源，利用北部山区丰富山水资源，提升连峪山庄、董家口、板厂峪、老君顶等现有乡村旅游景区的品质和知名度，完善基础设施配套条件，大力发展户外休闲、运动健身，成为滨海旅游的重要补充和延伸。以圆明山文化旅游产业聚集区建设为依托，加快推进沙河生态文化旅游综合开发，引进航空小镇等项目。整合优质旅游资源。充分运用智慧城市平台，进一步加快智慧景区建设，推动东山浴场改造升级，抓好求仙入海处、新澳海底世界两个AAAA级旅游景区提升，力争到2020年增加AAAA级旅游景区1家，AAA级旅游景区3家，年接待游客人数和旅游综合收入分别突破800万人次和80亿元。加快国有景区管理体制改革，深化旅游资源市场化开发，紧密合作对接中青旅、首旅等大型集团，推动旅游产业市场化运作。提升旅游服务水平。深化“城市即景区”理念，按照打造休闲文化旅游城区的标准，围绕游客需求，增加特色街区、餐饮名店、地标性建筑，不断提升城市“宜游”功能带动作用。抓好旅游市场秩序整治，启动实施站前广场旅游咨询服务中心建设，不断完善旅游综合服务功能。完善旅游企业信用体系，建立旅游企业“红黄黑”榜制度，奖优罚劣，提升服务标准和游客满意度，营造良好的旅游市场环境。

二是提升发展商贸流通业。突出“现代模式、交通经济、总部汇集”的城区特色，在重点区域培植功能完善、高效便捷的现代商贸商务功能区，形成中央商务中心、商贸集聚中心、社区购物中心和农村便利店等多层次、全覆盖的商贸流通业发展格局。推动商务区集聚发展。加快茂业城市综合体建设，完善西部新中心和金梦海湾片区商业商务功能，大力发展企业总部、商务办公、信息服务、文化创意、休闲娱乐等产业。积极引导世纪港湾商业业态提升，培育形成新的城市商圈。

谋划实施太阳城雨来散博物馆项目，打造婚庆、海产品、韩品、餐饮等特色街区，拓展中心商业区服务功能、集散辐射能力和内在活力，推动现代商贸和商务的互动融合。大力发展新型商贸流通业态。推广连锁经营、特许经营等现代经营方式和新型业态，建设大型综合性、专业性生产资料和消费品批发交易市场。启动实施海阳批发市场升级改造、水果批发市场和西部标准化农贸市场建设，完成秦皇小区市场和天开市场肉菜追溯系统安装工程。深化蔬菜直销店建设，鼓励承办企业建设一批规模化菜篮子供应基地，建设社区蔬菜直销店13家。鼓励大型流通企业和商品市场加强配送中心、分拨中心建设，加强城际配送、城市配送、农村配送的有效衔接，支持末端配送网络建设。推动社区、农村商贸建设。实施“便利消费进社区、便民服务进家庭”，重点发展餐饮、便利店、维修等相关服务。每年新建、改造一批社区便民连锁网点，打造居民“十分钟消费圈”。强化市区标准化农贸市场建设，提高社区便民连锁商业配置效率，满足社区居民消费需求。积极构建以大型超市为龙头、乡镇连锁超市为骨干、村级连锁便利店为基础的农村消费市场网络。推动家政服务、休闲娱乐、教育文化等消费产品向农村延伸。精心组织培育一批具有农村市场特色的节庆活动,鼓励有条件的乡村发展“农家乐”“渔家乐”，吸引城市消费群体到农村消费，提高乡村游吸引力。

三是积极发展社区服务业。坚持政府引导、市场化运作，建立智能呼叫、社区办公、实体服务相结合的社区服务体系，为市民提供方便的居家生活服务。拓展社区服务业领域。不断强化社区便民利民服务和居民公共服务，全面促进社区救助服务，加强社区卫生医疗服务，发展社区治安法律服务，完善社区老年服务体系。重点发展家庭护理、家庭教育、保洁保安、清洁卫生、养老托幼等家政类社区服务，推进拓展疾病防治、卫生保健、健康教育、文化体育等功能性社区服务，不断提高居民生活质量。完善社区服务设施建设。建设完善一批集党建、劳动保障、社会救助、卫生医疗、社区治安、法律服务、文化、教育、体育和便民利民等多项功能为一体的城市社区服务中心（站、室）和农村村级社区服务站，使城市社区服务设施覆盖率达到90%，农村村落社区服务覆盖率达到50%，每百户居民拥有的城乡社区综合服务设施面积不低于20平方米。鼓励闲置的公办学校、宾馆、培训中心、福利设施、办公用房，优先用于兴办社区服务事业。

推动信息化与现代服务业融合发展。以智慧城市建设为契机，推进城市智能化信息网络建设，搭建公共信息服务平台。综合运用市场准入、资源配置、标准制定等手段，推进服务技术、商业模式、服务形态的创新。通过实施智慧旅游项目，建立旅游综合信息平台，为游客提供全方位的信息服务。积极推动电子商务公共服务平台建设，引导大型企业开展电子商务业务，向网上交易、物流配送、信用支付集成应用方向发展。实施“互联网+”行动计划，不断壮大城乡电子商务物流市场，促进信息技术与商贸流通业的深度融合。加快发展义乌小商品城电商园、“广缘微店”“冀优选”等营销平台，扩大新型商贸流通消费。

专栏4：现代服务业重大项目

1. 现代物流：国家级煤炭交易中心、龙家营国际农产品物流基地、华润医药物流配送中心、传化公路港物流园、国药乐仁堂医药物流配送中心、八达物流集散基地、中国外运口岸仓储搬迁及物流中心、港航商务区

2. 休闲度假旅游：西浴场综合改造三期工程、秦皇国际游轮游艇港、海螺岛、未来置业莲花岛旅游综合体、沙河生态文化旅游综合开发、航空小镇、东山浴场改造升级、驻操营乡村旅游、太阳谷休闲运动公园、房车营地、太阳城雨来散博物馆、四季海水浴场、“仙岛探秘”等娱乐项目

3. 现代商贸：茂业城市综合体、大润发商业广场、世纪港湾商业广场二期、万豪酒店、现代商务信息大厦

二、改造提升发展制造业

坚持走新型工业化道路，着力提升龙头企业自主创新能力，运用高新技术和先进适用技术改造提升传统产业。

改造提升传统优势产业。突出高端化、集群化、链条化的发展方向，以北部、杜庄等重点园区和骨干企业为支撑，做强玻璃加工、装备制造、金属压延、食品加工等传统优势产业，提升制造

业核心竞争力。到 2020 年，传统制造业企业增加值达到 36.9 亿元。

一是改造升级玻璃建材业。积极引入战略投资者，推动凯盛科技重组耀华集团，提高玻璃深加工比例，重振耀华品牌。依托耀优玻璃、开普玻璃等企业，着力发展应用于电子信息、节能环保等领域的玻璃深加工产品，打造建筑节能玻璃、新型能源玻璃和高强度防热玻璃生产加工基地。积极拓展高效节能墙体材料、保温隔热防火材料等新领域，推进新型建材产业加快发展。

二是大力发展装备制造业。做大专业设备制造业，依托环亚设备等企业，力争在超高压输变电设备等方面取得突破。探索发展智能电网等相关装备制造，依托福电实业集团，开发生产符合“智能电网”要求的智能电表、电压（电流）互感器及其配套产品。延伸拓展装备制造业产业链条，支持中小企业与骨干企业建立分工细化、紧密协作的配套关系，培育壮大基础零部件、原料供应等配套产业和新能源装备产业集群，形成与行业领军企业一体化联动发展格局。

三是壮大金属冶炼及压延业。不断延伸产业链条，引导钢铁企业与装备制造业对接，联合开发钢铁新材料和中下游产品，提高产品附加值。引导企业进入钢结构市场，利用钢材优势，延伸加工深度、拓展产品领域。依托美铝渤铝、中信渤铝等骨干企业，着力发展有色金属压延业。积极推进技术改造，全面提高工艺装备、节能环保水平，提升行业整体素质和可持续发展能力。

四是推动粮油食品加工业发展。充分发挥深水大港、临近原料基地和消费市场的综合优势，依托大型龙头企业，以原材料基地化、产业规模化、加工精细化、特色品牌化为方向，以粮油食品加工为重点，做大精加工、做强深加工、做优产业链。推进实施金海粮油搬迁扩建，推进香海粮油企业技改，推动粮油食品业迈向高端化，打造北方粮油食品加工基地。

突出发展重点产品集群。按照“升级改造、化解产能、延伸链条”的原则，瞄准国内外同行业先进标杆，以龙头骨干企业和优势终端产品为依托，积极推进技术改造，发展配套及关联企业，全面提高工艺装备、节能环保产品水平，逐步形成系列化、体系化的产品集群发展格局。一是玻璃制品产品集群。不断优化产品结构，围绕装备制造、玻璃建材行业发展需求，依托重点企业，推动发展高性能纤维、高性能膜材料、特种玻璃等新型功能材料，发挥重点产品集群优势，打造玻璃建材生产基地。二是新型铝材产品集群。巩固发展优势板材品种，不断拓展高端产品线。探索发展高端板带箔、铝合金复合铸造等高端产品研发生产，开发船艇用铝合金型材、高速列车及地铁轻轨列车车体型材等产品，打造新型铝材深加工基地。

培优做强骨干企业。引导企业进一步做强主业，拉长产业链条，增强核心竞争力。鼓励企业加强自主创新，加大品牌建设力度，培育一批全国一流、世界知名品牌。支持企业与国内外大企业进行战略合作，引进资金、技术和管理经验，创建国内外知名企业。围绕龙头企业和骨干产品上下游分工体系，引导中小企业向“专、精、特、新”方向发展，形成以大企业为龙头、中小企业配套协作、合作共赢的企业集群。切实加大扶持力度，制订落实资金融通、品牌创新、土地保障、园区建设、期权激励等优惠政策，营造有利于企业发展的良好环境。

三、加快培育战略性新兴产业

通过引进技术、合作开发与自主创新相结合，加快战略性新兴产业项目引进与建设，加速推进新兴产业规模化、集聚化发展。

积极培育发展新兴产业。把握新一轮科技革命和战略新兴产业发展趋势，瞄准产业制高点，加强技术创新，突破发展新能源、新材料、生物技术、节能环保、电子信息技术等高新技术产业，形成技术水平高、区域特色鲜明、有较强竞争力的战略性新兴产业体系。到 2020 年，高新技术产业产值达到 45 亿元以上。

一是大力发展节能环保产业。依托双轮环保、绿之翊等现有龙头企业，抢抓京津地区大气污染治理、市场规模巨大、成规模环保设备制造发展不足的机遇，以做大规模为目标，通过政策引导和工程示范，围绕提高工业清洁生产和节能减排技术装备水平，大力发展袋式除尘、脱硫脱硝及余热余压利用、清洁生产和餐厨垃圾处理利用等环保技术和装备。

二是积极推广新能源产业。坚决淘汰落后产能，推进石门寨新能源产业基地建设，促进区域转型发展。坚持合理布局、有序开发，加快推进核电站小堆工程、太阳能光伏发电等项目建设，促进核电、核能的安全发展。支持太阳能光伏发电示范项目建设，依托博硕光电、河北羿珩等企业，发展太阳能电池组件、光伏发电控制系统、太阳能电池片自动焊接机等光伏设备，打造光伏科技产业园。加快推进华能风电等项目建设，不断拓展风能、生物质能等新能源领域。

三是培育发展电子信息产业。重点围绕新一代物联网、电子信息技术应用等领域，不断培育壮大产业规模。以尼特电子、德昌电子等智能电子企业为支撑，加快传感网集成与融合技术研发，培育发展自动控制传感器、无线射频识别、生物传感器、定位传感器、检测传感器等产品，推广在智能家居、公共安全、现代物流、环境监测、交通城管等领域的应用，建设物联网应用示范城区。

打造制造业聚集平台。按照空间集聚摆布、资源集约利用、产业集群发展的思路，积极引导相关产业向重点园区聚集，延伸上下游产业链条，打造优势突出产业集群。以现有优势产业为重点，整合北部工业区和杜庄工业区资源，加速高新技术、高端装备、电子信息、新能源、新材料和战略性新兴产业向园区聚集，推进玻璃产业高端化、制造产业智能化、建材产业绿色化。突出对优势产业、骨干企业扶持力度，鼓励河北羿珩等企业通过技术合作研发新产品。依托一重机械、力超电机等企业，大力发展装备制造业，扶持博赫科技等项目，集中力量发展新一代高端制造业。

推动信息化和工业化深度融合。把传统优势产业信息化改造作为“两化”融合的重中之重。加大信息技术在产品研发、生产制造、企业管理、市场营销、物流配送、售后服务等关键环节的应用和融合，积极推动各个环节的综合集成应用。在装备制造、金属制品、玻璃建材、粮油食品等重点行业，推进信息技术的广泛应用和系统集成，大幅度提高生产装备智能化、生产过程自动化和企业管理现代化水平。金属制品行业，以首秦公司为示范，推广 PLM（产品生命周期管理与服务系统）技术；粮油食品行业，以金海粮油公司为示范，推广 ERP（企业资源计划）、产品在线监测等技术；玻璃建材行业，以耀华集团为示范，推广应用窑炉 DCS 控制技术。

专栏 5：传统优势产业、战略性新兴产业重大项目

1. 玻璃建材：中建材凯盛重组耀华玻璃、中建材浮法玻璃“逐级”熔化及表面性技术装备研发与示范基地

2. 金属冶炼及压延：中信渤铝全自动光伏边框生产线技改、中信渤铝热传导、美铝铸造机生产线、美铝铝金属压延及深加工、北京首钢吉泰安合金钢丝、秦皇岛久润金属制品不锈钢线生产线

3. 装备制造：福电智能电网北部工业园、专利产品制造及冶金设备研发中心、秦皇岛龙瑞机械制造

4. 粮油食品加工：华润雪花啤酒搬迁扩能、金海粮油搬迁扩建、香海粮油仓储物流

5. 新能源：中建材凯盛科技铜铟镓硒（CIGS）薄膜太阳能电池组件、博硕光电二期、博硕光伏科技产业园、中核石门核电站、武汉日新科技 50 兆瓦光伏发电、中广核低温供热堆、华能秦皇岛风电场、神曲生物添加剂、金果恒泰生物科技

6. 节能环保：秦发电海水淡化工程、益海嘉里中石化生物柴油、绿之翊环保华阳循环经济再生利用、祥云飞龙北方综合再生资源环保基地

7. 电子信息：耀华德昌电子生产基地、高层建筑电子报警逃生器

四、扶持发展现代农业

编制农业产业发展规划，大力发展特色优质、高效安全的现代农业，抓好北部山区综合开发，积极创建省、市、区三级现代农业园区。

突出发展高效特色农业。全力推进农业种植结构调整，规划建设现代农业园区，加快发展食用菌、蔬菜、果品、水产品加工等特色产业。加快老君顶生态农业观光园、花厂峪生态农场等项目建设，打造龙凤山庄、连峪山庄、宝润生态园等一批休闲农业园区。提升夏都菌业、茂源果蔬等一批特色产业园。发挥主城区优势，推广“阳台家庭菜园”项目。一是优化发展蔬菜产业。建好温家洼、鲤泮庄、青石山、栗园、侯庄等蔬菜基地，打造无公害蔬菜主产区，鼓励和扶持创立自主品牌，提高蔬菜产品贮藏、保鲜、加工等处理水平。二是推广果品、食用菌特色产业。鼓励发展食用菌、中药材等生态友好型农业，打造燕

山明珠、夏都田源等农业特色品牌，积极推广高效农业种植。进一步优化果品区域布局，巩固扩大板栗、核桃、大樱桃等优势树种种植面积，提高农产品附加值。每年新增果品种植面积1万亩。三是扶持壮大水产品加工业。依托冀红经贸、海东青等企业，加大区域名优产品的宣传推介力度，着力扩大产品种类，不断抢占市场份额，加快研发高附加值的精深水产加工品，打造全国重要的水产品加工出口基地。

推动农业产业化经营。扶持发展一批带动力强、辐射面广的农业龙头，大力培育专业大户、家庭农场、农业合作社等新型农业经营主体，推广龙头企业、合作组织与农户有机结合的组织形式，鼓励农业企业、农产品购买商向“订单农业”发展，将蔬菜、果品和水产品等农产品资源优势最大限度地转化为经济优势，实现农业结构由“生产导向”向“消费导向”转变。鼓励农民按照自愿、平等、互利的原则，组建多种形式的专业合作经济组织，促进农民专业合作社、各类专业大户和农村经纪人队伍规范、健康发展。重点扶持东旭水果等农业合作组织，构建培育新型农业经营主体，每年新增市级龙头企业1家、培育市级示范专业合作社2家。到2020年，全区规模以上龙头企业发展到32家，主要农产品加工转化率达到70%以上，发展农民专业合作社和家庭农场20家以上，覆盖全区70%以上的村庄。

改善农业基础设施条件。大规模开展高标准农田建设。按照统筹规划、分工协作、集中投入、连片推进的思路，大规模改造中低产田，建设旱涝保收高标准农田。集中开展农田整治，完善机耕道、农田防护林等设施。完善高标准农田建后管护支持政策和制度，延长各类设施使用年限。改善养殖业生产条件。加速培育一大批设施完备、技术先进、质量安全、环境友好的现代化养殖场。加快实施畜禽良种工程，支持畜禽规模化养殖场（小区）开展标准化改造和建设。

加强农业技术推广服务。建立完善农业技术推广体系，推广新品种引进栽培技术，突出发展蔬菜、大樱桃等设施栽培技术，重点推广黑色系列品种和紫甘薯栽培技术，调整玉米作物产业结构，逐年减少玉米种植面积，大力推广新型农作物，大力发展设施农业。到2020年，全区设施农业面积发展到1.5万亩，实现测土配方施肥全覆盖。健全乡镇或区域性集农业技术推广、动植物疫病防控、农产品质量安全监管等功能“三位一体”的公共服务体系。

专栏6：现代农业发展重点工程

1. 特色农业园区：夏都菌业、茂源果蔬

2. 休闲农业园区：花厂峪生态农场、连峪山庄、宝润生态园、老君顶农业观光园、龙凤山庄

第五章　坚持创新驱动战略
实施科技兴区和人才强区

坚持科技引领产业、创新驱动发展战略，充分发挥科技第一生产力和人力第一资源作用，加强人才培养和开发，提升自主创新能力，建设创新型示范区，推动增长动力转入以人才为支撑的创新驱动轨道。

一、推进创新型城市建设

注重科技创新引领。实施新兴产业“双创”三年行动计划，培育创新文化、打造创客新城。坚持用最先进的技术引领经济发展，增创竞争优势。开展创新型城市建设，推进创新资源互联互通和开放共享，在全市率先走上创新驱动型发展道路。聚焦重点领域科技创新，加快形成支撑现代产业发展的新技术、新产品、新工艺。健全鼓励技术创新和科技成果产业化的政策体系，加大财政性科技投入，建立多元化的科技投入体系。创新政产学研合作方式，鼓励合建研发机构、共担科研项目。

突出创新平台建设。支持技术创新、成果转化平台建设，促进科技资源合理配置和共享。重点搭建科技创新支持平台、资源共享平台、知识产权维护援助与信息服务平台、成果转化平台等基础条件平台。加快推进科技成果交易服务中心建设，抓紧突破引进一批制造业、数据产业、生物医药等方面的关键技术，促进科技成果资本化、产业化。按照“政府引导、市场运作、多元投资”原则，积极引导社会资本创办综合性、专业性、创新型孵化器，鼓励打造“孵化器＋商业空间”“孵

化器+宿舍”等创业社区和创业空间。大力扶持建设首个民营孵化器——青豆荚云科技孵化器，打造新型众创空间，将其建设成为海港区创客示范基地。

发挥高新区示范引领作用。以优化发展环境、强化服务功能和建立创新机制为重点，努力推动海港高新产业开发区向科技创新的内涵式发展转变。积极融入京津冀协调创新，加强与京津科研机构战略合作，共建科技园中园、研发基地，加快培育创新要素聚集区。支持高新区骨干企业联合上下游企业组建产业技术创新联盟，开展技术联合攻关。以利阳光电、尼特电子、博硕光电等科技龙头企业为依托，鼓励技术合作研发新产品，加速培养以电子信息、新能源、新材料为重点的高新技术产业集群。

二、发挥企业主体作用

提升基础创新能力。加快完善以企业为主体、市场为导向、产学研相结合的技术创新体系。突出企业创新主体地位，引导人才、技术、资金等创新要素向企业集聚，推动企业成为技术创新需求、研发投入、技术创新活动和创新成果应用的主体。发挥大型企业创新骨干作用，鼓励企业加大研发费用提取和投入，规划建设一批重大研发机构、重点（工程）实验室、工程（技术）研究中心、企业技术中心和博士后工作站。鼓励科研单位、重点企业积极参与国家省市重大科技研究，在现代农业、装备制造、生态环保、能源资源、信息网络、新型材料、安全健康等领域取得一批自主创新成果。到2020年，培育市级以上工程技术中心5家，完成科技成果10项。

激发中小企业创新活力。大力培育科技创新型中小企业，深入实施苗圃、雏鹰、科技小巨人、“新三板”上市四大工程，推动初创期和成长期科技企业做大规模，加快形成转型发展新的增长点。搭建中小企业科技服务平台，积极与北岛博智科技公司合作，培育壮大新能源科技企业。设立科技型中小企业发展资金，支持中小企业开展科技创新活动，扶持和推动科技型中小企业快速发展，培育一批“科技小巨人”。建立科技成果转化风险补偿专项资金，鼓励和扶持有条件的高新技术企业、科技型中小企业上市融资。到2020年省级科技型中小企业达到210家，指导20家企业成功挂牌上市，培育科技小巨人企业10家。

搭建多渠道融资平台。鼓励各金融机构创新金融产品和金融服务，开展专利权、商标专用权质押贷款工作，建立和完善担保机构。设立科技创业风险投资引导资金，加大创业风险投资、科技担保、科技债券等方面扶持，引导金融机构对市场前景好、处于创办初期的科技型企业给予信贷支持，优先支持高新技术企业扩大直接融资，推广互助性贷款担保模式和信用评级体系建设。协调组织“银企对接”，规范中小企业贷款担保机构，扩大担保金额。鼓励企业通过上市挂牌、发行债券等方式筹集研发资金。

大力发展民营经济。优先扶持科技型、创新型民营企业。坚持“非禁即入”的原则，鼓励和支持各类民间资本参与市政公用事业、社会事业的建设运营和管理。加强民营企业公共服务平台建设，完善服务体系建设，不断优化民营经济发展环境。深入实施“中小企业和民营经济成长计划”，促进民营经济二次创业。鼓励民营资本向信用担保、典当、创业投资公司、股份制商业银行、农村信用社投资，建立宽泛的中小企业发展融资体系。

三、加速人才集聚效应

不断优化人才结构。优先发展企业人才，培养造就一支精管理、善经营、具备开拓创新能力的高素质企业家队伍。加大科技领军人才开发力度，着重造就一批进入科技前沿、在本学科领域内处于领军地位的专家学者、学科技术带头人和创新团队。大力实施金蓝领培养工程，加强高技能人才队伍建设。推进新农村人才资源开发，建设一支规模大、专业技能强的农村实用人才队伍。以中高级社会工作人才为重点，培养造就一支职业化、专业化的社会工作人才队伍。

强化人才引进培养。完善人才引进目录发布制度，积极落实科技人才“双百双千”工程，完善人才引进、培养、使用和激励机制，创新人才引进渠道，靠政策、靠产业、靠服务环境培养和引进一批高端人才。加快各类高层次和紧缺急需人才向我区重点产业和行业流动。充分发挥驻秦皇岛高校、科研院所在人才培养、引进中的重要作用。坚持刚性引才和柔性引智相结合，落实“港城英才计划”，鼓励以合作攻关、兼职聘用、技术承包、技术入股、技术咨询、在外设立研发机构等方式引进高层次人才，支持领办和创办科技型企业，“十三五”期间，重点培养50名“科研领军人物”和20个“科技创新团队”。

创新人才管理机制。改革人才选拔使用方式。以推行聘任制度和岗位管理制度为重点，积极推进事业单位用人制度改革。继续做好优秀教师、医护人员以及机关事业单位技术人才的公开招录，充实专业人才队伍力量。完善各类人才交流和挂职锻炼制度，完善科技特派员到农村和领导干部帮扶企业政策机制，带动基层人才成长。加强政府对人才流动的政策引导和监督，不断破除人才流动的体制性障碍，促进人才资源有效配置。

专栏7：创新创业重点工程

1. 人才培养与引进：落实“港城英才”计划、“双百双千”工程 2. 创新载体：青豆荚云科技孵化器、海港区光伏企业孵化基地

第六章　提高对外开放水平 促进京津冀协同发展

坚持以扩大开放带动创新、推进改革、促进发展，在推进改革的重点领域和关键环节上取得新突破，在对外开放的广度和深度上取得新进展，不断提高开放型经济的层次和水平，进一步增强经济发展的动力与活力。

一、深化与京津对接合作

务实承接非首都功能。全面落实京津冀协同发展规划纲要以及省市落实意见，立足滨海、生态、港口等比较优势，积极与北京县区建立“1+1”机制，多领域促成与通州区、平谷区、西城区、昌平区的合作，择优选择对接项目。积极承接央企总部、医疗教育、文化等功能，深度拓展与京津在康体疗养、山地运动、滨海度假等方面的合作空间。整合本地优势医疗资源、中医药等特色养生保健资源，加快推进环京津冀养老示范基地建设，引进新药研发和制造产业，打造健康服务产业集群，形成燕达（秦皇岛）“医教研养老”一体化的产业基地。加强与北京师范大学沟通，密切教师交流能力培训等合作，在顶岗实习支教、置换脱产研修、教师定向招聘、教师培训等方面进行深入合作。

做好各类政策对接。密切跟踪国家有关部委出台的最新政策措施，关注京津地区信息动态，最大限度抢抓政策机遇，集聚京津高端要素和人才，推动关键环节实现突破，不断提升我区核心竞争能力、产业支撑能力和可持续发展能力，真正把京津市场、科技、人才等资源转化成我区的产业优势。建立健全优势互补、共建共享对接合作机制，加强配套体系建设，力促重大承接机构和项目尽快落地，形成示范带动效应。

推进京津公共服务互通共享。将弥合公共服务差距作为融入京津协同发展的重要任务和深化对接合作的基础性支撑，重点围绕要素市场、社会保障、金融服务、信息信用等领域，破除体制机制障碍，加快完善政策体系，逐步提升公共服务水平，增强对京津高素质人才的吸引力，有效促进生产要素双向自由流动。重点梳理对接京津人才等有关政策，制定具有针对性的引进人才措施，在工资、住房、子女就学等方面给予最大力度优惠，逐步缩小政策差异，力求招得来、留得住。

二、提升开放型经济水平

构筑全方位开放格局。加大招商引资力度，不断创新招商模式，推行精准化、点对点、常态化驻点等招商方式，坚持引资、引技、引智有机结合，扩大利用外资规模，瞄准京津、港澳台等经济发达地区，举办大型招商活动，加强与世界500强及行业领军企业的战略合作和产业对接，引导外资重点投向现代服务业、先进制造、高新技术产业和战略性新兴产业等领域，主动联系央企、大型民企和科研院校，在引进战略投资者上抢占先机。力争到2020年，实际利用外资突破10亿美元。

推动港城融合发展。逐步建立港产城融合发展推进协调机制，全力配合西港搬迁改造，推动东扩港区建设。强化港口辐射带动功能，依托港口优势大力发展临港物流产业，加强与涉港企业和港口集团合作，做好对河港集团国际物流公司、项目投资公司等企业服务。利用西港区现有深水码头谋划改建游轮母港，提升海上旅游品质。进一步延展口岸腹地，加强与经济腹地的联系合作，打造综合物流通道和联运枢纽。

完善招商引资方式。突出产业招商主导地位，引导外资投向高新技术产业、现代服务业、战略性新兴产业和先进制造业研发环节，推动能源、交通、环保、物流、旅游等领域的国际合作，积极开展金融、教育、文化等领域的中外合资、合作试点。不断创新基金并购、股权置换、境外上市等“无地招商”模式，鼓励外资以参股、并购等方式参与我市企业改组改造和兼并重组。支持我区上市公司引入境外战略投资者。

三、优化开放载体功能

推动综合保税区建设。争取出口加工区优惠政策向临港物流园区、东扩港区延伸，完善国际贸易、进出口加工功能，形成外向型产业新平台。整合出口加工区、保税仓库等资源，积极争取国家政策支持，谋划建设综合保税区，发展壮大国际中转、国际贸易、国际货运等业务。谋划利用综合保税区与各园区合作，集聚跨境电商、进出口贸易等企业，统筹增强开放载体功能。

引导园区差异化发展。进一步明确各类开发区、园区功能定位，探索推进“一区多园”模式，依托各自优势，实现错位发展，强化区域对接合作，共同拓展国内外市场。引导海港高新技术产业开发区、圆明山文化旅游产业聚集区发挥比较优势，集聚高新技术、文化旅游、休闲度假、养生康体等产业，倾力打造产业特色鲜明，空间相对集中，具有资源集合、行业集聚、服务集成的产业园区。加强环渤海区域合作，拓展与珠三角、长三角和晋、蒙（内蒙古）等地区合作。

不断完善园区承载功能。加快园区基础设施建设，以园区整合为契机，加速各园区内路网、通讯、水电等基础设施互联互通。研究和用好国开行、农发行贷款政策，统筹做好杜庄与北部工业区道路连接和物流园区、圆明山片区基础设施建设，加速推进迎宾北路、规划四路、南物流路、圆明大街等基础路网建设。启动临港物流园区燕山大街及疏港高速连接线工程，完成变电站建设。加快圆明山文化旅游产业聚集区核心区开发，完成供水、燃气等重点工程。

四、突出重点领域改革

深化财税体制改革。严格执行新《中华人民共和国预算法》，推行全面规范、公开透明的财政预算制度，强化全过程绩效预算管理体系，实施跨年度预算平衡机制和中期财政规划管理，提高财政资金使用效益。加强政府债务管理，建立政府债务报告制度和风险评价预警体系，防范和化解债务风险。鼓励民间资本发起设立投资基金和股权投资基金，推广政府与社会资本合作（PPP）模式，吸引社会资本进入基础设施、公共服务领域，健全综合治税大格局。完善公共财政体系，加强非税收收入管理，坚决杜绝“坐收坐支”和私设“小金库”行为发生。探索建立税源属地管理约束激励机制，严控税源流失。

深化行政体制改革。加快政府职能转变，强化社会管理和公共服务。坚持依法行政，完善问责制，深入推进简政放权、放管结合、优化服务，建立部门权利清单和责任清单动态调整机制，推广“双随机”抽查规范事中事后监管，规范监管行为，强化市场主体自律和社会监督。加大机构整合力度，形成权责一致、分工合理、决策科学、执行顺畅、监督有力的行政管理体制。按照政事分开、事企分开的原则，稳步推进事业单位改革。深化城市管理“四化一沉”属地管理，推进城市管理执法资源整合。加强机构编制实名制管理，创新机构编制管理体制机制。

深化投资审批制度改革。建立健全重大项目社会风险评估机制。推进项目审批代办制，对于重点项目，推行项目业主办理手续不接触审批单位、征拆进地不接触当地群众两个“零接触”，坚决避免权力寻租现象。全面清理非行政许可事项，进一步完善《海港区行政审批事项目录》，做好新下放行政审批事项的衔接，加速审批权限向园区下放。推进电子政务网络整合，建立完善网上审批体系，完善基层审批服务。

推进土地和农村产权制度改革。稳定和完善农村基本经营制度。加快推进农村土地承包经营权、宅基地使用权登记颁证工作，依法保障农民对土地的占用、使用、收益的权利。健全农村土地承包经营权流转机制，鼓励进城落户人员以转包、出租、入股、转让等合法形式流转土地承包经营权，合理引导和规范土地承包经营权流转，促进多种形式的适度规模经营。推进农村集体产权制度改革，加快城中村、城郊村集体经济股份制、股份合作制改造。

第七章　坚持城乡统筹发展　推进新型城镇化建设

进一步加快新型城镇化和美丽乡村建设步伐，构筑城乡建设布局科学、经济要素高效流通、生活空间相互融合、基础设施互融共享、公共服务均衡同质的城乡一体化发展新格局，不断提升魅力城市和人居城市形象。

一、构筑新型城镇化体系

统筹城乡规划布局。按照“城乡统筹、布局合理、节约土地、功能完善、以大带小”的原则，积极构筑“一轴、双核、两翼、三组团”的城镇空间格局。一轴：以民族路为轴心，将民族路继续向北延伸，与秦青公路连接，打造贯通南北的城市主动脉。双核：一是以城市核心区为重点，提升发展水平和承载能力，打造中央金融商务区；二是以西部中心为带动，重点推进汤河以西区域（西港镇、海阳镇）开发，扩大建成区规模。两翼：一是沿海翼，以金梦海湾片区和东山片区为依托，着眼西港新城区的开发建设，发展高端旅游服务业，打造沿海一线景观带；二是长城翼，依托驻操营长城沿线资源，开发长城文化，发展旅游产业和沟域经济。三组团：大北部工业组团，以北部工业区和杜庄工业区为依托，加快产业结构调整，重点发展装备制造、新材料、新能源等产业；东部物流组团，以临港物流园区为重点，借势港口发展临港物流产业。北部大旅游组团，以圆明山片区为带动，打通石门寨、驻操营一线，打造联通北部浅山区和圆明山片区的生态涵养、康体休闲基地。

不断壮大中心城市。突出差异化、特色化发展导向，依托区位交通、自然资源、文化传统等条件，大力推动发展城市经济，不断壮大综合实力，强化主城区在信息、科技、金融、物流等方面的集聚辐射作用，实现产业与城市深度融合。进一步拓展中心区商业功能，大力发展楼宇经济、总部经济和商务聚集区。以智力密集型要素为核心，发展电子商务、金融保险等产业，培育软件开发、动漫创意等新兴行业。以满足多层次多元化生活服务需求为核心，大力发展信息服务、教育培训、文化体育、社会养老等生活性服务业，推动创新和人才要素向城市中心集聚。

有序拓展城市规模。以重点片区开发建设为带动，拉开城市框架，优化城市功能。以棚户区改造为契机，加速推进西部片区、海阳片区、圆明山片区开发建设，打造产业新城和城市新区。谋划启动民族路北延伸三期工程，打造贯穿南北的城市主动脉。启动秦皇皓月城项目用地一级开发，谋划实施海阳片区地下综合管廊建设。完成圆明山返迁安置工程建设。统筹谋划北三镇经济发展，加速北部山区综合开发，选准突破口实施重点打造，以此带动周边区域加快发展，加速城市化进程。

加快建设农村新型社区。按照“撤并自然村、建设中心村”的思路，有步骤地推进集中居住。发挥区位优势，率先突破城中村、城郊村、乡镇驻地村、沿交通主干道村。鼓励经济实力强的村建设集中居住区，改善农民居住条件，逐步向社区转变。引导资源丰富的村引进投资者进行旧村改造，通过闲置宅基地复垦、置换等形式，提高住宅集中度。力争在“十三五”期间，基本完成农村新型社区建设改造。

二、推进城乡一体化发展

统筹城乡协调发展。紧紧围绕“一轴、双核、两翼、三组团”的空间布局，牢牢把握城市总规调编和土地利用总体规划修编的契机，扩大建设用地规模，科学引导、合理规划新型城镇化的规模、速度和节奏，着力增强规划的战略性、科学性和前瞻性。加强区域城镇体系规划研究，合理确定发展格局和职能分工。尽快编制完成新一轮的城乡统筹规划，科学安排城乡居民点和产业布局、基础设施建设以及社会事业发展。统筹城乡规划和土地管理使用，规范农村集体建设用地流转和宅基地管理。积极引导中心城区生产要素向周边城镇流动，科学确定各乡镇主导产业和产业园区定位，优化区域产业布局，实现错位竞争、优势互补。引导大项目和老城区搬迁企业向区域产业园区集聚，配套引进发展关联企业。

加快城乡基础设施建设。以京津秦“1小时通达”为目标，积极协助推进高速公路京秦二通道和连接线建设，促进秦皇岛港与“三北”腹地的互联互通。启动实施腰占庄、新立庄等旧改片区规划道路建设，确保兴化大街、岭后街2016年建成通车。加快路网等基础设施向北部农村延伸，打造村域连接公路，建成环长城旅游公路，推进乡村路网建设，改造提升九刘线、杜温线和石九线，加速城乡一体化发展。扩大城市生活垃圾集中收集、统一清运管理区域，推进张桥庄生活垃圾场封场和垃圾备用场建设。继续推进城乡环卫一体化，谋划实施“北三镇”农村垃圾收集转运项目，着力解决农村新型社区垃圾集中处理问题。“十三五”期间，新建大型垃圾中转站2座、地埋式收集站100余个，谋划建设建筑垃圾消纳场1座。

引导农村人口向城镇有序转移。深化户籍制度改革，积极引导农村人口向城镇转移，促进农业转移人口有序实现市民化。实施居住证制度，不断扩大城镇基本公共服务覆盖面，保障持有居住证的农业转移人口和其他常住人口逐步享有城镇社会保障、医疗卫生、义务教育、就业培训、住房保障、社会救助等服务或权益。维护进城落户农民土地承包权、宅基地使用权、集体收益分配权，支持引导其依法自愿有偿转让上述权益。

加快推动美丽乡村建设。统筹推进北部山区综合开发、乡村旅游建设。按照“集中建设、连片打造”的思路，依托自然资源，突出地域特色，2016年着力抓好圆明山片区、秦青公路沿线12个省级重点村建设，力争到2020年全区所有村庄实现美丽乡村建设全覆盖。以开展安全饮水、清洁能源等为重点，着力推进12个专项行动，全面提升农村公用设施和服务设施水平，启动杜庄、石门寨联片供水工程，加快推进连峪片区引水上山工程。加大新技术、新装备引进，推广使用分散式太阳能污水处理、太阳能路灯远程实时监控等新型设施，破解污水、垃圾处理等六大难题。推进养殖废弃物资源化利用、无害化处理，深入破解污水和村庄环境脏、乱、差等六大难题，切实改善农村居民生活质量。

三、提升城市功能和形象

不断提升城区品味。突出滨海城区特色，不断创新设计理念，高标准编制重点区域规划。加快推进西港搬迁改造，编制和落实路线图，把西港片区建成标志性城区。切实做好金梦海湾片区、西部新中心片区及火车站周边等城市交通枢纽区域的规划编制研究。丰富城市出入口、主次干道、特色商业区等重要节点景观设计，提升城市内涵，打造城市亮点。深入开展街景整治和精品街巷创建，推进生态景观化、生态组合艺术化。实施“一路一品、一园一景”建设，美化亮化迎宾路、河滨路等道路节点，新建和改造街头游园20座。扎实开展秦青公路综合整治专项行动，启动实施西外环景观提升工程，全力推进西浴场改造三期工程，突出入海河口及岸线整治、沙滩景观绿化，打造独具特色的滨海天际线。

完善提升城市功能。加快完善市政基础设施建设，完成世纪港湾出行道路建设，启动秦皇大街车行大修工程，翻新改造新兴一街、铁路街等50条街巷路，完成主要通道交叉路口渠化改造，谋划建设立体停车场，在中心城区主干道探索启动建设综合立交桥，缓解城市交通压力。合理控制住宅开发规模，努力消化存量、有效控制增量。加大旧改力度，着力破解交建里、开滦路和东山片区等拆迁回迁难题。启动富家营、东李庄等村庄返迁安置房建设，统筹推进韩庄片区、圆明山片区核心区及东港镇南四村、中五村等村庄集中返迁安置工作。着力提升城乡市政设施功能，推动水电路气讯等设施城乡联网、共建共享。

提高城市管理水平。不断创新管理手段，深入开展“文明港城拍拍拍”“小手拉大手”等活动，整合“E城管”、GPS监控等数字化平台，打造“智慧城管”系统，实现市区两级数字化管理平台联网互动，加快推进“智慧城市”建设。牢固树立“大城管”理念，将园林管护、环卫保洁等多项职能统一整合，纳入属地管理“网格”，深化城管体制下沉，彻底消除职责不清、范围交叉等城市管理问题。围绕打造“河北省最干净城市”目标，继续对占道经营等城市病保持高压整治态势。推进居民小区、街巷道路、城乡结合部市容环境综合整治，加强动态监控、消除卫生死角、取缔马路市场。坚持突出重点、标本兼治、因地制宜、综合施策，推动环境卫生明显改善，打造“干净、秩序、文明”的城市环境，力争三年内实现全国一流的目标。

专栏8：城市基础设施建设重点工程

1. 城市道路工程：民族路北延伸三期、圆明大街、长江道西延伸、南物流路秦青公路至兴凯湖路北延段、兴化大街、兴电路等一级公路。新建横断山路北延伸、南岭西路，河北大街、秦皇大街、先锋路、东环路等14条道路改造，北部山区环长城旅游公路、农村公路网。海安街大汤河桥、海玉路、海国街、滨河大道、大小汤河整治及绿化工程

2. 旧城改造：范家店、土台子、李姓安庄、北新庄旧改及基础设配套施，富家营、徐庄、南四村改造一期、韩庄片区村庄集中安置、涂庄新民居建设、新崔庄、新庄新民居建设、开滦路老街、解放里、缸砖里、煤场小区等

3. 绿化改造、景观提升：迎宾路、河滨路等道路美化亮化、新建和改造街头游园20座、西外环景观改造、西环路骑行道、山东堡立交桥景观整治、秦皇大街样板路

4. 垃圾处理：“北三镇”农村生活垃圾收运、海港区生活垃圾备用场、张桥庄生活垃圾填埋场封场、大型垃圾中转站、地埋式收集站、建筑垃圾消纳场

5. 供电供水：杜庄、石门寨联片供水工程、市民中心分布式光伏电站、农村饮水工程、连峪片引水上山工程

第八章　切实改善民生保障完善公共服务体系建设

以实现城乡基本公共服务均等化为目标，从解决人民最关心、最直接、最现实的切身利益问题入手，重点推进教育、医疗卫生、住房保障等一批民生保障工程项目，全面建设“老有所养、病有所医、住有所居、学有所教”的普惠型福利社会，不断完善社会保障，扎实推进和谐社会建设，不断提升人民生活幸福感指数。

一、提升就业和收入水平

建立促进就业长效机制。把扩大就业摆在更加突出的位置，不断完善积极就业政策。大力支持中小企业和非公有制经济发展，增强吸纳劳动力的能力，建立就业与经济发展的互动机制，多渠道创造就业岗位。实施联动协作促进就业，主动对接重点行业和企业，建立企业用工服务顾问制度和失业预警机制。到2020年，全区新增城镇就业5万人，下岗失业再就业2万人，城镇登记失业率控制在4%以内。

加强就业创业服务。规范和完善覆盖城乡劳动者的就业登记制度、离校未就业高校毕业生实名登记制度、就业管理服务网络和人力资源服务平台，推动创业指导服务中心建设。切实加大各项就业政策落实力度，做好各项就业政策的宣传工作。努力创建就业见习基地，有效落实青年创业引领计划。充分借助再就业孵化基地，不断壮大企业规模，形成项目推荐、创业止跌、创业培训、创业孵化、创业展示等功能于一体的创业服务平台。

提高居民收入水平。调整收入分配格局，努力提高居民收入在收入分配中的比重、劳动报酬在初次分配中的比重，着力提高低收入者的收入水平，扩大中等收入人群规模，确保到2020年居民收入实现翻番目标。落实省、市机关事业单位工资制度改革政策，建立基本工资标准正常调整机制，提高基本工资占工资收入的比重。健全工资正常增长机制和支付保障机制，推行工资集体协商制度，完善和落实最低工资标准，促进劳动报酬合理增长，建立企业工资支付监控制度，维护职工合法权益。建立健全农民增收的长效机制，发展高效休闲观光农业，促进农民持续增收。

二、优先发展教育事业

不断加强基础教育。坚持把教育放在优先发展的战略地位，构建青少年全面协调发展的人才培养模式，基本形成素质教育的区域特色。高水平、高质量普及义务教育，大力发展公办幼儿园，扶持发展普惠性民办幼儿园，公办幼儿园和普惠性民办幼儿园覆盖率达67%以上，适龄儿童入学率和巩固率保持100%。加强农村幼儿园建设，提高农村学前教育普及程度。完成教育管理数据中心建设，建成覆盖学生信息、教师信息、办学条件信息的基础数据库。

推进义务教育均衡发展。均衡配置城乡义务教育资源，加快城乡义务教育公办学校标准化建设，全面改善提升薄弱学校和农村学校办学条件，实施归提寨、东华里、小高庄小学及第十四中学等学校迁建、扩建工程。计划新建文耀里小学、

达润时代逸城小学、公富庄小学、在水一方小学以及和美片区中学、第十六中学南岭校区等一批中小学。谋划启动石门寨、驻操营采空区学校搬迁，保障学生安全。推动城乡学校共建共进，建立校际协作联盟等帮扶机制。加大教师培训交流力度，确保每年交流人数不低于教师总数的5%。实施“中小学校长能力提升行动计划”，推进学科教师梯队培养计划、名师助力青年教师成长计划，建设教师专业发展共同体试点基地。着力解决中小学“大班额”问题，保障进城务工人员随迁子女平等接受义务教育，实现家庭经济困难学生资助全覆盖。

全面推进素质教育。积极整合德育创新、学生社团、艺术教育等特色主题教育资源，通过组织开展阳光体育冬季长跑、经典诵读、艺术展演等活动，提升中小学生综合素养。深入开展实践教学，强化中小学生创新能力培养。深化教学改革，落实国家课程方案，利用联片教研和中心备课组等平台，指导、引领教师有效开展校本教研。积极适应国家重视中小学足球教育新形势，将青少年校园足球工作作为落实立德树人、推进素质教育的重要突破口，不断强化足球课堂教学，完善校内和校际联赛体系。

三、完善基本医疗卫生制度

推进医药卫生体制改革。把基本医疗卫生作为公共产品向全民提供，优先满足群众基本医疗卫生需求。改革医保支付方式，建立全民医保体系，取消以药补医，理顺医药价格，建立科学补偿机制。对农村卫生室进行适当补贴，把基本药物零差率销售推广覆盖到全区各级公立医疗机构。突出公益性导向，完善补偿机制，破除以药养医。健全完善新农合制度，新农合参合率保持在95%以上水平，加强对定点医疗机构的监管。

健全公共卫生服务体系。按照“保基本、强基层、建机制”的要求，强化政府职责和财政投入，逐步建立覆盖城乡、满足居民多层次需求的公共医疗卫生服务体系。整合现有医疗卫生资源，探索形成区域性医疗中心和基层医疗机构合理分工和协作格局。实施卫生强基工程，推进新增医疗卫生资源向农村和城市社区倾斜，开展“群众满意卫生院”创建活动，在北港、东港镇卫生院先行试点，力争全部达标。大力发展中医药服务，在石门寨、驻操营镇卫生院等3家基层医疗机构建设中医药服务区，争创省级中医药工作先进县区。

提升医疗卫生服务水平。实施健康医疗信息惠民工程，完善公共卫生服务网络和重大疾病防控体系，提升公共卫生服务水平和突发事件应急能力。在现有医疗卫生信息系统基础上，建设卫生数据中心、卫生信息共享与交换平台、数字化医院系统、基层卫生信息系统、公共卫生信息系统、智能居家健康系统等，为市民提供高科技的健康医疗服务，促进优质医疗资源纵向流动。逐步完善分级诊疗模式，建立社区医生和居民签约服务关系，基本形成城区“一刻钟健康服务圈”。

四、完善城乡社会保障体系

完善社会基本保险体系。增加社会保障投入，统筹推进城乡养老、医疗、失业、工伤、生育等各项社会保险工作，逐步建立覆盖城乡的社会保障制度。以新增就业人员、非公有制企业和城镇个体工商户以及灵活就业人员为重点，加大社会保险扩面征缴力度，不断扩大社会保险覆盖范围。推动机关事业单位养老保险制度改革，探讨企业养老保险与城乡居民养老保险合理转换，不断提高养老金支付标准和水平。城镇职工和城乡居民养老保险、城镇职工和居民基本医疗保险实现全覆盖。

提高住房养老保障水平。建立完善以廉租住房、公共租赁住房、经济适用住房、限价商品住房为主体的住房保障和供应体系，“十三五”期间可向社会推出各类保障性住房7000余套，不断扩大保障范围，逐步改善低保户和中低收入住房困难家庭的居住条件。加大棚户区改造力度，着力推行货币化安置模式，计划实施城镇棚改项目14个。积极应对人口老龄化，大力发展社会养老，提升养老机构的发展水平和服务水平。新建5个日间照料中心或老年活动场所以及117个农村“幸福院”。初步建成60岁以上老年人“全覆盖、全功能、全过程”为核心理念的养老服务体系。

提升社会救助优抚能力。构建适度普惠型社会福利体系，适应“补缺型”向“普惠型”转变需求，关注社会弱势群体生活。健全低保救助制度，规范提高优抚待遇标准，完善临时困难救济和医疗救助制度，建立扶贫帮困送温暖的长效机制。扎实推进残疾人社会保障和服务体系建设。完成贫困残疾人家庭无障碍设施改造工程和贫困残疾人“复听、复明”及精神救助工程。抓好残疾人工作亮点村（居）和残疾人专职委员队伍建设。

五、繁荣文化体育生活

推进全民健身工作。加强全民健身项目普及推广，组织好包括棋类、球类、广播体操、广场舞和各类趣味体育比赛在内的全民健身系列活动。办好“创纪录大赛”等品牌赛事，组织参与秦皇岛马拉松赛，积极争取更多的省级、国家级赛事落户我区。搞好社会体育指导员培训，推动单项体育协会建立发展。探索总结推广海港区职工篮球协会的经验，扶持民间体育团队，鼓励和引导社会力量参与群众体育工作。继续以“京津冀龙舟赛”为切入点，不断拓宽京津冀文化体育交流渠道，积极争取和京津两地体育产业的合作。

培育文体活动品牌。实施“文艺精品”和“人才兴文”战略，打造一批代表海港区形象、具有地域特色的文艺精品，引进与培育共举、配齐配强三级文化工作队伍。强化品牌带动战略，重点打造文化节庆活动品牌，擦亮“彩色周末”“百姓大舞台”“优秀传统文化六进”等原有文化品牌。大力开展全民健身，打造“端午龙舟赛”“海上帆船帆板邀请赛”“沙滩体育节”等新品牌。

专栏9：民生保障重点工程

1. 学校建设：新建文耀里小学、达润时代逸城小学、公富庄小学、在水一方小学以及和美实验中学、第十六中学南岭校区，启动海阳片区学校建设、改扩建东华里和小高庄小学综合楼，实施归提寨、东华里、小高庄小学及第十四中学等学校迁建、扩建工程，启动石门寨、驻操营采空区学校搬迁，小高庄、北部工业区等幼儿园新建

2. 安居工程：海阳片区、范庄、圆明山北港四村、前道西、东李庄、新店子、慕义寨、下庄、南大寺等棚户区改造及基础设施配套

3. 医疗卫生：谋划启动国药控股、海港医院合作建设西部大型综合医疗机构；谋划启动疾病控制预防中心和卫生监督所项目

4. 社会保障：光辉休闲养老基地、桥东路、东环里社区老年日间照料中心、居家养老服务中心、残疾人服务体系建设、残疾人联合会、农村幸福院

5. 文化体育：公共体育服务设施、全民健身中心、农民体育健身工程、社区多功能运动场

第九章　加强和创新社会管理维护社会和谐稳定

坚持把社会管理放在社会建设的重要位置，不断创新社会管理模式，通过政府主导、多方参与，规范社会行为、协调社会关系、秉持社会公正、解决社会问题、化解社会矛盾、维护社会治安、应对社会风险，创造既有秩序又有活力的社会环境，促进经济社会协调发展。

一、不断创新社会管理

加强新型社区建设。把社区建设摆在社会管理的突出位置，加强社区社会管理和公共服务职能，大力推动公共资源向城乡社区延伸，积极开发多样化的社区服务项目，逐步建立社区网格化管理机制和社会工作机制，不断夯实社会建设基础。不断创新社区管理体制，推进城市管理向纵深发展、向社区延伸。加大财政投入力度，加快推动社区卫生服务中心、文化活动中心、劳动保障中心等各类社区服务平台建设。加强社区硬件设施建设，切实改善社区服务用房条件，“十三五”期间，计划建设30个标准化社区和2个智慧社区，确保办公和服务用房一次性达标。

统筹人口均衡发展。完善人口发展战略，全面落实一对夫妇可生育两个孩子政策，不断促进优生优育。加强计划生育管理服务能力建设，实施“优生促进”“关爱女孩”“世代服务”等工程，降低孕产妇、婴儿死亡率和婴儿出生缺陷发生率，完善人口和计划生育公共服务体系，改善出生人口素质，保持合理的出生人口性别比。积极推进优质服务体系建设，提高生殖健康、妇幼保健、托幼等公共服务水平，完善优生促进社会化工作机制。加强人口管理制度综合协调，统筹解决人口数量、素质、结构、分布等问题。

保障特殊群体权益。维护妇女儿童权益，促进男女平等，切实做好未成年人思想道德建设工作，不断优化儿童成长和妇女发展环境。保护残疾人权益，倡导和鼓励社会各界关心、支持、参与残疾人事业，完善区、街道、社区三级残疾人康复服务网络建设，加强残疾人就业培训、康复和医疗保障。大力发展养老事业，落实老年人优

先、免费等措施。积极应对人口老龄化，建设以居家为基础、社区为依托、机构为补充的多元化投资、多层次发展、专业化服务、适度普惠的养老服务体系。到2020年，实现居家养老服务中心覆盖所有街道和60%以上的乡镇、农村互助幸福院实现全覆盖。

加强民主法治建设。认真执行人大及其常委会的各项决议、决定，重视发挥人民政治协商会议民主监督、参政议政的重要作用。加强基层民主建设，完善村民自治、城市居民自治和企事业单位民主管理制度，保证人民群众依法行使选举权、知情权、参与权、监督权。支持司法机关依法独立公正行使职权，建立健全对司法权力的监督机制，完善人民陪审员和人民监督员制度，加强检察机关对刑事诉讼、民事诉讼、行政诉讼的法律监督，提高司法公信力。加快推进惩治和预防腐败体系建设。健全群众权益维护机制，畅通群众诉求表达、利益协调、权益保障渠道，推动科学决策、民主决策和依法决策，妥善处理和协调好各种利益关系，兼顾不同群体利益，维护和促进社会公平正义。

二、健全公共安全体系

加强安全生产监管。认真贯彻“安全第一、预防为主、综合治理”的工作方针，坚持以人为本安全发展。全面推进“依法治安”和安全生产“法治化”进程，进一步加强安全生产责任体系建设，全面强化政府监管责任和企业主体责任的落实。建立完善安全生产“五位一体”工作机制，继续推进网格化监管和企业安全生产标准化创建达标工作，加快“智慧安监”系统建设，提高安全生产监管信息化程度和水平。切实加强对各类企业安全生产监管，抓好煤矿、非煤矿山、道路交通、建筑施工、危险化学品、消防火灾、特种设备和人员密集场所等重点行业（领域）的监管和日常执法检查。建立完善安全生产打非治违、专项整治长效机制，对重大危险源实施专防专控，坚决遏制重特大事故的发生，确保全区安全生产形势实现根本性好转。

加强食品药品监管。建立政府领导、部门监管、企业首责、社会参与的食品药品质量安全管理机制。推进“智能食药监”信息化系统平台建设，发展食品药品信息化监管体系，药品和医疗器械经营、使用实时动态电子监管覆盖率力争达到98%以上。健全食品药品检验检测体系，加快推进食品有害物质监督检验中心建设，确保全区食品生产企业抽检合格率达到98%以上。完善食品药品应急管理体系建设，建立应急预案，增强药品不良反应（事件）监测和应急处置能力。

加强应急体系建设。按照预防与应急并重、常态与非常态结合的原则，加快形成政府统筹协调、社会共同参与的“大应急”工作格局。完善应急预案和应急管理基本指挥平台功能，实现应急指挥网络互联互通，增强应急队伍救援能力。开展应急避难场所、疏散通道、红十字备灾救助设施建设，提高海上搜救能力。建立社会动员机制和应急救助系统，提高应急响应和救援能力。建设区级救灾物资储备仓库，提高应急物资储备能力。组织开展好国民经济动员演练活动，积极推进军民融合项目合作。

三、推进平安港城建设

创新平安建设机制。推进平安港城工程，加快社会治安立体防控体系建设，深入开展打击整治涉黑涉恶犯罪行为、“两抢一盗”专项行动，依法严厉打击各类违法犯罪活动。加快推进智慧网格建设，整合人员资源，实施联防联控，强化社会服务管理。不断强化社会治安“三大群体”控制管理，创新流动人口服务管理方式，排查整治重点领域和重点行业，全面提升社会治安源头管理水平。努力构筑社会各界广泛参与的“打、防、管”一体化格局，全力提升人民群众的安全感。

加强社会管理制度创新。认真履行第一责任，主动服务第一要务，加强社会治安综合治理，推进平安港城建设，完善“打、防、管”一体化、社会矛盾化解、司法保障与法律服务、普法依法治理和政法队伍建设五大体系，推动社会矛盾化解、社会管理创新和公正廉洁执法三项重点工作取得更大成效。到“十三五”末，实现社会大局更加稳定、治安环境更加安全、法治环境更加优化、队伍建设更加规范的目标，争创“全国平安建设先进县区”。

完善社会矛盾化解机制。建立健全社会风险稳定评估及人民群众诉求表达、利益协调、权益保障四项机制，变“被动维稳”为“主动维稳”，把各种不稳定因素化解在基层和萌芽状态，努力从源头上化解社会矛盾。完善社会矛盾纠纷大排查、大调解组织管理体系和工作运行机制，多层面搭建调解组织网络平台，妥善处理群体性事件。加强和改进信访工作，畅通人民群众依法表达诉求渠道，依法规范信访秩序，引导信访人文明、有序上访。提高政府办事的公信力，在涉及群众切身利益的重大问题上，要公开公正公平透明，要在源头上堵塞信访隐患。

四、加强诚信社会建设

加强政务诚信建设。建立健全政府诚信责任机制，建立集政府部门信用信息采集、管理、考核、运用于一体的政府诚信体系，提高政府公信力，以政务诚信引领商务和社会诚信建设。对政府行为进行诚信评价，重点评价行政决策、行政许可、行政处罚、行政管理、落实征信责任和带头使用信用产品等情况。自觉接受人大法律监督、工作监督和政协的民主监督，虚心接受社会监督和舆论监督。加强对政府内部权力的制约，对权力集中的部门和岗位，强化内部流程控制，防止权力滥用。推进政务“五公开”，加快建设阳光政府。

加强社会诚信建设。制定出台企业、行业、社会组织、公民个人信用征信管理办法，对信用信息采集、信用评级、成果运用、信用激励、信用惩戒、信用修复、信用示范、分类监管等进行规范。强化政府部门和国有企事业单位带头使用信用产品的政策引导，实行政府采购、工程项目招投标、财政性资金项目等社会信用等级准入和激励制度。建设公共信用信息系统，建立完善企业、政府、个人、社会组织信用信息数据库，建立信用信息共享机制。对严重失信企业及其法定代表人实行行业禁入制度和惩治措施。

加强诚信宣传教育。扎实开展“争当道德楷模，建设诚信海港”主题教育和实践活动，大力倡导和树立社会主义荣辱观，以诚实守信为重点，大力创建诚信机关、诚信社区、诚信行业、诚信企业、诚信家庭，在全社会大力倡导守信光荣、失信可耻的良好社会氛围，深化开展政务诚信、商务诚信和社会诚信建设，努力营造诚实、自律、守信、互信的社会信用环境，推动社会主义经济、政治、文化、社会的改革和发展。

第十章　不断增强文化软实力
全面推进信息化建设

坚持社会主义先进文化前进方向，全面增强文化的引领力、创新力和竞争力，提升城市软实力，全面推进信息化在经济社会各领域的应用。

一、加快提升文化软实力

繁荣发展文化事业。突出文化事业公益性、基本性、均等性和便利性，加快构建覆盖城乡的公共文化服务体系。进一步完善区、镇（街）、村（社区）三级文化设施网络。管好用好区文体中心，率先实现服务标准化，加快推进港城大街、海港镇、石门寨镇等镇街综合文化站改扩建、村（社区）文化活动室上档升级，促进公共文化服务均等化。建设多个功能齐全、设施完备的文化活动中心，继续推进文化超市和群文培训基地建设。加大流动图书站和农家书屋建设力度，推进数字和移动图书馆建设，完善公共阅读配套体系。

发展壮大文化产业。制定文化产业发展五年规划，以京津冀协同发展为契机引进更多文化产业项目，力促与京津合作重点项目早日落地见效。充分挖掘秦皇文化、长城文化、书院文化、红色文化、民间艺术等特色文化资源，培育创建文化创意产业园区和基地，大力发展现代传媒、印刷出版、文化创意、演艺娱乐、动漫、广告、古玩字画及工艺品交易等文化业态，提高文化产业发展质量和效益。开发移动文化信息服务、数字娱乐产品等增值业务，推动文化产业优化升级。

加强文化遗产保护。依托柳江国家地质公园，打造地质科普教育基地。完成西连峪北朝长城抢救性恢复及岱山甬道修建项目，启动“北三镇”长城遗址的保护、修缮工作。创建海港区非遗保护档案、信息数据库。挖掘民间文化素材，对九门口、董家口、石门寨、驻操营等带有长城文化符号的村寨地名及历史故事进行搜集整理。推进秦皇岛港口工业遗产群保护利用，积极参与办好港口博物馆，准确定位和提炼口岸文化的灵魂、近代工业文化的精髓。保护好民俗传统，搞好祈福文化研究，办好秦皇望海祈福文化旅游节等活动。

二、加快实施信息化战略

推进信息技术在各领域的应用。加快政府数据中心、电子政务网络等基础设施建设，推行网上审批、网上办事、网上对话、网上服务等工作方式。以电子商务平台为依托，推行网络洽谈、网上贸易、网络购物、电子支付等商务活动模式，发展社区电子商务、连锁经营和社区配送，促进社区消费。加快发展信息消费，推动三网融合，提高接入带宽、网络速度率和宽带普及率。实施电子商务进农村、进社区工程，推进农村电子商务全覆盖，畅通“农产品 + 电商”农超对接新途径，让农民与消费者双方受益。

深度开发利用信息资源。充分运用物联网、云计算、大数据、地理信息集成等新一代信息技术，围绕城市管理和公共服务领域，加快建设数字化社会服务平台、电子政务公共平台和网络信息安全保障平台。推进城市基础设施信息化改造、智能化提升，深化公共数据资源开放开发，建设智能城管、智能小区等智能信息系统工程，提升城市信息化管理水平。

第十一章　完善支撑保障体系 健全组织实施机制

切实加强组织领导，强化扩大内需、政策保障、资金支持、重大项目等方面推动力度，做好与各级各类规划衔接，充分发挥规划对经济社会发展的引领作用，确保“十三五”规划的顺利实施，切实增强规划的实效性和可操作性。

一、不断完善规划保障

建立扩大内需长效机制。扩大消费需求。努力拓展消费空间，培育城乡消费亮点。引导和促进汽车、数码产品消费，大力发展社区商业、物业、家政等服务性消费，积极发展网络、动漫等新型消费。提高政府支出用于改善民生、支持居民扩大消费比重，努力消除制约消费的制度和政策障碍，增加消费预期，增强消费信心。持续扩大有效投资。围绕有效需求，提高投资的有效性和精准性，不断优化投资结构，发挥好投资对扩大消费、增加就业和税源、推动产业转型升级、改善保障民生的关键作用。加快编制三年滚动投资计划，做好前期项目可行性研究论证，加强项目储备，筛选论证一批带动全局、支撑长远的重大项目，形成接续不断、滚动实施的储备机制和良性循环。“十三五”期间，谋划超亿元以上项目150个。

完善政策措施体系。产业政策。依据国家产业政策和我区实际，研究制定相关产业发展指导目录，合理引导产业发展方向和资金投向。建立相关产业发展引导资金，通过贴息、借款、资本金注入、政策扶持等措施培育壮大优势支柱产业和战略性新兴产业。强化产业、税收、环保、土地等调控手段，建立市场准入制度，坚决禁止“三高一资”项目，杜绝盲目重复建设。财政政策。按照公共财政服从和服务于公共政策的原则，合理界定政府支出范围，财政资金优先向新农村建设、义务教育、公共卫生、城乡就业、社会保障、公共安全、科技创新、环境保护等方面倾斜。

强化资金保障能力。“按照政府引导、市场主导、多元推动”的融资方式，进一步创新融资机制，多渠道筹措建设资金。深入研究和准确把握国家产业政策和资金投向，积极争取一批事关长远发展的大项目、好项目纳入国家、省、市规划，获得上级资金支持。大力开拓资本市场，推动优势企业、科技型中小企业上市融资，支持争取“新三板”试点。大力推进中小企业信用担保体系建设，丰富信托、保险、融资租赁等多种融资手段。落实鼓励和引导民间投资健康发展政策措施，不断消除民间投资制度性障碍。

推动重大项目实施。突出重点，组织实施好一批关系全局和长远发展的重大项目，在不断提升我区硬实力的同时，更加注重增强城区发展的软实力，让广大市民在发展中得到更多实惠。实施一批增强城市功能的基础设施项目，组织一批提升创新能力的攻关项目，安排一批方便市民生活的便民工程。继续实施项目带动战略，确保战略目标的实现。“十三五”期间，计划实施千万元以上项目500个，完成投资1000亿元。对于规划中提出的发展目标、重点任务和重点建设项目，要落实目标责任制，由责任部门负责完成。

二、健全规划实施机制

加强规划分类指导和协调衔接。健全由总体规划、专项规划和区域规划组成的规划体系，形成规划实施的合力。发挥年度计划的作用，把《纲要》提出的任务目标分解到每个年度计划中，保持规划实施的连续性。搞好专项规划、区域规划和年度计划与总体规划的衔接。明确规划实施责任制，营造良好的规划实施环境，保障规划明确的目标、任务的顺利实施。

强化规划刚性约束。总体规划经人大批准通过后，是指导全区经济社会发展、空间布局调整的纲领性文件，是编制专项规划、招商指导目录以及制定各项经济政策的重要依据。总体规划提出的产业发展方向和重点，是对市场主体的指导性意见；在城市管理、社会保障、公共服务、科技教育、资源环境及基础设施等领域提出的任务，各级各部门要切实履行职责，确保落到实处。

建立规划评估修订机制。建立规划中期评估制度，总体规划由区政府组织评估，重点专项规划、区域规划由规划编制部门组织评估，根据评估结果对规划进行调整修订。当经济运行环境发生重大变化或由于其他原因使经济发展偏离规划目标太大时，应及时提出调整方案，报请区人大常委会审议批准实施。

加强对规划纲要的宣传。面向社会、面向大众，利用各种媒体，采取多种形式，加强对规划的宣传工作，进一步统一思想、形成共识，使实施规划成为全社会的自觉行动。各级、各部门都要提高规划意识，树立长远发展观念，自觉以规划指导各项工作，增强工作的系统性和连续性，确保规划提出的任务目标如期顺利实现。

奋发有为推动规划实施。完成“十三五”规划提出的目标任务，必须牢固树立创新发展、转型发展、协调发展、绿色发展、共享发展的新理念，切实做到“八破八立”，引导党员干部发挥引领带动作用，全面落实《关于从严治党的深入引领 加强新常态下党建工作的意见》，牢固树立宗旨意识、执政意识、大局意识、责任意识，始终牢记“两个务必”，认真践行“三严三实”要求，不断改进工作作风，勇于担当、攻坚克难，以抓铁有痕、踏石留印的精神推动工作落实。深入开展党风廉政建设和反腐败工作，严守党的政治纪律和政治规矩，落实党风廉政建设党委主体责任和纪委监督责任，努力实现干部清正、政府清廉、政治清明，为“十三五”经济社会发展营造良好的政治生态。

展望未来，任重道远。面对新形势、新任务，我们信心百倍。全区各级党组织、广大党员和人民群众积极行动起来，让我们紧密团结在以习近平同志为总书记的党中央周围，高举社会主义伟大旗帜，全面落实科学发展观，解放思想、抢抓机遇、改革创新、锐意进取、协同发展、团结一致、砥砺前行，为顺利实现“十三五”规划目标任务、全面建成小康社会、开创经济文化强区建设新局面而努力奋斗！

大事记

DASHIJI

DASHIJI

1月

1日

◎召开全区工作务虚会。区领导张浩、齐香民、鲁栋、杨永会等参加会议。

◎自1月1日起，秦皇岛市城镇低保标准调整为：各县区不低于500元/月；农村低保标准调整为：各县区不低于3000元/年；农村五保供养标准调整为：各县区不低于农村低保标准的1.5倍，即不低于4500元/年。

14日

◎召开区委常委会议。学习《中国共产党廉洁自律准则》和《中国共产党纪律处分条例》；研究召开中共海港区九届八次全委会议有关事宜；研究讨论区委书记冯国林在中共海港区九届八次全委会议上所作的《工作报告》及《全会决议（草案）（讨论稿）》；研究讨论并原则通过《中共海港区委关于制定海港区国民经济和社会发展第十三个五年规划的建议（讨论稿）》及《说明》；会议听取全区2015年主要经济指标预测及2016年经济指标计划初步安排的汇报；研究召开区“两会”有关事宜。

16日

◎中国共产党海港区第九届委员会第八次全体（扩大）会议暨经济工作会议在市民中心大礼堂召开。全会主要学习贯彻中共中央十八届五中全会、省委八届十二次全会、市委十一届八次全会和中共中央、省、市经济工作会议精神。会议听取区委书记冯国林受区委常委会委托作的自九届七次全会以来的工作报告和代区长吕国新作的经济工作报告。审议通过《中共海港区委关于制定海港区国民经济和社会发展第十三个五年规划的建议》和《中国共产党海港区第九届委员会第八次全体（扩大）会议决议》。

22日

◎区委书记冯国林主持召开党政联席会议。区委副书记、代区长吕国新传达全市重点建设项目观摩工作会议精神；会议听取《海港区秦青公路综合整治行动实施方案》和《海港区大学生众创空间推进方案》等多项议题汇报。

26日

◎市领导杨长新、刘文杰、冯志永、王桂鹏对海港区文化市场进行集中检查。区领导冯国林、张立红、张晶、桑菊陪同检查。

26～28日

◎区领导齐香民、张浩、鲁栋等集中慰问平民偶像、驻区部队官兵、困难群众和劳动模范，送去慰问品及节日问候。

27日

◎召开区委常委会议。会议传达全省农村工作会议精神，学习《秦皇岛市党政干部不作为不担当问责办法（试行）》，研究讨论《政府工作报告（讨论稿）》《关于海港区2015年国民经济和社会发展计划执行情况与2016年国民经济和社会发展计划（草案）的报告》《秦皇岛市海港区国民经济和社会发展十三五规划纲要（讨论稿）》《关于2015年财政预算执行情况和2016年财政预算（草案）的报告》《海港区2016年民心民生工程项目安排草案（讨论稿）》。

30日

◎区委常委会召开“三严三实”专题民主生活会议。全面梳理查找班子及个人在修身用权律己、谋事创业做人等方面存在的不严不实问题；在遵守党的政治纪律、政治规矩和组织纪律方面的问题；在落实党风廉政建设主体责任和监督责任，特别是遵守中央“八项规定”方面存在的突出问题，进行党性分析，深入剖析问题根源，认清问题实质，提出整改的具体措施。区委书记冯国林主持会议，市委组织部副部长王慧、市委督导组组长杜常规和成员到会全程指导。

31日～2月2日

◎政协海港区第八届委员会第五次会议在市民中心大礼堂召开。区委书记冯国林代表区委、区政府对大会召开表示祝贺并作重要讲话。区政协主席杨永会作区政协常务委员会工作报告。大会选举李秋来为区政协副主席。大会以举手表决的方式通过政协海港区八届五次会议政治决议。

是月

◎第七中学、第八中学、第十中学、第十六中学、教师发展中心附属实验学校、建设路小学、青云里小学、新一路小学和迎秋里实验学校的校长，参加全市乡村骨干教师跟岗培训。全市119名教师参加培训活动，海港区参训的9所学校作为基地承接带教任务，采取上示范课、专题讲座、评课议课等多种形式全方位带教。

◎区总工会为瑞通公司"爱心妈妈小屋"授牌，全区首家"爱心妈妈小屋"成立。

◎驻操营镇龙泉庄村党支部书记温守文当选2015年度河北十大新闻人物。

◎在市委组织部组织开展的2015年"港城先锋·我身边的共产党员"DV电视片观摩交流活动中，海港区远教中心选送的19部作品全部参与展播，报送数量和获奖数量均列全市第一。

◎海港区成立区级农民专业合作社联合社即秦皇岛市海港区海供农民种植专业合作社联合社。该联合社是由秦皇岛市海港区玉宽种植农民专业合作社、秦皇岛市海港区广存种植专业合作社、秦皇岛益中农民种植专业合作社、抚宁县绿岛农产品专业合作社、秦皇岛市海港区宝洪果菜专业合作社和秦皇岛市茂源果蔬专业合作社六家联合成立。注册资金500万元。主要从事蔬果、花木种植及农副产品配送等服务。

◎全区新增城镇职工基本医疗保险定点诊所、药店24家，并签订2016年度医疗服务协议，实行协议管理。

◎"秦皇岛市2016年就业援助月专场招聘洽谈会"在市人力资源市场开幕。

2月

1～3日

◎海港区第十四届人民代表大会第五次会议在市民中心大礼堂召开。区人大常委会副主任陈永山主持开幕式。代区长吕国新向大会作《海港区人民政府工作报告》。区人大常委会主任鲁栋向大会作区人大常委会工作报告。区人民法院院长刘光明向大会作区人民法院工作报告。区人民检察院检察长陈巍向大会作区人民检察院工作报告。大会以书面形式提交《海港区国民经济和社会发展第十三个五年规划纲要（草案）》《关于海港区2015年国民经济和社会发展计划执行情况与2016年国民经济和社会发展计划（草案）的报告》《关于海港区2015年财政预算执行情况和2016年财政预算（草案）的报告》《海港区人大常委会关于代表建议、批评和意见办理情况的报告》。大会表决通过《海港区第十四届人民代表大会第五次会议选举办法》。大会通过关于《海港区人民政府工作报告》等7个决议和有关议案的决议。

大会选举刘凤奎为区十四届人大常委会副主任，马赤华、刘江华为区十四届人大常委会委员。吕国新为区人民政府区长。大会举行宪法宣誓仪式，由区长吕国新领誓，新当选的国家工作人员面向国旗庄严宣誓。

3日

◎区委副书记、区长吕国新到军分区、驻区部队走访慰问。区领导葛静华、刘凤奎、桑菊、李秋来参加慰问。

4日

◎海港区在市民中心礼堂举办春节团拜会，区委书记冯国林代表区"四大班子"，向全区人民及各界朋友致以新春的祝福和节日问候。区委副书记、区长吕国新主持团拜会。

14日

◎海港区召开区直机关作风整顿动员大会。区委常委、区人大常委会、区政府、区政协全体成员，区法院院长、区检察院检察长，各镇、街，园区及区直单位主要负责人等出席会议。大会就全区开展作风整顿活动进行动员部署。区委书记冯国林作动员讲话，要求从严较真，动真碰硬，切实以铁的纪律推动作风转变。

15 日

◎全区组织收听收看河北省“一问责八清理”专项行动动员部署电视电话会议。会议指出，省委决定 2 ~ 6 月，在全省开展“一问责八清理”专项行动，进一步推动全省党风廉政建设和反腐败斗争，努力营造风清气正、干事创业的政治生态。区领导冯国林、吕国新、张晓雁、詹立军、张晶等收看会议直播。

16 日

◎省文化厅党组书记王离湘到海港区调研文化市场和文化产业工作。先后考察鼎盛传奇 KTV、太阳城岛上书店、秦皇岛电力博物馆及金葵文化艺术中心，对全区文化市场监管工作给予充分肯定和高度评价。区领导桑菊陪同调研。

22 日

◎ 2016 年海港区太阳城元宵节游乐会在太阳城商业区开幕。由区委宣传部、区文体广新局、太阳城管委会主办。期间，开展民间花卉展示、民俗表演、灯谜会、非遗展览、相声大会、流动图书馆、老照片展、百姓苑等活动，丰富群众文化生活，营造节日氛围。

24 日

◎全区政法工作会议召开。报告 2015 年全区政法工作，表彰 2015 年度政法工作先进单位和先进个人，深入分析新常态下政法工作面临的新形势和新挑战，全面安排部署 2016 年政法工作，区领导杨丽萍、刘晓光、李秋来、刘光明、陈巍、朱江等参加会议。

24 ~ 26 日

◎举办杜庄镇、石门寨镇、驻操营镇农村干部素质能力提升培训班。对 300 名村党支部书记、村委会主任和全区大学生村官进行培训。区委副书记齐香民提出“认清分量、多办实事、谋求发展、守住规矩、力倡和谐”的要求和希望。

29 日

◎全区中小学热餐工程全部落实到位。41 所农村学校的 3000 多名有午餐加热需求的学生都吃上了热腾腾的午餐。

3 月

1 日

◎省内首辆新型环保流动粪便处理车在海港区投入使用。此设备可以连续作业，1 小时可处理固态物质 20 万立方米。现场处理，实现固液态分离。车头连接化粪池，经车体的分离机从车尾处分离出可做有机肥的粪渣和可排放到排污管道的次种水。此设备由秦皇岛晶科环保设备有限公司提供。

5 日

◎开展“与文明同行 · 志愿者在行动”主题活动，弘扬雷锋精神，倡导“奉献、友爱、互动、进步”的志愿者精神。

◎团区委全面启动 2016 年雷锋月系列活动。活动围绕“青春助力生态海港”环保行、“青春助暖”关爱失独家庭、“青春助晚霞”关爱老人、“青春助残”阳光行动、“携手梦想，共同成长”青春助学五大主题。

12 日

◎海港区举行“董事汇众创空间”揭牌仪式。市、区领导孙国胜、桑菊等参加揭牌仪式。

13 日

◎海港区召开打击盗采矿产资源专项会议，部署严厉打击私挖滥采和盗采国家资源专项行动，出台《海港区严厉打击非法开采矿产资源“百日攻坚战”专项行动实施方案》《海港区人民政府办公室关于集中打击煤矿盗采专项行动的通知》，成立由区委书记冯国林为组长，区委副书记、区长吕国新为执行组长的领导小组，在全区启动重拳打击盗采矿产资源行为攻坚行动。

20 日

◎区委副书记、区长吕国新到北港镇、杜庄镇、石门寨镇、驻操营镇就乡村造林绿化、森林防火、农业种植结构调整进行现场观摩指导。区领导王健参加。

26 日

◎海港区第十三届认种认养活动在新世纪公园举行。3200 株苗木被手持领取凭证的市民领取。

◎第五届海子诗歌艺术节暨京津冀诗歌联盟首届诗会在海港区开幕。活动由海港区委、区政府主办，区委宣传部、区文联、东北大学秦皇岛分校、京津冀诗歌联盟组委会、世界诗人大会中国组委会、国际汉语诗歌协会、作家网承办。京津冀地区的 60 多位诗人、诗歌评论家、作家、艺术家齐聚港城，以诗为媒、以文会友，研讨交流海子诗歌的艺术价值和当代诗歌的动态走向。区委书记冯国林参加开幕式。区委副书记齐香民介绍海港区情。区委常委、宣传部部长张立红主持开幕式。区领导张晶、陈永山、桑菊、李秋来等参加开幕式。

27 日

◎召开森林防火工作会议。区委副书记、区长吕国新出席会议并讲话，强调各级部门要对森林防火工作进行再宣传、再组织、再动员，全面进入实战状态。群策群力，严防死守，充分调动各级干部和广大群众积极性，确保全区森林防火形势稳定。

30 日

◎以省记协专职副主席张魁星为组长的省委宣传部意识形态督导组到海港区督察意识形态工作责任制落实情况。省督导组通过查看相关资料、召开座谈会等形式了解情况后对全区意识形态工作给予充分肯定，走在全市前列。区领导齐香民、张立红等陪同督导。

31 日

◎海港区森林防火指挥部发出森林防火公告，对森林封山防火日期、严禁行为及责任作出明确公告。

◎秦皇岛第四届海子诗歌艺术节被中国诗歌春晚组委会评为 2015 年度中国“十佳品牌诗会”。

是月

◎秦皇岛市委宣传部授予温守文、沈汝波，追授杨家琛“时代先锋”称号。

4 月

1 日

◎区国税局推出全市首台云办税服务厅自助“发票领购机”办税终端，纳税人只需携带身份证和金税盘就可以自助领取发票。

2 ~ 3 日

◎区委书记冯国林到杜庄镇温泉堡村、石门寨镇车厂村就春季森林防火工作进行实地调研。区委副书记、区长吕国新到石门寨镇下平山村、花场峪等各重点防火区域进行检查。每到一处，他们都重点检查防火工作落实情况，区直部门包村人员上岗巡查情况，以及打击野外用火工作开展情况。

5 日

◎海港区开展“弘扬劳模精神，共创美丽港城”公益植树活动。全区各单位职工与 35 位劳模一起在全区首个绿色“劳模公益林”参加植树活动。区领导齐香民、田宏伟、陈永山参加活动。

7 日

◎辽宁省葫芦岛市连山区区长马文志率领党政代表团到海港区参观考察。

◎举办“初创与创新企业的‘生存与发展’”培训会，邀请 10 位全国金融专家，与海港区 50 多位企业家一起分享经验、合作交流、共谋发展。区委副书记、区长吕国新出席并致辞，区领导刘爱秀、李浩然参加会议。

◎全区“全民洗城”第一次集中行动正式开始，对全区范围内的公共设施、交通护栏、绿化带、树木植被、道路路面、墙体立面、广告牌匾、交通站点在内的城市主干道及两侧至建筑物外立面所有的公共空间进行清扫、清洁、清除。孟祥伟、张瑞书等市四大班子领导，冯国林、吕国新等区四大班子领导与全区2000多名机关干部、50多支专业清扫队伍、1万多名志愿者一起走上街头，清除垃圾、清洗道路、清洁公共设施。

8日

◎中共海港区第九届纪律检查委员会第六次全体会议召开。会议总结2015年全区党风廉政建设和反腐工作，研究部署2016年工作任务。区委书记冯国林出席会议并讲话。

15日

◎召开集中整治"双违"专项行动动员会。对全区集中整治违法用地专项行动进行部署，对全区拆除违法建设专项整治行动进行部署，对全区集中整治"双违"专项行动警力保障工作进行部署。区委副书记、区长吕国新主持会议。区委书记冯国林出席会议并讲话。在家的全体区级领导，区委、区政府有关部门，部分人民团体主要负责人，各行政村、各社区等600多人参加会议。会后与会人员到西港镇大乐安寨村村北拆除现场。上午11时，吕国新宣布"我区集中整治违法用地违法建设专项行动开始"，伴随着轰鸣声，违法建筑被拆除。

19日

◎召开"两学一做"学习教育动员会议。会议观看全市"两学一做"学习教育动员电视电话会议，传达省、市委动员会议精神，并对全区"两学一做"学习教育进行全面动员部署。区领导吕国新、张浩、张晓雁、高骥恩、张晶、田宏伟参加会议。

25日

◎召开河道整治工作调度会议。总结前段工作研究部署下一时期河道专项整治的目标任务和重点举措。区领导吕国新、齐香民、张立红、詹立军、张晶、陈永山、韩国祥、刘晓光、王健、肖长祥、李国强等参加会议。

◎开展全区打击"双违"第一次集中行动，对范家店村6处违法建筑进行依法拆除。市长张瑞书到现场指挥。冯国林、吕国新、张立红、张潮海、张晶、杨丽萍、刘晓光、王健、印洪、李国强等区领导参加行动。区委副书记、区长吕国新宣布"开始拆除"。集中行动共拆除范家店村6处违法建设，面积1.37万平方米。

27日

◎召开经济运行调度会议。听取区经济部门，各镇、园区关于当前经济运行情况的汇报，分析存在问题，对下步工作安排部署。区委副书记、区长吕国新参加会议并讲话。

◎海港区教育局·北京师范大学国际学术交流中心基础教育战略合作签约仪式在海天一色酒店举行。

◎召开全区发展环境监督员队伍成立暨培训大会。选聘149名发展环境监督员。

28日

◎以"传承红色基因，共建美丽港城"为主题的秦皇岛市主城区纪念《中华人民共和国国防教育法》颁布十五周年主题宣教行动在人民广场举办。

29日

◎区领导吕国新、齐香民、韩国祥等现场调度秦青公路整治工作。秦青公路综合整治行动为期两年，从2016年1月25日开始至2017年底结束，以打造"安全、畅通、规范、美洁"的公路环境为目标，对秦青公路瓷厂桥至驻操营镇沿线（不含驻操营段），全长25.5千米的路段进行全面彻底的综合整治。

是月

◎组织60多名清掏人员，对城区范围内26条城市主干道，44条支干道及162条街巷路的26万米雨水管线，1.63万个雨水井开展系统性清掏工作，清掏淤泥总量1000多吨。

◎公共法律服务中心启用。中心位于秦皇东大街85号，占地面积1000平方米，总投资200多万元。采取"窗口化、综合性、一站式"的服务模式，将窗口接待与后台延伸服务紧密结合，方便群众。

5 月

2 ~ 4 日

◎ 2 日，由共青团海港区委和太阳城管委会共同主办的“就这 YOUNG!——海港区首届青年文化节”开幕。区委书记冯国林与共青团秦皇岛市委书记袁会民共同触摸启动球为文化节启帷。区领导齐香民、张晶、桑菊、印洪等参加启动仪式。首届“青年文化节”以“孕育文化、激发创意、弘扬公益”为理念，以“打造秦皇岛特有的新青年聚集群体”为目标，携手港城最具特色的 80 家青年社团与文化产业，展示、倡导各类积极、健康、风尚的青年文化，充分发挥广大青年自身的积极性和创造性，为各界青年提供一个展示、交流和相互学习的平台。文化节分为 5 月 2 日的主体活动及 5 月 3 ~ 4 日的公益日活动两部分。

9 日

◎省农村干部“万人示范培训班”到归提寨村参观，学习归提寨村发展的模式和理念，学习杨家琛埋头苦干，只为村民谋幸福的精神。

12 日

◎区委书记冯国林就区众创空间建设情况进行实地调研。强调各有关部门和单位要引导各项政策资源向众创空间聚集，提供政务、科技、金融等多方面服务，支持众创空间发展壮大。刘爱秀、张晶、桑菊等区领导参加调研。

◎区委副书记、区长吕国新到杜庄初级中学新校址、杜庄学区王庄小学、石门寨学区石岭小学和驻操营学区义院口小学，实地查看学校建设情况。区领导桑菊陪同查看。

15 日

◎第十二届世界徒步大会暨 2016 年中国秦皇岛定向徒步赛在金梦海湾浴场万米沿海沙滩木栈道起点开幕。此届世界徒步大会由市体育局、市体育总会、市直机关工委、海港区政府主办，北京、天津等 45 个城市及国外的徒步爱好者共 3 万多人参加不同长度的健走。市、区领导冯志永、王桂鹏、冯国林、吕国新、齐香民等参加开幕式。

17 日

◎召开市场监督管理暨创建国家“食品安全城市”“质量强市示范城市”工作动员大会。区长吕国新作重要讲话，区人大常委会副主任韩国祥主持会议，副区长赵长泰代表区政府与各镇街签订责任状，区政协副主席李秋来宣读区委书记冯国林的重要批示。

20 日

◎举办区委中心组（扩大）集中学习专题讲座，邀请中国社会科学院经济研究所所长、教授裴长洪进行专题讲座。他就如何把握新常态下的结构调整，如何准确理解供给侧改革的深刻内涵等方面进行精辟的剖析和讲解。区委中心组成员，各镇党委、区委各工委、区直各单位党组（党委）中心组主要成员，各人民团体主要负责人，区委党校、区草根宣讲团代表聆听讲座。

24 日

◎召开区委常委会议，传达学习习近平在中共中央政治局常委会议审议“两学一做”学习教育方案时的讲话精神、刘云山与赵乐际在“两学一做”学习教育工作座谈会上的讲话精神、全省文明城市创建推进会议精神；研究讨论并原则通过《海港区“干部下基层·建功在一线”工作实施方案（讨论稿）》《关于建立“四位一体”督考联动机制的意见（讨论稿）》。

◎举办“两学一做”学习教育《中国共产党章程》专题讲座，邀请中央党校教授宋福范授课，他从党章的地位、功能等方面讲解党的章程，解读党的宗旨，从组织纪律与党章逻辑、时代变化与党章内容及中共十八大新党章之灵魂等方面探讨党章的逻辑性与时代性。区委副书记张浩主持讲座。区领导鲁栋、张立红、詹立军、田宏伟、桑菊、印洪、李浩然等聆听讲座。

◎全区镇、街首场“最美海港人”365 百姓故事汇在海滨路街道举办。

25 日

◎区委书记冯国林实地调研秦青公路综合整治建设情况。先后走访查看海阳路瓷厂桥、北张庄、徐庄大市场、杜庄镇、老观峪、祖山连接线路口、柳江俱乐部、半壁店、老君顶等处整治建设情况，详细了解拆违、河岸粉刷建设、园林绿化建设、堆煤场清理迁移情况。区交通局、林业局、环保局、城管综合执法局、杜庄镇、石门寨镇等相关单位负责人在现场对近期工作进行汇报。区领导齐香民、张晶、韩国祥、杨丽萍、刘晓东参加调研。

◎召开全区河道整治调度会议。听取归提寨河、大马坊河、排洪河、南大寺河、新开河、沙河等河流治理工作开展情况。区委副书记、区长吕国新指出，全市 16 条河流中 9 条在海港区，要不讲条件，没有借口，5 月底完成治理任务。区领导赵长泰、王健等参加会议。

30 日

◎区委书记冯国林带领区“双违”办、规划分局、城市管理综合执法局主要负责人督导检查拆违工作。先后到先锋路港民医院、民族路人才市场北侧、兴华大街兴港校区、铁新里小区、港北市场周边等违建现场，查看拆违工作进展情况。冯国林指出，拆违工作要做到有占必退，有违必拆，做好长期“持久战”的准备。副区长印洪和相关单位主要负责人参加督导检查。

是月

◎全区超额完成全年乡村绿化工程任务。实际完成乡村绿化工程面积 2200 公顷，超额完成 2106.67 公顷的年度任务目标。

6 月

1 ~ 3 日

◎区委书记冯国林带领区党政考察团到邯郸、邢台两市考察学习。先后考察邯郸市邯郸县华耀城项目，馆陶县寿东村粮画小镇、翟庄村的黄瓜小镇建设，邢台市桥东区火车站南片区改造项目、顺德路棚户区改造项目、金太阳商贸城项目、母家场项目、博物馆项目等。邯郸市馆陶县委书记谢继炯、县委副书记马光瑞，邢台市桥东区委书记张志峰、区委副书记景卫平分别出席相关活动。海港区领导张浩、张晶、王健、印洪、陈德耀等参加学习考察活动。

5 日

◎召开拆违工作调度会。区委书记冯国林就拆违工作做深、做细、做实提出具体要求。区领导吕国新、张浩、齐香民、鲁栋、杨永会等参加会议。

7 日

◎“第十一届秦皇望海祈福文化旅游节·翔健文华杯第五届龙舟大赛”在汤河畔举行。比赛由市体育局，市体育总会，市文明办，区委、区政府举办；区文体广新局、区体育总会、市文化产业联合会、市翔健文化传播有限公司承办。比赛设社会组、镇（园区）组、街道组、区直组、混合组 5 个组别，12 人龙舟、22 人龙舟 2 个类别，200 米、400 米 2 个项目，共计 32 支队伍 510 多名运动员参赛。经过激烈角逐，环美健力代表队获社会组 12 人 200 米冠军，人社局获区直组 12 人 200 米冠军，北环路街道获街道组 12 人 200 米冠军，东港镇获镇（园区）组 12 人 200 米冠军，东港镇、海港镇联合队获混合组 12 人 200 米冠军。开幕式由副区长桑菊主持。区委副书记、区长吕国新在开幕式上致辞。市、区领导杨长新、冯国林、刘文杰、王桂鹏、齐香民、张立红、张晶、陈永山、李秋来等参加开幕式。

8 日

◎全区首支海滩公益救援机构——海港区海支援浅滩救助中心成立。

9 ~ 22 日

◎以“开放、包容、崇德、尚美”为主题的第十一届秦皇望海祈福文化旅游节在求仙入海处举办。9 日上午，举行盛大开幕式，区委副书记、区长吕国新主持。市、区领导张瑞书、史建伟、李建华、李仲亮、杨长新、冯国林等出席开幕式。区委书记冯国林在开幕式上致辞，市委副书记、市长张瑞书宣布第十一届秦皇岛祈福文化旅游节开幕。开幕式由“礼、奉、敬、颂”四个篇章组成，突出表达“崇德、幸福、圆满、欢乐”的文化寓意。

此届望海祈福文化旅游节由省委宣传部、省文化厅、省旅游发展委员会、市委、市政府主办。市委宣传部，市文广新局，市旅游委员会，区委、区政府承办。旨在深入贯彻“文明铸市”战略，大力弘扬“开放、包容、崇德、尚美”的海港精神，扩大“中国望海祈福第一地”品牌效应，活动既注重群众参与、体现文化惠民，又注入文化元素、引领时代风尚。6月9日开始，6月22日结束，期间举办“逛码头”望海游园会、京津冀百名企业家走进海港区主题招商活动、“十里栈道千人太极”表演、沙滩音乐季、彩色周末、百姓舞台文艺展演、广场舞大赛、2016重走海上丝绸之路（东线）启航仪式、秦皇岛首届全国京剧票友大赛等系列演出活动20多项。

《人民日报》、中央电视台、《河北日报》、河北电视台和省重点媒体焦点关注，全方位、多角度报道，展示秦皇岛良好城市形象和人们的精神风貌，提高秦皇望海祈福文化旅游节在国内外的知名度、美誉度和影响力。

14日

◎在秦皇岛香格里拉大酒店举办“第十一届秦皇望海祈福文化旅游节暨京津冀百名企业家走进海港区招商会”。秦皇岛欢乐水世界、彩龙电商城、中运机械船用阀门、分布式光伏发电以及农产品购物体验中心和首农农产品批发市场5个项目成功签约，总投资额42亿元。发布国际农产品冷链物流项目、圆明山山区综合开发项目、板厂峪景区开发项目和杜庄经济开发区项目四大产业项目。市、区领导裴晓鹏、吕国新、张浩、刘爱秀、张立红、田宏伟、李浩然等参加招商活动。

◎召开“双违”整治工作调度会。区长吕国新与各镇、园区、街道的代表签订“双违”整治工作责任状。强调全区各级各部门要以强烈的责任感和紧迫感，抓好各项拆违工作落实，为全区经济社会持续、健康、快速发展提供坚实保障。副区长印洪出席会议。

◎区委副书记、区长吕国新到温泉堡水库、涂庄铁路桥涵洞、康乐里小区等重点防汛部位视察指导防汛工作。区领导王健参加视察指导。

16日

◎区委书记冯国林到海港镇范家店两处违法建设和东环路街道红光北里宏达路违法建筑现场督导指挥拆违工作。区领导张立红、印洪参加现场督导。

◎第十一届秦皇望海祈福文化旅游节“十里栈道千人太极”表演活动在金梦海湾举办。全区1000多名太极爱好者在西浴场木栈道进行太极表演。

17日

◎区委中心组召开“两学一做”学习教育专题研讨会，围绕“坚定理想信念，保持党员本色”进行专题研讨交流。区委书记冯国林主持会议。区领导吕国新、张浩、齐香民、鲁栋、杨永会、张晓雁、詹立军等作学习研讨发言。

◎“小手拉大手，共建美家园”城管进校园活动启动仪式在建设路小学举行。区委副书记、区长吕国新宣布活动启动。

◎“彩色周末·百姓舞台”活动在海韵广场启帷。6月中旬至8月底举办文艺演出40多场。

18日

◎市委副书记、市长张瑞书到海港区现场办公，听取重点项目建设情况汇报，协调解决实际问题和困难。区委书记冯国林代表海港区汇报秦皇皓月城、茂业城综合体、博硕光电二期、大连万达广场等项目在推进过程中遇到的开发模式调整、规划方案变更审核、规划设计手续办理、土地置换等问题及“北三镇”相关问题。市、区领导薛永纯、邢留逮、靳术群、吕国新、张浩、杨永会、刘爱秀、张潮海、张晶、杨丽萍、王健等参加会议。

19日

◎区委书记冯国林，区委副书记、区长吕国

新带队考察8处拆违现场，并召开“双违”整治工作调度会。冯国林要求下苦功下真功，持续发力，打好这场硬仗。区领导张浩、齐香民、杨永会等参加视察并出席会议。

21日

◎由秦皇岛市人民政府、河北海事局、中国国际文化交流中心联合举办的“2016重走海上丝绸之路”活动在徐福东渡的起点秦皇求仙入海处启航。由国家海洋公益形象大使、中国航海科普大使、环球航海中国第一人翟墨领航，途经韩国、日本等国，穿越渤海、黄海、东海、北太平洋等海域，总航程2000海里，是国内首次以帆船航海为媒介、串联起整个海上丝路东线沿线的文化、体育、科考、探险等多领域、多学科的海洋文化交流盛会。市、区领导张瑞书、冯志永、王桂鹏、冯国林、桑菊等参加启航仪式。

22日

◎市长张瑞书、副市长冯志永带领交通、发改、旅游等市直部门负责人到海港区燕山大街铁新里小区的拆违现场、石门寨镇承秦出海路石门寨道路两侧拆违现场、祖山景区东门等地督导检查拆违工作。沿途详细踏查拆违情况，听取燕山大街街道、石门寨镇的汇报，有针对性地提出指导性意见和建议。最后实地考察祖山艺术家部落和温泉堡水库等地，对当地旅游产业发展提出意见和要求。

23日

◎全市“基层党建提升年”活动推进会暨全市基层党建重点工作调度会在海港区召开。参会人员观摩白塔岭街道文体里社区、市国税局、市热力总公司玉峰里分公司、西港镇归提寨村，对海港区“13510”经验作法给予高度评价。区领导冯国林、詹立军出席活动。

29日

◎召开纪念建党95周年暨优秀共产党员、优秀党务工作者、先进基层党组织座谈会。区委书记冯国林出席会议并讲话，区委副书记、区长吕国新主持会议。区领导齐香民、鲁栋、杨永会参加会议。

◎由市综治委主办，区综治委承办的全市“平安志愿者日”暨服务旅游旺季誓师大会在人民广场举行。市、区领导闫五一、张经华、冯国林、吕国新、齐香民、高骥恩、刘晓光出席活动。

30日

◎市环境保护督察组正式入驻海港区，开展为期10天的环保督察工作。即日召开环境督察动员暨环境保护工作汇报会。此次督察对象是海港区委、区政府及有关部门。督查工作内容为环境保护责任落实情况，环境保护决策部署贯彻落实情况，突出环境问题处理情况，环境监管能力建设情况。

◎召开环境督察动员暨环境保护工作会议。区委书记冯国林主持会议并作动员讲话。区委副书记、区长吕国新汇报全区环境保护工作开展情况。市环保督查组组长王满光通报督查工作安排并就督察任务提出具体要求，督察组的同志宣读《督查实施方案》，市环保督察组即日起受理来信来电举报。区领导张浩、齐香民、鲁栋等出席会议。

是月

◎端午小长假期间，全区共接待游客27.87万人次，同比增长20.13%；实现社会旅游总收入2.6亿元，同比增长25%。

7月

5日

◎区委书记冯国林到清真寺走访调研，并向清真寺全体工作人员及全区穆斯林提前送上节日的祝福。区领导詹立军参加活动。

◎区委书记冯国林到杜庄镇调研，实地踏查杜庄镇垃圾转运站等地，听取杜庄镇工作情况汇报。区领导刘爱秀、田宏伟、杨丽萍、陈德耀参加调研。

6日

◎区委书记冯国林实地走访石门寨镇小傍水

崖村、房庄村和老君顶旅游度假区等地，听取石门寨镇工作汇报，就工作开展提出新的要求。区领导刘爱秀、田宏伟、杨丽萍、王健参加走访。

7日

◎区委书记冯国林深入青龙县扶贫联系点走访调研。先后走访康杖子村、三合店村、双山子村，详细了解各村经济发展情况，听取驻村工作组工作汇报。就进一步做好扶贫工作，冯国林提出要求。区委常委田宏伟及相关单位主要负责人陪同调研。

◎区委副书记、区长吕国新到秦皇岛火车站站前广场、太阳城商业区、东西浴场和海韵广场等人员密集地点实地调研。副区长印洪参加调研。

8日

◎召开秦青公路整治推进会议。区委副书记齐香民主持会议，区委副书记、区长吕国新就整治工作稳步推进提出具体意见。区领导杨丽萍、刘晓东参加会议。

9日

◎全市水泥行业化解产能过剩集中拆除活动在石门寨镇石门寨第一水泥厂一分厂举行。市委常委、常务副市长薛永纯，副市长孙国胜等现场指挥，区委副书记、区长吕国新，区委常委、常务副区长刘爱秀参加活动。省化解过剩产能集中拆除行动督导组组长魏建厂现场督导，并提出具体要求。

◎海港医院与河北医科大学附属燕达医院正式签署合作协议。副区长赵长泰出席签约仪式。

13日

◎召开区委常委会议。会议学习《昆山招商引资故事的启示与建议》，传达全市县乡领导班子换届工作有关会议精神及海港区贯彻落实意见，听取海阳片区一级开发工作有关情况汇报。

◎区委副书记、区长吕国新踏查农村路网改造暨环长城旅游路建设项目，并召开专题调度会。吕国新强调各相关单位要克服困难，保证工期，确保项目顺利开展。副区长刘晓光主持调度会。

18日

◎召开2016年全区防汛工作会议。传达省主汛期防汛动员会议精神及农村防汛工作重点，城市防汛情况及城市防汛工作重点，安排部署全区防汛工作。

19日

◎ 20点30分，区委副书记、区长吕国新主持召开强降雨和风暴潮防御工作紧急会议。区委副书记齐香民主持会议并传达《中共秦皇岛市委办公厅、秦皇岛市政府办公厅关于做好强降雨和风暴潮防御工作的紧急通知》。吕国新讲话，强调各单位要加紧安排部署，工作落实到位，确保人民群众生命财产安全。区领导张潮海、王健、印洪参加会议。

23日

◎区委书记冯国林带领区水务局、国土分局、民政局、交通局等单位主要负责人到杜庄镇、石门寨镇、驻操营镇检查防汛工作。实地到杜庄镇三义庄村、石门寨镇蟠桃峪村、驻操营镇石河查庄段和水门寺桥等地察看桥梁及道路损毁情况。冯国林就做好防汛工作及保护人民群众生命安全提出具体要求。区委常委田宏伟、副区长王健参加检查。

28～29日

◎区四大家领导在“八一”建军节前夕，分别走访慰问驻地部队官兵，向子弟兵送去全区人民的深切关怀。

29日

◎区委书记冯国林，区委副书记、区长吕国新到北戴河指挥中心、省办执勤点、滨海大道检查站等处亲切慰问一线执勤人员。送去党和政府的亲切关怀与问候，叮嘱大家注意劳逸结合，加强自身安全防护。希望持续鼓舞斗志，以饱满的精神状态和良好的体能，为中外游客和人民群众提供优质服务。区领导齐香民、鲁栋、杨永会、高骥恩、田宏伟等参加慰问。

8月

2日

◎区委书记冯国林主持召开专业化招商工作调度会。工业产业组、港口贸易及现代物流组、高新技术组、商贸产业组、旅游及文化产业组、现代农业产业组、新农源产业组、装备制造组等8个专业招商组组长进行汇报，冯国林强调要发挥自身能动性，提高招商引资效率。区领导刘爱秀、田宏伟、陈德耀参加会议。

10日

◎区委副书记、区长吕国新到海阳镇就项目建设、食品安全、河道治理等工作进行调研。察看海阳片区大汤河范庄村段、小汤河海阳二村段及海阳片返迁部分建设等情况。吕国新就相关工作提出要求，加强协调与监管，务实创新做精品。区领导张潮海参加调研。

13日

◎召开园区基础设施建设及项目包装情况汇报会议。杜庄工业聚集区、北部工业区、临港物流园区、圆明山文化旅游产业聚集区、海阳片区主要负责人进行汇报。区委副书记、区长吕国新讲话。区领导张浩、刘爱秀、张潮海、田宏伟等参加会议。

14日

◎召开暴雨受灾情况及灾后重建工作情况汇报会议。会议要求要抓好灾后重建工作，推动经济社会发展，确保社会稳定，人民安居乐业。区领导冯国林、吕国新、刘爱秀、张潮海、田宏伟等参加会议。

17日

◎中国建筑第八工程局有限公司华北分局副总经理李辉到海港区考察。区领导吕国新、齐香民、李浩然陪同考察。

18日

◎召开园区基础设施建设及项目包装等有关工作专题汇报会议，会议听取杜庄工业聚集区、北部工业区、临港物流园区、圆明山文化旅游产业聚集区和海阳镇关于基础设施建设及项目包装相关工作汇报。区委书记冯国林作重要讲话。区领导刘爱秀、张潮海、田宏伟、杨丽萍、王健、印洪、李浩然等参加会议。

21日

◎以“唱享青春，唱响港城”为主题的“海港区2016沙滩音乐季”决赛在海韵广场举行。

24日

◎区委书记冯国林到北港镇、石门寨镇和驻操营镇，就环长城旅游公路建设工作进行专题调研。徒步到西连峪村、上花野村、下花野村、九门口村、龙泉庄村、董家口村、城子峪村和庄河村，对长城旅游公路线路走向进行实地踏查。强调要确保各项目标任务如期完成。区领导田宏伟、刘晓光参加调研。

◎全国青少年帆板锦标赛在金梦海湾开赛。全国11支代表队、69名运动员将进行5天的激烈角逐。市区领导刘文杰、王桂鹏、冯国林、吕国新、齐香民、鲁栋等参加开幕仪式。

30日

◎区委书记冯国林现场督导检查海港镇范家店片区北外环路血站东侧约5万平方米的违法建筑群的集中拆除工作。区领导田宏伟、王健、印洪等参加检查。

31日

◎省委督导组到海港区督导“两学一做”学习教育进展情况，区委书记冯国林对海港区“两学一做”学习教育工作进行汇报。督导组对海港区的“两学一做”学习教育工作给予高度评价。区领导齐香民、詹立军、田宏伟陪同督导检查。

9月

1日

◎召开区委常委会议，传达学习中共中央总

书记习近平视察唐山时重要讲话精神及河北省学习贯彻中共中央总书记习近平重要讲话精神通知要求；传达全省“两学一做”学习教育推进会议精神；听取创建全国文明城市暨省级文明城区工作进展情况汇报；研究讨论并原则通过《海港区关于县级统战力量整合工作实施方案（讨论稿）》《关于进一步鼓励扶持企业做大做强实施办法（试行）（讨论稿）》。

2 日

◎区委副书记、区长吕国新现场调研拆违及拆后修复工作，实地走访铁新里、燕双路、燕阳里腈纶厂家属院、宏达路、建国南路、秦安街、桥东北里等处，详细分解重点拆除点位的拆前情况及拆后修复方案。区领导印洪、李国强参加调研。

9 日

◎举行庆祝第三十二个教师节颁奖典礼活动，表彰在教育事业中做出突出贡献的先进集体和先进个人。表彰 10 个教育系统先进集体、10 名先进教育工作者、10 名模范教师、3 名优秀乡村教育工作者、7 名优秀乡村教师、10 名师德楷模。区领导冯国林、吕国新、齐香民、杨永会、张晶、陈永山、桑菊、李秋来等出席典礼。

13 日

◎全省市县法学会工作现场会的与会人员一行 150 多人实地参观区法律专家服务站和燕北里社区法律服务站。市、区领导闫五一、冯国林、高骥恩、田宏伟参加活动。

14 日

◎在收听收看全省、全市安全生产电视电话会议后，立即召开全区安全生产工作会议。就贯彻落实会议精神及做好全区安全生产工作进行部署。区领导吕国新、印洪参加会议。

19 日

◎区委书记冯国林带领区交通局、监察局、国土分局、林业局等部门主要负责人到驻操营镇、石门寨镇和北港镇踏查环长城旅游公路建设情况。踏查庄河村、董家口村、龙泉庄村、九门口村等 8 个标段环长城旅游公路建设情况。区领导田宏伟等参加踏查。

21 日

◎区委书记冯国林就海港区创建全国文明城市暨省级文明城区工作进行调研，实地察看先盛里小区、文耀里小区、桥东里小学周边、海浪花市场、太阳城产业区、团结里市场、玉峰里市场等新老街巷及农贸市场，对重点问题现场办公，并召开创城工作调度会。强调要团结一心，攻坚克难，确保各项工作任务落到实处，取得实效。区领导吕国新、张立红、齐香民、杨永会等参加会议。

22 日

◎ 18 点 30 分，紧急召开承办 2017 年省旅发大会相关工作调度会。区委书记冯国林，区委副书记、区长吕国新听取相关单位汇报后，分别就具体工作提出意见。要求各部门要将想法付诸实际行动，迅速制定具体实施方案，各项工作做到具体化、精细化，全力为旅发大会服务。区领导刘爱秀、张立红、杨丽萍、印洪等参加会议。

26 日

◎区委副书记、区长吕国新就空气监测点位周边污染源整治工作到文化北路的中石化加油站、燕西里市场、金土地烧烤、天水草堂等地实地调研，并对重点难点问题进行现场调度后召开会议，吕国新就全力以赴改善空气质量提出具体意见。区领导赵长泰参加活动。

28 日

◎召开全区经济指标调度会。听取区统计局、发改局、财政局关于经济运行情况汇报后，区国税局、地税局分别就税收和公共预算完成情况进行发言。与会人员共同分析经济发展现状和存在问题。区长吕国新对全区工作进行安排部署。区领导刘爱秀参加会议。

29 日

◎海港区与秦皇岛住达房地产开发有限公

司举行海阳片区（秦皇皓月城）项目土地一级开发合同签订仪式。区委书记冯国林、河北三河燕达实业集团有限公司董事长李怀分别致辞。市、区领导邢留逮、冯国林、吕国新、张潮海、杨丽萍、李秋来等出席仪式。

30日

◎区政府与北京市第五建筑工程集团有限公司签署战略合作协议。双方将在文化旅游、产业转型升级等方面开展合作。市、区领导冯志永、冯国林、吕国新、印洪、李浩然等出席签约仪式。

◎区委副书记、区长吕国新带领区政府办、区安监局、区市场监督管理局、消防大队等单位负责人到秦皇岛浅野水泥厂、秦皇岛信合第二石矿等地对辖区企业单位安全生产情况进行督导检查。到驻操营镇新庄村口实地查看环城旅游公路建设情况。区领导刘晓光、印洪参加督导检查。

10月

12日

◎市委书记孟祥伟现场观摩海港区“双违”整治工作并出席全市集中整治“双违”专项行动故事会。孟祥伟在海港区委书记冯国林的陪同下实地查看白塔岭街道文昌里小区、海港镇范家店村集中整治“双违”工作开展情况。出席全市集中整治“双违”专项行动故事会，聆听各县区、开发区、北戴河新区在整治“双违”过程中的有效经验。市领导邢留逮、刘新宏、李国勇、杨春光、胡华军、杨浩等出席故事会。

19日

◎召开九届区委第七十三次常委（扩大）会议。会议传达省委副书记赵勇在第二届省旅发大会筹备情况汇报会上的讲话精神，研究部署《海港区承办2017年河北省旅游产业发展大会工作方案》。全体区级领导参加会议。

20日

◎区委副书记、区长吕国新带领交通、国土、水务等部门负责人到北港镇、石门寨镇和驻操营镇就环长城旅游公路建设工作召开现场办公会。协调解决相关问题。区领导刘爱秀、刘晓光参加会议。

21日

◎海港区流动青少年活动中心在大安乐寨小学和海阳小学举办“科技游园会”。

22日

◎纪念红军长征胜利80周年专场文艺演出在区市民中心礼堂举行。

是月

◎秋季灭鼠工作全面启动。采取药物和器械结合的方式,对城市区、农贸市场等重点部位灭鼠。预计投放鼠药5.5吨，发放粘鼠板3.1万张。

11月

7日

◎召开九届区委第七十五次常委(扩大)会议，传达学习中共十八届六中全会会议精神、中共中央总书记习近平在纪念长征胜利80周年大会上的重要讲话精神，传达省委书记赵克志在设区市和省直管县党委书记会议上的讲话精神，传达贯彻全市基层党建工作七项重点工作任务推进会会议精神，听取文明城创建工作情况汇报、2017年全国煤炭交易会筹备工作汇报。区领导冯国林、吕国新、齐香民、鲁栋等出席会议。

8日

◎区委副书记、区长吕国新先后实地走访文明里小区、奥翔热能、居安物业，检查老旧小区改造和冬季供暖等有关工作的开展情况。就相关工作提出具体要求，强调要解决好群众关心的实际问题，树立政府形象，在实干中赢得民心。区领导张潮海、赵长泰参加走访。

10日

◎由四川省工商联副主席陈建带队的全国工商联“五好”县级工商联建设互查组，到海港区检查“五好”县级工商联建设工作。互查组查看工商联建设资料，听取海港区工商联工作情况汇报后，对海港区“五好”县级工商联建设工作给予肯定，符合“五好”工商联标准，对以后工作提出希望和要求。省工商联党组副书记、副主席杨金深，市政协副主席、市工商联主席裴晓鹏，区领导冯国林、詹立军、王健陪同检查。

15 日

◎区委书记冯国林带队调研环长城旅游公路（环长城旅游公路环线起点为北港镇出海路复线麻念庄终点至驻操营镇义院口全长 58.6 千米）8 个标段建设情况。先后听取区督查局、区交通局、北港镇、石门寨镇、驻操营镇、监理单位等相关部门的汇报，对道路沿线违建拆除、道路两侧绿化和休闲驿站设置、防火隔离带设置和山体防护等具体工作进行安排部署，对发现的问题提出整改意见。区领导张晶、杨丽萍、刘晓光、印洪参加调研。

◎召开迎国检调度会暨学校建设推进会。区委副书记、区长吕国新出席会议并讲话，要求以迎国检为契机，提升全区义务教育均衡发展水平，让更多的孩子享受公平、优质的教育。

16 日

◎区委副书记、区长吕国新到金梦海湾片区开发建设施工现场调研。指出要狠抓项目建设，严抓浴场管理，促进片区环境整体提升，全力以赴为煤交会举办做好充足准备。区领导刘爱秀、印洪参加调研。

17 日

◎召开全区农业普查领导小组会议。1 月 1 日 ~ 2 月 28 日，全区将开展第三次全国农业普查工作。对辖区内 6.7 万农户，259 个村委会，8 个镇、2 个园区，300 多个农业生产经营单进行全面登记。

23 日

◎海港区通过国家义务教育发展基本均衡县评估认定。全国义务教育发展基本均衡县国家督导检查组对区政府及涉检中小学的入学机会、保障机制、教师队伍、质量与管理四大方面 19 项指标进行全面检查。通过陈述答题、问卷答题、召开座谈会，查阅档案资料、核实有关数据和实地查看学校等方式进行全面了解，最终通过验收。区领导吕国新、齐香民、陈永山、桑菊、李秋来陪同检查。

25 日

◎召开秋冬季森林防火工作会。青龙肖营子镇王子甸村党支部书记做防火经验介绍。区政府与各镇、园区签订防火责任状。区长吕国新讲话，副区长王健参加会议。

26 日

◎召开九届区委第七十七次常委会，传达省第九次党代会精神，听取创城工作基本情况及存在问题汇报，研究讨论并原则通过《中共海港区人大常委会党组关于区镇两级人民代表大会换届选举工作有关问题的意见（讨论稿）》和区工商联（总商会）第八届执委会领导班子提名人选。区领导冯国林、吕国新、张浩、齐香民等出席会议，区领导鲁栋等列席会议。

28 ~ 30 日

◎区委书记冯国林一行先后深入到美岭小区、先锋路、先茂里小区、红光北里、东环北里小区、军工医院西侧马路市场、都市家园小区、西玻里等老旧小区及农贸市场，就创建全国文明城市暨省级文明城区工作进行督查，并召开创城工作调度会。对全区创城工作存在的问题再梳理、对需要解决的事情再研究、对下步工作重点再部署。区委书记冯国林对创城工作提出新的要求，区委副书记齐香民主持会议。区领导张立红、张潮海、詹立军、张晶、赵长泰、桑菊、刘晓光、王健、印洪参加会议。

12 月

1 日

◎全国煤炭交易会在秦皇岛市开幕。500 多家煤炭生产、运输、消费、流通企业及相关研究机构参加会议。国家发改委副主任连维良，中国煤炭工业协会会长王显政，国家能源局、国家煤矿安监局有关负责人，河北省副省长张杰辉，陕西省榆林市委副书记、市长尉俊东，秦皇岛市委副书记、市长张瑞书，副市长孙国胜等领导和嘉宾出席开幕式。中国煤炭工业协会党委书记、副会长兼秘书长梁嘉琨主持开幕式。

2日

◎举办煤企招商对接座谈会，共话友情，共谋发展。副市长孙国胜，区委书记冯国林，区委副书记、区长吕国新出席会议并讲话，区委常委、常务副区长刘爱秀主持会议，杜庄工业聚集区党工委书记、管委会主任陈德耀，中国煤炭科工集团有限公司副总经理王虹出席会议，相关单位主要负责人参加会议。吕国新介绍海港区情、项目规划、投资环境等，王虹简要介绍中煤科工情况。与会企业代表互动交流。

3日

◎区委副书记、区长吕国新带领区林业局、国土分局、综合执法协调办公室、打非办等相关单位负责人到半壁店村、柳江村、圆明山、板厂峪景区，就打击盗采和森林防火工作情况进行实地督导检查，对工作中存在的问题和下步工作重点进行调度安排。区领导王健参加督导检查。

3～4日

◎区委书记冯国林督导检查河东街道、建设大街街道、港城大街街道、文化路街道下辖社区创城工作开展情况。他边查边解决存在问题，并强调各单位部门要上下联动，密切配合，充分发动群众，打赢创城攻坚战。区领导齐香民、张立红、张晶、印洪参加督导检查。

4日

◎区工商业联合会（总商会）第八届会员代表大会开幕。通过举手表决，选举产生第八届执行委员会委员116人，常委会委员57人。赵长泰当选为第八届工商联主席、总商会会长，薛向华当选为常务副主席。市、区领导裴晓鹏、冯国林、张浩、詹立军、韩国祥、王健、李国强参加会议。

5～7日

◎区委书记冯国林带队督导检查城乡结合部地带和市场周边创城工作。冯国林强调，城乡结合部地带经过整改，仍然存在很多突出问题，相关部门要加紧协调，迅速行动，下大力度整治；做到创城工作不留死角，不留盲区，不遗余力。为民市场建设经营公司要继续保持高水平管理，力争长期维持下辖市场干净、整洁、有序的面貌。区领导张浩、齐香民、张立红、张晶参加检查活动。

9日

◎区委副书记、区长吕国新到新征里、幸福里、新建村等老旧小区和团结里市场等地督导检查创城工作。他指出创城的目的是民生，让群众在创城中感受到实实在在的获得感。区领导张立红参加督导检查。

◎区委书记冯国林，区委副书记、区长吕国新到圆明山文化旅游产业聚集区走访调研并召开会议，听取绿城集团对圆明山康养小镇总体定位及规划方案的汇报，与会区领导和各单位负责人分别发表意见和建议。会议强调，区委、区政府一直希望发展本地的康养产业，圆明山康养小镇总体规划非常完整，内容丰富，下步需要再对细节问题进行深化、明确的研究和设计，使其融入本地，在建筑风格和整体规划等方面更符合本地人的生活和审美习惯。区领导刘爱秀、张晶、杨丽萍、印洪参加调研。

11日

◎召开九届区委第七十八次常委（扩大）会议，传达贯彻全省领导干部会议精神。区领导冯国林、吕国新等参加会议。

16日

◎举行县级领导干部法律知识考试。

22 日

◎中共海港区委召开第九届委员会第九次全体会议。区委书记冯国林主持会议。会议宣读《中共海港区第九届委员会第九次全体会议关于召开中共海港区第十次代表大会的决议（草案）》，区委常委、组织部长詹立军作《关于召开中共海港区第十次代表大会的决议（草案）》的说明；以举手表决的方式通过《关于召开中共海港区第十次代表大会的决议》，研究推荐出席中共十九大代表候选人推荐人选。区领导曹立新、张浩、齐香民、梁伟、鲁栋、杨永会等参加会议。

◎召开区委常委会议，听取中国共产党海港区第十次党代会筹备情况的汇报，研究讨论《关于召开中共海港区第十次代表大会的决议（草案）》及其说明。区领导冯国林、曹立新、张浩、齐香民、梁伟等出席会议，鲁栋、杨永会列席会议。

26 日

◎召开常委（扩大）会议，学习观看警示教育片《警钟》，组织学习全省经济会议工作精神，听取全区 2016 年安全生产和食品安全工作汇报，研究讨论并原则通过《共青团秦皇岛市海港区委综合改革试点工作实施方案（讨论稿）》。

◎举行区、镇两级人民代表大会代表换届投票选举，全区 55 万选民在 43 个大选区、153 个小选区进行投票，共产生新一届人大代表 271 人。

30 日

◎召开典型案件通报暨党员干部警示教育大会。区委副书记、代区长曹立新主持会议。区委书记冯国林参加会议并讲话。区委常委、区人大、区政府、区政协领导班子成员，区法院院长、区检察院检察长出席会议。

◎召开创城工作汇报会。区领导冯国林、张浩、齐香民、张立红、张晶、印洪、陈德耀参加会议。

是月

◎由区档案馆编纂的《档案工作实用教程》由燕山大学出版社出版发行。

（海　志）

区情综述

QUQING ZONGSHU

QUQING ZONGSHU

概　况

【历史沿革】 海港区即秦皇岛城区。相传秦始皇巡游途中曾求仙驻跸于此，秦皇岛由此而得名。唐太宗李世民东征高丽时曾到此观海览胜，故又有秦王岛之说。上古属幽州，商属孤竹国，战国时期属燕国，秦汉时期属辽西郡絫县（临渝），隋唐属平州临渝县，辽属迁民县，元属迁民镇，明属山海卫，清乾隆二年（1737 年）置临榆县，属其管辖。光绪二十四年（1898 年）辟为商埠，修建码头，人烟骤增，形成聚落，直至 1948 年为临榆县一个镇，称秦皇岛镇。1948 年 11 月 27 日，秦皇岛解放建立秦榆市，市区在解放前 3 个镇的基础上设立 3 个区。1949 年 2 月，秦榆市改称秦皇岛市。1950 年 2 月，成立秦皇岛市郊区；7 月，秦皇岛市郊区改称四区；9 月，一、二区合并称一区，三区改称二区，四区改称三区。1953 年 8 月，一、二区合并称一区，三区改称二区。1956 年 1 月，一区改称海港区，二区改称汤河区。1958 年 5 月，汤河区并入海港区。

【地理位置及面积】 海港区位于秦皇岛市东南部，南临渤海，北倚燕山，东毗历史文化名城山海关，西连避暑胜地北戴河。地处连接华北、东北的咽喉要地，素有“京津门户”之称，海、陆、空交通发达，距首都北京仅 300 千米，京秦、京哈、大秦、秦沈客运专线和津秦客运专线 5 条国有铁路交会于此；京沈高速、沿海高速、承秦高速及 102 国道、205 国道等主干公路穿境而过。境内有年吞吐量超亿吨的能源输出港——秦皇岛港。区域面积 701 平方千米。海岸线长 28 千米。

【人口】 2016 年底，全区户籍总户数 261382 户，同比增加 8116 户。总人口 706965 人，同比增加 13851 人，其中，城镇人口增加 11998 人，乡村人口增加 1853 人；男性人口增加 6241 人，女性人口增加 7610 人。出生人口 7926 人，人口出生率 11.21‰，死亡人口 2692 人，人口死亡率 3.81‰。登记流动人口 14.14 万人，居住证办理 8570 本。

2016 年海港区人口情况一览表

表 1-1

名称（按派出所填列）	总人口（人）
海港区总计	706965
白塔岭派出所	70119
北部园区派出所	18360
北港派出所	18689
北环路派出所	40546
东港派出所	21519
东环路派出所	39053
港城大街派出所	47097
海滨路派出所	51587
海港派出所	35318
海阳派出所	25592
河东派出所	34340
红旗路派出所	36313
建设大街派出所	33409
太阳城派出所	8115
文化路派出所	31656
西港路派出所	39169
燕山大街派出所	32787
站前派出所	2502
和平大街派出所	24105
杜庄派出所	24942
石门寨派出所	46734
驻操营派出所	25013

【行政区划】 海港区辖东港镇、海港镇、西港镇、海阳镇、北港镇、驻操营镇、杜庄镇、石门寨镇 8 个镇及北部工业区、临港物流园区、杜庄经济开发区 3 个园区，263 个行政村和文化路街道、海滨路街道、北环路街道、建设大街街道、河东街道、西港路街道、燕山大街街道、港城大街街道、东环路街道、白塔岭街道 10 个街道，114 个社区。

2016 年海港区行政区划组织情况一览表

表 1-2

单位名称	街道办事处（个）	社区居委会（个）	单位名称	农村镇政府（个）	村民委员会（个）
城　区	10	114	农　村	8	263
文化路办事处	1	7	东港镇	1	12
海滨路办事处	1	7	海港镇	1	1
北环路办事处	1	10	西港镇	1	17
建设大街办事处	1	7	海阳镇	1	17
河东办事处	1	7	北港镇	1	32
西港路办事处	1	11	杜庄镇	1	42
燕山大街办事处	1	7	石门寨镇	1	70
白塔岭办事处	1	18	驻操营镇	1	52
港城大街办事处	1	9	北部工业区	1	13
东环路办事处	1	12	临港物流园区	1	7
海港镇		15			
杜庄镇		2			
北部工业区		2			

自然环境

【地质】 海港区地处大地构造单元，属中朝准地台（Ⅰ.2）—燕山台褶带（Ⅱ.22）—山海关台拱（Ⅲ.28）的东部。在漫长的地质发展史中，基本保持正性状态，直到新生代才遭受海侵超覆。境内柳江盆地底层齐全、出露好、构造复杂、化石丰富，地质状态在全国十分典型。新中国成立后，柳江盆地一直是全国各地地质院校、大专院校地质专业进行科研和教学实习的重要基地。1999 年 5 月，河北省人民政府批准建立“秦皇岛柳江盆地地质遗迹省级自然保护区”。2001 年 12 月 20 日，国土资源部批准，河北秦皇岛柳江国家地质公园被列为第二批国家级地质公园，面积 240 平方千米，主要由地质遗迹景区、地质地貌景区和人文历史景区组成。地质遗迹景区即柳江盆地地址遗迹保护区，是国内罕见的集典型层型剖面、古生物化石及地质构造形迹为一体的天然博物馆，被称为华北地台地质演化的教科书，是国内规模最大的地学野外实习基地。

地层分布有新太古代、第四系地层、古生界和中生界。新太古代地层为秦皇岛变质花岗岩，形成时间在 24 亿年前，为五台运动产物，分布在辖区所有裸露地区。第四系只见有全新统地层，以砂、砾石、亚砂土、亚黏土等组成，厚 0 ~ 40 米。主要有河流冲积层、冲洪积层、海积层和风积层等，分布在河流、沟谷及沿海地带。只有少量岩脉出露，主要分布在北部丘陵地区，以伟晶岩脉、辉绿岩脉为主，为中生代产物。

古生界，下古生界下统府君山组主要分布在柳江盆地边缘，中统组分布情况同馒头组，最大厚度在东部落—揣庄一带，为 156 米；中古生界在石门寨地区，仅出露其下奥陶统冶里组和亮甲山组，而中统马家沟组及上统均缺失。下统亮甲山组分布在柳江盆地、岩性较稳定，厚度变化大，在北河附近为 329 米，亮甲山为 173 米，驻操营—小刘庄一带为 112 ~ 150 米。石炭系分布于柳江盆地内侧，由海陆交互沉积相夹煤层组成，平行不整合于奥陶系亮甲山组之上，厚度为 157 ~ 177 米。上古生界二迭系主要分布在柳江盆地内，为一套陆相粗碎屑夹煤层沉积建造。下统山西组在柳江盆地内夏家峪一带，主要由深灰色细砂岩、粉砂岩夹 2 ~ 4 层亮煤组成，厚达 51 米；在义院口一带，厚度达 29 米，主要为灰色粗砂岩及深灰色粉砂岩互层出现，夹两层亮煤。上统上石合子组在柳江盆地内夏家峪一带厚度为 172 米；赵庄附近厚度为 81 米；上统石千峰组在夏家峪一带厚度为 187 米，赵庄附近厚度为 73 米，往北至义院口一带缺失。中生界，柳江盆地东侧柳江村—义院口一带出露齐全，其厚度在柳江盆地夏家峪附近 230 ~ 240 米；义院口附近厚度为 306 米。

地质构造发育有断裂构造，分为大断裂和一般断裂两级。大断裂，固安—昌黎—山海关隐伏大断裂：位于北纬 39° 30′40″，区内全线隐伏海内，由西向东贯穿境内，走向北东 60°，断面南倾，倾角 60° ~ 80°，为一正断层，形成于燕山运动，长期先张后压活动。断层南侧第三系底界落差 1000 ~ 1500 米，是Ⅲ级构造单元的分界线。一般断裂，汤河断裂：北延至抚宁县唐家房向南经海阳、汤河口入渤海，全长 32 千米以上，为张性活动断裂，性质为断面直立（75°）的正断层。自印支运动形成，燕山期强烈活动伴有中性岩浆喷发。在 1976 年的唐山大地震时，有地震坑等形成。孟营—黄土坎断裂：近东西向，全长 13.5 千米，为一隐伏性质不明的断层（物探推测），在铁庄一带将汤河断裂切断，形成时间晚于汤河断裂。大白庙—高建庄断裂：西端走向近北东 45°，东端为近东西向弧状隐伏断裂（物探推测），全长 14 千米，在赵庄一带将汤河断裂切断，形成时间晚于汤河断裂。西付店—拦马庄—朱清峪环状断裂：区内近北西 300° 走向，过拦马庄后向北东 45° 走向，在西付店与大白庙—高建庄断裂汇合，向东至山海关，境内长 8 千米，为性质不明隐伏断裂（物探推测）。秦油港—高建庄断裂：走向北东 30°，长 6 千米，为性质不明隐伏断裂（物探推测）。在黄土坎一带将孟营—黄土坎断裂切断，形成时间晚于孟营—黄土坎断裂。驻操营—永安堡断裂带，西起驻操营，东至绥中县永安堡以南，长达 26 千米，由程庄正断层、半壁山至松子岭逆断层、李庄北沟正断层、梅家峪正断层、大毛山正断层 5 条断层组成。古生代褶皱即：柳观峪—秋子峪背斜。分布于柳观峪以东，秋子峪以南，呈北北向东延伸，出露长 1.8 千米，宽 0.3 千米。背斜核部由府君山地层组成，沿裂隙发育有重晶石脉。核部向北北东方向延伸至汤河北岸。张赵庄—周吴庄斜背，分布于周吴庄、花场峪一带，呈近南北向延伸，出露长度达 4.5 千米，宽 0.5 千米。背斜南段核部由徐庄组地层组成，向南倾伏。在周吴庄至刘家房一带，花厂峪北核部向北倾斜。柳江向斜，北起城子峪、南至南林子，长达 20 千米，东起龙泉庄西沟、张岩子，西至义王庄。

【**地貌**】 海港区地域南北较长，东西较窄，城市区顺海岸延伸呈长方形。地势北高南低，起伏较大。地貌形态大致可分为堆积平原区、构造剥蚀准平原区和构造侵蚀低山丘陵区。

堆积平原。主要分布在高速公路以南地区，占全区面积的三分之二以上。濒临渤海，处于沙河、汤河三角洲，气候湿润，雨量较多，受地形影响，剥蚀和冲蚀作用强烈，发育不少洪积和冲积地形。冲洪积平原，分布在东港镇京山铁路以南地区，是在古石河、沙河的冲击作用下堆积而成。北高南低，地表由缓洪积、冲积物组成，土质中粒。冲积平原，分布在孟营、铁庄、市区一带，是在汤河、小汤河的冲积作用下堆积而成。海拔 5 ~ 10 米，坡度小于 5‰，地势较平坦。由于汤河、小汤河的上游为山地、丘陵，坡降大，侵蚀重，构成土质含沙量大，地表多豆砂、砂土和亚黏土。三角洲平原，汤河三角洲形态鲜明，河口上方修建水库、水闸，径流、泥砂补给减少，挖砂取砂，三角洲形态和沙嘴发育受到影响和侵蚀。滨海沉积平原，为近代海岸与陆地共同沉积而成，海拔 1 ~ 3 米，地势平坦，土质为黏质海相沉积物。

构造剥蚀准平原。主要分布在北部地区和西港镇以西栖云寺山一带。北部地区西起杜庄镇大深巷至临港物流园区东付店、北到北港镇麻念庄一带；西部地区西起栖云寺山经西港镇归提寨至白塔岭一带。形态分为残山，一、二、三级剥蚀台地，总面积 100 平方千米左右。岩性由古老的混合花岗岩及其剧风化物组成，表面覆盖薄厚不一的残积层。剥蚀残山，分布在栖云寺山以及山前一带，海拔高度 100 米以上。由于遭受强烈风化剥蚀，山体成为和缓圆滑的孤立残丘而突出于各级剥蚀面，坡度一般 30° ~ 40°。组成残山的混合花岗岩垂直节理发育，并沿节理充填有脉状石英岩、伟晶花岗岩等，岩石表面风化较强。三级台地，主要位于西港镇大乐安寨和北港镇张桥庄一带，断续分布在低山丘陵前缘，标高 50 ~ 100 米，顶部呈园丘形，起伏较大，平均坡度 5°，最大坡度 20°。台面上风化基岩裸露，坡地覆有薄层残积物。二级台地，主要分布在北港镇的姚周寨、西港镇新店子一带。平面较平缓，标高 30 ~ 50 米，宽 400 ~ 3000 米，向海微倾 4° ~ 5°，

最大坡度15°，与三级台地有缓坡相接。台面上风化基岩出露成孤立的馒头顶，其上有长英岩脉、伟晶花岗岩脉穿插。台面上残积物薄，一般小于1米，坡凹处较厚，达4～5米，冲沟发育。一级台地，主要分布在东港镇和西港镇沿海一带，平行海岸呈条带状断续分布，标高10～30米，宽400～4000米。台地面平缓开阔，向海微倾4°～5°，与二级台地以和缓坡折相接。顶部残积层较厚，一般大于1米，最厚5～6米，为棕黄、肉红色残积砾质黏土，冲沟不甚发育。

盆地。岩溶地貌。柳江盆地内及其外围有岩溶地貌分布。沙锅店、东部落一带有一些石芽，高约1.5米，还有一些溶洞，其中有少量岩溶堆积物。溶洞有五层，第一层海拔200米左右，分布在李庄以北的天水洞和板厂峪天然洞；第二层海拔170～180米，分布在驻操营镇程庄、李庄、黄土营一带，其中程庄溶洞中有第四纪哺乳动物化石堆积；第三层海拔在140～150米之间，分布在山羊寨小南山等地。柳江盆地为河谷地貌，其中盆地中的石河、汤河、洋河有一些侵蚀阶地。侵蚀阶地按高度可分若干级，反映地壳上升的间歇和次数。也有若干级堆积阶地，最多达五级。柳江盆地大傍水崖是盆地中石河截弯取直形成的离堆山。柳江盆地包含地质构造盆地和地貌盆地，构造盆地是指柳江至义院口一带较大范围的地质特征，地貌盆地是指地表形态特殊，范围小得多。地貌盆地在构造盆地东南。北起石门寨镇上庄坨，南至南刁部落，东起下花野，西至瓦山。盆地南北长5.5千米，东西宽6千米，面积30多平方千米，近似长方形。盆地东部是海拔317米的老炼炉山，西部是海拔334.5米的大洼山，北部是海拔283米的王山，只有南部是海拔100米左右的丘陵，是东、西、北三面高，南面低的颠簸型盆地。大部为起伏丘陵，但又西北向东南由石河河谷。中岩层以沉积岩为主，石灰岩较多，在西部北部有较为丰富的煤。多石灰岩，多岩溶地貌，且多溶岩地下水，地表亦有石芽、残峰、残丘等溶岩地貌。土壤主要为褐土，植被以栽培植物为主，丘陵上有部分草甸。

丘陵。主要分布在区域最北部，为构造侵蚀低山区，面积很小，只有5平方千米左右。构造侵蚀低山丘陵，主要分布在北港镇拦马庄一带，东起长桥岭，西至刘家河，主要为岩浆岩低山丘陵。绝对标高100～500米，山峰多为尖顶形锯齿状，坡度一般30°～50°，岩性由早元古—早太古界混合花岗岩及一些侵入岩脉组成，岩石节理裂隙发育。

山地。老君顶。山为南北走向，面积5平方千米，海拔493.7米。山体由石岩系沉积岩组成，以页岩、铝土岩为主。形成于中生代燕山造山运动。植被为针阔叶混交林，以针叶树为主。小南山。位于山羊寨村南，海拔173.6米，由奥陶系石灰岩组成，其中在溶洞及裂隙中发现有大量第四纪中更新世哺乳动物化石堆积。

海岸。海岸线东邻万里长城第一关山海关，西连避暑胜地北戴河，长28千米。人工建筑岸段长33.4千米，其中东港区17.3千米，工业岸线2.9千米，西港区11.4千米，水上运动岸线1.9千米。由西港镇归提寨附近海岸向东，是一片延续的砂质海滩，原为海岸砂丘，已被挖运或植被固定，砂丘后侧有泻湖分布。在东山海岸有基岩岬角。新开河口以东海岸，是砂质海岸与砾石质海岸的过渡。海岸沙丘，新开河口至东山，原是一片延伸十多千米的海岸砂丘，最宽处2～3千米，由南向北逐渐变窄，窄到1千米左右。砂丘高10～20米，大部分被森林固定。新月型砂丘地貌形态基本不见，森林中地形略有起伏，形态依稀可辨。泻湖沉积，由于海退海侵，海岸砂丘后面形成小片泻湖沉积。比较典型的是西港镇山东堡村西人工挖砂后呈现的泻湖。基岩岬角，东山一带海岸有海蚀滩、海蚀崖、海蚀阶地、海蚀穴等海蚀地貌。岬角东侧有海积阶地、砂质海滩。残丘，位于东山和南山，原为壁立于海边的剥蚀残山，经多年海蚀与风化成残丘。主要由太古代花岗岩组成，有石英和伟晶岩穿插。最高点海拔24.96米。沿海岸从东山向东北有一道高7米的沙堤，颗粒逐渐变粗，形成砂砾混合的海堤。海水表层温度年平均值14.38℃；1月平均-1.3℃，8月平均25.6℃；年极大值（30℃）出现在7月底至8月初，极小值（-20℃）出现在1月底2月初。

【河流】 境内河流有汤河、小汤河、新开河、马坊河、沙河、石河，均属沿海小型水系，特点是源短流小，汛期暴涨暴落，非汛期基流少或干涸，为典型的北方山溪性河流。

汤河。又名大汤河，发源于石门寨镇柳观峪村西北，因河源多温泉涌入得名，誉称秦皇岛市区的“母亲河”。上游有两支，东支较长，亦称温河，发源于石门寨镇柳观峪西北，西支亦称头河，发源于杜庄镇温泉堡方家河洼子铺。两支于杜庄镇平山营汇合后向南，在海阳镇有东北丘陵地带的小部落沟、徐家沟、腰子沟等6条支流汇入。而后向南穿越102国道进入区境，沿区西界穿过秦皇大街、和平大街、河北大街，于老京山铁路桥下面有支流小汤河汇入后注入渤海。全长31千米，流域面积181.2平方千米。其中，海港区境内河段长30千米，流域面积237.7平方千米。汤河流域地势北高南低，除西北源头为高峻山区外，其余大部分为地形复杂的丘陵地带，流域最大宽度16千米。汤河源于山区，流程短，上游段河床为卵石、砾石基地，下游砾石、砂质河床。河源、河口最大高差1070米，平均坡度37‰，平均河宽100米，进入区境后，河床变宽，达80～200米，河口处近400米。纵坡渐缓，为1/500～1/1000，河槽深3～5米。汤河源短流急，属典型的山溪性河流，受暴雨过程影响，河水暴涨，极易形成较大洪峰。2001年后，对汤河下游段实施综合治理，维修美化汤河防潮蓄水闸；修建左岸河北大街至秦皇大街北堤防，设计行洪标准50年一遇；根据汤河河道功能区划，在干流和平桥上游260米处，修建一座橡胶坝，坝长135米，以坝为界，坝上游为饮用水源区，下游至防潮闸段为景观娱乐区，在岸边建成风景优雅别致的带状公园。流域内建有小型水库15座，其中小（1）型水库温泉堡水库是水利部“八五”计划期间科技重点项目，此库大坝是桃林口水库工程的试验坝。流域地处柳江国家地质公园区域，自然景观和长城古迹颇多。

小汤河（汤河支流）。发源于海阳镇西北抚宁区苏子峪，由秦皇岛经济技术开发区的孟营村流入境内。穿越西环路、河北大街，流经西港镇东白塔岭村后，过老京山铁路桥汇入汤河入海。全长17千米，流域面积56.5平方千米。区内流长2.5千米。均处平原区，河床以细砂、黏土为主，河宽10～20米，下游变宽为20～50米，纵坡1/1000渐变为1/2000。是海港区西部及秦皇岛经济技术开发区的重要排水河道。

沙河。发源于北港镇东陆庄，至鹿头山处进入山海关区，东南流，经安民寨、红瓦店，穿越102国道、京山铁路后进入东港镇，经向东南流卸粮口村注入渤海。全长19千米，流域面积62.5平方千米。沙河流域地势北高南低，北部为浅山丘陵区，南部为滨海平原，平原区内河段长13千米，河床为卵石、砾石、砂组成，平均河宽50米，纵坡1/250～1/2000渐变。为全区东部重要行洪河道。行洪能力249立方米/秒，下游右岸设有土堤，长1.2千米。2001年，为防河口海潮上溯，在沿海公路桥上游200米处修建沙河防潮橡胶坝，坝长100米，高2.3米。

新开河。位于城市区,是城市区主要排水河道。发源于北港镇田家沟南山，南流穿越京沈公路、京山铁路、秦皇大街、建设大街、港区铁路，于河北大街桥上游汇入大马坊河、护城河，向南经新开河港入渤海。全长11千米，流域面积42平方千米。流域内地势北高南低，北部为丘陵区，占总面积62.7%，南部为滨海平原，占总面积37.3%。

马坊河。新开河支流。发源于海港镇涂庄北岭，东南流，穿越京山铁路、燕山大街、文化路、民族路、建设大街，于铁路桥西汇入护城河，全长7.4千米，流域面积12平方千米。流域北高南低，河道穿越城市区，为城市区内雨水排泄主河道。

石河。又名大石河，因河床系沙卵石组成而得名，发源于青龙满族自治县与辽宁省绥中县的界山马尾巴山南侧。主流穿越长城，至庄河村南有二道河汇入，经驻操营，于杨山有西石河汇入，在傍水崖有花厂峪河汇入，向东南经上庄坨、石门寨至潘桃峪附近有北沙河、鸭水河汇人，于蟠桃峪东出境，穿过深山密林，经山海关城西，在田家庄附近注入渤海。全长67.5千米，流域面积618平方千米。

【气候】 海港区属暖温带半湿润大陆性季风气候。气候特点是四季分明，冬季冷而干燥，夏季潮湿凉爽，春、秋温暖适中。热量充足，夏季水热组合好，适合各种温带作物和温带果树生长。

滨海地带夏季海陆风明显，气候凉爽，是避暑的好地方。

2016 年，海港区气候特点为：气温、降水接近常年。年平均气温为 10.7℃，属正常年份。年极端最高气温 34.5℃，出现在 8 月 13 日，年极端最低气温 -20.7℃，出现在 1 月 23 日。年降水量为 693.6 毫米，属正常年份。

冬季（2015 年 12 月 ~ 2016 年 2 月）平均气温 -4.0℃，属偏低年份；其中，2015 年 12 月平均气温较常年偏高 0.5℃，1 月平均气温较常年偏低 2.8℃，2 月平均气温较常年偏低 1.1℃。

春季（3 ~ 5 月）平均气温 11.2℃，属正常年份；3 月平均气温较常年偏高 1.0℃，4 月、5 月平均气温与常年持平。

夏季（6 ~ 8 月）平均气温 23.7℃，属正常年份；6 月、7 月、8 月平均气温接近常年。

秋季（9 ~ 11 月）平均气温 12.0℃，属偏低年份；其中 9 月、10 月平均气温接近常年，11 月平均气温较常年偏低。

2016 年海港区各月平均气温情况一览表

表 1-3

月份	平均气温（℃）	月份	平均气温（℃）
1 月	- 7.60	7 月	24.70
2 月	- 3	8 月	25
3 月	4.70	9 月	20.50
4 月	11.50	10 月	12.40
5 月	17.50	11 月	3
6 月	21.50	12 月	- 1.40

2016 年海港区降水量 693.6 毫米，比常年偏多 91.3 毫米，属正常年份。

冬季（2015 年 12 月 ~ 2016 年 2 月）降水量 7.2 毫米，属偏少年份；其中，12 月降水较常年偏少 73%；1 月降水较常年偏少 47%；2 月降水较常年偏多 18%。

春季（3 ~ 5 月）降水量 57.1 毫米，属偏少年份；其中，3 月、4 月降水量显著偏少，5 月降水量接近常年。

夏季（6 ~ 8 月）降水量 552 毫米，较常年偏多 34%，属偏多年份；其中，6 月降水量接近常年，7 月降水量较常年偏多 51%，8 月降水量较常年偏多 38%。

秋季（9 ~ 11 月）降水量 77.6 毫米，属正常年份；其中，9 月降水量较常年偏少 33%，10 月降水量较常年偏多 35%，11 月降水量较常年偏少 45%。

2016 年海港区各月降水量情况一览表

表 1-4

月份	降水（毫米）	月份	降水（毫米）
1 月	1.60	7 月	252.50
2 月	4.60	8 月	213.60
3 月	4.60	9 月	34.80
4 月	4.70	10 月	37.60
5 月	47.80	11 月	5.20
6 月	85.90	12 月	0.70

无霜期 211 天，较常年偏长。初霜日出现在 10 月 24 日，终霜日出现在 3 月 26 日。

最大冻土深度 51 厘米，出现在 2 月，较常年偏深；结冰日数 127 天；冬季最大积雪深度 4 厘米。

年日照时数 2625.2 小时，年日照百分率 59%，接近常年。

年平均相对湿度 68%，接近常年；雾日 29 天。

年平均风速 1.8 米 / 秒，多西北风。

【气象灾害】 2016 年，海港区出现的主要天气气候事件有雾霾、寒潮降温、暴雨洪涝、风雹灾害等。

大雾天气 29 天：2 月 2 天，3 月 3 天，4 月 2 天，6 月 2 天，7 月 3 天，8 月 1 天，9 月 5 天，10 月 3 天，11 月 4 天，12 月 4 天。雾霾天气对设施农业、交通运输安全、市民生活产生不利影响。

中等强度以上降温天气：1 月 18 日、23 日，出现强降温天气；2 月 14 日，出现强降温天气；10 月 31 日，出现强降温天气；12 月 26 ~ 27 日，出现强降温天气。

风雹灾害：9 月 8 日下午 4 点，出现降雨，其中驻操营镇遭受风雹灾害，受灾群众 1300 人，农作物受灾面积 186.7 公顷，果农直接经济损失 750 万元。

暴雨洪涝灾害：7 月 20 ~ 21 日，出现区域性大暴雨天气，海港区平均过程降雨量 163 毫米，最大为驻操营镇花场峪村达 447 毫米。此次洪涝灾害造成部分房屋倒塌，道路、桥梁、河坝损坏，农作物、畜牧、水厂养殖业成灾。据民政部门统计，有 5 万多人受灾，其中，死亡 1 人，失踪 1 人；

农作物受灾面积 4270.3 公顷，房屋损毁 1696 户、3159 间；直接经济损失 3.04 亿元。8 月 18 ~ 19 日，连续降暴雨，部分地区发生洪涝灾害。此次灾害造成 714 人受灾，农作物受灾面积 0.136 公顷，房屋损毁 404 间；直接经济损失 7.6 万元。

（齐义君）

自然资源

【植物资源】 木本植物。包括乔木、灌木、藤木。乔木有银杏科，银杏属：银杏；松科，松属：油松、白皮松、落叶松；柏科，侧柏属：国槐、侧柏。元柏属：松柏、龙柏；杉科，杉属：云杉、水杉、冷杉、油松；杨柳科，杨属：毛白杨、北京杨、加拿大杨、小叶杨、大官杨、二青杨、钻天杨、山海关杨、沙兰杨、107 杨、108 杨、中林 46 杨、84K 杨、枫杨。柳属：垂柳、旱柳、杞柳；胡桃科，胡桃属：核桃；山毛榉科，栗属：板栗。栎属：辽东栎；榆科，榆属：白榆、家榆；桑科，桑属：白桑、家桑；柿科，柿属：柿子、黑枣；苦木科，臭椿属：臭椿；柽柳科，柽柳属：柽柳；木犀科，白蜡属：白蜡；立参科，泡桐属：白花泡桐。紫花泡属：紫花泡桐。樱属：樱桃、山杏、李子、山桃、榆叶梅。苹果属：苹果、海棠。山楂属：山楂。梨属：梨；云香科，花椒属：花椒。黄檗属：黄菠萝；楝科：香椿；槭科，槭属：王角枫、八角枫；无患子科，无冠果属：文冠果；谨葵科，木槿属：木槿。灌木有木樨科，连翘属：连翘。丁香属：紫丁香、白丁香；马鞭草科，杜荆属：黄荆；茄科，杞属：枸杞；千层炭科，紫薇属：紫薇；忍冬科，金银花属：金银花；蔷薇科，蔷薇属：玫瑰、月季、蔷薇；卫矛科，卫矛属：卫矛。藤木有葡萄科，葡萄属：葡萄、爬山虎。

草本植物。根据区植保站关于田间杂草优势种及分布情况调查资料，海港区杂草种类多、密度大、分布广。有优势种 12 种，其他杂草 103 种，分 28 科。稻田杂草 10 科 28 种。如禾本科：稗草、狗尾草；菊科：苦菜、狼尾巴草；泽泻科：慈姑、长瓣慈姑；车前科：大车前、平车前；苋科：反枝苋、眼子菜；还有香蒲科、萍科、蓼科、莎草科、千屈采科的一些杂草。其中，以稗草、莎草、小香蒲、耳叶水苋为杂草优质种。稗草占 35% 左右，莎草占 25% 左右，耳叶水苋占 15% 左右，其他占 10% 左右。玉米、花生田杂草 17 科 42 种。有禾本科、莎草科、旋花科、藜科、苋科、桑科、菊科、大戟科、蓼科、窃科、锦葵科、豆科、蒺藜科、十字花科、玄参科等，其中，以马唐、鸭跖草、反枝苋、藜为优势种，马唐占领 35%，鸭跖草占 20%，反枝苋占 17%，藜占 15%，其他占 13%。蔬菜田杂草 14 科 33 种。主要有十字花科、藜科、旋花科、车前科、苋科、桑科、禾本科、菊科、大戟科、蒺藜科、莎草科、蓼科、茄科等，其中，马齿苋、辣子草、灰绿藜、马唐为优势种，马齿苋占 25%、辣子草占 25%、灰绿藜占 15%、马唐占 15%。果园杂草 19 科 41 种。主要有禾本科、茄科、苋科、藜科、菊科、大戟科、旋花科、茜草科、马齿苋科、车前科、木贼科、十字花科、蒺藜科、唇形科、豆科、紫草科，其中，马唐、狗尾草、反枝苋为优势种，马唐占 50%，反枝苋占 15%，狗尾草占 15%，其他占 20%。

栽培植物。包括大田作物、蔬菜作物、果园型植物 3 个类型。大田作物 20 多种，其中，粮食作物 11 种，主要有玉米、水稻、高粱、谷子、小麦、薯类、豆类等。经济作物 9 种，其中，油料作物 4 种，主要有花生、芝麻、向日葵、白苏;药材 2 种，金银花、枸杞，还有少许七彩蓖麻、棉花、烤烟等。果园型植物主要有苹果树、梨树、桃树、葡萄等。蔬菜作物主要有菠菜、韭菜、黄瓜、西红柿、青椒、茄子、马铃薯、豆角、甘蓝、菜花、西葫芦、芹菜、豇豆角、冬瓜、大葱、白菜、小萝卜、茴香、油菜等。

【动物资源】 野生动物。境内野生动物有 8 类，分别是兽类、鸟类、昆虫类、爬行类、两栖类、节肢类、软体类、环节动物。兽类：野兔、黄鼠狼、刺猬、田鼠、狐狸、松鼠、獾子等。鸟类：麻雀、喜鹊、灰鹊、燕子、鸽子、鹌鹑、海鸥、野鸭、乌鸦、黄鸟、山鸡等。昆虫类：害虫，卷叶虫、蚜虫、食心虫、红蜘蛛、美国白蛾、天社蛾、柳毒蛾、椿象、大青叶蝉。益虫，蜜蜂、草蜻蛉、螳螂、蜻蜓、赤眼蜂、七星瓢虫等。爬行类：蛇、蜥蜴、蜈蚣。两栖类：青蛙、蟾蜍。节肢类：蜘蛛、蝎子。软体类：蜗牛。环节动物：蚯蚓。

【土地资源】 2016年，全区土地总面积6.84万公顷。其中，海港镇土地面积997.33公顷，东港镇土地面积2726.95公顷，西港镇土地面积2647.69公顷，北港镇土地面积6087.97公顷，海阳镇土地面积2537.41公顷，石门寨镇土地面积17734.36公顷，驻操营镇土地面积22174.91公顷，杜庄镇土地面积7286.86公顷，北部工业区土地面积1328.7公顷，临港物流园区土地面积1114.44公顷。全区耕地面积10616.09公顷，园地面积8128.91公顷，林地面积22192.3公顷，草地面积7788.94公顷，城镇村及工矿用地面积14739.2公顷，交通运输用地面积1687.48公顷，水域及水利设施用地面积2063.45公顷，其他用地面积1183.99公顷。

【矿产资源】 金矿主要分布在石门寨镇付水寨村、下平山村的鸡冠山、闫家峪；铜矿主要分布在石门寨镇东塔村、朱清峪村。铅锌矿主要分布在下花野、孤石峪村；铁矿主要分布在车厂村。建筑用花岗岩，主要分布在北部低山丘陵区，矿体多为太古界花岗闪长岩岩体，中细粒花岗结构，岩石由钾长石、斜长石、石英、角闪石组成，适用于生产建筑用毛石和铺路碎石。非矿产资源，无烟煤主要分布在柳江煤田，面积75平方千米，煤田以曹山为中心。

【海洋资源】 全区已开发的海洋资源主要有海岸港址资源、海洋生物资源、滨海旅游资源。还有海水、海底矿藏等未利用的海洋资源。

*海岸港址资源。*汤河港湾，水域开阔，不淤不冻，风平、浪静、水深、潮小。岸线由城市生活、临港工业和旅游业所用。新开河河口港址，港池深入陆地900米，水域面积27万平方米，掩护条件较好，可建0.5～1万吨级泊位。还有卸粮口渔港。

*海洋生物资源。*鱼类有91种，以鲅鱼、梭鱼为主，占鱼类生物种数的比例分别为39.47%、28.7%。其他还有棘头梅童鱼、焦氏舌鳎、鲚、斑鰶、赤鼻棱鱼、银鲳、叫姑鱼、青鳞鱼、纯兴尾、虾虎鱼等。无脊椎动物15种，主要经济种有中国对虾、中国毛虾、短鳀蛸、长蛸、日本枪乌贼、曼氏无针乌贼、三疣梭子蟹、日本蟳、虾蛄等。潮间带生物163种，年均生物密度882.64个/平方米，其中双壳类和单壳类密度最高，占87.3%，分别为413.35个/平方米、395.17个/平方米。贝类生物主要有四角蛤蜊、文蛤、青蛤、大连湾牡蛎4种及光滑蓝蛤、彩虹明樱蛤、托氏鲳螺3种。底栖生物208种，其中脊椎动物（鱼类）12种、脊索动物5种、软体动物79种、甲壳动物51种、棘皮动物15种、多毛类31种、腔肠动物8种、腕足类1种、益虫2种、纽虫1种、星虫1种、其他2种。鳀鱼、文昌鱼、许氏平鲉是海区特产，还有毛蚶、青蛤、文蛤、小刀蛏等。平均生物量31.27克/平方米。

【自然保护区】 柳江盆地地质遗迹自然保护区。1999年5月，河北省人民政府批准建立"秦皇岛柳江盆地地质遗迹省级自然保护区"。2001年12月，国土资源部批准建立"河北秦皇岛柳江国家地质公园"，2002年9月8日，举行开园揭碑仪式。公园以柳江盆地的地质遗迹和地质、地貌景观为核心内容，具有观光览胜、教学实习、科普教育、地学理论研究等功能，成为全国第二批、全省第一个国家地质公园。占地面积约240平方千米，有223.3平方千米在石门寨镇、驻操营镇境内。荟萃新太古代至新生代，中国华北地区在漫长的地球演化过程中的地壳运动、岩浆活动、沉积环境变化及生物进化等各种地质现象之精华，构成独具特色的华北地台的"窗口"。集奇峰秀水、幽谷祥云、怪石异洞、名花茂林于一身。保护区内沉积岩、岩浆岩和变质岩三大岩类出露齐全，各年代沉积地层发育完好，地层单位界限清晰，化石丰富多样，尤以寒武纪的三叶虫、奥陶纪的头足动物以及石炭纪、二叠纪和侏罗纪的古植物最为著名。

柳江盆地是中国最早开展地质调查研究工作的地区之一，研究历史达百年，许多大专院校、科研院所和生产单位，取得丰硕成果。柳江盆地素来享有地学研究"天然实验室"和地质学家成长"摇篮"的美誉，国内驰名，国际上颇有影响，成为具有重要意义的地质遗迹区。其重点保护区主要为：

沙河寨地层剖面保护区。保护对象为下寒武统毛庄组及其下伏馒头组和上覆中寒武纪徐庄组地层剖面。剖面区开始于沙河寨之西，结束于浅水营中村东北的浅中水库边。村东由府君山组豹皮灰岩构成的象鼻山，是极具观赏价值的岩溶地貌景观。

黑山窑—大洼山地层剖面保护区。出露二叠系上统石千峰但顶部至侏罗系上统髫髻山组，主要保护对象为三叠系黑山窑组和侏罗系门头沟组地层剖面。1983年，长春地质学院首次发现晚三叠世地层，故成为黑山窑组建组剖面所在地。

鸡冠山地堑构造保护区。保护对象为鸡冠山地堑，及与之有关的各种地质现象和由地堑造成的特殊地貌景观。由于离地堑最近的村庄是石门寨下平山村，故又称下平山地堑。它由发育于南部鸡冠山的两条正断层和发育于北部大平台山的两条正断层组成。鸡冠山因山形似鸡冠而得名。

山羊寨哺乳动物化石保护区。保护区内所产各类化石，含化石洞穴及洞穴堆积物。化石点在山羊寨村南0.5千米，海拔173.6米的小南山。发现的双角犀（已灭绝）、犬、鹿、麃、熊、虎狼、羚羊、水牛等哺乳动物化石类型超过40个，根据化石中鉴定的类型，绝大多数是北京周口店动物群的常见分子，应属第四纪周口店期晚期。

张岩子—东部落地层剖面、东部落—潮水峪—半壁店地层剖面、亮甲山地层、石门寨西—瓦山山地层剖面、吴庄背斜构造、沙锅店、沙河寨等保护区。

【水资源】 海港区水资源（淡水）主要由大气降水形成的地表水和地下水组成。因为区域幅员窄小，自产地表水量很少，所利用水源大部分为过境水。由于水文地质条件较差，地下水储量有限，多年平均水资源量为5879万立方米，特枯水年（P=95%）水资源量2127万立方米。随着全区国民经济各业的发展，人口的逐年增多，水资源的紧缺状况趋于严重。

地表水。位处各水系下游，地表水的补给主要来自大气降水，资源量的时空变化特点与降水相同，年内集中在6～9月，各河系河川径流可占全年径流量的75%；年际变化大，具有丰枯交替现象。多年平均地表水资源量3891.3万立方米，平水年（P=75%）1556.5万立方米，偏枯水年（P=95%）467万立方米。

地下水。地下水主要类型为潜水，多储于第四纪含水层中，埋藏较浅，水位季节变化较大。其中，裂隙水分布于境内北部，由于风化较强，裂隙节理发育，多属封闭型，水量不大。冲洪积潜水分布于西部，处于汤河冲洪积区，含水层主要为粗、中沙及少量沙砾夹卵石。含水层厚度由南向北变薄，厚度7～5米，单井出水量每小时20～40吨。地下咸水区主要分布于东部的东盐务、西盐务一带，面积约10平方千米。水位埋藏较浅。多年平均地下水资源量2649.4万立方米，平水年（P=75%）1825.5万立方米，偏枯水年（P=95%）547.7万立方米。

【旅游资源】 自然旅游资源。全省唯一临海的主城区，境内海岸线长28千米。气候宜人，风光秀丽，滨海地带绿树掩映，海天一色，北部山区植被茂密，鸟语花香，全区森林覆盖率达53.1%，人均公共绿地面积达10.2平方米，空气中负氧离子含量是一般城市的10～20倍。境内地势北高南低，北部为起伏不平的剥蚀平原，多丘陵、山地，南部滨海地区为泻湖平原，地势低平。北部圆明山风景秀丽，有天然林场40公顷。有东山浴场和西浴场。沙细、滩缓、水清、潮平，是北方地区最优秀的天然浴场之一。东山处有岬角，岩质奇特，极具观赏价值。有国家地质公园——柳江盆地，是天然的地学博物馆。董家口长城是明长城原始状态最为完好的一个段落。板厂峪化石洞，遗迹众多，有亚洲唯一的斑鬣狗化石，数量之多成为亚洲第一。明长城及明长城砖窑，是全国唯一的明长城砖窑群遗址。

人文旅游资源。海港区文化底蕴深厚，秦皇求仙文化独树一帜。据史载，秦王政三十二年（公元前215年），秦始皇第四次东巡，至此拜海祭天，派卢生、韩终等方士入海求仙，秦皇岛由此而得名。在东山公园发现明成化十三年（1477年）“秦皇求仙入海处”残碑18块（毁于1966年），发现秦汉绳纹板瓦和纹瓦以及明代或之前时代布纹板瓦、陶片和残块。1991年，开始建设秦皇求仙入海处景区。据《临榆县志》记载，圆明山中有一座圆明寺。碑文记载圆明寺始建于唐朝，经过明成化、万历和清乾隆、民国初年历次重修。周边有弘法寺、大士殿和三教堂。在1922年直奉大战中，寺庙被炮火摧毁，存有古柏一株及寺庙遗址和残碑。秦皇岛柳江地学博物馆建筑面积3000平方米，由地球科学厅、柳江盆地地质遗迹厅、岩矿化石标本厅、秦皇岛国家地质公园景观厅、多媒体报告厅5个单元组成。运用图版、视频、模型、仿真场景、实物标本等手段，揭示宇宙及太阳系、地球结构、地质作用、生物演化、柳江盆地海陆变迁及宝贵的地质遗迹资源和秦皇岛美丽的地质自然景观等内容，是融科学性、知识性、观赏性和趣味性为一体的地学博物馆。还有规模宏大的新澳海底世界、人民公园、秦皇植物园、汤河带状公园、法云寺、新世纪公园、清真寺、老君顶景区、奥林匹克公园、圆明山旅游度假区、紫云山滑雪场等人文景观。

口岸文化资源。清光绪二十四年（1898年），秦皇岛港开始建设。1915年，“老港区”建成。20世纪50年代后，进行大规模码头建设和更新改造，成为中国能源输出大港。港口建设的发展使近代西洋建筑成为海港区一景，保存完好的有南山近代建筑群、开滦路和缸砖路近代建筑群及耀华老区部分建筑等，形成独特的口岸文化。

（海　志）

国民经济和社会发展

【概况】 2016年，海港区区委、区政府团结带领全区各级党组织和广大党员干部群众，借力京津冀协同发展，扎实推进经济结构转型，着力稳增长、强产业、固基础、扩城镇、惠民生、促和谐，经济社会发展取得扎实的进步，圆满完成各项任务。

【经济总量与财政收入】 经济总量平稳增长。全年完成地区生产总值376.81亿元，同比增长6.2%。其中，第一产业完成增加值8.29亿元，同比增长18.3%；第二产业完成增加值107.59亿元，同比增长5.9%；第三产业完成增加值260.93亿元，同比增长6.0%，三次产业结构比调整为2.2：28.6：69.2。其中区属地区生产总值完成315.36亿元，同比增长7.0%。财政收支平稳运行。全年实现财政收入81.07亿元，同比增长-5.8%，其中，国税系统收入40.91亿元，同比增长-3.3%；地税系统收入37.03亿元，同比增长-11.3%；财政系统收入3.13亿元，同比增长54.8%；区级一般预算收入17.98亿元，同比增长-2.2%。财政支出34.04亿元，同比增长43.1%。

【农林牧渔业】 全区实现农林牧渔业总产值14.71亿元，同比增长56.4%；其中，农业产值6.71亿元，同比增长33.9%；林业产值4487万元，同比增长77.9%；牧业产值6.46亿元，同比增长97.1%；渔业产值5956万元，同比增长-1.9%。全年实现粮食产量2.88万吨，油料4219吨，蔬菜及食用菌12.25万吨，肉类总产量2.09万吨，奶产量9250吨，禽蛋产量6776吨。全年造林面积2200公顷；水产品养殖面积138公顷，水产品产量1753吨。

【工业和建筑业】 全区规模工业生产稳步发展，截至年底，规模以上工业企业数达到73家，完成工业增加值45.67亿元，同比增长5.5%；实现工业总产值222.67亿元，同比增长2.4%；实现工业销售产值220.86亿元，同比增长3.5%；工业产品销售率达99.2%。工业效益同比有所下降，实现主营业务收入251.53亿元，同比下降3.5%；实现利润总额-144.38亿元。截至年底，全区具有资质等级的建筑业企业116家，同比增长10.5%；完成产值121.32亿元，同比增长1.7%；完成房屋施工面积513.06万平方米，同比下降24%；完成竣工面积216.71万平方米，同比下降22.8%。

【国内贸易】 全年实现社会消费品零售总额308.62亿元，同比增长10.5%。按销售单位所在地分，城镇实现零售额308.62亿元，同比增长10.5%。市场建设稳步有序发展，成交额超亿元的市场有6个，成交额共计60.44亿元，同比增长6.0%。

【固定资产投资与房地产】 全社会固定资产投资完成205.91亿元，同比下降19.1%。其中，建设项目投资完成69.94亿元，同比下降24.9%；房地产开发投资完成135.97亿元，同比下降15.7%。完成房地产销售面积148.3万平方米，同比下降10.5%；完成销售额99.6亿元，同比增长3.4%。

【对外贸易】 全年区属出口总额达6.09亿美元，同比增长8.6%；全年外商直接投资5523万美元，同比下降66.1%。

【城市建设与环境保护】 全力推进项目建设，助力拆违、创城工作。“双违”拆除后恢复工程涉及建设大街街道、文化路街道、河东街道、燕山大街街道、北环路街道所辖区域，10月初进场，已完成和苑路、文建里、十五中学等23个点位的恢复工作。全面打造秦皇大街示范街，重点对环岛西至海阳路部分人行道进行大修，部分路段增设隔离桩。共改造人行道面积约2.18万平方米，投入资金约396.64万元。建国路（河北大街—燕山大街）路段两侧人行道及树池砖进行恢复及更新。拆除及恢复人行道板面积1866平方米。争取市财政资金600万元，对宏达路、东环路进行改造，打通断头路、将断头路变为循环路，修复破损路面，将原有石板路面变更为沥青路面，提升道路品质，解决交通拥堵及雨季积水问题。狠抓治理，严查污染，确保环境安全。全年削减化学需氧量、氨氮、二氧化硫和氮氧化物分别为1140吨、357.93吨、560吨、727.51吨。空气质量有效监测天数366天，达标270天，达标率73.77%，达标天数增加14天，PM2.5下降2.1%。淘汰燃煤锅炉114台、232.85蒸吨，超额完成市定任务。清理取缔储煤场123家，关停蜂窝煤厂12家。取缔违规经营露天烧烤摊点157处，排查餐饮单位1224家，安装油烟净化设施的餐饮单位825家。关停非法露天矿山34家，对北部工业区、西港镇等多处裸露土地及建筑工地扬尘进行治理，苫盖各类建筑工地堆场约10万平方米。发放环保标志2.13万个，认定黄标车798台。全年受理各类环境信访案件1013件，案件处理率100%，群众满意率98%。

【科学技术】 推进创新型海港区建设，促进科技与经济发展的紧密结合。全年新增高新技术企业3家，新增市级工程技术中心11家，新增省级科技型中小企业95家，新增科技小巨人企业4家，列入市级以上科技计划项目28项，高新技术产业增加值7.2亿元，增长率16.47%，每万人拥有发明专利7.79件。鼓励引导众创空间发展，专门安排引导资金100万元，用于支持“双创”建设，全区已建成众创空间6家。其中，山果科技大学生创业孵化器有神畅电商、臻诚科技、云晖旅游、乾丰文化等44家创业团队入驻，在校大学生比例为16.1%，应届毕业生比例为16.8%，毕业三年内大学生比例为37.3%，提供就业岗位220多个，年产值预计1000万元。青豆荚云科技孵化器，孵化面积8500平方米，已入驻君唯集团、金祥云商贸、联畅电子、创信科技等50多家团队，提供就业岗位1000多个，年产值预计3000多万元。为成长型企业搭建项目落地平台。

【教育】 开展课程改革，深化素质教育。海港区顺利通过国家义务教育发展基本均衡县的评估认定，全系统获省级以上集体奖励89项、市级集体奖励203项。全力改善办学条件，缩小城乡教育差距。先后投资270万元，完成萃文中学土质运动场的改造。投资500多万元，完成慕义寨小学等11所学校厕所改造。投资约18万元，为东港路小学等14所学校安装热饭设备50台。投资1130多万元，完成慕义寨小学等13所学校的屋面防水改造，第十三中学等7所学校的输电线路改造等学校基础设施。全方位扶持杜庄镇、石门寨镇、驻操营镇的学校。为短期内大幅提高3个镇学校的办学条件，尽快缩小城乡办学差距，对“北三镇”学校给予重点投入和保障。全年投入资金约1300万元，为27所学校配备蒸饭柜39台，旱厕改造26个校区，将杜庄学区初级中学纳入供热管网，对驻操营小学、驻操营初级中学等4所学校的锅炉及取暖设施进行改造，对黄土营小学等2所学校的屋面防水和路面进行改造，为浅水营等5所学校打井，解决学校生活用水问题。投资约750多万元，为“北三镇”更新学生课桌椅7000套，增加学生用计算机641台，配备班班通115套，改造计算机教室14个，新建录播教室3个，更新科学实验室11个。投资75万元，用于学校网络改造及网络服务。安排专项资金425万元，用于补充学科仪器、图书等。支付“北三镇”代课教师工资28.4万元，对驻操营中学、驻操营小学水门寺校区及石门寨中学3所寄宿制学校的双岗教师给予岗位补助。“北三镇”学校的基础设施明显改观，教育教学装备水平显著提高。

【文化、体育】 完善公共文化服务体系制度建设。按照国家公共文化服务体系示范区建设要求，制发《海港区国家公共文化服务体系示范区建设规划（2016 ~ 2018 年）》《海港区关于促进社会力量参与公共文化服务的实施意见》《海港区加快构建现代公共文化服务体系的实施意见》3 个规范性文件，全区公共文化服务体系建设得到制度保证。推进“两馆一站”免费开放工作。为文化馆、各镇街综合文化站配发免费开放资金 110 万元，完善和更新农家书屋图书，为 113 个村配送图书 1.3 万多册，每个村配送 116 册。先后举办海港区春节联欢会，农家春晚、春节花会展演等节庆活动，组织区首届少儿才艺风采大赛，参加市第二届原创歌曲大赛等。组织彩色周末、百姓大舞台，共演出 21 场。为纪念中国人民抗日战争暨全世界反法西斯胜利 70 周年，组织“红色记忆”群众歌咏大赛。群众体育活动丰富多彩。制订《海港区 2016 年全民健身工作计划》，组织各机关事业单位、村（居）开展群众体育活动，组织棋类、乒乓球、羽毛球、台球、广场舞大赛、趣味运动会、沙滩体育节、三对三篮球联赛、“千人太极展演”、体育彩色周末、雪上运动会等多项全民健身活动。落实“健康河北，欢乐冰雪”2016 ~ 2017 河北省雪季系列活动，在紫云山滑雪场举办“健康河北，欢乐冰雪”2016 ~ 2017 秦皇岛冰雪活动启动仪式，组织秦皇岛市第七届大众体育创纪录大赛滑雪比赛暨雪上趣味运动会。连续七年承办秦皇岛市大众体育项目创纪录大赛的“跳绳、踢毽子、掰手腕”比赛，吸引包括机关单位、高校学生、体育俱乐部、社区居民、中小学生等的广泛参与。赛事的知名度不断提升，参赛人数在全市群众体育项目中前所未有。

【卫生】 继续深化医药卫生体制改革。推进分级诊疗体系建设，力推海港医院卫生资源向乡镇、农村延伸，海港医院共派出专家及技术骨干 639 人次，免费授课 39 次，惠及 1.3 万多人。加快推进基本公共卫生服务逐步均等化。发放城乡基本公卫补助资金 2749 万元，推进杜庄镇、石门寨镇、驻操营镇的村卫生室实施药品零差率销售。探索公立医院改革，区政府正式委托秦皇岛市妇幼保健院管理海港医院，开启海港区县级公立医院改革发展的新阶段。推进新型农村合作医疗工作。全区参合 15.03 万人，参合率 96%。低保 1576 人，“五保”625 人，100% 参合。筹资总额 8418.14 万元，其中，农民个人缴费由 110 元提高到 150 元，农民个人筹资总额 2221.86 万元，民政代缴 33.02 万元，财政配套由 380 元提高到 420 元，各级财政配套资金 6313.61 万元。实施全面两孩政策。利用元旦、春节等相关节日，组织开展集中宣传活动 60 多场，在市级以上主流媒体发表宣传计划生育稿件 32 篇，编印政策汇编、组织大型面对基层计生干部的业务培训 20 次，使新政策知晓率和指导率明显提高。

【人民生活与社会保障】 全力保障困难群众基本生活。推动海港区城乡低保提标工作，全区城市最低生活保障标准提高至 550 元 / 月 / 人，农村最低生活保障标准提高至 3500 元 / 年，农村“五保”供养标准提高至 5500 元 / 年 / 人。全区有城乡低保户 5664 户、9722 人，发放低保金 4003.6 万元，“五保”户 661 人，发放“五保”金 227.8 万元。开展慈善救助工作。全年救助重症特困病人 80 多人次，对 3 名因家庭贫困导致无力支付学费的大学生给予每人不低于 3000 元的帮扶资金。设立 300 个衣物捐赠箱，放置在各街道办事处、社区和城市中心地段，安排专人定期回收衣物，经过细心筛选、清洗和消毒，发放给有需求的困难家庭。做好退伍士兵的接收安置工作。全年共接收退役士兵 216 人，组织 213 名退役士兵参加技能培训。对全区符合安置计划的 118 名退役士兵进行登记建档，实行动态化管理。城乡居民生活水平不断提高。城市居民人均可支配收入达 3.25 万元，同比增长 7.7%；农民人均纯收入达 1.65 万元，同比增长 7.7%。城镇、农村人均消费性支出分别为 2.03 万元、9707 元。

（统计局）

中共海港区委员会

ZHONGGONG HAIGANGQU WEIYUANHUI

ZHONGGONG HAIGANGQU WEIYUANHUI

区委重要决策

1月16日，中共海港区委书记冯国林在中共海港区第九届委员会第八次全体会议上的报告提出海港区“十三五”时期经济社会发展的主要目标：“一个全面建成”“两个提前翻番”“五个明显提升”。“一个全面建成”，就是到2020年如期全面建成小康社会。“两个提前翻番”，就是到2019年生产总值比2010年翻一番以上；到2018年城乡居民人均可支配收入比2010年翻一番以上。“五个明显提升”，就是实现区域经济实力明显提升，综合实力在沿海地区位次前移；产业规模明显提升，“一中心三基地”格局基本形成；城市功能和带动能力明显提升，达到或接近中等城市规模；生态环境明显提升，空气、海水质量较大改善；公共服务能力和水平明显提升，社会事业和精神文明全面进步。

2016年，全区总的工作思路是：以党的十八届五中全会、省委八届十二次全会、市委十一届八次全会以及中央、省、市经济工作会议精神为指导，抢抓京津冀协同发展和环渤海地区合作发展契机，牢固树立“大海港区”理念，按照“一中心三基地”产业定位，深入实施“开放引领、港城融合、产业强区、创新驱动”发展战略，坚持用解放思想添动力，坚持用深化改革增活力，坚持用改善民生促和谐，坚持用从严治党聚合力，全面建设秦皇岛首善之区，为实现“沿海强市、美丽港城”发挥主阵地、主窗口、主力军作用。

1月16日，中国共产党海港区第九届委员会第八次全体会议讨论通过《中共海港区委关于制定海港区国民经济和社会发展第十三个五年规划的建议》(以下简称《建议》)。《建议》提出“十三五”时期经济社会发展指导思想、经济社会发展主要目标、发展基本要求。

“十三五”时期经济社会发展指导思想。全面贯彻中共十八大和十八届三中、四中、五中全会精神，以马克思列宁主义、毛泽东思想、邓小平理论、“三个代表”重要思想、科学发展观为指导，深入贯彻习近平总书记系列重要讲话精神，协调推进“四个全面”战略布局，坚持发展是第一要务，以创新、协调、绿色、开放、共享的发展理念为引领，以提高发展质量和效益为中心，加快形成引领经济发展新常态的体制机制和发展方式，保持战略定力，坚持协调发展、转型升级、又好又快的工作主基调，统筹推进经济建设、政治建设、文化建设、社会建设、生态文明建设和党的建设，按照省、市的相关要求，实现工作指导的重大转变，努力开创经济发展新局面，全面建设秦皇岛首善之区，为打造“沿海强市、美丽港城”发挥主力军、主阵地、主窗口作用。

“十三五”时期经济社会发展主要目标。综合考虑未来发展趋势和优势条件，围绕提前实现“两个翻番”，在全面建成小康社会进程中走在全市前列，把海港区建设成具有较强核心竞争力、文化软实力和生态承载力的一流主城区，今后五年，经济社会发展的主要目标是：

生态环境质量显著改善。能源资源利用效率大幅提高，生产方式和生活方式绿色、低碳水平上升，主要污染物排放大幅减少，全面完成省、市下达的约束性任务目标。森林覆盖率大幅提高，水体和大气质量持续提升，土壤污染防治和近岸海域生态治理取得重大进展。主体功能区布局和生态安全屏障基本形成，城乡环境优美宜居，展现绿色、生态、美丽海港新形象。

经济发展和结构调整迈上新台阶。经济保持中高速增长，在提高发展平衡性、包容性、可持续性的基础上，到2019年实现经济总量比2010年翻一番，地区生产总值年均增长8%左右。传统产业转型升级取得显著成效，以先进制造业为支柱、战略性新兴产业为引领、服务业为主导的现代产业新体系基本形成，新兴业态形成新的经济增长点，产业优化度和发展质量效益大幅提升。

深化改革和开放创新取得新突破。重要领域和关键环节改革取得阶段性成果，发展环境全面优化。承接非首都功能疏解和京津产业转移取得重要成效，对内对外开放水平不断提高，开放型经济新体制更加完善。坚持创新驱动，产业创新活力显著增强，以企业为主体的技术创新体系更加健全，创新人才队伍不断壮大，科技创新成为经济增长的重要力量。

城乡统筹建设迈出新步伐。城乡空间发展布

局更加优化，基础设施配套能力逐步完善。更加注重城市形象提升和功能完善，不断创新城市管理方式，推动城市化建设再上新台阶。以人为核心的新型城镇化加快推进，户籍人口城镇化率明显提高，美丽乡村建设成效显著，城乡环境明显改善，区域差距进一步缩小，在新型城镇化建设上走在全省前列。

人民生活水平和质量普遍提高。基本公共服务均等化水平稳步提高，教育现代化加快推进，劳动年龄人口受教育年限明显增加，城乡居民就业比较充分，到2018年实现城乡居民可支配收入比2010年翻一番，中等收入人口比重不断上升。社会保障体系更加健全完善，人民健康水平不断提升，群众幸福感明显增强，改革发展成果更多更公平地惠及老百姓。

文化软实力和社会建设持续提升。覆盖城乡的公共文化服务体系基本建成，传统文化创造性转化、创新发展取得积极进展，人民群众精神文化需求得到更好满足。中国梦、社会主义核心价值观和海港精神更加深入人心，爱国主义、集体主义、社会主义思想广泛弘扬，文明港城、法治港城建设深入推进，向上向善、诚信互助的社会风尚更加浓厚，城乡居民素质普遍提高，全社会法治意识不断增强，社会治理创新取得新成效。

“十三五”时期发展基本要求。实现全面建成小康社会奋斗目标，破解发展难题，增强发展动力，厚植发展优势，推动经济社会持续健康发展，必须始终坚持人民主体地位，坚持科学发展，坚持深化改革，坚持依法治国，坚持党的领导。必须深入贯彻创新、协调、绿色、开放、共享的发展理念，将“五大发展理念”贯穿于经济社会发展各方面和工作全过程。必须大力破解制约发展的重点难点问题，勇于担当、积极作为、科学务实，在转方式、补短板、防风险上下功夫，做到全面小康领域全覆盖、人口全覆盖、区域全覆盖，实现更高质量、更有效率、更加公平、更可持续的发展。牢固树立创新发展理念，深入实施创新驱动发展战略，着力营造创新创业环境，引领经济发展向质量效益型转变。牢固树立协调发展理念，以提升城市特色品质为突破，推动城乡公共服务均等化、要素市场一体化，促进城乡共同繁荣。牢固树立绿色发展理念，把生态立区贯穿发展各领域，探索实现生态文明的发展路径、发展模式，将生态优势转化为发展红利。牢固树立开放发展理念，抢抓京津冀协同发展重大机遇，全面深化改革，面向京津、面向全国、面向世界扩大开放。牢固树立共享发展理念，切实保障和改善民生，创新社会治理，着力解决群众实际问题，构建公平公正、共建共享的包容性发展新机制。

2月4日，中共海港区委印发《海港区巡查工作实施办法》。分七章，共四十三条。自下发之日起施行。

3月3日，中共海港区委、海港区人民政府印发《海港区2016年民心民生工程》。2016年，全区重点实施就业创业工程、社会扶助工程、幸福安居工程、环境优化工程、城市功能提升工程、农村基础建设工程、医疗卫生惠民工程、教育文化工程、食品安全工程、平安建设服务工程等10项民心民生工程29件实事。

3月4日，中共海港区委印发《中共海港区委2016年工作要点》。提出区委2016年总的思路及围绕工作思路，重点抓好7个方面28项重点工作。

区委2016年总的思路是：以党的十八届五中全会、省委八届十二次全会、市委十一届八次全会以及中央、省、市经济工作会议精神为指导，抢抓京津冀协同发展和环渤海地区合作发展契机，牢固树立“大海港区”理念，按照“一中心三基地”产业定位（旅游综合服务中心，临港物流产业基地、先进制造及新材料新能源产业基地、新兴产业及现代服务业基地），深入实施“开放引领、港城融合、产业强区、创新驱动”发展战略，坚持用解放思想添动力，坚持用深化改革增活力，坚持用改善民生促和谐，坚持用从严治党聚合力，全面建设秦皇岛首善之区，为实现“沿海强市、美丽港城”发挥主阵地、主窗口、主力军作用。

重点抓好的7个方面重点工作是：树牢发展理念，加快开放步伐；实施创新驱动，促进产业结构转型升级；推进项目园区建设，加快产业集聚发展；加快城市化进程，统筹城乡发展；做优公共服务，提升民生和社会事业档次；加强环境建设，提升区域发展软实力；加强全面从严治党的深入引领，切实提升党的建设工作水平。

3月12日，中共海港区委、海港区人民政府印发《海港区严厉打击盗采矿产资源行为攻坚行动实施方案》。对活动时间、工作目标及思路、主要任务、工作安排及职责分工、实施步骤、保障措施提出具体要求。

工作目标及思路：国土、公安、工信、交通运输、市场监管等各相关部门要抽调精干力量组成专门综合执法队伍，通过开展综合执法攻坚专项行动，进一步加强石门寨、驻操营、杜庄区域民用爆炸物品的安全管理，全面清理收缴非法火工用品，全面清理查处无证勘查开采违法行为，严厉打击盗采矿产资源行为，彻底消除各类私挖滥采矿产资源违法行为，切实维护该区域人民群众生命财产安全。对于盗采矿产资源行为，一经发现务必一查到底，坚决将背后操手及相关参与者绳之以法，务必做到发现一处查一处、查一处清除一处，达到以儆效尤、不重复盗采的目的。

主要任务：打击非法开采、盗采矿产资源行为。由区委、区政府主要领导亲自挂帅，多部门协调联动、综合执法，在"北三镇"范围内再次开展一次为期1个月的专项行动。对通过刑侦手段、巡查发现或群众举报确认的重点疑似盗采点违法犯罪行为进行严厉打击。重点疑似盗采点矿井的确认主要通过以下途径：以石门寨半壁店村北原奇源煤矿"3·2"透水事故为突破口，公安机关通过刑侦手段"顺藤摸瓜"予以确认的；海港国土分局及石门寨、驻操营、杜庄三镇，通过对现有已掌握241个疑似盗采井口及4个遗留隐患矿点的巡查监控发现确认的；群众对相关直接行为人或参与人的检举揭发，以及对盗采点井口直接向属地镇政府及相关部门进行举报的；打击非法销售使用火工用品行为及流动人口整治。加强矿区火工用品管理，杜绝非法销售、使用火工用品违法犯罪行为；加强对矿区流动人口的登记管理，发现参与非法盗采人员一律依法从严处理。打击非法转供电行为。加强矿区用电管理，全面排查矿区非法转供电行为，对于私接用电行为立即断电，并依法追究相关人员（公职人员从严处理）刑事责任。打击非法矿产品运输行为。在秦青公路等道路主要路口设卡，严查非法矿产品运输车辆，切断非法矿产品的运输渠道。打击矿产品非法加工储存销售行为。对全区范围内的矿产品加工储存销售场所进行全面清理整顿，对非法矿产品经销企业和个人储煤场依法取缔。查处涉嫌构成非法盗采矿产资源、非法使用火工用品的犯罪嫌疑人以及国家机关工作人员支持参与非法违法采矿、为非法违法采矿提供保护等违法违纪行为。

3月30日，中共海港区委、海港区人民政府印发《关于开展全区机关作风整顿的实施方案》。提出开展全区机关作风整顿的总体要求是：深入学习贯彻习近平总书记系列重要讲话精神，切实强化政治意识、大局意识、核心意识、看齐意识，全面落实从严治党要求，以整治"为官不为"为重点，突出问题导向、重点对象、内生动力和实际效果，将作风整顿工作与深化"三严三实"专题教育、解放思想大讨论、"一问责八清理"专项行动和"两学一做"学习教育等有机结合、统筹推进，切实做到下决心、出重拳、有实效，每个单位解决几个具体问题、创新几个重点举措、培树几个先进典型，努力实现促进思想解放、调整精神状态、提升工作效能、提高发展成效的目标，为建设"一流主城区和沿海经济增长极"提供坚强保障和良好环境。

整顿重点是：聚焦省委书记赵克志在省级机关作风整顿动员会上强调的12个突出问题、市委书记孟祥伟指出的"五型"干部问题（不贪不占、啥都不干；浅尝辄止、坐而论道；束手束脚、害怕担责；本领恐慌、不学无术；推诿扯皮、回避矛盾）和区委书记冯国林点出的作风建设"四个方面"问题（不用心、效率低、不担当、不自律），结合单位和岗位特点，针对机关干部思想工作实际，集中整治不能为、不想为、不敢为、乱作为问题和现象，促进干部去庸求进、去懒求勤、去慢求快、去浮求实、去贪求廉，实现治庸提能、治懒正气、治散聚力、治浮定神、治拖增效。

着力解决"不能为"的问题。主要是：思想懒惰、观念陈旧，对上级决策部署不学习不钻研，对新形势新情况不敏感不掌握，对新常态新决策不适应不会抓；思维定式、路径依赖，新办法不会用，老办法不管用，缺乏把握经济运行规律的本领，缺乏开拓创新的活力；能力不足、落实乏力，抓贯彻落实的执行力不强，没有推进工作的硬招实招，迟迟打不开工作新局面。解决上述问题，关键是要“真用心”：用心学习、用心领会、用心思考、用心研究，把精力集中到经济发展、社会民生等各项事业上来，破除旧思路，提升新能力，增强理论学习系统性、实践锻炼自觉性、改革创新主动性，创造无愧于时代的新业绩。

着力解决“不想为”的问题。主要是：动力不足、精神懈怠，尸位素餐、看摊守位，多一事不如少一事；精力不集中，工作不在状态，不催不动、推拖等靠；工作标准低，应付差事，得过且过，甘于平庸不争先；虚与委蛇，拈轻怕重，工作重过程轻实效；死抠条条框框，能办不办、该办不办，围绕程序打转转；患得患失、斤斤计较，工作讲条件、讲价钱，对上级决策部署不执行、慢执行或选择性执行；纪律松弛、自由散漫，不严格遵守工作纪律和规章制度；推诿扯皮、逃避责任，打太极、踢皮球甚至相互掣肘。解决上述问题，关键是要“提效率”：转变工作态度，自我加压，坚决摒弃等靠思想，提高工作效率，焕发广大干部主动作为、奋发有为的激情和活力，以等不起的紧迫感、慢不得的危机感、坐不住的责任感干事创业。

着力解决“不敢为”的问题。主要是：明哲保身，事事先为自己打算，缺乏干事创业的使命意识和责任担当；遇到难题绕着走，碰到问题往后拖，稍微担当就能办成的事也不干；“官本位”思想严重，习惯于当太平官、做老好人，失之于宽，失之于软，不敢抓、不敢管，不敢较真碰硬；缺乏创新意识、改革精神，干工作没有勇气和底气，不敢闯、不敢试、不敢冒。解决上述问题，关键是要“勇担当”：强化事不避难、极端负责的责任担当，坚持原则、刚正不阿，坚决摒弃畏难情绪，敢于在问题面前坚定信心、迎难而上，以实际行动赢得干部群众的理解和支持。树立为担当者担当、让无为者无位的鲜明导向，推动事业长远发展。

着力解决“乱作为”的问题。主要是：私自设门槛，造成审批环节繁杂，手续过多过滥，办事效率低；服务态度生硬，工作方法简单，对待办事群众态度蛮横冷漠、言行不雅，甚至故意刁难群众；直接或变相吃拿卡要，不给好处不办事，给了好处乱办事；重处罚轻管理，以罚代纠、以罚代管、以收费代培训。

解决上述问题，关键是要“严自律”：以党性原则、道德规范和制度规定严格要求自己，时刻反省自己，学会换位思考，把群众的事当成自己的事办，不断增强服务意识，改进服务手段，提高服务能力和水平。

4月28日，中共海港区委印发《关于在全区党员中开展“学党章党规、学系列讲话，做合格党员”学习教育实施方案》。对2016年在全区党员中开展“学党章党规、学系列讲话，做合格党员”学习教育的总体要求、学习教育内容、主要举措、组织保障等提出具体意见。

总体要求是：“两学一做”学习教育，基础在学，关键在做。要以尊崇党章、遵守党规为基本要求，以用习近平总书记系列重要讲话精神武装全党为根本任务，教育引导广大党员自觉按照党员标准规范言行，进一步坚定理想信念、明确政治方向、强化宗旨观念、树立清风正气，增强政治意识、大局意识、核心意识、看齐意识，在生产、工作、学习和生活中起先锋模范作用，为助推“四个全面”战略布局、落实“五大发展理念”、打造“一流主城区和沿海经济增长极”提供坚强组织保证。“两学一做”学习教育要增强针对性和实效性。“学”要带着问题学，“做”要针对问题改。普通党员重点解决理想信念动摇、党的意识淡化、宗旨观念淡薄、精神萎靡不振、道德行为不端、先锋模范作用不突出6个方面突出问题；党员领导干部在解决好6个方面问题的基础上，还要解决纪律意识不强、思想陈旧保守、担当意识弱化、党建意识淡漠4个方面突出问题。“两学一做”学习教育要做到“五坚持五突出”：坚持正面教育，突出理论武装；坚持学用结合，突出知行合一；坚持问题导向，突出整改提高；坚持领导带头，突出以上率下；坚持立足实际，突出分类指导。各单位、各部门党委（党组）要针对领导机关、领导班子和党员干部、普通党员的不同情况作出安排，防止大而化之，力戒形式主义。

学习教育内容是：学党章党规。着眼明确基本标准、树立行为规范，组织和引导广大党员逐条逐句通读党章，牢记做合格党员的标准和条件。

学习《中国共产党廉洁自律准则》《中国共产党纪律处分条例》《中国共产党党员权利保障条例》等党内法规。学习党的历史，学习革命先辈和先进典型，从违纪违法反面典型中汲取教训。党员领导干部还要学习《中国共产党地方委员会工作条例》《中国共产党党组工作条例（试行）》《党政领导干部选拔任用工作条例》等党内重要法规制度。学系列讲话。着眼加强理论武装、统一思想行动，组织引导广大党员学习领会习近平总书记系列重要讲话的基本精神。全体党员要学习《习近平总书记系列重要讲话读本（2016年版）》和《知之深爱之切》等习总书记在河北工作期间的重要著述。党员领导干部还要学习《习近平谈治国理政》和《习近平总书记重要讲话文章选编（领导干部读本）》，学习习近平总书记对河北工作的重要讲话、指示和批示，特别是学深悟透2013年7月在河北调研指导党的群众路线教育实践活动、9月在参加河北省委常委班子专题民主生活会和2014年2月在听取京津冀协同发展专题汇报时的讲话。同时重温毛泽东同志《党委会的工作方法》，全面加强领导班子思想政治建设、作风建设、能力建设。做合格党员。着眼新形势新任务对党员的新要求，坚持以知促行，做讲政治、有信念，讲规矩、有纪律，讲道德、有品行，讲奉献、有作为的“四讲四有”合格党员。特别是要针对不同群体党员的实际情况，教育引导党员立足岗位做贡献，在任何岗位、任何时候、任何情况下都铭记党员身份，积极为党工作，唤醒党的意识，凸显党员形象，以实际行动把合格的标尺立起来，把做人做事的底线划出来，把党员的先锋形象树起来。

5月24日，中共海港区委、海港区人民政府印发《关于建立“四位一体”督考联动机制的意见》。对建立全区“四位一体”督考联动机制的工作原则、组织机构、工作职能、保障措施提出具体意见。

6月1日，中共海港区委印发《关于创建“中华诗词之乡”工作实施方案》。对创建“中华诗词之乡”工作指导思想、目标任务、组织机构、职责分工、工作步骤和内容及活动要求提出意见。

6月6日，中共海港区委印发《中共海港区委关于进一步加强少年儿童和少先队工作的实施意见》。就进一步加强海港区少年儿童和少先队工作提出具体意见：准确把握新时期少年儿童和少先队工作的正确方向；积极推动少年儿童和少先队事业发展；切实加强家庭、学校、社会“三位一体”教育；进一步优化新时期少先队工作和少年儿童成长环境。

加强少年儿童和少先队工作总体要求。认真学习贯彻中共十八大及中共十八届三中、四中、五中全会精神，深入贯彻落实习近平总书记对少年儿童工作的重要指示精神和对少先队工作的具体要求，大力加强中国梦教育和社会主义核心价值观教育，牢牢把握少先队组织属性，落实组织定位和根本任务，深入推进少先队思想道德建设、组织建设和阵地建设，增强少先队组织活力，加强少先队专业化建设，更好地为少年儿童服务，推进少先队工作取得新发展。

加强少年儿童和少先队工作指导思想。高举中国特色社会主义伟大旗帜，以邓小平理论、“三个代表”重要思想、科学发展观为指导，按照社会主义核心价值体系的要求，牢固树立立德树人理念，坚持贴近实际、贴近生活、贴近少年儿童的原则，在加强德育教育、知识教育的同时，注重实践锻炼，引导少年儿童勤奋学习、快乐生活、健康成长，培育德智体美全面发展的社会主义事业建设者和接班人；把握少先队组织属性，履行团结、教育、引导少年儿童的基本职能，竭诚服务少年儿童成长，不断增强少先队组织的吸引力、凝聚力和影响力。

加强少年儿童和少先队工作根本任务。坚持把社会主义核心价值体系融入少年儿童教育全过程，大力加强以爱国主义为重点的基本情感教育，以做社会主义事业建设者和接班人为目标的理想志向教育，以集体主义和崇德向善为基础的道德品行教育，以坚持中国特色社会主义为根本方向的社会认知教育，着力培养少年儿童积极向上、勇于创造的心理素质和奋斗精神，教育引导少年儿童为实现中国梦时刻准备着，探索新形势下少先队工作的科学路径和有效载体，完善少先队工作机制，增强统筹协调和服务能力，提升少先队工作的专业化、科学化水平。

6月16日，中共海港区委、海港区人民政府印发《海港区“干部下基层·建功在一线”工作实施方案》。对全区“干部下基层·建功在一线”工作的指导思想、选派方法、主要任务、工作举措、管理考核、组织领导提出意见。

6月30日，中共海港区委印发《中共海港区委、海港区人民政府关于大力推进供销合作社综合改革的实施意见》。提出推进供销合作社综合改革的指导思想、基本原则、目标任务。

指导思想。深入贯彻落实习近平总书记系列重要讲话精神，紧紧围绕“三农”工作大局，以密切与农民利益联结为核心，以提升为农服务能力为根本，以服务现代农业、服务农民合作社成员为发展方向，创新组织架构、服务体系、治理机制和管理模式，拓展服务领域，提升服务水平，把供销合作社打造成为服务农民生产生活的生力军和综合平台，成为党和政府密切联系农民群众的桥梁纽带。

基本原则。牢牢把握为农服务根本宗旨，坚持为农服务方向不动摇，始终做到为农、务农、姓农；坚持市场化方向，顺应市场经济规律，更多运用市场经济手段开展经营服务；坚持合作经济属性，按照强化合作、农民参与、为农服务的要求，推动多种形式的联合与合作；坚持创新发展理念，积极探索新领域、新模式、新业态；坚持从实际出发，因地制宜，分类指导，稳步推进。

目标任务。到2020年，新型供销合作社组织体系全面形成，综合服务功能健全完善，为农服务能力显著提升。构建“供销合作社＋农民合作社联合社＋资产运营管理机构”三位一体的组织架构，形成系统指导体系和经营服务体系协调运转的“双线运行”机制。建立健全理事会、监事会、董事会规范运行的治理结构，实体性合作经济组织制度基本完善。以现代农业生产、农村现代流通、农村合作金融、新型农村培训、农村产权交易等为重点的为农服务体系基本建成，服务能力明显增强。

7月21日，中共海港区委、海港区人民政府印发《海港区区管优秀人才选拔管理办法（试行）》。分总则、选拔范围和条件、选拔方法和程序、享受待遇、管理制度及附则，六章二十五条。

9月13日，中共海港区委、海港区人民政府印发《海港区创建全国文明城市暨省级文明城区工作实施方案》。对海港区创建全国文明城市暨省级文明城区工作总体思路、创建内容、重点举措、专项行动、组织保障提出意见。

指导思想是：以习近平总书记系列重要讲话精神为指导，牢固树立并切实贯彻创新、协调、绿色、开放、共享发展理念，以培育践行社会主义核心价值观为主题，紧紧围绕物质文明与精神文明协调发展，统筹城乡文明一体化发展，通过开展形式多样的创建活动，打造宜居宜业宜游的文明城区，进一步提升人民群众获得感和幸福感。

基本原则是：坚持以人为本、创建为民。把人民对美好生活的向往作为创建的根本目标，从百姓最关心的事情抓起，让群众共享创建成果；坚持问题导向、立破并举。聚焦薄弱环节，创新工作举措，补齐城乡建设管理短板；坚持突出重点、分类指导、统筹规划，整体推进。坚持注重细节，突出精准性。严格对照《全国文明城市测评体系》和《省级文明城区创建标准》，从每项指标抓起，精耕细作、精益求精，真正把创建工作各项任务落细落实；坚持发动群众广泛参与，组织各行各业积极行动，实现创建任务全覆盖，掀起文明城区、文明社区创建热潮。

创建目标是：建设环境优美、秩序优良、服务优质、人民群众满意的文明城区。城区绿化美化，街道整洁卫生；基础设施齐全，生活舒适便利；社会秩序良好，人际关系和谐；社会风气优良，友善互帮互助；市场诚信经营，文化氛围浓厚；服务用语文明，管理优质高效。力争在2017年率先建成省级文明城区，为我市成功晋级全国文明城市发挥主城区的作用。

11月28日，中共海港区委印发区人大常委会党组《关于区镇两级人民代表大会换届选举工作有关问题的意见》。提出换届选举的总体要求和原则。本次区镇两级人大换届选举工作要全面把握、深入落实中共中央关于换届选举的一系列要求，深刻领会、认真贯彻习近平总书记系列重要讲话，特别是关于换届工作的重要指示和中央文件精神，坚持把党的领导贯穿于换届选举的全过程，切实加强组织领导，深入调查研究，周密安排部署，认真负责依法有序推进换届选举工作。要充分认识此次换届选举工作的复杂性和重要性，把思想和行动统一到中央文件精神和省、市、区委决策部署上来，切实增强责任感和使命感，牢牢把握换届工作的主动权和主导权，确保换届选举工作顺利完成。此次区镇两级人大换届选举必须坚持党的领导，充分发扬民主，严格依法办事的原则。区镇党委要发挥总揽全局、协调各方的领导核心作用，切实加强领导，强化责任担当，确保换届选举工作依照法律规定健康有序开展。要坚持人民主体地位，把发扬民主贯穿于换届选举的各个环节，充分调动选民和代表的积极性，依法保障选民和代表的选举权和被选举权。

区委重要会议

【区委全委会议】 1月16日，中共海港区委召开第九届委员会第八次全委（扩大）会议。会上，区委书记冯国林作题为《主动作为勇于担当为实现“一流主城区和沿海经济增长极”目标而努力奋斗》的工作报告，对《中共海港区委关于制定海港区国民经济和社会发展第十三个五年规划的建议（审议稿）》进行说明；区委副书记、代区长吕国新对2016年全区经济工作进行安排部署。会议审议通过《中共海港区委关于制定海港区国民经济和社会发展第十三个五年规划的建议》《中国共产党海港区第九届委员会第八次全体（扩大）会议决议（草案）》。全会对2015年和“十二五”时期全区改革发展稳定工作进行客观总结。认为“十二五”时期海港区经济社会发展整体迈上新台阶，发展呈现出稳中求进的良好势头：产业结构不断优化，综合实力持续提升，经济发展质量稳步提高；城市功能逐步完善，发展空间进一步拓展，城市发展动力和活力明显增强；各项改革不断深入，对内对外开放不断扩大，体制机制改革步伐明显加快；生态环境建设稳步推进，新型城镇化进程不断加速，支撑保障能力明显增强；各项社会事业蓬勃发展，社会保障体系逐步健全，城乡居民生活持续改善，为“十三五”加快发展提供了宝贵经验、奠定了坚实基础。会议指出，做好“十三五”时期的工作，必须高举发展、团结、奋斗的旗帜，倡导主动作为、勇于担当精神，坚持“四个全面”的战略布局，坚持“创新、协调、绿色、开放、共享”发展理念，坚持协同发展、转型升级、又好又快主基调，坚守发展、生态、民生三条底线，突出把产业做强、把生态做优、把开放做大、把城市做靓、把民生做好，统筹推进经济建设、政治建设、文化建设、社会建设、生态文明建设和党的建设，实现“两个提前翻番”，保证“五个明显提升”，确保全面建成小康社会，为全区今后经济社会可持续发展打下更加坚实的基础。全会强调，落实好“十三五”发展的目标任务，开局之年是关键。要抢抓京津冀协同发展和环渤海地区合作发展契机，牢固树立“大海港区”理念，按照“一中心三基地”产业定位，深入实施“开放引领、港城融合、产业强区、创新驱动”发展战略，坚持用解放思想添动力，坚持用深化改革增活力，坚持用改善民生促和谐，坚持用从严治党聚合力，全面建设秦皇岛首善之区，为实现“沿海强市、美丽港城”发挥主阵地、主窗口、主力军作用。全会指出，事业成败，关键在党。要加强和改善党的领导，认真落实全面从严治党责任，着力提高党员干部的责任意识和担当精神，为实现“十三五”规划目标提供坚强保证。坚持把抓牢思想、选好干部、建好队伍作为重点，进一步夯实基层党组织建设，严明党的纪律和规矩，坚定不移推进反腐倡廉建设，努力实现干部清正、政府清廉、政治清明，为经济社会发展营造良好政治生态。全会号召，全区广大党员干部要始终保持奋发有为的精神状态，大力弘扬“开放、包容、崇德、尚美”的海港精神，以主动作为的劲头抢抓机遇，以勇于担当的锐气应对挑战，以锲而不舍的韧劲破解难题，为加快“一流主城区和沿海经济增长极”建设进程而努力奋斗。

12月22日，中共海港区委召开第九届委员会第九次全体会议。会议宣读《中共海港区第九届委员会第九次全体会议关于召开中共海港区第十次代表大会的决议（草案）》，区委常委、组织部部长詹立军作《关于召开中共海港区第十次代表大会的决议（草案）》的说明；以举手表决的方式通过《关于召开中共海港区第十次代表大会的决议》，研究推荐出席党的十九大代表候选人推荐人选，区委书记冯国林主持会议并作重要讲话。冯国林要求，各位委员按照区委的统一部署，以党和人民的利益为重，自觉服从组织安排，以高度的政治责任感，做扎实细致的工作，保证换届的圆满完成。区委副书记曹立新、张浩、齐香民、梁伟，区人大常委会主任鲁栋、区政协主席杨永会等区领导参加会议。

【区委常委会议】 1月14日，九届区委召开第六十二次常委（扩大）会议。会议学习《中国共产党廉洁自律准则》《中国共产党纪律处分条例》；研究召开中共海港区九届八次全委会议有关事宜；研究讨论区委书记冯国林在中共海港区九届八次全委会议上所作的工作报告及《全会决议（草案）（讨论稿）》；研究讨论并原则通过《中共海港区委关于制定海港区国民经济和社会发展第十三个五年规划的建议（讨论稿）》及《说明》；听取全区2015年主要经济指标预测及2016年经济指标计划初步安排的汇报；研究召开区“两会”有关事宜。

1月27日，九届区委召开第六十三次常委会议。会议传达贯彻全省农村工作会议精神，学习《秦皇岛市党政干部不作为不担当问责办法（试行）》；研究讨论并原则通过《秦皇岛市海港区人民政府工作报告（讨论稿）》《关于海港区2015年国民经济和社会发展计划执行情况与2016年国民经济和社会发展计划（草案）的报告》《秦皇岛市海港区国民经济和社会发展十三五规划纲要（草案）（讨论稿）》《关于2015年财政预算执行情况和2016年财政预算（草案）的报告》《海港区2016年民心民生工程项目安排草案（讨论稿）》；研究干部任免事宜。

3月17日，九届区委召开第六十四次常委会议。会议研究干部任免事宜。

4月9日，九届区委召开第六十五次常委会议。会议学习传达省领导在全省县以上党政主要领导干部学习贯彻中共十八届五中全会精神专题学习研讨班上的讲话精神，中共中央总书记习近平在新闻舆论工作座谈会上的讲话精神，2016年全市组织、统战工作会议精神和市委书记孟祥伟在2015年度县区委书记抓基层党建工作述职评议会上的讲话精神。

5月24日，九届区委召开第六十六次常委会议。会议传达学习中共中央总书记习近平在中央政治局常委会会议审议“两学一做”学习教育方案时的讲话（节选），中共中央政治局常委、中央书记处书记刘云山和中共中央政治局委员、中央书记处书记、中组部部长赵乐际在“两学一做”学习教育工作座谈会上的讲话，全省文明城市创建推进会议精神；研究讨论并原则通过《海港区“干部下基层·建功在一线”工作实施方案（讨论稿）》《关于建立“四位一体”督考联动机制的意见（讨论稿）》；研究干部任免等事宜。

6月17日，九届区委召开第六十七次常委会议。会议开展“坚定信仰信念保持党员本色”主题研讨；学习传达省、市领导有关暑期工作的讲话精神；研究讨论通过《海港区区级领导包案督访化解信访事项的实施方案（讨论稿）》《海港区区管优秀人才选拔管理办法（试行）》，并提出修改意见；听取上半年全区安全生产工作汇报及经济运行形势分析、财政收入完成情况汇报。

7月13日，九届区委召开第六十八次常委（扩大）会议。会议传达全省维稳工作会议和全市信访、稳定、安全生产攻坚行动调度会会议精神；学习《昆山招商引资故事的启示与建议》；传达全市县乡领导班子换届工作会议精神及全区贯彻落实意见，研究讨论《海港区关于加强换届风气监督工作的落实意见（讨论稿）》；听取关于推进法治建设工作的汇报和海阳片区一级开发工作有关情况汇报。

8月5日，九届区委召开第六十九次常委会议。会议传达市委书记孟祥伟在全市暑期工作会上的讲话精神。

8月5日，九届区委召开第七十次常委会议。会议研究干部任免事宜。

9月1日，九届区委召开第七十一次常委会议。会议传达学习中共中央总书记习近平视察唐山时重要讲话精神及河北省学习贯彻习近平重要讲话精神通知要求；传达全省“两学一做”学习教育推进会议精神；听取创建全国文明城市暨省级文明城区工作进展情况汇报；研究讨论并原则通过《海港区关于县级统战力量整合工作实施方案（讨论稿）》《关于进一步鼓励扶持企业做大做强实施办法（试行）（讨论稿）》。

9月3日，九届区委召开第七十二次常委会议。会议推荐省九次党代会代表候选人初步人选。

10月19日，九届区委召开第七十三次常委（扩大）会议。会议传达省委副书记赵勇在第二届省旅发大会筹备情况汇报会上的讲话精神，讨论研究部署《海港区承办2017年河北省旅游产业发展大会工作方案》。

11月1日，九届区委召开第七十四次常委会议。会议推荐正县级、副县级拟提拔人选。

11月7日，九届区委召开第七十五次常委（扩大）会议。会议传达中共十八届六中全会会议精神、中共中央总书记习近平在纪念长征胜利80周年大会上的重要讲话精神，省委书记赵克志在设区市和省直管县党委书记会议上的讲话精神，全市基层党建工作7项重点工作任务推进会会议精神，听取文明城市创建工作情况汇报、2017年全国煤炭交易会筹备工作汇报。

11月9日，九届区委召开第七十六次常委会议。会议研究干部任免事宜。

11月26日，九届区委召开第七十七次常委会议。会议传达中共河北省第九次代表大会会议精神、听取文明城市创建工基本作情况及存在问题汇报，研究讨论并原则通过《中共海港区人大常委会党组关于区镇两级人民代表大会换届选举工作有关问题的意见（讨论稿）》和区工商联（总工会）第八届执委会领导班子提名人选。

12月11日，九届区委召开第七十八次常委会议。会议传达贯彻全省领导干部会议精神。

12月18日，九届区委召开第七十九次常委会议。区委副书记、代区长曹立新报到。

12月22日，九届区委召开第八十次常委会议。会议听取中共海港区第十次代表大会筹备情况的汇报，研究讨论《关于召开中共海港区第十次代表大会的决议（草案）》及说明；研究讨论《关于召开党代会的请示》、推荐出席中共十九大代表候选人推荐人选、《海港区政协第九届委员会推荐提名部署方案》。

12月26日，九届区委召开第八十一次常委（扩大）会议。会议集中学习观看警示教育片《警钟》，学习全省经济会议精神，听取2016年安全生产和食品安全工作汇报，研究讨论并原则通过《共青团秦皇岛市海港区委综合改革试点工作实施方案（讨论稿）》。

【党政联席会议】 1月22日，召开2016年党政联席会议。区委书记冯国林主持会议，区委、人大、政府、政协领导出席会议，相关单位主要负责人列席相关议题。会议传达全市重点建设项目观摩工作会议精神，听取《海港区秦青公路综合整治行动实施方案》《海港区大学生众创空间推进方案》等汇报。就贯彻落实好全市重点建设项目观摩工作会议精神，掀起全区项目建设和招商引资工作新高潮，冯国林提出四点要求：要把项目建设和招商引资作为2016年乃至整个“十三五”期间最重要的工作抓紧抓好；要把项目建设和招商引资作为每位领导干部的重要责任；要转变服务方式，为项目落地创造良好环境；要加大对项目建设的考核力度。

【全区性重要会议】 1月6日，区委、区政府召开信访稳定暨“为官不为”整治工作动员会议。区委副书记、代区长吕国新主持会议。区委副书记齐香民传达河北省关于做好省“两会”期间信访工作有关要求，对全区信访疑难问题“百日攻坚”活动进展情况进行通报。区委常委、纪委书记张晓雁对全区“为官不为”整治专项行动进行安排部署。区委书记冯国林出席会议并讲话。要求全区上下充分认识“为官不为”整治专项行动的重要性，要抓住重点，开展好“为官不为”整治专项行动，要解放思想，转变惯性思维，彻底根治“为官不为”现象，凝聚正能量，同心协力做好全区各项工作。

1月9日，区委、区政府召开年度工作务虚会议。围绕海港区如何在京津冀协同发展、“十三五”规划等中长期发展中争取更大作为，如何更好地贯彻落实市委十一届八次全会和全市经济工作会议精神等未来经济社会发展的相关重大问题认真思考、畅所欲言、集思广益、深入研讨，为做好“十三五”规划以及未来发展奠定重要的思想基础。代区长吕国新在会议上认真分析海港区在发展中存在的问题和下一步政府工作的总体思路。区委书记冯国林指出，要实施有效举措，破解阻碍发展的问题。特别强调，党建工作是一切工作的基础和保障，全区务必要上下齐心，提升党建工作水平。

1月30日，区委常委班子召开“三严三实”民主生活会议。区委书记冯国林主持会议。市委组织部副部长王慧、市委督导组组长杜常舰和督导组成员到会全程指导。区委副书记、代区长吕国新，区委副书记张浩、齐香民，区委常委葛静华、张晓雁、刘爱秀、张立红、高骥恩、张潮海、詹立军、张晶、田宏伟参加会议。区人大常委会主任鲁栋、区政协主席杨永会，区有关部门负责人和“两代表一委员”代表列席会议。会上，区委书记冯国林代表区委常委班子作对照检查发言，并进行个人对照检查，带头开展批评与自我批评。各位常委分别作对照检查发言，开展相互批评。杜常舰对专题民主生活会情况进行点评。市委组织部副部长王慧在讲话时指出，海港区常委班子成员围绕各自思想、工作等方面进行对照检查，自我批评到位、相互批评深刻。下步要按菜单式分解、契约化管理、审计式验收、公开化奖惩的要求，把问题化为动力、把意见变成行动，立说立改、立行立改，有力有理有据有效地推进，确保整改措施落到实处。区委书记冯国林就如何巩固扩大会议成果提出要求：思想上要受触动；行动上要见成效；作风上要有提升。

2月14日，区委召开区直机关作风整顿动员大会。大会收听收看河北省省级机关作风整顿大会直播及秦皇岛市市直机关作风整顿动员大会直播，就全区开展作风整顿活动进行动员部署。区委书记冯国林出席会议，就贯彻落实省、市动员会精神，开展好全区机关作风整顿提出四点要求：要认清自身存在的问题；要在提高效率上下功夫；要重点整治不作为、慢作为行为；要有铁的纪律作保障。

2月16日，区委副书记齐香民带队实地踏查秦青公路沿线环境整治情况后实地召开会议。听取各相关单位对所承担综合整治工作开展情况的汇报。区委副书记齐香民指出，要高度重视此次综合整治行动，按照各自辖区、职能，摸清沿线整治涉及的违建规模、绿化面积、堆煤场数量等各方面情况底数，明确时间和任务节点，制定切实可行的工作方案，有计划分步实施。要进一步完善整治行动的实施方案，按照职责分工，协调联动，认真抓好落实，确保秦青公路综合整治行动开好局、起好步。

2月22日，由中共海港区委宣传部、区文体广新局、太阳城管委会主办，中国职工灯谜协会、区曲艺家协会、岛上书店、太阳城各商家协办的2016年太阳城元宵节游乐会在太阳城商业区举行。市区领导杨长新、冯志永，齐香民、张立红、张晶、陈永山、印洪、李国强等出席开幕仪式。

2月24日，区委召开全区政法工作会议。报告2015年全区政法工作，表彰2015年度政法工作先进单位和先进个人，深入分析新常态下政法工作面临的新形势和新挑战，全面安排部署2016年政法工作。区委副书记齐香民对全区政法系统各项工作提出新的要求。区委常委、政法委书记高骥恩全面深入总结2015年全区政法工作开展情况，对2016年工作进行周密部署。杨丽萍、刘晓光、李秋来、刘光明、陈巍、朱江等区领导参加会议。各镇、园区、街道党（工）委书记、副书记、综治办主任、司法所长，区直各单位党政主要负责人，各人民团体主要负责人，区政法各部门领导班子成员和中层以上干部参加会议。

3月7日，召开秦青公路综合整治调度会议。听取前期工作安排，明确责任主体、时间节点和主要任务。会议研究讨论并通过《海港区秦青公路综合整治行动实施方案》。区委副书记齐香民主持会议并讲话，各部门要充分认识这次秦青公路综合整治工作的艰巨性和复杂性，按照专项整治行动部署，认真抓好工作落实，采取有力措施和有效手段，确保整治工作落实到位，重点工作要实现突破。

3月18日，区委组织收看全省美丽乡村建设推进会议（电视电话会）。会议对全面推进2016年全省美丽乡村建设工作提出要求，对2015年美丽乡村建设先进单位和先进个人给予表彰。区委副书记张浩，各镇、园区主管领导、省级美丽乡村重点村代表和驻村工作组以及2015年度受表彰的省级美丽乡村代表参加会议。

3月26日，第五届海子诗歌艺术节暨京津冀诗歌联盟首届诗会在海港区开幕。京津冀地区的60多位诗人、诗歌评论家、作家、艺术家齐聚港城，以诗为媒、以文会友，研讨交流海子诗歌的艺术价值和当代诗歌的动态走向。青海西州州委宣传部参加本届艺术节。开幕前，区委书记冯国林会见青海的领导与部分诗人，就诗歌节开展的具体工作和海港区诗歌的艺术发展方向进行研讨。区委副书记齐香民介绍海港区区情。区委常委、宣传部部长张立红主持开幕式。区领导张晶、陈永山、桑菊、李秋来出席开幕式。

4 月 1 日，区委、区政府召开森林防火工作会议。会议听取区林业局、北港镇、石门寨镇、驻操营镇、杜庄镇森林防火工作情况汇报，与会领导就做好森林防火相关工作发表意见，区委书记冯国林讲话。冯国林指出，各相关区领导和责任单位要对森林防火工作整体情况做到心中有数，找出存在的问题，按照“死看死守、责任到位、准备充分、严查重罚”的要求，坚决做好清明小长假及节后森林防火工作。就解决森林防火工作中存在的问题，冯国林强调，要在投入上做好保障，按照实际需求，解决森林防火用车等问题；同时，区林业局要马上行动，将森林防火设备安排落实到位。要严格执行市政府关于春季森林封山防火的规定，严守景区、各村入口，坚决杜绝火种进山。要抓好森林防火宣传工作，区委宣传部要负责做好森林防火统筹宣传，通过电视、网络、村广播等媒介，对防火正反案例进行广泛宣传；各镇要在最短时间内做好悬挂防火条幅、张贴防火标语工作，确保村口、村广场、村部等重点区域全部覆盖。要全面加大巡查力度，落实巡查责任，在早、中、晚重点时间节点及重点区域开展巡查，全力以赴打好森林防火这场战役。区领导吕国新、张浩、齐香民、刘爱秀、张立红、张晶、刘晓光出席会议，相关单位负责人参加会议。

4 月 7 日，区委召开宣传思想文化工作会议。会议表彰 2015 年全区宣传思想文化各项工作先进单位和个人，安排部署 2016 年宣传思想文化的各项工作。区委副书记齐香民出席会议并作重要讲话。区领导张立红、韩国祥、桑菊、张素珍出席会议。

4 月 8 日，中共海港区第九届纪律检查委员会第六次全体会议召开。会议总结 2015 年全区党风廉政建设和反腐工作，研究部署 2016 年的工作任务。区委书记冯国林出席会议并讲话。要加强党风廉政建设时刻不能放松，各相关部门要坚定信心、保持定力、尽职尽责、果敢担当，推动党风廉政建设和反腐败斗争取得新进展，为全面建设秦皇岛首善之区、加快“一流主城区和沿海经济增长极”建设进程提供更加坚强的政治保障。区委常委、区人大常委会主任、政协主席、区政府副区长、区检察院检察长、区纪委委员出席会议。

4 月 19 日，区委召开“两学一做”学习教育动员会议。会议观看全市“两学一做”学习教育动员电视电话会议实况，传达省、市委动员会议精神并对全区“两学一做”学习教育进行全面动员部署。要求各级党员领导干部要把学习教育放在心上、抓在手上，坚持高标准、树立高标杆，认真谋划好、精心组织好、扎实开展好，切实尽好责、抓到位、见实效。区委副书记、区长吕国新出席会议并讲话，全区各级党组织要充分认识开展“两学一做”学习教育的重大意义，及时把思想和行动统一到中央、省、市委的要求上来，把“两学一做”学习教育作为一项重大的政治任务抓紧抓实抓好；要开展好“两学一做”专题学习教育，深入学习、认真领会党章党规和中共中央总书记习近平系列讲话精神，加强党员干部的政治理论修养，形成“风正劲足”的浓厚学习氛围，进一步增强核心意识和看齐意识。区委副书记齐香民主持会议。区领导张浩、张晓雁、高骥恩、张晶、田宏伟参加动员会议。

4 月 27 日，区政府召开发展环境监督员队伍成立暨培训大会。明确发展环境重点联系单位及监督员，组织法规制度培训，进一步完善优化发展环境群众监督体系，加强对党政机关及其工作人员执法执纪监督，整风肃纪。全区推出 138 家企业作为发展环境重点联系单位，选定 149 人作为发展环境监督员。区领导张晓雁、张立红、詹立军、张晶、陈永山、赵长泰、李秋来参加大会，并为发展环境监督员和区发展环境重点联系单位发放“海港区环境监督员”证书和“海港区发展环境重点联系单位”牌匾。

5 月 15 日，第十二届世界徒步大会暨 2016 中国秦皇岛定向徒步赛在金梦海湾浴场万米沿海沙滩木栈道起点开幕。此届世界徒步大会由市体育局、市体育总会、市直机关工委、海港区政府主办，北京、天津等 45 个城市及国外和秦皇岛市的徒步爱好者共 3 万多人参加不同长度的健走。冯志永、王桂鹏、冯国林、吕国新、齐香民等市、区领导出席开幕式。

5 月 18 日，海港区召开第十一届秦皇望海祈福文化旅游节新闻发布大会。此届文化旅游节由省委宣传部、省文化厅、省旅发委、市委、市政府联合主办，市委宣传部、市文广新局、市旅游委、海港区委、区政府联合承办。新华社、国际在线、网易网、《北京日报》《河北日报》等 30 多家新闻媒体参加发布大会。此次新闻发布大会全程通过网易视频直播。区委副书记齐香民、副区长桑菊、区文体广新局局长胡广设、区旅游局局长骆欣等参加发布会并答记者问。区委常委、宣传部部长张立红主持新闻发布大会。

5 月 20 日，区委举办区委中心组（扩大）集中学习专题讲座，邀请中国社会科学院经济研究所所长、教授裴长洪进行专题讲座。讲座从理论与实践结合的高度，运用大量翔实的资料和数据，就当前国际经济新形势和我国经济新特征，如何把握新常态下的结构调整，如何准确理解供给侧改革的深刻内涵等问题进行精辟的剖析和讲解。区委副书记齐香民主持会议，区委中心组成员，各镇党委、区委各工委、区直各单位党组（党委）中心组主要成员；各人民团体主要负责人；区委党校、区草根宣讲团代表聆听讲座。

5 月 24 日，区委举办“两学一做”学习教育《中国共产党章程》专题讲座，邀请中央党校教授宋福范授课。宋福范以“管党治党的总规矩——解读中共十八大党章”为题，从党章的地位、功能等方面学习党的章程，深入解读党的宗旨。从组织规律与党章逻辑、时代变化与党章内容及十八大新党章之灵魂等方面，探讨党章的逻辑性与时代性。讲座内容翔实，事例丰富，论述精彩，见解独到，获大家好评。区委副书记张浩主持讲座，区领导鲁栋、张立红、詹立军、田宏伟、桑菊、印洪、李浩然等聆听讲座。

6 月 5 日，区委、区政府召开拆违工作调度会议，区委书记冯国林主持会议并讲话。会议要求，拆违工作要进一步做深做细做实，明确目标和标准，落实责任，坚持强拆与自拆结合，突出解决重点难点问题，加强综合协调，动员全区各部门力量投入到拆违工作。冯国林指出，城市区主次干道违法建筑年底前全部拆完，小区内违法建筑明年拆完。各镇、街道、园区都要有无违建小区、无违建街道、无违建村。冯国林强调，要始终保持强拆与自拆结合，做到周周有计划、周周有进度、周周有排名。张浩、齐香民、鲁栋、杨永会等区领导出席会议，区直相关单位、各镇、园区、街道负责人参加会议。

6 月 29 日，区委召开纪念建党 95 周年暨优秀共产党员、优秀党务工作者、先进基层党组织座谈会议。区委书记冯国林出席座谈会议并讲话；区委副书记、区长吕国新主持会议；区委副书记齐香民宣读“两优一先”代表名单；优秀党务工作者代表、优秀党员代表、先进基层党组织代表、整治“双违”等重点工作党员代表分别做典型发言；吕国新带领全体与会党员宣誓。冯国林指出：2016 年是中国共产党成立 95 周年和红军长征胜利 80 周年，我们用这种方式来庆祝党的生日，就是要缅怀党的丰功伟绩，洗涤心灵、坚定信念，凝聚推动发展的强大动力。齐香民、鲁栋、杨永会等党员区级领导，“两优一先”代表，各镇、园区、街道党（工）委、区直各单位、各人民团体主要负责人等参加会议。

6 月 29 日，全市“平安志愿者日”暨服务旅游旺季誓师大会在海港区举行。市、区领导闫五一、张经华、冯国林、吕国新、齐香民、高骥恩、刘晓光及县区政法委书记出席大会；全区各镇（街）、园区、部分大型商场、驻区部分院校及秦港公司等 2200 多名志愿者代表参加大会。大会由市人大常委会副主任张经华主持。区委书记冯国林致辞；区委副书记齐香民宣读《表彰海港区 2015 年度优秀平安志愿者的通报》，对表现突出的 141 名志愿者进行表彰；区委常委、政法委书记高骥恩向全区发出进一步开展平安志愿者服务活动的倡议；平安志愿者代表做表态发言；市委常委、政法委书记闫五一讲话。

6 月 30 日，召开环境督察动员暨环境保护工作会议。市环保督察组成员参加会议并提出具体要求。区委书记冯国林主持会议并作动员讲话。

区长吕国新汇报全区环境保护工作开展情况，市环保督察组组长王满光通报督察工作安排，并就督察任务提出具体要求；督察组负责人宣读《督察实施方案》，即日起督察组受理信访举报。张浩、齐香民、鲁栋等区领导出席会议。

7月27日，区委召开基层党务工作者专题培训会议。邀请省内党建工作专家为全区基层党务工作人员讲解基层党建工作。专家从党要管党、从严治党等处入手，运用正反两方面例证，结合《中国共产党问责条例》和自身丰富的工作经验，全方位、多角度地为基层党务工作者解析如何增强管党意识，落实管党责任。区委书记冯国林出席培训会议并要求全区基层党务工作者要始终保持高度的政治警醒，提高服务群众的意识和能力，提升基层党建活力。区委常委、组织部部长詹立军参加会议。

11月9日，区委举办中共十八届六中全会精神报告会议。邀请省委宣讲团成员、省委党校党建部主任、教授杨东广做全会精神专题讲座。区委副书记齐香民主持会议并讲话。全体区级领导，各镇党委、区委各工委、区直各单位党组（党委）中心组成员，区委各部门主要负责人，各人民团体党组主要负责人，区委党校、区委草根宣讲团代表参加报告会议。

12月30日，区委召开典型案件通报暨党员干部警示教育大会。大会通报违反中央"八项规定"精神、违反组织纪律、违反廉洁纪律、违反工作纪律等10起典型案件，区委书记冯国林讲话。他以提出问题的方式，引导党员干部进行自查。"从严治党是否在你那里成为自觉的行动？在党纪面前你有没有心存敬畏？党内政治生活你过得正常吗？"在新的一年用实际行动回答，交上满意答卷。他强调，有权就要有责，有责就必须承担，担责必被问，失责必被究。区委、区政府将加快探索建立健全"容错纠错＋鞭懒罚懒"结合的干事创业机制，完善监督检查办法，加密监督检查频次，让监督检查无处不在，追责问责没有盲区死角。广大党员干部要严守"六大纪律"，践行"四种形态"，严守党的政治纪律、组织纪律、廉洁纪律、工作纪律、群众纪律和生活纪律。区委副书记曹立新主持会议，区委常委、区人大、区政府、区政协领导班子成员，区法院院长、区检察院检察长出席会议，各镇党委书记、镇长、纪委书记，各园区、街道党工委书记、主任、纪工委书记，区直各单位党政主要负责人、纪委书记（纪工委书记、纪检组长），各人民团体主要负责人，各村党支部书记参加会议。

12月30日，海港区召开创城工作汇报会议。重点研究建立创城长效机制，区委书记冯国林主持会议并讲话。指出创城工作必须以群众为基础，创城长效机制的保障必须建立健全责任制度，强调区创城办要在归纳、总结相关意见和建议的基础上切实开展创城工作，建立长效机制；各行业、部门要在吸取相关建议、经验的基础上把行业管理的机制进一步完善。

区委主要工作

【概况】 2016年，是海港区发展史上极不平凡的一年。面对经济下行和区划调整的双重挑战，区委坚持既定目标不动摇，工作中顶住压力、迎难而上，主动作为、勇于担当，一手抓发展、促转型，一手抓民生、保稳定，全区经济社会保持平稳健康发展。基层党建、社会管理、群众工作等做法得到省委肯定，获全国创新型社区建设示范城区、全国社区教育示范区，河北省舆情工作先进单位等称号。全年实现区属地区生产总值315.4亿元，同比增长7%；实现全年财政收入81.1亿元，其中一般公共预算收入18亿元；实现社会消费品零售总额308.6亿元，增长10.5%；城镇居民人均可支配收入达到3.25万元，农民人均纯收入1.65万元，均增长7.7%。

【凝心聚力促发展】 完善发展思路。坚持历届区委"一流主城区"的奋斗目标不动摇，围绕扩区后"大海港区"发展，结合京津冀协同发展和河北沿海开发战略的实施，明确"开放引领、港城融合、产业强区、创新驱动"发展战略、"一中心三基地"产业定位和"一轴、双核、两翼、三组团"城市空间布局，统筹推进海港区的整体发展。聘请中国农业大学优秀设计团队，启动北部片区融合发展规划研究，就产业融合发展、山区综合开发等方面提出具体发展路径。提升招商实效。创新招商模式，成立招商引资工作委员会，设立招商奖励基金，聘请区内12名优秀企业家为招商顾问，组建9个专项招商工作组，围绕装备制造、港口贸易、旅游服务等主导产业开展产业链招商。先后赴北京、深圳等地开展各类“小团组”招商活动60多次，拜访企业100多家，万达广场、燕达国际健康城等18个项目顺利签约，成功举办“京津冀百名企业家走进海港区招商会”“煤企招商对接会”等招商活动。累计引进内资60.3亿元，实际利用外资2.8亿美元，均位列全市第一。抓牢项目和园区建设。全面落实审批事项“两个代办”和项目建设“两个零接触”，为每个省、市重点项目配备一个专门服务小组，提供“一条龙服务、一站式办结”服务。抢抓市政府主要领导到海港区现场办公契机，梳理茂业城市综合体等8个重点项目的推进难题，盯紧议定事项落实，合力解决项目落地难、推进慢问题。旅游商品孵化基地、中昊物流等105个项目顺利开工，一重机械、秦发电海水淡化工程、美铝渤铝技改等77个项目竣工投产，储备亿元以上项目150个，全年共实施千万元以上项目175项，完成投资204亿元，全科医生基地等34个项目纳入省、市重点。启动临港物流园与东部循环经济园整合工作，编制完成整合方案，搭建“管委会+镇政府+公司”的管理平台以及市区财政共同出资的融资平台，加速物流产业发展。推进园区基础设施建设，北部工业区污水加压泵站工程开工建设，北部污水处理厂主体完工，北环路给排水管网工程具备接入条件；民族路北延伸三期、圆明湖大街等主要干道建设全面启动，港城大街东延伸线、龙港路等道路顺利完工通车。大力扶持园区企业发展，与建行合作开展“助保贷”业务，中小企业发展贷款规模达9000万元。全面深化改革。围绕深化行政体制、经济体制、农业农村体制、生态文明体制、民主法治和社会事业以及党的建设制度等方面改革任务，组建7个全面深化改革专项小组，建立工作例会、信息交流、督察考核等工作制度，先后召开22次会议，扎实推进各项改革工作。审批制度和监管体制改革成效显著，完成全区16家单位非行政审批事项的清理，区本级由184项精简为135项；健全完善政府权力清单、责任清单，部门职责、公共服务事项、事中事后监管等职责清晰界定。经济体制改革全面跟进，“营改增”全面推开，行业税负明显降低；“三证合一”“一证一码”商事制度改革力度持续加大，注册流程大幅压缩。医疗卫生体制改革进展顺利，统一市区医保待遇标准，将全市32个定点医院纳入海港区统筹报销范围，基本药物集中网采率100%。扎实推进农村产权制度改革，完成农村土地确权登记、区级农民合作社联合社注册、挂牌和组建工作任务。

【破解发展和管理难题】 破解城市旧改难题。针对拆迁后返迁安置房建设缓慢问题，在成功争取国开行棚改贷款26.57亿元的基础上，加速棚改资金使用进度，制定棚改项目倒排工期表，每周调度项目进展，听取资金使用情况汇报，西王岭、前道西等棚改项目加速推进，圆明山片区返迁安置房主体封顶，百姓即将返迁入住。继续抢抓政策窗口期，对开滦路片区、交建里片区、东山片区、富家营、圆明山南三村、海阳一村6个项目进行统一包装，再次争取棚改贷款35.13亿元，多年的老大难问题将得到化解。治理城乡管理顽疾。积极响应市委号召，顶住压力，举全区之力开展“双违”整治攻坚战，成立拆违工作领导小组，安排区领导按片分包，抽调精干力量强力推进。在拆违攻坚期，区委区政府主要领导每周调度，主管领导和分包领导一线指挥，并实行周倒排机制，用责任倒逼进度；各镇街、园区也将责任层层落实，形成齐抓共管局面。全年共拆除各类违法建设160多万平方米，未发生一起信访事件。强势开展全国文明城市创建工作，大力倡导“问题意识、责任意识、标准意识、带头意识、全员意识、长效意识”六种意识，对照创城标准，围绕主要街道、老旧小区、集贸市场以及城乡结合部、公路沿线，实施重点督察、跟踪督察、现场录像和明察暗访，每天不间断进行巡查，促进各项任务落实。建立“海港区创城工作群”，第一时间反馈现场情况、传递基层声音，凝聚工作合力。在基层干部的带动下，广大群众自发参与，市容整体面貌明显改观，300多个小区面貌焕然一新，中央创城工作检查组对全区创建工作给予充分肯定。

补齐城乡环卫短板。在城市区，开展市容环境“百日攻坚”和全民“洗城”行动，实施城区机械化环卫作业，加大主次干道清扫保洁力度，实现对全区40多条主次干道的快速保洁，加速打造全省最干净城市。在农村，争取上级专项资金5965万元，建设垃圾转运站113座，农村垃圾集中收集率、无害化处理率、及时清运率达到90%。启动杜庄镇、石门寨镇、驻操营镇垃圾收运项目建设，3个镇环境卫生实现统筹统管。严厉打击非法盗采行为。成立打击盗采工作领导小组，并抽调精干力量实施地毯式巡查，先后开展专项整治行动62次，毁闭疑似井口174个，处理失职渎职干部8人，非法盗采得到治理。整治工作得到省安全督导组的肯定。对区域内疑似盗采点进行拉网式再排查，逮捕嫌疑人7人，对毁闭的疑似井口进行重新封堵，盗采行为得到遏制。启动采煤塌陷区治理工作，组织力量到黑龙江学习治理经验，并借势旅游旺季争取资金，北部塌陷区治理项目获得国家专项优惠政策支持。

【“创新＋实干”促转型】 做足创新文章。安排创新、创业扶持资金3380万元，引导企业转型、大众创业。先后引进董事汇、青豆荚、山果大学生众创空间等6家众创空间，263家创业团队成功落户，140项创新成果实现转化，有力带动大学生创业就业，开启港城“万众创新”时代。截至年底，省级科技型中小企业达到270家，同比增长44.4%。鼓励企业上市融资，羿珩科技等3家企业在“新三板”、石交所成功上市。加强同河北港口集团在招商、项目等方面的合作，国际物流公司和投资管理公司完成注册。成功承办全国煤交会，成立承办工作领导小组，先后多次赴太原、北京等地与中国煤炭工业协会领导见面、洽谈，并到太原、鄂尔多斯等地学习办会经验。会议期间，煤炭生产、运输、消费及相关咨询机构590多家、2800多人参加会议，向广大与会者展示良好的城市环境和接待能力，得到主办方和有关领导的高度评价。做热旅游文章。启动“大旅游圈”规划编制，整合长城文化走廊、柳江地质公园、圆明山生态旅游和沿海综合服务等旅游资源，重点谋划推进航空小镇、绿城圆明康养小镇等项目；投资5700万元的西浴场整治二期工程全面完工，北方最大的百姓海水浴场建成投用；西浴场整治三期工程正在施工；全年共接待游客734.4万人次，实现社会旅游总收入75.1亿元，分别同比增长10.7%和17.4%。房庄村、板厂峪村、西连峪村获评省级乡村旅游示范村。筹资7.2亿元，启动全长58千米的长城旅游路建设，8个标段基本具备通车条件（除桥涵），2017年初将全线贯通；山海大通道及长城旅游路绿化积极推进，沿线特色小镇及美丽乡村规划正在修改完善。做优环境文章。一手做“减法”。围绕淘汰落后产能，关停水泥企业3家，去水泥产能35万吨；关停非煤矿山39家，取缔石门寨范围内磕石场21个。从秦青公路整治入手，规范门牌字扁和店外经营行为，清理煤炭35万吨，公路沿线垃圾10万立方米，两侧132家堆煤场全部迁移，沿线环境发生根本性变化。对全区16条入海河流实施“河长制”，清理各类沿河垃圾44万立方米，封堵各类排污口87处，归提寨小康楼等6个集中生活小区纳入污水管网，11个集中生活小区完成污水处理站建设；整治畜禽养殖场325家，养殖企业污水直排问题全部解决，辖区内入海河流水质全部达标。另一手做“加法”，推进“森林港城”“生态花城”建设，城市区累计栽植各类乔灌木6.48万株，各类草花1.3万盆，蔷薇、月季、地锦等适生植物7.92万株，打造多处缤纷靓丽的景观效果；开展乡村造林绿化，实施通道绿化、重点片区造林绿化等六大绿化工程，打造“港西绿地”、芽子山等高质量林带，全年实现乡村植树造林2200公顷，超额完成市定目标。

【全力惠民生】 全面落实惠民承诺。坚持“为民务实”理念，把主要精力投入到民生领域，教育、医疗、社保就业财政支出分别增长24.5%、61.5%和38.5%，城市低保标准由每人每月500元提高至550元，农村低保由每人每年3000元提高至3500元；海滨路、白塔岭等居家养老服务中心建成营业；杨道庄保障性住房主体封顶，公富庄保障性住房限价房部分交付使用，党委政府在民生领域承诺全部兑现。加大为民服务力度，实施项目审批、便民服务代办制度，完善“三级服务平台”建设，行政许可、民生投诉等事项实现“一站式”

办理。繁荣各项社会事业。持续推进教育强区战略，与北京师范大学国际学术交流中心签订基础教育战略合作协议，与衡水市第一中学签署合作办学框架协议，顺利通过国家义务教育均衡发展国家验收。实施海港区乡村百姓“健康大坝”工程，力推城市卫生资源向乡镇、农村延伸。承办秦皇岛国际马拉松赛、全国青少年帆板锦标赛等重大体育赛事，进一步擦亮秦皇望海祈福文化旅游节、彩色周末、百姓大舞台等公共文化服务品牌。保持社会安全稳定。全面开展智慧网格建设，安排专项资金300万元，将全区划分网格1417个，建立“一长四员”网格队伍，工作做法得到省、市委高度认可。开展“港城风暴”破案会战、旅游旺季严打整治等专项行动，刑事发案率同比下降26.7%。坚持把解决信访问题作为民生问题来推进，开展信访积案化解专项行动和信访疑难问题“百日攻坚”活动；针对案件数量多的特点，在区级领导带头分包重点案件的基础上，将169项重点信访案件分包给162名正科级干部，一包到底，“三类访”呈总体下降趋势，“非访”、越级访高发势头得到遏制。深入开展安全生产大检查、重点行业领域专项整治等活动，燕海里社区被确立为市级安全监管规范化建设标杆单位，全年未发生重大安全生产事故。成功应对“7·20”强降雨灾害，全区上下团结一心、众志成城，区级领导靠前指挥，基层干部执着坚守，赢得抗洪抢险的胜利。

【从严管党治党】 抓思想建设。把学习作为区委常委会的第一议题，围绕学习总书记系列讲话，常委班子带头学，带头记好工作日志。弘扬“开放、包容、崇德、尚美”的海港精神，开展多角度、大规模社会主义核心价值观宣传、践行活动；树立杨家琛、沈汝波等一批榜样标杆，开展“焦裕禄式”好党员、好干部和平民偶像的评选，在全区营造崇尚先进的浓厚氛围，被中宣部授予全国基层宣讲工作先进县区称号。抓基层组织和干部队伍建设。聘请党建顾问，制定出台《关于坚持从严治党的深入引领加强新常态下党建工作的意见》，从5方面提出引领的具体要求和举措，配套出台多个具体落实办法，形成“1+N”管党体系。狠抓各级党组织党建责任制落实，制定各级书记抓基层党建责任清单、鼓励清单、负面清单，与各镇街党委书记签订党建责任状。试点开展社区建立党委工作，结合社区党组织换届，构建社区党建工作新格局。推行农村干部坐班值班制度，将村干部考核结果与工资挂钩，加强农村干部队伍的规范化管理。在干部选任方面，变“伯乐相马”为“赛场选马”，挑选近百名年轻干部到经济建设主战场和急难险重任务一线锻炼，到农村、社区等基层一线驻点磨炼。年内，全区提拔重用的科级干部中有60%来自基层、项目一线。抓党风廉政建设。研究出台《海港区党风廉政建设主体责任和监督责任清单》等规范性文件，并与各镇街党委书记签订落实主体责任状，对履行党建责任不力的领导干部进行问责，其中，追究主体责任57例、监督责任27例，给予党政纪处分5人。举办“十八大以来典型案例剪报展”，开展《中国共产党章程》《中国共产党廉洁自律准则》《中国共产党纪律处分条例》知识竞赛活动，严格落实党纪政纪知识考试制度。不断加大常态化明察暗访力度，利用群众监督、突击抽查、定期走访等多种手段，共组织开展各类明察暗访活动230多次，查处违反中央“八项规定”和“四风”问题人员21人次，给予党政纪处分15人次；对3名负有领导责任的进行诫勉谈话。全年共处置线索131件，立案131件，结案127件，给予党政纪处分127人，其中科级干部20人，数量均大幅超过以往，从严治党的氛围进一步形成。抓执行力建设。把抓落实作为工作主基调，为将市委提出的“菜单式分解、契约化管理、审计式验收、公开化奖惩”机制落到实处，成立督考委、督查局，对省市区重点工作进行全程跟踪、督导、问效，并以分管工作和分包工作完成情况给各位区级领导打分排队，既传导压力，又调动积极性。层层抓落实、事事抓落实、人人抓落实的氛围初步形成。

区委工作机构及其领导

【区委领导人】

区委书记：冯国林

区委副书记：吕国新（12月免）

曹立新（12月任）

高立明（3月免）

张　浩

齐香民

梁　伟（4月任、挂职）

区委常委：冯国林

吕国新（12月免）

曹立新（12月任）

张　浩

齐香民

房现东

张晓雁（女）

刘爱秀

张立红（女）

高骥恩

张潮海

詹立军

张　晶

田宏伟（挂职）

【区委工作机构主要负责人】

区委办公室主任：张　晶

组织部部长：詹立军

常务副部长：张华津

纪委书记：张晓雁（女）

副书记、监察局局长：张茂和

老干部局局长：谢桂亮

宣传部部长：张立红（女）

常务副部长：张国辉

政法委书记：高骥恩

常务副书记：蔺学光

统战部部长：詹立军

常务副部长：张济荣（5月免）

高　庚（5月任）

编办主任：李满元

农工委书记：刘凤奎

常务副书记：公爱民

党校校长：詹立军

常务副校长：贺锡学

信访局局长：瓮志平（挂职区委办副主任）

保密局局长：杨丽晔（女）

机要局局长：杨广良

研究室主任：闫世强

党史研究室主任：刘明祥

【区委派出机构主要负责人】

教育工委书记：王建国

建管工委书记：黄爱国

卫生工委书记：王晓民

区直机关工委书记：张　晶

常务副书记：周莲洁（女）

区委办公室工作

【概况】 区委办公室紧紧围绕区委中心工作和全区发展大局，深入贯彻中央、省、市、区委全会精神和全省党委秘书长会议精神，扎实开展“三严三实”教育实践、“两学一做”学习教育等专题活动，切实增强“四个意识”，不断提高“三服务”工作水平，为保障区委工作高效、快捷运转做出积极贡献。

【协调服务】 总揽全局、统筹兼顾，协调服务能力不断提升。围绕全区科学发展大局，强化“大协调”“大服务”意识，充分发挥牵头抓总的核心作用，统筹兼顾当好枢纽。坚持日常沟通与综合协调结合。主动加强与市委办公厅联系，及时了解上级工作动态，统筹安排全区工作，避免区内活动与上级活动相冲突，增强工作安排的有效性。加强与区“四大家”办公室的协调沟通。对涉及全区的重要工作和重大活动，区委办公室牵头抓总、勇于承担，发挥好“总协调”“总调度”的核心作用。及时向基层单位传达区委的决策部署和工作重点，促进区委决策在基层的贯彻落实。坚持改进作风与优化服务结合。办公室全体人员大力弘扬马上就办的工作作风，高度负责地完成领导交办的各项任务。持续巩固放大精简会议、改进会风所取得的成果，坚持能不开的坚决不开，能合并的合并召开，必须开的也要重点突出，能短则短。全年共承办区委全会、区委常委会、党政联席会、第十一届秦皇望海祈福文化旅游节等大型综合性会议、活动80多次，服务各类专题汇报会50多次。

【参谋辅政】 围绕中心、服务大局，参谋辅政水平不断提高。围绕区委中心工作，多层次、全方位地为服务全区科学发展建言献策，当好区委的“参谋助手”和“核心智库”。精益求精，全面提升文稿质量。文稿起草工作紧紧围绕区委领导要求和全区中心工作，从紧跟领导思路、贯彻上级精神、体现基层工作方面下功夫，不断加强综合文字队伍建设，确保每名工作人员都能够“上得手、跟得住、能创新、有突破”，不断提升文字材料的政治性、功能性、导向性，确保所起草的各类文稿具有较强的思想高度、理论支撑和现实意义。全年共起草正式文件 36 篇，调度部署讲话 214 篇，体会调研文章 34 篇，共计 120 多万字。注重实效，着力提升信息工作水平。切实发挥信息在服务中心工作中的重要作用，全面、准确、及时地向各级党委反馈信息，当好区委的“耳目”。年内开辟“‘双违’整治”“文明城创建”等 10 多个专栏，有效反应全区重点工作的阶段性成效。全年共上报省委信息中心各类信息 1300 多条目，上报市委信息中心 1700 多条目，其中 2 篇受到省委领导正面批示。全年累计刊发《海港信息》72 期、《每日工作动态》253 期。在全省、全市信息综合排名均获得优胜等次。

【督促检查】 崇尚实干、重在落实，督促检查工作取得新实效。紧扣区委、区政府的重大决策和重要部署，有力地促进上级党委和区委各项决策部署的落实。部分工作经验和做法得到省委办公厅、省委督查室领导的肯定。围绕中心工作，促进决策部署的有效落实。对区委、区政府确定的 18 项重点攻坚项目和各类会议议定事项进行精心梳理和菜单式分解，及时将督办情况书面向区委、区政府主要领导进行反馈。先后围绕重点项目情况、重点时期信访稳定、“双违”整治、创建全国文明城等工作进行专项督导 100 多次。全年累计下发督办卡 245 件，提示卡 101 件，《督查通报》7 期，上报《督查专报》19 期。注重工作实效，精准完成交办事项。以“交必查、查必清、清必办、办必果”为原则，高质量、高效率地抓好领导批示件和交办事项的督察工作，及时做好分办、转办、催办。全年共承办市人大代表建议 3 件、市政协委员提案 18 件，区人大代表建议 7 件、区政协委员提案 13 件，下发专题督办卡 60 件，代表建议委员提案答复率、走访见面率、满意率均达到 100%。建立健全机制，创新督察工作方式。建设电子督察系统，构建时时、处处、无缝隙督察体系。严肃督察约谈，对在森林防火、信访稳定、“双违”整治、河道治理等工作方面表现不力的 27 名单位部门主要负责人进行约谈，对打击盗采专项工作不力的单位主要负责人下达追责建议书，全区营造坐不住、等不起、慢不得的干事氛围。建章立制，全面落实党风廉政建设主体责任。研究制定《2016 年度落实党风廉政建设“一岗双责”承诺书》，建立落实党风廉政建设主体责任“签字背书”制度。对全区各级党委（党组）落实主体责任情况开展 3 次巡查和 4 次调研，并将经验做法在全区范围内进行推广。服务群众，畅通社情民意。全年共承接省、市网络问政平台留言 29 条，下达社情民意督办卡 18 件，并全部按时办结。建设“智慧海港”政务微信公众平台，在全省范围内率先打造覆盖全区的政务微信群。继续探索对舆情的匿名引导工作，全年回复和疏导各类网络舆情 57 件。

【文秘工作】 把认真、细致、高效的作风贯穿于日常工作的全过程，高标准做好区委领导日常服务工作，高质量做好公文处理工作。全年共参与市委公文交换活动 150 多次，交换文件 1100 多件，办理中央、省、市、区各类文件 1690 件，均达到及时、准确、高效办理的要求。严格执行印信使用领导审批和登记制度，确保印信管理安全、规范。顺利通过全区档案执法检查。完成全区电话号码本的整理、校稿、发放工作。认真做好 2016 年区委下发涉密文件的回收、清理、销毁工作。

【政策法规工作】 以提高公文规范化水平为目标，严格按照《党政机关公文处理工作条例》的要求制发公文，对不符合规定的文件予以退回，确保公文质量。规范公文审核程序，杜绝文件“倒流”情况发生。全年审核下发正式文件 84 件，按要求向市委报备规范性文件 12 件。组织全区各单位参观“秦皇岛市党政机关公文案例展”，提高全区的公文处理水平。

【暑期工作】以“安全暑期、和谐暑期、简朴暑期、满意暑期”为目标，认真做好综合服务工作。针对暑期前需要整改完成的4批问题隐患，制定下发《海港区2016年暑期前需要整改完成的隐患责任分解表》（4批），并针对全区旅游旺季需要整改的隐患问题实地踏查。高效办理旅游旺季相关文件125份，及时做好汛期险情、海蜇防治等紧急事项的协调办理工作。协调组织旅游旺季工作会议、旅游旺季工作人员慰问等各类重要会议、活动30多次，完成旅游旺季重点线路维护服务工作32次，得到各级领导的肯定。

【后勤工作】严格贯彻落实中央“八项规定”，认真履行管理、保障、服务职能。严格办公消耗品管理，保证工作节俭高效。建立和完善公务车辆使用审批制度，最大限度地提高车辆使用效率。全年累计调配车辆265车次，协调调配使用车辆126车次，保障机关各科室用车。严格按照办公用房使用标准，保证机关办公用房使用规范。对本单位综治维稳工作进行有针对性的细化分解，确保每个环节都有具体负责人牵头。认真做好区市民中心门口的信访群众接待及综治维稳工作，确保区市民中心办公秩序正常。

【保密工作】以保密检查和保密宣传教育为基础，坚持把“查问题、堵漏洞、除隐患”作为课题常抓不懈。印发《海港区自查自评督促检查实施方案》，对80多家部门单位和区内自设的18家门户网站进行拉网式检查。发放《海港区保密制度汇编》，依托党校开展保密工作培训。拍摄保密宣教片《瞬间》并免费发放给全区各单位。区保密局获“河北省保密工作先进集体”。

【机要密码工作】精心组织好各类电报的办理、核对、清退、移交、销毁等工作，圆满完成密码通信工作任务。全年办理各类文件1800多份，组织应急通信演练5次。高质量完成主渠道机房环境监控系统的建设和联网工作，强化通信设备、线路等设施的升级改造。高标准完成电子政务内网机房建设，覆盖全区所有单位的海港电子政务内网网络全面建成，各项工作开展进度、建设标准均在全市名列前茅。获河北省党政系统机要密码工作先进集体、河北省县级密码工作先进单位等称号，拍摄的影像作品《往事》获全国机要系统影像作品三等奖。

【值班工作】严格执行24小时正副班双人值班和交接班制度，切实抓好紧急情况、重大事件报告工作，特别是在全国“两会”、中共十八届六中全会期间和暑期、汛期期间，对各类敏感信息和重大事件积极协调，稳妥处置。为全区100家单位更换统一制式的海港区值班工作制度、海港区值班工作网络牌匾，下发统一的海港区值班日志。建立覆盖全区各镇、街、村居的值班联络网络，及时接收各类突发事件信息。全年共组织十多次针对基层值班工作的明察暗访。

【信息化工作】在网络基础设施建设和网络应用建设两方面取得显著成效。完成为“北三镇”及杜庄工业聚集区铺设电子政务内、外网光纤等工作。搭建电子政务内网，覆盖全区100多家单位57个光纤节点单位，并将电子公文交互系统由电子政务外网迁移至电子政务内网，保障其稳定运行。全年为全区各单位解决电子公文交互系统问题200多次，排除全区各单位网络故障60多次。

【调查研究工作】以破解全区经济社会发展重点难题为着力点，做好港城融合发展等战略性调研，以众创空间建设、智慧网格建设、司法体制改革等热点问题为切入点做好专题性调研，为区委领导决策和重点工作推进提供参考。全年编发《海港调研》40期，在《河北发展》《秦皇岛发展研究》等省、市刊物上刊发区委书记冯国林的署名文章3篇及部门调研3篇，在全省2016年调研成果评选中获一等奖1篇、二等奖2篇、三等奖5篇。

【深化改革工作】着力推动改革事项精准落地。成立区委全面深化改革领导小组及办公室和7个专项小组，制定《海港区综合改革总体方案》和2016年工作要点、责任分解和考核办法。全区行政审批"大代办"制经验、试点推进社区大党委模式、"六个一"工作法领航新常态下群众工作等文稿在市《改革信息交流》刊发。建立改革工作台账，确保改革任务按时、保质、保量完成。

【党史研究工作】 发挥"以史鉴今，资政育人"的作用，完成"征、编、研、宣"等各项工作任务。开展抗洪救灾、革命遗迹遗址、秦皇岛红色记忆等相关资料的征集整理工作。做好《中国共产党海港区历史》第一卷的编纂工作，完成4个编目11万多字的编辑整理。继续抓好《海港党史学刊》《中共海港区委大事记》等相关资料的编研工作。组织开展庆祝中国共产党成立95周年图片展，共遴选图片700多张，制作展板24块。

【财务工作】 认真做好预算管理和年终决算工作。对办公室所有需要报销的单据进行认真审核，对不合理的票据一律不予报销。完成2016年机关事业人员工资、养老金等的调整工作。全年完成厉行节俭表、"三公经费"统计表等各类财务报表50多份的填制上报工作。

（高　峰）

纪检监察工作

【概况】 认真履行管党治党主体责任，坚决落实市委、市纪委决策部署，坚定不移推进全面从严治党，反腐败斗争压倒性态势已经形成，全区政治生态明显优化。区纪委带领全区纪检组织，深入开展"两学一做"学习教育，围绕中心任务，坚守责任担当，把纪律挺在前面，严格落实中央"八项规定"精神，探索实践"四种形态"，强化监督执纪问责，加强换届纪律监督，深化纪检体制改革，全区党风廉政建设和反腐败工作迈出新步伐。

【政治定力】 持续强化"四个意识"，保持坚强政治定力，党员干部纪律规矩意识明显增强。坚持学思践悟，坚决向党中央看齐。始终把学习中共中央总书记习近平系列重要讲话精神作为首要政治任务，扎实开展"两学一做"学习教育，及时跟进认真学习中共十八大和中共十八届三中、四中、五中、六中全会精神，特别是全面从严治党的新理念、新思想、新战略，牢固树立"四个意识"，自觉同以习近平为核心的党中央保持高度一致。坚定政治定力，坚决维护政治纪律。始终把严明党的政治纪律摆在首位，组织开展党内法规知识考试和竞赛、领导干部辅导报告会、主要领导讲党课、反腐倡廉典型案例简报展等活动，加强对准则、条例执行情况的监督检查，督促各级党组织和党员干部挺纪在前、严守规矩。发挥利剑作用，紧盯"三大问题"，集中对8个镇进行全覆盖巡察，承办移交问题线索27个，发现问题线索21个，立案12件，处理14人。严肃换届风气监督，严把"党风廉政意见回复关"，查询涉及换届人员1111人次，提出参考性意见68条。坚守责任担当，坚决保证政令畅通。始终把落实中央和省、市、区委重大决策部署纳入监督重点，加强对供给侧结构性改革、京津冀协同发展、脱贫攻坚、"双违"整治、非法盗采等重点任务推进情况的监督，坚决查处有令不行、有禁不止等行为。

【追责问责】 持续强化压力传导，坚持严肃追责问责，管党治党责任体系逐步健全。细化责任清单。严格执行《关于落实党风廉政建设党委主体责任和纪委监督责任的意见（试行）》，印发《党风廉政建设主体责任和监督责任清单》，细化主体责任42项、监督责任33项。实施签字背书制度，逐级签订主体责任书108份、监督责任书96份。严格述职述廉。印发《关于报告履行党风廉政建设主体责任和监督责任情况的通知》，推行述职述廉制度，组织全区党员领导干部、纪检监察干部"两个责任"述职述廉2次。完善考核评价。制订《落实党风廉政建设党委主体责任、纪委监督责任考核方案》，对全区各部门各单位、科级以上干部进行量化考核，考核结果通报全区，对倒排单位的党委、纪委书记进行约谈，对班子及班子成员出现违纪违法问题的实施"一票否决"。坚持失责必问。认真落实《中国共产党问责条例》《中共海港区委党风廉政建设主体责任和监督责任追究实施办法（试行）》，倒逼责任落实。实行"一案双查"，对履行"两个责任"不力的党组织和党员领导干部进行严肃问责，共问责133例。

【监督执纪】 持续强化监督执纪问责，坚定不移正风反腐，“四种形态”综合效果更加凸显。坚持一寸不让，深入治理“四风”问题。紧盯重要节点，开展监督检查220多次，检查党政机关、重点场所部位600多处，通报曝光21家单位，查处违反中央“八项规定”精神、“四风”等问题21起，处理22人。开展专项整治，开展“一问责、八清理”“为官不为”、整治查处侵害群众利益不正之风和腐败问题等专项行动15项，发现问题线索960个，处理817人次。坚持从严执纪，保持反腐高压态势。开展“双清仓”“小官贪腐”等专项整治行动，坚决查处违纪违规问题。受理信访举报390件次，处置问题线索287件，立案131件，给予党政纪处分127人。其中，科级干部20人，移送司法机关8人；公检法等机关移送34件、给予开除党籍处分32人、留党察看处分2人。纪律审查实现立案审查、审查科级干部、重处分案件、党政纪处分“四个突破”，同比分别增长297%、42.9%、800%、285%。坚持探索实践，推动落实“四种形态”。坚持把“四种形态”融入纪律审查等各个环节，通过拓宽信访举报渠道、监督检查、专项治理、巡察等对小问题早发现早纠正。坚持把实践第一种形态作为重点，打造党纪教育、廉政提醒、谈心提醒、谈话函询、述职述廉等平台，共谈心提醒教育1100人次，开展三项谈话63人次。在监督执纪问责中全面探索实践“四种形态”，实现“四个全覆盖”，即运用“四种形态”监督执纪、运用第二或第三种形态审查科级干部、运用第四种形态审查正科级干部、量化考核乡镇纪委办案四个全覆盖，“四种形态”案件占比分别为62%、30.6%、6.2%、1.2%，运用第二或第三种形态审查科级干部19人，运用第四种形态审查科级干部1人，乡镇纪委自办案件26件，查处的案件符合“常态、大多数、少数、极少数”的结构性特征。

【队伍建设】 严格教育管理监督，纪检监察队伍执行力不断提升。深化机构改革。制订改革方案，提高主业主责人员比例，使监督类和纪检监察类人员编制数占总数的73.6%。完善基层组织，严格落实纪委（纪工委）书记不分管其他工作要求和基层纪检监察机构正职提名考察办法，配齐配强基层专职纪委（纪工委）书记、副书记和纪检干部。注重素质提升。认真开展“两学一做”学习教育，集中观看《打铁还需自身硬》专题片，锤炼坚强党性，打造严实作风。加强业务培训，通过“每周一课”、干部轮训、以干代训、参与重大案件查办等形式培训纪检干部800多人次。强化内部监督。坚持信任不能代替监督，把抓早抓小融入纪检监察干部监督管理，通过开展基层纪检干部述职评议、对反映纪检干部问题线索大起底、换届期间纪委委员问题线索收集等工作，健全监督制约机制，2016年谈话函询和查处纪检监察干部各1人次。

【中共海港区第九届纪律检查委员会第六次全体会议】 4月8日，中共海港区第九届纪律检查委员会第六次全体会议召开。会议总结2015年全区党风廉政建设和反腐工作，研究部署2016年的工作任务。区委书记冯国林出席会议并讲话。要加强党风廉政建设时刻不能放松，各相关部门要坚定信心、保持定力、尽职尽责、果敢担当，推动党风廉政建设和反腐败斗争取得新进展，为全面建设秦皇岛首善之区、加快“一流主城区和沿海经济增长极”建设进程提供更加坚强的政治保障。区委常委、区人大常委会主任、政协主席、区政府副区长、区检察院检察长、区纪委委员出席会议。

【中共海港区纪律委员会组成人员】

书　记：张晓雁（女）

副书记：张茂和

　　　　姜传文

常　委：张晓雁（女）　张茂和　姜传文

　　　　陈　平（6月免）　胡　萍（女）

　　　　周春友　王彦秋　王桂霞（女，6月任）

【中共海港区第九届纪委委员名单】（按姓氏笔画为序，共18人）

王彦秋　王桂霞（女）　刘玉僧　孙国富

李满元（满）　何占峰　张茂和

张秋艳（女）　张晓雁（女）　陈　平

周春友　胡　萍（女）姜传文　贾晓军
高洪星　董云鹏　傅　宁　蔡　岩

（许红斌）

组织工作

【概况】以落实全面从严治党要求为主线，紧扣中心、服务大局，抓提升、抓创新、抓深化、抓落实，加强领导班子和干部队伍建设、基层党组织和党员队伍建设、人才队伍建设、部门自身建设。深入实施“五个引领”、社区建党委、禁止有偿开展党内活动等系列做法被中组部《组工参阅》《中国组织人事报》《河北日报》以及省委组织部《组工信息》等刊发报道。统筹推进完成消化超职数配备干部、干部人事档案审核、组织工作宣传等工作。

【换届工作】精心筹备，严肃纪律，规范程序，顺利召开中共海港区第十次代表大会，选出新一届领导班子。编制“两表一账”，共享信息，协调联动，在全区形成换届工作“一盘棋”。制定出台《区第十次党代会代表审查考察工作方案》《镇党委换届工作参考流程》《镇党代会代表人选推荐提名考察审核流程》，向各镇派驻换届工作指导督导组，确保换届工作健康有序。常委部长带队深入各镇专题调研，形成《海港区各镇领导班子换届综合分析研判报告》，为换届相关工作提供依据。研究制定“三类人员”（乡镇事业编制人员、大学生村官、优秀村干部）选拔办法，择优比选保证质量。严格程序，认真把关，确定市、区代表委员提名人选。加强警示教育和培训，宣传严肃换届纪律“九严禁”（严禁拉帮结派、严禁拉票贿选、严禁买官卖官、严禁跑官要官、严禁造假骗官、严禁说情打招呼、严禁违规用人、严禁跑风漏气、严禁干扰换届），组织学习观看“两片一书”（即《镜鉴—湖南衡阳、四川南充“两案”警示录》《警钟》和学习《严肃换届纪律文件选编》），深化“红线”意识。制定《关于加强换届风气监督的实施方案》，发放《严肃换届纪律提醒函》，签订《严肃换届纪律承诺书》，组织开展“四必谈”（党委书记和纪检机关、组织部门主要负责人要与本级四大班子成员、本级党委管理的主要领导干部、重点岗位干部、负责换届的工作人员进行一次专题谈话），健全“四位一体”（区纪委、区委组织部利用“12380”电话、信访、网络和短信“四位一体”的综合受理平台）群众举报网，确保风清气正换届环境。

【思想政治建设】牢牢抓住“两学一做”龙头任务，精心组织，周密安排，坚持抓在“要”处、学在“深”处、做在“实”处、改在“短”处。组建“千人讲师团”深入基层讲党课，编印“两学一做”学习教育口袋书、刻录光盘分发到基层，推动学习教育深入开展。推进解放思想大讨论和机关作风整顿，开展“亮身份、学标兵、作表率”活动，制定推行《海港区机关工作人员履职“十项承诺”》，党员干部作风持续好转，争先创优意识不断深化。教育引导党员干部牢固树立“抓好党建是最大政绩”的政绩观，把党建工作摆上突出位置，统领各项工作。明细管党责任，完善各级书记抓基层党建“三个清单”（责任清单、任务清单、问题清单），使重点更突出、任务更明确。强化管党引领，落实《关于坚持从严治党的深入引领，加强新常态下党建工作的意见》，从根本上强化党的领导核心地位。严格管党问效，坚持和完善“四级约谈”制度，加大基层党建工作督导力度，解决抓基层党建失之于宽、失之于软的问题。加强后进支部整顿转化、美丽乡村建设等工作重点，开展“干部下基层，建功在一线”工作，形成作风在一线转变、问题在一线解决、工作在一线推进的良好局面。

【干部队伍建设】深入贯彻落实新时期好干部“五条标准”（信念坚定、为民服务、勤政务实、敢于担当、清正廉洁）和省委提出的“三个五”（五个重用、五个不用、五个调整）用人导向，真正选出、用上对党绝对忠诚、敢于担当实干、基层工作经验丰富、愿做善做群众工作的干部。加大推进干部能上能下，尤其是“下”的力度，激励干部干事创业。完善考核指标体系，将“做什么”与“考什么”紧密衔接，发挥考核“指挥棒”作用，有为有位、风清气正良好环境进一步形成。建立领导班子分析研判制度，准确掌握干部德才表现，为区委调优配强班子、选准用好干部提供科学依据。加强干部日常考察，探索开展“五察五看三运用”（“五察”即无任用推荐考察、无任用谈心谈话考察、新提任干部跟踪考察、民主生活会介入考察、专项督查督导会同考察；“五看”即看道德品行、看工作述职、看业绩追溯、看现场求证、看业余爱好；“三运用”即为推进领导干部能上能下摸准实情、推行日常考察结果反馈、建立干部日常考察“大数据库”）工作法，把干部考准考实。完善优秀年轻干部战略培养规划，加强对选调生队伍的管理，发现和储备优秀人才。选派9名干部参加“精准扶贫”工作，选派年轻干部参加“美丽乡村”驻村帮扶、火车站片区整治、“双违”拆除、创城等重点工作，经风雨、受历练、强本领。举办科级干部轮训班、年轻干部培训班、农村干部素质能力提升培训班等主体班次和街道党工委书记赴广东学习考察、全区“两带一区”示范点建设重点村、旅发大会重点村外出参观学习等，培训党员干部2000多人次。制发电教套餐及学习光盘1300多套，微信公众号推送图文、视频等195期，强化党员干部学习教育。加强干部日常监督管理。规范领导干部个人有关事项报告，对123名科级干部个人有关事项报告情况抽查核实。开展领导干部经商办企业及其亲属利用职务影响谋取不正当利益问题专项清理工作。严格执行“逢提必核”，防止干部“带病提拔”。强化工作日志考核评价，对1817名干部工作日志进行评审。开展干部离任审查和出国（境）审批工作，年内进行离任审查21人、办理出国（境）审批21人次。

【人才工作】 坚持“党管人才”原则，组织部门牵头抓总、各成员单位协调联动的人才工作机制进一步建立。谋划深化人才发展体制机制改革举措，开展“走企业、访人才”活动，建立“两库一清单”，做法被《中国组织人事报》、光明网刊发。实施“海港人才培养工程”，培养当地优秀人才。印发《海港区区管优秀人才选拔管理办法（试行）》，组织评选首批区管优秀人才，激发创新创造热情。发挥人才成长基金作用，向夏都菌业人才培训基地建设等5个项目拨付人才成长基金17万元，支持人才项目发展。借力京津冀一体化，加大引才引智力度，打开借力发展新局面。精心组织“人才工作宣传月”等活动，营造浓厚“四尊”（尊重劳动、尊重知识、尊重人才、尊重创造）氛围。组织农业专家、骨干教师、医疗专家等深入基层一线有针对性地开展帮扶、送教、送科技、义诊等服务活动，精准发挥作用。

【基层组织建设】 在巩固与发展“基层党建提升年”成果基础上，推进党建引领、党建先锋、党建创新等，基层党组织凝聚力、战斗力得到新提升。精心构建“13510”工作体系，深化目标管理与责任落实，为全年基层党建工作指明方向、提供抓手。开展社区建立党委工作，印发《关于优化调整社区党组织设置的实施意见》，结合社区党组织换届，全面构建社区党建工作新格局。继续以“四化四全”（阵地建设标准化、党员发展规范化、党内生活常态化、议事公开流程化；组织设置全覆盖、管理考核全时段、运行经费全保障、党建责任全夯实）为重点加强规范化建设，落实“三会一课”制度，加强组织活动场所建设，87个村党组织、88个社区党组织阵地建设实现统一布置。加大“两新”党组织组建力度，成立区委非公经济和社会组织工委，采取单独组建、联合组建等方式，扩大党的组织和工作覆盖。开展城乡基层党组织结对共建工作，村居党组织结对22组，形成优势互补、协同配合、共同提高的良好局面。推进“两带一区”（沿海精品示范带、沿路发展示范带、北部特色示范区）示范点建设，打造市内一流、省内叫得响的优秀基层党组织，西港镇归提寨村党支部获全省先进基层党组织称号。狠抓后进转化，实行挂图作战、销号管理，31个后进支部完成转化任务。印发《海港区农村“两委”班子及干部综合考评办法（试行）》，将考核结果与工资挂钩，实行村党组织书记星级管理，加强农村干部队伍的规范化管理。起草《关于加强社区党组织书记队伍建设的意见》，全面加强社区书记队伍建设。健全规范农村（社区）干部档案，印制《农村（社区）干部履历表》3000册。推行农村干部坐班值班制度，提升服务水平。全面落实村居干部待遇保障，村干部工作补贴全部按照省定标准进行发放。加大社区工作者关爱力度，研究出台社区工作者生活补贴标准调整办法。组织开展“优秀示范社区”“优秀社区党组织书记”推荐认定工作，区委列支20多万元给予奖励。摸排农村致富带头人情况，建立295人的农村致富带头人信息库。研究制定《关于建立处置不合格党员工作机制的意见（试行）》，巩固处置不合格党员工作成果，提升党员规矩意识和先锋作用。印发《关于禁止在组织开展党内活动时向党员支付报酬的通知》，约束党员行为，规范党组织生活。开展党员组织关系集中排查、党费收缴工作专项检查等7项重点工作，将全面从严治党融入日常，得到中组部和省委组织部领导肯定。推进党员志愿服务常态化，开展旅游旺季党员志愿服务活动，市委组织部给予高度评价。结合纪念中国共产党建党95周年，开展“送特殊组织礼物——重温入党志愿书”活动、召开“两优一先”代表参加的“七一”座谈会，在全区树立标杆，强化党员干部先锋模范意识。

【自身建设】 学习贯彻中共十八届五中、六中全会和中共中央总书记习近平系列重要讲话精神，增强“四个意识”（政治意识、大局意识、核心意识、看齐意识）。开展“两学一做”学习教育，结合党日活动，加强党性教育、作风教育，为服务广大党员干部提供坚强政治保证。开展“亮身份、学标兵、找差距、作表率”和向身边先进集体先进个人学习活动，履行机关工作人员十项承诺（对党忠诚，牢记宗旨，做人民满意公仆；胸怀大局，主动作为，为海港区发展尽心尽力；解放思想，增强本领，不甘平庸；不说空话，多干实事，善做善成；事不避难，极端负责，勇于担当；马上就办，办就办好，雷厉风行；待人热情，服务周到，杜绝冷横硬推；低碳办公，勤俭节约，杜绝浪费行为；不以权谋私，不营私舞弊，不吃拿卡要；夙兴夜寐，激情工作，严守纪律），争创一流业绩，争做优秀组工干部。坚持“月读一本书”和每周固定学习日制度，提升组工干部综合素质。加强组织工作理论和实践研究，完成调研课题和创新项目9个。投身创城帮建、驻村帮扶、信访维稳等工作，使组工干部在基层一线受锻炼、长才干。组织开展谈心交心，参加各类文体活动和竞技比赛，消除思想障碍，增进团结，凝聚力量。高度重视党风廉政建设工作，把落实党风廉政建设主体责任始终扛在肩上、牢牢抓在手上，通过明晰责任清单、严把选用关口、强化监督考核，推进党风廉政建设主体责任全面落实。利用部务会、部机关会议等，研究和部署党风廉政建设和反腐败工作。组织部机关干部学习贯彻《中国共产党廉洁自律准则》《中国共产党纪律处分条例》，把纪律和规矩挺在前面。

（陈立群）

【老干部待遇】 认真贯彻落实中央、省、市老干部工作会议精神，以“老有所养、老有所医、老有所学、老有所乐、老有所为”等要求为目标，以落实“两个待遇”为重点，扎实做好全区的老干部工作，较好的完成各项工作目标任务。老干部政治待遇。坚持走访慰问制度，营造尊老敬老的温馨氛围。做到老干部生病住院必访、重要寿辰必访、新春佳节必访、矛盾纠纷必访、生活困难必访、丧葬大事必访。年初，机关全体工作人员对70多名直管离休干部进行走访慰问。坚持政策传达制度，推进老干部思想的与时俱进。完善老干部学习点名制度，阅文、参加重要会议制度，通报情况制度，征求意见、联系老干部、组织老干部参观考察等8个方面的制度。坚持订报阅文制度，精心创造老有所学的学习环境。更新阅览室的图书并征订多种报刊和杂志，为老干部集中学习和自我学习提供学习资料和便利场所，满足老干部阅读报刊、了解时政的需要。老干部生活待遇。做好离休干部医药费报销工作。离休干部医药费每月报销一次，按规定实报实销。原抚宁县部分离休干部划入后，各接收单位认真核实所接收离休干部档案，落实其医药费报销工作。在离休干部住院治疗、医药费报销遇到困难时，主动与有关部门进行协调，为老干部解决实际困难，年内未出现拖欠医药费问题。全年为离休干部核销医药费共计1380多万元。做好医疗保健工作。坚持预防为主，健康疗养，组织各单位老干部代表260多人到北戴河进行健康休养。完善老干部的健康档案，集老干部的保健、治疗、服务为一体，为离休老干部免费体检。做好帮扶解困工作，区财政拨付 14 万元帮扶资金，帮扶特困离退休老干部 77 人。

【老干部作用】 做好关心下一代工作。组织老干部、老战士、老专家、老教师、老模范对青少年进行思想道德、法治和科学知识教育，把“五老”队伍建设纳入工作全局，以社区、学校作为工作的主要阵地，丰富活动内容，为促进未成年人的健康成长营造良好的社会氛围。区财政给区关工委拨付专项经费 10 万元。5 月，省关工委常务副主任侯志奎一行到海港区调研关心下一代工作，通过听取汇报、实地走访、现场参观、和“五老”交谈等方式，了解关心下一代工作并给予充分肯定和高度评价。推进离退休干部为党的事业增添正能量活动，组织引导离退休干部关注海港区的发展变化，体验美好生活，引导老同志支持和参与各项建设事业，为区委、区政府的重大决策部署献计出力。开展老干部志愿服务活动，组织引导老同志在发挥优势中增添正能量。以“五老”为基础，发动老干部开展志愿服务活动，建立教育、医疗、卫生、农林牧老干部人才信息库，成立“科技致富志愿队”“普法帮教志愿队”“科普知识志愿队”“医疗卫生志愿队”，进乡村、进学校、进企业、进社区，送科技、送文化、送法律、送健康，为全区精准扶贫、环境保护、城市建设和青少年健康成长贡献力量。继续开展“四就近”工作，组织引导老同志在利用社区资源充分发挥作用中增添正能量。利用社区活动中心的有利资源，扩大“四就近”工作的覆盖面。加强与社区的联系，引导和鼓励老干部开展政策宣传、革命传统教育、帮困助学、文明劝导、送文化进社区等活动，把发挥余热与愉悦身心有机结合。联合开展文化娱乐服务活动，拓宽渠道，让老干部在社区活动中起到引领作用，释放正能量。

（赵　岩）

【党校工作】 区委党校以“两学一做”学习教育、中共中央总书记习近平系列重要讲话和中共十八届五中、六中全会精神为指导，围绕中心，服务大局，发挥优势，履行职责，圆满完成全年各项培训任务。主体班培训。举办主体班培训 4 批次，分别是：5 月 16 日 ~ 6 月 8 日，举办海港区年轻干部培训班 1 期，参训人数 78 人；6 月 20 ~ 24 日，举办海港区 2015 年 9 月后新提拔干部培训班 1 期，41 人参训；10 月 12 日 ~ 11 月 30 日，举办海港区年轻干部培训班 1 期，75 人参训；12 月 5 ~ 23 日，举办海港区科级干部党的十八届六中全会专题轮训班，共 6 期，692 人参训。安监人员培训班。1 月 13 日 ~ 2 月 3 日，举办海港区安监人员培训班，46 人参训。入党积极分子培训班。4 月 25 ~ 27 日、5 月 15 ~ 26 日，举办入党积极分子培训班，参训人数 40 多人。培训内容包括：党史、党章、中共十八届五中全会精神解读和学习中共中央总书记习近平系列重要讲话精神。基层宣讲。积极深入基层送党课，送理论，弘扬主旋律。抽调骨干教师先后深入到 8 个镇、10 个办事处宣讲中共十八届五中全会精神、中共中央总书记习近平“七一”讲话精神和中共十八届六中全会精神，深入社区及相关部门宣讲社会主义核心价值观，授课共计 50 多场次。

（李春玲）

宣传思想工作

【概况】 坚持围绕中心、服务大局，牢牢把握意识形态工作主动权，深入宣传阐释以习近平为核心的党中央治国理政新理念、新思想、新战略，把握正确舆论导向，培育和践行社会主义核心价值观，生动讲述海港故事，传播海港声音，推动宣传思想文化工作迈上新的更高台阶，为建设秦皇岛首善之区、一流主城区和沿海经济增长极提供思想引领、理论基础、舆论支持和文化条件。获中宣部 2015 年度“好信息”奖，中国金风筝国际微电影大赛“十佳”公益微电影奖（中宣部组织）；河北省 2016 年度先进县级党委中心组，先进理论宣讲工作站，舆情信息工作先进单位，国防教育先进单位等多项荣誉。

【理论教育】 突出制度规范和载体创新，推动理论武装工作上台阶。抓规范，健全制度，提升党委中心组学习质量。以党委中心组和党员领导干部为重点，持之以恒开展中共中央总书记习近平系列重要讲话精神学习活动。完善专题学习、专家讲座、研讨交流、督导检查、考核评价等机制，印发《海港区党委（党组）理论学习中心组考核评比办法（试行）》，推进中心组理论学习规范化、系统化、科学化。将理论学习列为区委常委会第一议题。组织中心组集中学习17次。建立全区理论学习微信群和理论宣讲专家数据库，组织区委中心组就学习中共中央总书记习近平《知之深爱之切》和在纪念红军长征胜利80周年大会上的讲话，进行集中研讨交流。抓普及，丰富载体，创新理论宣讲形式。精心打造"草根宣讲""周末讲堂""百姓故事汇"等群众宣讲品牌，全区开展宣讲活动1500多场次，参与群众7.5万人次。为加强全区理论宣讲队伍建设，制定下发《草根宣讲工作规范管理办法》，邀请全国理论宣讲先进个人余斌义为草根宣讲员做专题培训，全区宣传干部和草根宣讲员200人参加培训。抓示范，典型带动，弘扬社会正能量。成功推出杨家琛、温守文、沈汝波等一批先进典型，温守文被省委宣传部授予"燕赵楷模"称号，登上河北电视台"燕赵楷模发布厅"。在西港镇归提寨村建立"杨家琛楷模馆"；以杨家琛事迹为原型拍摄的微电影《守护》，获得"中国金风筝国际微电影大赛""十佳"公益微电影奖。开展"美丽河北·最美海港"系列推选展示活动，通过基层推荐、审核筛选、媒体投票等环节，推选出全区最美人物85人，景物32处。

【新闻宣传】 突出舆论导向和形象宣传，推动舆论宣传工作出精品。精心策划主题宣传。围绕区委区政府中心工作，发挥海港区"两台一报"的作用，策划组织"回眸'十二五'""双违"整治、"两学一做"学习教育、第十一届秦皇望海祈福文化旅游节、河道治理、旅游旺季文化活动、创建全国文明城市等系列宣传"战役"，形成强大声势，营造浓厚氛围。加大对上供稿力度。与上级媒体保持经常性联系，及时向上级媒体推介海港区特色亮点工作，借助第十一届秦皇望海祈福文化旅游节、2017年度全国煤炭交易会、全国文明城市创建等重大活动，邀请各级媒体组团采访。年内在中央级主要媒体发稿660篇，省、市级主要媒体发稿5100多篇，发稿量位居全市首位，展示海港区干部队伍"特别能吃苦，特别能攻坚，特别能担当"的精神风貌。推进传统媒体和新媒体融合发展。重点加强"今日海港区"官方微信建设，扩容开设"微海港""微互动""微服务"3个新菜单，内容每天更新，粉丝达到23万多人，跻身全省新媒体影响力第20位，成为宣传海港区的新亮点、新品牌。密切关注网络舆情。加强舆情信息上报，提高网络舆情监测、网络舆论引导和应急能力，建立健全突发事件新闻宣传、媒体监督、网络舆情引导应急机制。全年上报中宣部、省市委宣传部舆情信息1.14万多篇，其中上报中宣部4450多篇，被中宣部采用280篇。

【文化建设】 突出品牌塑造和品质提升，推动文化大发展大繁荣。塑造特色品牌。挖掘望海祈福文化，成功举办第十一届秦皇望海祈福文化旅游节，组织望海游园会、汉字听写大会、十里栈道千人太极表演、"尚美海港"摄影展等20多项活动。中央电视台《新闻联播》《河北日报》、河北电视台等多家媒体相继报道。组织特色活动。成功举办春节团拜会、太阳城元宵节游乐会、第五届海子诗歌艺术节暨京津冀诗歌联盟首届诗会、《长征记忆》纪念长征胜利80周年诗词咏诵会等群众参与度高的精品文化活动。旅游旺季举办的以"彩色周末·百姓舞台"、沙滩音乐季为龙头的群众文化活动，6月中旬～8月底，安排专场演出40场，是历年来演出场次最多、活动最丰富的一年。全年开展系列文化活动200多场，各类基层文化活动1850场，推动全区文化活动的蓬勃开展。繁荣文化事业。编辑出版《记忆2015》《人文海港》系列丛书，弘扬海港精神，厚植海港文化。组织实施中华诗词之乡创建工作，加强诗词文化软硬件建设，在金梦海湾建成海港区诗词摄影长廊，建立各类诗词社团86个，会员突破1800人，把诗词"六进"目标落到实处。发展文化产业。注重特色文化产品的保护研发推广，争取省、市区文化发展资金，打造君鼎琉璃工艺品、德庆堂沙画、广野葫芦等具有地域特色的"秦皇岛礼物"，借助深圳文博会、河北省特博会、蒙冀辽文博会、京津冀文化创意产业博览会等展会平台对海港区文化企业进行宣传推介；

深入挖掘板厂峪、董家口、老君顶、蟠桃峪等长城文化和乡村旅游文化资源，加大向外推介力度，邀请央视等强势媒体进行采访，推出专题节目，助推文化旅游产业发展壮大。

（朱宏刚）

统一战线工作

【概况】 贯彻落实《中国共产党统一战线工作条例（试行）》和中共中央、省委、市委统战工作会议精神，把握大团结大联合主题，围绕中心，服务大局，推进统战各项工作，构建“大统战”格局，为打造“一流主城区和沿海经济增长极”聚人才、汇力量、做贡献。

【政治引领工作】 把统战工作作为党的工作的重要组成部分，纳入全区整体工作大局，列入重要议事日程。区委书记冯国林明确要求各单位“一把手”和各级统战干部带头学习宣传和贯彻落实统战政策法规，带头参加统战重要活动，带头广交深交党外朋友，从战略和全局高度重视并抓好统战工作。调整统战工作领导小组，将统战工作列入考核内容，加强对统战工作的领导和指导。组织各民主党派、工商联、无党派人士和宗教界人士利用“双月学习”等形式，学习中共中央总书记习近平系列重要讲话、中共中央、省、市、区委有关重要会议和《中国共产党统一战线工作条例（试行）》精神，把思想和行动统一到中共中央和省、市、区委的决策部署，激励和动员统一战线成员坚定共产主义信念，坚定共产党的领导，立足本职，多做贡献。贯彻落实中共中央《关于加强社会主义协商民主建设的意见》，制定年度计划，规范内容和程序，推进政党协商。

【换届工作】 高度重视区人大、区政协、区工商联及党派换届工作，从坚持和完善中国共产党领导的多党合作和政治协商制度，巩固和壮大最广泛的爱国统一战线的大局出发，统筹考虑，认真部署，严格按照上级有关政策规定及换届工作程序办事，确保全区2017年人大、政协换届的提名推荐工作和工商联换届工作的平稳顺利完成。本着有利于工商联工作开展的原则，慎重稳妥地推荐人选，协调组织14家单位对101名非公有制经济代表人士进行综合评价，完成区工商联换届工作。选举出主席（会长）1人，副主席19人，副会长24人，常委13人，执委59人。做好区第十五届人大代表和区九届政协委员中党外人选提名、推荐、考察、审核工作。经认真细致的工作，最终确定区第十五届人大代表275人，其中党外人士137人，对62名非公经济人士进行综合评价，合格42人；确定区九届政协委员249人，其中党外154人，对71名非公有制经济人士初步人选进行综合评价，合格49人。

【经济统战工作】 搭建“银企对接”“校企对接”“政企沟通”“企企合作”四个平台，建立长期稳定的沟通合作机制，实现常态运行。为企业争取贷款5000万元，促成企业间对接项目十多个，涉及金额近亿元。组织召开由政府职能部门负责人和民营企业家参加的政企对接会，面对面解答企业在发展壮大中遇到的政策性问题，引导民营企业把握发展机遇、加快转型升级。开展“非公企业发展服务年”活动，针对企业面临的科技型企业申报、扩建用地、招工难、融资难等问题，协调相关单位探求解决办法。建强工商联“讲师团”，开展非公企业人才培训班，实施订单式服务，累计培训200多人次。

【党外人士工作】 抓好党外后备人才队伍建设，建立组织部、统战部关于党外干部培养选拔的联席会议制度，将党外干部安排使用和培训纳入全区干部总体规划，推动党外领导干部岗位交流。推进党员区级领导与党外人士一对一深交朋友，推行双向交友“四个一”活动（每年主动与党外朋友进行一次见面谈心、主动给党外朋友交办一项调研任务、主动对党外朋友进行一次节庆慰问、主动为党外朋友解决一个工作难题），做到政治上充分尊重，感情上充分沟通。全区共有县级党外干部4人，科级党外干部27人（正科级干部9人，副科级干部18人）。开展“同心奉献，服务社会”活动。发挥统一战线人才荟萃、智力密集、联系广泛的优势，成立海港区“统一战线志愿服务队”，组织统一战线各界人士参与各项社会公益服务活动，扩大统战工作的社会影响。组织医疗卫生界党派成员及政协委员开展义诊活动8次，受益群众达1000多人次；重阳节前夕，组织非公企业到石门寨镇东侯庄村走访慰问10名80岁以上的老人，送去价值3000元的米、面、油等生活用品。全年组织非公企业开展捐资助学等各种社会捐赠活动，累计向社会捐款捐物达30多万元。

【新社会阶层工作】 深入街道办事处和重点社区进行督导检查，采取听取工作汇报、检查基础台账、与社区干部进行座谈等方式，了解掌握工作开展情况和存在的问题，有针对性地提出指导意见。作为省、市委统战部新的社会阶层党外人士挂职锻炼实践基地之一，第二次接收省委统战部选派的10名新社会阶层党外代表人士到5个镇和5个街道办事处担任副职。发挥挂职干部金融、法律、信息等方面的专业特长，合理安排工作岗位，为他们发挥作用创造条件，确保挂职锻炼工作取得实效。

【民族宗教工作】 落实党的民族宗教政策，发挥统战优势，创新工作方法，保持全区民族宗教领域和谐稳定。开展“和谐寺观教堂”创建活动，全面加强宗教场所管理，搞好宗教教职人员培训，帮助爱国宗教团体加强自身建设。有4个宗教场所被评选为全国和谐寺观教堂。协调法云寺向区城管局环卫之家、区老年服务中心、工厂店铺及普通市民赠送精心熬制的腊八粥近2万份；汤泉寺住持正渡法师筹措救灾款5.01万元，交付区慈善协会用于暴雨救灾使用，为全区宗教界树立良好形象。严厉打击非法宗教活动，处置涉及北京朴姓基督教信徒27人到区内组织基督教活动、临河里聚贤堂开坛设法扰民、仁德老年公寓非法组织佛教活动、美岭小区非法基督教活动、五峰寺腊八节佛事活动等非法传教隐患5起。处理清真寺管委会主任换届、外籍穆斯林“走者嘛”等民族敏感事件2起。开展清真食品市场执法检查2次，对全区从事清真饮食服务的饭店、清真食堂和摊点等进行全面检查和重点抽查，确保清真食品的“清”和“真”。建立健全“区、镇（街）、村（居）”三级宗教工作管理网络，实行群防群治，明确联络员，密切关注其所在区域、场所的稳定、安全情况。重点搜集可能发生的涉及民宗领域跨地区串联、集体上访和群众性事件等苗头性信息，确保24小时信息畅通，形成纵向到底、横向到边的管理体系。

【海外统战工作】 依托台办、海外联谊会、侨联开展特色活动，主动走出去，积极请进来，促进各领域、各层次的交流与合作。通过接待台湾中小学生交流团到海港区开展交流活动，深入宣传海港区的发展进步、战略机遇、政策利好和环境优势，深化对外交流合作，为扩大海港区影响力和推动统战工作开展发挥重要作用。开展归侨侨眷和海外侨胞大调查，建立完善海外人士数据库。加强侨联和海联会建设，组织会员开展联谊活动。组织海港区侨联与沧州市、衡水市、邯郸市侨联的对接和招商引资活动。帮助归侨姚兰解决年迈多病、子女无就业的困难，专门召开部领导碰头会研究，协调港城大街办事处为其申报、办理低保。

（尹　辉）

农村工作

【概况】 2016年，区委农工委有效地推进党风廉政建设主体责任和监督责任的落实，以美丽乡村建设为重要抓手，全面推进农村垃圾治理长效机制建设、农业产业化和山区综合开发等项工作。

【美丽乡村建设】 作为全年各项工作的抓手，制定《2016年海港区美丽乡村建设实施方案》，协调各职能部门和驻村工作组，召开美丽乡村建设工作现场会议6次，专题部署、督导推进会议17次，动员会议1次。组织相关单位到馆陶县学习特色小镇建设经验，详细了解馆陶县特色小镇和美丽乡村建设理念、规划布局、产业培育、运营管理等情况。多次到抚宁区、昌黎县、卢龙县观摩历年美丽乡村建设成果，完善建设方案。美丽乡村项目建设成效显著。民居改造：在城乡总体规划和重点片区规划的基础上，重点村的村庄规划从各村实际出发，坚持一村一景一韵的原则进行编制，重点村进行民居节能改造 653 户，屋顶改造工程完成 338 户；全区 200 户危房改造任务均已完成。街道硬化：重点村硬化道路 9950 米，安装太阳能路灯 100 盏，村内街道全部实现亮化。厕所改造：完成 433 座厕所改造任务。村庄绿化：种植环村林带 1.75 万米，绿化村内街道 9300 米，增加村庄公园绿地 8 处，绿化面积 1.64 万平方米。“三清一拆”和垃圾治理：重点村清理垃圾杂物 1.13 万立方米，清理庭院 760 户，清除残垣断壁 70 处。污水处理：继续推广使用分散式太阳能污水处理系统，安装完成 76 套设备并逐步投入使用，达到污水处理设施全覆盖，彻底解决重点村污水排放问题。特色富民产业：推广果木种植、乡村旅游等特色产业，借助圆明山片区、老君顶、板厂峪、花厂峪、蟠桃峪等已成型景区旅游资源，鼓励村庄开发各种乡村游新形式。提升北港镇西连峪村光伏大棚的多种经营模式，将无土栽培、特色餐饮、休闲观赏有机结合，成为全区极具潜力的乡村游新项目。电商服务：重点村新建服务网点面积 270 平方米，配备专业服务人员 9 人，电商服务站点设备全部安装到位，实现村级电子商务服务站全覆盖，初步建成覆盖全区的农产品网络销售体系、农民网络消费服务体系。乡村文化建设：刘家房村规划建设村民中心面积 600 平方米，其他所有重点村对村民中心进行修缮，全部建有两委办公室、村民活动室、卫生室、互助幸福院等，硬件设施一流，规章制度全部上墙，服务功能完善：绘制文化墙面积 2020 平方米；高标准完善文化广场 12 处，5400 平方米；各村均设立村民讲习所，参训 7096 人次；新设村庄标识 8 处，设置村内路牌、门牌、设施标牌，提升村庄精细化管理水平。全区累计投入资金 2.23 亿元，其中区级融资 1.8 亿元，用于 60 千米贯穿重点村的道路建设。北港镇李新庄村、尹家沟村被评为省级美丽乡村，将驻操营镇刘家房村、花厂峪村、唐苏村，杜庄镇董家沟村，北港镇闫庄村、东连峪村和西连峪村 7 个村庄申报 2016 年度省级美丽乡村评选。东港镇中心村建设工作成绩得到省、市领导的高度认可；北港镇圆明山社区（小河村）获 600 万元省级融资项目资金额度；东港镇卸粮口村、海阳镇范庄村分别获得省级奖补资金 100 万元和 200 万元。

【农村垃圾治理】 采取构建体系，狠抓落实、制订规划，部门联动、完善机制，责任到人等措施，确保为农村垃圾治理长效机制建设和“两改一清一拆”专项行动取得扎实成效。开展秦青公路沿线综合整治、河道治理、铁路沿线村庄环境整治、镇政府周边环境整治、“双违”整治五大攻坚战，持续推进农村垃圾治理长效机制建设，全面提升农村环境整体水平。全区 7 个镇、209 个村庄，紧紧抓住“清、拆、管、用”四个重点环节，全面开展“五大攻坚战”，农村面貌极大改观。治理工作得到市检查验收组的肯定，评价海港区的农村垃圾治理工作谋划周密、措施得当、成效显著。环境净化全域覆盖。所有村庄全部完成清垃圾杂物、庭院和残垣断壁工作。对村庄内外、道路两侧、坑塘河道、景区周边、城乡结合部进行垃圾杂物的彻底清理，清理垃圾杂物 59.86 万立方米，清理庭院 5.24 万户，清除残垣断壁 2350 处。开展铁路沿线环境整治，全区铁路沿线涉及 25 个村，清除残垣断壁 129 处，违章建筑 103 处，粉刷墙体面积 10.3 万平方米。把管理作为保障机制建设有序进行。将涉及农村垃圾清扫、收集、转运、处理等环节的设施、设备等农村垃圾治理长效机制建设资金足额纳入年度财政预算。推进城乡环卫一体化，配齐垃圾收集设施，组建稳定的农村保洁员队伍。对石门寨镇、驻操营镇、杜庄镇采取市场化运作模式，通过招投标方式确定山东银湾物业集团为市场化运作公司，按照 1 万人到 1.2 万人配备垃圾收集车 1 辆，10 ~ 15 户配备垃圾桶 1 个，100 户配备保洁员 1 名的标准配齐设备及人员，区政府每年承担保洁费用 667.9 万元。石门寨镇、驻操营镇、杜庄镇所有村庄全部实现村庄保洁和垃圾收运服务外包管理。每天收集清运垃圾约 300 立方米（其中杜庄镇约 70 立方米、石门寨约 150 立方米、驻操营约 80 立方米），生活垃圾无人管理、村庄环境脏乱的情况得到整体改善。

【农业产业化】 对各项农村经济指标数据进行科学分析，着重从重点项目建设、龙头企业监测、省级重点龙头企业培育等方面，引导创新能力强、加工水平高、成长潜力大的农业产业化企业做大做强，推动农村一、二、三产业深度融合发展。重点项目建设：投资千万元以上的农业产业化项目7个，均为续建项目，累计完成投资1.35亿元。木兰农业的果蔬冷冻储运项目、鑫彤农副产品的粗粮加工生产线及储备仓库建设项目已建设完成。重点龙头企业监测。监测市级以上重点龙头企业29家，每季度通过“河北省农业产业化监测系统”对市级以上龙头企业进行监测，主要监测企业的主要经济指标、主营产品生产销售、农产品原料采购经营、带动基地农户等项情况，对掌握企业发展情况、了解经营状况提供准确数据。经过动态监测，淘汰固定资产总额和销售总收入不达标的华宝特种动物养殖有限公司，申报秦皇岛海丰水产有限公司为市级重点龙头企业。全区市级以上重点农业产业化龙头企业达29家，网络监测直报系统统计率达92.8%。省级重点龙头企业培育。推动省级重点龙头企业的监测申报认定工作，对29家市级重点龙头企业（除对原有的3家省重点龙头企业进行监测）走访、调研，组织4家年销售收入6000万元以上、总资产5000万元以上、固定资产2500万元以上的企业进行省级重点龙头企业申报。对4家企业的申报材料逐一严格把关，积极推荐，高标准严要求。秦皇岛富滋食品公司、海阳农副产品批发市场、秦皇岛市求仙岛旅游休闲食品有限公司、香海粮油（秦皇岛）工业有限公司4家市级重点龙头企业获得“河北省农业产业化重点龙头企业”称号，全区共有省级重点龙头企业7家。

【山区综合开发】 成立山区综合开发工作领导小组，办公室设在农工委。办公室发挥综合协调和督导检查的作用，对山区综合开发项目建设实施周报、月报制度，及时督导各项目单位按时间进度完成任务。以规划做引领。委托中国农业大学建筑规划设计研究院对北部片区进行统筹规划，从一、二、三产融合发展的角度，研究解决当前海港区尤其是北部山区面临的发展瓶颈及困难，推进生态保护与恢复，对农业产业发展提出详细的规划实施路径。11月29日，完成初稿，正在修改中。聘请中国旅游研究院编制《海港区旅游产业发展总体规划》，将北部山区作为重点，与南部滨海休闲、城市文化等旅游资源对接，走差异化发展道路，规划设计多元化、系列化、适应不同层次需求的旅游产品群落，实现特色资源的优势互补。以硬件强基础，加快推进北部山区水利工程建设，启动连峪“引水上山”工程，项目可研报告已完成，正在跑办立项手续。以产业做支撑，提升房庄村现代农业园区试点项目，延伸产业链条，培育和引进加工龙头企业，扶持农产品深加工项目。房庄村现代农业园区试点项目完成既定工作目标，深加工油坊项目已完成，经海港区财政局及市农业局专家组的验收，市级40万元补助资金已下拨到区财政局。加大招商引资力度。6月28日，在北京举办的秦皇岛山区综合开发招商推介洽谈会暨重点项目集中签约活动，签约奔月影城主题乐园旅游综合体和圆明山航空旅游运动综合体2个项目，签约总额为108亿元。签约项目均与区政府签订框架协议，初步规划、设计基本完成。

（王　爽）

机构编制管理工作

【概况】 区编办积极适应机构编制工作发展新形势，紧密围绕中心、服务大局，继续深化行政体制改革，大力推进简政放权，加快推进政府职能转变，严格控制和优化机构编制资源，积极适应改革新常态，开创机构编制工作新局面。

【机关事业单位编制现状】 全区区直机关单位56个。其中，区委设工作部门9个：纪检会、区委办、政法委（防范办）、组织部、宣传部、统战部、编委办、农工委、机关工委；部门管理机构2个：信访局、老干部局；政府工作部门20个：政府办、发展改革局（粮食局、工业和信息化局）、教育局、科学技术局（地震局）、民政局（民族宗教局）、司法局、财政局、人力资源和社会保障局、环境保护局、城乡建设局（人民防空办公室）、城市管理综合执法局、交通运输局、农业局（水务局）、商务局（投资促进局）、文化体育广电新闻出版局（版权局、旅游局）、卫生和计划生育局（爱国卫生运动委员会办公室）、审计局、市场监督管理局（工商行政管理局、质量技术监督局、食品药品监督管理局）、安全生产监督管理局、统计局；政府管理的行政机构1个：物价检查所（物价局）；政府直属事业1个：住房保障和房产管理局；社会团体7个：总工会、工商业联合会、科学技术协会、残疾人联合会、文学艺术界联合会、团区委、妇女联合会；人大、政协、检察院、法院各1个；街道办事处10个：文化路街道办事处、海滨路街道办事处、燕山大街街道办事处、河东街道办事处、建设大街街道办事处、白塔岭街道办事处、西港路街道办事处、港城大街街道办事处、东环路街道办事处、北环路街道办事处；政府派出机构2个：西港新城开发建设办公室、杜庄工业聚集区管理委员会。区直机关编制总数为1089人（不含“北三镇”），其中，行政编制890人，工勤编制62人，政法专项编制总数为270人。区直机关含人大、政协机关；检察院、法院机关；街道办事处机关。

镇8个：海港镇、东港镇、西港镇、北港镇、海阳镇、杜庄镇、驻操营镇、石门寨镇，行政编制163人（不含“北三镇”），工勤编制10人（不含“北三镇”）。

全区区直事业单位227个，编制9475人。其中，镇街事业单位25个，编制203人（不含“北三镇”）。

【机构编制资源优化】 为服务经济社会发展，保证全区中心性、大局性、重点性工作的需要，年内重点研究解决食品药品稽查大队更名、纪委监察局内设机构调整、海港区医疗保险基金管理中心挂牌等事宜。为满足新形势下的工作需要，为区广播电视台增加副台长职数1人。设立中共海港区委全面深化改革领导小组办公室，与区委研究室一个机构、两块牌子，并增设副主任1人。

【机构编制信息核查】 充实和完善平台数据库，对各单位上报的信息逐一核对，及时受理、办结所上报的数据。对修改、补充各自单位的机构编制实名制各项数据信息严格把关，定期对台账数据进行检查审核，更新完善。配合市编委办完成对全市开发区管理机构和人员编制情况进行摸底调查，对全区机构编制总体情况进行全面分析和总结，确保平台数据翔实准确。

【行政审批制度改革】 制发《秦皇岛市海港区人民政府办公室关于做好承接市本级下放行政权力事项的通知》，明确工作任务，制定具体承接方案，确保放和接的有序衔接。先后承接下放事项2批，行政权力59项，涉及部门14个，其中行政许可32项。编写《历年下放、取消行政权力目录》，包含2013年后国家、省、市下放取消涉及海港区的全部事项。制订出版《海港区政府部门行政权力清单》（2016版）合订本，其中，包括海港区行政许可项目录、权力清单、清理非行政许可、清理中介服务等内容。制定并公布《海港区政府部门公共服务事项清单》，梳理公共服务事项共108项。

【地方政府机构改革】 在市场监督管理局加挂区政府食品安全委员会办公室牌子，为市场监督管理局经济检查大队增加工作职能，将其下属惠农分局更名为市场监督管理局食品药品稽查大队。将海港区私营企业者协会更名为海港区市场监督管理局食品稽查中队，原食品药品稽查大队和原私营者协会人员一并划入食品稽查中队，负责全区食品日常稽查工作；将海港区维修行业管理办公室更名为海港区市场监督管理局药品稽查中队，负责全区药品、化妆品和医疗器械的日常稽查工作，进一步将涉及市场监管的部门进行合并，将多头管理的事项进行整合，实现机构、职责、编制的彻底融合。商务综合执法大队原“酒类安全监管、畜禽定点屠宰监管”两项职能划出后，调整区商务综合执法大队工作职责，编制由10人调整到6人，核减副队长领导职数1人。调整西港新城开发建设办公室工作职责，增加与秦皇岛港的联络、服务等日常工作。

【事业单位登记管理】 制定下发《关于实施事业单位法人统一社会信用代码制度暨开展年度报告公示工作的通知》，完成2016年度155个事业单位年度报告公示及统一社会信用代码换证工作，完成率 99.9%；对 22 个法人事业单位进行变更登记，对 1 个法人事业单位进行设立登记。进一步创新工作方法，实行集中申报、集中审核、集中办理、集中续费的“四集中”工作法，快速提升全区域名注册和网站挂标工作的办理效率，截至年底，全区办理“政务”或“公益”中文域名 296 个，注册覆盖率 100%，圆满完成 48 个域名续费工作，对机关、群团统一社会信用代码副码发证 52 个单位。

【机构编制年度统计】 完成全区 61 个行政机构 200 多个事业机构及其内、下设机构机关事业编制的统计工作。严格按照指标解释和填报说明要求，如实填写每项数据，杜绝人为改动或编造。做到统计指标完整有效，统计数据真实准确。

（董　颖）

信访工作

【概况】 以“两学一做”教育实践活动为载体，以提高办案质量，持续积案攻坚等工作为抓手，不断创新工作思路，健全工作制度，完善工作举措，打造特色亮点，全力攻坚克难，积极推进法治信访，维护信访群众合法权益，切实转变作风、狠抓落实，为促进全区社会和谐稳定发挥积极作用。全年，接待群众来访 2026 批 3147 人次（其中初访 153 批 619 人次）；到市委、市政府访 51 批 2279 人次（其中集体访 42 批 2268 人次）；到区委、区政府访 142 批 978 人次（其中集体访 43 批 833 人次）。

【基层基础工作】 区信访局年内搬入新址，成立群众工作委员会并设立群众工作中心，由区联席会议第一召集人担任群众工作委员会主任，信访局主要领导担任群众工作中心主任，调整驻厅单位，增设接访科室，按照信访局干部自身业务强项合理分配岗位，严格规范各项规章制度。及时调整工作思路，积极组织全区各相关单位学习领会上级文件精神，把工作重心转移到加强信访事项的办理、完善和规范办理程序，促成信访人息诉罢访等方面。加强对基层信访工作的业务指导。组织开展信访工作业务集中培训 4 次，并指派专人到有问题的单位实地指导。

【信访隐患排查】 坚持抓早、抓源头，全面摸清信访隐患底数。坚持日常排查。按照“早发现、早报告、早稳控、早化解”的原则，加大基层矛盾纠纷排查力度，发挥镇（街）、村（居）隐患排查网络的作用，筑牢矛盾纠纷排查调处的第一道防线。开展集中排查。分别在全国“两会”、暑期、中共十八届六中全会、省九次党代会等敏感节点，组织对区内信访隐患进行集中拉网排查，把涉及市直、涉法涉诉隐患及 14 类突出利益群体和重点人作为重点排查，累计排查出各类重点隐患 258 件，逐案建立台账，逐案落实“五包一”稳控人员，制定稳控方案。

【信访案件办理】 加大初信初访化解力度。严格落实日清、周结、两个月要回告结果机制，提高初信初访一次性办结率；凡是提出复查申请的，一律按照一个月的时限答复。全年自立案件交办 102 件，全部办结；受理上级转办转送案件 583 件，全部按期办理并在网上反馈；受理市级以上交办件 33 件，全部办结，息诉息访 3 件；受理网上信访 132 件，群众信访 2 件，受理申请复查信访事项 24 件，出具复查答复意见 11 件，不予受理 13 件。推进专项攻坚活动，开展“信访攻坚行动”“百日攻坚”等 3 项攻坚活动。建立周汇报、月通报等机制，其中省、市开展“化解信访积案专项行动”，省交 26 件、市交 21 件，办结率均达 100%，息诉息访率 60% 以上；省、市开展信访攻坚行动，建立 5 本工作台账，实行滚动管理，对新发生的案件及时纳入台账。信访积案案件 8 件，全部办结，息诉息访 6 件。落实领导干部接访制度。每天安排区级包案领导接访，区级包案领导分别约见区内重点信访人。区领导公开接访必须到岗，接访过程中要求涉案单位由 1 名科级领导陪访，并重新将公安、法院、检察院、纪委等部门主要领导纳入接访序列，使信访人有效申诉，联合区委督察局全程督办。全年，区级领导共公开接访 1873 批 2528 人次。开展各级领导包案督访工作。年初，梳理出全区重点案件台账364件，全部登记造册，制定“七包一”人员，逐案落实包案责任，并动态更新；梳理区级包案领导重点案件59件次，区委、区政府全部领导及区人大、区政协主要领导逐案解决，化解25件，有较大进展的12件，正在协调处理的22件；建立全区正科级实职领导包案台账，梳理出案件218件，已化解33件，正在协调的185件。

【稳控工作】 重点时期，组织全区各单位对排查出的重点稳控对象进行预警分析，协调稳控单位制定一对一的稳控方案，具体分工明确到人。启动日排查、日报告机制，区联席办每天将信访情况梳理汇总形成“每日快报”，报区委、区政府主要领导和联席会议召集人。全年共下发“每日快报”56期，定期向全区通报访量情况。

（张伦玮）

精神文明建设

【概况】 全区精神文明建设工作以核心价值观建设为根本，以文明城创建为牵引，突出文明城区、文明村镇、文明单位三大创建活动，抓好第六届“平民偶像”评选、公益广告制作刊播、未成年人思想道德建设三项重点工作，打造道德评议、志愿服务两项品牌，着力在提升城区品质、提高市民素质上下功夫，为建设文明和谐海港区提供思想保证、舆论支持和精神动力。

【培育和践行社会主义核心价值观】 突出内涵拓展和文化融合，推进社会主义核心价值观教育实践和思想道德建设。以培育和践行社会主义核心价值观为核心，深入实施公民道德建设工程，组织开展第六届“平民偶像”评选，评选出王兆辉、郭海川等12名平民偶像，印发《秦皇岛海港区“感动港城·平民偶像”事迹选编（一）》3000册。持续开展农村“十星级文明农户”和“乡贤·善行功德榜”评选工作。开展“美德少年”评选活动，评选出“美德少年”100人。开创校外教育新阵地，建成社区少年宫74个，经验做法被《精神文明导刊》刊发。启动2016年美丽乡村文化建设专项行动，强力推进驻操营镇花厂峪村等6个村的文化墙和村民中心建设工作。深化拓展扶贫帮困“春雨行动”“暖冬行动”等志愿服务。召开志愿服务工作推进会，对优秀志愿服务集体及个人进行表彰；投入60万元，对全区36个基层志愿服务组织进行有力扶持，培育“党义沈汝波志愿服务队”“文体里581义工服务队”“河涧里星光党员义工俱乐部”等22个志愿服务品牌。全区有实名注册志愿者9.37万多人，志愿服务组织723个，注册人数在全省各县区排名第一。

【文明城区创建】 突出全民参与和全域文明，推进全国文明城市和省级文明城区创建。顶层设计。印发《海港区创建全国文明城市暨省级文明城区工作实施方案》，细化《海港区创建全国文明城市暨省级文明城区工作实地考察点位测评具体要求》，成立创建文明城市工作领导机构，区委常委会先后听取创城工作专题汇报5次，召开专题调度会14次，对创城工作进行安排部署，研究解决工作推进中的具体问题。分别打造社区、农村、学校、集贸市场等典型样板，召开现场观摩会推广4次，在全区复制。加强督导检查。区委主要领导多次督导检查调度创城工作。区创城办、区督查局组成专项督导组4个，对老旧小区、校园周边、商业街区等重点部位开展专项督导40次，下发督查通报7期，下发督办卡300多张，发现、整改问题443处。营造浓厚氛围。《今日海港区》“两台一报”及微信公众号开辟创建专栏，及时宣传创城工作的典型经验、创新做法及先进人物。在城市主次干道、重要节点设置各类公益宣传广告1.2万多块，景观小品1000多处，发放宣传海报、创城宣传册、倡议书12万份，绘制公益宣传画面积1500多平方米，协调沿街商铺利用LED显示屏、户外大屏加大创城标语与公益广告的播放频次，为创城工作营造浓厚的舆论氛围，提高群众知晓率。开展集中整治。各镇、园区、街道、社区调动全部力量，对农村及老旧小区进行综合整治。共粉刷墙体面积150万平方米，硬化路面面积14万平方米，拆除私搭乱建1200多处，清除杂草面积80万平方米，清理墙体小广告面积7.2万平方米，清理垃圾140多万吨，新建改建垃圾池30个，投放垃圾桶1200个，出动车辆7000多台次，出动人力14.5万多人次，累计投入资金3900多万元。发动94家市级文明单位、77家区直单位对老旧小区进行帮扶。各区直单位组织2.9万多人次参与社区整治，粉刷墙体面积48万平方米，清除小广告面积30万平方米，累计投入帮扶资金510多万元。全区近300个老旧小区面貌焕然一新。部门联动。区城管、市政、园林、房产、市场监督、卫计、商务、城乡建设、水务、教育、文体广新、公安、地税、国税、旅游以及政务服务中心、太阳城管委、火车站广场管理处、金梦海湾管委、为民市场建设股份有限公司等部门各尽其责、密切配合，持续开展“文明巡查”行动，规范城市秩序，倡导文明风尚。

【第六届“平民偶像”评选】 评出第六届“平民偶像”12人。有自强不息、乐于助人的快乐天使徐铭艺；摸着良心做生意的“油饼哥”郭海川；平淡坚守、爱心奉献的体育教师崔会省；心有老百姓必能成事的好村官果群；铮铮誓言谱写文明华章的村书记刘玺祥；扎根基层文化的“常青树”陈金龙；做群众代言人的社区主任周慧霞；种良心菜，走共富路的“女汉子”韩顺敏；用善心回馈第二家乡的企业家汪长春；播撒爱心、勇挑重担的班主任赵清会；关键时刻奋勇救人的“咬绳哥”王兆辉；脑瘫小伙的“气象人生”石春友。

【“美丽河北·最美海港”评选】 5～9月，全区深入开展“美丽河北·最美海港”推选展示活动，推进“美丽河北”主题宣传活动，展示海港区城市之美、自然之美、人文之美，凝聚建设美丽港城的正能量，树立海港区新形象。20多万名群众参与推选活动，经过组织推荐、集中展示、群众投票、专家评议、社会公示等环节，圆满完成推选工作。推选出“最美教师”10人、“最美医务工作者”10人、“最美清洁工”10人、“最美公务员”10人、“最美母亲”8人、“最美工人”10人、“最美志愿者”10人、“最美创业先锋”10人、“最美自强人”7人；“最美乡村”10个、“最美社区”9个、“最美文化广场”7个、“最美旅游景区”6个。

最美教师（10人）：杨青（和安里小学）、鲍平平（东港里小学）、邢秀玲（第十八中学）、杜艳萍（杜庄中学）、周京华（第十三中学）、韩月娇（交建里小学）、赵艳霞（大深港小学）、张利（萃文中学）、季红翠（暴庄小学）、马丽（建国路小学）。

最美医务工作者（10人）：王玉香（建设大街社区卫生服务中心）、赵煜丽（西港路社区卫生服务中心）、乔连军（驻操营镇卫生院）、陈金龙（海港医院介入科）、费文静（北港镇卫生院）、李志海（北环路社区卫生服务中心）、赵亚民（驻操营镇卫生院）、钱慧霞（杜庄镇卫生院）、闫秋艳（海港医院内分泌科）、郭建军（海港医院耳鼻喉科）。

最美清洁工（10人）：杨秀娟（城市管理综合执法局环卫九所）、李辉（城市管理综合执法局环卫五所）、董世玲（河东街道）、李洪喜（海港区张桥庄垃圾填埋场）、薛民（白塔岭街道）、田永来（西港路街道）、赵栋兴（城市管理综合执法局垃圾袋装化管理处）、李亚明（城市管理综合执法局环卫八所）、王廷华（海港区城市管理综合执法局环卫二所）、杨志强（海港区城市管理综合执法局清掏公司）。

最美公务员（10人）：于海燕（教育局）、张鹏（东港镇）、胡海（市场监管局燕港分局）、黄秀红（科技局）、李俏（政务服务中心）、孟丽丽（石门寨镇）、易松（人社局）、吴卫涛（建设大街街道）、李一波（燕山大街街道）、齐金成（财政局）。

最美母亲（8人）：王凤云（石门寨镇）、陈文环（杜庄镇）、刘玉芹（港城大街街道）、刘玉荣（海滨路街道）、赵玉琴（东环路街道）、郑旭日（河东街道）、李艳敏（海港镇）、王晓卫（西港路街道）。

最美工人（10人）：高永清（秦皇岛市信合水泥有限公司）、邸兵杰（方圆玻璃有限公司）、杨超（秦皇岛瑞通发展有限公司）、张宝军（秦皇岛市虎跃汽车改装有限公司）、李宝奎（秦皇岛华电测控设备有限公司）、安贵福（秦皇岛市家惠商贸有限公司）、张超（秦皇岛博硕光电设备股份有限公司）、张永会（秦皇岛市家惠商贸有限公司）、李小平（秦皇岛高鹏泡沫塑料有限公司）、赵建友（秦皇岛博硕光电设备股份有限公司）。

最美志愿者（10人）：于京文（瑞通出租汽车服务有限公司）、王勉（东环路街道）、沈汝波（西港路街道）、孙立清（港城大街街道迎秋里社区）、赵志芬（西港路街道先茂里社区）、范木兰（燕山大街街道燕山一社区）、秦瑞英（北环路街道新世纪社区）、张宝忠（港务局）、李金萍（白塔岭街道企业联合社区）、孙英超（西港路街道）。

最美创业先锋（10人）：赵闫（秦皇岛信合水泥有限公司）、房文平（石门寨镇房庄村）、韩顺敏（海阳镇鲤泮庄村）、董占武（秦皇岛夏都菌业有限公司）、许建峰（秦皇岛长谷口旅游开发有限公司）、田立业（石门寨益生药店）、杨桂云（石门寨镇浅水营南村）、何秀丽（青年惠农种植专业合作社）、王克敏（秦皇岛市汇宾饭店有限公司）、李铮（歌隆商贸有限公司）。

最美自强人（7人）：王建华（港城大街服务里社区）、温守文（驻操营镇龙泉庄村）、曲晶（北环路街道建新里社区）、冯魁（区残联肢残协会）、陈达（秦皇岛众览网络资讯服务有限责任公司）、沈永祥（建设大街街道新兴里社区）、王庆久（东环路街道东华里社区）。

最美乡村（10个）：石门寨镇北未庄村、石门寨镇房庄村、驻操营镇大道岭村、北部工业区石山村、石门寨镇蟠桃峪村、西港镇归提寨村、北港镇东陆庄村、北港镇西连峪村、驻操营镇龙泉庄村、北港镇尹家沟村。

最美社区（9个）：燕山大街街道天洋新城社区、西港路街道在水一方社区、海滨路街道滨海城社区、北环路街道军工里社区、东环路街道东环里社区、白塔岭街道燕大社区、东环路街道热电里社区、文化路街道河涧里社区、白塔岭街道森林逸城第一社区。

最美文化广场（7个）：西向河寨村文化广场、东环里社区园丁苑、归提寨村文化广场、世极城堡广场 、大石广场 、英武山村文化广场、益寿园公园。

最美旅游景区（6个）：老君顶、板厂峪、金梦海湾、连峪山庄、秦皇植物园、秦皇求仙入海处。

区直机关党建工作

【概况】 区直机关工委系统辖48个党委、总支、支部，52个区直单位，下设基层党支部113个，党员总数1955人。按时完成2016年党费收缴和补交工作，共计收缴党费299.92万元，全额上缴。牢牢抓住“两学一做”学习教育载体，把握“服务中心，建设队伍”两大任务，以抓思想、抓队伍、抓机制、抓载体，促进党内生活规范化，从严治党自觉化，为建设“沿海一流主城区和沿海经济增长极”的奋斗目标提供坚实的组织保障。

【“两学一做”学习教育】 抓学习，用最新理论和先进理念武装头脑，把学习中共中央总书记习近平重要讲话精神，《中国共产党章程》，中共十八届四中、五中、六中全会精神，《中国共产党党内监督条例》和《关于新形势下党内政治生活的若干准则》作为各级学习培训的必修课，开展以“日学一小时，精读一篇文”为主要内容的读原著、学原文、悟原理活动，着力提高机关党员干部政治认知、业务工作能力和水平。通过开展“建设坚强党组织战斗堡垒，争做合格共产党员，用行动回答区委书记冯国林三个问题”主题教育活动，让广大基层党组织和党员充分认识到从严治党必须落实到党员队伍的管理中，每一名党员都要严格要求自己，把从严治党切切实实落实到行动上。通过支部书记讲党课、推荐优秀党课等形式，不断创新学习方法和内容，使党员干部把学习视为己任，积极参与，自觉行动。

【党员发展】 认真研读《发展党员工作手册》，细化严格发展党员工作程序，将发展党员“十二有”材料细化到“二十五有”材料，从积极分子的培养到发展对象的确定，再到预备党员及其转正的程序都做出严格规定。认真审查发展党员材料档案，就入党志愿书、积极分子培养表、个人自传等文字材料书写不规范、涂改过多的部分坚决退回重写。做到“四不发展”，培养考察期限不足一年的、培训考试不及格的、多数党员和群众不同意的、政治审查材料有重大问题的，坚决不予发展。档案审核完成后，对符合条件的27名发展对象进行实地考察，与100名党内外人员进行谈话，征求党员及群众的意见，对2名认识不深刻、《中国共产党章程》等相关知识掌握不好的人员进行再谈话。

【党员干部教育培训】 全面加强党员干部培训，创新培训形式，丰富培训内容。年初以如何适应新要求做好发展党员工作为主要内容进行培训，促进基层支部工作开展。5月，为“青年教育月”，通过组织培训、志愿活动、团队协作训练等活动，加强对青年党员干部的教育管理。9月中旬，以党费补交工作为重点进行工作培训，对各级党组织分类指导，分别核对，确保无误，确保工作扎实推进。

【机关党建规范建设】 围绕中心抓队伍建设，严肃规范党内政治生活。注重抓机制建设形成约束。对照中共十八届六中全会、《中国共产党党内监督条例》和《关于新形势下党内政治生活的若干准则》规定和要求，依据《机关基层组织建设工作条例》，制定《海港区贯彻条例实施意见》，强化机关党建工作责任制，完善目标管理机制，把党建工作内容具体分为组织领导、班子建设、党员队伍建设、工作机制、制度建设五个方面，作为年度评先评优的一项重要内容，切实把机关党的建设与各项业务工作融为一体。强化落实“三会一课”、组织生活会、发展党员工作、民主评议党员等各项工作制度，统一规范“党支部工作手册”的填写，分季度进行抽查，保证机关党建工作健康、有序开展。把建坚强堡垒、做合格共产党员作为基层党建建设目标。加强对各支部任期届满和缺额补选工作进行督促，指导22个基层党支部进行换届选举，调整支委21人，增补支委13人，其中宣传部因党员人数增多，由党支部改建为党总支，促进支部班子建设，增强基层党组织的战斗力。监督基层党组织召开专题组织生活会。分组对各级基层党组织进行指导，党员们通过彼此谈心交流，开展推心置腹批评与自我批评，互相鼓励促进，共同进步。

【机关党建活动】 抓载体增强党组织凝聚力，让党内生活更具活力。以“服务”为目标，抓实党建活动。以“红色义工”为志愿组织，丰富志愿服务活动，弘扬奉献精神。在建立健全志愿者注册、培训、管理机制，推进学雷锋志愿服务活动常态化、制度化的基础上，建立“党员志愿者集中服务日”活动。统一组织“清理海岸线”“我是红色志愿者”等党员志愿活动，为基层群众解决实际困难。以“示范”为标准，突出榜样带动作用。通过推荐树立机关干部典型，筹备举办“讲公务员的故事”专场故事汇活动宣传身边的先进典型。联合区委宣传部选树全区各个系统机关干部8人作为先进典型进行宣传。各单位建立本单位光荣榜，树立本单位本行业的先锋模范、榜样标兵，通过亮身份、亮职责、亮承诺、亮流程、亮评议，比素质、比干劲、比奉献、比创新、比业绩，实现创一流部门、创一流队伍、创一流服务、创一流业绩、创一流形象的目标。从系统内选树文体局、政务中心两个党组织作为先进典型在区直机关各单位公示展出，选树136个先进个人作为身边模范进行宣传。引导党员在任何岗位、任何地方、任何时候、任何情况下铭记党员身份，接受监督做表率。以“关怀”为要求，强化党组织凝聚力。建立“新党员必访、党员大病探访、党员政治生日问候、退休党员节日必访、困难党员节日走访”的“五必访”党内关怀帮扶机制。“两节”期间和“七一”前夕，慰问老党员、困难党员33人次。结合区委中心工作和重大节日，组织开展系列各具特色、主题鲜明的党建活动，营造朝气蓬勃、团结奋进、和谐发展的良好氛围。如围绕学习贯彻党章党规，组织参加知识竞赛答题活动，“七一”前夕组织“颂歌献给党”主题演出活动。

【党风廉政建设】 围绕党内监督严肃纪律，让廉洁自律成为自觉。制定《2016年度党风廉政建设和反腐败工作实施方案》，做到防患于未然。认真学习贯彻《中国共产党党内监督条例》和《关于新形势下党内政治生活的若干准则》，深入实施党务公开，编制党务公开目录和党务公开流程图，不断增强党支部工作的透明度，使党员更好地了解和参与党内事务。严格落实党风廉政建设责任制，把反腐倡廉工作纳入系统内基层党组织“双十星”考核重要内容，并占较大比重。加强对党员特别是党员领导干部的教育和监督，开展“关注民生、优化环境”百人问卷调查，严格落实领导班子民主生活会，切实增强监督的效果。深入学习《中国共产党党员领导干部廉洁从政若干准则》，领导班子和全体党员干部一起重点掌握并牢牢记住廉洁从政行为“八类禁止”（52项不准），主要领导带头严以律已，做自觉接受监督的表率。

（张　强）

城市建设与管理系统党建工作

【概况】 海港区建管工委系统共有基层党支部107个，党员总数2177人。2016年，以“两学一做”学习教育、解放思想大讨论和机关作风整顿为重点，继续坚持“围绕中心抓党建，抓好党建促发展”的主线，紧扣全区中心工作和发展主题，牢固树立服务意识，积极探索党建工作与中心工作结合的工作载体，努力提升党员干部的思想水平和创造能力，为打造群众满意、社会满意的城建队伍提供坚强的思想政治基础和组织保障。

【学习教育】 工委专门成立“两学一做”学习教育领导小组，负责对全系统各单位进行全过程的督导和现场指导。领导带头讲党课、带头学习，充分发挥引领示范作用，引导广大党员主动参与“两学一做”学习教育。6月初，在全系统集中时间组织开展“两学一做”知识竞赛网上答题活动。

【基层组织】 以各种活动为载体，把“春雨行动”和“驻村帮扶”等各项工作做实做细。春节，对系统内30名困难党员、老党员和帮扶村居的近40户困难家庭进行看望和节日的慰问，对帮扶村——四合庄村的8名困难大学生进行定期资助。“春雨行动”中，帮扶对象72户，对先盛里社区的骨癌患者黄某某进行慰问，帮扶石门寨镇张赵庄村的尿毒症患者刘某某。开展迎“五一”系统职工健走比赛和“最美城建·365百姓故事汇——主题宣讲比赛活动”。“七一”组织系统党办主任、22名发展对象和27名转正的党员和部分优秀党员代表参观青龙花场峪抗战纪念馆，举行“重温入党誓词和入党宣誓”活动。在迎接建党95周年之际，对全系统21户困难党员、老党员进行慰问走访，结合“全民洗城”、党员志愿服务等活动定期与北环办、金梦海湾管委会等单位联系，组织单位职工参加相关单位组织的捡拾白色垃圾等志愿服务活动。做好全系统党费收缴补缴，收缴补缴党费共计84万多元。接转党组织关系近190人次。对系统各单位的4个基层党总支、43个党支部进行换届。按能者上、平者让、庸者下和优中选优的原则，选出一大批优秀年轻干部。

【帮扶工作】 成立工作组3个，利用一周的时间与系统非公企业建立对接联系，了解非公企业党建的发展现状和存在问题，为非公企业党建工作的开展寻求对策。安排组织干部到驻操营镇南关村进行帮扶，制订帮扶计划，解决实际问题。为帮扶村解决路灯杆7根、对村部进行维修升级改造、秋收临时道路修整，出资2000元制作党建公示栏、宣传栏等党建展牌。与有关部门协调，帮助解决危房问题。

【党员发展】 举办基层党务工作者和支部书记培训班，重点对党员发展程序及相关要求进行详细讲解和说明，严格入党程序。举办发展对象培训班，系统22名发展对象参加为期4天的集中培训。

【党风廉政建设】 强化“一把手”责任。工委书记带头履行主体责任，做到重要工作亲自部署，重大问题亲自过问，重点环节亲自协调，树牢党建责任观念，把抓好党建作为自己的“主业”“主责”。强化班子成员“一岗双责”。严格按照“一岗双责”的要求，自觉将党风廉政建设与分管的工作结合，积极负起指导责任。落实党组主体责任。每月定期召开党组中心组学习专题会议，安排党风廉政建设工作，把从严治党与工委中心工作同部署、同落实、同督导、同调度、同跟进。加强党内监督力度。党内监督坚持把纪律挺在前面，运用监督执纪“四种形态”，经常开展批评和自我批评、约谈函询，让“红脸、出汗”成为常态。尊崇党章，依规治党，坚持党内监督和人民群众监督有机结合，认真执行党内监督制度，落实好民主生活会、谈话和诫勉、述职述廉、报告个人有关事项等重要制度。工委书记与班子成员都签订党风廉政建设责任书。督促班子成员对职责范围的党风廉政建设和反腐败斗争全面负起领导责任，齐心协力加强“两个责任”落实。

（李　健）

卫生和计划生育系统党建工作

【概况】 卫生工委辖党委1个（德信医药有限责任公司党委），党总支1个（海港医院党总支），党支部16个。2016年，以“两学一做”学习教育和机关作风整顿为工作重点，深入开展党风廉政建设和精神文明建设，转变思想观念，完善工作思路，充分发挥党员的先锋模范作用，提升党组织的凝聚力、战斗力，高质量完成全年工作任务。

【“两学一做”学习教育活动】 印发相关工作实施方案，制订详细的学习计划，召开三个专题讨论（学党章党规、学系列讲话、做合格党员）和《知之深爱之切》学习交流，组织开展基层党支部书记述职报告会，强化基层党组织履职能力。工委按时召开“三严三实”专题民主生活会，基层党组织按时召开组织生活会和民主评议党员工作，深化“党员做好事”“港城先锋·红色义工”等活动。

【基层党建】 批复成立6个基层党支部，特设（联合）党支部34个。举办基层党组织党务干部培训班，对基层党务干部40多人进行培训；严格按照标准和程序发展党员，全区卫计系统党员501人。组织集中学习10次，支部书记讲专题党课3场，观看教育影视作品5部，开展“干部下基层，建功在一线”工作，选派4名党员干部到驻操营镇柳江村和北部工业区四合庄村开展驻村帮扶工作；设立“党员文明示范岗”，开展“假如我是患者”的大讨论，着重解决医疗服务中“生、冷、硬”等问题，改善服务态度，融洽医患。

【党风廉政建设】 落实主体责任，切实履行一岗双责，细化主体责任清单和主要负责人责任清单，开展经常性的警示教育活动；在人、财、物管理上，进一步完善《工委议事规则制度》《三重一大制度》等各项工作制度和行政审批流程。落实“为官不为”专项整治行动，制定印发《滞留截留套取挪用财政专项资金特别是涉农资金问题清理专项行动实施方案》，成立专项行动领导小组，按照时间节点要求，对“一问责八清理”内容进行自查并上报。

【志愿服务活动】 在10家社区卫生服务中心门前设置志愿服务岗，为广大市民及游客免费提供饮用水和简单应急药品及医疗救助。组织开展为期3天的“庆祝中国共产党成立95周年大型义诊活动”，免费体检8570人次。开展乡村百姓“健康大坝”工程，组织由党员志愿者、骨干专家组成的医疗小组，共开展下乡义诊130多次，发放连心卡4700多份。组织机关党员干部利用节假日看望慰问帮扶对象10人，为他们送去米、面、油等生活物资和进行免费体检。组织系统各单位医疗志愿者134人次，开展送医下乡及义诊活动12次，开展健康知识大讲堂6次，受益群众6700人次，发放健康宣传资料1万多份，免费发放药品价值3.4万元。

【精神文明建设】 创建全国文明城，将全国文明城创建工作作为全系统一项重要工作抓紧抓好。成立创建工作领导小组，实行班子成员分包负责制，由班子成员带队，成立巡回督导组1个、工作检查组6个，对系统单位及监管行业进行拉网式督导检查。及时召开卫计系统动员部署会议，对创建工作进行全面部署，下发任务分解表，明确责任，落实一把手亲自抓落实，抓督导。组织召开创城工作会议7次，公共场所集中培训4次，医疗机构集中培训3次，控烟单位集中培训3次。印制《创建全国文明城市暨省级文明城区工作任务分解表及实地考察点位测评参考》1000份，分发到系统各单位。投入资金5700元，帮扶玉峰里社区757家属院制作安装“讲文明树新风”、未成年人思想道德建设、秦皇岛人文明公约、社会主义核心价值观等公益广告23块，草坪爱心提示牌6块，组织机关干部职工义务劳动31人次。精神文明宣传。抽调选派系统8名工作人员，定期深入村、居为老百姓讲解医疗卫生知识和政策法规。树立系统爱岗敬业和医德标兵的先进典型8人；印制宣传画900份，发放至社区卫生服务中心、社区卫生服务站、诊所、镇卫生院、村卫生室及辖区宾馆。收纳汇集涉及文学艺术、医疗保健、中外经典等多种类型的书籍供广大职工借阅。

【综治信访工作】 认真做好维稳和信访工作，切实抓好矛盾纠纷排查调处，并将其作为综治工作的重点，做到预防为主，及时化解。年内排查出各类矛盾纠6起，成功调处6起，矛盾纠纷调处率100%。每逢春节、"五一""十一"等重大节假日以及全国、省、市、区"两会"期间，按要求做好任务区内社会治安动态监控，实行零报告制度，出现问题及时处理，未出现社会不稳定的因素，维护社会和谐稳定。

（崔　涛）

教育系统党建工作

【概况】 海港区教育系统有党员2914人，辖3个党总支、95个党支部。2016年，全系统党员认真学习中共中央总书记习近平系列重要讲话精神和治国理政的新理念、新思路、新战略，开展"两学一做"学习教育活动，以严肃党内政治生活和党内监督为重点，以服务教育教学、建设队伍为核心，教育引导广大党员讲政治、敢担当、重操守，全面加强党的思想、组织、作风和反腐倡廉制度建设，推进教育系统全面从严治党向纵深发展。

【德育工作】 加强德育队伍建设，打造一支素质过硬的德育队伍。校园体育、艺术活动蓬勃开展，全区中小学生春季田径运动会和篮排球比赛吸引7000多名师生的参与。京津冀中小学师生美术书法作品展、传统文化艺术课评比、校园艺术节、农村学校篆刻艺术联展等活动活跃学校文化生活，体育、艺术教育取得丰硕成果。主题教育活动丰富多彩，以主题活动为载体对学生进行爱国主义、文明礼仪、环保、行为习惯养成等教育，争创心理健康教育特色学校和省级绿色学校，开展健康知识宣传教育和传染病防控工作，组织科普讲座，素质教育不断深化。校园足球广泛普及，全国青少年校园足球特色学校新增到33所。参与国家级、省级足球夏令营，展示海港区特色足球文化。夺得省级冠军、体育道德风尚奖及最佳阵容奖、"河北省未来之星"等称号。

【教学改革与创新】 增强学校教改成效，教育教学质量稳中有升。开展"海港区首批课堂教学改革实验校""海港区课程建设实验校"现场展示暨区级验收等系列活动。以提高基层学校的管理能力、管理水平，全面提升教研队伍的服务意识和指导能力为目标，进行教学评估机制改革，规范评估流程，最大化发挥教学评估的管理、指导、服务职能。提升校长教改理念，提高教师教改水平。组织开展评估视导活动80多次，听课1500多节，参与指导校本教研活动300多场，教师在国家级、省级、市级学科教学竞赛中获奖350多人，各等次奖项均名列各县区之首。海港区被评为秦皇岛市课堂教学改革整体推进实验区。

【队伍建设】 干部队伍建设措施得力，开展课程领导力讲座、暑期校（园）长书记培训等活动，参加培训530人次。组织青年干部培训班，对系统61名青年干部进行为期一年的培训学习。实行领导干部工作日志制度，通过分级阅批、随机检查、组织考核等方式，激励领导干部争先创优、干事创业。继续开展城乡干部挂职交流，校际间交流中层以上业务干部36人。发挥名校长工作室的龙头带动作用，利用名校长蕴涵的教育资源，促进中青年校长尽快成长。教师队伍管理日益强化，推进高素质人才引进计划，通过赴高校和面向社会公开招聘等方式补充新教师153人，其中研究生21人。统筹规划师资，完善区域内教师交流轮岗制度。为乡村教师提供政策倾斜，落实省、市、区乡村教师支持计划，提高乡村教师待遇。制定《海港区农村教育发展资金分配方案》，以乡镇工作补贴和交通补助的形式为乡村教师发放农村教育发展资金1400万元。放宽乡村教师职称评审条件，提高乡村中小学校中高级职称岗位设置比例。年内首次评选区级优秀乡村教师7人、区级优秀乡村教育工作者3人。

【党员教育】 开展“两学一做”学习教育，坚定理想信念，争做合格党员。严格落实全面从严治党要求，加强党员教育管理，强化党员身份意识，增强党组织的凝聚力和战斗力。组织开展党员“亮身份做表率”活动，提高党员教师综合素养，发挥党员的示范带动作用。注重对标先进典型，号召系统各单位、全体党员向先进典型学习。全面落实党风廉政建设主体责任，明确职责任务，认真落实“一岗双责”，做到党风廉政建设与业务工作同部署、同落实、同检查。认真开展专项活动，加强重点领域监管。组织系统800多名中层以上领导干部参观“反腐倡廉典型案例”剪报展，增强反腐廉政意识。

（周光欣）

海港区人民代表大会

HAIGANGQU RENMIN DAIBIAO DAHUI

HAIGANGQU RENMIN DAIBIAO DAHUI

区人民代表大会会议

【区第十四届人民代表大会第五次会议】 2月1～3日，海港区第十四届人民代表大会第五次会议在海港区文化馆大礼堂召开，大会应出席代表305人，实出席264人。会议主席团由35人组成，冯国林、鲁栋、陈永山、刘凤奎、韩国祥、杨丽萍为主席团常务主席。

会议听取和审议区人民政府代区长吕国新所作的《海港区人民政府工作报告》；审查批准区发展改革局局长陈占勤《关于海港区2015年国民经济和社会发展计划执行情况与2016年国民经济和社会发展计划（草案）的报告》（书面）、区财政局局长苏文胜《关于海港区2015年财政预算执行情况和2016年财政预算（草案）的报告》（书面）；听取和审议区人大常委会主任鲁栋所作的《海港区人民代表大会常务委员会工作报告》；听取和审议区人民法院院长刘光明所作的《海港区人民法院工作报告》、区人民检察院检察长陈巍所作的《海港区人民检察院工作报告》。会议通过上述各项报告，并作出相应的决议。

会议收到代表建议89件，代表建议办结率100%，满意率100%。

区人大常委会会议

【区第十四届人大常委会第二十五次会议】 1月7日，召开海港区第十四届人大常委第二十五次会议。补选市第十三届人民代表大会代表。

【区第十四届人大常委会第二十六次会议】 1月20日，召开海港区第十四届人大常委会第二十六次会议。讨论通过区人大常委会2016年工作要点；讨论通过区人大常委会工作报告；通过代表资格审查委员会名单；讨论通过代表资格审查情况的报告；研究区第十四届人民代表大会第五次会议有关事宜。

【区第十四届人大常委会第二十七次会议】 4月27日，召开海港区第十四届人大常委会第二十七次会议。听取和审议区政府关于农村义务教育情况的报告。

【区第十四届人大常委会第二十八次会议】 8月5日，召开海港区第十四届人大常委会第二十八次会议。通过李广华辞去秦皇岛市第十三届人民代表大会代表职务的请求；研究人事任免有关事宜；听取和审议区政府关于社会救助工作情况的报告。

【区第十四届人大常委会第二十九次会议】 9月29日，召开海港区第十四届人大常委会第二十九次会议。听取和审议区政府2016年上半年国民经济和社会发展计划及财政预算执行情况的报告；听取和审议区政府2015年度财政预算执行和其他财政收支审计情况的报告。

【区第十四届人大常委会第三十次会议】 11月22日，召开海港区第十四届人大常委会第三十次会议。讨论通过区、镇人大换届选举相关事宜；确定各镇新一届人民代表大会代表名额；听取和审议《秦皇岛市公安局海港分局关于对海港区人大代表胡富强采取行政处罚的请示》。

【区第十四届人大常委会第三十一次会议】 12月28日，召开海港区第十四届人大常委会第三十一次会议。研究人事任免有关事宜；听取和审议区政府关于2016年区级预算调整方案（草案）的报告，审查批准预算调整方案；听取和审议区政府2016年度代表建议、批评和意见办理情况的报告。

区人大常委会主要工作

【概况】 区人大常委会以中共十八大，中共十八届三中、四中、五中全会和中共中央总书记习近平系列重要讲话精神为指导，认真落实中共中央和省、市、区委关于加强县乡人大工作和建设的部署要求，大力弘扬和践行“开放、包容、崇德、尚美”的海港精神，依法履行法定职权，为全区改革开放和经济社会发展做出应有贡献。

【工作监督】 围绕加快发展方式转变，提高经济运行质量，进一步强化对计划、财政预决算工作的监督。听取和审议区政府关于2015年度财政预算执行和其他收支审计、2016年上半年国民经济和社会发展计划及财政预算执行情况的报告。对社会敏感度高、事关群众切身利益的问题开展监督。常委会会议听取和审议区政府农村教育发展、社会救助等工作情况的报告；组织省、市、区、镇四级人大代表对“双违”进行视察。

【司法监督】 督促“一府两院”规范执法、透明执法、公正执法。围绕《中华人民共和国人民警察法》贯彻落实情况开展调研，推进警务正规化建设，促进公安机关进一步提高工作效率和工作质量。支持“两院”推进司法改革，回应社会关注问题，进一步促进司法公正和社会公平正义。认真受理群众信访，加大对信访问题的督察督办力度，全年办理信访32件（次），均交办、转办、督办交结，办结率100%。

【任免监督】 坚持党管干部和人大依法任免统一的原则，不断完善区人大常委会人事任免办法，加强同组织部门以及提请任免机关的沟通，严格把关，进一步规范人事任免工作。严格任前法律知识考试、任中表态发言、投票表决、颁发任命书等程序，规范权力运行。通过听取部门工作情况报告、部门负责人履职情况汇报等形式加强任后监督，增强被任命人员的责任感、使命感和担当精神。全年，常委会任免国家机关工作人员10人，任命人民陪审员34人，依法补选市人大代表6人，为全区经济社会发展提供人力支持和组织保障。

【代表工作】 常委会采取灵活多样的方式，分层次、多渠道、有计划地开展人大代表的学习培训工作。组织区人大常委会组成人员、各镇（街）人大主席（主任）及部分机关工作人员30多人，赴北京全国人大培训中心，围绕新预算法、选举法、监督法等法律、法规，进行集中培训。坚持区人大常委会组成人员走访联系代表制度，及时了解掌握人大代表情况。主动邀请人大代表列席人大常委会会议，参与常委会组织的各项视察、检查和调研工作。充分调动代表的积极性，提高活动的参与率，增强活动实效，提升活动质量。全年组织各代表团活动30多次，充分发挥人大代表在推进“十三五”规划中的作用，推动人民群众普遍关心的热点问题得到有效解决。截至2016年底，区十四届人大五次会议收到的89件代表建议全部办结，代表满意率或基本满意率100%。

区人大常委会机构

【海港区第十四届人大常委会组成人员】

主　任：鲁　栋

副主任：陈永山

刘凤奎（2月任）

韩国祥

杨丽萍（女）

委　员：（以姓氏笔画为序）

马赤华　王　琳（女）　王自俭

王建国　公爱民　史力方（女）

边瑞增　刘立辉　刘江华　刘嘉诚

孙爱静（女）　杨广俊　杨艳莉（女）

张文静（女）　张利民　郎晓光

房德臣　倪俊友　高　凡（女）

曹耀辉　崔　洋　温志国

【海港区人大常委会工作机构主要负责人】

办公室主任：肖长海

老干部工作办公室主任：边瑞增

财政经济工作委员会主任：张利民

法制工作委员会主任：房德臣

代表人事工作委员会主任：高　凡（女）

教科文卫工作委员会主任：王　琳（女）

信访办公室主任：赵荣福

区第十四届人民代表大会代表团及代表

【东港镇代表团】 王维民　郭　文　张　鹏

王　哲　王　健　王金华

冯国林　朱兰田　刘立辉
那　威（女）杜显兰（女）
李殿民　何世国　张利民
孟凡辉　费静波　夏润君
徐　丹（女）

【海港镇代表团】 兰　鹏　温长驰　高　庚
王志勇　王洪泉　王郁岚
王德月　史立方（女）付连永
朱大田　李成玉　肖子平
张立红（女）张孟秋　张铁忠
张智强　陆洪德　岳会仁
周永鑫　曹国伟

【海阳镇代表团】 杨忠权　苏大忠　王　澍
刘海波　杨丽萍（女）张志民
陈占勤　陈　海　周鹏林
赵凤芝（女）祖旭波　袁孝本
倪宝全　郭子茹　曹　辉
温志国　谢京海　戴荣元

【西港镇代表团】 马　馨　刘建新　于恩林
王彦军　王满成　孔祥东
石建军　刘英峰　刘殿昌
孙　贺　孙　毅　杨广俊
张云山　张玉华　张国柱
张利荣　张湘义　侯中文
郭学深　鲁　栋

【北港镇代表团】 郭宪彬　李贵林　王东江
王庭锁　田连有　印　洪
吕国新　刘玺祥　杨时慧
杨润芝（女）李秋来
张　洁（女）张德喜　苑同锁
郎海伦（女）胡福全　徐志敏
郝冀伟

【石门寨镇代表团】 张　波　王迎海　马赤华
马金春　王云波　刘仲和
刘春华　刘爱秀　孙志明
李晓辉　李家庚　赵建军
昝顺生　昝福升　顾立明
徐贺艳（女）高春艳（女）

【驻操营镇代表团】 张　斌　王占宽　王平忠
王志山　刘江华　齐香民
佟丽珠（女）张立新　薛　勇

【杜庄镇代表团】 李　彬　仇喜兴　李锦锋
杨鸿涛　张　浩　林树来
周　虎　赵玉柱　黄爱东
董恩喜

【文化路代表团】 王文斌　王建国　刘淑珍（女）
刘嘉诚　齐春霞（女）
孙淑安（女）李　敏（女）
李文生　李会庆　李晓光
宋继良　张　晶　张茂和
张振江　张晓雁（女）涨潮海
胡敬林

【海滨路代表团】 侯瑞雪　马秀芳（女）
王　琳（女）王一歌（女）
尹清志　付合全　刘　存
安文杰　杨雨春　肖长海
吴文生　张浩然　陈　娜（女）
瓮志平　郎晓光　赵文成
韩国祥

【建设大街代表团】 晁迎锋　于海鹏　王红艳（女）
王海军　申雅秋（女）
吕红新　杨铁林　李广民
张　伟　房德臣　胡富强
郝富连　赵长泰　赵荣福
钟　涛　顾国锋　崔　洋
葛静华

【燕山大街代表团】 才汇强　王有长　王秀红（女）
公爱民　冯立志　苏文胜
李国新　吴立芳（女）
季　平　周　倩　周莲洁（女）
周慧霞（女）郎喜梅（女）

高　栋　涂学宏　桑　菊(女)
曹耀辉　董宝军

郑国新　赵　伟（女）倪俊友
高洪星　梅红霞（女）

【港城大街代表团】 王胤龙　卢利辉　刘凤奎
刘光明　刘继军　许一群
杨艳莉（女）吴秋来
张国林　张艳东（女）
胡孝文　费敬霞（女）
高骥恩　黄海疆　董彦超
程克罡　魏淑娟（女）

【东环路代表团】 王晓冬（女）王玉华（女）
王建国　王晓静（女）王喜亭
王德权　方向明　田秀财
孙志刚　杨爱文　李秀丽（女）
李建国　郑云明　赵军朝
昝　欣　高玉彬　高立明
崔清林

【白塔岭代表团】 王　宏　张　磊　王自俭
东方阳　毕卫红　任　毅
刘晓光　刘清芬（女）许　岩
杨　英（女）杨永会　李克国
李林忠　辛彦怀　武新军

【河东代表团】 王进国　王胜超　边瑞增
杨东明　李双全　张亚杰
陈　巍　邵清惠　罗胡英（女）
周冬菊(女)　赵长吉　高　凡(女)
梁安平　董育松　蒋福长
谢桂亮　詹立军

【西港路代表团】 陶剑锋　朱清国　李天兵
李占谦　李冠霖　李晓奇
吴国生　张文静（女）张华津
陈永山　武　涛（女）徐志文
徐建华　高　辉　黄　萍
梁　力　裴　勇

【北环路代表团】 李连仲　高纯红（女）丁连斌
王晓民　刘福生　齐秋丰
孙爱静（女）佟佰军　李　平
张建梅（女）张春义　迟耀安
荣博英（女）洪　园（女）
袁会民　康红艳（女）

（陈伟亮）

海港区人民政府

HAIGANGQU RENMIN ZHENGFU

HAIGANGQU RENMIN ZHENGFU

区政府重要决策

1月8日，区政府印发《秦皇岛市海港区人民政府关于建立行政应诉案件统计备案制度的通知》，旨在进一步促进行政机关约束和规范行政行为，准确把握行政应诉现状，全区行政机关要建立行政应诉统计备案制度。

1月29日，区政府印发《海港区打击非法占河侵河及河道采砂专项整治工作方案》，旨在进一步规范全区河道管理，维护河势稳定。

2月1日，区政府代区长吕国新在区第十四届人民代表大会第五次会议上作政府工作报告，提出海港区“十三五”时期，经济社会发展的指导思想是:全面贯彻中共十八大和十八届三中、四中、五中全会以及省委八届十二次全会、市委十一届八次全会、区委九届八次全会精神，按照“四个全面”战略布局，坚持“打造一流主城区和沿海经济增长极”奋斗目标不动摇，牢固树立“大海港区”理念，按照“一轴、双核、两翼、三组团”空间布局和“一中心三基地”产业定位，深入实施“开放引领、港城融合、产业强区、创新驱动”发展战略，全面建设秦皇岛首善之区，为实现“沿海强市、美丽港城”发挥主阵地、主窗口、主力军的重要作用。

“十三五”时期，海港区经济社会发展的总体目标，概括起来就是“一个全面建成”“两个提前翻番”“五个明显提升”。“一个全面建成”，就是到2020年如期全面建成小康社会。“两个提前翻番”，就是到2019年生产总值比2010年翻一番以上；到2018年城乡居民人均可支配收入比2010年翻一番以上。“五个明显提升”，就是实现区域经济实力明显提升，综合实力在沿海地区位次前移；产业规模明显提升，“一中心三基地”格局基本形成；城市功能和带动能力明显提升，达到或接近中等城市规模；生态环境明显提升，空气、海水质量较大改善；公共服务能力和水平明显提升，社会事业和精神文明全面进步。

2月4日，区政府印发《海港区安全生产事故应急救援预案》，旨在认真贯彻执行“安全第一，预防为主，综合治理”的安全生产方针，确保在生产安全事故发生后能及时予以控制，防止事故的蔓延，有序、有效地组织抢险和救助，保障人民群众生命安全、最大限度地减少财产损失、环境损害、保持社会稳定。

2月4日，区政府印发《海港区烟花爆竹事故应急救援预案》，旨在规范烟花爆竹事故应急管理和应急响应程序，提高应对、防范烟花爆竹事故风险和事故灾害的能力，及时有效地实施应急救援工作，最大限度地减少人员伤亡和财产损失，维护人民群众生命财产安全和社会稳定。

2月4日，区政府印发《海港区危险化学品事故应急救援预案》，旨在有效预防和妥善处置发生在海港区行政区域内的危险化学品事故，最大限度地减少事故灾害造成的人员伤亡和财物损失，维护人民群众的生命安全和社会稳定。

3月10日，区政府转发《省委办公厅省政府办公厅关于河北省生态环境保护责任追究暂行办法的通知》，旨在加强生态环境保护责任，促进生态文明建设。

4月8日，区政府印发《秦皇岛市海港区人民政府关于落实粮食安全责任制的实施意见》，旨在全面落实粮食安全责任制，进一步做好全区粮食工作。

4月12日，区政府印发《海港区露天烧烤专项整治实施方案》《海港区户外广告专项整治实施方案》，旨在进一步改善大气环境质量，规范烧烤经营行为，提升城市环境容貌水平，实现食品卫生安全、空气质量优良、环境卫生整洁、市容秩序良好的目标。

4月14日，区政府印发《海港区区级粮食储备实施方案》，旨在进一步落实粮食行政首长负责制，增强政府宏观调控能力，应对突发事件的发生，确保粮食市场供应安全。

5月5日，区政府印发《海港区关于进一步开展好专业化招商工作的实施办法》，旨在进一步加强和改进招商引资工作，积极探索和创新招商引资工作方法，大力开展以商招商，通过聘请招商顾问，实施产业链招商，建立专业化招商团队等方式，推动专业化招商工作向纵深发展，实现招商资源的最优化利用，努力构建海港区全方位、多层次、宽领域的招商新格局。

5月5日，区政府印发《海港区乡村百姓“健康大坝”工程实施方案》，旨在全面贯彻落实国家及省、市卫计委医药卫生体制改革的相关文件精神，加强公立医院对农村基层医疗机构的纵向协作和支持指导，盘活全区医疗卫生资源，使海港区优质医疗卫生资源下沉至各镇卫生院、村卫生室，力推城市卫生资源向乡镇、农村延伸，大力提升乡镇卫生院服务水平，让农民在家门口就能享受到城市医院的诊疗水平。

5月13日，区政府印发《海港区2016年工业企业污染物达标排放专项整治行动方案》，旨在加强海港区工业企业污染防治工作，全面提升工业污染源治理水平，实现工业企业污染物稳定达标排放，改善全区环境质量。

5月16日，区政府印发《海港区关于加强市场监督管理工作的意见》，旨在依法推进市场管理体系和管理能力现代化，维护市场公平竞争秩序，营造法治化、市场化的营商环境，促进全区经济社会持续健康发展。

5月16日，区政府印发《海港区创建国家食品安全城市工作方案》，旨在全面提高海港区食品安全监管水平和保障能力，确保人民群众饮食安全。

5月18日，区政府印发《秦皇岛市海港区人民政府关于农村路网改造项目有关问题的通知》，旨在提升农村路网技术等级，增强路网通行能力，保证农村公路的通畅，满足通道内快速增长的交通运输需求。

5月23日，区政府印发《海港区互联网金融风险专项整治工作实施方案》，旨在鼓励和保护真正有价值的互联网金融创新，整治违法违规行为，切实防范风险，建立监管长效机制，促进全区互联网金融规范有序发展。

5月25日，区政府印发《海港区涉水重污染企业退出实施方案》，旨在改善全区河流环境质量，保障全区水环境安全，维护人民群众的环境权益。

6月1日，区政府印发《海港区非煤矿山事故应急预案》《海港区煤矿事故应急预案》，旨在加强和规范全区非煤矿山安全生产事故应急管理，及时有效地应对非煤矿山事故，最大限度地减少事故造成的人员伤亡、财产损失和社会影响。

6月2日，区政府印发《秦皇岛市海港区人民政府关于做好“双基”共建农村信用工程情况的通知》，旨在加快推进农村信用工程建设，全面推广农户小额信用贷款，促进农村地区经济快速发展。

6月10日，区政府印发《海港区区级储备粮管理暂行办法》，旨在加强对区级储备粮的管理，保证区级储备粮数量真实、质量良好和储存安全，保护农民利益，维护粮食市场稳定，有效发挥区级储备粮在政府宏观调控或者应对紧急情况时的补充作用。

6月15日，区政府印发《海港区乡村教师支持计划(2016～2020年)实施办法》，旨在贯彻落实《秦皇岛市乡村教师支持计划(2016～2020年)实施办法》，采取切实有效措施，加强全区中小学乡村教师队伍建设，缩小城乡师资水平差距，让每一个乡村孩子都能接受公平、有质量的教育。

6月15日，区政府印发《海港区2016年农村危房改造工作实施方案》，旨在贯彻落实中央、省、市关于加快推进农村危房改造工作的要求，确保按时完成全区危房改造任务，逐步解决和改善全区农村贫困群众的住房不安全问题。

6月16日，区政府印发《海港区农村电子商务全覆盖工作实施方案》，旨在落实《河北省人民政府办公厅关于推进农村电子商务全覆盖的实施意见》《秦皇岛市人民政府办公厅关于推进农村电子商务全覆盖的实施意见》精神，加快农业现代化进程，推动城乡一体化发展，拓展农民创新创业平台，促进农村经济发展和农民致富增收。

6月16日，区政府印发《秦皇岛市海港区人民政府关于促进科技型中小企业加快发展的意见》，旨在培育一批初创型、成长型、壮大型的科技型中小企业，促进海港区科技型中小企业加快发展。

6月26日，区政府印发《海港区突发地质灾害应急预案》，旨在高效有序地做好突发地质灾害应急防治工作，避免或最大程度地减轻灾害造成的损失，维护人民生命财产安全和社会稳定，促进经济和社会的可持续发展。

7月7日，区政府印发《海港区精准帮扶活动实施方案》，旨在进一步加大对企业的帮扶和支持力度，努力解决企业生产经营中的困难和问题，促进全区经济运行稳中向好。

7月15日，区政府印发《海港区关于整合城乡居民基本医疗保险制度实施方案》，旨在整合城乡居民基本医疗保险制度和管理体制，优化职能配置和机构设置，实现制度政策有效衔接、机构人员平稳划转、基金资产安全移交、信息数据有机整合，确保整合期间工作不断、队伍不乱，在全区范围内建立起统一的城乡居民基本医疗保险制度，推动保障更加公平、管理服务更加规范、医疗资源利用更加有效，促进全民医疗保险体系持续健康发展。

8月15日，区政府印发《海港区2016年街巷路环境容貌综合整治工作方案》，旨在打造干净、秩序、文明的市容环境，加强街巷路属地管理工作，提升城市精细化管理水平。

8月16日，区政府印发《海港区法治政府建设情况报告制度》，旨在加强对法治政府建设的领导和督促检查。

8月24日，区政府印发《海港区食品安全事故应急预案》，旨在建立健全应对食品安全事故运行机制，有效预防、积极应对食品安全事故，高效组织应急处置工作，最大限度地减少食品安全事故的危害，保障公众健康与生命安全，维护正常的社会经济秩序。

9月1日，区政府印发《海港区洪涝灾害灾后重建实施方案》，旨在切实做好全区灾后重建工作，全力帮助受灾群众尽快恢复生产、重建家园。

10月31日，区政府印发《海港区法治政府建设实施方案》，旨在加快推进依法行政步伐，确保如期完成法治政府建设的各项任务。

11月15日，区政府印发《海港区行政审批监察办法（试行）》，旨在加强对行政审批行为的监督管理，保证政令畅通，促进行政审批效能提升和依法行政。

11月15日，区政府印发《海港区护林员管理办法》，旨在加强护林员队伍管理，充分发挥护林员在护林、防火、防盗工作中的作用，

12月1日，区政府印发《秦皇岛市海港区限制和禁止投资的产业目录（2016年版）》，旨在严格控制不符合海港区战略定位的新增产业，打造一流主城区和沿海经济增长极。

区政府重要会议

【区政府常务会议】 2016年，区政府召开常务会议10次。

1月19日，海港区十四届政府第二十九次常务会议召开。会议审议并原则同意《海港区2016年政府工作报告（讨论稿）》；审议并原则同意《秦皇岛市海港区国民经济和社会发展“十三五”规划纲要（征求意见稿）》；审议并原则同意《关于海港区2015年国民经济和社会发展计划执行情况与2016年国民经济和社会发展计划（草案）的报告》；审议并原则同意《关于2015年财政预算执行情况和2016年财政预算（草案）的报告》；研究并原则同意《海港区2016年民心民生工程项目安排草案》；研究并原则同意《海港区国有景区体制机制改革实施方案》；研究并原则同意《海港区安全生产事故应急救援预案》《海港区危险化学品事故应急救援预案》《海港区烟花爆竹事故应急救援预案》，听取《海港区2015年度安全生产目标管理完成情况及2016年重点工作安排》；审议并原则同意对有关科级领导干部违纪问题的处理意见。

3月19日，海港区十四届政府第三十次常务会议召开。会议研究并通过有关人事任免事宜；听取近期全区安全生产工作情况汇报；研究并原则同意《海港区关于进一步开展好专业化招商工作的实施办法（讨论稿）》；研究《海港区农村路网改造暨环长城旅游公路建设工程征拆方案》；听取《关于融资租赁和民生银行城市发展基金融资工作情况的汇报》，并原则同意“短期融资租赁+民生银行城市发展基金（资本金或项目）+农发行贷款”的融资模式；研究并原则同意《关于大力推进供销合作社综合改革的实施意见（讨论稿）》；研究并原则同意《区财政局关于财政信用服务所撤销后续工作情况的报告》；研究并原则同意《海阳镇人民政府关于原敬老院及原镇政府国有资产处置及处置后资金用途的汇报》。

5月11日，海港区十四届政府第三十一次常务会议召开。会议研究并通过有关人事任免事宜；研究并原则同意《关于继续实施东李庄村房屋征收与补偿工作的请示》《关于东李庄村改造项目实

物安置转货币安置的请示》；听取《圆明山文化旅游产业聚集区管理委员会关于实施圆明湖大街等道路工程建设有关问题的汇报》；研究并原则同意《海港区农村电子商务全覆盖工作实施方案》《海港区农村电子商务全覆盖运营服务协议》《海港区农村电子商务全覆盖专项资金管理使用办法》；听取《关于短期融资租赁的情况汇报》，并原则同意以海港医院为短期融资租赁借款主体；听取《“海港发展大厦”租用综合楼情况的汇报》；研究并原则同意《海港区住房保障和房产管理局关于秦皇岛市鼎威房地产有限公司与秦皇岛民安地产开发有限公司签订补充协议的请示》《开滦路区片改造项目征收安置工作领导小组关于道南片区（含民族路路由）拆迁成本测算工作有关情况的汇报》；研究并原则同意《海港区交建里片区国有土地上房屋征收货币化安置补充方案（草案）》；研究并原则同意《关于项目建设政策性贷款和融资出具相关手续及向市财政局借款情况的报告》；研究并原则同意《海港区民政局关于申请提高城乡居民最低生活保障标准的请示》；研究并原则同意《海港区民政局关于为李海涛同志申报烈士的请示》；研究并原则同意解除干部行政处分和对干部所犯错误的处理意见；听取《杜庄镇人民政府关于失地农民补助有关问题的报告》。

5 月 30 日，海港区十四届政府第三十二次常务会议召开。会议研究并原则同意《海港区煤矿事故应急预案》和《海港区非煤矿山事故应急预案》；研究并原则同意《海港区人民政府关于促进科技型中小企业加快发展的意见》；研究并原则同意《海港区农村路网改造工程征地拆迁补偿方案》；研究并原则同意《海港区乡村教师支持计划（2016 ~ 2020 年）实施办法》；研究并原则同意《海港区区级储备粮管理暂行办法（讨论稿）》；听取《海港区城乡建设局关于圆明山大街 BT 工程申请债券资金和签订补充协议情况的汇报》，原则同意“就原 BT 合同进行调整和修改，并订立补充协议”的解决路径；研究并原则同意《秦皇岛市海港区燕安里 7 栋房屋模拟搬迁补偿方案》；研究并原则同意《海港区投资促进局关于举办第十一届秦皇望海祈福文化旅游节暨京津冀百名企业家走进海港区主题招商活动的建议》；听取《2016 年海港区 1 ~ 4 月份经济运行情况分析及“双过半”若干举措》；研究并原则同意《海港区交通运输局关于农村路网项目贷款及资金使用的实施方案》；研究并原则同意《关于秦皇岛临港物流园区土地综合整治项目贷款及资金使用的实施方案》；研究《海港区住房保障和房产管理局关于交建里棚户区改造项目相关问题的建议》，原则同意交建里承接主体（项目法人单位）酬金计算方式和取消对代建单位业绩要求的招标条件；听取《海港区财政局关于 1 ~ 4 月全区财政收支完成情况及半年财政收入预期目标预计完成情况的汇报》。

7 月 16 日，海港区十四届政府第三十三次常务会议召开。会议学习新实施的《中华人民共和国环境保护法》；研究并通过有关人事任免事宜；研究并原则同意《海港区人社局为部分工人身份退休人员参照干部比照职务调整退休费的建议》；研究并原则同意《海港区人民政府关于整合城乡居民基本医疗保险制度的实施方案》；研究并原则同意《海港区乡镇机关事业单位工作人员实行乡镇工作补贴实施办法和细则》，补贴始点以 2015 年 1 月 1 日为准；研究《秦皇岛市海港区产业发展规划（2016 ~ 2020）》；研究《关于进一步鼓励企业做大做强的实施办法（试行）》；研究并原则同意《海港区东港镇富家营村国有土地上房屋征收与补偿安置方案》《海港区东港镇富家营村改造项目社会稳定风险评估报告》；听取《海港区教育局迎接国家义务教育发展基本均衡县评估认定工作情况汇报》；听取《秦皇岛中水、第三和第四污水处理厂查处及超标排污费征收情况报告》。

8 月 7 日，海港区十四届政府第三十四次常务会议召开。会议介绍并解读《中华人民共和国食品安全法（2015 年修订）》《河北省食品小作坊小餐饮小摊贩管理条例》；研究《海港区教育局关于 2016 年中小学招生入学工作的意见》；研究并原则同意《海港区农村教育发展资金分配方案（试行）》；听取《海港区民政局关于增设社区居委会的建议》；听取《海港区财政局关于购买农行秦皇岛分行处置财政部委托资产工作的报告》；听取《海港区财政局关于接收“盛秦国际”等四宗违法建筑工作的报告》；研究并原则同意《海港区财政局、海港区住房保障和房产管理局关于 2016 年中央城镇保障性安居工程专项补助资金分配使用的方案（草案）》，如有项目专项补助资金支出进度确实不及预期，另行调剂至其他项目；研究并原则同意《关于解除部分干部行政处分的请示》；听取《海阳镇人民政府关于海阳小学国有资产处置及处置后资金用途汇报》；研究并原则同意《秦皇岛市城中村改造项目拟规划占用部队海阳片区军用土地意向书》；研究并原则同意《秦皇岛市海港区道南（开滦路）片区国有土地上房屋征收与补偿安置方案》《海港区交建里片区国有土地上房屋征收与补偿安置方案》；研究并原则同意《东港镇人民政府关于秦皇岛融信资产资讯有限公司借款合同纠纷一案解决方案》；研究并原则同意《海港区水务局关于2015年河道垃圾清理工程相关问题的情况报告》。

8月30日，海港区十四届政府第三十五次常务会议召开。会议观看《违反换届纪律案件警示录》；研究并通过有关人事任免事宜；研究并原则同意《海港区人民政府关于征收道南（开滦路）片区国有土地上房屋的决定》和《海港区人民政府关于决定征收道南（开滦路）片区国有土地上房屋的通告》；研究并原则同意《海阳镇人民政府关于确认海阳片区土地一级开发项目实施单位的说明》和《秦皇岛市海港区海阳片区土地一级开发合同》；研究并原则同意《海港区人民政府关于加快推进企业挂牌上市工作的实施意见》。

9月23日，海港区十四届政府第三十六次常务会议召开。会议学习中共中央总书记习近平、国务院总理李克强对安全生产和汛期安全防范工作重要批示精神；研究并原则同意《海港区国家公共文化服务体系示范区建设规划（2016～2020年）》《海港区人民政府关于加快构建现代公共文化服务体系的实施意见》《海港区人民政府关于促进社会力量参与公共文化服务的实施意见》；研究并原则同意《海港区人民政府关于被征地农民参加基本养老保险的实施方案（试行）》；听取《北部工业区建设和美便民市场的情况报告》；研究并原则同意《海港区“北三镇”区域内建设项目审批流程（试行）》《海港区“北三镇”区域内重大建设项目绿色通道审批办法（试行）》《海港区行政审批监察问责办法(试行)》；研究并原同意《关于成立海港区劳动竞赛委员会的安排方案》；听取《海阳镇人民政府关于〈海港区海阳片区土地一级开发合同〉相关事宜的说明》，原则同意《海港区海阳片区土地一级开发合同》；听取《海港区医疗卫生系统人才编制情况的汇报》；研究并原同意《港发大厦入驻协议》《海港区总商会关于港发大厦的管理办法》。

11月8日，海港区十四届政府第三十七次常务会议召开。会议研究并原则同意《圆明山沙河生态文化旅游综合开发项目房屋征收与补偿安置方案》；听取《海港区住房保障和房产管理局关于万达广场项目采取政府购买服务方式实施模拟搬迁的请示》，原则同意《海港区钢化楼小区1～4栋、玉峰南里21～22栋模拟搬迁补偿安置方案》和以公开招标方式确定的征收服务公司签订征收服务合同；研究并原则同意《海港区海阳镇海阳一村二村模拟搬迁补偿方案》；研究并原则同意对个别干部所犯错误的处理意见。

12月10日，海港区十四届政府第三十八次常务会议召开。会议观看《警钟——辽宁拉票贿选案警示录》；研究并通过有关人事任免事宜；研究并原则同意《海港区财政局关于2016年区级预算调整方案(草案)的报告》；研究并原则同意《海港区市政工程管理处关于实施融资租赁有关问题的报告》；研究并原则同意《海港医院关于申请政府贴息贷款的建议》；研究《国家食品安全示范城市(2017版)河北省实施细则任务分解表》和《2016年河北省食品药品安全工作考核评价方案》。

【区长碰头会议】 2016年，区政府召开区长碰头会议7次。

2月23日，区委副书记、区长吕国新主持召开区长碰头会议。议定的主要事项纪要：城市建管要积极推动建材模块化建设，切实做好棚改项目及资金的使用工作，抓紧启动和推进秦青公路整治工作，加大对火车站周边片区调度力度，尽快研究制定城市管理提升工作方案。区环保局要以环境污染整治工作为基础，细化工作方案，安排专人负责，加大对辖区范围内污染企业稽查力度，坚决关停违法排污企业。区文化体育广电新闻出版局要结合现有产业和资源，邀请知名院所认真研究制定体育产业规划。积极推进“双创”工作，认真研究资金注入有关事宜。加大对安全生产、森林防火、消防安全、食品安全的监管力度，妥善解决开滦路、交建里、东山片区信访问题。

3月26日，区委副书记、区长吕国新主持召开区长碰头会议。议定的主要事项纪要：经济工作要加强经济指标调度力度，强力推进项目建设，完善《海港区关于进一步开展好专业化招商工作的实施办法》，做好与葫芦岛市相关县区的对接工作，做好与港口和煤炭企业的对接合作，推动北部山区综合开发有关工作，研究旅游业发展规划和推动旅游管理体制改革工作，继续对接农发行贷款相关事宜。城市建管工作要加大对棚改项目的调度力度，做好交建里、开滦路、东山等片区征拆改造遗留问题的解决，全力推动火车站片区征拆进程，加快推进环长城旅游公路建设，加快推进秦青公路整治工作，制定三年拆违实施方案和拆违动员大会的前期准备工作，加强市容环境卫生整治；环境保护抓紧制定河长制管理实施办法，对全域内各条河流需要协调解决的问题，拿出具体解决方案后提交区长办公会研究；民生事业要统筹安排好学校建设中涉及的供水、供电、供暖等有关工作，妥善解决好失地农民养老保险问题；安全稳定要妥善解决北部污水处理厂征地过程中涉及的系列问题，加大对煤炭盗采的打击力度，推进采空区治理，做好“北三镇”非煤矿山治理相关工作，全力做好森林防火相关工作，抓好安全生产有关工作。

4月18日，区委副书记、区长吕国新主持召开区长碰头会议。议定的主要事项纪要：总体要求各位副区长一定要充分认清当前严峻经济形势，准确把握各项重点工作要求，积极寻求各层面支持，逐项工作抓好落实。经济工作要抓好经济运行，强力推进项目建设，做好招商引资工作，继续做好与葫芦岛市相关县区的对接工作，做好与港口、煤炭企业及市财政局的对接工作，做好北部山区综合开发有关工作，做好对接农发行贷款有关事宜。城市建管要集中整治“双违”，坚决遏制增量、消减存量；推进火车站周边综合改造工作；继续推进交建里、开滦路、东山等片区的征拆改造；全力破解棚户区改造项目建设制约问题；加速推进北新庄拆迁改造进程；加速推进环长城旅游公路建设；加速推进秦青公路整治工作；做好“北三镇”农村垃圾治理工作；加强市容环境卫生整治。环境保护要加强对近岸海域河流治理；做好春季绿化造林收尾及秦青公路整治、环长城旅游公路建设等重要节点的植树造林工作。民生事业要妥善解决失地农民养老保险问题；抓紧就全区学校建设及“北三镇”校舍加固工作形成具体意见，研究解决各类相关问题。安全稳定要加大对煤炭盗采行为打击力度；扎实推进采空区治理；做好“北三镇”非煤矿山治理有关工作；加大治超工作力度；严格落实森林防火责任制，继续严防死守；抓好食品安全、安全生产有关工作。

5月9日，区委副书记、区长吕国新主持召开区长碰头会议。议定的主要事项纪要：总体要求要正确看待面临的工作压力，主动担当，敢于作为，将重点任务抓实抓牢，确保各项工作持续高效推进；抢抓发展机遇，用活用好政策，谋划包装新项目，提高全区经济发展质量和效益；提高工作标准，争取上级支持，将资源、区域等优势转化为经济社会发展优势。经济工作要持续加大经济指标调度力度，全力以赴抓好经济运行；积极争取上级支持，强力推进项目建设；加速推进招商引资，统筹做好在建项目帮扶和前期项目谋划工作，推动游艇帆船帆板、航空小镇、圆明湖、汽车营地、大连万达等项目。城市建管要深入开展“双违”专项整治行动；继续做好贷款资金的申请工作，加快推进棚改项目；紧盯交建里、开滦路等片区征拆改造工作；对北新庄旧改项目进行审批，积极争取北新庄居住用地、工业用地处置权；尽快就宏远垃圾场周边违建拆除工作拿出具体方案；抓好地方铁路两侧环境整治、违建拆除等工作；抓紧推进火车站周边综合改造工作。环境保护要积极推进燃煤锅炉整治工作；高度关注河流治理工作；做好“北三镇”非煤矿山治理有关工作。民生事业要深入研究解决失地农民养老保险有关问题；安排好学校建设有关工作，研究制定“北三镇”校舍安全改造方案。安全稳定要严厉打击煤炭盗采行为，继续严看死守；推进采空区治理，大力争取国家、省政策资金支持；把安全生产、森林防火、食品安全、信访稳定等工作抓实抓牢。

6月20日，区委副书记、区长吕国新主持召开区长碰头会议。议定的主要事项纪要：总体要求各位副区长要结合各自职责分工，切实把各项工作抓紧、抓牢、抓实。经济工作要加大项目建设推进力度，抓好经济运行，妥善解决“北三镇”遗留问题，结合“营改增”提出具体解决意见，争取市政府支持，继续紧盯农发行、国开行贷款融资工作。城市建管要加快推进交建里、开滦路片区征拆改造，做好信访稳控工作；抓紧推进东李庄、前道西、圆明山、皓月城等棚改项目进程；全力以赴推进环长城旅游公路建设；深入研究分析火车站南房屋土地及附属物初评结果，与相关户主沟通协商，确定补偿标准后，严格履行程序上报市政府；抓好城市管理工作；持续开展好“双违”专项整治行动；将秦青公路两侧景观提升与地方铁路作为旅游专线功能结合，加速推进秦青公路整治工作；抓紧成立旅游开发公司，全面整合、有序开发、合理保护全区现有旅游资源；分类实施、各个击破，妥善解决停车场遗留问题。环境保护要按照《秦皇岛市生态环境保护“党政同责、一岗双责”暂行规定》要求，拿出具体实施意见后，严格予以执行；区环保局要牵头做好“北三镇”非煤矿山治理有关工作；继续做好河道环境整治工作。民生事业要抓紧推动学校建设有关工作，尽快推进归提寨学校建设，研究制定“北三镇”校舍安全改造方案，确保迎“国检”评估认定工作顺利通过。安全稳定要做好汛期防汛工作。要健全完善城市和农村防汛应急预案，配齐物资，配强人力，加强物防、人防、技防体系建设，宁可“备而不用”，决不“用而不备”；各相关部门、单位要持续加大巡查督导力度，重点区段死看死守，确保安全度过汛期。

8月30日，区委副书记、区长吕国新主持召开区长碰头会议。议定的主要事项纪要：总体要求各位副区长要一鼓作气，再接再厉，圆满完成各项工作任务。重点抓好经济运行；强力推进项目建设；积极稳妥推动解决失地农民养老保险有关问题，加快解决耀华企业管理小区接收有关问题，做好暴雨灾后安置和建设工作，积极争取灾后重建专项资金，加快推进项目建设。加快推进全区棚改项目建设进程，确保贷款资金尽快拨付并使用到位。抓紧推动交建里、开滦路片区改造工作，加快推进采空区治理工作，加大违法占地打击力度，严厉打击煤炭盗采行为，抓紧安排国土分局尽快研究开展“北三镇”土地整理工作。要加大燃煤锅炉整治力度，划分整治类别，拿出整治举措，确保完成市定任务；加大环境污染处罚力度，对向大气、河流、地下水等环境中违法排污的企业，出重拳，严惩不姑息，提升全区环境质量；整合环保、安监、国土等部门力量，加大非煤矿山整治力度。要安排好学校建设有关工作。尽快落实第十六中学南岭校区建设有关事宜，要抓紧推进“北三镇”学校基础设施提升改造，要以保安全、保国检、保提升为前提，做好迎国检前的相关准备工作。做好各学校招生工作，确保9月1日正常开学，与北京师范大学、衡水市第一中学做好对接，开展各项相关工作。要加快环长城旅游公路道路工程施工进程，加快推进祖山连接线征拆工作。要继续推进火车站周边综合改造工作，继续做好河道污染治理工作，抓紧完成省旅发大会涉及道路沿线绿化用地的土地确权工作，做好2017年防汛工作准备，积极谋划下半年森林防火工作。要抓好省旅发大会的各项筹备工作，全力推动圆明山片区开发建设，继续抓好市容环境秩序提升工作，做好城市区范围内违法建设整治工作。做好专项贷款资金有关工作。做好停车场管理工作；加快推进秦青公路整治工作。

10月9日，区委副书记、区长吕国新主持召开区长碰头会议。议定的主要事项纪要：总体要求各位副区长切不可掉以轻心，要全力以赴抓好落实，真正为百姓谋福祉、让群众得实惠。重点工作要抓好经济运行，强力推进项目建设，积极推动解决失地农民养老保险有关问题，抓紧拿出园区整合的相关意见，积极争取市级对北部工业区、杜庄工业区、圆明山片区的政策支持，做好行政审批权力下放衔接工作；全力推进全区现有棚改项目建设进程，抓紧推动交建里、开滦路片区改造工作，推动采空区治理工作，推进海阳片区一级开发项目建设，持续加大对现有及新增违法占地行为的打击力度，切实做好华润医疗项目的征地拆迁工作；加大燃煤锅炉整治力度，继续做好环境污染治理有关工作，尽快拿出非煤矿山企业关停、相关补偿的具体办法；做好学校建设有关工作，加快大学生众创空间建设，与北京师范大学、衡水市第一中学深入对接工作尽快形成专题报告上报市政府；加快环长城旅游公路道路工程施工进程，加快推进祖山连接线征拆工作；全力推进火车站周边综合改造工作，严格落实森林防火责任制，做好秋季森林防火工作，抓紧推进省旅发大会涉及路线两侧的水利工程项目，认真抓好农业普查、农村土地确权等工作。全力抓好市容秩序整治，抓好省旅发大会的各项筹备工作，全力推动圆明山片区开发建设，做好城市区范围内违法建设整治工作；积极对接民生、商业等银行，力争用更低的贷款成本、更长的贷款期限争取更多的贷款资金。做好停车场管理工作；加快推进秦青公路整治工作。

【区长办公会议】 1月6日，召开政府区长办公会议。区委副书记、代区长吕国新主持研究前道西村返迁安置房建设相关问题。议定的主要事项：安置房建设及装修标准问题；小高层安置系数调整问题；大龄子女购房问题；安置小区配套道路问题；安置房建设中其他问题；安置房建设手续问题；跟踪审计问题。

1月6日，召开政府区长办公会议。区委常委、副区长张潮海主持研究《海港区老旧小区改善提升工作五年计划及实施方案》。议定的主要事项：审议并原则通过《海港区老旧小区改善提升工作五年计划及实施方案》。就落实方案的组织保障问题；实施主体问题；资金保障问题及逐步构建诚信体系和营造良好舆论氛围提出意见。

1月7日，召开政府区长办公会议。副区长印洪主持专题研究文明里垃圾楼扰民问题。议定的主要事项：提高认识、高度重视，为百姓负责；采取措施，减少影响；抓紧研究选址迁建；深入研究环卫设施规划布局。采取积极措施抓紧处理垃圾楼扰民问题。

1月7日，召开政府区长办公会议。副区长印洪主持研究和煦街、和安路市容环境秩序管理移交工作。议定的主要事项：和煦街、和安路市容环境秩序管理工作、市容环境秩序集中清理整治工作、市场的管理、环卫和城管收费等。

1月11日，召开政府区长办公会议。区委副书记、代区长吕国新主持研究秦皇岛临港物流园区土地综合整治项目建设工作。议定的主要事项：临港物流园区要按照临港物流园区土地综合整治项目实施方案和征拆补偿方案要求，坚持以服务经济为中心，通过“征收、出让、运行”机制，增强对土地市场的调控能力，并在具体实施操作中，要结合实际情况对以上两个方案进行修正补充。

1月12日，召开政府区长办公会议。区委副书记、代区长吕国新主持研究区城乡建设局关于组织交建里棚户区改造项目法人招标相关问题的请示。议定的主要事项：原则同意《海港区城乡建设局关于组织交建里棚户区改造项目法人招标相关问题的请示》。

1月21日，召开政府区长办公会议。区委副书记、代区长吕国新主持研究农发行贷款争取工作。议定的主要事项：做好相关政策研究、方案制定等前期工作和相关工作的协调、调度工作；明确土地整理等项目主体单位，明确分工、职责及时限要求和近期重点工作要求。

1月21日，召开政府区长办公会议。区委副书记、代区长吕国新主持研究区政府投资的部分城建工程项目资金安排有关问题。议定的主要事项：项目安排情况；资金安排情况。

1月29日，召开政府区长办公会议。受区委副书记、代区长吕国新委托，副区长赵长泰主持研究解决取缔实心黏土砖瓦窑遗留问题。议定的主要事项：实心黏土砖按照有关规定早就应该关停取缔。奖励各砖瓦窑主对全区大气污染防治工作做出的贡献，对各砖瓦窑主发放奖补资金，每个砖瓦窑60万元；对各镇、园区在实心砖瓦窑取缔工作中发生的工作费用给予补助，标准为每个砖瓦窑10万元。

2月5日，召开政府区长办公会议。区委常委、副区长张潮海主持研究城建领域信访工作。议定的主要事项：认清形势，高度重视；勇于创新，敢于担当；明确时限，制定方案。

2月23日，召开政府区长办公会议。副区长李浩然主持研究农村路网改造项目建设工作。议定的主要事项：主体变更问题，项目管理及项目的贷款申请和项目管理运作任务。

3月7日，召开政府区长办公会议。区委副书记、区长吕国新主持研究石门寨镇半壁店村废弃煤窑透水事故后续善后相关工作。议定的主要事项：区国土分局要进一步细化完善《海港区严厉打击盗采矿产资源行为攻坚行动实施方案》，尽快在石门寨镇、驻操营镇开展一次严厉打击非法盗采集中行动；海港国土分局、安监局、各相关镇等部门、单位要积极配合上级部门做好事件调查工作；安监局要加大巡查和排查力度；石门寨镇要做好事故井口看管、救援物资回收，遇难家属情绪安抚等维稳工作，严防发生群体性事件；海港公安分局要协助国土、有关镇加大盗采打击力度；区民政局要与殡仪馆沟通，协助配合公安部门做好遇难矿工遗体的看管工作。

3月10日，召开政府区长办公会议。副区长王健主持专题研究温泉堡水库有关工作。议定的主要事项：水库人员编制问题；水库沿线道路安全隐患问题；水务局及相关部门要加强与太清宫道观方面的沟通联系；水库水面承包、太清宫建设、道路通行使用等相关问题与律师沟通研究，理清水库水面承包及太清宫建设工作及通行的相关细节，明确道路管理权和使用权；温泉堡水库管理处及下属企业原抚宁县温泉堡水库首秦管道维护站有关车辆问题。

3月13日，召开政府区长办公会议。区委副书记、区长吕国新主持专题研究调度海港区环长城旅游公路建设工作。议定的主要事项：高度重视，准确定位；明确任务，立即行动；加强领导，统筹推进。

3月14日，召开政府区长办公会议。区委常委、副区长张潮海主持研究严厉打击非法开采、盗采矿产资源攻坚行动有关工作。议定的主要事项：统一思想、提高认识；摸底调查；成果输出；立案调查；封堵毁闭；成立现场工作组；专项行动期间督导检查等工作。

3月16日，召开政府区长办公会议。副区长印洪主持专题研究圆明山片区返迁安置房一期项目工程开工相关事宜。议定的主要事项：关于农民工工资保证金问题；关于农民工工资预储金问题；关于后续审批和相关责任问题。

3月19日，召开政府区长办公会议。区委副书记、区长吕国新主持专题研究中民大润发购物中心项目建设有关工作。议定的主要事项：土地出让金和市、区两级费用减免等事项的协调工作，项目设计方案完善工作，燕安里36户拆迁工作，水文地质大队的土地收回及新建海洋实验室和仓库的用地事项，西盐务村和燃料公司补偿工作。

3月22日，召开政府区长办公会议。区委副书记、区长吕国新主持研究秦青公路综合整治工作。议定的主要事项：坚定信心，高度重视，加强调度，确保按照要求完成好各项工作任务；迅速落实资金问题，违法建设问题，绿化问题，城镇基础设施配套问题；确保实效，按时保质保量完成任务；其他重点工作主要是园林绿化提升建设工程，堆煤场迁移工程，建筑外墙改造及文化墙围挡工程，路缘石铺装工程，造林绿化工程，门牌字匾改造工程，石河美化工程，违规棚亭拆除整治工程，马路市场整治工程，沿线城镇管理工作及领导小组办公经费问题。

3月22日，召开政府区长办公会议。区政府副区长、海港公安分局局长刘晓光主持专题研究沙河河道治理有关工作。议定的主要事项：高度重视，切实履责，勇于担当、敢于碰硬，履职尽责、确保实效，采取有效措施，将河道治理各项工作要求落到实处；密切配合，协调联动，解决好硬件建设问题，沿线垃圾清理问题，西付店生活污水排放问题，河道两侧养殖场排污问题，沿河鱼塘整治问题；迅速行动，及时反馈，确保5月底前河道水质明显提升，沿河无堆放垃圾、无排污现象的发生。

3月23日，召开政府区长办公会议。区委常委、常务副区长刘爱秀主持研究区民政局出售建国路29号商住宅问题。议定的主要事项：同意房产局、国资办和海港国土分局为该处房产购买人出具办理房产证的相关审批手续。

4月6日，召开政府区长办公会议。区委常委、政府常务副区长刘爱秀主持研究区级粮食储备协调问题。议定的主要事项：区级储备粮品种、数量和质量的确定；承储企业、承储库点及代管企业的确定；储备粮贷款及财政补贴；采购单位及入库成本价格的确定；补贴和轮换费用，区级储备粮的管理。

4月22日，召开政府区长办公会议。区委常委、副区长张潮海主持研究海阳镇对海阳片区整体城镇化一期建设项目贷款跑办问题。议定的主要事项：原则同意海阳片区整体城镇化一期建设项目各分项立项主体由海阳镇政府、海港区教育局、秦皇岛市海港建设投资有限公司变更为海达项目管理有限公司；区发改局、教育局、国土局、水务局、环保局、园林局等部门要配合项目单位，对海阳片区整体城镇化一期建设项目原有审批文件进行变更并出具整体立项批复；各单位要加快立项主体变更进度；海阳镇政府及住达地产要积极与市规划部门沟通，备齐主体变更所需手续，早日完成主体变更工作。

4月25日，召开政府区长办公会议。区委副书记、区长吕国新主持专题研究全区河道整治工作。议定的主要事项：全面梳理问题，摸清底数，明晰责任单位、责任人和完成时限，挂牌督战；详细制定措施，逐项抓好各项整改措施；明确责任主体，建立有效机制；确保任务落实，各级河长，各相关部门、单位要认真抓好河道整治的每项工作，严禁搞形式、走过场，要确保各项工作严格按照既定标准取得实效。

5月4日，召开政府区长办公会议。副区长印洪主持专题研究秦皇岛市西浴场入海河口岸线整治与生态修复工程建设有关问题。议定的主要事项：工程规划原则同意秦皇岛市西浴场入海河口岸线整治与生态修复工程规划方案；工程审批手续要掌握工程建设内容及进展情况，办好工程前期各项手续审批问题及部分工程先行招投标问题；政府配套资金等相关问题。

5月12日，召开政府区长办公会议。副区长王健主持专题研究秦皇岛火车站周边片区征拆有关工作。议定的主要事项：关于征拆工作涉及资金问题；关于办公场所租用问题；关于开展房屋现状面积测绘入户调查工作；原则同意秦皇岛市安邦城市房屋征收有限公司关于对范家店村现状调查测量办法及流程，并明确相关单位职责，原则同意海港区人民政府与恒大地产集团秦皇岛恒大城房地产开发有限公司签订秦皇岛火车站片区拆迁安置补偿协议。

5月25日，召开政府区长办公会议。区政府副区长王健在海港区范家店片区拆迁工作指挥部办公室主持专题研究秦皇岛火车站周边片区征拆有关工作。议定的主要事项：范家店村房屋现状面积入户测量问题，入户调查启动资金问题，历史遗留问题，范家店村、安邦公司、恒大集团要主动配合，积极沟通，具体问题应协商解决，协商未达成一致的，需上报区政府研究解决。

5月31日，召开政府区长办公会议。副区长王健主持专题研究秦皇岛火车站周边片区征拆有关工作。议定的主要事项：海港镇增派12名工作人员高效做好房屋现状入户调查工作。各小组每名工作人员均需在范家店村房屋现状调查登记表及草图上签名确认；原则同意海港区范家店片区拆迁工作指挥部与秦皇岛衡泰房地产评估有限公司签订估价委托协议书，由秦皇岛衡泰房地产评估有限公司对迎宾路东侧“节点”涉及的7户门市房进行评估。区政府法制办要抓紧修改完善估价委托协议书，海港区范家店片区拆迁工作指挥部与区财政局尽快落实委托评审事宜，确保房屋评审工作与评估工作同时进行；与秦皇岛衡泰房地产评估有限公司沟通协商，尽快就评估费用达成一致意见。

6月20日，召开政府区长办公会议。区委副书记、区长吕国新主持研究前道西、东李庄项目进展问题。议定的主要事项：前道西项目要加快手续跑办进度，争取9月项目达到开工建设条件。由区建设局核发项目施工许可证。村民过渡费问题要尽快解决。东李庄项目要制定推进流程图和时间表，明晰重要环节和时间节点。

6月20日，召开政府区长办公会议。区委副书记、区长吕国新主持研究杜庄镇北新庄片区拆迁改造项目情况。议定的主要事项：规划有关问题；土地有关问题等。

7月4日，召开政府区长办公会议。副区长王健主持专题调度秦皇岛火车站周边片区征拆有关工作。议定的主要事项：解决好工作经费，确保后续入户调查、编制测算报告等工作进行；妥善解决火车站站前广场“节点”前期征拆遗留问题；推进范家店村入户测量工作；范家店村委会要确保征拆工作顺利推进；海港国土分局要尽快拿出范家店村宅基地认证方案，明确认证方式及范围；区征收办要合理调整《范家店片区房屋征收与补偿安置方案（草案）》，尽快拿出范家店片区的征收补偿方案（草案）；海港镇要提前谋划好范家店片区房价评估工作有关事宜。

7月8日，召开政府区长办公会议。区委副书记、区长吕国新主持研究秦青公路综合整治工作。议定的主要事项：资金拨付问题；商业功能区布局规划问题；园林绿化工程；门牌字匾改造工程；石河美化工程；杜庄镇路沿石工程；美丽乡村建设工作；护坡工程；拆违工作。

7月12日，召开政府区长办公会议。副区长、海港公安分局局长刘晓光主持专题研究秦抚路建设征拆遗留问题。议定的主要事项：对仅剩的4户加大工作进度，尽快突破；常莉养殖大院问题，王仲彬、王仲武两户果树种植地历史遗留问题，常连和宅基地问题等要继续加大工作力度，白塔岭派出所全力配合。

7月16日，召开政府区长办公会议。区委副书记、区长吕国主持研究石门寨片区污水治理工程。议定的主要事项：关于实施内容问题；关于建设资金问题；关于建设程序问题等。

7月22日，召开政府区长办公会议。区委副书记、区长吕国新主持专题调度亚泰周边区域升级改造项目推进工作。议定的主要事项：做好项目涉及地块土地处置权下放前的各项准备工作；帮助企业解决实际困难，全力为项目方争取市级招商服务工作组支持；对立项审批环节实行全方位、全过程领办代办和督办服务；摸清马坊市场现状和拆迁存在的各类问题；要帮助项目方就设计方案、容积率等问题与市规划局进行沟通协调；在合法合规的前提下做好涉及地块的征拆工作。

7月26日，召开政府区长办公会议。副区长印洪主持专题研究秦皇岛市海港固体废弃物处置场项目建设相关工作。议定的主要事项：张桥庄生活垃圾填埋早已经超过最初的设计承载能力，要加快秦皇岛市海港固体废弃物处置场项目建设进度；要抓紧与市、区发改部门协调，争取将原垃圾备用场资金调整到该项目继续使用；出具选址意见，待调规后项目单位按程序完善相关用地报批手续；加快项目进度，力争项目早日开工建设。

7月27日，召开政府区长办公会议。区委副书记、区长吕国新主持专题研究环长城旅游公路建设工作。议定的主要事项：严格程序。要严格遵照履行招投标各项法定程序和政策法规，严禁出现干扰工程招投标现象，严禁工作中出现违规情况，区检察院、监察局要全程介入把关，确保工程各项工作公开、公平、公正；加快征拆。石门寨镇8月2日前、驻操营镇8月10日前务必完成拆迁任务。旅游公路以及祖山连接线两侧违法建筑要立即清理，并同步开展老旧房屋修复、实施绿化美化等工作；统筹推进。抓紧完善点将台修复工作方案，确保10月底前完成修复工程。要高标准开展公路沿线警示牌、指示标识等旅游服务配套设施设计建设工作。要完善旅游公路两侧绿化方案。保质量保安全保工期，严防安全生产事故发生。要继续完善提升环长城旅游公路规划设计方案，做到一村一景、移步换景、各具特色、景致纷呈。抓紧做好公路两侧土地确权和土地流转工作，抓紧完成产业结构调整任务。要做好有关政策解读，全力支持推进旅游公路建设。

7月29日，召开政府区长办公会议。区委常委、副区长张潮海主持研究讨论2016年园林绿化重点项目立项问题。议定的主要事项：要全力以赴抓好绿化重点项目建设，打造和谐、魅力新港城。确定秦青公路综合整治项目、秦皇大街精品街建设项目、108线道路沿线景观提升项目、公园游园改造项目、康乐街道路沿线景观提升项目、东港路道路增绿项目、城市区行道树树穴绿化美化项目等7个项目作为2016年绿化重点项目，区园林局要完善相关手续，做好项目立项等前期工作，尽快开展相关建设工作。

8月2日，召开政府区长办公会议。副区长、海港公安分局局长刘晓光主持专题研究秦抚路建设征拆工作涉及西港镇村民王仲彬、王仲武承包地补偿问题。议定的主要事项：对王仲彬、王仲武二人灭失的3块承包地与现存承包地栽植品种、果树品质、树龄果期的一致性进行走访核实；原则同意对王仲彬、王仲武2010年灭失的总面积0.59公顷承包地地上附着物按照本次征拆标准一并补偿，灭失果木地密植度按照现存果木地密植度执行；同意对灭失承包地2010年以来经营性损失按照3年补偿期进行补偿，补偿方式为评估评审。

8月2日，召开政府区长办公会议。区政府副区长李浩然主持专题调度农村路网改造项目有关工作。议定的主要事项：贷款条件，贷中管理及项目资金发放；贷款资金的申请和使用。

8月12日，召开政府区长办公会议。区委常委、区政府副区长张潮海主持专题调度海阳镇中学搬迁有关工作。议定的主要事项：原则同意将海阳镇中学搬迁作为海阳镇小学搬迁增项，将项目所需费用（以财政评审为准）纳入海阳片区项目成本。住达房地产公司要立即启动原第五中学校址维修改造和水电暖改造，将学校水电暖与周边住宅区分离计费，确保海阳镇中学早日迁入（过渡使用），推进海阳片区开发建设；住达房地产公司在对原第五中学校址进行维修改造的同时，要加快推进已规划的海阳镇九年一贯制学校建设，力争2018年正式投入使用。

9月8日，召开政府区长办公会议。副区长王健主持专题研究全区农业普查工作。议定的主要事项：高度重视，各有关部门、单位要深刻认识新形势下做好农普工作的复杂性和艰巨性，为全面推进普查登记做好各项准备；周密部署，进一步加大工作推进力度，深入谋划、周密部署、认真实施，加快全区农业普查工作进度；落实责任，各镇（园区）农普办主任要真正把农普工作部署和要求内化于心、外化于行，记在心上、抓在手上，确保全区农普工作扎实推进，顺利实施。

9月19日，召开政府区长办公会议。区委常委、政府常务副区长刘爱秀，副区长桑菊主持专题研究中民大润发广场项目征拆涉及学生入学问题。议定的主要事项：此项目涉及燕安里7栋36户，部分居民提出实质动迁后子女入学问题，希望在签订协议前给予解决或予以明确承诺。会议议定，由区教育局专题研究解决，尽力满足拆迁户子女的入学愿望，确保不因拆迁户子女入学问题影响项目征拆。

9月26日，召开政府区长办公会议。区委副书记、区长吕国新主持专题研究河北省审计厅在秦皇岛市领导干部自然资源资产试点审计期间发现的问题。议定的主要事项：2012年冀红经贸等四家公司先行为物流园区垫付土地及附着物补偿款，尔后以挂牌方式取得相应土地，在实际缴纳过程中将先行垫付的款项抵顶土地出让金的行为违反《国有土地使用权出让收支管理办法》之规定。区政府要求对此行为立即进行整改。各相关部门、单位要严格遵守相关法律法规，杜绝此类事项再次发生。

10月9日，召开政府区长办公会议。区委副书记、区长吕国新主持专题研究全区农村水毁道路桥涵修复工作。议定的主要事项：汛期，全区遭受多年不遇的连续强降水天气，对全区特别是北部片区农村道路、桥涵造成严重破坏，极大影响人民群众生产生活，因此，水毁路桥修复工作务必分秒必争、抓紧落实；水毁道路桥梁修复工程由区交通运输局牵头负责。要按照公平、公正、公开原则，择优确定具备相关资质的施工单位，尽快组织施工，加强工程质量监管，确保按时保质保量完成水毁修复任务；修复工程所需资金，由区交通运输局负责筹措到位，并全力争取上级资金支持。

10月9日，召开政府区长办公会议。区委副书记、区长吕国新主持专题研究环长城旅游公路建设有关问题。议定的主要事项：原则同意区交通局提出的关于汇通路桥建设集团有限公司退出二标段合同，由河北通宇建筑有限公司继续承建的有关意见，区交通局要立即协调两家施工企业做好交接相关工作，尽快办理相关手续，并督导河北通宇建筑有限公司切实加大人员、机械设备等的投入力度，督导和协调施工、监理、设计等部门，抢抓工期。海港区农村路网改造暨环长城旅游公路建设项目工程价款结算以财政评审或政府审计结果为准。

10月9日，召开政府区长办公会议。区委常委、副区长张潮海主持协调解决蓝图集团有关问题。议定的主要事项：水泥灰岩矿手续由区政府办、区国土分局、蓝图集团分头盯办，加快王庄矿采矿证申请文件流转报批进度；蓝图集团要尽快就厂址搬迁及企业扩建相关事宜形成正式请示，上报区委、区政府审定。对水泥厂搬迁后土地及相关学校原址土地开发处置问题，尽快形成正式文件上报区委、区政府审定。由区教育局、财政局及蓝图集团联合对涉及学校方面问题进行研究，将存在问题及解决建议形成正式文件上报区委、区政府审定。区财政局要对厂房搬迁成本、相关土地挂牌出让收入等事项作好测算，继续做好相关学校建设的评审工作。

10月14日，召开政府区长现场办公会议。区委副书记、区长吕国新，区委副书记齐香民，区政府党组成员刘晓东赴秦青公路开展现场办公。议定的主要事项：区交通局、市政处要继续做好杜庄段（北延伸）路沿石以及停车场、旱厕的建设改造提升工作，争取10月底前全部完工；城管局负责杜庄及石门寨镇区内试点地段的门牌字匾改造工程，10月底前完工；林业局要继续做好杜庄以北沿线秋冬季绿化工作，以栽植生态林为主，搭配穿插野花组合；海阳大桥至高速口段道路东侧绿化由园林局组织实施，北部工业区负责组织开展租地工作；原则同意园林局关于海阳大桥至高速口段道路西侧绿道设计方案；高速口至杜庄段道路两侧绿化要做好景观设计；北港镇负责做好垃圾清运、种植土换填、挡墙砌筑、围墙安装、道路硬化等基础工作。财政局要给予相应经费保障。

10月14日，召开政府区长办公会议。区委常委、副区长张潮海主持研究海阳片区开发工作（秦皇皓月城项目）。议定的主要事项：片区内硬化临时道路及在临时道路中增加的太阳能路灯由企业以代建单位方式履行招投标手续，计入年投资成本；范庄返迁房质量检测鉴定事宜由区建设局质检站发起执行，检测费用暂定由海阳镇政府和相关村委会共同承担，具体楼体检测鉴定事宜提交指挥部指挥长会议议定后再予以执行；片区内8条市政道路委托海阳镇作为监管单位，原则同意相关投资委托协议书；海阳镇中学装修设计方案已出具，原则同意该项目概算控制在200万元以内，确保寒假之前进行拆迁；海阳四村个别村民阻挠现场开工问题，个人行为直接走法律程序处理，如涉及村委会阻挠施工，由海阳镇政府负责协调处理；大小汤河治理及海阳片区整体城镇化一期项目贷款立项资金证明事宜，区政府已与住达公司签订一级开发合同，整个海阳片区开发项目所涉及的资金证明均可由秦皇岛住达房地产开发有限公司出具，住达公司资金即可视为此项目资金；大小汤河水系建设工程，各有关部门、单位要科学组织，周密安排，加快推进海阳片区大小汤河水系建设工程工作。

10月17日，召开政府区长办公会议。区委常委、副区长张潮海主持研究西部医疗用地征拆工作。议定的主要事项：西部医疗用地征收工作要严格按照国家现行土地征收法律政策规定，履行相关工作程序；区国土分局和西港镇要抓紧落实10月8日市长专题办公会议精神，切实加强相关工作力度。要立即着手发布征地告知，并同步进行评估单位的招标比选，争取一周内进场开展清点、评估工作；区国土分局要立即履行土地征转报批手续。

10月18日，召开政府区长办公会议。副区长李浩然主持研究北部工业区韩庄周边土地整理项目有关问题。议定的主要事项：项目运作主体；项目建设土地整理，包括土地征收、安置补偿（村址、厂房、其他地上附着物）等内容。项目投资总额在13亿元左右，其中，项目资本金30%左右，由区财政出资；其余部分资金由项目实施主体自行解决。如发生投资超概算情况，超概算部分由区财政追加资金解决。

10月21日，召开政府区长办公会议。区委副书记、区长吕国新主持研究前道西棚户区改造项目推进工作。议定的主要事项：9月12日，前道西棚户区改造项目通过市规划局组织的规划方案会审，出具《秦皇岛市城乡规划局关于海港区前道西棚户区改造安置用房项目建设工程规划许可情况的说明》，10月18日，由区政务中心组织召开施工图联合审查会，市消防支队、市人防办、市科技局、市民政局、市建设局、区建设局、区园林局出具审查合格意见，市规划局已就前道西返迁安置房项目和茂业综合体项目整体影响燕大40号楼日照问题出具指标认可的情况说明，茂业公司对规划方案已修改完成并正在履行报批程序，故日照问题已得以解决。因此，区政务中心出具施工图设计联合审查情况说明，区建设局尽快履行招标程序，确保项目早日开工建设。

10月31日，召开政府区长办公会议。区委副书记、区长吕国新主持专题研究京哈高速公路祖山连接线工程涉及农宅征拆有关问题。议定的主要事项：京哈高速公路祖山连接线工程，各部门、单位务必要全力以赴打好打赢此次征地拆迁攻坚战。杜庄镇、石门寨镇部分农户因原县属时期十多年未批复宅基地等现实，涉拆村民可提出“一户一宅”认定申请，村“两委”会及村民代表会议讨论通过，报各相关镇审核后，对符合标准的农宅可按“一户一宅”标准进行评估评审。区交通局、各相关镇要对前期审查认定程序、手续进行严格把关，确保程序合法合规。

11 月 5 日，召开政府区长办公会议。市发改委主任杨学功与区委副书记、区长吕国新共同召开文昌路铁路道口改扩建项目协调会。议定的主要事项：文昌路铁路道口改扩建项目由秦皇岛兴龙房地产集团有限公司作为投资方，中铁六局集团北京铁路建设有限公司作为施工方签订风险包干协议，项目总价 1300 万元。北京铁建监理工程有限公司作为监理单位；秦皇岛兴龙房地产集团有限公司和中铁六局集团北京铁路建设有限公司要加快工程施工进度，确保 12 月 1 日前完工或具备临时通车条件；兴龙地产和中铁六局集团北京铁路建设有限公司要严格规范工程程序，确保工程质量和人员安全；海港区负责协调区直部门，市发改委负责协调市直部门，全力支持配合项目建设，确保项目顺利推进、按时完工。

11 月 7 日，召开政府区长办公会议。区委常委、政府常务副区长刘爱秀主持研究解决红旗西里、翡翠新居等小区的供暖问题。议定的主要事项：红旗西里等小区的供暖问题，是历史遗留问题，多次协调未果。按市政府对居民小区锅炉取暖提出的明确要求，经过协商，达成共识。15 天以内拿出一个公平公正的处理办法；海港区在 2 天之内垫付 5 个月取暖设施租金 50 万元，公平公正的处理办法出台后，垫付租金即可收回；双方要提前做好小区入网准备工作，并入富阳热力主管网；协议签订暨 15 日之前，居安物业公司不得动用 50 万元，在 15 日后，没有确认出台的结果公平公正，租金将自然生效，双方将履行协议。

11 月 8 日，召开政府区长办公会议。副区长桑菊主持研究学校建设项目立项工作有关问题。议定的主要事项：区教育局要积极推进第十六中学南岭校区、东王岭片区中学、在水一方小学、玉龙湾小学、岸上澜湾小学、玉带湾小学、玉带湾中学等 7 所学校建设项目前期立项工作，抓紧编制可行性研究报告；区财政局、国土分局、规划分局要积极按照发改部门要求，出具学校建设立项所需的资金证明等相关资料；区发改局要在立项手续完备的基础上，简化办事流程，缩短办理时限，尽快完成第十六中学南岭校区等 7 所学校建设项目立项审批工作，推动项目早日开工，建成投用。

11 月 9 日，召开政府区长办公会议。区委副书记、区长吕国新主持专题研究杜庄镇、石门寨镇、驻操营镇农村垃圾收运系统建设以及偿还欠款相关事宜。议定的主要事项：区城调中心要科学选址，继续多方争取资金支持，保质保量地在 2017 年全省旅发大会召开前完成各项建设工作。12 月底前拿出具体意见，根据运行模式调整拟采购车辆；区发改局要做好项目勘察设计、设备车辆采购、工程监理、施工单位确定等公开招投标监督管理工作；区财政局要先行安排启动资金用于项目前期工作。前期 3 个镇环卫保洁服务外包项目所收集的暂存垃圾由区城管局负责转运清理，区财政局予以资金保障；海港规划分局要将项目中垃圾转运站选址纳入 3 个镇整体规划，国土、规划部门要先行出具规划许可、土地使用等手续；由石门寨镇、驻操营镇牵头，对原抚宁县辖区内的城乡环卫一体化工程中未建设完成的 2 座垃圾转运站拿出具体解决方案；由杜庄镇牵头、区城管局配合，11 月 15 日前完成原抚宁县城乡一体化工程杜庄中型垃圾转运站的交接和投用工作。

11 月 18 日、21 日，2 次召开政府区长办公会议。副区长李浩然主持研究北部工业区韩庄周边土地整理项目有关问题。议定的主要事项：项目运作由海港区政府作为项目购买主体，海晟公司作为项目实施主体负责投资建设；北部工业区管理委员会海晟项目管理有限公司注册资金 1 亿元，以已投入项目资金进行实缴；项目建设投资总额在 8 亿元左右。

11 月 16 日，召开政府区长办公会议。副区长王健主持专题部署杜庄镇、海阳镇集中小区污水处理站建设工作。议定的主要事项：各相关建设单位、监理单位要迅速投入力量，加紧施工，严格按照各项规定程序开展好建设工作，确保工程能够如期完工，并打造成全区污水处理站建设的样板工程；落实各方责任，完善保障措施，确保施工顺利进行以及完工后设备供电充足，正常运转。

11月17日，召开政府区长办公会议。区委常委、副区长张潮海主持专题调度海阳片区项目工程开工事宜有关工作。议定的主要事项：农民工工资保证金问题、农民工工资预储金问题及后续审批和相关责任问题。

11月23日，召开政府区长办公会议。区委副书记、区长吕国新主持研究打击非法盗采工作。议定的主要事项：全区要统一思想、提高认识，怀着"敬畏职责、敬畏生命"的态度，把打击盗采工作真正抓到实处。各相关单位各司其职、密切配合，做好打击煤矿盗采工作的管理职能交接，确保平稳、顺利过渡。对矿井毁闭工作进行专题研究，制定疑似盗采井口封堵毁闭方案，确保井口按照"三不一清"的原则做到彻底毁闭。压实责任，利用好奖惩机制，强化协调联动机制。2017年底前彻底遏止非法盗采势头。

12月7日，召开政府区长办公会议。区委副书记、区长吕国新主持专题研究车厂连接线道路建设、旅发大会涉及景观道路绿化租地、金梦海湾片区功能房和垃圾转运站建设有关事项。议定的主要事项：责任主体道路征地补偿标准，对有碍景观环境和道路建设的建筑（构筑）物要一次征拆清理到位，坚决杜绝重复补偿等问题。按照"山海旅游大通道"的绿化标准进行道路绿化。金梦海湾片区功能房通过相关规划审批后，建设正式功能用房，金梦海湾管委会具体负责跑办相关审批手续；垃圾转运站建设工程要抓紧采购相关设备，要确保达到高标准。

12月15日，召开政府区长办公会议。区委常委、政府常务副区长刘爱秀主持专题研究西浴场综合改造项目（一期）配套管理用房建设遗留问题。议定的主要事项：由海港区园林局继续作为项目建设单位组织实施西浴场综合改造项目（一期）配套管理用房建设工作；原设计方案不变，尽快完成招标工作及建设项目审批相关手续的办理，区发改、财政、海港规划分局、海港国土分局等相关部门给予大力支持，全力推进，确保2017年4月之前满足开工条件；建设资金由区财政承担。

【全区性重要会议】 3月27日，区政府召开森林防火工作会，分析当前森林防火形势，安排部署全区森林防火工作。区森林防火指挥部成员单位主要负责人，安监局、环保局、机关事务管理局主要领导，各镇、园区书记、镇长、主管镇长，北港镇、杜庄镇、石门寨镇、驻操营镇派出所所长参加会议。区委副书记、区长吕国新出席会议并强调：各级各部门要对森林防火工作进行再宣传、再组织、再动员，全面进入实战状态，群策群力，严防死守，充分调动各级干部和广大群众积极性，确保全区森林防火形势稳定。区委副书记齐香民主持会议，并就森林防火工作进行安排部署。副区长刘晓光出席会议并传达近期全市森林防火会议精神。

4月15日，区政府召开集中整治"双违"专项行动动员会。区委副书记、区长吕国新主持会议；区委常委、副区长张潮海对全区集中整治违法用地专项行动进行部署；副区长印洪对全区拆除违法建设专项整治行动进行部署；副区长、海港公安分局局长刘晓光对全区集中整治"双违"专项行动警力保障工作进行部署；区纪委、检察院、北港镇等相关单位作表态发言。区委书记冯国林出席会议并就全面做好集中整治"双违"专项行动讲话：要坚定信心，夯实责任，增强整治"双违"工作的责任感和紧迫感；要突出重点、抓住关键，确保"双违"整治行动强势开局、强力推进；要奋发作为，合力攻坚，全面打赢"双违"整治这场持久战、攻坚战。

4月25日，区政府召开河道整治工作调度会议，回顾总结前段工作，研究部署下一个时期河道专项治理目标任务和重点举措。齐香民、张立红、詹立军、张晶、陈永山、韩国祥、刘晓光、王健、肖长祥、李国强等区领导参加会议。相关单位主要领导汇报辖区内的河道环境治理情况并提出具体建议，与会区领导对进一步推动全区河道整治环境治理工作提出要求。区委副书记、区长吕国新主持会议并强调：全区各级各部门务必抓好落实，严格按照时间节点要求，完成全区河道整治任务，进一步改善河流质量，着力打造生态、美丽、文明的河道环境。

6月9～22日，以“开放、包容、崇德、尚美”为主题的第十一届秦皇望海祈福文化旅游节在求仙入海处举办。9日，举行开幕式。区委书记冯国林在开幕式上致辞。区长吕国新主持开幕式。市委副书记、市长张瑞书宣布第十一届秦皇望海祈福文化旅游节开幕。省委宣传部部务会成员、秘书长史建伟，省文化厅副厅长李建华，中关村高新技术企业协会副会长李仲亮，市委常委、宣传部部长杨长新，省委宣传部有关部室负责人，市委宣传部、市直有关部门负责人和部分其他县区的领导人及海港区党委、人大、政府、政协领导出席开幕式。此届秦皇望海祈福文化旅游节由河北省委宣传部、河北省文化厅、河北省旅游发展委员会、中共秦皇岛市委、秦皇岛市人民政府主办，中共秦皇岛市委宣传部、秦皇岛市文广新局、秦皇岛市旅游委员会、中共海港区委、海港区人民政府承办。开幕式由“礼、奉、敬、颂”四个篇章组成，突出表达“崇德、幸福、圆满、欢乐”的文化寓意。此届旅游节以“开放、包容、崇德、尚美”为主题，共由4个篇章、20项活动组成。秦皇望海祈福文化旅游节已成为海滨城市秦皇岛一项不可缺少的品牌文化活动。文化节期间，举办系列主题活动，有逛码头、“天下第一粽”体验活动、全年特色非遗展、百姓趣味打擂、中国汉字听写（游园版）、海港巧妇厨艺展示、“匠文化”创意手工集市、“尚美海港”摄影等十多项特色活动，还举办“京津冀百名企业家走进海港区”主题招商活动、“十里栈道”千人太极表演、彩色周末百姓舞台展文艺展演、广场舞大赛、长篇小说《悲剧英雄》作品研讨暨秦皇岛地域文化交流会、2016年重走海上丝绸之路（东线）起航仪式等活动20多项。22日，历时14天的第十一届秦皇望海祈福文化旅游节圆满落下帷幕，闭幕式在市民中心大礼堂举行。市委常委、宣传部部长杨长新，市政协副主席关敏，区委书记冯国林，区委副书记张浩，区委常委、纪委书记张晓雁，区委常委、常务副区长刘爱秀，区委常委、副区长田宏伟，副区长赵长泰、桑菊，区政协副主席张素珍等市、区领导，以及市委宣传部、市文广新局、市体育局的有关负责人出席闭幕式。闭幕式由区委常委、宣传部部长张立红主持，区委副书记齐香民在闭幕式上致辞。期间，《人民日报》、新华社、中央人民广播电台、中央电视台、《河北日报》、河北电视台等多家重点媒体对活动进行全方位、多角度地综合报道。彰显秦皇岛良好城市形象和人们的精神风貌，提高秦皇望海祈福文化旅游节在国内外的知名度、美誉度和影响力。

6月21日，由秦皇岛市人民政府、河北海事局、中国国际文化交流中心联合举办的“2016重走海上丝绸之路”活动在秦皇求仙入海处启航。市长张瑞书、副市长冯志勇、市政协副主席王桂鹏、区委书记冯国林、副区长桑菊等市、区领导参加启航仪式。“2016重走海上丝绸之路”活动是为响应国家主席习近平关于“一带一路”倡议构想，由“国家海洋公益形象大使”“中国航海科普大使”“环球航海中国第一人”翟墨先生领航，从秦皇岛启航重走古代海上丝绸之路东线，途经韩国、日本等国家，穿越渤海、黄海、东海、北太平洋等海域，总航程约2000海里，是国内首次以帆船航海为媒介，串联起整个海上丝绸东线沿线的文化、体育、科考、探险等多领域、多科学的海洋文化交流盛会。

7月8日，区政府召开秦青公路整治推进会。区领导杨丽萍、刘晓东参加会议。秦青公路沿线拆除“双违”进展迅速、园林节点绿化工作成效显著、堆煤场清理工作全面完成、造林工程扎实推进。区委副书记、区长吕国新总结：秦青公路沿线整治工作稳步推进，得民心顺民意，树立政府形象。区委副书记齐香民主持会议并指出，各部门要积极协调配合，打好秦青公路整治这场硬仗，杜庄镇、石门寨镇、驻操营镇整理出的土地，要规划设计好商业功能布局，选址建设生态停车场，逐步规范停车位；园林绿化抓紧落实高速公路东出口两侧绿化，铁路拆违后，整理出来的土地抓紧栽种绿植。

8月14日，区政府召开园区基础设施建设及项目包装情况汇报会。区领导张浩、刘爱秀、张潮海、田宏伟参加会议。区委副书记、区长吕国新主持会议并讲话。会上，各园区主要负责人先后就基础设施建设情况进行汇报，区重点项目办汇报项目包装情况。吕国新指出，园区建设要做好规划，打好基础，优化产业环境，调整产业结构，做好企业资源整合。

8月14日，区政府召开暴雨受灾情况及灾后重建工作情况汇报会。区领导刘爱秀、张潮海、田宏伟参加会议。会议听取各相关单位对暴雨受灾情况及下步工作方案，对抓紧推进灾后恢复重建、恢复群众正常生产生活秩序进行安排部署。区委书记冯国林强调：各级各部门要站在解决群众最直接、最现实、最迫切利益问题的高度，全力抓好灾后恢复重建工作，确保社会和谐稳定、人民安居乐业。

8月18日，区召开园区基础设施建设及项目包装情况等有关工作专题汇报会。区领导刘爱秀、张潮海、田宏伟、杨丽萍、王健、印洪、李浩然参加会议。会议听取各园区和海阳镇关于基础设施建设及项目包装的相关工作汇报，省旅发大会涉及海港区有关事项落实情况的汇报。区委书记冯国林强调：要扎实、稳健、快速推进各园区基础设施建设及项目包装工作，为招商引资等工作打下坚实基础。各园区要在建设之前做好规划，提前考虑各种困难，极力避免建设开工后出现的问题。

9月9日，区政府召开庆祝第三十二个教师节颁奖典礼，隆重表彰在教育事业中做出突出贡献的先进集体和先进个人。冯国林、吕国新、齐香民、杨永会、张晶、陈永山、桑菊、李秋来等区领导出席颁奖典礼。颁奖典礼上宣读《中共海港区委办公室、海港区人民政府办公室关于印发2015~2016年度表彰教育系统先进集体和先进个人名单的通知》，区委副书记齐香民在颁奖典礼上致辞。

9月13日，全省市县法学会工作现场会的与会人员一行150多人实地参观海港区法律专家服务站和燕山北里社区法律服务站。市领导闫五一，区领导冯国林、高骥恩、田宏伟参加活动。与会人员详细了解法律服务站的建设和运行情况，并向值班律师询问工作开展情况和服务效果。

9月22日，区政府召开省旅游产业发展大会相关工作调度会。区领导刘爱秀、张立红、张晶、杨丽萍、印洪等参加会议。各相关单位汇报景观打造、河道水系整治等工作开展情况，区委书记冯国林，区委副书记、区长吕国新要求各部门将想法付诸实际行动，迅速制定具体实施方案，各项工作做到具体化、精细化，全力为省旅游产业发展大会服务。

9月23日，区政府召开"双违"整治工作汇报会。区领导齐香民、张潮海、张晶、李国强参加会议。区委副书记、区长吕国新对全区前段"双违"整治工作给予充分肯定，并对下步工作提出新的要求。

9月26日，召开全区空气监测点位周边污染源整治工作会议。区领导赵长泰参加会议。区委副书记、区长吕国新一行踏查文化北路中石化加油站、燕西里市场、金土地烧烤、天水草堂等地后，召开调度会议，强调各街道和城管部门每天要组织专人重点检查餐饮单位尤其是烧烤店，坚持取缔所有露天烧烤，强化餐饮油烟管控，对各门店油烟净化设施进行监管检查，要加大散煤治理力度，对煤炭经营单位、媒质检测和洁净型煤的使用等问题严格按照散煤污染整治专项行动方案的职责分工，精心组织，狠抓落实，确保各单位用煤质量达标。并对煤炭经营单位、各有关部门的工作提出具体要求。

9月28日，召开全区经济指标调度会议。区领导刘爱秀参加会议。各镇、园区、各经济部门等相关单位参加会议。区统计局、发改局、财政局汇报全区经济运行情况，区国税局、地税局汇报税收和公共预算完成情况。与会人员共同分析全区经济发展状况和存在问题，区委副书记、区长吕国新对下步工作进行安排部署，强调要自我加压，清理思路，尽职担当，团结协作，加大各项工作推进力度，确保完成全年目标任务。

10月20日，区委副书记、区长吕国新到北港镇、石门寨镇和驻操营镇，就环长城旅游公路建设工作召开现场办公会议。区领导刘爱秀、刘晓光参加办公会议。吕国新一行实地踏查鸭水河村、下花野村、义院口村、庄河村、城子峪村等，深入探讨环长城旅游公路全线建设及施工中的重点问题的解决办法，提出相应的解决意见。

11月18日，召开全区第四季度安全生产工作会议。副区长印洪参加会议。会议传达中共中央总书记习近平、国务院总理李克强和省委书记赵克志、省长张庆伟的重要批示指示精神，通报1～10月全区安全生产工作情况，安排部署全区第四季度安全生产情况。区委副书记、区长吕国新强调：各部门单位要居安思危，真正把安全生产作为不可触碰的“红线”，牢牢抓在手上；要严格按照国家和省市有关要求，抓住要害、突出重点、精准发力，全力以赴抓好岁末年初安全生产各项工作；要全面强化安全生产责任，做到安全生产责任具体，责任执行严格，责任追究严肃，确保政府监管主体、企业责任主体落实到位，为安全生产提供强有力的保障。

11月25日，召开全区秋冬季森林防火工作会议。副区长王健主持会议，各镇、园区主要负责人、各有林村的村书记、部分防火队员和防火队员参加会议。青龙肖营子镇王子甸村党支部书记邵新阳做防火经验介绍。区政府与各镇、园区签订防火责任状。区委副书记、区长吕国新强调：各部门要充分认识当前森林防火工作的严肃性和重要性，在思想上一丝不苟、工作上一环不漏、措施上一抓到底。要宣传教育作为森林防火工作的第一道工序，引导群众文明祭祀；要严格监管排查，不留隐患；要严格货源掌控，做到“封住山、管住人、巡好林、盯住坟、控火源”；坚决打击违法，做到“处理一个，震慑一方”。

区政府主要工作

【概况】 全区上下团结一心、顽强拼搏，打赢很多攻坚战，凝聚形成的“海港速度”和“海港力量”，成为全区宝贵的精神财富，“开放、包容、崇德、尚美”的海港精神深入人心。主要经济指标均较好完成，实现农林牧渔业总产值14.71亿元，同比增长56.4%；其中，农业产值6.71亿元，同比增长33.9%；林业产值4487万元，同比增长77.9%；牧业产值6.46亿元，同比增长97.1%；渔业产值5956万元，同比增长-1.9%。全年实现粮食产量2.88万吨，油料4219吨，蔬菜及食用菌12.25万吨，肉类总产量2.09万吨，奶产量9250吨，禽蛋产量6776吨。全年造林面积2200公顷，水产品养殖面积138公顷，水产品产量1753吨。单位生产总值能耗0.96吨标准煤/万元，同比降低4.09%。民营经济增加值（在地口径）236.8亿元。财政收入81.06亿元。财政支出34亿元。城乡社会消费品零售总额308.62亿元，同比增长10.5%。全社会固定资产投资205.91亿元，同比下降19.1%。

【经济工作】 全年实现区属地区生产总值315.36亿元，增长7%；全部财政收入81.06亿元，其中，一般公共预算收入17.98亿元；完成固定资产投资205.91亿元；城镇、农村居民人均可支配收入分别达到3.25万元和1.65万元，均增长7.7%。产业升级不断加快。三次产业比例为2∶29∶69。农业产业稳健发展。新增优质果品种植面积1466.67公顷，果树标准化生产覆盖率达92%以上。引进农作物新品种35个，技术普及率达80%。全年实施农业产业化项目7个，完成投资1.3亿元。市级以上重点农业产业化龙头企业达到29家，农民专业合作社达到189家。工业经济稳中向好。71家规模以上工业企业全年完成增加值45.67亿元，增长5.5%。全年完成工业投资22.9亿元，增长44%，其中，技改投资11.8亿元，增长28.7%。美铝扁锭铸造、秦热发电机组除尘等16个技改项目顺利实施。第三产业稳步提升。万达广场、大润发等一批重大项目成功签约。智慧太阳城建设正式启动，茂业城市综合体开工建设，世纪港湾业态多元化发展。全年接待游客653.7万人次，实现旅游总收入63.5亿元，分别增长10.6%和12.4%。

【项目园区建设】 全年实施千万元以上项目175项，累计完成投资204亿元。一重机械、中昊物流等77个项目竣工投产。34个项目被列为省、市重点项目。编制完成3年滚动投资计划，谋划储备圆明山旅游综合体、驻操营山区综合开发等亿元以上项目150个。园区建设全面提速。北部工业区污水加压泵站工程开工建设，北部污水处理厂主体完工，和月大街、耀华东路等道路亮化工程顺利完成。临港物流园区完成国防光缆改迁及10千伏高庄支线改迁工程，北环路给排水管网工程具备接入条件。圆明山片区圆明湖大街、民族路北延伸三期、连峪引水上山工程全面启动，返迁安置房一期项目整体竣工。杜庄工业区南物流路、兴澄路建设扎实推进。争取资金力度加大。全年通过发改系统争取各类项目资金2亿元。其中，中央预算内资金1.88亿元，省级专项资金1740万元。主要包括海阳片区改造配套道路工程，西王岭棚户区改造，杜庄镇、石门寨镇和驻操营镇垃圾收运系统等21个项目。

【改革开放】“营改增”全面推开，行业税负明显降低。“三证合一”商事制度改革稳步实施，注册流程大幅压缩。推进农村产权制度改革，完成农村土地确权登记面积2000公顷。基层供销社综合改革正式启动。深化医药卫生体制改革，基本药物集中网采率100%。科技创新引领凸显。加快大众创业、万众创新步伐，董事汇、山果科技等6家众创空间先后正式运营。全年新增省级科技型中小企业95家、科技小巨人企业4家，列入市级以上科技计划项目28项，高新技术产业增加值7.2亿元，增长率16.5%。招商引资成效显著。举办“京津冀百名企业家走进海港区招商会”“煤企招商对接会”等招商活动十多次，开展各类“小团组”招商活动60多次，彩龙电商城、欢乐水世界等10个项目顺利签约。累计引进内资60.3亿元，实际利用外资2.8亿美元，均位列全市第一。

【生态治理】空气质量持续改善。打响燃煤、工业、扬尘和餐饮油烟攻坚战，全年淘汰燃煤锅炉145台、583.44蒸吨，超额完成市定目标。取缔堆煤场132家，捣毁盗采井口101处，关停非煤矿点33座。整治规模餐饮经营单位841家，取缔露天烧烤摊点157处。苫盖各类建筑工地堆场面积10多万平方米。空气质量达标天数270天，同比增加14天。节能降耗成效突出。华能风电项目前期工作全面启动，中硅太阳能项目开工建设。推广洁净型煤专用炉具8449台，洁净型煤5846.66吨。拆除直径3米以下水泥磨机及迅发玻璃生产设备3台，淘汰落后水泥产能35万吨、平板玻璃产能150万重箱。单位GDP能耗下降3.5%，煤炭消费量同比削减11.27万吨。城乡环境提升。实施造林绿化工程，全年完成乡村植树造林面积2200公顷，栽植各类苗木117万株，城区栽植各类乔灌木6.48万株。落实“河长、段长”负责制，清理各类沿河垃圾44万立方米，设立河长制公示牌127块，封堵改造排污口87处，归提寨小康楼等6个集中生活小区纳入污水管网。

【社会事业】保障体系逐步健全。新增城镇就业1.28万人，失业人员再就业4801人，就业困难人员再就业2317人。农村劳动力转移就业1268人。创建海港区大学生实习培训基地3个。开发公益性岗位144个，为183名城镇失业人员申请小额担保贷款1800多万元。完成社保卡信息采集6.5万人，发放社保卡5.86万张。净增企业养老保险2836人，职工医疗保险1575人，失业保险1992人，累计发放城乡低保金4003.6万元，医疗救助金213.88万元。新建居家养老服务中心5家、农村幸福院33所。处理各类欠薪隐患36处，解决拖欠农民工工资3584万元。城市最低生活保障标准由每人每月500元提高至550元，农村最低生活保障标准由每年3000元提高至3500元，农村“五保”供养标准由每人每年4500元提高至5500元。文体教育均衡发展。文体中心和6个全民健身中心建成并投用。承办秦皇岛国际马拉松赛、全国青少年帆板锦标赛等重大体育赛事，举办秦皇望海祈福文化旅游节、第五届龙舟大赛、沙滩音乐节等文体活动。顺利通过国家义务教育发展基本均衡县督导评估。新增全国青少年校园足球特色学校3所。文耀里小学、杜庄中学迁入新校址。卫生事业健康发展。顺利通过省级基本公共卫生服务项目复核。促成海港医院与天津医科大学眼科医院、河北医科大学附属燕达医院签署战略合作协议。西港路社区服务中心“国医堂”投入运营。市妇幼保健院托管海港医院工作顺利实施。新型农村合作医疗参合率达96%。全面实施两孩政策，人口自然增长率为6.12‰。

【民生保障工程】科学确定民心民生项目。面向社会广泛征集项目，深入开展实地调研，收集有效群众意见、建议60多条，完善细化支撑，制定《海港区民心民生工程实施方案》。加强督导考核，通过逐一走访、随机抽查等方式，多次组织区领导、督察组等深入现场进行摸排调研，落实“月报告”“台账督办”《情况通报》等制度，督导项目建立、运行、维护、管理等制度，确保建一处成一处，持久发挥效益。宣传报道营造良好社会氛围，全年在各类媒体上刊播相关报道 53 篇。完成就业创业、低保救助、助残事业、法律援助等目标任务 25 个。

2016 年海港区民心民生工程 29 件实事完成情况一览表

表 2–1

目标任务		牵头单位	完成情况
就业创业工程	就业创业。全区实现城镇新增就业 1 万人，失业人员再就业 4000 人；引领青年和大学生创业 1000 人；城镇登记失业率控制在 4% 以内。农村劳动力转移就业 300 人。创建海港区大学生实习培训基地 3 个。搞好海港区众创空间建设，促进大学生就业创业	人社局 科技局	人社局：实现城镇新增就业 1.28 万人，完成目标任务的 128%；失业人员再就业 4801 人，完成目标任务的 120%；就业困难对象再就业 2317 人，完成目标任务 115%；农村劳动力转移就业 1268 人，完成目标任务的 423%。创建大学生实习培训基地完成 100% 科技局：创业孵化器装修改造完成。继续在驻秦高校评选出大学生创业团队，推荐到孵化器。44 个创业企业已入驻孵化，举办大学生创新创业培训会 1 场，完成全年目标
社会扶助工程	低保救助。年内城市低保提高至 550 元 / 月，农村低保提高至 3500 元 / 年，“五保”分散供养提高至 5500 元 / 年	民政局	开展城市低保对象年度审核及入户核查工作，遵守应保尽保，应退尽退原则，确保提标后的低保救助工作公平、公正、公开
	开展助残事业。免费为 30 户残疾人进行家庭无障碍改造，为 400 名贫困精神残残疾人每人每年发放服药补助 500 元	残　联	无障碍改造工程已全部完成。为贫困精神残疾人发放服药补助 400 人，完成全年目标任务
	法律援助。组织律师、法律服务工作者进驻综合法律服务中心值班，解答上门咨询、接听“12348”法律服务热线。做好特殊人群法律援助工作，年内案件受理 500 件以上	司法局	全年办理各类法律援助案件 520 件。其中，受理民事案件 484 件、刑事案件 36 件。解答各类法律咨询 3200 多人次，为当事人避免、挽回经济损失 300 多万元
幸福安居工程	国开行贷款支持的棚改项目。积极推进前道西、西王岭、东李庄、海阳片区、范庄、圆明山片区等 6 个国开行贷款支持的棚户区改造项目，7000 多套安置房全部开工建设	综开办 房产局	前道西改造项目：224 套返迁房建设未能如期开工 西王岭村改造项目：完成征拆协议户数 354 户，发放补偿资金 1.9 亿元。折合货币安置套数 341 套；返迁过渡房一期 58 栋、59 栋，共计 462 套，完成基础施工 东李庄村改造项目：货币补偿完成 658 套，房屋征收完成总量的 90%，因未完成征收，返迁安置房未开工建设 海阳片区改造项目：B61 地块共 8 幢，609 套，陆续开工建设。C14 地块已办理用地规划许可证，征地图已经测绘完成，下一步办理土地证 范庄改造项目：总套数 822 套，陆续开工建设 圆明山片区改造项目：37 幢住宅楼全部主体封顶，正进行装修及外网配套设施建设
	保障性住房建设。实现秦皇岛军分区燕山大街家属院棚改项目单体竣工，海建里棚改项目主体施工完成	房产局	秦皇岛军分区燕山大街家属院棚改项目单体竣工，海建里棚改项目主体施工完成。完成全年目标任务
	老旧小区改善提升。投资 1000 万元以上，实施金港花园、先茂里等 5 个老旧小区改善提升	房产局	金港花园、先茂里、耀东里等 5 个老旧小区改造工程已竣工，完成全年目标任务
	农村危房改造。对农村危房全面摸底排查造册，逐年列入改造计划，年内完成 200 户危房改造任务	建设局	203 户农村危房改造工程竣工并验收合格，完成全年目标任务

续表 2–1

目标任务		牵头单位	完成情况
环境优化工程	提升城市保洁水平。严格落实精细化管理标准，健全沿街门店垃圾袋装化收集制度，确保垃圾不落地；提高道路清扫保洁作业标准，推动环卫作业由“扫城”向“洗城”转变	城市管理综合执法局	在秦皇大街、文化路、迎宾路，每日出动6台袋装化收集车辆进行门店垃圾上门收集6次；在其他16条道路，每日出动19台袋装化车辆进行门店垃圾上门收集4次
	提升城市绿化品质。实施汤河公园、新世纪公园修缮及内涵提升，完成红桥里游园等3个街头游园改造提升。实施城区主次干道、沿街企事业单位楼体和立交桥等重要节点立体绿化	园林处	完成5个公园游园新建及改造提升工程
	东西浴场环境整治。对东山旅游码头进行全面维修改造，对西浴场海滩环境和入海河口岸线进行整治与生态修复，提升海岸线景观品质	旅游局 金梦海湾管委会	旅游局：东山浴场栈道和雨水工程、旅游码头修复工程完工 金梦海湾管委会：西浴场入海河口岸线整治与生态修复工程建设地点位于西浴场，完成中央资金工程量的70%。因绿化铺装工程建设内容调整待批，工程延期。冬季绿化铺装工程5月竣工
	停车场规范管理。对全区停车场统一规划，科学确定收费标准，严厉打击乱收费行为，坚决取缔擅自设立的违规停车场	市政处 物价局	市政处：市人大立法制定《秦皇岛市停车管理条例》，规定停车场管理职能由相应级别的公安机关负责，征求意见稿已通过 物价局：查处违规收费行为，受理停车场收费举报845件，已办结503件
城市功能提升工程	街巷路改造。年内完成人民路南段、新开路北段等5条小街小巷改造任务	市政处	完成新开路北段、文化路康健楼门前路、铁路里等6条街巷路改造任务。完成全年目标任务
	公厕改造提升。对工农里、临河里、河北大街、燕山小区、东港路等区域（路段）公厕进行升级改造	城市管理综合执法局	5座老旧公厕改造项目全部开工建设
	构建全方位养老服务体系。年内谋划建设老年人日间照料中心2座和居家养老服务中心5家。日间照料中心一座位于汤河公园北侧空地（包含一所老年大学和一座农贸市场），另一座位于园丁小区旁空地	民政局	铁路里、滨海城、白塔岭等5个居家养老服务中心建完；西港路街道桥东里社区（汤河公园）老年人日间照料中心项目，由于地块用地性质调整（由居住用地调整为公共服务设施用地）问题，未能推进；东环北里社区（园丁小区），由于规划手续办理问题，无法实施。（《河北省城乡规划条例》规定侵占绿地等公共活动场地的不得办理规划手续，因该地块规划用地性质为公共绿地，为此区规划分局不予批复规划手续）
	地震应急救援培训中心建设。通过对港城创业中心进行装修改建，引进先进地震应急救援装备，制作海港区地震应急模拟演练视频和地震应急展示沙盘，打造多功能地震应急救援培训中心	科技局	培训中心的建设工作全部完成，基础设施改造已完成，装饰修缮已完善

续表 2-1

	目标任务	牵头单位	完成情况
农村基础建设工程	农村公路建设。分步实施环长城旅游公路建设，工程预计总计 211 千米，是年上级资金和贷款争取到位，前期手续办理完毕，力争年内全部工程完工	交通局	环长城旅游公路农村公路建设，全长 58.6 千米环线道路的路基、小桥、涵洞、中桥完成建设，工程主体完工。花厂峪村河边护坡工程完成全部工程量，共 210 米。大里营至西街村级公路工程完成全部工程建设，共 1.6 千米
	水利设施建设。实施芽子山水库蓄水池工程、黑山窑后村饮水安全工程和连峪片区引水上山工程	水务局 北港镇	水务局：芽子山水库蓄水池工程、黑山窑后村饮水安全工程均完成竣工验收并投入使用。北港镇：因水保方案等项目立项前期手续未能完成，导致项目后期工作无法跟进，未能按时间节点完成任务
	农村幸福院建设。年内建成精品农村幸福院 30 家，改善农村五保老人居住条件，提高集中供养率	民政局	完成全部建设工作并投入使用
医疗卫生惠民工程	开展医疗下乡活动。开展“鱼水工程”送医送药下乡活动，对村居群众进行义诊，免费体检，全年不少于 12 次	卫计局	全年开展义诊、免费体检 110 次，服务群众 1.12 万人次
	年内完成 3000 名适龄儿童窝沟封闭工作，封闭完好率达到 85% 以上		全年完成适龄儿童窝沟封闭手术 3330 人，封闭完好率达到 85% 以上
	开展已婚育龄妇女免费生殖健康检查，完成目标人群的 80%；开展计划怀孕夫妇免费孕前优生健康检查，完成目标人群的 80%		全年为已婚育龄妇女进行免费生殖健康检查 13.53 万人，为计划怀孕夫妇进行免费孕前优生健康检查 1200 对，完成全年目标任务
教育文化工程	学校硬件设施提升。对萃文中学的土质操场进行改造，铺设人造草皮；对石门寨镇、杜庄镇、驻操营镇辖区学校取暖设施进行改造	教育局	萃文中学操场改造工程竣工并投入使用。驻操营镇辖区学校取暖设施改造工程已完工
	文体惠民工程。完成建设大街街道和海港镇综合文化站建设，推进其他综合文化站达标建设，为每个行政村每月放映公益电影 1 场。实施区文体中心文体广场全民健身工程，建成塑胶篮球场和全民健身路径 10 站位，免费对外开放	文体 广新局	综合文化站建设：海港镇综合文化站完工并投入使用；建设大街综合文化站未能按时间节点完成选址工作，办事处确定新的文化站选址为建国路恒大四季城交付街道的办公用房，面积 300 平方米，消防验收后进行移交，着手文化站的装修，使用时间将顺延至 2017 年。农村电影放映：全部完成，共放映电影 3144 场。塑胶篮球场：铺设完成。全民健身路径已完成 10 站位

续表 2–1

	目标任务	牵头单位	完成情况
食品安全工程	肉菜安全监管。严把畜禽定点屠宰和畜禽产品质量安全检测关，做好违禁添加物的抽样检测，力争年检测样品 7500 头份。完成秦皇小区、天开市场等 2 个农贸市场的肉菜追溯体系硬件、软件安装，实现数据上报城市管理平台	畜牧局 为民市场建设经营有限责任公司	畜牧局：完成“瘦肉精”抽样检测 1.12 万头份，全部进行莱克多巴胺、盐酸特伦特罗、沙丁胺醇的检测，结果为合格 为民市场建设经营有限责任公司：秦皇小区及天开等 2 个市场系统正式投入使用，实现数据上传管理平台。完成全年目标任务
	温室大棚工程。新建、改建日光温室蔬菜种植面积 20 公顷。推行“基地 + 超市”的订单生产模式，将蔬菜生产基地与大型超市对接	农业局	完成新建、改建日光温室蔬菜种植面积 20 公顷，日光温室全部开始种植蔬菜；平顺蔬菜基地与广缘超市紧密合作，完成全年目标任务
	打造明厨亮灶餐饮。将全区 1200 多家持证餐饮服务单位全部打造成“明厨亮灶”经营单位	食品药品稽查大队	持证餐饮单位 1700 多家完成“明厨亮灶”打造工作，完成率 100%
平安建设服务工程	社会治安立体防控。坚持网上网下结合，打防管控一体化，对商业繁华区等治安复杂区域开展治安整治，突出日租房、出租屋清查和规范化管理。完善社会面实时视频监控网络，整合社会公共监控资源。落实“22+2”巡逻防控机制、“一分钟”应急反应机制和军警民武装联勤机制，实现应急处突备勤常态化。各类案件呈下降趋势，确保全区稳定	公安分局	刑事发案 2372 起，同比下降 26.24%；八类主要案件发案 301 起，同比持平；“两抢一盗”等侵财类案件发案 1199 起，同比下降 39.65%。破获刑事案件 930 起，同比上升 4.14%，抓获嫌疑人 890 人，其中，网上逃犯 168 人，打掉团伙 25 个；破获“两抢一盗”刑事案件 253 起，同比持平。完成“2017 年度全国煤炭交易会”安保工作、省委巡视组巡视期间安保及文明交通志愿服务，出动警力 1200 多人次，检查人员 4 万多人次、车辆 2 万多台次，服务群众 600 多次。巡逻堵卡抓获嫌疑人 12 人，其中，网上逃犯 2 人、吸毒人员 4 人、涉车侵财嫌疑人 1 人，收缴管制刀具等违禁物品 8 件。实有人口和实有房屋专项清查，排查剔除各类安全隐患 30 处。在秦皇岛火车站地区开展治安整治行动，出动警力 400 多人次，新登记流动人口 29 人、出租房屋 12 间，抓获各类嫌疑人 6 人，依法训诫违规接送站人员 5 人次
	开展专项打击行动。扎实开展“两抢一盗”、非法集资、传销等涉众型经济犯罪以及电信诈骗、制假售假等专项打击行动，提高人民群众安全感	公安分局	开展冬季严打整治暨集中打击“盗抢骗”专项行动，共破获刑事案件 63 起。其中，盗窃 18 起，诈骗 13 起，抢劫 2 起；刑事拘留 72 人。大排查大收戒大管控吸毒人员专项行动，查获吸毒人员 26 人，强戒吸毒人员 14 人。打击非法传销专项行动，端掉传销群居窝点 3 处，教育遣散传销人员 80 人

（宋　焱）

区政府工作机构及其领导

【区政府领导人】

区　长：吕国新（2月任，12月免）
　　　　曹立新（12月任，副区长、代区长）
副区长：刘爱秀
　　　　张潮海
　　　　赵长泰
　　　　桑　菊（女）
　　　　刘晓光（挂职）
　　　　王　健
　　　　印　洪
　　　　孙　毅
　　　　李浩然（挂职）

【区政府工作部门直属机构主要负责人】

区政府办公室主任：王洪泉
区发展改革局（粮食局、工信局）局长：陈占勤
区教育局局长：高洪星
区科学技术局（地震局）局长：黄秀红（女）
区监察局局长：张茂和
区民政局（民族宗教事务局）局长：王　澍
区司法局局长：郭立盘
区财政局局长：苏文胜
区人力资源和社会保障局局长：李晓光
区环境保护局局长：郝冀伟
区城乡建设局（人民防空办公室）
　　　　局长（主任）：孙　贺
区城市管理综合执法局局长：梁安平
区交通运输局局长：肖子平
区农业局（水务局）（7月合并）局长：梅红霞（女）
区商务局（投促局）局长：何占峰（8月免）
　　　　李学良（8月任）
区文化体育广电新闻出版局（版权局、旅游局）
　　　　局长：胡广设
区卫生和计划生育局（爱国卫生运动委员会）
　　　　局长（主任）：谢京海
区审计局局长：刘海波
区市场监督管理局（工商行政管理局、质量技术监督局、食品药品监督管理局、区政府食品安全委员会办公室）局长（主任）：石建军
区安全生产监督管理局局长：张金忠
区统计局局长：李　观
区住房保障和房产管理局局长：王有长

【垂直管理部门主要负责人】

海港区国家税务局局长：田印书
海港区地方税务局局长：赵长吉（3月免）
　　　　杨连盛（3月任）
海港国土分局局长：赵立新（女，8月免）
　　　　骆　欣（8月任）
海港公安分局局长：刘晓光

【区政府其他工作机构主要负责人】

区政府政策研究室主任：韩兴隆
区政府法制办公室主任：田　力
区政府值班室主任：温　平（7月任）
区档案馆馆长：范春媛（女）
区政府机关事务管理局局长：冯立志
区政府政务服务中心主任：卢利辉
区园林管理局局长：昝　欣
区市政工程处主任：董育松（5月免）
　　　　张亚杰（5月任）
区物价检查所（物价局）所长：任德文（5月免）
　　　　徐　彤（5月任）
区林业局局长：刘玉僧
区畜牧局局长：刘俊安
区城市建设综合开发办公室主任：
　　　　张亚杰（5月免）
　　　　王金林（5月任）
区供销合作社主任：宋连宏
区城建管理调度中心主任：胡建国
区太阳城管委会主任：宋　磊（7月免）
　　　　王进国（7月任）
金梦海湾商务旅游度假区管理委员会主任：
　　　　刘　勇（5月免）
　　　　马治国（5月任）
区综合执法协调工作办公室主任：
　　　　刘环宇（8月任）
区为民市场建设经营有限责任公司董事长、总经理：陈文博

区棚户区改造协调服务办公室主任（区市容综合整治办公室4月更名）：刘环宇（7月免）
侯春杰（女，7月任）

秦皇岛火车站广场管理处主任：王立彬（7月免）
张　磊（7月任）

区城乡规划管理办公室（规划局）主任（局长）：
孟祥玉（3月免）
（空）

区政府办公室工作

【概况】 区政府办公室以“两学一做”学习教育活动为契机，围绕全区中心工作，认真履行办公室各项职责，努力发挥参谋助手作用，完成全年目标任务，得到上级领导和有关部门的好评。

【文秘工作】 办文、办会质量显著提升。在公文处理工作中，践行“细致、精致、极致”的工作目标，落实“马上就办，办就办好”的基本准则，全力提高工作效率，全年安全、及时办理各级各类文件2万多件。严格控制发文规格，抓好依据关、内容关、格式关，全年核发各类文件1000多件，退发300多件；严格规范会议、活动报批程序，加强办会统筹协调，按照能精简就精简、能合并就合并的原则，全年承办各类会议32场。档案保密工作不断创新。做好档案收集立卷工作，配备专职档案管理人员，整理1201卷，做好电子档案扫描上传工作。定期对档案数量和保管状况全面检查，未出现任何问题。严格涉密文件和资料的保密工作，健全保密技术防护监管体系，开展机关办公设备保密自查，强化对涉密网络安全保密测评及风险评估，未发生泄密事件，获市级保密先进工作单位称号。

（张　磊）

【综合协调工作】 综合统筹能力切实加强。面对繁重的工作任务，敢于上前，敢于担责，稳妥处理一大批事关全区发展的大事、急事、难事。在与农发行、国开行等政策性银行对接、火车站片区综合整治、省旅发大会筹备、“双违”整治攻坚、全国煤炭交易会筹办等工作中发挥重要的综合协调作用，全年协调办理区领导重要事项600多项，得到各级党委、政府的多次表扬。文字材料精益求精，围绕区委、区政府中心工作，紧抓全区经济社会发展重大问题，完成文稿的起草工作，确保各类文稿表达精准、言简意赅、形式新颖。全年撰写各类综合材料460多篇、200多万字。其中，领导讲话、述职报告等材料约170篇、50多万字，会议纪要、请示报告、通知等材料290多篇、150多万字。

（薛海鹏）

【政策研究工作】 紧扣区委、区政府工作思路，深入联系实际，抓住全区经济社会发展重大问题，为领导提供决策依据，完成重要会议文稿起草审核工作。全年起草和指导把关《政府工作报告》《经济工作会讲话》《政府全体会讲话》等重要文稿材料十多篇，指导综合科秘书起草工业企业技术改造及项目进展、财税调度会表态等重要汇报5篇。坚持深入基层，联系实际，在多次实地调查研究的基础上，高标准完成多篇重要调研文章，为海港区未来的区域经济发展出谋划策。上报市政府调研课题稿件中《海港区工业企业纳税情况调研报告》获全市一等奖，《海港区工业配套调研报告》获全市二等奖。

（王济悦）

【提案工作】 自觉接受人大及其常委会法律监督、工作监督和政协民主监督。高标准、高质量办理省、市、区人大代表建议议案、政协提案281件，按时办结率、答复率、走访率，代表满意和基本满意率均为100%，获全市优秀承办单位称号。

（刘　静）

【值班和市、区长公开电话工作】 按照“统一受理、网络转办、协调督办、限时办结、反馈回访、全程监督”的运行模式，实现市长热线与各承办单位的转办承办督办网上运行。落实领导接访日、24小时双人双岗值班制度和领导带班等制度，畅通群众监督渠道，主动接受社会公众评议，认真调查核实人民群众检举、新闻媒体反映的问题，提高群众对政府和社会事务的参与度和监督力度。全年承办市长热线网络交办件1.85万件，按时回复率96.7%，办结率100%；电话咨询2596件，电话投诉685件，回复率100%。接待上访群众260多批次、2200多人次。

（杨丽芳）

【政府信息工作】 全方位、多角度、深层次调整、筛选、上报反映全区经济建设、社会事业发展成效的信息，做到信息更加精准、更具特色、更有时效，为区委、区政府提供有参考意义和使用价值的信息。重视对现实生活的发现与挖掘，采取“走出去”的方式，围绕领导关注的难点，社会反映的热点，深入实地专题调研，收集、捕捉第一手材料，提供高视角、高品位、高效应的信息，使参谋服务真正“参”到点子上，“谋”在关键处。全年编发《海港区政务信息》33期，《每日快报》244期；上报市政府信息520多条，其中，《秦皇岛信息》采用67条，市级《专报》采用4篇；上报省政府办公厅信息16条，省级《政务情况交流》采用2篇，省级《昨日要情》采用1篇。

（李　坚）

【电子政务工作】 做好机关软件正版化工作，对全办电脑进行软件正版化检查，安装正版操作系统13套、正版办公软件16套，完善正版软件的日常管理、软件配置、软件台账、责任制度等工作，确保政府工作设备安全规范、高效运行。完成机关70多部固定电话的维护工作，解决全区各单位固话问题110多次。加强公众信息网站维护，及时进行政务信息发布等，全年办理和解答领导信箱、网上信访，共发布各类信息1052条，及时解答和解决网友反映的各类问题160多件，群众满意度和基本满意率100%。

（侯　宇）

【外事侨务工作】 严格审核因公出访团组，全年办理因公随团出访4批、4人次。做好辖区企业涉外服务工作，为企业的商务洽谈、业务往来办理邀请外国人手续29批、66人次，实地走访邀请外资企业5家。做好各类接待工作，接待外国代表团3批、35人次，赢得外宾的肯定和赞许。开展归侨侨眷走访慰问活动，走访慰问及帮扶归侨侨眷28人次，发放侨务扶贫金5000多元。东环里社区在全市社区中侨务工作名列前茅，在全国的国家级侨务工作示范社区中成绩突出，成功申报为全国社区侨务工作明星社区。1月，省侨办领导到海港区为东环里社区挂牌。

（张晓曦）

【地方志工作】 推进年鉴编纂工作。完成《海港区年鉴（2015）》的出版工作，定稿73万字，年内发行1000册，全面系统翔实的记述海港区2014年的经济和社会发展进程，客观地反映全区的新变化、新成就及经验教训。《海港区年鉴（2013）》获得全国地方志优秀成果（年鉴类）二等奖。广泛搜集2016年度年鉴初始材料，编纂实行“分工协作、集体商定、逐级负责”制度，精心组织谋划，深入挖掘基础资料，去粗取精，提炼内容，形成《海港区年鉴（2016）》初稿，进行第一轮校核。通过日常关注、事后查阅报刊和区内重要会议、文件，搜集区内发生的重大事件，完成海港区大事记编纂工作，确保所记大事时间、事件准确无误，全年搜集整理大事记242条。启动、谋划《杜庄镇镇志》的编纂工作。发挥地方志“资料库”作用，为省、市部门报送海港区各类资料2万多字，接待基层单位和部门资料查询212人次，提供各类资料和数据5万多字。

（刘景银）

【应急管理工作】 有序建立应急避难场所。在秦皇植物园划定安置棚户区、应急用水、用电、应急物资发放等专门区域，设置应急避难场所指示标牌50多块，通过市应急办实地检查。完成应急预案修订工作，指导各部门对预案中的工作原则、适用范围、组织机构与职责、保障措施等内容进行全面完善，全年修订《海港区突发环境事件应急预案》《海港区重污染天气应急预案》等应急预案十多个。应急演练工作全面推进。参加全市危险化学品事故应急推演，对突发危险化学品事故条件下的应急处置工作进行全面细致的安排部署，海港区相关工作得到省安监局领导的高度评价。组织全区1000多名师生和家长参加防灾安全宣教活动，普及防灾自救知识。

（温　平）

【教育督导工作】 围绕全区教育中心工作，坚持督政与督学结合，评估与指导结合，认真开展教育督导工作，不断提升海港区教育办学水平和质量。圆满完成2016年国家义务教育发展基本均衡县的评估认定工作。通过开展对国检动员、攻坚部署、集中调度、外出学习、外请专家、督学包校指导等多个环节的精细化督导工作，对全区86所中小学校、10个教学点进行拉网和地毯式检查，收集整理并编辑制作《海港区推进义务教育均衡发展工作资料汇编》《海港区教育宣传片》等多项重要资料，为顺利通过国检奠定坚实基础。

（马　礼）

【后勤保障工作】 严格贯彻落实中央“八项规定”，牢固树立“服务到位、保障有力”的后勤服务理念，坚持以“服务”为宗旨，提高办事的实效性。增强服务意识、提高服务质量，为机关、领导、干部职工服务，在机关后勤管理、保障及服务等方面做了大量工作。严格贯彻执行财务审签报批制度，各项费用做到账目清楚，开支合理，全年整理各类账务5000多件，完成厉行节俭表、“三公经费”统计表等各类财务报表50多份的填制上报工作。严格落实领导干部收入申报和个人重大事项报告、公务用车和办公用房管理等规定，最大限度压缩经费开支。提高接待工作标准化、精细化水平，细化重要接待任务流程，规范重要接待服务内容，提前做好会场布置、茶水供应、音响准备等各方面的准备工作。

（孙晓惠）

招商引资

【概况】 全年引进内资60.25亿元，完成全年任务的100.4%；利用外资2.82亿美元，完成全年任务（2.46亿美元）的114.6%。在经济形势严重危机的情况下，引进内资和利用外资额均位列全市各县区第一名。

【招商模式】 专业招商成效明显。成立由区主要领导任组长的专业化招商工作协调领导小组，制发《海港区关于进一步开展好专业化招商工作的实施办法》。建立全区工作架构，抽调投促、科技等9家单位的科级领导9人和工作人员20人开展专业化招商工作。举办全区招商引资工作培训会，成立招商服务科。聘请秦港股份总经理田云山等优秀企业家和专家12人作为首批招商引资顾问。全年开展小团组招商活动30多次，登门拜访企业60多家，通过招商顾问洽谈接触项目40多个。各招商专业组充分发挥招商顾问和行业专业优势，洽谈保税物流中心、中石化集散地结算中心等项目60多个。自办活动成功举办。在香格里拉酒店举办“第十一届秦皇望海祈福文化旅游节暨京津冀百名企业家走进海港区招商会”活动。邀请全国各地客商、海港区首批招商顾问、当地优秀企业家等100多位企业家参会。会上集中发布国际农产品冷链物流项目和圆明山山区综合开发项目等4个项目，总投资额42亿元的彩龙电商城项目、中运机械船用阀门项目和首农农产品购物体验中心项目等5个项目签约。借台唱戏成效明显。组团赴北京参加秦皇岛市山区综合开发北京招商推介会活动，以PPT形式对板厂峪风景区建设项目等3个特色项目进行集中发布，发布项目预计总投资额76.8亿元。总投资108亿元的圆明山航空旅游运动综合体项目和奔月影视主题乐园旅游综合体项目在会上签约。邀请燕达集团、天山集团、大连万达集团等康养产业相关客商参加第二届中国康养产业发展论坛。燕达（秦皇岛）国际健康城项目、秦皇岛市万达广场项目和秦皇岛圆明山通航文旅创新示范区项目签约，预计总投资额50亿元。

【服务外包】 完善《（2016～2025）秦皇岛市服务外包产业发展规划研究报告》。赴印度参加“第二届印度全球服务展”，赴昆明、贵阳等地考察服务外包和大数据中心项目，组织正道科技、博赫科技等企业参加全国性服务业展会。强化与华唐集团、软通动力等实力企业合作，推进秦皇岛大数据及服务外包产业园项目。全年注册服务外包企业115家，上报数据企业33家。全年完成合同总额上报数据110.84亿美元，其中，离岸总额110.43亿美元，在岸总额4024.17万美元。

【国际商会】 赴石家庄参加“2016年全省贸促工作会议”。组织鸿瑞粮油科技、通恒电气等会员企业赴浙江义乌参加企业“走出去”系列培训之投资欧盟国家培训班暨双向投资说明会。组织鸿瑞粮油科技、联安机械科技等会员企业参加泰国商业环境最新投资优惠政策推介会。组织会员企业参加香港投资环境推介会、秦皇岛电子商务发展创新与管理培训班、原产地证办理、涉外法律业务知识讲座、法律服务进百家民营企业座谈会等多项活动。

【组团赴北京开展点对点小团组招商活动】 1月20～22日，区委常委、常务副区长刘爱秀带队赴北京开展点对点小团组招商活动。期间，深入推进与北京昌平区、通州区对接“1+1”机制，重点到国务院研究发展中心、北京迈凌、北京中民实业、北京融马盛等处，考察北京众创空间，了解最新的产业转移信息，洽谈外溢产业项目，多方面寻求投资合作，取得良好成效。

【组团赴北京参加民企入冀·协同发展河北（北京）投资说明会】 4月18日，区委常委、常务副区长刘爱秀带队赴北京参加“民企入冀·协同发展河北（北京）投资说明会”。组织万达、宏大建设等企业参会，发放各类宣传资料50多份。与大连万达集团就万达广场项目进行深入洽谈。

【成功举办京津冀百名企业家走进海港区招商会】 6月14日，区委、区政府在秦皇岛香格里拉大酒店成功举办“第十一届秦皇望海祈福文化旅游节暨京津冀百名企业家走进海港区招商会”活动。市政协副主席裴晓鹏，区领导吕国新、张浩、张立红、田宏伟、李浩然及部分优秀企业家代表参加招商活动。会议邀请全国各地客商、海港区首批招商顾问、本地优秀企业家等共100多位企业家参会。总投资额达42亿元的秦皇岛欢乐水世界项目、彩龙电商城项目、中运机械船用阀门项目、分布式光伏发电项目和农产品购物体验中心的首农农产品批发市场项目等5个项目签约，重点发布国际农产品冷链物流项目、圆明山山区综合开发项目、板厂峪景区开发项目和杜庄经济开发区项目推介四大产业项目。

【组团参加秦皇岛市山区综合开发北京招商推介会】 6月28日，区委副书记、区长吕国新带队赴北京参加秦皇岛市山区综合开发北京招商推介会活动。黄河音像、华能、宏大建设、雨燕通航等12家知名企业应邀参加活动。会上，总投资108亿元的圆明山航空旅游运动综合体项目和奔月影视主题乐园旅游综合体项目签约。

【组团参加第二届康养产业论坛展览会】 9月4～7日，区委副书记、区长吕国新带队参加在市国际展览中心举办的第二届中国康养产业发展论坛展会。展会由秦皇岛市委、市政府主办，秦皇岛市贸促会和河北省国际展览中心共同承办。海港区精心组织，认真谋划，展出突出海港区旅游资源的精美图片12幅。邀请正道科技有限公司、香海粮油（秦皇岛）工业有限公司、海东青食品有限公司等企业参加展会。

（郭　杰）

政务服务工作

【概况】 区行政服务大厅有区发改局、环保局、水务局等窗口单位26个，窗口工作人员95人，共有行政许可、内部审批事项、其他行政权力和行政监督事项等办理事项129项。

【政务服务管理】 加强廉政建设，切实履行职责，杜绝审批过程中的吃拿卡要行为。加强业务监管，通过“四查”（查证芯、查签字、查印章、查档案），督导各部门对窗口充分授权，减少部门内部审批关节，严格规范审批流程，确保事项厅内受理、厅内办结。建立办事群众定期回访制度，重点回访办事群众对办理时限、收费、服务态度等方面的意见和建议，提高群众满意度。加强统一管理，所有进厅业务中涉及外出踏勘的事项全部由区中心统一收件、统一踏勘、统一发证，全程组织协调监管，部分重点审批事项全程进行录像监督。

【三级政务服务体系建设】 开展基层政务服务培训工作。组织各镇、园区、街道政务服务中心及所辖各村(社区)基层政务服务代办员集中培训，参训390人；邀请燕山大学付岗教授和韩兆柱教授分别讲授《面对面沟通》《政务服务礼仪》的相关内容，区政务中心主任卢利辉讲授《如何当好代办员》。通过对业务知识、行为规范、沟通技巧的讲解，提升代办员整体素质，提高政务服务质量。建立各镇、园区、街道政务服务中心主任季度上站制度，加强各镇、街的信息沟通，及时研究解决工作中存在的困难和问题。应用服务外包的形式，建立免费代办制，提高群众和企业的办事效率。大厅一楼只保留区市场监督管理局、国税局和地税局，窗口由9个增加至20个，形成企业注册一条龙流水线。为每个岗位设定满负荷办理业务量，受理窗口每天办件量不得少于90个，其他窗口不少于200件，并承诺办理不完不下班。开通企业注册免费代办预约服务窗口，在企业法人或股东亲自在场的情况下，申请人可以与区中心签订委托书并提前到中心一楼咨询台预约办理时间。

【领办工作】 坚持"简捷政务，希望大厅"的工作目标，加强领办服务。协调各部门对企业注册、单项验收、建设项目事项实行同步受理、并联审批，方便群众办理。全年企业注册相关许可事项联合指导708次、联合验收394次、发放证照；单项验收事项联合验收625次、发放证照405件；建设项目联合指导52次、方案会审18次、施工图设计文件联合审查22次、联合验收28次。开展"政务服务直通车"活动，由代办人员到办事人所在地上门服务。全年组织政务服务直通车6次，多次被各级媒体报道，受到企业和群众的欢迎。

（郭天一）

机关事务管理

【概况】 区机关事务管理局以为机关提供优质服务保障工作为中心，坚持"管理科学化、保障法治化、服务社会化"的机关事务改革方向，完善集中统一管理体制，创新管理机制，强化管理，切实履行机关事务管理、服务、保障职能，公共机构节能和物业、会务、文印、技术协调、公务用车管理和清理党政机关超标办公用房工作取得显著成效，机关事务管理和服务保障水平及日常后勤保障工作满意度大幅提升。

【市民中心物业管理】 对办公楼实施封闭式管理，设置主入口门岗和大厅值班岗两道岗位，配备安保人员40人，安装门禁系统32个、监控摄像头180个，电子巡更点73个。全年协调各类上访602起，拦截上访人员1649人，处理重大上访隐患58起，配合省、市、区纪委开展各项工作15次。物业科开展电气维修676次，水暖空调维修381次，更换门锁、窗户等561次。在维修工作中，印制派工单，主动接受报修单位评价，受到各单位好评。从区四大家调拨大中型车辆9台，组建区市民中心办公车队，供各单位开展会务、调研和大型活动。各单位用车严格遵守单位申请、领导审批、定点加油维修程序，保障各类活动正常开展。全年出车225次。

【公共机构节能减排】 全区纳入统计公共机构单位165家，建筑面积63.2万平方米，用能人数4.8万人，公车803辆。全年消耗电1526万千瓦时，用水122万吨，消耗煤0.67万吨，天然气14.5万平方米，汽油1170立方米，柴油370立方米。

【清理区属企业办公用房】 开展区属企业办公用房清理工作，认真进行摸底调查和实地走访。截至5月6日，检查区属企业办公单位44家，其中，注销及注销中企业单位4家，合署办公企业单位26家，租用办公用房企业单位3家，企业单位未注销及未运营2家，企业单位无管理权承包给个人1家，企业单位有办公用房8家，未发现企业负责人违规配置多处办公用房、未发现超标准配置办公用房企业单位、未发现超标新建办公用房、豪华装饰办公用房、配备高档办公设施企业单位。

【公务用车制度改革】 6月6日，河北价信拍卖有限责任公司为区机关车改车辆在秦皇岛大酒店组织专场拍卖会。公开拍卖车辆96辆，经过竞拍，车拍卖成交 90 辆，流拍 6 辆，成交金额共计 269.6 万元，高出拍卖底价 66.53 万元，平均增值率 32.8%。车辆留用 16 辆，用于公务用车平台，重点保障应急、处置突发事件、抢险救灾以及接待调研用车。全年平台留用车辆为急难工作启用 13 辆，其中，西港新城建设办、石门寨镇、海滨路办事处分别启用 1 辆；纪委巡查用车 2 辆；用于森林防火启用 8 辆；用于拆违工作启用车辆 6 辆（双违办）；用于防汛工作启用 2 辆（水务局、建设局），确保全区重点工作的开展。

（赵　玮）

国有资产管理与运营

【概况】 区国有资产管理工作以“实现国有资产保值增值”为宗旨，以服务于国有资产管理的各项业务、服务于产权制度改革为目标，以防止国有资产的流失，确保国有资产保值增值为落脚点，锐意改革，统筹兼顾，扎实推进，团结务实，开拓创新，切实履行国有资产管理的职能，较好地完成各项工作任务。国有资产管理与产权交易的相关制度逐步完善，国有资产管理的经验在工作的探索与实践中得到不断的积累、丰富与提高。

【国有资产管理】 全年办理区属各单位国有资产处置审批业务 335 笔，涉及 4.66 万项、4065.79 万元。其中，报废 76 笔，涉及 1.13 万项、1497.4 万元；划转 163 笔，涉及 3.52 万项、1242.3 万元；出售 96 笔，涉及 108 项、1326.09 万元。全年完成政府采购审批表的国有资产审核手续 1357 笔，资金 5.49 亿元。按照《秦皇岛市机关公务用车制度改革实施方案》的要求，组织中介机构完成公务用车专场拍卖会 2 次，成交 101 辆。按照“统一政策、统一方法、统一步骤、统一要求、分级实施”的原则，开展全区行政事业单位国有资产清查工作。对全区 215 家行政事业单位国有资产的进行清查，完善行政事业单位国有资产基础数据库，规范和加强行政事业单位国有资产管理。

【企业国有资产管理】 全年拨付改制资金 3 笔、共计 12.11 万元，用于改制企业支出，确保改制资金的及时、准确拨付。按照市国资委《关于加快推进国有企业功能界定与分类工作的函》要求和“谁出资谁分类”的原则，对全区 26 家国有独资及国有控股企业进行功能界定与分类。其中，商业二类国有企业 10 家，公益类企业 12 家，为进一步加强企业监管与考核奠定基础。

【国有资产公开招租】 按照“公平、公正、公开”的原则，审核出租资产的各项信息，履行管理及监督职责，确保公开招租程序规范、透明。全年完成房屋公开招租业务 2 次，房产成交 76 处，总成交额 506.2 万元，比单位自行出租租金增长 36.62%。

【移交单位资产接收】 抽调专人对杜庄镇、石门寨镇、驻操营镇移交单位固定资产进行清查盘点。在资产接收过程中发现部分单位债权情况较为复杂，为确保资产接收数据真实、准确，申请市财税金融接收小组对杜庄镇政府、杜庄工业区、石门寨镇政府、驻操营镇政府进行债权审计，参与由市审计局牵头，市财政局、抚宁区财政局、海港区财政局参加的债权债务清理小组。完成对杜庄镇政府、杜庄工业区、石门寨镇政府、驻操营镇政府债权明细的逐项梳理工作，资产接收工作稳步推进。

【“一问责八清理”专项清理】 按照区委“一问责八清理”专项行动安排部署，组织由财政、审计及会计师事务所等 3 个单位抽调的业务骨干组成检查组，对 35 家企业违规配车、用车问题进行检查。经区属企业违规配车、用车问题专项清理工作领导小组办公室核实并与审计部门沟通研究，上报问题线索 15 个，其中，查否 2 个，整改完毕 13 个。

（张　雷）

财政管理

【概况】 区财政局依托“依法治税、为民理财、务实创新、廉洁高效”的财税核心理念，秉承“实、稳、优”核心价值，立足基础、基层、基本“三基”建设，突出“生财、聚财、用财、理财、管财”五大职能发挥作用，加强财源建设，深化和完善体制改革，积极组织收入，堵漏增收，严格控制支出，加大财政监督力度，各项工作取得较好的成绩。全区实现财政收入 81.07 亿元，同比增长 -5.8%。其中，国税系统收入 40.91 亿元，同比增长 -3.3%；地税系统收入 37.03 亿元，同比增长 -11.3%；财政系统收入 3.13 亿元，同比增长 54.8%；区级一般预算收入 17.98 亿元，同比增长 -2.2%；财政支出 34.04 亿元，同比增长 43.1%。

【收支情况】 发挥自身职能，加强综合治税工作力度，严格依法治税管费，强化收入组织调度，完成年初确定的财政收入预期目标，实现区级一般公共预算收入 17.98 亿元，为调整目标的 100.2%，按可比口径增长 4.4%。在压缩支出方面，贯彻落实中央“八项规定”，严格控制一般性支出。大力压减“三公”经费支出，同比下降 47.1%；实现一般公共预算支出 34.04 亿元，为调整目标的 99.2%，实现“收支平衡、略有结余”的预定目标。

【保障民生】 全面支持教育优先发展。全年安排教育支出 10.4 亿元，新增全国青少年校园足球特色学校 3 所，文耀里小学、杜庄中学迁入新校址，顺利通过国家义务教育均衡发展国家验收。继续提高社会保障水平。全区社会保障和就业支出 3.03 亿元，全面落实社会保险扩面、困难群众基本生活保障及救助等民生政策，城市最低生活保障标准每人每月提高至 550 元，农村最低生活保障标准每年提高至 3500 元。逐步完善医疗卫生体制。全区医疗卫生支出 2.25 亿元，推动大病医疗保险业务顺利开展，新农合医疗保险财政补助标准提高到每人每年 420 元，建设完工的村卫生室设备购置工作全部完成。推进保障性安居工程建设。累计拨付上级保障性住房补助资金 2.65 亿元，有力支持杨道庄、东李庄等保障性住房项目建设。稳步完善公共安全体系。全年安排公共安全支出 1.05 亿元，维护社会和谐稳定，顺利完成暑期和重要节日期间维稳任务。

【保障城乡建设】 落实惠农补贴政策，及时发放农业综合保护补贴资金等多项涉农补贴 1909 万元，调动农民生产积极性。支持农业产业化发展，全年整合各类涉农财政资金 931 万元，带动全区农业快速发展。加强基层政权建设，足额落实资金 2350 万元，保障农村干部工资及时发放、村级组织正常运转。改善农村生活环境，拨付农村绿化资金 922 万元，拨付美丽乡村建设资金 926 万元，拨付农村环境垃圾治理资金 974 万元，全面提升农村面貌。加快城市基础设施建设，投入建设资金 1615 万元，确保铁路里小区路、先盛里小学门前路等背街小巷及民族路北延伸等多条道路建设改造工程顺利实施。优化城市环境建设，安排资金 2471 万元，对红光里等老旧小区实施改造升级，开展迎宾路街景整治等项目。

【保障经济发展】 落实积极的财政政策，全面推进“营改增”改革工作，落实各项企业减税优惠政策，全区经济发展稳中向好。推动园区加快建设，投入各类园区建设资金 1.67 亿元，加快园区基础设施建设，提升园区综合实力。扶持企业发展，统筹用好各类企业发展和企业技改等资金 964 万元，推动全区企业技术改造和提高市场竞争力。推动旅游业发展，安排各项旅游发展资金 400 万元，确保景区改造升级、旅游宣传、旅游规划编制等工作开展，提升旅游业发展质量。

【财政改革】 按照省财政厅要求，在规定时间内完成盘活财政存量资金清理及“回头看”工作，实现财政存量资金的动态管理。做好公务卡的结算工作，严格落实《海港区公务卡改革强制结算目录》等文件规定，全年支付公务卡还款 7318 笔，金额 5612 万元。完善财政监督机制。发挥专项资金监控系统平台的监督作用，对财政专项资金的收纳、划解、核算、分配、拨付、用款单位使用情况实施日常监督，向社会公开各类专项资金 4.08 亿元。配合上级部门开展各类专项资金的清理检查，对发现的问题责成相关单位进行整改。

（娄俊杰）

人事管理

【概况】 坚持“公平、公开、公正”的原则，推进人事管理的科学化、规范化。继续深化公务员制度改革，严格落实公务员考录制度。加强事业单位人员聘用管理。认真做好工资福利待遇各项工作，为全区机关事业单位各岗位工作人员履职尽责提供保障。改进工作作风，提高人事工作科学化水平，推进各项工作的落实。

【人事管理工作】 完成杜庄镇、石门寨镇、驻操营镇人员的人事衔接工作，为其理顺和衔接工资、档案、保险。对231名符合条件的公务员职务与职级并行进行审批。聘请东北大学专家、教授就“互联网+”、国际国内形势、时事政治进行讲座。完成中级职称报卷351人，高级职称报卷187人。完成事业单位的岗位设置和聘用工作137家。审验事业单位继续教育证书191家、8909人。对全区89家机关事业单位、3010卷干部档案进行“三龄两历一身份”专项检查。

【人力资源配置】 为全区公开招聘工作人员23人；为区广播电视台招聘主播2人，摄像记者2人；为区教育系统招聘教师120人，其中，石门寨镇、驻操营镇、杜庄镇定向47人。引进硕士研究生以上学历专业技术人才37人。完成2014届服务期满“三支一扶”志愿者的工作交接及2016年度新招募“三支一扶”志愿者的手续办理。完成公车改革，全区机关及参公事业单位司勤人员得到安置。开展一般党员干部经商办企业及其利用职务影响谋取不正当利益问题专项清理，共有1.13万人报告经商事项，按照5%比例对550人进行抽查，16名涉及从事营利活动的人员全部完成整改。开展全区违规进人专项清理工作，另册管理人员参加全市统一考试。

【工资管理】 为杜庄镇、石门寨镇、驻操营镇划转海港区的财政供养在职人员调整津贴补贴标准（基础绩效），离退休人员调整生活补贴标准。为机关事业单位工作人员调整工资标准，退休人员调整基本养老金。开展“河北省机关事业单位工资管理系统”培训，完成基础信息采集。开展收入情况统计工作，疏理汇总机关事业单位工资福利政策并严格按政策落实。完善《海港区乡镇机关事业单位工作人员实行乡镇工作补贴实施办法》和《实施细则》，落实相关工作部署。

（刘裔舒心）

劳动就业管理

【概况】 准确把握就业形势，围绕“大众创业，万众创新”的指导方针，以“保民生、稳就业、促和谐”为中心，以加强基层平台标准化建设、拓宽就业帮扶工作思路、强化劳动执法监察为工作重点，健全工作机制，完善服务体系，拓宽就业渠道，落实帮扶政策，推动各项工作开展。

【就业再就业工作】 开展“春风行动”，以农村求职者、符合认定条件的就业困难人员为主要服务对象，联合市人力资源市场、区妇联、聚贤人才市场举办大型专场招聘会2场。开展2016年基层人力资源社会保障公共服务平台建设“以奖代补”申报工作，为42家劳动保障服务所（站）拨付平台建设资金63万元，被市政府纳入为民实事工程体系。为148名有创业愿望的城镇登记失业人员申请小额担保贷款1300多万元。把握就业市场走向，开办技能培训班48期，培训3041人，其中，取得国家职业资格证书的失业人员3022人，通过技能培训实现就业1301人。全区实现城镇新增就业1.28万人，完成全年任务的110%。下岗失业人员再就业4801人，完成全年任务的109%。就业困难群体就业2317人，完成全年任务的110%。农村劳动力向非农产业转移就业1268人，完成全年任务的105%。城镇登记失业率1.58%。征集2016年大学生就业见习单位52家，见习岗位462个。

【社会保险工作】 加强社保基金监管，成立区社会保险基金监督委员会，建立查处和防范社会保险欺诈工作联席会议制度。开展医疗保险参保人社保卡信息采集3.1万人，领取3万人；加大医保稽查力度，抽查住院病人2377人，核实转诊转院430人。对全区完全失地村的人员结构和需要补缴的养老保险费进行摸底和测算，制发《海港区失地农民参加养老保险实施方案》，经区政府常务会议通过。完成杜庄镇、石门寨镇、驻操营镇人员数据接收工作，进行待遇领取人员生存认定。强化养老保险基金收支管理，妥善处理划转人员的接收，推进新制度改革。企业养老保险参保4.41万人；净增参保2799人，完成年度任务的140%；征缴保险金1.69亿元，完成年度任务的110%。职工医疗保险参保3.61万人；净增参保1254人，完成目标任务的250%；征缴保险金1.37亿元，完成全年任务的128.5%。失业保险参保1.95万人；新增参保2042人，完成全年任务的170%；征缴保险金1065.77万元，完成任务的125%。生育保险参保2.55万人；净增参保1254人，完成全年任务的250%；征缴保险金571.87万元，完成全年任务的116.7%。

【劳动维权工作】 维护劳动者和用人单位的合法权益。通过日常巡查、专项检查、举报专查等方式，深入企业监督检查600多户次；书面审查用人单位320多家，为通过审核的283家单位发放合格证书；检查职业中介机构6家，取缔4家；受理投诉案件196起，接办市长热线转办单14件，为652名劳动者解决拖欠工资、抵押金等568.2万元；协调区建设局、房产局等部门解决拖欠农民工工资及工程款2584.4万元。向海港公安分局移送拒不支付劳动报酬犯罪案件4起，公安机关抓获犯罪嫌疑人4人，为62名劳动者解决拖欠工资25.25万元。劳动争议仲裁机构处理劳动争议案件168起，其中，立案办理142起，案外调解达成协议12起，不予受理14起，案件总标的额1300多万元。

（刘裔舒心）

重点项目管理

【概况】 围绕项目工作重点和年度工作目标，开展“重点项目落实年”活动，把加强项目建设和协调服务作为贯穿各项工作的主线，紧扣项目攻坚主题，明确责任，强化措施，狠抓落实，推动全区项目建设工作步伐。

【千万元以上在建项目】 全区实施千万元以上项目175个，累计完成投资204亿元。其中，续建项目70个，累计完成投资127.4亿元，主要包括中硅光伏电站、一重机械、旅游商品孵化基地等项目；新开工千万元以上项目105个，累计完成投资76.6亿元，主要包括环长城旅游公路、海水淡化、中昊物流等项目。

【省、市重点在建项目】 全区实施省、市重点在建项目16个，总投资108.93亿元，年计划投资31.67亿元，累计完成投资40.9亿元，完成年度计划的129.1%。其中，续建项目8个，包括秦皇皓月城基础配套工程、圆明山旅游服务基地一期等项目；新开工项目8个，包括华润雪花整体搬迁、美铝2号铝扁锭铸造生产线、燕大图书馆等项目。年内，8个计划新开工项目全面开工建设，开工率100%。圆明山旅游服务基地一期和雪花啤酒搬迁扩能项目列入省重点项目建设计划。

2月29日，海水淡化工程、美铝2号铝扁锭铸造生产线、中昊物流、大里营整体搬迁项目参加全省春季集中开工活动，总投资15.5亿元，年计划投资5亿元，完成投资12.8亿元，完成年度计划的256%。

【项目谋划】 重点在文化旅游、商贸服务、节能环保等领域，编制区2016年重点谋划项目库，谋划储备亿元以上项目150个，10亿元以上项目35个，50亿元以上项目10个。其中，围绕国家、省、市重点支持的产业领域和京津产业外溢、功能疏解，谋划航空小镇、京津冀服务外包产业园等一批符合市场需求、具有区域特色的优势项目。深化重大谋划项目的宣传推介，邀请全国各地知名物流企业开展“港航商务聚集区”项目的推介活动。

【项目管理】 继续推行区领导分包项目、重点项目督办考核等工作机制。对全区60个重点项目实行区级领导分包，使每个重大项目都有分包领导、服务团队，促进项目建设。推行“四制”（分级调度制度、督导检查制度、分析通报制度、年终考核制度）管理。对全区重点项目采取月通报、季调度、年终考核以及专题的项目协调会、现场办公会等系列管理办法，项目管理程序化、规范化、制度化。

表 2-2

2016 年海港区省、市重点项目情况一览表

项目单位及名称	建设年限	建设规模与内容	总投资（万元）	当年计划投资（万元）	年内完成投资(万元）	年度进度
海港区：16 项			108.93	31.67	40.90	
计划开工项目：8 项			19.80	14	13.60	
秦皇岛发电有限责任公司海水淡化工程	2016	建设日产 6000 吨淡化水、年产 200 万吨淡化岛一座	1	1	1	项目已竣工
燕大图书馆	2016 ~ 2017	总建筑面积 4.51 万平方米，主要包括书库、阅览室、报告厅及配套辅助用房等	2.10	1	2.10	项目已竣工
区交通局环长城旅游带综合开发项目	2016 ~ 2018	主要进行旅游通道改造，观景平台建设，休闲驿站建设，改造道路 175.4 千米，桥梁 14 座，涵洞 262 道	7.20	2.50	2.50	桥梁、涵洞全部开工建设，部分符合条件路段开始铺筑水稳基层，已有近 4 千米道路实现通车
华润雪花啤酒（秦皇岛）有限公司华润雪花搬迁扩能项目	2016 ~ 2017	占地面积 13.33 公顷，总建设规模年产能力 40 万千升啤酒。一期建设规模 4.78 万平方米，主要建设联合车间、制冷站、灌装车间、仓库及办公楼，生产能力为 20 万立方米 / 年	4	4	3	联合车间已完成基础施工，灌装车间基础施工已结束并完成部分钢构，附属设施已完成主体施工
秦皇岛东岩矿业有限公司石灰石项目	2016	新建办公楼一座、磕石生产线、储料仓、购置钩机 7 台、铲车 3 台，年产 600 万吨石灰石石矿	2	2	2	项目已竣工
美铝渤海铝业有限公司 2# 铝扁锭铸造生产线项目	2016	主要改造原熔铸车间并新上一条生产线，年产 11 万吨铝合金扁锭。新建 1100 平方米浊循环水泵站，购置相应生产线设备 5 台及配套供电、水处理、大气排放治理等公辅系统	1	1	1	项目已竣工投产
秦皇岛中昊物流有限公司物流中心项目	2016	占地面积 1.33 公顷，新建房式仓 7 座、钢结构仓 1 座，总建筑面积 2.58 万平方米，实现仓容量 12.8 万吨	1	1	1	项目已竣工，正在进行验收
夏都菌业食用菌一体化扩建项目	2016 ~ 2016	占地面积 1.33 公顷，在公司院内扩建，总建筑面积 1.67 万平方米，主要栽培杏鲍菇、白灵菇、金针菇等，年新增食用菌产量 2200 吨，其中，杏鲍菇 1200 吨、白灵菇 500 吨、金针菇 500 吨	1.50	1.50	1	主体已封顶，正在安装种植设备

续表 2-2

项目单位及名称	建设年限	建设规模与内容	总投资（万元）	当年计划投资（万元）	年内完成投资(万元)	年度进度
续建项目：8 项			89.13	17.67	27.30	
中国恩菲工程技术有限公司秦皇岛中硅光伏电站项目	2015 ~ 2016	占地面积约 40 公顷，装机容量为 20 兆瓦，测算年均发电量为 2471.48 万千瓦时	1.63	1.62	1.60	3 ~ 6 号地块基本完工，1 ~ 2 号地块预计年后施工，线路用地已征用尚未施工
秦皇岛一重机械有限公司数控轧辊埋弧堆焊机生产线项目	2015 ~ 2016	占地面积 2 公顷，总建筑面积 1.36 万平方米，主要建设研发中心、引进年产数控轧辊埋弧堆焊机 100 台套生产线，新增品种 520 种以上	1	0.50	0.50	项目已竣工
金海马海产品有限公司旅游商品孵化基地项目	2015 ~ 2016	占地面积 1.33 公顷，总建筑面积 1.8 万平方米，新建海产品生产、包装车间及仓储、办公、产品研发中心、员工宿舍等，购置生产设备 64 台（套）	2	0.50	0.50	项目已竣工
秦皇岛润地房地产开发有限公司圆明山旅游服务基地一期项目	2014 ~ 2018	总建筑面积 162.67 万平方米，其中，圆明山运动休闲区 4.36 万平方米，旅游健康基地 67.95 万平方米，文化配套服务区 15.18 万平方米，生活服务庄园 75.18 万平方米	21.50	4	4.80	返迁安置房项目主体施工基本结束，正在进行内外装修
燕达实业集团有限公司秦皇皓月城基础配套工程	2013 ~ 2020	主要包括：海阳四村返迁安置房；路网及市政配套设施；滨河大道、海发路、海民街等路网建设并对接引入水电气暖等配套设施；大小汤河河道治理及园林绿化：大汤河西岸治理及橡胶坝修建，并完成园林景观、绿化建设	25	4	14	范庄返迁房，施工现场降水井正有序降水，6 号、8 号楼负一层结构施工，5 号楼筏板结构施工，地下车库筏板施工。1 号、9 号、10 号楼水、电安装施工。5 号、6 号、8 号楼计划负一层及设备夹层结构施工，1 号、9 号、10 号楼计划主体验收介入，地下车库地下结构施工。海阳四村返迁房，B-61 地块。6 号、7 号楼地上一层施工完成。其他返迁房地下部分全部封顶，进入地上施工阶段
秦皇岛市第一医院全科医生基地项目	2015 ~ 2016	占地面积 1 公顷，总建筑面积 2.2 万平方米，建设全科医生培养基地、河北医大临床教学基地及北部工业区社区卫生服务中心等项目	1	0.95	0.30	项目基础施工已达到正负零，下一步进行主体施工
秦皇岛未来置业投资有限公司莲花岛旅游综合体项目一期工程	2014 ~ 2017	项目总投资 67.4 亿元，建设地点位于金梦海湾南侧海域，总占海面积 187.32 公顷，整个岛屿呈椭圆形布置，主要建设内容包括高端会议中心、商业 Mall、文化 Mall、四季海水浴场、游艇及帆船码头、海景公寓等。一期投资 20 亿元	12	2.60	2.60	基砂石回填完成 100%，沉箱内回填完成 89.28%。正办理防波堤水上水下许可证
秦皇岛茂业房地产开发有限公司茂业城市综合体项目	2015 ~ 2017	占地面积约 5.14 公顷，总建筑面积约 40 万平方米。包括购物中心、大众餐饮、大型超市、电子娱乐、商务公寓酒店、高档住宅、体育休闲等多种业态，是集多种功能为一体的大型城市综合体	25	3.50	3	塔楼已达到正负零，裙楼正在进行抗浮锚杆和底板施工

（董奕博）

物价管理

【概况】 区物价检查所（物价局）围绕全区中心工作，贯彻落实中共中央、省、市宏观调控的各项政策措施，突出“以调控稳价格、以服务促发展、以监管惠民生”工作主线，履职尽责，完成全年各项目标任务。全国煤炭交易会期间物价监管工作实现零投诉、零举报、零纠纷、零炒作的工作目标。

【价费管理】 对2013～2016年全区行政事业、代行政府职能的社会团体等单位乱收费、乱摊派问题进行清理，与区财局共同编制区本级2016年执收的行政事业性收费项目目录，基本杜绝乱收费、乱摊派行为。为101家民办幼儿园和113个住宅小区办理收费备案手续。出台海港区机动车停放服务收费新标准，对44家停车场的机动车停车服务收费标准进行核定，规范收费行为。加强民办幼儿园收费行政指导，强化民办幼儿园收费监管，发放收费价格政策提醒告诫书93份，明确收费政策要求。开展民办幼儿园收费专项治理，对93家备案民办幼儿园组织开展自查自纠工作。

【价格信息服务】 开展价格监测工作。加强对重点市场居民生活必需品价格的日常监测，特别是元旦、春节等重大节日期间的价格和收费监测预警，安排专人对价格监测点进行价格监测，及时采价汇总上报，年内上报《30种城市重点商品价格监测表》366份。答复“12345”市长热线及市民对物价政策、收费规定等事项的询问200多人次，办理“12345”转办单4件。认真调查、研究，解决群众反映办理核定停车服务收费标准业务时提供资料烦琐的问题，简化群众办事程序。

【价格监督检查】 加强日常监督检查，全年检查各类企业1500多家次，对不执行明码标价、乱加价、乱收费、价格欺诈等价格违法行为进行严肃查处，没收违法所得0.89万元，罚款1.79万元。开展整治规范暑期旅游市场专项检查行动。对未按规定明码标价的39家经营单位下达责令改正通知书，营造良好的暑期市场价格环境。精心谋划组织，确保全国煤交会期间价格秩序稳定。召开规范价格行为提醒告诫会，对涉及会议接待的60多家单位进行提醒告诫，确保全国煤交会期间价格领域零投诉、零举报、零纠纷、零炒作。认真办理“12345”市长热线和“12358”全国举报平台的投诉举报案件，全年受理价格举报件1144件，案件办结、回复率均为100%，回访满意率97%以上。

【价格服务】 全年出具价格认定结论书314个，均无差错。在省物价局档案互查工作中受到省物价局的表扬。被国家发改委价格认证中心授予“2015～2016年度全国价格认定工作先进单位”称号。

（刘俊杰）

市场监督管理

【概况】 根据中共秦皇岛市委办公厅、秦皇岛市人民政府办公厅《关于印发〈海港区人民政府职能转变和机构改革方案〉的通知》和秦皇岛市海港区人民政府办公室《关于印发海港区人民政府机构改革工作实施意见的通知》，设立秦皇岛市海港区市场监督管理局（挂海港区工商行政管理局、海港区质量技术监督局、海港区食品药品监督管理局牌子），为区政府工作部门。

【商事制度改革】 整合许可职能，全面提高审批效率。对行政许可审批事项、权限分工进行明确，对审批流程、时限作出规定，形成统一、高效、顺畅的审批机制，确保下放事项“接得住、管得好”。全年办理特种设备使用许可业务625件（特种设备3738台）、食品经营许可业务1020件；企业注册业务2.05万件。措施落实有效，市场主体增量显著。截至12月31日，全区市场主体总量6.92万户，增长率22%。其中，内资企业2.51万户，农民合作社189户，个体工商户4.39万户，万人市场主体拥有量876户。登记的各类市场主体数量均居全市县（区）首位，占全市市场主体总量的38%。政府重点项目，实行绿色通道服务。对万达广场项目、杜庄工业园区项目、旅游局旅游发展项目等重点项目事前主动介入，了解企业需求，指导申办材料，推动项目顺畅落地。推进商标战略，不断加大商标监管力度。截至年底，全区拥有注册商标4097件，知名商标48件，著名商标23件，驰名商标3件。全年指导申请注册商标21件，为10家企业办理著名商标的续展，办理侵犯商标专用权案件7起，罚没金额2.2万元；假冒伪劣案件11起，罚没金额34.7万元。

【**市场监管**】 打击无照经营行为。全年检查经营主体3952户次，查处无照经营161户，立案9起，补办营业执照376份；加大对无照矿产品加工和储煤场的打击力度，全年排查矿产品加工企业58户，排查煤炭经营企业704户。开展流通领域商品质量抽检工作。对7家煤炭销售企业煤质抽检7个批次，对不同厂家的5个批次化肥进行抽样检测，抽检消防器材5个批次。对43家加油站的78个批次车用汽、柴油进行抽样检测，其中13个批次不合格，对销售不合格油品的企业进行立案查处，罚没款12.6万多元。抽检儿童服装20个批次，在3家汽车4S店抽检汽车配件4个批次，对不合格批次均立案调查。拓展监管领域，开展网络商品交易监管。摸清网络市场主体数据，对2866户网络经营主体进行逐户排查。开展"红盾网剑专项行动"，严查无证无照违法经营行为和第三方平台未履行审查义务的行为。对饿了么、美团团购、美团外卖等电商驻秦皇岛机构开展实地核查、行政约谈和行政指导。落实《海港区2016年度大气污染防治行动实施方案》各项责任分解任务，全年出动执法人员710多人次，车辆420多台次，对所辖684户煤炭经营企业进行全面调查核实。与区环保局联合印发《海港区餐饮业油烟污染治理方案》，完成油烟净化设施安装的餐饮单位841家，其中烧烤店64家。继续保持对传销工作打击的高压严打态势，全年查处传销窝点120多个，遣散涉传人员5000多人。

【**企业信用监管**】 完成企业年报工作。全区企业报送年报1.1万户，年报率88.14%；个体工商户报送年报1.49万户，年报率40.11%；农民专业合作社报送年报115户，年报率80.42%。将没有公示年报的1470户企业、28户农民专业合作社列入经营异常名录，2.22万户个体工商户标记为经营异常状态。推动"双随机"抽查机制在企业经营行为监管中的运用。建立执法人员数据库，随机抽取执法人员对企业进行联合检查，共抽查企业841户，通过执法检查，列入经营异常名录129户。

【**消费维权**】 实现"一条热线助维权"，整合"12315""12365""12331"3个举报投诉平台，做到三个呼号、一个机构、一支队伍、统一标准流程、一体化规范运作，建立集民意反馈、舆情监控、风险研判、消费警示、决策参考"五位一体"的综合执法信息平台。全年处理消费者投诉2516件、举报1013件，处置率100%，涉及金额499.64万元，为消费者挽回经济损失106.06万元。海港区作为全市各县区唯一代表，被市食品和市场监督管理局推荐为全省"12315护民生"活动先进单位。扩大"12315""五进"（进商场、进超市、进市场、进企业、进景区）覆盖面，实现消费维权"零距离"服务。在世纪港湾、家乐福、金梦海湾、板厂峪、燕山大学等大型商超、景区、学校建立"12315"消费维权服务站72家。开展"美丽港城·诚信商家"放心店消费创建活动，评选出放心消费示范店28家。3月开展"12315"维权宣传月活动。在天洋新城社区、金源商场等处开展消费维权知识宣传56次，发放宣传资料5000多份。对秦皇岛茂业集团下属全部商场、天洋电器等15家商场的110多名销售负责人进行《中华人民共和国消费者权益保护法》培训。开展应急救援演练，提高自救互救能力。在秦皇岛金原国际商务大厦开展电梯困人应急救援预案演练。指导秦皇岛昆兴化工产品有限公司举办的液化气泄漏事故应急演练活动。通过培训强化基层特种设备执法队伍。对164名执法人员和各镇街选派的126名基层特种设备安全员进行培训，全区持B类监察员证人数由8人增加到118人。

【**质量监管**】 创建全国质量强市示范城市工作稳

步推进。制定《海港区“创建全国质量强市示范城市工作方案”》，实施产品质量、工程质量、服务质量、环境质量提升工程，推动质量强市示范城市创建工作全面展开。海港区质量兴市和名牌战略工作被市质量与名牌战略领导小组考核为A类。标准计量工作扎实开展。指导中国—阿拉伯化肥有限公司开展第七批河北省标准化良好行为企业试点工作，指导辖区企业参与修订国家质监标准13项、行业质监标准19项，推进企业产品和服务标准自我声明公开试点工作，海港区32家企业的63个企业标准在网上公开。开展市场整治“百日行动”，检查辖区内电子计价秤753台，对37家集贸市场的1981台电子秤免费强制检定，免收检定费13.89万元，建立63家加油站的加油机计量检定台账，对2起计量违法案件予以立案处罚。推动质量管理水平提升。组织辖区100多家企业的质量负责人参加省、市质监局举办的品牌节、质量论坛、对标观摩会等研讨培训活动，7家规模以上企业设立首席质量官。指导秦皇岛海洋食品有限公司等7家企业申报省名牌产品，秦皇岛家惠商贸集团有限公司等4家企业申报省服务名牌。强化监督检查，落实监管责任。完成18家生产许可证企业、9家食品相关产品企业、53家3C认证企业、52家资质认证检验检测机构、5家计量器具生产企业的日常监督检查工作，配合省、市市场监督管理局开展定期抽检77批次，抽检合格率96.1%。

【特种设备整治】 开展多次特种设备专项检查工作，全年检查特种设备使用单位182家，检测特种设备2461台，发现特种设备安全隐患69处，下达《特种设备安全监察指令书》69份，处理市特种设备监督检验所的函告167份。协调解决博贤院电梯未经检验、秦皇岛弘耀节能玻璃有限公司使用超期的压力容器等安全隐患问题，博贤院电梯已经检验，秦皇岛弘耀节能玻璃有限公司被立案调查，下达行政处罚决定书，超期设备检验完毕。

【食品安全整治】 开展校园及周边食品安全专项整治。按照创建全国文明城市有关要求，将中小学食堂及周边食品经营单位纳入日常监管重点，在全区中小学校、幼儿园显著位置安装“禁止小摊点经营区域公示牌”192块，划定学校、幼儿园门口100米范围内禁止经营区域。全年检查中小学及周边食品经营户1271家次，对存在无证照、进货台账不健全、食品留样不规范、从业人员无健康证等隐患的154家食品经营单位下达限期责令整改要求；依法取缔无证照摊贩6家；责令37家面积小、房屋简陋的小食杂店经营者办理小摊点备案卡；责令停止营业90家。加大食品抽检力度。全年对食品生产环节35家食品生产企业、4家食品加工小作坊进行监督抽检97个批次，合格率100%。对食品流通环节31大类、1491批次的食品质量进行抽检，其中，预包装食品1046批次，食用农产品384批次，合格率100%。对餐饮环节21大类、712批次的食品质量进行抽检，合格率99.3%。开展农贸市场食品安全“双提升”工作，把“双提升”工作的要求与创建全国文明城市有关细则紧密结合，有序推进农贸市场整治各项工作。全年规范经营行为411起，责领整改187份。创新餐饮环节监管工作。发挥品牌示范带动作用，引进国内大型餐饮服务公司及品牌，利用其先进的经营理念和管理措施，规范餐饮行业经营行为，全面推行“六个统一”（统一随机抽取布置、统一现场监察记录、统一录入上报制度、统一汇总调度制度、统一信息公开制度和统一考核制度），打造乐购四楼美食城、世纪港湾三楼等餐饮示范一条街。将团餐接待单位全部纳入网上监管，实现网上提前申报团餐信息，及时对团餐菜谱提出整改意见并进行审批，全年完成67家可接待团餐单位共949餐次的审批，为21.8万多人的就餐安全提供保障。

【创建国家食品安全城市】 制定《海港区创建国家食品安全城市工作方案》等相关文件，组织各相关单位与区政府签订“2016年食品安全目标责任状”“镇街园区‘双创’目标责任状”。深化食品安全监管网格体系。制发《海港区关于加强市场监督管理工作的意见》，9个分局与各镇街、园区进行对接，完成区、镇街园区、村居三级市场监管网格化体系构建，全区食品安全监管实现全覆盖。加强“三小”监督管理。制定《海港区“三小”食品生产经营单位综合整治暨加强学校校园及周边食品安全工作实施方案》，采取发放登记证和备案卡方式，将辖区2838家“三小”经营单位全部纳入监管范围，发放食品小摊点备案卡1402张，小餐饮登记证382张，小作坊登记卡6张。应急处置能力提升。修订《海港区食品安全事故应急预案》，完善应急处置机制。与卫计部门相互协作，全年妥善处置未达Ⅳ级食品安全事故6起。

（岂燕龙）

国家税务管理

【概况】 区国税局面对日益严峻的收入形势、叠加交织的改革重任，着力在班子队伍、税收收入、纳税服务、征收管理上下功夫，夯实征管基础，优化纳税服务，强化绩效管理，提高征管绩效，各项税收工作任务圆满完成。区国税局局长田印书《带着感情为纳税人服务》的署名文章在省国税局《河北国税局长论坛》刊载。

【税收收入】 组织收入工作面临经济形势不景气、免抵调库资源不足、挖潜堵漏难度加大、营改增等政策减税效应明显等多重压力，仅秦皇岛港股份有限公司税收收入及免、抵、调指标合计减收额达十多亿元。为应对不利局面，区国税局向数据分析要增力，组织税收攻坚，加大查补征收力度，全年评估查补入库税款1.8亿元，同比增加1.35亿元，增长近300%，尽力弥补税收缺口，完成年末上级下达的调整计划。全年完成税收收入40.9亿元，其中，增值税完成27.3亿元，消费税完成2.7亿元，企业所得税完成10.9亿元；中央级收入完成24亿元，省级收入完成6.2亿元，市以下公共财政预算收入完成10.7亿元，区本级公共财政预算收入完成2.83亿元。

【征收管理】 积极适应现代税收征管改革形势，抓住税收征管质效和防范税收风险隐患两个关键，持续深化税收征管改革，在深化国地税合作上要成效，为纳税人减轻负担；在加强“营改增”后续管理上求突破，落实减税承诺，为增值税纳税人总体净减税4.58亿元。深化征管体制改革。围绕精准合作，主动联系，组织国地税联合办公，分析出涉税风险疑点676条；举办纳税人学堂，培训纳税人1.06万人次；落实《纳税信用管理办法（试行）》，评定企业9773家，初步搭建起社会综合治税平台。协调联动落实废旧物资综合利用等各项税收优惠政策，退税203笔，金额1147.5万元。不断夯实征管基础。与走访纳税人工作结合，核实纳税人基础信息1.07万户次，修改清理错误数据1.66万条，完成实名办税采集3.06万户次、电子档案采集3.02万户次。协力组织“营改增”攻坚。“营改增”试点期间，组建营改增指挥领导小组，每天午间和17时30分后两次分析研究当日工作情况，适时应对，确保质效。全年发售发票7.39万份，票种核定1.6万户次，申报45.24万笔次，代开发票2.94万份，签订协议1.49万户次。

【纳税服务】 完善纳服责任制。落实局领导到大厅带班和局长接待日制度，开展“问需求、优服务、促改革”专项活动，入户走访纳税人1.13万户，问需求、听诉求、解难题。升级服务设施。加强“云办税标准厅”建设，投资近50万元，设立138平方米的24小时自助办税区域，调试运行自助办税设备14台，全年开增值税专用发票1.21万份，发售发票1.55万份，有效解决大厅办税拥堵等问题。落实税收优惠政策。为1.04万户小型微利企业，减免税额895.69万元，户均减免税额0.33万元，享受优惠面为100%。区国税局在全国414个县区局满意度调查中获第二十六名的好成绩，为省局在全国纳税人满意度调查中蝉联全国第三名做出贡献。

（高　红）

地方税务管理

【概况】 区地税局围绕税收中心工作，主动作为，破解难题，全面深化征管改革，大力优化纳税服务，积极打造特色创新项目，各项税收工作取得显著成效，实现“十三五”良好开局。全年完成各项收入62.19亿元，同比增收2.26亿元，增长

11.28%，其中，税收收入37.03亿元，社保费收入22.29亿元。在税收收入中，完成公共预算收入27.1亿元，超收534万元，圆满完成全年任务。

【征管改革】主动适应“营改增”后的新形势，及时转移工作重心，强化各税种征管，利用4个月时间，对12个管理分局、86名管理人员所辖全部纳税人进行两轮“过筛子”，详细掌握“营改增”后税源底数，确保税款应收尽收。成立欠税管理调研组，从管理和稽查双向对辖区内企业欠税问题进行拉网式清理，全年召开清欠工作督导会12次，约谈重点企业18家，对1家停产企业以媒体公告的形式下达催缴文书，对14家企业采取通知银行扣缴税款的强制执行手段，涉及欠税企业53家次，合计5.22亿元。主动与区水务局联系，联合调查辖区水资源税纳税人税源信息，逐户填写“水资源税纳税人涉税事项调查确认表”，共接收纳税人58户，全部纳入管理，税费种认定59条，入库税款1051万元。作为全市“涉地税收一体化”试点单位，针对土地使用税纳税人基数大、涉及地块数量多的特点，制定“以人找地”和“以地找人”两步走的工作方针，经实地核查，全区有应税土地面积约3410万平方米，有土地税税源约3.37亿元。全年发现问题企业61家，欠缴、漏缴土地使用税金2175万元，缴纳入库366万元。针对社保费欠费成因复杂、欠费管理不规范现象比较突出的实际，克服“重税轻费”的消极思想，核实欠费数据1400多条，对33家欠费企业下达“限缴费款通知书”，对1家企业下发“催告通知书”，催缴入库欠缴费款4321万元，对2家无还欠能力但拥有资产的企业，待规定程序完毕后，申请法院强制执行。

【纳税服务】科技助力，打造全市首家集“智能引导、自助办税、双屏互动、自助打印免填单、意见建议采集电子化”多功能于一体的现代化智能办税服务厅，设计研发“房租计算器”，编写税收政策查询软件等，实现纳税服务手段的新突破。加强合作，国地税合作深入融合。推进征收厅互进互派工作，进驻国税服务厅业务窗口1个，派驻工作人员2人；对4户纳税人开展国地税联合稽查。多措并举，实现“营改增”后平稳过渡。房产交易新政的出台及部分市民对“营改增”政策的误读，二手房交易大厅一度人满为患。区地税局组织专人在大厅进行人员疏导和咨询服务，在各大媒体刊登对相关政策的解读，坚持局长带班制度，及时化解多起征纳矛盾和涉税舆情。

（常　宏）

统计管理

【概况】区统计局以提高统计服务能力为目标，精心组织统计调查活动，圆满完成年度工作任务。编辑出版《统计月报》10册，主要任务经济指标完成情况表10份，编辑出版《海港区统计年鉴》（2015年卷）。获得“河北省1%人口抽样调查先进集体”称号。

【维护基本单位名录库】推进基本单位名录库更新维护工作向基层拓展，建立连通镇街、园区和社区的VPN网络，减轻基层劳动强度，提高工作效率。落实省统计局“1+7”专项行动方案，保质保量完成专项整顿5次和日常季度专项核查工作，全区录入新增单位8000多家，变更单位6500多家，注销单位700多家。重视“四上”（规模以上工业企业、资质等级建筑业企业、限额以上批零住餐企业、国家重点服务业企业）企业和建设项目等调查单位的新增、变更、退出审批工作，及时做好月度审核和年度审核，全年审核各类企业130多家。

【第三次全国农业普查】发挥牵头部门作用，组织人员参加省、市普查培训，完成全市农普试点、组建各级普查机构、“两员”（普查员、普查指导员）队伍选聘及培训、划分绘制普查地图、清查摸底等各项工作。全区选聘培训“两员”903人，清查农户6.53万户，确定各类普查对象4.35万个，其中农户4.28万户。

【1%人口抽样调查】全区抽调各级调查员和调查指导员70人，培训各级业务骨干近100人次，抽查各类调查小区23个，累计调查住户2160户，涉及

居民5183人。高质量完成抽样调查工作任务，多次接受省、市业务主管部门的抽查、检查和业务指导。

【“一套表”相关统计工作】 以联网直报数据平台为依托，以“四上”企业为重点，严格执行国家各项统计报表制度，扎实做好常规统计工作，完成2015年各专业年报和2016年工业、农业、固定资产投资、建筑及房地产、商贸、服务业、能源等专业月报、季报等工作，企业一套表联网直报率100%。持续开展企业生产经营情况调查活动，全年排查各类企业1000多家，发现疑似达标规模以上企业100多家，当月入统规模以上工业企业1家，年末集中申报纳统72家，获批69家，其中，工业5家、服务业18家、贸易33家、建筑13家，基本做到应统尽统，数据源头质量明显提高。

【统计改革】 开展“三新”（新产业、新业态、新商业模式）统计调查，完成“三新”产业调查摸底及筛选备注和服务业企业调整入统标准试点工作。配合落实国家全面推开营业税改征增值税的大“营改增”政策，组织完成批发、零售、住宿、餐饮4个行业限额以上115家法人企业的审核查询工作。配合做好自然资源审计工作，对区内29家高耗能企业开展耗能数据核查。完成第一次河北省城市区全面建成小康社会统计监测指标和县域经济增比进位相关指标的搜集整理上报工作。

（于斯斯）

审计管理

【概况】 区审计局围绕区委、区政府中心工作，不断强化对重点领域、重点资金、重点部门的审计，依法履行审计监督职责，充分发挥审计“免疫”功能，进一步提高审计质量和工作水平。全年完成审计项目81项（其中基建投资二审项目67项），查出管理不规范资金1.56亿元，报送审计信息21条，出具审计专报2期，提出审计建议50多条。

【预算执行审计】 重点关注税收征收管理情况，审计中延伸单位28家。通过审计，促进应收尽收。在对契税真实完整性的审计过程中，发现秦皇岛中交房地产开发有限公司欠缴契税1335万元，并进行追缴；对秦皇岛市住房公积金管理中心预收的契税2.2亿元，按相关规定上缴财政。开展2015年度预算执行及其他财政收支审计。重点关注政府债务资金及教育系统、居家养老、节能减排、大气污染治理等财政资金使用效益情况，对区教育局、区发改局等6家单位及10所中小学进行延伸审计。审计中发现资金支出管理中不同程度的存在资金使用效益低下的问题。如部分政府债务贷款资金在支付利息的同时却未能如期使用；节能减排及大气污染治理资金购置部分设备未达到预期使用效果等现象，造成财政资金的浪费。

【经济责任审计】 以规范单位党政“一把手”的行政行为为目标，重点关注各单位一把手抓大事、议大事、民主决策、内控制度建设等方面履职尽责情况，发挥经济责任审计对党政“一把手”的监督作用。通过报送审计专报、定期向经责联席会议、纪委、组织部等通报经济责任审计结果等方式，将审计成果运用到干部选拔任用、考核评价中，为区委、区政府科学决策提供参考，为组织部门使用干部提供依据。全年开展经济责任审计8项，涉及领导干部9人，查出管理不规范资金2389万元，提出审计建议26条。

【固定资产投资审计】 找准切入点，注重将影像资料和施工现场结合，挤干水分把好财政资金关口。对未按照有关规定进行招投标的建设单位，未按工程实际情况进行签认的建设单位、监理单位、施工单位及跟踪评审单位现场跟踪不到位等问题，通过加强现场勘查、约谈问题较多中介等办法，规范政府投资建设项目中的各种行为，从源头杜绝违规行为的发生。出台《海港区政府投资项目审计监督办法》，细化报送审计项目的时限要求、对相关单位的责任追究办法等内容。对区财政局投资评审入围的中介机构从准入机制、动态管理及监督核查方面提出审计建议。全年完成全区中小学校舍抗震加固工程等二审项目67项，涉及审计资金2.25亿元，审减资金279.56万元。就审计过程中发现的问题出具审计专报《海港区部分政府投资建设项目问题突出亟待解决》上报区委、区政府、区人大主要领导和分管领导，发至相关单位。

【专项资金审计】 在“稳增长、促改革、调结构、惠民生”跟踪审计中，重点关注重大政策落实情况、简政放权情况、重大项目进展情况、资金保障及风险防范等，建立重大建设项目、简政放权、政策措施落实等5类、9个台账，确保政策落地生根、发挥效用。在对全区2015年保障性安居工程及配套基础设施的计划、投资、建设、分配、运营等情况的审计中，着眼公平，重点审计棚户区改造及配套基础设施建设项目、保障性住房分配和管理情况。审计发现问题8项，清退不符合条件享受保障房政策家庭5户，建议相关部门建立动态管理机制，及时对信息进行更新，退出不符合政策家庭，将符合政策家庭及时纳入保障范围。

（张　爽）

安全生产监督与管理

【概况】 区安监局以“强化安全发展理念，提升全民安全素质”为宗旨，狠抓安全生产规范化、法治化建设，开展全民安全生产宣传教育、打非治违、安全生产大检查、安全隐患大排查和重点行业领域专项整治行动等活动，全区安全生产形势持续稳定好转。

【安全生产监管执法】 开展隐患排查工作。对发现的事故隐患及时下达责令改正指令书，督促企业限期整改。全年检查各类企业191家，填写现场检查记录155份，下达责令改正指令书155份，查出各类安全隐患263条，督促整改隐患230条，执法人员出动1800多人次。对复查不合格的单位依法给予行政处罚。开展打非治违工作。联合区国土分局、海港公安分局、区环保局等相关部门，对石门寨镇辖区内所有的磕石场进行走访、踏勘、登记，将踏勘确定的21家无证照磕石场进行取缔，受到省、市领导的肯定。联合区市场监督管理局、北部工业区派出所，打掉一处非法生产、储存甲醇窝点，现场查扣非法生产储存甲醇28桶，1.4吨。

【危险化学品管理】 汲取“8·12”天津滨海新区重大火灾爆炸事故教训，开展危险化学品领域全产业链安全整治行动，对危险化学品生产、经营、储存、使用企业全方位地进行排查和整治，认真整改问题，全面提升危化行业的安全水平。组织危化专家对企业进行项目安全条件审查2家，对企业进行安全设施设计审查2家。聘请评价机构，对全区危化品生产储存企业进行外部安全距离的核查工作。对新建、改建、扩建的危险化学品项目按照相关法律法规要求，办理“三同时”手续，做好危化品使用项目“三同时”审查和备案工作，从源头上把好安全生产关。全年督导检查危化企业134家次，查处各类隐患238项，停产整顿1家。

【煤矿和非煤矿山管理】 严格落实《海港区煤矿安全生产巡查工作制度》，加大煤矿巡查力度，做好周、月督查巡查，确保所有停产煤矿处在安全状态。有序推进中煤科工煤矿整合工作。对全区13家合法非煤矿山进行摸底排查，对排查出的安全隐患，企业立即整改，做到整改措施、责任、资金、时限和预案的“五落实”。开展非煤矿山“打非治违”专项行动，严厉打击无证、违规生产行为；对在生产的7家非煤矿山企业，采取“专家会诊”方式，开展安全隐患排查，查出安全隐患200多条次，全部在期限内整改完毕。

【职业卫生管理】 组织相关镇、园区及企业5家，召开职业危害专项治理会议，对专项重点任务、主要措施和时间要求进行部署。确定秦皇岛华瀛磷酸有限公司为职业卫生标杆企业，组织相关单位、企业进行观摩学习，提高各企业的职业卫生规范化管理水平。全区规模以上企业粉尘危害重点岗位劳动者个人防护用品配备率均达到100%；接触粉尘企业负责人、职业卫生管理人员、劳动者培训率100%；粉尘危害定期检测、评价率100%；接触粉尘和有毒物品劳动者职业健康检查率100%；建设项目“三同时”覆盖率100%。

【“五大行业”管理】 对全区工矿商贸企业按规模分类，分级管理。开展安全生产督导检查，对28

家相关企业进行督导检查，查出隐患67项，均整改完毕。开展安全生产专项检查，查出15家涉氨企业的消防设施器材配置设置不符合要求等问题21项，按要求限期完成整改。开展“安全生产诚信管理系统”数据录入工作，全年完成企业网上数据录入30家，通过企业验证8家。全年完成行业企业三级标准化验收评审8家，小微企业标准化11家。汲取“4·29”广东深圳精艺星五金加工厂粉尘爆炸事故教训，召集7家相关企业主要负责人召开专题会议，督促企业落实主体责任，全面提升管理水平。开展冶金等工贸企业诚信等级评估工作，共考评诚信企业（规上）16家，其中，冶金建材企业6家，工贸行业10家，均达到诚信等级C级标准。

【应急救援】 全面推进安全生产应急预案修订、备案等工作，全区完成应急预案评审（论证）、修订、备案工生产经营单位163家，全区开展应急预案演练的企事业单位100多家。开展对安全生产应急救援物资、器材、装备的普查工作，对危化专用救援设备、工程机械类救援设备、交通运输类救援设备等进行重新摸底、登记。确保在事故发生时能够实现统一调度、及时救援。

【安全生产宣传教育】 开展安全生产宣传月、安全生产咨询日、事故警示教育巡回宣讲等宣教活动，制作大型展牌80块、宣传条幅50条，翻印《中华人民共和国安全生产法》5000册及宣传品1万多份，在市、区沿街隔离带，杜庄镇、石门寨镇、驻操营镇公路两侧及北港镇西连峪村等地段进行宣传。在市、区主要路口大屏幕每日滚动播放公益宣传片《安全生产、生命至上》，在相关网站和报刊进行刊发和宣传。成立宣传贯彻小组3个，深入企业一线进行宣讲。制作安全生产宣教光盘5000多张，通过基层安监站发放到企业，督导企业加强和落实对各岗位员工的教育培训工作。通过集中培训与委托培训结合的方式，组织各类安全人员培训班14期，培训人员1000多人。全区规模以上企业负责人和特殊工种持证上岗率均达100%。

（丁　旭）

民政管理

【概况】 区民政局以“保发展、保民生、保稳定”为主线，秉承“以民为本、为民服务、为民解困”的民政工作宗旨，深入调研，完善制度，健全机制，加强作风建设，努力改善民生，解决困难群众最关心、最直接、最现实的利益问题，为全区经济发展和构建和谐社会做出应有的贡献。

【低保工作】 继续开展城乡低保提标工作。城市最低生活保障标准提高至550元/月/人，农村最低生活保障标准提高至3500元/年/人，农村“五保”供养标准提高至5500元/年/人。提标后城市低保家庭人均补差约为409.9元，农村低保家庭人均补差约为193.6元。全年为全区城乡低保对象补发提标低保金455.4万元。全区有城乡低保户5664户、9722人，发放低保金4003.6万元；“五保户”661人，发放“五保”金227.8万元。开展城市低保核查工作，入户核查低保户1390户。有1006户低保家庭因隐瞒家庭收入且超过保障标准，或因摆摊、打零工、有子女赡养等问题，经调查无误注销其低保资格。开展各类救助工作。全年医疗救助3038人，支出医疗救助资金213.88万元；资助2201人参加新型农村合作医疗保险，发放资助金33万元；临时救助6563人，发放临时救助金220.9万元。

【救灾工作】 开展由市民政局主办，区民政局、河东街道办事处承办，海洋学院协办的秦皇岛市海港区地震灾害应急预案演练观摩会，取得切实成效。开展灾后重建工作。全年自然灾害造成受灾居民5.22万人，各类自然灾害造成的经济损失约3.12亿元。7月19日，发生的洪涝灾害，造成直接经济损失3.04亿元，受灾人数5.01万人，紧急转移安置1309人。农作物受灾面积4270.3公顷，毁坏耕地面积52.4公顷。死亡牲畜92只；倒塌农房20间、15户；严重损坏农房80间、66户；一般损坏农房2495间、1156户。

【慈善工作】 全年救助重症特困病人80多人次，

对3名因家庭贫困无力支付学费的大学生给予帮扶资金每人3000多元。拓宽居民捐赠衣物的渠道，方便市民奉献爱心，全区设立衣物捐赠箱300个，放置各街道办事处、社区和城市中心地段，安排专人定期回收衣物，细心筛选、清洗和消毒后，发放给困难家庭。

【社区建设】 推进社区用房和日间照料项目建设。乐寿吧项目（西港路街道桥东里社区老年人日间照料中心）项目建议书批复，正在办理前期手续；东环路街道东环北里社区（园丁小区）老年人日间照料中心项目，正在进行平面图设计；河东街道工人南里一居、海滨路街道铁路里社区、南山社区和燕山大街街道铁新里社区办公用房项目，主体建设基本完工，正在建设配套工程。做好社区居委会增设、合并和调整工作。区政府第十四届三十四次常务会议审议并原则同意，新增社区居民委员会9个；合并西港路街道在水一方第一社区居委会和纤维里社区居委会，成立在水一方社区居委会。开展社会工作者职业水平培训考试工作。聘请北京专家对社区干部进行考前培训239人，增强其服务城市发展、管理社会事务和做好群众工作的能力。

【“双拥”优抚工作】 做好重点优抚对象定抚定补金的发放工作，为2519人发放伤残金、定期补助、60周岁农村籍退役士兵生活补助及抚恤金1500多万元；发放义务兵优待金504户、1250多万元。完善医疗保险制度，对重点优抚对象实施医疗救助，报销医疗费460多万元，418人次；为84名重点优抚对象解决生活和医疗困难，发放临时补助金15.85万元；为因公、因病死亡的8名军队现役及离退休干部发放一次性抚恤金324万多元。做好退伍士兵的接收安置及维稳工作，接收2015年秋冬季退役士兵216人，组织213名退役士兵参加技能培训。

【社会事务管理工作】 在区民政部门登记注册的民间组织470家，对所有在册民间组织进行年度检查，年检合格率100%。对民间组织的党建情况逐一进行全面摸底，民间组织中党组织覆盖率80%。加强工作人员业务培训，提高婚姻登记工作服务质量。全年办理结婚登记5032对，补发结婚登记900对；离婚登记2312对，补发离婚登记139对；合格率均为100%。

【社会福利工作】 加大养老机构建设力度。6月，杜庄镇光辉养老院正式运营，建成集体老年公寓2.3万平方米，有房间409间，床位818张，设有湖区、采摘园区和阳光别墅区，添补海港区高端康养产业的空白，为重点扶持的养老产业项目。加大居家养老服务业建设力度，新建居家养老服务中心5处，分别为白塔岭街道白塔岭居家养老服务中心、西港路街道在水一方居家养老服务中心、海滨路街道滨海城居家养老服务中心、铁路里居家养老服务中心以及燕山大街街道燕山一社区居家养老服务中心。农村幸福院建设工作完成。在北港镇、西港镇、杜庄镇、驻操营镇和石门寨镇新建农村幸福院33处，统一配备电视、电脑、麻将机、各类棋牌、床及床品、空调、健身器材等设施。孤儿生活补助发放工作正常开展。全区有孤儿46人，按照每人每月700元的标准，发放补助金27.44万元。

【老龄工作】 老龄工作稳步开展，着眼于解决老年群众最关心最直接最现实的利益问题，让老年群众得到看得见、摸得着的实惠，切实增加获得感、幸福感。全区80岁以上老年人1.53万人，发放高龄补贴581.198万元，发放老年优待证3800多本。

2016年海港区民政事业基本情况一览表

表2-3

	单位	2016年
一、优抚对象情况		
（一）优抚对象人数	人	706
1. 革命伤残人员	人	8
2. 烈军属	户	148

续表 2-3

	单位	2016 年
3. 在乡复员军人	人	—
（二）优抚对象优待抚恤情况	—	
1. 享受伤残保健金人数	人	—
2. 享受伤残抚恤金人数	人	706
3. 定期抚恤金人数	人	38
4. 定期补助人数	人	1840
5. 优待优抚对象户数	户	2584
6. 优待总金额	万元	2800
（三）离退休、退职人员情况	—	—
2016 年直接发放人员合计	人	—
1. 军队离退休干部	人	3
2. 军队无军籍职工	人	342
二、社会救济情况		—
（一）社会救济对象总人数	人	1181
1. 城镇救济对象	人	767
2. 农村救济对象	人	414
（二）城乡居民最低生活保障情况		—
1. 城镇低保人数	人	7563
2. 城镇保障资金	万元	3933.69
3. 农村低保人数	人	1694
4. 农村保障资金	万元	386.14
（三）农村传统救济情况	—	—
1. 困难人口救济	人	—
2 临时救济人次数	人	294
3 国家救济金	万元	59.80
4. “五保户”救济	—	—
5 集体供养人数	人	105
6 集体供给金额	万元	379
三、社会团体机构情况	—	—
（一）上年实有社团数	个	59
（二）2016 年批准登记社团数	个	10
（三）2016 年注销社团数	个	—
（四）2016 年实有社团	个	69

（李木子）

民族宗教事务管理

【概况】 全区有常住满族、回族、蒙古族、壮族、朝鲜族、苗族等少数民族 37 个，少数民族人口近 4.29 万人，占全区总人口的 7.25%。其中，满族 3.29 万人，占少数民族总人口的 76.62%，包括回族在内的信仰伊斯兰教的民族 5 个、4776 人，占少数民族总人口的 11%。全区有佛教、基督教、伊斯兰教、天主教四大宗教信众约 9.6 万人，其中，佛教 8 万人，基督教 0.5 万人，伊斯兰教 0.8 万人，天主教 0.3 万人，共有教职人员 82 人。

【民族工作】 落实少数民族政策，维护少数民族利益。帮助少数民族困难家庭申请补助资金 2.8 万元，帮助其购置米、面、油等生活必需品。联合市教委为全区少数民族优秀考生 9 人发放教育奖励资金 5 万元。办理少数民族成分确认工作 17 份。解决少数民族企业生产中存在的困难，促进少数民族经济发展，向秦皇岛牧羊源食品有限公司拨付少数民族扶持资金2.1万元。帮助区清真寺协调市民宗局、区政府争取维修资金，清真寺院内改造项目征得市发改局同意，正在办理后续手续。完善对外来少数民族人口的服务与管理网络，配合公安部门在全区各社区成立外来流动少数民族管理小组，对外来少数民族按照辖区进行建档立卡管理。在清真寺建立先登记后参加活动的制度；对伊斯兰教“走者嘛”人员加大管控力度，协调联动，做好平稳劝返工作，有效防止外部势力渗透。

【宗教工作】 落实宗教政策法规，依法完成莲花古寺、龙王寺的初审工作；指导宗教界在政策法规允许的范围内开展宗教活动，依法审批佛教浴佛节法会、盂兰盆节法会和伊斯兰教开斋节、圣纪节等大型宗教活动。为宗教界解决困难和问题。定期为伊斯兰教和佛教2名宗教教职人员发放生活补贴，每人每季度2500元。协调解决区天主堂办理建设施工手续相关配套资金210多万元。协调石门寨镇和孤石峪村帮助五峰寺处理村民拦路收费问题。指导宗教界开展公益慈善事业。联合法云寺为区城管局环卫之家、海港区老年服务中心等十多家养老机构、工厂店铺及全市市民送去精心熬制的腊八粥近2万份。7月，因暴雨，汤泉寺住持正度法师为海港区灾民筹措救灾款5.01万元，悉数交付海港区慈善协会。省民宗厅康志锋巡视员到海港区汤泉寺、摩诃寺走访调研，对全区宗教工作给予肯定。

【维稳工作】 协同区工商分局、区市场监督管理局、市伊协及清真寺管委会开展清真食品市场执法检查2次，对全区从事清真饮食服务的饭店、清真食堂和摊点等进行全面检查和重点抽查，确保清真食品的“清”和“真”。对存在问题的东来顺饭店、京门老爆三餐厅、大统食品公司进行批评教育，依法进行摘牌处理。严厉打击非法宗教活动，妥善处理少数民族突发事件。及时制止北京朴姓基督教信徒等27人到海港区组织基督教活动、临河里聚贤堂开坛设法扰民、仁德老年公寓非法组织佛教活动、光华路沿街电线杆粘贴基督教宣传广告等非法宗教活动4起，没收非法宣传片3300多册，光盘1500多张，清除宣传广告50多张。妥善处理清真寺管委会临时主任选举、外籍穆斯林“走者嘛”等民族敏感事件2起，做好拆违工作中穆斯林群众的思想工作，安排1名专职清真寺管委会委员全程配合工作开展。

（李木子）

档案管理

【概况】 区档案馆围绕开展“两学一做”主题教育实践活动，围绕档案为经济发展和社会建设服务的目标，充分发挥岗位职能，认真夯实业务基础，不断改进工作方法，提高工作效率，全力加强机关作风建设，为促进全区经济社会健康协调发展服务。

【档案指导】 责成专人负责档案培训工作，对全区所有单位档案员进行轮训，轮训单位92家、200人次。加强对档案的指导和管理。召开3个镇档案工作座谈会，对百分制考核等工作进行安排部署，对档案执法评分细则等做详细指导，3个镇档案工作实现提档升级。

【档案接收利用】 按照3年接收规划，对30家需移交文书档案的单位，制定移交时间明细表，督促各单位依照时间节点，按时移交。组织专业人员多次到相关单位对2012年以前形成的文书档案逐一验卷，逐件检查，指出不足，限时整改。对个别拖拉单位，派专人督促，确保移交档案内容齐全，期限划分准确，案卷整理规范，电子文件上传完全，纸质和电子目录等检索工具齐备。所有单位全部移交完毕，共接收2107卷、1.34万件。全年接待档案查阅人员4000多人次，主要涉及婚姻档案、知青档案和人事任免档案等，用于补办结婚证、离婚证，房产过户，购置廉租房，办理低保，续接工龄及办理二胎准生证等。

【档案执法检查】 根据《海港区区委、区政府关于档案执法检查评分细则》，通过实地查看、现场评分、限期整改、二次复查等形式，对档案管理、档案整理、安全保管、档案利用、档案移交、全宗卷管理、电子档案传输、业务培训、报刊订阅、档案宣传等内容进行检查，对表现突出的档案员进行表扬，检查结果在全区通报。

【数字化存储】 全年扫描完成馆藏档案27.7万页，包括商业局、蔬菜局、民委、建管局、商贸局等26个全宗，扫描工作结束手翻档案历史，大幅度提高工作效率。

【档案编研】 编制记录全区重点工作《2015海港记忆》，收录区委、区政府主要领导讲话和重要红头文件，以电子文件形式保存。编辑《"十二五"海港记忆》图册，收录反映全区"十二五"期间重大事件和重要活动的图片100多张，涉及文化、经济、城市发展等多方面。编辑出版《档案工作实用教程》，以重点行业为例，有选择地介绍文书档案、企业档案、科技档案、新会计档案、农村档案、城市社区档案等类型。设置法律法规、标准规范、操作方法、参考示例等四大模块，集档案管理法律依据、管理理论、技能训练、案例思考于一体，具有很强的实用性、指导性和借鉴性。

【电子档案管理系统获得省科技项目鉴定证书】

电子档案管理系统在全区90多家单位推广应用，解决各单位电子档案的集中、大批量整理提交等实际困难，受到各单位好评。9月初，省档案局组成专家鉴定委员会对课题进行会审，专家组认为电子档案管理系统优化档案管理工作程序，提高工作效率，为电子档案接收，丰富馆藏资源探索一个管理新模式，促进各单位档案管理工作的规范化、标准化和现代化，具有推广应用前景。专家组一致同意电子档案管理课题通过鉴定，获省科技项目鉴定证书，向河北省档案学会申报档案优秀科技成果一等奖。

（杨秋君）

政协海港区委员会

ZHENGXIE HAIGANGQU WEIYUANHUI

ZHENGXIE HAIGANGQU WEIYUANHUI

区政协全体委员会议

【区政协第八届委员会第五次会议】 1月31日～2月2日，海港区政协第八届委员会第五次会议在区市民中心文化大礼堂召开。会议由区政协第八届委员会常务委员会主持。出席会议的政协委员266人，因事、因病请假21人。

区委书记冯国林代表中共海港区委祝贺大会召开并讲话。他在讲话中，对八届区政协2016年的工作给予充分肯定，对2017年更好地发挥政协组织作用，做好政协各项工作，提出新的希望和要求。

会议听取和审议区政协主席杨永会所作的《政协海港区第八届委员会常务委员会工作报告》，听取和审议区政协副主席张素珍所作的《政协海港区第八届委员会常务委员会关于八届四次会议以来提案工作情况的报告》。列席区第八届人民代表大会第五次会议，听取和讨论《海港区人民政府工作报告》《关于海港区2015年国民经济和社会发展计划执行情况和2016年国民经济和社会发展计划报告》《关于海港区2015年财政预算执行情况和2016年财政预算报告》，并就经济社会发展中的重要问题进行协商讨论。

会议选举李秋来为区政协八届委员会副主席。会议通过提案审查情况的报告和政治决议。

区政协常务委员会议

【区政协第八届委员会第十四次常务委员会会议】 1月22日，召开区政协八届十四次常委会。会议对"四个全面"进行解读；研究讨论区政协八届五次会议相关材料。讨论通过《区政协八届五次会议议程（草案）》《区政协八届五次会议日程（草案）》；讨论通过区政协八届五次会议秘书长、副秘书长建议名单；会议介绍副主席候选人情况；通过《区政协八届五次会议选举办法（草案）》；讨论通过区政协八届五次会议总监票人、监票人建议名单；讨论通过区政协2015年度优秀政协委员、优秀委员活动小组及提案工作先进集体和个人名单；讨论通过《海港区政协八届委员会常务委员会工作报告（讨论稿）》；讨论通过《海港区政协八届委员会常务委员会关于八届四次会议以来提案工作情况的报告（讨论稿）》。

【区政协第八届委员会第十五次常务委员会会议】 2月1日，召开区政协八届十五次常委会。会议听取区政协八届五次会议期间各政协委员讨论组对政府工作报告及其他报告讨论情况的汇报。以举手表决的方式通过区政协八届五次会议提案审查情况的报告（草案），选举办法（草案），总监票人、监票人建议名单，副主席候选人建议名单和区政协八届五次会议政治决议（草案）。

【区政协第八届委员会第十六次常务委员会会议】 6月23日，召开区政协八届十六次常委会，对全区"双违"整治工作进行专题视察。区委常委、副区长张潮海陪同视察。与会人员实地察看北环路北京现代4S店、新102国道小高庄和秦青公路"双违"整治工作现场，听取区政府及相关部门的工作汇报后进行座谈交流。

【区政协第八届委员会第十七次常务委员会会议】 12月27日，召开区政协八届十七次常委会。会议就全区大旅游圈建设和全省第二届旅游发展大会筹备工作情况进行专题议政。

区政协主要工作

【概况】 区政协牢牢把握团结和民主两大主题，紧紧围绕"开放引领、港城融合、产业强区、创新驱动"发展战略、"一中心三基地"产业定位和"一轴、双核、两翼、三组团"空间布局，认真履行政治协商、民主监督、参政议政职能，充分发挥协调关系、汇聚力量、建言献策、服务大局的作用，为促进全区经济社会发展做出应有贡献。

【提案工作】 围绕全区经济社会发展及群众普遍关心关注的热点、难点问题，全年提出提案201件，经审查立案160件，其中，委员提案150件，集体提案10件。经过承办单位的认真办理，截至2016年底，提案全部办复，满意率和基本满意率100%。按照有关规定，对超出海港区职权范围的4件提案，委托驻海港区的市政协委员向市政协会议进行提交，经市有关部门认真办理，全部办复。对不符合立案标准的 37 件，以社情民意信息、意见建议等形式向有关部门进行反映。区委、区政府领导高度重视提案工作，主要领导在政协全会期间对“加快北部山区发展”等 8 件重点提案批示办理意见，逐件提出办理要求；分管区领导亲自协调涉及部门多、难度大的提案办理。区委、区政府两办对提案办理实施动态管理、定期调度、分类指导，扎实做好提案办理工作。各承办单位将提案办理工作作为重点工作，明确责任，规范程序，结合自身实际不断改进和完善工作机制，确保提案办理实效。区房产局、建设局等部门答复工作采取面对面沟通、集中答复等方式，提升提案办理质量。

【协商议政】 完善政协协商形式，发挥参加政协的各党派团体和各界人士的积极性，就全区各项重点工作开展协商议政，开展协商活动 17 次，形成建言成果 50 多份，许多意见、建议转化为党委、政府的决策和工作措施，发挥建言献策作用。将促进发展作为履职的第一要务，引导广大委员和各界人士，围绕区委确定的奋斗目标和主要任务，组织开展调研视察、议政建言、座谈讨论等履职活动 20 多次，形成调研视察报告和专项建议 31 篇。开展“政协委员走百企”活动，全年走访企业 120 多家，收集大量企业发展面临的困难和问题。组织经济界委员围绕民营经济发展问题，与相关部门共商对策，形成开拓市场、打造品牌及优化政务环境等六方面协商意见，形成调研报告《积极推进金融发展，破解小微企业融资困局》，被市政协选为全会大会发言。举办“营改增”知识专题讲座，宣传惠企政策，引导企业适应新税制要求，区政协常委、部分企业家委员及企业财务人员 100 多人参加培训会，提高经济界委员对新税制的认识。围绕现代农业发展建言献策，邀请河北科技师范学院作物种植、蔬菜果树种植、农业经济管理等方面专家多次参加调研活动，提升调研质量和水平，形成调研报告《抢抓全域旅游发展机遇，全景打造北部山地生态园林旅游风景区》，受到区委主要领导的重视和肯定。助力“双违”整治工作，组织政协常委和部分委员深入“双违”整治重点、难点地段了解情况，同政府职能部门现场交流意见，共谋对策，向全体政协委员发出“支持‘双违’整治工作倡议书”，营造上下一心、全民支持的良好社会氛围，《人民政协报》进行报道。

【筹备换届】 按照省、市、区委的安排部署，区政协将在 2017 年初完成新一届政协的换届工作。换届期间，严防用人上的不正之风。在筹备期间，区政协多次组织相关人员观看《湖南衡阳破坏选举案》《四川南充拉票贿选案》纪录片，学习换届纪律的有关规定，与组织部门、统战部门一道严把协商推荐政协委员的各个关口，不走人情，不拉关系，确保新一届政协委员的产生工作公平、公正、公开，为完成换届任务打下坚实基础。本着党管干部、党管人才的原则，区政协换届委员人事安排的重大决策、工作部署和人选方案由区委研究决定，形成区委统一领导、组织部和统战部密切配合、相关各方积极参与的工作格局。严格标准，确保质量。把人选的思想政治素质放在首位，细化明确委员人选条件，健全委员人选酝酿提名、推荐考察和审查机制，严把委员政治关、素质关。统筹兼顾，全面安排。通盘考虑统一战线各领域代表人士和党政领导干部的安排，综合平衡民族、宗教、年龄、性别等不同方面的结构要求，调动各方面的积极性。

区政协机构

【政协海港区第八届委员会常务委员会组成人员】

主　席：杨永会

副主席：张素珍（女）

肖长祥

李国强

李秋来（2 月任）

秘书长：敬卫兴

常　委：（以姓氏笔画为序）

马春元　马洪琪（女）　牛志刚（回族）

王玉东　王国光　王爱民（满族）

史建秋（女，满族）　叶永鹏

艾会荣（女）　刘中杰　刘晓军

何占峰　何立生　吴桂娥（女）

张文东　张志强　张济荣（女）

张艳君（女）　张敬波　李　工

李方阁（满族） 李　观 李思达
李满元（满族） 李福廷（满族）
国铁英（女） 赵玉生 姜述玉（女）
徐晓民 董云鹏 温守文 蔺学光

【政协海港区委员会办公室及各专门委员会主要负责人】

办公室主任：敬卫兴
提案委员会主任：黄秀卓（女）
经济科技委员会主任：吴桂娥（女）
社会事业委员会主任：马洪琪（女）
城乡建管委员会主任：赵卫群（女）
老干部办公室主任：王家海

【政协海港区第八届委员会委员】

马春元 王　君 王玉东 王　宏
王宏利（女） 王　娜（女） 公建芳（女）
叶永鹏 田印书 兰晓辉 任德文 齐金成
刘　勇 那　钰 孙晓琴（女） 孙海波
李宏光 李成凯 李建立（女） 李雪征
杨永会 杨庆喜 杨　征 张向阳
张国丽（女） 张智勇 张静漪（女）
周铁石 郑全军 赵　刚 秦　峰 侯瑞雪
高宏颖 梁道喆 敬卫兴 董云鹏 薛向华
王晓东 王　笑（女） 王雪菲（女）
邓　波（女） 史建秋（女） 史莹洁（女）
付　强 庄克永 刘江华 刘明祥
刘　洁（女） 纪　红（女） 苏　涛
李劲松 李国强 李晓颖 李福廷 杨会常
杨英娜（女） 何占峰 何继东 张文东
张英华（女） 陈国平 赵玉生 郑书良
郎晓峰 项　宁（女） 徐　彤 徐　巍
郭美璇（女） 高振国 黄岳强 程淑艳（女）
马国强 王佐礼 王家海 王富凤 翔　武
艾会荣（女） 刘　飞 刘中杰 刘玉僧
刘立忠 刘宇腾 刘来生 刘俊安 孙伟春
李　观 李作彬 李学良 李所丰
吴桂娥（女） 张永江 张克信 张志强
张金忠 张金海 张　超 张　斌
赵春燕（女） 范文祥 周　健 郑新利
单亚军 姜述玉（女） 姚长明（女）
秦宝林 徐明辉 贾海燕（女） 郭永生
黄秀红（女） 董占武 董素彬（女） 蒋利国
蒋洪信 曾胜文 王　平 王庆军 王　松
王爱民 邓　浩 左　宁（女） 石万年
邢启明 刘　莉（女） 刘海臣 刘清文（女）
许国华 纪文颉（女） 汪长春 李　工
李成铭 李　伟（女） 李春生 杨佩君（女）
杨树旺 吴孝明 张石国 张秋妮（女）
张俊红（女） 张艳君（女） 张　荻（女）
张晓翼（女） 张鹤云 张鹤珊 陈立杰（女）
周丹良（女） 尚颖慧（女） 胡广设
贺学英（女） 秦纪祥 高洪星 黄秀卓（女）
崔汉毅 韩凤臣 丁润会 马忠锋
马洪琪（女） 王国光 王洪民 牛洪涛
孙志明 邢文华 刘晶春（女） 李方阁
李　伟 李思达 李维佳 肖长祥
冷冰霜（女） 张振娟（女） 林崇爱
果卫东 国铁英（女） 赵延海 高　伟
高馨月（女） 晁迎锋 曹　磊 阚俊华（女）
才汇强 马宏艳（女） 王胜银 王胤龙
牛志刚 公严春（女） 圣　清 伍保玖
安　媛（女） 许永昌 李为民 李栩楠
李晓红（女） 李家庚 李满元 杨栋昌
张立起 张国辉 张　和 张春生 张洪杰
张济荣（女） 张素珍（女） 张敬波
罗颖君（女） 赵艳军（女） 单志琴（女）
郝宝山 贾晓军 崔文玲（女） 韩艳萍（女）
梅秀峰 温守文 蔺学光 翟竹博
魏凤芹（女） 王金成 王春玉 石融冰（女）
史冠工 朱　力（女） 朱立波 刘金志
刘晓军 孙　瑜（女） 李　邯 李秋来
何立生 杨晓玲（女） 邸树纲 宋海英（女）
张　卓 张顺利 张　姣（女） 邵永民
陈文博 陈　静（女） 单亚春 赵立新（女）
秦　忠 郭立盘 景利伟 马玉生 田　奇
朱印军 刘政权 刘　锐 刘环宇 岂连强
吉　极 苏南鹏 贾　静（女） 李宏瑶（女）
李　佳 杨　潇 汪玉萍（女） 陆建银
陈贺营 林凡军 赵卫群（女） 赵志勇
姜志国 骆　欣 徐晓民 高忠敏 谢振华
鞠尧魁 魏晓兰（女）

（李　兵）

法治　军事

FAZHI JUNSHI

FAZHI JUNSHI

政法委及综治

【概况】 区委政法委以维护社会稳定为重点，强化工作举措，压实工作责任，依法高效履职，深入推进平安、法治、队伍“三大建设”，突出防范风险、服务发展、破解难题、补齐短板“四个重点”，站位全局，统筹谋划，狠抓各项工作落实，确保全区社会大局持续平稳，为区域经济发展营造和谐稳定的社会环境。

【社会稳定工作】 深化国家安全人民防线建设，成功化解一起外媒欲利用区内涉法涉诉案件炒作事件。继续深化社会稳定风险评估工作，切实发挥源头预防作用，全年完成风评项目12个，经验做法在全市现场会推广。对旅游文化投资有限公司、广核集团低温供热堆示范项目等3个省、市重点项目全程进行跟踪督办，做好前期评估工作。妥善处理开滦路、交建里、东山二期等重点群体隐患。加大矛盾纠纷排查化解力度，开展矛盾纠纷集中排查活动5次，共排查各类矛盾纠纷隐患442件，其中群体性纠纷隐患99件。严格落实“五包一”机制，逐级落实调解稳控责任。做好重点群体稳控工作，对14类涉稳群体和重点上访人进行梳理，加强重点管控，区内“两参”人员270人、企业军转干部193人、转业志愿兵54人、原民办教师2170人、原电影放映员45人，全部落实稳控措施，未参与进行串联和聚集。创新公交安保模式，探索政府购买服务方式，聘用专业保安128人，在5条重点线路、32个重点站点值守，确保旅游旺季公共交通安全。对市委、市政府周边，东、西浴场，燕大、奥体中心周边等5个重点区域，由区综治委挂账，进行综合整治，现场调度3次、会议调度2次，砸车侵财、反宣品等问题整改效果显著。发挥以平安志愿者为主的群防群治队伍作用，在旅游旺季、中共十八届六中全会等重点时期，设置164个固定岗点，组织近1.5万名“红袖标”巡防值守。强化流动人口和特殊人群管控措施，针对流动人口犯罪开展“洗楼”行动，会同计生部门对精神病患者等特殊人群开展摸排。认定和奖励见义勇为人员14人。开展国家安全法“三进”（进社区、进商场、进学校）活动，更新国家安全法宣传栏157处。不断提升公共安全视频监控覆盖率，在太阳城、金街和部分老旧小区开展扩点扩面和视频监控升级改造建设。结合平安村建设，在驻操营镇龙泉山庄37处重点部位安装高清探头。在各敏感期，对重点区域实行挂账整治，保证全年防控工作“零指标”。

【智慧网格建设】 夯实基层基础建设，确定“五个一”（一个领导负责、一个专职工作人员、一间专用办公室、一台专用电脑、一套专门制度）工作标准，重新梳理并实名登记网格员8646人，实行定人、定岗、定责。实施“指挥中心”建设，通过政府采购招标，在区市民中心3号会议室安装12块46英寸的大屏、操作台和LED显示屏等，运行互联网和视频专网，运行“智慧网格服务管理信息平台”系统，对区内视频监控实时调取，为应急处突工作指挥备战。在区法院、北港镇和东环路街道等3个试点单位实施视联工程，打造全区一体化“指挥中心”。继续开发完善“海港区网格化服务管理信息平台”系统，租用联通“云”服务器和数据库，与政法综治专项工作结合，设计社区矫正、社区戒毒（康复）、物业纠纷调解、社会稳定风险评估等7个方面的专项系统，已试运行，全年处理各类事件388件。实施电脑网络统一建设，为365个村、社区配备专用电脑，实现全区网络全部联通，智慧网格信息平台全覆盖。省委政法委副书记、综治办主任李德进，常务副市长薛永纯等省、市领导先后到海港区调研指导智慧网格建设，对工作给予肯定。大连市西岗区、邢台市平乡县和秦皇岛市卢龙县、昌黎县到海港区参观学习。

【涉法涉诉信访工作】 认真分析研究法治建设中关键环节和重点难点问题，制定印发《海港区2016年深化司法公开工作要点》《关于依法正确甄别处理涉法涉诉与非涉法涉诉信访问题的指导意见（试行）》《依法处理信访活动中违法犯罪行为的指导意见（试行）》等，强化法治思维和制度规范。全面推进执法办案风险评估工作，对6000多起案件进行风险评估，没有新的重大涉法涉诉信访问题发生。组织开展政法系统执法大检查和专项督导活动，抽查刑事、民事、行政、执行以及治安、公诉、社区矫正等各类案卷67卷，执法检查结果全区通报并落实整改，规范政法机关执法办案工作。严格案件督办和分析研判，全年督办海港医院腐败窝案等重点案件16起，取得良好社会反响。深入做好涉法涉诉信访工作，梳理出重点涉法涉诉信访案件36件，全部建立稳控化解预案。推进案件纳入正常程序处理10起，治安拘留违法信访人31人，加大对非访人员处置力度，规范全区信访秩序。发挥救助作用，启用资金64万元，救助符合救助条件的当事人15人，解决当事人的实际困难，有效缓解信访压力。全省法学会现场会观摩在海港区进行，中国法学会和省、市政法委、法学会等领导对海港区法律专家服务站和燕北里社区法律服务站建设给予充分肯定，经验推广全省。

【政法队伍建设】 坚持公开、公平、公正，健全班子周例会、重大事项会商等制度，对重大事项、组织人事等均通过民主程序决定。认真总结以往教育活动经验，结合政法工作实际，制定《关于开展“学党章党规、学系列讲话，做合格党员”学习教育实施方案》。推进作风建设，组织领导干部参加反腐倡廉警示教育活动，认真学习李保国等先进人物的事迹，提醒领导干部时刻绷紧廉洁自律之弦。以“两学一做”学习教育活动为载体，转变政法队伍作风，开展系列“开门纳谏、开门评警”活动，倾听群众呼声、查找工作差距，提升政法干警工作能力。严格履行党风廉政建设两个主体责任，对党委（党组）主体责任、班子成员主体责任逐一强调、落实到位。开展狠刹“四风”专项整治行动，针对财务、公车、办公用房三方面开展专项检查，对超标准使用办公用房等问题彻底整改。加强能力培养，组织全区政法系统干警参加中共中央、省、市专题培训，提高干警的业务能力和自身素质。实施《中共海港区委政法委关于建立健全机关年轻干部培养机制的意见》，通过结对帮学和邀请专家集中授课等形式，提高机关年轻干部的综合素质和工作效能。

（屈路杨）

法治政府建设

【概况】 以建设法治政府为目标，开拓创新，扎实工作，提高依法决策、依法行政的能力和水平。将依法行政落实到政府工作的各个方面和环节，提高政府的公信力和执行力，为海港区经济社会转型发展与社会和谐稳定提供良好的法治环境和有效的制度保障。

【组织机构】 重新调整区依法行政工作领导小组组成人员，明确区法治政府建设的领导机构、工作机构和第一责任人。将依法行政工作纳入党政领导班子和领导干部综合考核评价体系，把依法行政工作成效作为衡量领导班子和领导干部工作实绩的重要内容。加强区政府法制机构建设，区政府法制办配备主任1人、副主任1人、科员2人。各执法部门设立法制科室，其他部门和镇、园区、街道明确相关内设机构为法制工作机构，确定专人负责，各行政机关均确立法制分管领导、工作机构和专（兼）职人员。

【制度建设】 为实现行政决策科学化、民主化、法治化，进一步完善行政决策机制。严格执行《海港区政府工作规则》，确立以政府为主体，公众参与、专家论证和政府决定结合的行政决策机制，建立重大事项决策集体讨论、听取意见、听证等制度，每年的国民经济发展计划都广泛征求人大代表、政协委员、专家代表和社会公众意见。建立完善行政决策合法性审查制度，重视发挥政府法制机构和法律顾问的作用，推行政府法制机构负责人列席政府常务会议以及重要专题会议制度，区政府所有对外签订的合同、协议都必须经过法制办以及法律顾问把关，区政府处理重大涉法性事务，均安排政府法制办人员参与。全年经政府法制办审核把关签订的合同、协议20多份。

【政府职能转变】 推行政府部门行政权力清单制度，编严编细制度的笼子，促进行政权力规范、高效、透明运行。组织区政府各部门对10类行政权力事项进行梳理，编制完成《海港区政府部门行政权力清单》，共梳理行政权力1885项，在区政府网站向社会公开。建立责任清单制度，推进机构、职能、权限、程序、责任法定化。确定区政府部门主要职责263项（不含涉密事项），与相关部门有职责边界的管理事项100项，制定加强事中事后监管的制度措施122项、公共服务事项168项，在区政府网站向社会公开。实行动态管理机制，做到适时更新，如实调整。深化行政审批制度改革，加强行政审批规范化、标准化建设，全面实行《行政许可事项编码规则》河北省地方标准，汇总全区行政审批事项，制定《海港区行政审批事项目录》（2016版），对各项行政审批进行编码。规范行政审批中介服务，制定《清理规范海港区行政审批中介服务实施方案》，梳理确定海港区保留行政审批中介服务事项12项，纳入政府部门行政审批程序的中介服务事项2项，在区政府网站公布，并进行动态调整。深化商事制度改革，全面推进"三证合一、一照一码"登记制度改革，整合社会保险和统计登记证，实现"五证合一、一照一码"。6月1日，将统计登记表纳入区市场监督管理局注册登记事项。10月1日，实现"五证合一、一照一码"。

【公平公正执法】 规范行政权力运行，开展行政执法依据梳理工作，根据职权法定原则和机关"三定"方案，对各部门行政执法依据、权限进行新一轮梳理。推动全区行政执法工作规范化、制度化。规范行政自由裁量权。按照省政府关于建立行政裁量权基准制度的指导意见的有关要求，遵照过罚相当原则、相似违法行为的处罚决定标准一致原则、依法选择适用单处或并处原则等，组织全区所有行政执法单位开展规范行政处罚自由裁量权工作。加强行政执法队伍建设。执行行政执法证件年检培训考试制度，全区37个部门的全部执法人员学习公共法律和专业法律的知识，采用电脑网络在线系统进行考试，对考试成绩不合格的行政执法人员取消其执法资格。全区有合格持有执法证人员1250人。严格行政执法人员持证上岗、亮证执法，未取得执法资格的人员不得从事执法工作；严肃执法纪律，对于严重违法的执法人员，坚决清除出行政执法队伍，确保行政执法队伍素质。

【行政行为监管】 自觉接受人大及其常委会法律监督、工作监督和政协民主监督。依法向区人大及其常委会报告工作，认真办理人大代表建议和政协提案，对人大开展的专项法律法规实施情况检查以及政协的有关工作调研，精心准备、积极配合。重视司法监督，积极参与行政应诉工作，依法执行法院判决，认真研究司法建议，改进执法工作。出台《海港区行政应诉工作规则》，规定行政应诉程序、行政首长出庭、行政案件败诉责任追究、行政应诉经费等内容，加强对全区行政应诉工作的指导。重视社会监督。通过"区长公开电话""区长信箱"和"领导接访日"等渠道，主动接受社会公众评议，调查核实人民群众检举、新闻媒体反映的问题，提高群众对政府和社会事务的参与度和监督力度。全面推进政府信息公开，完善政府信息发布、咨询、公示、投诉处理等制度，受理群众的政府信息公开申请，依法保障公众的知情权。区政府累计受理政府信息公开申请3次，全部在规定时限内予以答复。

【化解矛盾纠纷】 加强和改进行政复议工作，认真贯彻执行《中华人民共和国行政复议法》《中华人民共和国行政复议法实施条例》，畅通复议渠道，提高办理质量，依法保障行政相对人的合法权益。全年受理行政复议案件2件，案件正在办理中。深入开展法治宣传工作，开展多层次、多方位的普法教育。通过送法下乡、发放资料、法治讲座、村居法律顾问等多种形式，宣传与经济社会发展、维护社会和谐稳定、加强社会治理、服务和保障民生相关的法律、法规，引导和支持公民、法人和其他组织依法表达诉求和维护利益，推动社会矛盾化解工作。加强人民调解工作，筑牢社会和谐稳定的"第一道防线"。发挥区、镇（街道）、村（居）三级调解网络的职能作用，完善婚姻家庭等专业性调解组织建设。做好常见多发民间矛盾纠纷的调解，推动人民调解向社区、厂区、商业中心深入，努力解决经济社会发展中出现的新型矛盾纠纷，提升对社会稳定风险的预知能力。

（关　爽）

公 安

【概况】 海港公安分局主动担当、履职尽责，狠抓各项维稳和打防工作措施的落实，全面加强基层工作和队伍建设，不断提升公众安全感和满意度，为全区经济健康发展、社会安全稳定、群众安居乐业做出突出贡献。打击违法犯罪战果丰硕，全年破获各类刑事案件近千起，刑事发案连续八年持续下降；专项严打整治成绩斐然，火车站治安整治、“三车”治理、打击石门寨镇、杜庄镇、驻操营镇非法盗采煤炭和“3·02”煤窑透水案件侦办等多项工作得到市委领导的肯定；信访源头稳控和打击非访工作扎实有效，成功稳妥处置一批有影响的群体性事件和非访案件；服务和保障全区重点项目建设、“双违”治理等多项全局性工作成效显著，完成暑期、各级“两会”、中共十八届六中全会以及国际马拉松赛等多项大型活动安全保卫工作。

【严打整治】 全年立刑事案件2372起，同比下降26.24%；破获案件930起，同比上升4.14%。其中，杀人、抢劫、强奸、绑架等八类主要案件发案301起，破案196起（破年内案件163起，年前案件33起），抓获各类作案成员890人，打掉犯罪团伙25个，抓获团伙犯罪成员121人，破获团伙案件25起。移送起诉761人，抓获网上逃犯168人。刑事拘留788人，逮捕360人，取保候审477人，监视居住126人。保持严打高压态势，开展“飓风净沙”暑前严打整治、旅游高峰期严打、打击网络新型犯罪、冬季严打整治暨打击“盗抢骗”等专项行动，取得显著战果，先后侦破“1·10”抢劫杀人案、“2·04”伤害致死案、“10·01”康乐里入室抢劫强奸杀人案等14起现行命案，命案侦破率90%；侦破彝族阿牛拉坡爬阳台入室系列盗窃案20起、徐云龙盗窃自行车案33起、储楚色情引诱系列抢劫案等一批重大、系列、团伙案件，打掉犯罪团伙20个，抓获嫌疑人784人，其中，网上逃犯141人，追缴各类赃款赃物540万多元。

【治安管理】 全年受理治安案件9787起，查处8905起，查处率86.78%。行政处罚治安违法人员9172人，其中，行政拘留702人、罚款1596人、警告82人，其他处理6773人。指导全局各派出所做好群防群治工作，组织发动志愿者1.2万多人，开展防范宣传和巡防工作。不断强化行业场所日常检查，全年出动警力9000多人次，检查行业场所3500多家次，提出整改51家次，抓获网上逃犯28人、查获5家，立刑事案件2起，立行政案件1起，刑拘1人，治安拘留1人，停业整顿场所4家。收缴赌博机43台。是年为禁止燃放烟花爆竹的第一年，为保障禁放顺利实施，对各礼仪公司、曾经经营烟花爆竹的店铺进行排查，严防私自储存销售烟花爆竹行为的发生。查处违规运输、储存、燃放烟花爆竹案件14起，收缴烟花爆竹5500多件。开展散装油品销售和物流寄递企业管控工作。根据《关于切实加强加油站散装汽油销售管理的通知》要求，落实加油站散装汽油销售“实名登记”和及时报告制度。率先试点完成散装汽油销售手机App软件登记管控系统，未发生违规销售散装油品的行为。落实对物流寄递企业三个百分百的要求，加强对快递和物流企业的检查，强化从业人员业务培训，全区未发生邮寄枪支弹药、爆炸物品、危险化学品、管制刀具、毒品等禁寄物品的案件或事件。

【旅游高峰期安全保卫】 全年出动警力1677人次，执行各类警卫任务41次。对全区2319名刑释解教、肇事肇祸精神病人、涉毒等七类重点人员进行重新摸排，逐人落实管控措施和责任。成功处置辽宁和黑龙江45名非访人员串联到北戴河聚集、“中港系”涉众经济案件维权群体到北戴河聚集等群体性事件，劝返上访人员1700多人次。对旅游高峰期的大型活动科学组织、周密部署，出动警力1.6万多人次，完成马拉松全国锦标赛、中超足球赛、沙滩音乐季等重大安保任务103场次。

【社会政治稳定】 坚持以情报信息为主导，推行情报信息与指挥、勤务、行动融合一体的警务运行机制。全年搜集上报各类情报信息3083条，重大事件预警率100%；摸排掌握涉稳群体173批次、3.3万多人次，掌控重点人360人。依法处置龙城华府200多名农民工因拖欠工资、开滦路煤厂小区100多名群众因拆迁安置补偿、西白塔岭村40多名村民因缴纳社保费及“三车”利益群体堵门、堵路等群体性事件120多次。打击邪教违法活动4起，行政拘留8人。

【人口管理】 按照河北省公安厅实有人口分级管理规定要求，共列管重点人员2483人，其中，危险等级1841人，关注等级642人，在控2340人，管控率94.2%。对全区重点上访人重新进行梳理摸排，摸排出个人访、集体访重点人172人，重症精神病患者298人，全部纳入管理，成立由镇街领导、派出所领导、村居干部、派出所社区民警组成的管控小组，逐人制定管控措施，随时掌握上访重点人动态，做好稳控工作。全区登记流动人口14.14万人，登记出租房屋2.95万户，日租房667户。开展实有人口和实有房屋“清源”行动，各辖区社区民警和专管员逐楼、逐户走访排查，共出动警力6000多人次，清理各类房屋、单位7.13万处，清理各类流动人口5.02万人，新登记流动人口1.31万人，居住证办理8570本，抓获各类违法犯罪嫌疑人267人，破获刑事案件83起，查处治安案件409件。

【执法规范化建设】 数字机房建成，监控系统安装调试完毕，投入使用。根据《河北省公安机关执法质量考核评议工作规定》的要求，全面实行“执法六必录”（逢接警处警必录、逢盘问检查必录、逢处置处罚必录、逢现场勘验必录、逢行政执行必录、逢群体处突必录）制度，没有视频录像的案件一律不予审核。每个已结案件做到“一案一盘”。根据公安部《公安机关管理服务和执法工作改革方案》，建立案管中心，推行接报案登记制、受立案限时制和信息化监督制。推进网上执法公开，利用“公安机关行政处罚裁决文书公开平台”，确保行政处罚裁决文书第一时间公开，全年上传行政处罚裁决文书524条。办理行政复议案件5起，刑事复议案件3起，行政诉讼25起，国家赔偿案件2起。

【重点区域整治】 开展站前地区治安整治，严厉打击站前拉客招嫖违法行为。清理中小旅馆104家、从业人员400多人，遣散违规接站人员12批次、360多人次，其中，依法训诫36人次，治安拘留5人；打掉犯罪团伙1个，破获卖淫嫖娼案件7起，抓获嫌疑人6人，刑事拘留2人，治安拘留4人。严厉打击杜庄镇、驻操营镇和石门寨镇非法盗采行为。成功处置“3·02”石门寨半壁店村盗采透水事故。在市公安局的统一领导下，海港公安分局成立专案组，协同区检察、监察、安监等部门，在较短时间内攻克案件，对20名盗采组织者、主要参与者和失职渎职者采取强制措施。出动警力400多人次，联合区安监、国土等部门，对241个隐患井口、4个非煤矿山隐患点进行排查，毁闭封堵隐患井口121处，查处各类违规运营车辆160多台。参加拆除“双违”行动，出动警力1000多人次，配合“拆违”办执行拆违任务134次，拆除西港镇大乐安寨村、海港镇范家店村、杜庄镇紫峰坨村、北部工业园区等处违法建筑150多万平方米。

（王　颖）

检　察

【概况】 区人民检察院把握“政治建检、业务立检、公信树检、素质兴检、科技强检”的总体工作布局，全面深化业务工作、执法规范、队伍素质、科技强检、服务大局“五项提升工程”，采取有力措施适应、服务新常态，全面履行检察职责，严格规范执法，不断提升法律监督水平和队伍素质，各项工作都取得新的成绩。

【服务全区经济社会发展】 找准服务大局的切入点和着力点，对接京津冀协同发展重点，对接辖区重点企业，开展精准预防，采取党组成员和科室定期走访的方式，点对点、面对面了解需求。在涉案企业开展专业预防服务。在秦皇岛华科煤炭机械有限公司设立检察官服务站，延伸检察职能。开展非公企业“法律体检”活动，找出法律风险点，找准法律着力点，制订具体帮扶方案，为非公企业提供法律咨询，服务非公企业健康发展。

【打击刑事犯罪】 深入推进“平安港城”建设，严格履行检察职能，严厉打击各类刑事犯罪，维护社会治安秩序稳定。全年受理报捕案件462件、610人，批准逮捕340件、422人。受理起诉895件、1330人，提起公诉759件、1042人。不批捕181人。对轻伤害、交通肇事、毁财等案件捕前和解26件、35人，批捕合同诈骗、信用卡诈骗、集资诈骗、骗取贷款、生产销售伪劣产品等破坏市场经济犯罪案件17件、19人。参与市委政法委部署的严厉打击盗采海砂犯罪活动，批捕“5·08”“5·21”重大团伙盗采海砂案13件、犯罪嫌疑人45人。审理齐某某等人组织、利用邪教组织破坏法律实施的案件。依法审查起诉涉案金额达130亿元的广东邦家租赁有限公司非法吸收公众存款案和李某某等人利用发行原始股模式非法吸收公众存款的CR股案件。

【查办职务犯罪】 坚持以司法办案为中心，围绕全区经济发展大局开展办案工作，加强侦防能力建设。以开展专项打击活动为突破口，以“抓系统”的工作方法作为查办职务犯罪的工作主线。全年立案侦查贪污贿赂犯罪案件12件、16人，其中，贪污贿赂案件9件、10人，涉农案件3件、6人，涉案款1200多万元。查办渎职侵权犯罪案件7件、8人，其中，特大案件2人，贪渎并查2人。查处的石门寨镇半壁店村奇缘煤矿发生透水事故，为突破石门寨地区打击违法盗采煤矿问题提供强有力的支撑，受到市、区领导的肯定。

【创新社会管理】 坚持把化解矛盾贯穿司法办案始终，应用网上信访系统和远程视频接访系统，方便群众就地表达诉求、了解进展、听取答复。全年接待信访110多人次，受理控告、申诉类信访案件35件，未发生进京、赴省等越级访。加强未成年人刑事检察工作，将少捕慎诉未成年人和严厉打击侵犯未成年人合法权益制度落到实处。全年办理未成年人案件审查逮捕37件、67人，审查起诉44件、113人，办案中注重被侵害未成年人的安抚工作，以减少犯罪行为对他们造成的心理、身体伤害。对30名被害未成年人进行心理疏导，为13人申请法律援助。区检察院报送的张某某（17周岁）附条件不起诉案件被评为全省未成年人司法保护典型案例的首选案例。

【法律监督】 加强立案活动监督，完善行政执法与刑事司法衔接机制。全年监督立案14件，监督撤案11件，纠正漏捕13人，纠正违法18件。两法衔接监督移送拒不支付劳动报酬案2件，非法采矿及重大责任事故案1件。移送职务犯罪案件线索2件。强化民事行政诉讼监督。全年完成市检察院交办案件55件，全部审结；受理案件53件，其中，不服生效判决监督案件4件，对执行活动监督案件19件，督促有关部门履行职责30件。强化刑事执行监督。完善社区矫正和监外执行全过程监督检查，提出检察建议20份，发出纠正违法通知书127份，对监外执行及社区矫正人员进行帮教谈话21人次，收监执行5人。依法办理羁押必要性审查案件20件，对4件指定居所监视居住案件进行检察监督。严肃查办和预防刑事执行环节的职务犯罪。办理司法工作人员因渎职漏管致监外服刑人员再犯罪案件1件、2人，实现新突破。

【自我监督】 认真解决办案程序不规范、执行办案纪律不严格、适用强制措施不合规等10个方面问题，采取业务条线自查、部门交叉互查、案件管理部门督导检查等方式，每季随机抽调案件8～10件，开展执法规范化检查及优秀案件评比工作。把司法规范列为业务培训的必训课程，开展覆盖全部业务人员的规范司法行为网络考试2次。12月，区检察院被最高人民检察院授予全国检察机关“检察委员会规范化建设示范单位”称号。

【检务公开】 以司法公信建设年活动为抓手，开展素质能力提升工程、办案精细化管理工程、构建立体动态监督工程、推进检察改革工程和“互联网+海港检察”工程。在保障律师执业权利方面先试先行，搭建律师接待网络平台，在全市检察系统首个开通覆盖全市范围内注册律师的网上预约平台。公开案件程序性信息2685件，公开率100%。终结性法律文书公开309件。建成并有效运转官方微博、官方微信、新闻客户端，发布各类信息800多条。制定《秦皇岛市海港区人民检察院检察听证办法(试行)》，明确公开听证的启动条件、审查方式、工作流程等，建立检察听证室。在全市首次以公开听证形式将公开审查程序运用在审查批捕环节，办理“王某拒不支付劳动报酬案”，收到良好社会效果。

（赵永恒）

法　院

【概况】 区法院围绕“让人民群众在每一个司法案件中感受到公平正义”的工作目标，狠抓执法办案第一要务，深入推进司法体制改革，各项工作取得新进展。全院有7个集体、14名干警受到市级以上表彰奖励。其中，长城法庭被最高人民法院等六部委授予“全国老年法律维权工作先进集体”，海港法庭被省高级人民法院荣记集体二等功，宋庆国被省高级人民法院荣记个人一等功。全年受理各类案件2.47万件，结案2.14万件，结案率86.5%。

【刑事审判】 参与整治生态环境犯罪工作，出台针对“非法采矿”的工作意见9条，受到市、区政法委的肯定。打击假借信访之名破坏社会秩序的犯罪行为，有力整肃全区信访环境。全年审结刑事案件807件，判处罪犯1815人，有效维护社会和谐稳定。加大自诉案件调解力度，克服取证困难，防止矛盾易激化，自诉案件调解率达80%以上，取得良好社会效果。

【民事审判】 深化联系服务重点企业、重点项目活动，依法妥善处理在水一方旧城改造项目、交建里国有土地上房屋征收等系列案件。对涉及环境污染的采矿许可延续、收取排污费等案件进行依法裁判，规范环境执法行为。对打击“双违”等6个行政规范性文件依法提出建议，有效预防制度性行政违法，为重点工作建设提供优质司法服务。高度关注事关经济社会发展的案件，妥善审理借款、保险等金融案件4052件，标的额9.8亿元，维护金融正常秩序。妥善审理建设工程、房地产纠纷等案件2356件，标的额8.6亿元，同比分别增长12.1%和7.8%，维护房地产市场的健康稳定发展。

【行政审判】 行政审判坚持保护公民权利与促进依法行政结合的原则，依法审查评判被诉行政行为合法性，加大行政纠纷协调力度，采取围绕行政诉讼查摆问题、针对行政审批分析隐患、跟踪行政决策预测风险等形式，跟进指导和提示，帮助行政机关不断提升依法行政的能力和水平。全年收行政案件301件，结案279件。

【执行工作】 妥善审理事关群众切身利益的劳动争议、损害赔偿、赡养抚养等纠纷案件1912件，标的额2.75亿元。通过开展涉民生案件集中执行、2016年基本解决执行难飓风行动等专项活动，共曝光失信被执行人5183人、法人1487个，司法拘留14人，追究刑事责任1人。全年执结各类案件6718件，标的额6.2亿元。完善司法救助工作，为371名案件当事人减免缓诉讼费96.17万元，为21名生活困难当事人申请、发放救助金78.2万元。

【审判质量管理】 严格对案件的流程节点监控，明确案件信息录入要求，不间断对审判流程节点控制、案件信息录入和裁判文书上网等进展情况进行检查、预警和通报，全年信息录入完整率、及时率和准确率均为100%。加强庭审管理，对开庭时间、庭审着装、庭审纪律等做出明确规定，对庭上着装不规范、法言法语失范等行为进行整顿。加大数字法庭投入力度，建成数字法庭39个，达到“逢庭必录”的要求。通过持续对庭审活动录音、录像资料进行分析，重点从庭前准备、庭审作风、庭审程序、庭审驾驭能力四个方面进行考评，推动庭审质量的提升。加大公开力度，通过公开平台向社会直播庭审333件。规范裁判文书的制作与审核，安装并使用裁判文书纠错系统，实行裁判文书上网审查制度，防止“带错出门”。全年在中国裁判文书网公开裁判文书5133篇。

【信访工作】 认真开展信访工作，注重信访法治化管理，取得良好成效。正常访、越级访、非正常访的比例下降，信访整体形势趋于良好。全年发生越级访 17 人次，同比下降 71%，非正常访连续两年为 0 人次。受理各类信访案件 233 件（来信 16 件、来访 207 件、视频 10 件），通过审判监督程序纠正案件 2 件，各类信访案件整体呈下降趋势。

【调研、信息、宣传工作】 全面加强人才队伍建设，健全完善激励机制，调研、信息、宣传工作取得突破性进展。全院干警上报调研文章 35 篇，院内刊发、上报市中级人民法院或其他部门 16 篇，市级采用 4 篇；上报信息 170 篇，院内采发 60 篇，区委研究室采发 43 篇，市中级人民法院、市政法委采发 39 篇，省高级人民法院采发 26 篇。向各级媒介报送宣传稿件 352 篇，国家级采用 19 篇，省级采用 71 篇，市级采用 182 篇，区级采用 80 篇。

（李春香）

司法行政

【概况】 区司法局认真开展“三严三实”专题教育活动为契机，改正工作作风，激发创新活力，发挥司法行政的职能作用，为社会和谐稳定、深化改革、民生工程、新农村建设提供全方位优质高效的法律服务和法律保障。

【人民调解】 指导各基层调委会开展矛盾纠纷排查化解工作，实现“两规范四统一”（组织、制度规范，标牌、文书、程序、统计台账统一）。加强矛盾纠纷易发、多发行业和专业领域人民调解组织建设，指导医疗、交通、教育、劳动、物业、环保、消费、旅游、婚姻家庭等九大行业领域建立行业性、专业性人民调解组织，在乡镇（街道）建立婚姻家庭专业人民调委会。九大行业性专业性人民调委会的办公用房、工作制度、人员配备基本完成。与海港区法院共同建立民商事纠纷诉前人民调解委员会，召开海港区“互联网＋诉非衔接”矛盾纠纷调解机制工作会议，为工作的具体开展奠定基础。全年共排查矛盾纠纷 3201 件，调处成功 3146 件，成功率 98.3%，发放人民调解“以案定补”补贴经费 13.88 万元。

【安置帮教】 依托安置帮教信息管理系统，对刑满释放人员的相关情况进行核实，核实成功的建立电子信息档案。对信息虚假人员情况以核实失败的形式及时反馈各监狱管理部门，做到核查人员信息准确无误，实现安置帮教工作与监狱、劳教、公安等部门数据统一，从源头上杜绝“三假”人员。全区累计有安置帮教人员 1281 人，其中，刑满释放人员 242 人，解除社区矫正人员 1039 人。纳入安置帮教人员 389 人，其中，刑满释放人员 52 人，解除社区矫正人员 337 人，全部衔接，落实帮教，有效维护社会的和谐稳定。

【社区矫正】 成立社区矫正管理股并在全市率先成立社区矫正审议委员会，保障社区矫正工作公平、公正、规范化开展。采用“关注、关心、关爱”倾情心理矫正工作机制，矫正社区矫正人员的思想偏差，帮助其消除心理障碍，完善健康人格。全年开展心理矫正辅导 100 多次，职业技能培训 30 多次，心理咨询服务、个案心理辅导 300 多人次，心理团体辅导 8 次。对 45 名不认真遵守社区矫正监管规定、不按规定使用“司法 E 通”定位手机、不积极参加教育学习、社区服务、受到警告的严管社区矫正人员，集中教育培训，加强监管。封闭式、准军事化严格管理。打造“两小时工作圈”亮点工作。在日常管理工作中，司法所全面掌握社区矫正人员动向，保证每名社区矫正人员接到通知后，两个小时之内全部到位，对于未能及时到位的矫正人员，司法所能够拿出请假审批表等相关证明，做到无一人脱管、漏管。

【法律服务】 在乡镇司法所、工会、妇联等单位设立法律援助工作站 29 个，在辖区 359 个村（社区）设立法律援助工作联系点，织密法律服务网络。制做《海港区公共法律服务中心宣传册》，在法律援助工作站和法律援助联系点免费发放。打造占地面积 1000 平方米的公共法律服务中心，为群众提供开放、整洁、舒适的一站式法律服务。区公共法律服务中心内设法律顾问室和法律专家服务站，分别由法律服务工作者和律师轮流值班。全年区法律援助中心受理各类法律援助案件520件，解答法律咨询3250人次，为受援人挽回经济损失300多万元。

【普法宣传】 服务全区战略发展目标，制发《海港区“打造一流主城区和沿海经济增长极”主题法治宣传活动方案》，围绕每个阶段的中心工作开展普法宣传。落实“谁执法谁普法”，建立“以案释法”制度。依托“法官检察官进社区”等活动，挑选贴近生活的典型案例，为居民答疑解惑，提高普法实效。深化“法律八进”，开展“法治八建”创建活动。打造民主法治示范街道4个和民主法治示范社区（村）9个。配合打击非法采矿“百日攻坚战”、集中拆违等活动，依托“3·8”“3·15”等节点时期进行法治主题宣传。与秦皇岛电视台“法治民生”栏目组共同开展大型“食品安全法进社区”系列活动。全年开展各类大型法律宣传活动50多场，制作打击盗采及片区改造法律宣传条幅500个，向居民发放公民常用法律知识维权手册1.5万多册，受教群众2万多人次。

【公证工作】 完善便民措施，简化办证程序，缩短办证时间，推行延时服务、预约服务、上门服务等利民举措。严把公证质量标准，公证办理质量明显提高，全年办理各类公证事项6315件，无错假证。服务政府中心工作，为“双违”拆迁工作提供现场公证服务70多次，得到区政府领导及相关部门的认可。完成省司法厅部署的公证档案信息化建设工作。建立“公证档案数字化管理中心”，减少调取档案信息的工作环节，提高办事效率。

（李艳红）

人民武装

【概况】 区人武部围绕“发扬传统、团结实干、开拓创新、争创一流”的工作思路和“强班子、带队伍，讲团结、树形象，保安全、求发展，创一流、当窗口”的总体奋斗目标，认真贯彻上级党委和地方党委的决策部署，深入开展“两学一做”学习教育活动，坚持抓班子带队伍，抓训练强实战，抓安全保稳定，年度各项工作任务有序推进，被河北省军区党委评为先进团级单位党委。

【思想政治建设】 以建设学习型领导班子为目标，把党的创新理论学习作为头等大事常抓不懈，制订中心组学习计划，拓展学习范围，做到周有计划，月有安排，季度有小结，年度有讲评。围绕“两个教育”（“两学一做”教育，改革强军教育）工作主线，对年度思想政治工作进行周密筹划和部署。深入开展“两学一做”学习教育，有效统一思想和行动，不断强化思想政治工作的首位意识。抓实经常性思想工作。在“两节”“两会”期间，对面临转业或个人进步未达到愿望人员进行思想工作，对个人有实际困难，家庭有现实问题的个人进行谈心，帮助其化解内心矛盾，引导其树立信心、打起精神。6月，对所属人员进行思想摸排，确保人员思想纯洁可靠。

【党管武装】 区委、区政府对党管武装工作高度重视，主要领导经常过问武装工作，提出具体要求，研究解决武装工作中遇到的困难和问题。召开区军事设施保护任务部署会议，继续对辖区军事设施进行普查。区政府投资120万元，对营院进行硬化、绿化。在区党校开设国防教育课，有200多名科级以上干部接受国防教育，全区干部重视国防、支持武装工作的观念得到强化。国防教育工作连续被省、市评为先进单位。

【征兵工作】 严格落实各项规章制度。6月，针对网上报名的实际，组织专武干部进行网上报名业务培训。8月，调整区征兵工作领导小组，召开区征兵工作会议，对2016年度征兵工作进行部署，组织学习上级关于廉洁征兵的有关规定和通知精神，严格按要求、按程序组织征兵工作。针对是年征兵工作开展早，要求高的特点，及早筹划部署，开展征兵宣传。协调市电视台滚动播放征兵宣传政策；部领导多次深入驻秦高校和所属镇、街发动适龄青年报名应征；在市电视台、中心广场滚动播放征兵宣传片；为每个镇、街制作宣传资料光盘，张贴征兵宣传标语300多条，收到良好宣传效果。严把体检、政治考核关。体检实行全封闭管理，真实掌握兵员身体情况。政治审查坚持联审制度，协调区教育局、海港公安分局和基层武装部对应征青年进行学信网、公安局户籍网查询和社区走访，准确掌握应征青年的学历情况和现实表现。经过各道严格程序，选出优秀青年，送往部队。

【安全管理】 强化对《中国人民解放军保密条例》《中国人民解放军安全工作条例》等法规的学习，开展“学法规、用法规、守法规”教育活动，进行基本常识考核。加强对车辆、涉密载体的管理和督查；细化干部职工管理规定，开展职工考勤登记工作；严格对司机的管理，开展“车场日”和“警示日”活动。突出抓好人员八小时以外管理，把干部职工业余管理与家庭跟管结合，采取召开家属座谈会、定期谈话、电话沟通等形式，与干部职工家庭建立联系，联管联促。为实现“事故零苗头、工作零距离、检查零空挡、保障零阻碍”的目标奠定基础。

【民兵组织】 立足于管用、中用、适用，修订完善各类方案计划，“两节”“两会”“国庆”前后，组织民兵应急分队进行拉动演练，随时做好处置突发事件准备。研究制订年度民兵军事训练计划，召开军事训练任务部署会。5月，克服多方困难，组织民兵应急分队开展为期10多天的集中训练，并对参训分队进行拉动检验，组织实弹射击考核，应急能力得到提升。在省军区民兵整组工作检查验收和军分区民兵整组工作对检中，得到各级首长机关和兄弟单位的肯定。

【“双拥”共建】 发挥桥梁纽带作用,深入开展“双拥”共建活动。多次组织民兵参加区政府组织的环境卫生清理整治活动。多次组织民兵预备役人员参加“扮靓港城”环境清洁活动。协调驻区部队，参加春季义务植树活动和防汛抗洪抢险演练。

【海港区人武部主要负责人】

部　长：房现东

政　委：葛静华

（吴佩璋）

人民防空

【概况】 区人防办以“两学一做”学习教育活动为主线，以“长期准备、重点建设、平战结合”的人防工作十字方针为指导，坚持以人防法律法规为准绳，以政策规定为依据，以制度规范为保障，从严执法，依法行政。积极探索防空防灾一体化建设新思路，锐意进取，扎实工作，圆满完成年度各项工作。

【指挥通信】 机动指挥系统设施和功能日趋健全，卫星、网络、超短波通信保障体系全面建成。组织开展全区警报普查活动，进行全面维护保养，为每台警报器建立档案。全年维护保养固定警报器45台，其中，具备语音和信号双重报警功能警报器24台，移动警报器3台，警报中间控制设备1套，防空警报音响覆盖整个市区。7月7日上午10时，全市统一组织，区防空警报正式鸣响，在燕山小区燕秀里花园开展人防宣传活动。10月25～29日，选派4名业务人员参加市人防办组织的全市人防机动指挥系统秋季大练兵暨拉动演练活动，提高工作人员在紧急情况下的快速反应能力和应急处置能力。

【工程建设管理】 对辖区所属防空洞进行大排查，重点做好以防坍塌、防火、防倒灌为重点的巡查工作。依法落实安全管理责任主体，与人防工程使用单位签订安全生产目标责任书，签订率100%，对相关工作人员进行业务知识培训。9月23～25日，工程科5名工作人员参加全市人防工程质量监管培训班，提高工作人员的业务素质水平，促进人防工程质量的提高。

【宣传教育】 全国“防灾减灾日”，在秦皇小区、环岛公园、燕秀里花园、植物园4处设立人民防空知识宣传咨询台，采取展示宣传展板、发放宣传资料、悬挂宣传横幅等形式开展宣传活动，免费发放《防空防灾应急知识手册》3000多册。组织为期3天的全区初级中学防空、防灾知识教育辅导员培训，重点抓好“三防”（防核武器、化学、生物）知识培训。订购1万册人防教材免费发放到全区22所初级中学的120个班级。解决燕秀里花园脏乱等现象，本着发挥花园最大优势、创造最大利用价值、扮靓城市环境的原则，在花园四周安装制作人防知识文化精美长廊、海港精神展板和社会主义核心价值观展板，打造“人防精品街巷路”。

【准军事化建设】 加强群众防空组织建设，着眼有效履行战时防空、平时服务、应急支援使命任务。从环保、城管、安监等7个相关单位抽调60名队员成立区人防应急专业队，分为抢险抢修专业队、医疗救护专业队、防化防疫专业队和治安专业队4个分队。10月18～21日，在石河水库管理处组织开展训练活动。培训主要内容为国际形势讲座、人防专业知识、军事训练（早操、站军姿、齐步走、正步走等）、专业技能训练（医疗救护知识、急救自救技能等、盾牌操练、个人防护器材使用）等四方面。全面培养应急专业队队员的命令意识和作风养成，使人防应急专业队伍的凝聚力和战斗力不断加强，确保遇有情况能够拉得拢、拉得出、用得上。

（贾宇琦）

民主党派　人民团体

MINZHUDANGPAI RENMINTUANTI

MINZHUDANGPAI RENMINTUANTI

民主党派

【概况】2016年，海港区有民主党派组织6个，即中国国民党革命委员会海港总支部、中国民主同盟海港区支部、中国民主建国会海港区委员会、中国民主促进会海港区工作委员会、中国农工民主党海港区支部和九三学社海港区支社。

【中国国民党革命委员会海港区总支部】下设2个支部，有党员35人。其中，市政协委员1人、区人大代表1人、区政协委员4人，新增党员12人。履行参政党职能，推进自身建设，开展社会服务，各项工作取得较好成绩。支部5名党员代表参加民革秦皇岛市第七次代表大会。完成民革海港区总支的换届工作，产生新一届领导班子。总支主委牛志刚，副主委魏晓兰、李劲松、赵刚。认真履行参政议政职能，围绕全区经济社会发展全局性、战略性的重大问题开展调查研究，提案工作硕果累累。《大力推行立体绿化、助力宜居城市建设》《幼儿教育现存问题》《关于提高教师待遇，稳定教师队伍的建议》等为海港区经济社会发展提出高质量提案建议。热心社会公益事业，积极履行社会责任，持续开展“春雨助学帮困行动”，定期为青龙县木头凳镇山东小学的孙迎新小朋友送去学习用品和各类节日慰问。支部被民革河北省委授予民革河北省社会服务工作先进集体；1人被评为民革河北省社会服务工作先进个人，1人被评为民革秦皇岛市优秀党员、参政议政工作先进个人，1人被评为民革秦皇岛市社会服务工作先进个人。

民革海港总支主任委员：牛志刚

【中国民主同盟海港区总支部】民盟海港区总支有盟员41人，平均年龄51.29岁。其中，研究生学历4人，本科学历28人，中共党员3人。市人大代表2人，市政协委员1人，海港区人大代表2人，海港区政协常委2人，委员6人。以进一步提高盟员素质为基础，以深入调查为突破口，以积极参政议政为动力，全面推进支部工作开展。5月23日，召开全体盟员大会，选举李为民为民盟海港区总支部主委，刘晓军为总支副主委。在市、区两级政协大会上共提交集体和个人提案15件，被大会采纳4件，其中《关于加强大气污染防治，减少雾霾天气的建议》得到副市长孙国胜的批示。总支部在2015年全市基层支部量化考核中排名第一，有7人受到盟市委的表彰。总支部被评为省级优秀支部，2人获得省级优秀盟员称号，3人获得市级优秀盟员称号，5人获市、区级先进个人称号。发展2名优秀人才入盟。

民盟海港区总支主委：李为民

【中国民主建国会海港区委员会】辖4个支部，有会员69人，其中，海港区十三届人大代表2人、政协海港区第八届委员15人。认真履行参政党职能，积极建言献策，提出人大建议2件、政协提案25件，其中，民建区委集体提案3件、个人提案22件。周建委员《注重品牌建设树立企业形象提升区域品牌经济竞争力》列为区政协大会发言；周建、李瑞芹委员《关于加强我市精细化管理的建议》提案列为市民建大会发言。王自俭委员提出的《关于建设长城旅游专线公路的建议》被区政府列为重点督办并实施。全年上报社情民意、宣传信息60多条，其中，被民建中央网站采用1条、民建省委采用11条、民建市委采用47条；撰写调研报告、提案30篇。组织开展捐资助教、扶贫济困、拥军优属多种形式的社会服务工作，收到较好的社会效果。周建获民建中央参政议政先进个人；获民建市委成立60周年先进集体称号，10人获民建市委成立60周年优秀会员称号。

民建海港区委主任委员：王自俭

【中国民主促进会海港区工作委员会】辖第二中学联合支部、第四中学支部、第十八中学支部、进修学校联合支部、第十二中学联合支部等5个支部，有会员120人，其中在职52人。会员中，市政协委员1人，区人大代表2人，区政协常委1人，区政协委员3人。健全各项工作制度，认真履行参政党职责，开展议政调研和社会服务活动，组织广大会员参加政治学习，调查社情民意，撰写提案。及时向各支部传达民进市委会议精神，号召广大会员参加民进市委、民进青委会、民进青年志愿者服务队组织的活动。8月，全体会员推选民进秦皇岛市第七次代表大会代表。11月，副主委杨树旺参加省委统战部在河北社会主义学院举办的民进基层组织负责人培训班。开展干部培训，学习民进基层组织工作的先进经验，建立健全基层工作制度，提高基层组织工作积极性。利用现代化通信手段建立QQ群、微信群沟通工作，参与民进生活，拓宽会员参与民主政治的渠道。看望帮扶的卢龙县刘家营小学学生张淑慧；与青龙满族自治县三拨子中心小学建立帮扶关系，确定6名贫困学生作为帮扶对象。给他们送去文具、书籍、食物、棉衣等价值2000多元。进修学校联合支部组织在职会员进行送教下乡活动。四中支部、二中联合支部、十二中联合支部、进修学校联合支部的多名年轻会员参加及时雨志愿者服务队、民进青年志愿者服务队，关爱弱势群体，看望失独老人，送温暖送祝福。为患白血病的会员纪秦华捐款181笔，金额4.48万元。参政议政，向民进市委提交《对农村弱势群体救助的几点建议》《关于尽快完善落实中小学健康体检制度的建议》《关于“农村土地承包制度30年不变”的弊病和建议》提案和建议。政协委员杨树旺分别向区政协八届五次会议提交提案《关于加强中小学公共安全教育的建议》《建议修改小学入学时间》。

民进海港区工委主任委员：张艳君

【中国农工民主党海港区支部】 有党员23人，其中，硕士研究生学历5人，本科学历17人，大专学历3人；正高级职称6人，副高级职称7人，中级职称9人，初级职称1人；区政协副主席1人，区政协常委1人，政协委员3人，区人大代表1人。开展以“读好书，促发展”为主题的读书月活动，认真研读《知之深、爱之切》《南怀瑾的二十四堂国学课》。提交《公共停车场亟待改善》《关于院前急救的若干建议》等提案，积极组织服务社会活动，邀请专家参加海港区政协及农工党市委、海港医院组织的乡村及街道义诊活动。

农工民主党海港区支部主任委员：国铁英

【九三学社海港区支社】 有社员66人。其中，博士1人，硕士6人，大学学历52人，大专学历3人，中专学历2人；高级职称19人（含正高和副高），中级职称47人；有区政协副主席1人，区政协常委1人，政协委员4人；区人大代表3人。弘扬“爱国、民主、科学”的学社精神，履行参政议政职能，精心谋划组织支社活动，服务社员、回馈社会。加强学习调研，撰写调研、提案、议案，提高参政议政水平。支社主委李国强撰写的《借力金融，支持我市经济建设》《把握政策，双赢多赢，将金融扶贫政策落到实处》两篇文章在市政协常委会发言；《以“双违”整治为契机，开创“三城同创”新局面》《树立正确“绿理念”，全力打造森林城市》两篇调研文章在市政协“三城同创”工作专题调研会上发言。4篇建议文章都被推荐为市委、政府领导参阅。精心组织高质量活动，增强支社凝聚力。组织2016迎新春趣味运动会。筹划“弘扬中华美德、传递向善力量”暨港城最美人物风采展映会。完成市社、支社换届任务。增补支委2人。

九三学社海港区支社主任委员：李国强

（杨　路）

海港区总工会

【概况】 全区有各级各类工会组织1776个，会员18万人，基层工会涵盖单位4366个。2016年，海港区总工会按照“大事做到位、善事做精准、要事做规范、有影响的事做成品牌”的要求，务实创新，竭诚履职，强化自身建设，提升工作水平，圆满完成各项任务指标，在全省县区工会规范化建设考核评比中，进入优秀档次（全省前十）。获市级“金牌工人”1人，“能工巧匠”2人；博硕光电设备股份有限公司创新工作室获全国工人先锋号荣誉，为全区工会系统首次获得全国荣誉；57家单位被评为区级先进职工之家，44家单位达到市级职工之家标准；普惠化工作调研成果获市总工会调研成果一等奖，获省总工会唯一县区调研成果二等奖。

【工会基层组织建设】 以开展省级县区工会规范化建设达标创优活动为全年工作主线，多次召开协调会议，研究部署，明确工作目标，层层分解任务，将工会组织覆盖率和会员入会率纳入区委年度考核；将规范化建设过程中的难点和问题梳理汇总，向市总工会领导和相关部室做专题汇报，逐条探讨解决方案，确保规范化建设档案的准确性和完整性。在全省县区工会规范化建设达标创优评比中，获全省前十，全市第一，达到优秀等次。开展省级以上职工之家自查工作，全区1家国家级职工之家、7家省级以上工会组织全部通过验收；实行会员实名制，召开专题会议，印发实施方案、普查用表、说明、注意事项等14份表格文件，历时100多天，普查单位5000多家，录入工会会员18万人，实现应录尽录，带动新建工会企业59家。

【职工民主管理】 开展“民主管理依法规范年”活动，增强企业经营者自觉维护员工合法权益的意识。推进“民主管理进私企”活动，通过在基层工会、基层企业公开栏和企业职工密集场所进行宣传等形式，全年发放宣传资料1000多份，覆盖企业100多家，开展“四进四普及”（“四进”即送民主管理制度进园区、进企业、进车间、进班组，“四普及”即在私营企业各个层面普及民主管理法律法规、重要意义、观念意识和实务操作）活动，实现“一知、三建、五规范”（即确保用人单位负责人和广大职工知晓民主管理政策法规；建立职代会、企务公开、职工董事监事三项民主管理制度；达到程序、内容、职权、提案、档案五方面规范化），营造保护职工合法权益、促进企业发展的良好舆论环境。成立以区委常委、政府常务副区长为主任的协调劳动关系三方委员会。高鹏公司落实民主管理经验在7月6日《河北工人报》头版刊发。坚持落实工资集体协商质量标准化体系，严格执行“双卡一亮一否决”工作机制，推进“工资集体协商提质增效”活动，工资集体协商达到A、B类标准企业数已完成任务目标，在全市集体协商现场观摩会上播放海港区工资集体协商工作专题片。发挥工会组织的预防和调解作用，协同有关单位和部门建立劳动争议调裁诉对接机制，为职工提供法律咨询和援助。参与办理劳动争议案件88件，涉及职工112人，挽回经济损失540万元。

【技术创新】 成立海港区劳动竞赛委员会，从组织上捋顺成员单位工作环节。开展海港区首届入区企业职工技能竞赛，参赛企业58家，参赛职工306人，竞赛项目包括钳工、铣工、焊工、车工、文字录入、数控机床等8个项目。举办“海港区汽车行业4S店联合基层工会职工销售技能竞赛”，评选出销售技能标兵11人；助力全省旅发大会，开展海港区首届旅游行业技能大赛，劳动竞赛企事业单位覆盖面达90%。开展“安康杯”竞赛活动，联合安监局下发《关于开展2016年度“安康杯”竞赛活动的通知》，为全区30家重点企业建立安全文化墙，张贴安全生产宣传画，悬挂安全生产横幅；深化职工创新工作室、职工技能提升工作站和职工职业技能实训基地建设，打造博硕、虎跃、瑞通、海城、华电等5家创新工作室。在全区发文宣传博硕光电创新工作室先进事迹，号召广大职工积极参与技术创新、科技攻关、岗位练兵，经验被《河北工人报》整版报道。

【普惠服务】 被列为全市普惠化服务工作试点单位，对普惠化服务工作进行安排部署，采集1.68万位会员信息，全部发放激活。建立全区工会系统普惠化服务微信群，将各机关企事业单位工会主席纳入秦工卡义务宣传员队伍，开通“海工普惠”微信公众号，印制普惠化特约商家宣传页2万份、普惠化宣传袋5000个、“秦工卡”宣传材料3000份，分发到各基层工会，宣传讲解普惠化工作；在《今日海港区》、微信、报纸、电视台，网络平台、街道大屏幕等载体宣传秦工卡功能及用途；推出德克士“秦工卡专享日”“砸金蛋赢读书卡”“幸运转盘抢洗车卡”等系列活动，关注公众平台3000多人，累计参加活动人数达1.26万人次；探索普惠工作新思路，完成《拓展视野、创新理念，努力把工会会员实名制和普惠化工作推向深入》调研文章1篇，获市总工会调研成果一等奖，并得到省总工会唯一县区调研成果二等奖，在全省普惠化工作现场会上作为唯一县区工会进行经验介绍。

【帮扶保障】 制定《关于持续做好服务基层，关爱职工有关工作的意见》，相关工作在《工人日报》《河北工人报》《秦皇岛日报》等媒体刊发。暑期开展“送清凉”活动，重点为外来务工人员发放西瓜、矿泉水、绿茶、电风扇等防暑降温用品；在全国文明城市创建和环境综合整治活动中，开展“暖冬关爱”系列帮扶行动，为肩负重要任务的环卫、园林工人发放羊绒围巾、棉手套、保温饭盒；联合市、区人社部门，为有就业意愿的困难职工及子女提供就业培训、就业信息，采取提供无息借款、进行物资支持等方式，实现其创业就业愿望，经多次实地走访进行项目考察，最终为燃料总公司唐海民、魏摄斌申报小额贷款项目；筹措资金70多万元，走访救助困难群体3219人次，发放救助金和米面油、羽绒服、毛毯等生活物资；开展“爱护美丽家园，关爱环卫职工”活动，为城管局市区内4种型号的248辆环卫清扫车定制遮阳雨棚，做法在《工人日报》《河北经济日报》《秦皇岛日报》刊发，被中国工会网、网易新闻、大众论坛、长城网等10多家网络媒体转载，受到市、区领导肯定；救助在档困难职工子女（往届生）30人，发放金秋助学金4.2万元；做好大病医疗互助工作，完成省市工会布置的工作任务，捐款人数和金额均达到历史最高水平。多次召开会议，修订《海港区职工大病医疗互助回拨资金实施细则》。全年救助职工（及家属）175人，发放救助金8.48万元。

【宣教文体】 撰写各级各类活动信息50多篇，对先进典型、重点工作和重大活动进行广泛宣传，累计在国家级报刊媒体刊发10多篇，省、市级媒体刊发20多篇，区级媒体刊发30多篇。其中,《夏日“送清凉”清扫车有了遮阳雨棚》在《工人日报》刊发后，被中工网、网易新闻、大众论坛、长城网等10多家网络媒体转载，受到网友点赞热议；开展各项职工文化体育活动，满足职工群众日益增长的文化需求，举办“讲团结、聚合力、展风采”新年职工长跳绳比赛，全区135个代表队900多名选手参加比赛；承办为期3个月的全区第二届男子篮球赛；举办“幸福生活、愉快工作”女职工健康知识讲座，全区100多个部门和单位240名女职工聆听讲座；组织“普及国防知识、传播军营文化”全区职工CS爱国主义拓展训练赛，各机关、企事业单位的700多名职工参加比赛；举办机关全体职工文明礼仪知识讲座及信息写作培训班，提高其职业素质；开展“阳光心态、快乐工作”职工心理健康指导培训活动，邀请心理学教授为镇、街道、园区及企业的职工进行心理培训；开展区总工会中心组学习活动，探索创新学习形式，建立“海港区总工会理论学习”微信群，要求全体党员关注“河北学习”及“秦皇岛微学习”，利用网络新媒体组织机关学习活动。创建学习型机关，为机关全体人员办理图书大厦借阅卡，设专人定期为职工借阅学习党建等方面书籍，撰写多篇学习心得体会文章。其中1篇理论调研文章在市、区级报刊发表；在全区职工中组织开展市、区两级“最美工人”评选推荐活动，通过推荐候选人及网上投票等方式，评出市级“最美工人”1人，区级“美丽河北·海港最美工人”10人，事迹在主要媒体刊发推广；开展职工书屋及企业文化建设活动，评出全国工会职工书屋示范点建设单位1个、河北省职工文化优秀示范阵地1个、市级书香企业1个、全民阅读活动先进个人1人。

【自身建设】 强化领导，认真履行党风廉政建设职责“两个责任”。继续严格执行领导干部办公用房、住房、配车等方面要求，严格控制机关“三公”经费开支，修订完善机关各项规章制度，规范财务报销、办公用品使用、办公用车使用、办公电脑及网络使用等，严格执行“三重一大”“四个不直接分管”、党务公开、政务公开和各领域办事公开等制度，将民主集中制落到实处，强化对权力运行的制约和监督;完善制度，建立党风廉政惩防体系。出台《人事任免制度》《干部请销假管理制度》《机关工作人员行为规范》《财务管理制度》《公务招待管理制度》等5项新规章，实现用制度管人管事，把管理重点放在领导干部权力的运行上，强化对领导干部权力运用的约束，从根本上铲除滋生腐败的土壤。中层干部结成帮扶对子，坚持定期召开周例会、恳谈会、总结会，通报信息，部署工作，形成比学赶帮超的浓厚氛围；注重教育，增强党员干部拒腐防变能力。把反腐倡廉列入教育重要内容，增强廉洁从政意识。全年以党支部为单位，开展廉洁自律学习教育活动7场，严格执行《中国共产党廉洁自律准则》《中国共产党纪律处分条例》等法规，并编印成册供机关学习。定期召开领导干部民主生活会和述职述廉大会每年1次，每年由领导为机关全体党员干部讲廉政党课2次；强化意识，加强监督责任落实情况；深入开展“两学一做”活动，制订学习计划，坚持用集中学习、个人自学、专题讨论、观看录像、参观交流等方法，抓好学习教育，提高党支部和领导干部查摆问题、改进作风、服务群众的自觉性；专题组织观看“以史鉴廉”反腐宣传，将“两学一做”文件材料编印成册，制作“解放思想、提振精神、立足本职、做好工作”展牌在机关醒目位置悬挂，激励干部职工对标先进，形成干事创业的浓厚氛围。

区总工会主席：陈永山

（贾丽莉）

共青团海港区委员会

【概况】 共青团海港区委员会（下称团区委）有直属团组织29个、基层团支部895个。全区有青年3.28万人，团员8617人。其中，学生团员5084人、农村团员2573人，其他团员960人。少工委直属少先队组织94个，少先队员4.02万人。2016年，认真贯彻落实工作要求，协调推进“凝聚青年、服务大局、当好桥梁、从严治团”四个维度工作，推进改革创新试点县各项工作任务，找准定位、强化服务、突出重点、狠抓落实，团结带领广大团员青年为加快全区全面建成小康社会进程贡献力量。获河北省“青年之声”工作优秀团组织；秦皇岛市“五四”红旗团委、“青春志愿新常态·三城同创当先锋”优秀志愿服务金奖、文明单位；海港区“宣传工作先进单位”等称号。

【青年志愿者工作】 坚持把“服务青年”作为工作根本落脚点，携手基层团干、港城志愿者QQ群、青年企业家协会开展“3·5”学雷锋、青年党团员进社区、“青春助晚霞”关爱老人、“青春助暖”关爱失独家庭、“志愿同行筑梦未来”、青春暖冬等活动，累计服务时长60多小时。开展“青春守护点对点”关爱留守儿童活动，有12所学校与青龙贫困小学对接，10所学校与杜庄镇、石门寨镇、驻操营镇贫困学校对接，开展捐赠物品、书信、赴对方学校交流慰问等活动20多次。

【基层组织建设】 开展“机关开放日”活动，全区企业、学校、基层社区、社会组织等不同行业、不同岗位50多名青年代表参观团区委机关办公场所，并针对共青团改革意见开展专题座谈。实行团干部“上挂下联”，有1名基层团干部推荐至团市委挂职学习，1名少先队辅导员推荐至团中央北戴河培训基地挂职锻炼。开展海港区共青团联系普通青年“1+100”活动，制作卡通宣传画，以微信朋友圈为载体进行广泛宣传，并为所联系青年开展“点对点”的服务引导工作，大幅提升青年获得感，使团干部切实融入于青年之中。

【青年就业创业工作】 开展最美创业者问卷调查、青年创业孵化基地资源摸底等调研活动4次，青年文化节活动现场开辟小型招聘会专区，提供青年就业岗位300多个，上岗见习60多人。发挥“海青网”“微信公众号”作用，完善就业信息发布平台，通过“信息发布牌”“青年信箱”等载体及时发布就业信息，助推青年就业创业。

【网络团建工作】 加强网络宣传员队伍建设，组建青年网络文明志愿者队伍。完善团区委公众微信平台，开辟“聚YOUNG”“YCL+”“互动Ing”等活动专栏，将“海港区共青团”微信公众号打造成为开展正面引导的交流互动平台。全年开展“聚·文化”微信线上读书班、党章党史网络知识竞赛、少儿作品网上展评、“向毒品说不、赢神秘大奖”等网络舆论引导活动30次，有效阅读量总和达10万字。

【理想信念教育】 注重突出榜样的时代性，精心组织评选“向上向善向美海港青年”“优秀小虎子队员”“美德少年”等典型的培育选树活动。开展“接力沈汝波为民做好事”系列活动，以学习讨论、演讲演说、互动交流等形式，发挥榜样在教育引导青少年中的示范带动作用。做好农村留守儿童、城乡贫困家庭青少年、农民工子女、“蚁族”青年群体、残疾青少年等不同青少年群体志愿帮扶工作。与商家联合开展“小跳蚤大公益”跳蚤市场义卖活动，通过商家物品拍卖、市民捐款等形式，筹集善款 8854.8 元。

【创新公益活动】 开展“就这 young！”——海港区首届青年文化节，征集海港区最具特色、最吸引青年的“创、义、智、极、匠、居、食、苑”八大类别，包括公益、环保、涂鸦、创意手工等 80 个分支的文化项目，增强共青团组织对青年的吸引力和感召力，实现共青团对社会组织的“资源凝聚”。开展 2016 沙滩音乐季活动，以“唱响青春，唱响港城”为主题，激发青年活力，演出 12 场，丰富港城青年业余生活。全年开展端午节社区包粽子大赛、“第十一届秦皇望海祈福文化旅游节”“匠・文化”专区展示、“安全在我心中”演讲比赛等各类青年喜闻乐见的创新实践活动 80 多场。推进“青客”——海港区青少年综合服务平台建设工作，搭建团组织与各类青年社会组织的前沿阵地。青年中心全部装修设计已完成，区域功能设施及青年中心线上平台建设正在完善。加快与合作单位进行意向谈判，通过吸纳人才就业、众创空间、技能培训、咖啡书吧、社会公益等青年产业入驻“青客项目”，实现共青团对青年及社会自治组织“需求联结和价值引导”的有机融合和“互动”运行，通过资源凝聚构建青年中心“社会化”运作格局，打造各界青年“成长加油站”。

团区委书记：孟凡杰

（赵文卓）

海港区妇女联合会

【概况】 全区有镇级妇联组织 8 个，街道妇联组织 10 个，园区妇联组织 2 个，区直各委办局妇委会 8 个，村（居）妇代会 350 个。2016 年，区妇联深入贯彻中共中央总书记习近平关于群团工作的重要讲话和中共中央《关于加强和改进党的群团工作的意见》精神，坚持服务大局、服务基层、服务妇女，推进妇联组织和妇联工作改革创新。获省“三八”红旗集体；市级文明单位、妇女手工精品展示展销暨妇女手工艺品大赛优秀组织奖；区级文明单位。海港区“爱心敲门”巾帼志愿服务队被评为全国优秀巾帼志愿服务队。

【组织建设】 推进服务型基层妇联组织建设，建强妇联基层阵地，开展“妇女之家”示范创建活动。8 个社区“妇女之家”获得“省级示范妇女之家”称号。推进“妇女之家”创建活动，召开创建工作推进会；设计印制妇女之家“六簿六册”（即工作活动登记簿、妇女培训登记簿、各类表彰登记簿、群众来信来访登记簿、帮扶对象登记簿、资产登记簿；社区妇联、村妇代会、其他妇女组织干部花名册，妇女代表、各类先进典型花名册，社区家庭及儿童花名册，妇女代表联系群众花名册，志愿者队伍花名册，结对帮扶花名册）；参加省专题培训、走访督导等形式，对创建加强指导，规范管理，提升建家水平。开展“妇联干部读书月”活动。引导妇联干部多读书、读好书，加强自身素质修养，创新工作方法，促进妇女儿童事业取得新进步。

【妇女建功立业】 推动妇女创业创新服务。借助“春风行动”招聘会平台，印发“春风卡”，为求职女性提供政策指导、岗位信息、维权支持等公共就业服务。从更新创业理念入手，组织妇女创业带头人、市级巾帼现代农业科技示范基地负责人，参加全市农村女致富带头人互联网知识培训班。提升女性创业者运用互联网、大数据和电子商务平台的能力。助力妇女家庭手工业发展。坚持送培训到基层，开办“创业课堂”。争取到中央财政资金支持“家庭手工进社区扶弱帮困促和谐”示范项目，在白塔岭街道文体里社区和东环路街道东环里社区具体实施。帮助社区困难妇女、残疾妇女和低收入家庭等弱势群体，学习掌握手工技能，就地就近灵活就业。完成培训 12 期，受益妇女 720 人。通过搭建对接平台、销售平台、推广平台，展示妇女手工业成果，拓宽销售宣传空间，促进妇女手工业健康发展。创岗建岗，增强妇女职业技能。对“巾帼文明岗”的创建进行指导。

全区有巾帼文明岗79个，其中，全国“巾帼文明岗”6个、省级“巾帼文明岗”3个、市级“巾帼文明岗”24个、区级“巾帼文明岗”46个。深化“双学双比”活动，加大“巾帼现代农业科技示范基地”创建力度，有3个基地获市级“巾帼农业科技示范基地”称号，木兰农业开发有限公司已申报省级“巾帼农业科技示范基地”。通过基地的示范带动作用，推动形成“一村一品”“一乡一业”和产供销一体的产业链，带动农村妇女就业332人。引领妇女参与乡村旅游建设，发展农家乐项目。驻操营镇板厂峪、石门镇蟠桃峪、北港镇西连峪分别获“河北省巾帼乡村旅游点”称号，石门寨镇老君顶获“河北省巾帼乡村旅游点示范点”称号。

【妇女宣传教育】 依托社区女校、妇女讲习所等平台，推动实施“妇女素质教育”培训计划，为妇女群众提供大众化、社会化的教育服务。打造“巾帼大讲堂”“父母学堂”等公益活动品牌，完善妇女学习交流服务平台。推荐学习书目，制作婚姻家庭、法律知识、健康保健指导等方面文字、声像学习资料，把学习内容送进千家万户。深化家庭教育，以东环路街道燕海里社区为试点，启动开展“智慧家教，缔造幸福家庭”活动。围绕营造和谐的家庭氛围、掌握科学的育儿方法、学习潜能的开发以及建立良好的亲子关系等方面，面向广大家长进行辅导讲解。深化巾帼志愿服务活动。暑期和重阳节，广泛开展巾帼志愿服务活动。倡导从关爱做起、从身边做起、从你我做起、从日常做起，把特色鲜明的巾帼志愿服务做进基层、做进社区、做进家庭，为广大群众提供贴心服务。9月，海港区“爱心敲门”巾帼志愿服务队，代表全省参加全国巾帼志愿服务工作推进会，获“全国优秀巾帼志愿服务队”称号，在省妇联与省文明办联合推出河北省“首批巾帼志愿服务品牌项目”中，得到广泛推广学习。

【依法维权工作】 做好信访接待工作。严格执行信访记录制度，做到“一访一记录，一案一建档”。全年接待妇女信访93人次，均已通过联络指引、心理疏导、转介法律咨询、入户调解等服务途径予以妥善处理。开展专题法律宣传。“三八”妇女节期间，以《中华人民共和国反家庭暴力法》的正式施行为契机，组织开展反家暴宣传服务活动，发放反家庭暴力宣传资料2000多份。在“国家安全宣传日”期间，组织开展国家安全宣传教育工作，把《中华人民共和国国家安全法》《中华人民共和国反恐怖主义法》等相关法律知识送进家庭。开展“平安建设暨法治建设”宣传月活动。通过观看反家暴宣传视频、印制“巾帼学法明白纸”、发放“家庭学法宣传袋”、开展“家庭学法读书月”等活动，宣传《中华人民共和国反家庭暴力法》《中华人民共和国妇女权益保障法》《中华人民共和国婚姻法》等与妇女权益、婚姻家庭生活密切相关的法律知识、平安知识。开展“春风化雨共建平安幸福家”行动。组建“家长里短”调解队伍23支。以“两访三课堂”（两访即坚持定期下访，认真接待群众来访；三课堂即开设家庭法律讲堂、家庭心理课堂、幸福之家大家谈课堂）为主线，开展“春风化雨”服务行动。

【家庭美德建设】 以“寻找最美家庭”为主要载体，不断深化家庭美德建设。通过发放最美家庭笔记本和致全区家庭的倡议书，依托妇联微信公众账号、QQ群等方式宣传，发动妇女和家庭参与。以基层“妇女之家”为主阵地，通过开展寻找活动，传播“最美”故事。通过举办“家家户户创文明，幸福家庭扬美德”文艺会演，“最美家庭”故事汇，张贴“寻找最美家庭”宣传画，“发放展示家庭美德，树立良好家风”倡议书等形式，传播家庭美德，弘扬向善力量。妇女节期间，举办“展示良好家风、传递向善力量”海港区“最美家庭”故事展映会。记录8户“最美家庭”示范户日常生活中的“最美瞬间”，录制真实感人的“最美家庭”故事短片，在展映会上播放。会后区妇联印制300张活动光盘，发放到各级“妇女之家”和获奖家庭。参加秦皇岛市首届“好妈妈·好媳妇”评选表彰活动。强化女性在构建和谐幸福家庭以及子女教育中的典型示范作用，倡导和培育优良家风。择优推荐妇女典型33个，其中，6人获得秦皇岛市“十佳好妈妈”“十佳好媳妇”称号，6人获“十佳好妈妈”“十佳好媳妇”提名奖。开展“清廉家风进机关”活动。号召机关党员干部书写家规家训和家书手札。征集到“廉洁齐家”家规家训100多条，“家庭助廉”家书手札30多封。

【美丽庭院创建】 持续深化“美丽庭院”创建活动。专门召开调度会，对全区美丽庭院创建和妇女讲习所打造工作进行具体部署。印制《共创和谐庭院，共建美丽乡村》一封信7000多份，美丽庭院宣传条幅100多条。通过广播、悬挂条幅、入户走访等多种形式加大宣传，做到宣传条幅入村、一封信入户、广播到人。号召带领群众共建“美丽庭院”。在“美丽庭院”创建14个重点村，区妇联坚持上门指导。组织妇联干部、妇女骨干逐户宣传，号召每户家庭坚持每天开展1次庭院内外清洁行动；坚持走访督察，建立区、镇、村三级庭院整治工作督察机制，加强对庭院整治的实地指导督察；开展交流评比。组织农户开展相互评比和观摩学习,将评选出的“美丽庭院”示范户、培植的“中心户”在村务公开栏内进行通报表扬，积极向上级妇联组织进行推荐。经过评议，杜庄镇董家沟村获市级“美丽庭院示范村”称号，1个家庭获得市级“美丽庭院标兵户”称号，10户家庭获得市级“美丽庭院示范户”称号。

【妇儿工委工作】 建设“温暖妇联”。春节期间，开展“情暖贫困母亲关爱困境儿童”送温暖活动，为全区110户贫困单亲母亲、特困妇女、困境儿童家庭送去米、面、油等慰问品。开展危难困境儿童摸排工作，帮助危难困境儿童家庭缓解经济压力和生活困难。帮助1名白血病患儿成功申报危难困境儿童救急项目。“六一”儿童节，区妇联联合区文明办、区教育局开展“美丽梦想圆梦‘六一’”主题活动。得到区领导的高度重视并带头捐助，全区党员干部职工722人次参与，帮助722名孩子完成心愿。开展“母亲邮包”慈善捐助活动，帮助她们解决一些生活上的实际困难。全区捐款2000元，受益妇女20多人。以关注女性形体健康，帮助患有乳腺疾病的女性改善生命质量，提升幸福指数为立足点，争取“兰超幸福家庭关爱基金”义乳文胸发放名额，有58名生活贫困、收入颇低的妇女获得捐赠1.73万元。引进儿童成长数字图书馆公益项目，运用现代信息技术为孩子们创造良好的阅读条件和学习环境，藏书内容涵盖青少年成长必备的“德、智、体、美、乐、学”等一般基础教育所需20万册电子读物，约200亿汉字。

区妇联主席：杨艳莉

（王　砚）

海港区工商业联合会

【概况】 海港区工商业联合会有会员1321人，其中，企业会员697家，团体会员25个。有商会29家。2016年，围绕中心、服务大局，牢固树立“服务立会、创新兴会”的办会理念，发挥桥梁纽带和助手作用，为区域经济发展做出积极贡献，工商联的社会影响力进一步提升，获得全国“五好”县级工商联称号。

【会员思想政治工作】 不断提升会员政治素质。组织会员参加市工商联、区政府等主办的企业发展论坛和讲座10次，举办政策、法律法规培训班6次，参训会员400多人次，发放学习材料500份。增强全区非公有制经济人士对党和政府的信任，增进对企业发展的信心。牢固树立“有为才有位”工作理念，完善机关工作制度、主席例会制度、学习制度、副主席轮值制度、机关工作人员考核制度等各项规章制度12项。坚持每周四学习日活动，加强理论和业务学习，干部队伍整体素质得到明显提升。

【参政议政】 深入基层开展调研活动。组织班子成员走访会员企业30多家(次)，召开非公经济座谈会5次，发放调查问卷1000份。通过走访调研，了解企业生产经营情况，广泛听取企业家的意见和建议，对企业普遍存在的共性问题进行归纳和梳理，撰写《优化发展环境，焕发民营经济活力》《注重品牌建设，树立企业形象，提升区域品牌经济竞争力》2篇调研报告，为区委、区政府科学决策提供依据。王自俭提出的《关于建设长城旅游专线公路》的提案，得到区委、区政府的重视并采纳实施。组织撰写提案、议案，积极参政议政。“两会”期间，组织会员中市、区两级人大代表、政协委员围绕民营经济发展、城市建设、民生等话题撰写提案、建议30多件。会员企业17人获得优秀政协委员称号。

【基层组织建设】 严把质量关，不断完善工商联组织网络体系。坚持“不求数量但求质量，成熟一个发展一个”的原则，重点把素质高、有规模、有代表性、热心工商联工作的非公经济人士发展为工商联会员，会员结构逐步优化。按照“积极发展、坚持标准、优化结构、规范管理”的指导方针，使发展与优化结构同步进行，争取会员增长与结构调整都实现新的突破。是年新发展会员企业80家。商会作用发挥明显。不断强化商会服务职能，引导商会开展丰富多彩的会务活动，积极为基层商会和会员企业营造三维立体发展空间。组织各基层商会全员参加海港区民营企业家联谊座谈会、企业家沙龙、银企对接会、百家民企进老区帮千户光彩示范行动等多项活动，赢得极高的社会认可度和影响力，商会凝聚力明显增强，商会作用发挥显著。

【会员服务】 搭建服务联盟，实现“政企”对接。聘请区发改局、科技局、地税局等多家职能部门为顾问，建立工商联与政府职能部门联动机制和定期会议联系制度，开通政府与会员企业间沟通联系的快车道。通过开展政企对接会、法律进民企等活动，为民营企业与政府部门间的交流沟通创造机会，让政府成为民企发展的“技术员”“宣传员”“服务员”，为企业发展提供优质的服务和有力的保障。搭建融资联盟，实现“银企”对接。为解决小微企业融资难问题，积极协调多家银行，为微小企业搭建融资平台。组织秦皇岛银行与四季青商会携手，联合推出商户专享贷款，集体放贷5000万元，真正解决商户资金难题，得到商户的高度好评。搭建商业联盟，实现“企企”对接。组织麦点商城、汉氏、求仙岛、海琪花等企业的产品展示推介会，多方为企业家创造交流沟通、信息共享、行业间优势互补等方面搭建平台，先后促成会员企业之间对接项目十多个，涉及金额近亿元。搭建人才联盟，实现“校企”对接。组织会员参加市工商联“百家民企进高校暨百名博士进民企”对接活动，引导更多的会员企业与燕山大学、东北大学秦皇岛分校在技术开发、学生实践、企业培训、人才培养等方面开展全面合作，其中奥晶玻璃成功与上海同济大学、河北建材学院建立战略合作，提高企业科技含量和竞争力，助推企业转型升级。

【光彩公益事业】 组织非公企业开展捐资助学等各种社会捐赠活动。会员企业副主席单位尚盈资产管理有限公司为桥东里小学捐赠学生课桌椅300套、价值5万元；暑期慰问港城平安志愿者，为一线社区干部送去物品药品价值5000多元；开展“精准扶贫结对帮扶”“春雨行动”，组织非公企业进行捐资助学、赈灾济困及各种社会捐赠活动，为帮扶村青龙三合店村、石门寨镇东候庄村73户贫困家庭赠送节日生活用品、拥军义诊、助残敬老及文化宣传演出活动。全年累计向社会捐款捐物总价值30多万元，得到社会各界的好评。

【重点项目】 落实区委、区政府关于《海港区人民政府关于进一步鼓励企业做大做强的实施意见》文件精神，鼓励和吸引更多的国内外客商、企业到海港区投资兴业，推动全区楼宇总部经济，为企业发展营造良好的外部环境。7月，启动“港发大厦”项目，为海港区商会大厦。总部基地建设面积1.4万平方米，历时4个月，完成改造工程面积近1万平方米，并达到企业入驻条件。河北港口集团国际物流公司、燕赵保险海港支公司、河北众之捷科技有限公司、河北银行、沧州银行等8家企业陆续进驻。

（陈永波）

海港区科学技术协会

【概况】 全区有基层科协20个、专业学（协）会14个、大中专院校联合会1个、民营企业科协3个、老科学技术工作者协会1个、大学生村官志愿者协会1个。2016年，区科协紧紧围绕区委、区政府中心工作，以提高公民科学素质、科普信息化、科普宣传和服务型机关建设为着力点，扎实开展搭台架桥建家服务等工作，圆满完成各项工作任务，推动全区科协事业全面发展。

【科普信息化建设】 云科普设施基本实现镇街级全覆盖。在镇（街）、村（居）及科普示范基地安装科普触派云屏27台。实现镇街层面全覆盖，积极争取省市专项资金，在燕山大街街道天洋新城社区、西港路街道在水一方、北港镇西连峪村科普示范基地建设室外科普云屏。举办科普人才培训班。在东北大学秦皇岛分校科研中心举办海港区第三期科普人才培训班，提高科普工作人员素质，使其尽快了解云科普平台的基本功能，掌握使用方法及私有云空间的构建、管理技巧，所有安装触派云屏的镇、街主管领导及村居30多名负责人员参加培训。省市区科协到海港区学习考察云科普工作。市科协带领河南省濮阳市科协到北环路街道文博城社区、西港路街道在水一方社区学习云科普应用，到东北大学秦皇岛分校专门对云屏情况进展进行考察。

【科普储备工作】 提高为农服务水平。联合区农业部门，广泛开展科普大集活动，现场免费为广大农民朋友发放中老年健康养生、应急科普知识、养殖、种植、防疫、节水灌溉、林果种植、森林防火等各方面科普资料1万册，发放环保袋、宣传笔等物品1000个。打造有影响力科普典型。积极推荐西港路街道在水一方社区申报国家级“社区科普益民行动计划”奖励项目；石门寨镇夏都菌业农业科普示范基地申报国家级“科普惠农兴村计划”奖励项目；北环路街道西港里社区申报省级“社区科普益民行动计划”奖励项目；北港镇西连峪光伏科技科普基地申报省级“科普惠农兴村计划”奖励项目；驻操营镇龙凤山庄板栗生产基地申报省级“科普惠农兴村计划”奖励项目；杜庄镇焦庄玫瑰园种植基地申报省级“科普惠农兴村计划”奖励项目；石门寨镇农作物种植协会选入省级项目库。项目储备。到杜庄镇焦庄村玫瑰种植园参观学习，详细询问玫瑰花的种植、采摘、加工情况，对市场销售、产业发展及协会支持等问题进行探讨。经过调查摸底，筛选并确定在区民政部门登记、备案的农技协基地、合作社协会77家。

【科普基层设施建设】 打造“科普服务站”。在西港路街道在水一方社区建造“心灵科普驿站”，为其配备先进的投影设备、LED显示屏、墙体宣传画廊、心理疏导用沙盘沙具，社区居民享受到收看科普影片、点餐式科普讲座、益智健脑类科普体验、心理咨询、图书借阅等服务。发挥科普阵地作用。坚持定期更换社区科普画廊和宣传橱窗，维修改造区科普画廊，发挥科普阵地主渠道作用。天秦3D打印机的推广及培训。与市科协、教育局、天秦集团的相关人员走访市内部分中小学，就学校社团开展情况及场地进行了解，对3D打印机在教育系统推广进行前期调研。协助天秦集团举办2016年天秦杯、辅导站申报及骨干辅导人员培训。为每个社区配备3D打印机1台。给企业搭建桥梁纽带。与各企业召开科技信息推广会，为君鼎琉璃开发有限公司、秦皇岛视听机械研究所、秦皇岛市双轮环保科技股份有限公司、秦皇岛耀华玻璃钢股份有限公司等13家企业免费安装中国科协开发的企业专利信息软件。软件内有世界各国的发明专利2100多万项，还有许多专家、院士在线答疑，极大便利企业创新创业工作。推进老科协建设。筹建海港区老科技工作者活动中心，包括综合活动室、心理咨询室、书画室、图书阅览室等活动场所。

【科普宣传活动】 在天洋西厅广场开展全国科普日主场活动，由全区各保健养生协会、心理咨询协会、医疗机构、中科为明、农技协基地等数十家单位参与活动。展出各类展牌展板近百块，发放科普图书、资料5000多本（份），现场咨询50多次、义诊60多次，当场进行科普文艺会演、答题活动。以全国科普日为契机组织开展科普大讲堂、健康专家进社区、心理咨询进学校等活动。搭建“互联网+科普”平台，组织线上线下科普活动。7月开始，通过组建港城科普群的形式，把线上报名和线下科普活动有机结合，借助新媒体，提高活动覆盖率和普及率。全区有科普群6个，涉及人数达2600人。完成公众号的申请和创立，逐步完善微信平台建设，方便科普活动的宣传推广。开展系列科普讲座和专题推广。组织专人安排科普讲座活动，把可以提供的讲座内容以菜单的形式发放至各街道、社区，经过几轮的意见征求和咨询，确定全区下半年科普系列讲座的课程，大致包括心理卫生、保健养生、青少年视力保护、动植物标本制作、野生动物保护、食用菌类的种植知识VR、AR技术应用等8大类、20多种课程。组织完成讲座和科普授课20多场，受益人群2000多人。整合资源，扩展校外和社会科普形式。下半年，利用周六日开展老爸老妈陪你去港城科普系列活动。组织开展走进学校、农村科普示范基地、城管等系列科普活动，丰富科普内容，包括地质和食用菌技术、城市水资源处理、农村种植“110”报警体系、中国流动科技馆参观等七大类活动，广大青少年在家长陪同下，以亲子活动的形式参加科普项目，增加亲密关系和家庭观念，提高活动的安全系数。发挥老科协作用。利用在西港里社区设立的老年科协工作站，开展为期2个月的零基础老年书法培训活动。期间，区老年科协出资2000元，为其提供字帖、笔、墨、纸、砚和毛毡等学习用具，邀请辖区书法爱好者做主讲老师。区科协、教育局、民政局、老干部局、关工委、团委、妇联等单位联合，开展“养老模式”和“青少年教育”两个主题的调研活动，向各镇、街及辖区有关养老机构及青少年教育机构，发放调查问卷1万多份，走访调研点12个，与相关人员座谈200多人次。

区科协主席：李所丰

（钱丽梅）

海港区文学艺术界联合会

【概况】 2016年，区文联认真履行“联络、协调、指导、服务”职能，当好艺术家与党和政府间的纽带，团结带领各专业文艺家协会和广大文艺工作者，围绕中心，服务大局，积极主动，开拓创新，完成上级安排的各项工作任务，为繁荣文艺创作、培养文艺新人、不断满足人民群众精神文化生活的需要、促进全区物质文明和精神文明建设做出积极的贡献。

【文艺活动】“第五届海子诗歌艺术节暨京津冀诗歌联盟首届诗会”在海港区开幕，京津冀地区的60多位诗人、诗歌评论家、作家、艺术家以诗为媒、以文会友，研讨交流海子诗歌的艺术价值和当代诗歌的动态走向，电视台全程录像，新浪微博现场直播，点击率最高达8万多，社会反响良好，海子诗歌音乐沙龙从3月20号开始，以春、夏、秋、冬四季或中元节、中秋节、七夕节等传统节日为主题，弘扬传统文化。为香港诗人陈帆举办专场朗诵会，加强与香港的文化交流。秦皇岛赛区46名选手参加2016中国语文朗读评选全国预决赛，晋级北京冠军争夺赛12人，获得总冠军，为全市争得荣誉。举办朗诵艺术讲座、声乐艺术讲座、文学欣赏讲座。建立朗诵协会培训基地，开办朗诵艺术培训班，为朗诵爱好者创造全方位提升的条件。开展高雅艺术进校园活动。9月5日，区文联、燕山大学文法学院特别邀请秦皇岛籍诗人、翻译家、原驻奥地利文化参赞孙书柱演讲《我与伯尔及其爱尔兰日记》，播音员冯颖现场朗诵《爱尔兰日记》片段。11月14日晚7点，文学大讲堂第35期在燕山大学人文馆224室举办，主题为“域外文化讲谈之维也纳音乐”。主讲人为翻译家、诗人、前文化部驻外参赞孙书柱。由燕山大学文法学院文学与新闻传播学系与区文联联合举办。9月25日，区文联主席张鹤云带领乔海光、杨宏玲等书法家、作家到承德避暑山庄大清坊酒业与承德的北野、韩闽山等诗人、艺术家进行交流。与山海琴社在戴河村燕山大学艺术工作室联合举办古琴雅集，现场表演《关山月》《良宵引》《醉渔唱晚》等经典曲目。举办歌唱家孙禹长篇小说悲剧英雄作品研讨会。3月27日，世界诗人大会采风基地、京津冀诗歌联盟创作基地在海港区板厂峪景区揭牌。

【艺术创作】 2016年，全区文学创作工作硕果累累。赵永红作品《乡下孩子》收入教育科学出版社出版的《儿童经典阅读》，组诗《悲伤》发表于《诗文》杂志，《孟姜女》《长城》发表于《诗歌国家地理》；高歌作品《送东西就等于敲竹杠》发表于《演讲与口才》第四期。8月14日，赵永红与李儒贤合作的歌曲《幽谷里有一棵伤残的树》获秦皇岛原创歌曲大赛优秀奖；区舞协主席田蕊编导的《军魂》在第七届河北省舞蹈比赛暨第八届华北五省市（区）舞蹈大赛选拔赛中获中老年组一等奖，获中老年组编导二等奖。

【《海港区文艺》】 是区文联主办的文艺类刊物，为全区文艺爱好者提供交流平台，展示全区文化工作。2016 年，陆续刊发海子诗歌艺术节及海子诗歌音乐沙龙活动等众多活动的相关图片，刊发区内外文学艺术工作者的诗歌、散文、小说等各类文学作品，培养一批优秀的青年作家，真实记录全区文化工作取得的成绩。李楠在国家、省、市级报刊大量发表作品，在区文联的推荐下加入河北省音乐文学学会。杨君加入河北省音乐文学学会。

【文化联谊活动】 举办“2016 才艺献爱·孝亲敬老迎新之夜”活动，募集善款 1.24 万元。为孤寡无依的老人尽一份孝心，送一团欢乐，精心准备福字、春联、挂件、荷叶茶、《弟子规》等纪念品。举办春联进万家活动，启动仪式在人民广场举行，向市民免费发放春联 5 万份。在市民中心大厅举办板厂峪风光摄影展，40 多幅摄影作品展示板厂峪四季不同的美丽风光。举办新疆生产建设兵团二师《金色的收获》书画作品展；组织美术骨干迎新春国画作品展；组织迎“三八”女画家绘画作品展；组织大道之行秦皇岛艺术中旬，海精英展并出版画册；美协主席常虹参加中国国家画院高研班绘画作品展。6 月，组织迎接建党 95 周年书画下乡活动，6 位艺术家深入北港镇西连峪村，为村民写字画画数十幅，深受村民好评。

区文联主席：张鹤云

（赵永红）

海港区残疾人联合会

【概况】 全区有残疾人 1.26 万人。其中，视力残疾 1070 人、听力残疾 586 人、言语残疾 74 人、肢体残疾 7933 人、智力残疾 1192 人、精神残疾 971 人、多重残疾 731 人。2016 年，区残联坚持以深入开展“两学一做”教育为抓手，以健全残疾人社会保障和服务体系为主线，突出亮点，狠抓重点，推进各项助残工程，全区残疾人事业得到发展。全年组织新闻单位集中采访十多次，向中残联、省残联、市残联报送信息 65 篇并全部采用。

【残疾人就业】 采取集中与分散结合，多渠道、多层次、多种形式安排残疾人就业。选聘 370 名爱岗敬业、扎实肯干的残疾人担任专职委员，发放误工补贴 52.8 万元。全年按比例安排残疾人就业 11 人。抓住残保金地税代征的有利时机，做到征期前上门服务，征期时严格年审，征期后依法补缴，完成全年征收任务。打造特色“残疾人就业扶贫基地”。6 月，举办美容美发技能培训班，为期一周，20 多名残疾人参与。12 月，在杜庄镇、石门寨镇、驻操营镇分批分期组织 350 多名农村残疾人开展种植、养殖、农产品加工培训，帮助残疾人掌握多门就业本领，拓宽就业渠道。

【康复工作】 全年完成居家托养残疾人 110 人，配装假肢 3 人，发放助视器 100 件、助听器 50 件，发放各种辅助器具 107 件，救助贫困精神病患者住院治疗 10 人。为 90 名贫困残疾儿童实施抢救性康复。

【维权信访】 维权信访工作。选配专职信访接待员，做好接访记录，填写处理意见，及时解决各种矛盾纠纷，对残疾人反映的热点、难点和重点问题建立信访数据信息库，全年受理维权信访咨询 2 人，为 2 名残疾人提供法律援助。残疾人代步车整治工作。经核查，全区下肢残残疾人轮椅代步车主 578 人，其中有营运手续的 65 人。收回营运手续 59 人,收回代步证手续 552 人。残联与市公安交警、城管、交通、巡警支队等部门成立综合执法队，围绕金三角、金原及四季青等城市中心区开展联查，重点对未经公安、交通管理部门依法登记注册的残疾人代步轮椅车实行扣留。坚决执行市政府出台的车辆置换和生活、出行、就业保障等帮扶政策，出台助学、培训、就业和帮扶等保障措施，解决残疾人代步轮椅车主后顾之忧。

【扶贫助学解困】 构建助学服务体系。采取“政府资助 + 社会救助”新模式，连续实施高中以上阶段贫困残疾学生及残疾人子女资助行动，筹集助学金 3.96 万元，资助上学孩子 20 人；构建扶贫服务体系，为 26 名特困残疾人发放 2015 年救助金 2.6 万元。

【残疾人活动】 积极参与省、市组织的各项文体活动，上报节目6个，参加“河北省第八届残疾人艺术会演”，选派8名残疾人运动员参加集中训练。开展康复体育进家庭活动，为不宜走出家门的重度残疾人，提供简便、易行、高效的居家式康复体育服务，通过发放康复体育器材、“一对一”上门辅导等方式，让更多残疾人享受个性化、精细化的居家体育康复服务。参加区委宣传部开展的“美丽河北”主题宣传活动，全区有7名残疾人被授予“最美自强人”的称号。

【特色服务】 打造孤独症融合特色品牌。推广孤独症融合式教育，成立蓝翔孤独症康复中心，被市残联评为定点康复机构。全年为30多名孤独症儿童进行康复训练，使多名儿童进入到普通学校和普通幼儿园学习生活，康复效果良好。第九个世界自闭症日，区残联以“众爱集结，带你飞翔”为主题召开关注孤独症儿童公益活动，募善款1.3万元，用于减免孤独症儿童康复训练费用。开展孤独症儿童家长培训班3期，使其在短期内了解康复知识，缓解心理压力。打造“民心工程”新亮点。将“贫困精神病患者服药救助工程”“贫困残疾人家庭无障碍改造”列入全区年度民心工程，筛查符合条件的贫困精神病患者485人，改变以往单一发放药品救助卡模式，将发放服药补贴与药品救助卡结合，为400名贫困精神病患者发放每人每年服药现金补贴500元，为贫困精神病患者发放药品救助卡85份。11月底，完成贫困残疾人家庭无障碍改造30户。

区残联理事长：魏　琦

（尹　璐）

农业和农村经济

NONGYE HE NONGCUNJINGJI

NONGYE HE NONGCUNJINGJI

种植业

【概况】 全区种植业以转变发展方式为主题，积极推进结构调整，打造休闲农业园区和特色产业园区，推广利用“互联网＋农业”模式，推进农业现代化。全区落实粮油播种面积6638公顷，其中，夏收粮食作物118公顷，秋收粮食作物6520公顷；总产量2.88万吨，其中，夏收粮食作物产量634吨，秋收粮食作物产量2.82万吨。玉米播种面积3732公顷，产量1.94万吨；水稻播种面积133公顷，产量500吨；其他谷物播种面积17公顷，产量3.2吨；豆类播种面积1289公顷，产量2200吨；薯类播种面积872公顷，产量2.23万吨；春播油料作物面积1373.33公顷，产量5700吨。蔬菜、瓜果类占地面积2519公顷，播种面积2519公顷。其中，裸地面积2133公顷，地膜面积33.33公顷，日光温室面积913.33公顷，大棚面积93.33公顷，中小棚面积40公顷，总产量13.35万吨。

【春播备耕工作】 积极做好春耕备耕知识宣传。下发《关于做好春耕备播知识宣传工作的通知》，印发春耕备种注意事项等宣传资料，提前做好春播准备。搞好优种推介，引导农民选择优种。全年共推介主导品种35个，示范品种6个。确保农民用上放心农资，深入全区各农资门市部，了解种子、化肥等农用物资购进情况及市场行情，做好种子执法检查工作。全年购进种子4.65万公斤（玉米种2.44万公斤，花生种1.91万公斤，大豆种1850公斤），肥料94.6万公斤，农资价格同比略有下降，农资市场秩序稳定，为春耕生产提供有力保障。

【种植业结构调整】 按照中央提出的“提质增效转方式、稳粮增收可持续”的工作要求，以市场需求为导向，因地制宜，合理布局，加快调整优化种植业结构，推动种植业转型升级。全区调减玉米面积2919.34公顷，分别调整为林果面积1200公顷、青贮玉米面积66.67公顷、花生面积482.67公顷、杂粮面积640公顷、蔬菜面积166.67公顷、食用菌面积4公顷、马铃薯面积179.33公顷、其他作物面积180公顷。

【农村春秋两季灭鼠】 搞好宣传。全年发放《农村灭鼠技术问答》等宣传资料5万份，保证农村每户有一张明白纸，利用广播、黑板报宣传灭鼠知识。统一购进投灭鼠药具，分别于春秋灭鼠前将统一购进的灭鼠药具下发到镇，全年共计投放鼠药1.8万袋、粘鼠板1000张、鼠笼1500个。搞好鼠情监测，在东港镇王庄村设立农舍鼠情监测点，监测点每次放50个鼠夹（共10户，每户放鼠夹5个）。每月15日和灭鼠当月投药前3天、投药7天后连续3天采用鼠夹法进行鼠情监测。监测结果：全区鼠种类基本为小家鼠、褐家鼠、小田鼠，春秋两季灭鼠效果均达到90%以上，月均鼠密度为1.2%，达到鼠密度控制在2%以下的国家标准。

【大气污染防治】 秸秆禁烧和秸秆综合利用工作。成立秸秆禁烧工作巡查小组，对各行政村定期进行督导检查，加强对重点地区巡查力度，对存在隐患第一时间督促整改。各行政村分别成立专项检查小分队和应急小分队，坚持24小时不间断巡查。与各镇、园区签订秸秆禁烧责任状，向辖区行政村发放秸秆禁烧宣传条幅。加大秸秆还田、秸秆青贮、过腹还田、氨化堆沤、快速腐熟等秸秆综合利用技术的推广力度，下半年秸秆能源化利用率达到98%。继续推广秸秆压块站，推进秸秆能源化利用。测土配方施肥工作。在全区推广测土配方施肥项目，为10个测土配方施肥示范村制作宣传展牌，为每个示范村免费化验土样10个。推广生物有机肥，按需施肥，改良土壤。

【现代农业园区、休闲农业园区建设】 立足全区城郊优势，编制《海港区2016～2020年现代农业产业发展规划》《海港区现代农业园区建设实施意见》《海港区现代农业园区认定管理办法》。依托北部山区自然生态景观，以北港镇东连峪村、西连峪村和驻操营镇九门口村、董家口村、板场峪村、花厂峪村等长城沿线村落为重点，发展沿长城休闲农业观光带，打造集一、二、三产业深度融合的现代农业园区，形成区域发展特色。与中国农业大学规划设计院签订北部山区综合开发规划合同，陪同中国农业大学规划设计院专家深入北港镇、海阳镇、杜庄镇、石门寨镇、驻操营镇座谈，了解实际情况、存在问题以及发展方向，实地走访各镇新型农业经营主体，入村了解实际情况。为其提供海港区农业数据资料。现代农业园区建设情况。是年，认定3家现代农业园区（石门寨镇傍水崖现代农业产业园区、驻操营镇板栗产业园区和北港镇圆明山现代农业产业园区）为区级现代农业园区，经过市级专家现场验收及答辩，成功认定石门寨傍水崖现代农业园区及驻操营板栗农业园区为市级现代农业园区。申报海港区“美丽休闲乡村”项目。经过走访调研，确定申报驻操营镇龙泉庄村“美丽田园”项目及石门寨镇房庄村“美丽休闲乡村”项目。

【无公害农产品产地复查换证】 申办完成平顺蔬菜种植农民专业合作社为无公害基地。完成杰艺栗园无公害农产品产地复查换证。按照上报材料目录要求，逐项做好新基地申请、三年工作总结、无公害农产品产地复产换证申请书、无公害农产品生产计划、质量控制措施等十几项相关材料的准备工作。

【农业支持保护补贴】 全区农业支持保护补贴面积9126.67公顷，根据《海港区农业“三项补贴”改革工作实施方案》文件精神，确定区内农业支持保护补贴标准为每亩90元，全年农业支持保护补贴资金1232万元，全部发放到种植户的一卡通账号。

【蔬菜生产】 抓好项目落实，加强设施蔬菜基地建设。在白塔岭街道文体里社区举办“海港区优质农产品直销社区暨海港区阳台家庭菜园拓展”项目启动仪式，为广大居民进行推广和宣传培训，全年在白塔岭街道文体里社区、海政里社区、燕大西苑社区、森林逸城社区举办推广活动4次，组织全区11家企业及合作社自产的优质农产品进行展示推广，包含蔬菜品种30多个和农产品近百个。新建设施蔬菜大棚面积6.67公顷，改扩建设施蔬菜大棚面积13.33公顷，以夏都菌业为龙头带动发展食用菌产业。向市蔬菜管理中心申报蔬菜项目3个（石门寨镇夏都菌业自动化生产线项目、海阳镇鲜美家电商平台蔬菜销售项目和平顺蔬菜生产合作社产销服务体系建设项目）。抓好海阳镇平顺蔬菜合作社、北港镇清溪农业、临港物流荣颖家庭农场、海阳镇栗园等蔬菜基地标准化生产示范区、科技园区建设，石门寨镇夏都菌业、驻操营镇拓新家庭农场、西港镇寨花商贸等食用菌基地建设。带动周边农民按照标准生产，提高蔬菜生产的标准化程度。开展蔬菜安全生产技术监管工作，落实市、区、镇、村四级监管体系，各级明确专人执行蔬菜质量安全信息周报制度。向合作社及蔬菜园区发放田间档案管理记录本1万份，通过秦皇岛市蔬菜质量安全技术监管平台有效监管蔬菜基地及合作社8家，严格把控蔬菜质量准出信息。

【农机安全生产】 组织开展节假日、暑期等督导检查活动，共检查48次，累计检验、抽查各类农业机械160台次，发现隐患1处，已整改。结合“安全生产月”“平安农机”创建活动，开展安全宣传教育培训工作，对拖拉机驾驶员进行安全操作培训，制作宣传材料、展牌，开展“赶大集宣传”活动，发放各类宣传材料350份。农机械化水平显著提高，全年机耕面积6900公顷。其中，玉米机耕面积3000公顷，蔬菜机耕面积733.33公顷，其他作物机耕面积3166.67公顷。机播面积2533.34公顷，其中，玉米机播面积2266.67公顷，其他作物机播面积266.67公顷。机械收获面积1466.67公顷，其中，玉米机收面积1066.67公顷，花生机收面积400公顷。

【农机购置补贴】 全区争取中央农机购置补贴资金44万元，完成补贴额度43.82万元，累计发放购机补贴通知书104份，受益农户93户，补贴机具104台。其中，补贴动力机械16台，补贴资金21.12万元；耕地机械77台，补贴资金5.82万元；收获后处理机械2台，补贴资金11.8万元；收获机械7台，补贴资金4.54万元；畜牧水产养殖机械2台，补贴资金0.9万元。

【新品种引进、新技术推广】 蔬菜种植围绕“四节一增”（节水、节肥、节药、节工、增效）、“两网一膜”（防虫网、遮阳网、塑料薄膜），全年推广实施提质增效新技术面积 79.67 万公顷，其中，病虫害生物物理综合防治技术面积 32.73 公顷，膜下灌溉节水技术面积 20.27 公顷，设施蔬菜土壤改良技术面积 26.67 公顷。发放叶菜类病虫害综合防控技术资料和 30 项蔬菜标准化生产技术规程 1 万份，技术普及率达到 80%，应用比率达到 75% 以上。加大对农机购置补贴力度，重点开展对农机深松技术的推广，申请的 800 公顷深松任务全部完成。

【重大农作物病虫害统防统治】 重大农作物病虫害统防统治实施面积 400 公顷，蝗虫防治实施面积 266.67 公顷，重点对玉米、花生、水稻进行病虫害统防统治，秦皇岛市峰松种植农民专业合作社（石门寨镇）、梁晟基业农作物种植专业合作社（杜庄镇）和秦皇岛市兴农种业有限公司（驻操营镇）3 家符合承担条件。在防治适期（6~9 月），区农业植保站为 3 家合作社提供病虫情报、农资信息服务和信息服务，加强高效低毒农药推荐、科学用药、轮换用药及综合防控等技术指导，多次组织技术人员、邀请市局专家深入防治区域现场指导，检查防效。9 月 15 ~ 30 日，组织相关人员对项目进行全面验收。根据验收评估结果落实资金的补助发放。峰松种植农民专业合作社年度实施重大农作物病虫害统防统治面积 153 公顷，蝗虫统防统治面积 100 公顷，补助资金 3.05 万元；梁晟基业农作物种植专业合作社年度实施重大农作物病虫害统防统治面积 140 公顷，蝗虫统防统治面积 100 公顷，补助资金 2.85 万元；秦皇岛市兴农种业有限公司年度实施重大农作物病虫害统防统治面积 106.67 公顷，蝗虫统防统治面积 66.67 公顷，补助资金 2.1 万元。共计补助资金 8 万元。

【病虫害绿色防控防治】 确定海阳镇平顺蔬菜生产基地、温家洼蔬菜生产基地、秦皇岛杰艺栗园等蔬菜种植基地为绿色防控基地，推广绿色防控配套技术。杀虫灯、黄板、防虫网等绿色防控技术应用面积达到 200 公顷。扶持海阳镇平顺蔬菜生产基地黄板 500 张，石门寨镇潮水峪蔬菜生产基地黄板 200 张。通过推广优化农药轮换使用、交替使用、精准使用和安全使用技术，普及规范使用农药知识，严格遵守农药安全使用间隔期等蔬菜病虫绿色防控技术，使示范区农药使用量减少 30% ~ 40%，减少农民投入，降低环境污染。

【植物检疫】 加强病虫预测预报点建设。确定海阳镇富鲤蔬菜专业合作社为测报点，每年测报害虫包括甘蓝叶蛾、玉米螟、小菜蛾、地老虎、甘薯天蛾等 20 多种。加强重大植物疫情阻截带建设。全区承担苹果蠹蛾疫情监测任务，确定北部工业区石山村为监测点。为监测点发放苹果蠹蛾监测设备，暑期每隔 1 周到监测点查看 1 次，做好调查记录，通过监测，未发现有苹果蠹蛾虫害发生。加大种子植物检疫检查力度。加强种子源头检疫管理。加大执法检查力度，对海港区农资经营协会、秦皇岛市坤城种业有限公司种子批发单位进行重点检查，对其他种子经营单位进行拉网式检查。通过检查，全区所有大田种子植物检疫手续合理、合法。

【农药监督管理】 强化宣传引导，营造农资市场良好社会氛围。联合市农业局，在杜庄镇举办“3·15 放心农资下乡、打假为农保春耕”宣传活动，宣传新修订《中华人民共和国种子法》等农业法律法规及相关惠农政策。将国家明令禁用和限用农药 41 种制成宣传牌下发到各个农资经营门市部，悬挂在门店显著位置进行宣传。将禁限用农药名单、如何辩别真假农药、种子、化肥等资料制成明白纸，发放到农资店和农户手中。加强执法检查工作，确保农业生产安全。坚持工作重心下移，确保农业生产安全。抓好农药市场监督管理。向各农资经营单位发放进、销货台账 112 份。对社会公布举报电话，与秦皇岛市益农植物保护有限公司、园林植保公司等 56 个农资经营单位签订农资生产、经营质量承诺书。对全区 56 个农资生产经营单位进行执法检查。全年出动人员 190 人次，出动车辆 47 台次，检查农资经营单位 148 个次，检查标签 754 个。其中，种子标签 240 个，农药标签 480 个，肥料标签 34 个。对存在问题的种子、农药、肥料，执法人员责令其立即下架处理。

2016 年海港区农业主要产品生产情况一览表

表 3-1

项 目	播种面积（公顷）	播种单产（公斤 / 公顷）	总产量（吨）
一、谷物	4477	4806	21518
其中：夏收谷物	1	8000	8
秋收谷物	4476	4806	21510
1. 稻谷	63	6302	397
2. 玉米	3732	5192	19378
3. 谷子	459	2327	1068
4. 高粱	206	3121	643
5. 其他谷物	17	1882	32
二、豆类	1289	2196	2831
其中：大豆	1060	2440	2586
绿豆	56	1214	68
红小豆	173	1023	177
三、薯类	872	25550	22280
其中：夏收薯类	117	26752	3130
1. 马铃薯	203	22365	4540
2. 甘薯	669	26517	17740
附：粮食作物	6638	4339	28805
1. 夏收粮食作物	118	5373	634
2. 秋收粮食作物	6520	4321	28171

（郭　杰）

畜牧业

【概况】 区畜牧局以发展城郊型特色畜牧业为方向，以提供优质、高效、安全的畜禽产品为目标，不断调整畜牧产业结构，加强养殖污染生态治理，保证全区畜牧业健康发展和畜禽产品质量安全，圆满完成全年目标任务。全区生猪存栏 11.6 万头，出栏 19 万头；羊存栏 9 万只，出栏 8.5 万只；马、牛、驴、骡等大牲畜存栏 5300 头，出栏 4000 头；鸡存栏 153 万只，出栏 416 万只。肉、禽蛋、奶产量分别为 2.3 万吨、7400 吨、1176 吨。有畜禽规模养殖场 367 家，其中，存栏 100 头以上猪场 241 家，存栏 2000 只以上蛋鸡场 24 家，存栏 3000 只以上肉鸡场 57 家。

【畜牧生产】 以推进畜禽标准化规模养殖为抓手，以推进产业化经营为重点，加快畜牧产业结构调整，肉鸡产业、生猪产业、肉羊产业发展尤为突出，打造秦皇岛市笑语养殖有限公司、鑫坤肉联食品有限公司、昊兴农业技术开发有限公司、牧羊源食品加工有限公司、善源养殖有限公司、金牧种鸡场、信发畜牧有限公司等一批全市知名的畜牧业龙头企业，提升全区畜牧产业标准化、专业化和组织化水平，带动全区畜禽养殖户和农民增收。有省级无公害畜产品产地认定 4 家、部级示范场 2 家、市级示范场 2 家、全省畜牧业优秀百强企业 2 家、全省服务养殖标杆优秀企业 1 家。

【养殖污染治理】 制定《海港区 2016 年河流两岸养殖场户污染治理工作实施方案》，按照职责分工，由畜牧局、环保局、水务局以及各镇（园区）政府组成 3 支联合工作组，摸清污染场户底数，讲清治污政策要求，集中时间统筹安排人员，对辖区内 9 条河流沿线的 401 家养殖场户（其中规模养殖场 148 家）进行集中整治，指导建立粪污处理设施，关停搬迁养殖场户 32 家，其他养殖场户完成沉淀池、储粪池等粪污处理设施建设，沿河养殖场户的排污口全部关闭，养殖污水没有直排情况。下发《关于印发海港区划定畜禽禁养区限养区的规定的通知》《海港区畜禽养殖禁养区专项整治实施方案》，明确禁养区和限养区的范围，对适养区提出科学发展生态、环保、绿色畜牧业的发展方向。对河流沿线325家养殖场户开展集中整治行动，指导建立粪污处理设施，有200家养殖场户完成沉淀池、储粪池等粪污处理设施建设，关停搬迁养殖场户125家，沿河养殖场户的排污口全部关闭，养殖污水无直排现象。对限养区、适养区内的新建规模化养殖场采取先进行环境影响评价，再进行审批，确保新建养殖场粪污处理设施建设与主体工程同时设计、同时施工、同时投入运行，实现养殖场雨污分流和资源化综合利用。

【疫病防控】 重点抓好动物防疫责任落实、村级防疫队伍建设、基层动物防疫设施建设、防疫业务技能培训、生物制品供应和冷链建设、疫病免疫效果监测、疫病防控消毒和动物防疫督导等8个关键环节，保证全区重大动物疫病防控效果，全区没有重大动物疫病发生。经区政府批准和严格的招投标手续，对驻操营水利站的办公用房等设施设备进行修缮改建，建成驻操营动物防疫监督分站并投入使用，促进杜庄镇、石门寨镇、驻操营镇动物防疫监督工作。完善《海港区村级动物防疫员管理办法》，着重对杜庄镇、石门寨镇、驻操营镇防疫队伍做出调整，组建55人的防疫专业小分队和270人的村级辅助防疫员队伍，对村级防疫员队伍进行考核和动态管理，确保重大动物疫病免疫质量。邀请市畜牧局疫病防控专家分4期对全区村级动物防疫员进行防疫知识技能培训，发放村级动物防疫明白纸、村级动物防疫员培训资料和动物防疫技术等资料500多份。加强兽医实验室建设和动物疫病化验队伍建设，组织参加全省动物防疫队伍轮流培训，选派1人代表秦皇岛市参加全省动物实验室检测人员大比武。组织开展奶牛布病和结核病检测工作。采用国际先进的卡玛干扰素检测方法，对全部规模场奶牛和散养户奶牛进行布病和结核病检测，对不合格的奶牛按照规程进行无害化处理。被秦皇岛市防治重大动物疫病指挥部办公室评为“2016年度秦皇岛市动物疫情监测预警先进单位”“2016年度秦皇岛市兽用生物制品管理先进单位”。

【动物产品质量监管】 全区有定点屠宰场5家(猪3家、羊1家、禽1家)。饲料生产企业5家，饲料经营企业13家，兽药生产经营企业15家和动物诊疗机构16家。组织饲料生产企业和兽药经营企业参加饲料兽药法规培训班，对饲料兽药生产经营企业重点开展安全生产、兽药二维码追溯、打击非法添加物等专项整治行动和兽药GSP工程。对5家屠宰企业实施驻场监管，派驻专人督促屠宰企业严格执行各项操作规程，做好畜禽屠宰过程中病死猪和不可食用肉品的无害化处理，杜绝“瘦肉精”注水、注胶等非法添加行为的发生。组织专题培训班对全区检疫兽医进行动物防疫法律法规和检疫知识技能培训，推动动物检疫队伍业务技能大幅提升。严格按照检疫规程落实产地检疫、屠宰检疫和执法监督检查责任，划定片区专人负责，查处违法案件，受理市长热线和群众举报96起，按时处理回复率100%。争取上级资金建设小型冷库3座，依托东港、石门寨、驻操营3个动物防疫监督站（点）建设病死畜禽收集点，启动实施病死畜禽的冷链收集点，及时进行无害化处理。全年监督无害化处理病死猪1.63万头，杜绝病死动物产品流向餐桌，避免动物疫病传播。落实民生工程，抓好关键环节的畜禽样品日常监测，完成屠宰养殖环节9800份样品的“瘦肉精”检测，检测结果全部符合标准，保障全区畜禽产品安全。被河北省畜禽定点屠宰管理办公室评为2016年度畜禽屠宰执法工作先进单位、秦皇岛市防治重大动物疫病指挥部办公室评为2016年度全市屠宰检疫工作先进单位。

【畜牧安全生产】 按照“党政同责、一岗双责”“管行业必须管安全、管业务必须管安全、管生产经营必须管安全”的要求，成立安全生产领导小组，将安全生产纳入年度工作计划，明确安全生产工作目标、工作重点和责任分工，开展饲料安全生产大检查、安全生产法律法规知识培训，屠宰场及养殖场专项整治行动，完善“一卡一单，一企一档”，提升畜牧行业安全生产监管规范化建设水平，保持畜牧行业监管领域安全生产形势持续稳定好转，全年未发生一般及以上生产安全责任事故。

2016 年海港区畜牧业生产情况一览表

表 3-2

项　目	计量单位	饲养及出栏量
一、畜禽存栏		
（一）猪存栏	百头	997
其中：能繁殖的母猪	百头	117
（二）牛存栏	百头	56
1. 肉牛	百头	32
2. 奶牛	百头	23
3. 役用牛	百头	1
（三）羊存栏	百只	645
1. 山羊	百只	558
2. 绵羊	百只	87
（四）活家禽存栏	百只	14677
其中：蛋鸡	百只	5680
二、畜禽出栏		
（一）猪出栏	百头	1811
（二）牛出栏	百头	50.33
（三）羊出栏	百只	665
1. 山羊	百只	622
2. 绵羊	百只	43
（四）活家禽出栏	百只	36968
其中：活鸡	百只	31188
三、畜产品产量		
（一）猪肉	吨	13441
（二）牛肉	吨	811
（三）羊肉	吨	862
1. 山羊肉	吨	795
2. 绵羊肉	吨	67
（四）禽肉	吨	5604
（五）禽蛋	吨	6776
其中：鸡蛋	吨	6600
（六）生牛奶	吨	9236
附：1. 生猪规模养殖场（小区）个数	个	241
生猪规模养殖场（小区）存栏	百头	545.95
生猪规模养殖场（小区）出栏	百头	1068.31
2. 肉牛规模养殖场（小区）个数	个	8
肉牛规模养殖场（小区）存栏	百头	7.88
肉牛规模养殖场（小区）出栏	百头	5.09
3. 奶牛规模养殖场（小区）个数	个	1
奶牛规模养殖场（小区）存栏	百头	4
4. 羊规模养殖场（小区）个数	个	33
羊规模养殖场（小区）存栏	百只	106.35
羊规模养殖场（小区）出栏	百只	96.55
5. 肉禽规模养殖场（小区）个数	个	57
肉禽规模养殖场（小区）存栏	百只	8175
肉禽规模养殖场（小区）出栏	百只	32919
6. 蛋禽规模养殖场（小区）个数	个	24
7. 蛋禽规模养殖场（小区）存栏	百只	3965
附：1. 肉类总产量	吨	20897
2. 奶类总产量	吨	9250

（高洪松）

林果业

【概况】 区林业局以创建生态港城为目标，以实施乡村绿化为重点，以保障涉旅发大会旅游公路两侧绿化水平为己任，全年完成造林绿化面积 2200 公顷，配合绿化工程，全年新植优质果品面积 1466.67 公顷。多措并举，确保全年未发生重大森林火灾。

【造林绿化】 全区造林绿化面积任务目标为 2106 公顷，通过实施通道绿化、重点片区造林绿化、园区造林绿化、社会造林绿化、重点村庄绿化、封山育林等 6 项工程，实际完成造林绿化面积 2200 公顷（人工造林面积 1866.67 公顷，封山育林面积 333 公顷，栽植树木 177 万株），打造出“港西绿地”、芽子山等高质量林带，改善城乡人居环境，位次名列全市第二。推进涉旅发大会旅游公路两侧绿化工作。涉及旅发大会旅游公路包括 3 条公路，分别是祖山连接线、长城旅游公路、车房公路，总长度 92 千米，总造林面积 533 公顷。成立工作组，开展实地踏勘、制定方案、土地租赁等工作，年底全区土地租赁工作基本完成，景观林绿化开始施工。做好“国家绿化模范区”申报工作。“国家绿化模范区”是国家造林绿化最高荣誉。海港区作为全市唯一创建城区，创建工作得到省绿化委员会批准，计划 2018 年完成创建工作。

【经济林产业发展】 立足实情，配合造林绿化工程，将工作重点向杜庄镇、石门寨镇、驻操营镇倾斜，抓好无公害标准化生产技术推广，强化果品安全生产，加强园区建设等工作。全区新植果树面积 1466 公顷，果树标准化生产面积 1.5 万公顷，标准化生产覆盖率 92% 以上，果品产量 3.9 万吨，经济林产值 2 亿元。

【森林防火工作】 坚持“预防与扑救”结合的工作思路，实行“网格化”管理，全年未发生重大森林火灾。制定森林防火工作方案，层层签订森林防火责任书，形成主要领导亲自抓，分管领导具体抓，做到镇不落片、片不落村、村不落户、户不落人；扩建 100 人的森林消防队伍，健全完善各项规章制度，实行准军事化管理，集中训练，提升队伍扑救能力；制定《海港区护林员管理办法》，建立健全护林员管理制度，全区 165 名护林员在防火期内全部上岗并实行 GPS 定位管理；落实春季森林防火封山决定要求，增设防火检查站，加大巡查力度，严厉打击烧秸秆、燎地边等野外用火行为，做到见烟就罚，见火就抓；通过做好印制、悬挂森林防火宣传条幅、喷涂防火宣传版、播放防火宣传广播等形式宣传，与移动公司合作，开展向林区及进入林区人员发送移动短信业务，加强宣传力度。

【森林病虫害防治】 结合林业有害生物普查工作，做好定点监测、人工剪除网幕、飞机防治、地面防治及放置美国白蛾天敌等工作，防治效果明显。开展飞机防治美国白蛾作业 20 架次，防治面积 2666.67 公顷，使用高效低毒无公害的仿生药剂 2 吨。开展地面防治面积 3026.67 公顷，累计打药 185 车次。

【林政资源管理】 将林政资源管理工作进行常态化部署，执法人员取消休息日，全部实行“五加二”“白加黑”工作制，全天 24 小时备勤，开展严厉打击破坏森林资源违法犯罪活动。全年进行森林资源巡查 130 多次，查处林业行政案件 36 起，收缴罚款 25.51 万元，开展打击违法猎捕野生鸟类执法行动 126 次，收缴捕鸟网具 75 套，放生鸟类 310 多只。在林业许可工作中，对林木采伐证、木材经营加工许可证、木材运输证等证件的办理实行公开承诺制和限时办结制，实现便民利民的宗旨，全年依法办理林木采伐许可证 45 份；消耗活立木蓄积 754.331 立方米；办理种苗生产、经营许可证 13 份。

2016 年海港区水果及食用坚果生产情况一览表

表 3–3

项目	计量单位	海港区
一、园林水果	吨	27754
1. 苹果	吨	16495
其中：红富士苹果	吨	11611
国光苹果	吨	2860
2. 梨	吨	5237
其中：雪花梨	吨	1060
鸭梨	吨	550
3. 桃	吨	2268
4. 葡萄	吨	237
5. 红枣（干枣应折成鲜枣 1:2.5）	吨	52
6. 柿子（柿饼应折成鲜柿 1:3）	吨	5
7. 杏	吨	529
8. 红果	吨	2021
9. 其他	吨	910
二、食用坚果	吨	11310
其中：核桃	吨	871
板栗	吨	10433
杏扁	吨	5
三、年末果园面积	公顷	4276
其中：苹果园	公顷	1730
梨园	公顷	576
桃园	公顷	575
葡萄园	公顷	67

2016 年海港区林业生产情况一览表

表 3–4

项　目	计量单位	海港区
一、造林面积	公顷	2200
1. 人工造林面积	公顷	1867
2. 当年新封山（沙）育林面积	公顷	333
二、年末实有封山（沙）育林面积	公顷	333
三、四旁（零星）植树	株	1100000
1. 当年苗木产量	株	4930031
2. 育苗面积	公顷	40
3. 山杏仁	吨	6
4. 花椒	吨	13
四、商品材	立方米	1466
其中：村及村以下各级组织和农民个人生产的木材	立方米	1466

（王　晨）

水产业

【概况】 2016 年，海港区水产业以渔业增效、渔（农）民增收为目标，狠抓渔业经济增长方式的转变和渔业产业结构调整，强化渔业生产环节监管，不断提高水产品质量安全，落实渔船燃油补贴政策，较好完成全年工作目标和任务。全区水产品总产量 1753 吨，其中，海洋捕捞 1049 吨，海水养殖 355 吨，淡水捕捞 46 吨，淡水养殖 303 吨。

【水产品质量安全监管】 配合省、市水产品质量安全检查人员，对全区各个水产品批发市场、超市和海水养殖基地进行检查。每月对养殖基地检查 1 次，按照《中华人民共和国农产品质量安全法》，对使用养殖投入品的名称、来源、用法、用量和使用、停用的日期进行检查。全年抽取样品32个，送省水产技术站进行检测，检测合格率100%。

【渔船燃油补贴政策】 落实2015年渔船燃油补贴政策。2016年7月，完成捕捞渔船的2015年国家成品油财政补贴审核上报工作。12月，补贴资金发放到渔民手中，共发放燃油补贴381.27万元。

【伏季休渔管理及渔政执法】 按照《秦皇岛市2016伏季休渔管理实施方案》要求，伏休期间，检查人员积极开展陆地检查，检查渔船船网分离情况，落实渔船渔港监管责任人制度，做到“船进港、人上岸、网入库”的休渔目标。6月1日，对全区427艘渔船船主进行电话通知。确认渔船停泊点，要求船名号全部刷写清楚。检查人员坚持每天在卸粮口码头、新开河港、汤河口及金屋浴场沿岸进行陆地巡查并配合市渔政监察支队出海检查。伏季休渔期，出动检查人员360多人次、出动检查车180多车次、出海检查17航次、陆地检查渔船427艘、没收拖网21副、销毁牛网3盘、清理破旧渔船11艘、出海监测海蜇12航次、上报海蜇监测信息90多条、向上级渔政部门上报海港区伏季休渔信息32条。按照《秦皇岛市人民政府食品安全委员会办公室关于禁捕、禁售和禁加工海虹的紧急通知》要求，工作人员每天对辖区内的卸粮口码头、新开河港、河东桥、汤河口及西港沿岸的渔船捕捞的渔获物进行清查。截至5月底，检查各个码头、渔港30次，张贴通告6份、上报检查情况信息60条。

【减船转产及老旧渔船更新改造】 全区有申请减船转产渔船112艘，超额完成市局下达的任务。登记更新改造渔船230多艘、完成更新改造捕捞渔船17艘、签订减船转产协议书58份。

【渔船检验】 对全区渔船进行换证检验，严格按照检验要求逐船登船检验，逐船照相，凡是没有船名号、船体机械设备不合格、消防通讯救生设备不齐的都不予以检验。全年完成渔船检验416艘，年检率达100%。

【渔港监督】 加强渔船安全生产管理，随时登船检查出海渔船适航状态，做好防灾减灾工作，预防渔业船舶水上事故。组织开展以防风、防火、防盗“三防”为重点的安全检查活动，加强老旧渔船管理，禁止存在安全隐患的渔船出海作业。向渔民宣传科学编队生产模式，提高渔民生产自救能力。落实渔业应急值班制度，24小时不断岗，值班人员做好海洋气象预报和军事演习预警通知转发工作，督促渔民及时收听气象预报。完善《渔业船舶水上事故报告统计制度》，由专人负责事故信息上报，全年未发生海难事故。渔船出海签证工作同期稳步进行，共签证700多次。

2016年海港区渔业生产情况一览表

表3-5

项　目	计量单位	海港区
一、水产品总产量	吨	1753
（一）海水产品产量	吨	1404
1. 海洋捕捞	吨	1049
（1）鱼类	吨	400
（2）虾蟹类	吨	465
（3）贝类	吨	113
（4）其他类	吨	71
2. 海水养殖	吨	355
（1）鱼类	吨	240
（2）虾蟹类	吨	115
（二）淡水产品产量	吨	349
1. 淡水捕捞	吨	46
鱼类	吨	46
2. 淡水养殖	吨	303

续表 3-5

项　目	计量单位	海港区
鱼类	吨	303
二、水产养殖面积	公顷	138
（一）海水养殖	公顷	2
海上养殖	公顷	2
（二）淡水养殖	公顷	136
1. 池塘养殖	公顷	48
2. 水库养殖	公顷	88

（郭　杰）

水务管理

【概况】 认真贯彻落实《中共中央国务院关于加快水利改革发展的决定》，全面落实“河长制”工作，整治河道水环境，扎实推进河道整治工作，全面做好争取项目资金、工程建设、防汛抗旱、依法治水、库区移民后期扶持等各项工作，圆满完成区委、区政府下达的目标任务，为全区经济社会持续健康发展奠定坚实的基础。

【水利工程】 石河石门寨房庄村段堤防维修养护工程。完成石河石门寨房庄村河段提防维修养护工程，解决河道险要地段的安全隐患，为保护周边居民的生命财产安全提供重要保证。投资42万元，治理河道堤防235米，对河道堤防拆除重建，投入1.4万工时，动土方5600立方米，使其防洪能力满足10年一遇行洪要求，确保区域行洪安全。芽子山蓄水池工程。为解决周边节水灌溉问题。投资50万元，修建1座占地面积0.2公顷长方形蓄水池，主要通过自然降水、水库水源调剂等措施完成蓄水，蓄水量达5000立方米，解决芽子山水库周边面积10公顷耕地的节水灌溉问题，改善农业生产条件，加强农业基础设施的建设。石门寨镇黑山窑后村人畜饮水工程。投资35万元，解决262户、800人的村民自来水供给问题，钻打深水井1眼，建设泵房1间及配套设备，铺设自来水管道1000米，保证村民日常饮水安全。

【防汛抗旱】 按照国家“安全第一，常备不懈，预防为主，全力抢险”的指导思想，特别是针对2016年气候异常情况，组织有关部门提早开展防汛抗旱工作。提前修订和编制辖区防洪应急预案，认真开展汛前安全大检查。做好防汛各项准备工作，检查水利设施、建立24小时防汛通信网络、储备防汛物资。加强领导，明确责任，层层落实防汛责任制。针对7月20日暴雨，做好险情突发前的准备工作，为可能发生险情的水库下游55个村庄提供22个大型转移安置点。做好灾后重建工作，根据水毁情况编制《海港区灾后水利薄弱环节建设实施方案》，开展灾后重建工作。

【“河长制”工作】 按照《海港区“河长制”管理工作实施方案》，以四级“河长制”为工作机制，制订“一河一策”工作方案，通过全区各单位联合整治，清理生活垃圾15.66万立方米，建筑垃圾及河道清淤31万立方米，规划并纳入污水管网43个小区，封堵和整治排污口119处，搬迁、整改所有沿河养殖场，整治关停非法企业5家，拆除沿河直排旱厕35座，在各个河道设置河长制公示牌127个、警示牌135个，完成年度“河长制”工作。整治河道范围内非法挤占河道行为，改善河道整体环境质量，开展非法挤占河道管理范围退出工作。编制《海港区非法挤占河道管理范围退出实施方案》。逐一摸排河道内违法建筑、偷排尾矿、弃置垃圾、养殖场（鱼塘），在打击“双违”行动中，拆除侵河占河违建6处（25个构筑物），清理平整鱼塘2处（8个鱼塘），清理弃置沙土堆土8处。

【水政水资源】 高度重视法律、法规的学习和宣传，正确认识取水许可制度的重要性，加强水政水资源工作。强化宣传教育。重视“世界水日”“中国水周”的宣传活动，通过悬挂横幅、标语、散发宣传单等多种形式宣传节约、保护水资源的法律，深入基层派发宣传彩画、宣传册子、环保袋共计300多份。开展水资源费改税工作，对全区51家有取水许可证的用水单位调查确认，并将信息与地税局进行对接。制定《水资源税纳税人清查工作方案》，做好水资源信息移交工作、水量核定工作和取水许可的审批工作，完成全区51个取水户水资源税取用水信息管理系统平台信息录入和核查工作。

【移民工作】 以移民和谐稳定为工作重点，着重抓好全区移民信访和后期扶持工作。健全矛盾纠纷排查调处组织网络，完善区、镇、村三级矛盾纠纷排查、调处、督办工作机制，对排查出的问题进行分类汇总，认真调处。重新统计移民人口。全区有移民3414人。接待移民访200多人次。发放后期扶持资金117.18万元，解决移民多起临时性问题。

【接收抚宁区转入水利站人员】 认真梳理抚宁区水务局移交的温泉堡水库及杜庄镇、石门寨镇、驻操营镇水利站人员档案，逐一按文件要求核查，确认是否符合接收要求。对人员信息进行了解，抓好温泉堡水库及杜庄镇、石门寨镇、驻操营镇水利站日常工作。配合劳动社会保障局等部门接收相关人员情况及信息，做好不确定接收人员信息再核查工作。对接人事关系，接收温泉堡水库47人（含退休人员2人），杜庄镇、石门寨镇、驻操营镇水利站17人（含退休人员2人），完成人事对接工作。

【水政执法工作】 按照《中华人民共和国水法》《中华人民共和国防洪法》等法律规定，对河道范围内开展执法工作。对河道范围内进行定期巡查，对侵占河道的违法行为按法律规定合理执法，年内处理侵占河道问题6处，对有关责任主体下达限期整改通知书，清除河道堵塞垃圾，拆除阻水建筑物。与首创水务公司联合执法，对未经批准擅自取水或未按批准规定取水的，严格按照《中华人民共和国水法》的规定，责令停止违法行为，限期采取补救措施并处以罚款。立案查处擅自非法使用地下水案件2起，结案2起。

（杜明旭）

工 业

GONGYE

GONGYE

综　述

【概况】 全区规模以上工业企业 71 家，实现总产值 222.7 亿元，同比增长 2.4%。累计实现工业增加值 45.8 亿元，同比增长 5.5%。累计实现利润 -17.9 亿元，同比增亏 4 亿元。累计实现税金 4.4 亿元，同比增长 27.5%。

【工业经济运行】 加强工业经济运行督导、调度、分析等工作，准确掌握经济发展的阶段性特征，及时提出符合实际的产业、行业发展建议和意见，每月为决策部门提供客观翔实的分析报告。以市下达任务目标为主线，完善重点企业、行业、产业运行动态监测体系，突出抓好骨干企业的监测，关注企业产品产销量、原料及产品价格、工业用电量等指标的变化情况，抓好止跌措施，防止“平开低走”的情况出现。全区规模工业增加值同比增长 5.5%，同比提高 5.4 个百分点；新增规模以上工业企业 6 家。两项指标均完成市下达目标任务。

【工业企业技术改造】 指导全区工业企业进行重点技术改造项目申报工作，申报市级重点技改项目 11 个。指导全区工业企业争取省、市技改项目扶持资金，为耀华玻璃钢股份公司、河北信诚联合科技有限公司 2 家企业争取省级技改扶持资金 100 万元。

【贷款融资】 开展小微企业“助保贷”融资业务，为 7 家成员企业融资 2650 万元。引导担保机构帮助辖区企业贷款融资，3 家担保机构帮助辖区企业融资 1.8 亿元。推进工业企业上市工作，引导全区 11 家企业分别在石交所、“新三板”、天交所、深交所主板及香港上市。

【全民创业】 开展港城创业中心、义乌创业园等创业辅导基地建设，重点推动“大众创业”“互联网 +”等方面的服务能力，组织创业辅导基地内 50 家中小企业经营者参加省工信厅中小企业培训中心举办的中小企业服务大篷车名家论坛、中小企业“订单式服务”和金色阳光法律服务等活动。指导秦皇岛正道科技有限公司参加全国创业大赛并获奖。推荐秦皇岛福寿食品有限公司、秦皇岛昆腾机械厂申报省级中小企业名牌产品的认定。推荐秦皇岛博赫科技有限公司、秦皇岛金色未来培训学校申报 2016 年省级中小企业公共服务平台的认定工作。

【淘汰落后产能】 年内，拆除 2 家企业的直径 3 米以下水泥磨机 3 台，淘汰落后水泥产能 35 万吨 / 年；拆除日熔化量 280 吨平拉（格法）生产线 1 条，淘汰落后玻璃产能 150 万重量箱 / 年。

2016 年海港区区属规模以上工业企业主要产品产量情况一览表

表 4–1

产品名称	计量单位	累计生产量
石灰石	吨	2519224.10
精制食用植物油	吨	16985
焙烤松脆食品	吨	2393.50
罐头	吨	6665.60
饮料酒	千升	69744.30
啤酒	千升	69744.30
鞋	万双	307.80
胶鞋	万双	307.80
塑料制品	吨	25346
硅酸盐水泥熟料	吨	1468157
其中：窑外分解窑水泥熟料	吨	1468157
水泥	吨	1581779
其中：强度等级 42.5 水泥（含 R 型）	吨	1195443
商品混凝土	立方米	187665.20

续表 4-1

产品名称	计量单位	累计生产量
沥青和改性沥青防水卷材	平方米	3977159
平板玻璃	重量箱	14260156.20
钢化玻璃	平方米	144770.20
夹层玻璃	平方米	102080.40
中空玻璃	平方米	195364.90
玻璃包装容器	吨	155016.70
玻璃纤维纱	吨	23459.10
玻璃纤维布	米	22252302.50
纤维增强塑料制品	吨	2008
耐火材料制品	吨	51342
粗钢	吨	2324486
铸钢件	吨	550.30
钢材	吨	1631086
特厚板	吨	367753
厚钢板	吨	700072
中板	吨	521546
其他钢材	吨	41715
用外购国产钢材再加工生产钢材	吨	41715
用外购钢材再加工生产钢材	吨	41715
铝材	吨	212998.60
钢绞线	吨	24850
工业电炉	台	105
金属冶炼设备	吨	564.50
电子工业专用设备	台	655
环境污染防治专用设备	台（套）	28
大气污染防治设备	台（套）	28
自来水生产量	万立方米	5700

2016 年海港区规模以上工业法人单位研发情况叠加汇总一览表

表 4-2

指标名称	计量单位	指标代码	2016 年	2015 年	增幅（%）
甲	乙	丙	1	2	3
企业数	个	—	71	73	-2.70
其中：有 R&D 活动企业数	个	—	8	9	-11.10
其中：有研发机构企业数	个	—	8	8	0
其中：有专利申请的企业数	个	—	7	7	0
其中：有新产品销售的企业数	个	—	7	6	16.70
其中：享受研究开发费用加计扣除的企业数	个	—	1	2	-50
从业人员期末人数	人	11	25246	26597	-5.10
从业人员平均人数	人	89	26187	26884	-2.60
资产总计	万元	15	3856198	3959637.80	-2.60
营业收入	万元	110	2500758.40	2491743.20	0.40
其中：主营业务收入	万元	13	2446609.20	2428780.80	0.70
利润总额	万元	14	-124987.30	-84953.40	47.10
工业总产值	万元	12	2468705.70	2462714	0.20

续表 4-2

指标名称	计量单位	指标代码	2016 年	2015 年	增幅（%）
甲	乙	丙	1	2	3
平均用工人员	人	111	26174	26932	–2.80
管理费用中的技术（研究）开发费	万元	94	3021.90	2744.60	10.10
其中：支付科研人员的工资及福利费	万元	112	1341.10	0	0
1.R&D 人员合计	人	17	555	457	21.40
其中：①参加项目人员	人	18	547	419	30.50
②管理和服务人员	人	19	8	38	–78.90
其中：女性	人	20	164	102	60.80
其中：研究人员	人	21	140	145	–3.40
其中：①全时人员	人	22	484	359	34.80
②非全时人员	人	23	71	98	–27.60
2.R&D 人员折合全时当量合计	人 / 年	24	365	343	6.40
其中：①研究人员	人 / 年	25	75	104	–27.90
②应用研究人员	人 / 年	27	30	0	0
③试验发展人员	人 / 年	28	335	343	–2.30
1.R&D 经费内部支出合计	万元	29	8915.20	9342.60	–4.60
其中：①经常费支出	万元	30	7502.10	7808.20	–3.90
其中：人员劳务费	万元	31	3976.30	2990.40	33
②资产性支出	万元	32	1413.10	1534.40	–7.90
其中：土建工程	万元	33	6.90	124	–94.40
仪器和设备	万元	34	1406.20	1410.40	–0.30
③应用研究支出	万元	36	771.30	0	0
④试验发展支出	万元	37	8143.90	9342.60	–12.80
其中：①政府资金	万元	38	299.10	85	251.90
②企业资金	万元	39	8591.50	9257.60	–7.20
③境外资金	万元	40	24.60	0	0
2.R&D 经费外部支出合计	万元	42	600	49.40	1114.60
其中：对境内研究机构支出	万元	43	200	0	0
对境内高等学校支出	万元	44	100	49.40	102.40
对境内企业支出	万元	96	300	0	0
1. 项目数	个	46	73	43	69.80
2. 项目人员折合全时当量	人 / 年	47	353	319	10.70
其中：研究人员	人 / 年	113	67	—	—
3. 项目经费内部支出	万元	48	8781.60	8356.80	5.10
其中：政府资金	万元	114	289.10	0	0
1. 机构数	个	49	9	10	–10
3. 机构人员合计	人	51	597	858	–30.40
其中：博士毕业	人	52	5	6	–16.70
硕士毕业	人	53	107	141	–24.10
4. 机构经费支出	万元	55	8537.80	14731.70	–42
5. 仪器和设备原价	万元	56	10047.30	9713.30	3.40
其中：进口	万元	57	2278	2278	0
1. 专利申请数	件	58	79	69	14.50
其中：发明专利	件	59	40	48	–16.70
2. 有效发明专利数	件	60	176	134	31.30

续表 4–2

指标名称	计量单位	指标代码	2016 年	2015 年	增幅（%）
甲	乙	丙	1	2	3
其中：已被实施	件	95	141	115	22.60
3. 专利所有权转让及许可数	件	62	—	10	–100
4. 专利所有权转让及许可收入	万元	63	—	19.70	–100
1. 新产品开发项目数	项	64	80	56	42.90
2. 新产品开发经费支出	万元	65	9520.30	11261.60	–15.50
3. 新产品产值	万元	66	77634.50	54082.60	43.50
4. 新产品销售收入	万元	67	80208.20	54971.70	45.90
其中：出口	万元	68	1839.50	14406.80	–87.20
1. 发表科技论文	篇	69	30	41	–26.80
2. 拥有注册商标	件	70	9	9	0
其中：境外注册	件	71	3	1	200
3. 形成国家或行业标准	项	72	0	3	–100
1. 使用来自政府部门的研发资金	万元	73	339.40	85.60	296.50
2. 研究开发费用加计扣除减免税	万元	74	114.60	195.10	–41.30
3. 高新技术企业减免税	万元	75	344.80	656	–47.40
4. 技术改造经费支出	万元	79	8312	1311.20	533.90
全部项目数	个	97	98	80	22.50
全部参加项目人员合计	人	98	719	987	–27.20
全部项目人员实际工作时间合计	人 / 月	99	4622	7727	–40.20
全部项目经费内部支出合计	万元	100	12852.30	15275.10	–15.90
其中：政府资金	万元	101	329.40	85.60	284.80
1. 从事科技活动人员合计	人	80	824	1216	–32.20
其中：本科毕业及以上人员	人	81	496	685	–27.60
其中：科技管理和服务人员	人	102	105	229	–54.10
2. 科技相关费用合计	万元	103	12981.70	19920.20	–34.80
R&D 经费内部支出合计与主营业务收入之比	%	201	0.36	0.38	–0.02
应用研究占 R&D 经费内部支出的比重	%	203	8.65	0	8.65
政府资金占 R&D 经费内部支出的比重	%	204	3.35	0.91	2.44
R&D 项目经费内部支出占 R&D 经费内部支出比重	%	205	98.50	89.45	9.05
R&D 人员合计与从业人员平均人数之比	%	206	2.12	1.70	0.42
研究人员占 R&D 人员比重	%	207	25.23	31.73	–6.50
机构中博士硕士占机构人员比重	%	208	18.76	17.13	1.63
发明专利占专利申请比重	%	209	50.63	69.57	–18.94
新产品销售收入占主营业务收入比重	%	210	3.28	2.26	1.02
利润总额与主营业务收入之比	%	211	–5.11	–3.50	–1.61
工业总产值与从业人员平均人数之比	万元 / 人	212	94.27	91.61	2.90

2016 年海港区规模以上工业企业主要经济指标（区属）情况一览表

表 4-3

	企业单位数（个）	亏损企业数（个）	工业总产值（当年价格）（万元）	工业销售产值（当年价格）（万元）	资产总计（万元）	负债合计（万元）	营业收入（万元）	营业税金及附加（万元）	利润总额（万元）	利税总额（万元）	全部从业人员年平均人数(万人）
总 计	71	26	2468705.70	2452463.40	3856198	3159821.50	2500758.40	11474.20	−124987.30	−48298.60	26187
一、按登记注册类型分组											
内资企业	56	18	1495328.70	1469973.60	1865869.90	1060950.80	1490906.50	7891.10	51195.10	117022	17286
国有企业	4	1	143322.40	137660.20	205437.10	118612.90	142165	577.40	−2797.20	−671.40	3117
中央企业	1	—	15640.50	14387.80	21158.40	18340.80	15980	242.70	20.90	1234.90	233
地方企业	3	1	127681.90	123272.40	184278.70	100272.10	126185	334.70	−2818.10	−1906.30	2884
集体企业	0	0	0	0	0	0	0	0	0	0	0
股份合作企业	0	0	0	0	0	0	0	0	0	0	0
联营企业	0	0	0	0	0	0	0	0	0	0	0
国有联营企业	0	0	0	0	0	0	0	0	0	0	0
集体联营企业	0	0	0	0	0	0	0	0	0	0	0
国有与集体联营企业	0	0	0	0	0	0	0	0	0	0	0
其他联营企业	0	0	0	0	0	0	0	0	0	0	0
有限责任公司	25	10	967590.30	971491.90	1130597.10	646553.90	986407.50	5228.90	21614	72587.70	9845
国有独资公司	2	1	68832.30	69045.40	155243.90	91539.60	77633	615.20	−3673.90	−100.20	2291
其他有限责任公司	23	9	898758	902446.50	975353.20	555014.30	908774.50	4613.70	25287.90	72687.90	7554
股份有限公司	8	0	187592.60	181868.70	372134.40	176106.90	176054.40	1308.90	30223	39790.60	1971
私营企业	19	7	196823.40	178952.80	157701.30	119677.10	186279.60	775.90	2155.30	5315.10	2353
私营独资企业	1	1	5389.90	5550.30	1590.30	1355.50	5551.70	202.50	−74.10	341.20	84
私营合伙企业	0	0	0	0	0	0	0	0	0	0	0
私营有限责任公司	16	5	141688.60	122122.40	115836.10	92643.20	154057.20	522.90	2652.70	4963.10	1327
私营股份有限公司	2	1	49744.90	51280.10	40274.90	25678.40	26670.70	50.50	−423.30	10.80	942
其他企业	0	0	0	0	0	0	0	0	0	0	0

续表 4-3

	企业单位数（个）	亏损企业数（个）	工业总产值（当年价格）（万元）	工业销售产值（当年价格）（万元）	资产总计（万元）	负债合计（万元）	营业收入（万元）	营业税金及附加（万元）	利润总额（万元）	利税总额（万元）	全部从业人员年平均人数(万人)
港、澳、台商投资企业	5	3	126943.20	122478.10	377277.80	399775.30	122183	197.10	-76736.10	-75410.80	2444
合资经营企业（港或澳、台资）	4	2	89569.10	88428.50	318315.70	348785.40	87727.60	132.50	-74221.90	-72962.50	1889
合作经营企业（港或澳、台资）	0	0	0	0	0	0	0	0	0	0	0
港澳台商独资经营企业	1	1	37374.10	34049.60	58962.10	50989.90	34455.40	64.60	-2514.20	-2448.30	555
港澳台商投资股份有限公司	0	0	0	0	0	0	0	0	0	0	0
其他港澳台商投资企业	0	0	0	0	0	0	0	0	0	0	0
外商投资企业	10	5	846433.80	860011.70	1613050.30	1699095.40	887668.90	3386	-99446.30	-89909.80	6457
中外合资经营企业	5	3	541207.60	558868.60	1312653	1464140	568568.30	670.40	-83616.50	-78001.70	4469
中外合作经营企业	0	0	0	0	0	0	0	0	0	0	0
外资企业	5	2	305226.20	301143.10	300397.30	234955.40	319100.60	2715.60	-15829.80	-11908.10	1988
外商投资股份有限公司	0	0	0	0	0	0	0	0	0	0	0
其他外商投资企业	0	0	0	0	0	0	0	0	0	0	0
二、按经济组织类型分组											
独资企业	11	5	491312.60	478403.20	566386.80	405913.70	501272.70	3560.10	-21215.30	-146886.60	5744
国有企业	4	1	143322.40	137660.20	205437.10	118612.90	142165	577.40	-2797.20	-671.40	3117
集体企业	0	0	0	0	0	0	0	0	0	0	0
私营独资企业	1	1	5389.90	5550.30	1590.30	1355.50	5551.70	202.50	-74.10	341.20	84
港澳台商独资经营企业	1	1	37374.10	34049.60	58962.10	50989.90	34455.40	64.60	-2514.20	-2448.30	555
外资企业	5	2	305226.20	301143.10	300397.30	234955.40	319100.60	2715.60	-15829.80	-11908.10	1988
合作、合伙企业	0	0	0	0	0	0	0	0	0	0	0
股份合作企业	0	0	0	0	0	0	0	0	0	0	0
国有联营企业	0	0	0	0	0	0	0	0	0	0	0
集体联营企业	0	0	0	0	0	0	0	0	0	0	0
国有与集体联营企业	0	0	0	0	0	0	0	0	0	0	0
其他联营企业	0	0	0	0	0	0	0	0	0	0	0

续表 4-3

	企业单位数（个）	亏损企业数（个）	工业总产值（当年价格）（万元）	工业销售产值（当年价格）（万元）	资产总计（万元）	负债合计（万元）	营业收入（万元）	营业税金及附加（万元）	利润总额（万元）	利税总额（万元）	全部从业人员年平均人数(万人）
私营合伙企业	0	0	0	0	0	0	0	0	0	0	0
合作经营企业（港或澳、台资）	0	0	0	0	0	0	0	0	0	0	0
中外合作经营企业	0	0	0	0	0	0	0	0	0	0	0
其他企业（内资）	0	0	0	0	0	0	0	0	0	0	0
其他港澳台商投资企业	0	0	0	0	0	0	0	0	0	0	0
其他外商投资企业	0	0	0	0	0	0	0	0	0	0	0
股份有限公司	10	1	237337.50	233148.80	412409.30	201785.30	202725.10	1359.40	29799.70	39801.40	2913
股份有限公司（内资）	8	0	187592.60	181868.70	372134.40	176106.90	176054.40	1308.90	30223	39790.60	1971
私营股份有限公司	2	1	49744.90	51280.10	40274.90	25678.40	26670.70	50	−423.30	10.80	942
港澳台商投资股份有限公司	0	0	0	0	0	0	0	0	0	0	0
外商投资股份有限公司	0	0	0	0	0	0	0	0	0	0	0
有限责任公司	50	20	1740055.60	1740911.40	2877401.90	2552122.50	1796760.60	6554.70	−133571.70	−73413.40	17530
国有独资公司	2	1	68832.30	69045.40	155243.90	91539.60	77633	615.20	−3673.90	−100.20	2291
私营有限责任公司	16	5	141688.60	122122.40	115836.10	92643.20	154057.20	522.90	2652.70	4963.10	1327
合资经营企业（港或澳、台资）	4	2	89569.10	88428.50	318315.70	348785.40	87727.60	132.50	−74221.90	−72962.50	1889
中外合资经营企业	5	3	541207.60	558868.60	1312653	1464140	568568.30	670.40	−83616.50	−78001.70	4469
其他有限责任公司	23	9	898758	902446.50	975353.20	555014.30	908774.50	4613.70	25287.90	72687.90	7554
三、在总计中：亏损企业	26	26	1142389.20	1146829	2236182.40	2284295.80	1177126	4504.90	−197179.70	−183118.70	13247
在总计中：国有控股企业	11	3	1094174.50	1091125	1377984.20	774535.60	1107205.90	5917.20	34014.20	89975.90	10710
在总计中：农村工业	0	0	0	0	0	0	0	0	0	0	0
在总计中：轻工业	8	5	159189.30	156424.70	206606.50	156432	148930.20	2181.70	−7820.80	−3493.40	3806
重工业	19	8	1399825.90	1405805.20	2491770.40	2149790.80	1446508.60	6208.30	−77815	−42368.90	13883
在总计中：大型企业	5	2	832397.80	847506.80	1635835.10	1587410.50	868424.20	3736.30	−57237.90	−35609.20	8726
中型企业	12	9	481946	477670	686649.70	519020.90	474982.70	3271.70	−51778.70	−43453.20	7374
小型企业	10	2	244671.40	237053.10	375892.10	199791.40	252031.90	1382	23380.80	33200.10	1589
纯小型企业	8	1	235482.60	229071.70	363491.20	195517.90	240995.10	1350.30	23259.40	32782.30	1519
微型企业	2	1	9188.80	7981.40	12400.90	4273.50	11036.80	31.70	121.40	417.80	70

重点企业

【河北羿珩科技股份有限公司】 公司位于秦皇岛市海港区北部工业区北二环370号，成立于2000年6月12日，注册资金1.2亿元，总占地面积3.35万平方米。2014年7月，鉴于企业产品结构调整，公司定位于高端装备的智能制造领域。2016年1月18日，成功登陆“新三板”资本市场。

2006年，被认定为高新技术企业。公司在激光和高铁领域进行探索，研发生产的全自动智能压装机和联轴节全自动清洗流水线成功进入中车供应商名录；全资子公司江苏启澜激光科技有限公司所生产的曲面玻璃导电膜激光刻画设备是国产大飞机C919前风挡玻璃导电膜刻画重要装备，尚无竞争对手。公司先后取得国家授权专利证书50多项，其中发明专利1项。新报并经国家受理的专利有11项，其中发明专利9项。每年都有新产品研发成功，为公司的发展提供可靠的技术支撑。2004年，首次通过ISO 9001质量管理体系认证；2006年10月，首次被认定为高新技术企业，2008年、2011年、2014年先后再次通过认定；2011年，由省发展改革委、省科技厅、省工信厅等7家单位认定为河北省企业技术中心，被市科技局认定为秦皇岛市光伏封装设备工程技术研发中心。2011年12月，河北省科学技术厅认定太阳能电池组件多层叠式层压机技术国内领先；“奥瑞特”牌全自动太阳电池组件层压机产品多次获河北省中小企业名牌产品称号。公司多次获技术创新示范企业、知识产权优势培育单位、科技成长型企业、科技工作先进集体、工业发展突出贡献企业等称号。2016年，实现产值4.4亿元，同比增长116.9%；实现营业收入2.2亿元，同比增长24.2%；实现利润4243万元，同比增长33.3%。

【秦皇岛市福寿食品有限公司】 公司成立于1997年，注册资本1068万元，有职工190多人。

2014年，整体搬迁至秦皇岛市海港区北部工业区，占地面积约2公顷，厂房面积1.8万平方米，新引进生产线5条，性能均达到国内领先水平，主要生产罐头、压缩饼干、单兵野战食品、舰艇远航食品、飞行救生口粮、两栖口粮等各类应急保障食品。日产压缩饼干15吨，罐头10吨，每天组合配套食品1万份。公司销售网络遍及全国31个省市、自治区。公司取得ISO 9001质量管理体系认证、ISO 22000食品安全管理体系认证、HACCP危害分析与关键控制点体系认证、OHSAS 18001职业健康安全管理体系认证、ISO 14001环境管理体系认证。通过饼干和罐头食品的生产许可认证，被授予食品安全示范企业、河北省中小企业名牌产品、河北省军民融合型企业、救灾救援合作伙伴等称号。总经理被评为秦皇岛市“创业明星”。2016年，实现产值9191万元，同比增长8%；实现营业收入1.1亿元，同比增长28.9%；实现利润682万元，同比增长62%。

【秦皇岛尼特智能科技有限公司】 公司成立于1996年，始终致力于火灾报警及消防联动控制设备的研发、制造、销售、服务，形成完善的公司运营和市场服务体系。成立之初就通过ISO 9001质量管理体系认证，通过ISO 14001环境管理体系认证，产品满足国家强制认证要求，是中国消防行业信用等级AAA级企业，是中国十大消防报警品牌。尼特是专业的消防电气系统集成商。拥有火灾报警及消防联动控制等8大系统190多种产品，一站式为客户提供完整的产品解决方案及系统监测、维保、运营服务。尼特技术支持和售后服务机构遍布全国，产品广泛应用于政府、医疗、金融、教育、电信、房地产等行业，遍布中国移动、中国农业银行等世界500强企业及恒大、万科、金科、绿地、嘉里等3万多个项目。2016年，实现产值1.1亿元，同比增长30.8%；实现营业收入1亿元，同比增长30.6%；实现利润441万元，同比增长100%。

（杨继明）

邮政通信业

YOUZHENG TONGXINYE

YOUZHENG TONGXINYE

邮政业

【概况】2016年，秦皇岛邮政深入贯彻落实集团公司“一体两翼”经营发展战略，按照“转方式、调结构、提品质、防风险、增效益”的总体工作要求，深化改革创新，加快转型升级，企业运行呈现发展稳健、结构优化的良好态势。全年实现收入2.69亿元，绝对值列全省第9位，同比下降2.13%。全员劳动生产率达到19.42万元，同比提高2.91%。

【网路运营】提升网运投递能力。全年分拣封发平常函件708万件，平刷76万件，挂信30.8万多件，普通包裹9万件，快递包裹157万件；转运完成邮件交换量940万袋捆。完成赵红投递班与秦皇小区投递站整合，优化城市区道段10条。邮区中心局增加内部场地面积260平方米，整合包裹收寄、报刊发行处理场地，减少盘驳成本，提高作业效率。推进县域“三合一”模式，增加投递员在外揽投时间。增开秦青二频县内邮路，调整秦山邮路承运方式，市趟邮路增加杜庄、石门寨接转点，进出口邮件时限提前一天。通过开展投递服务质量提升活动，投递时限明显提高，城市当日妥投率95%，快递包裹及时投递率99%，环比增长5%；投递信息上网反馈率99.1%，省内互寄“T+1”全程时限93%。

【企业管理】深化企业管理改革。按照集团公司、省分公司要求，以专业调整和资源整合为重点，推进企业经营组织架构改革。撤销报刊零售局，整体建制划入发行投递局，成立中邮保险局、包裹业务局、海港区营业局、开发区营业局及金融转型办公室、渠道建设办公室和集中采购中心，分销业务局整建制划入渠道建设办公室。对全市邮政管理、营销、技术、操作序列岗位工作的合同用工、劳务用工、非全日制用工实施积分考核制，引导员工提高工作效率，提升岗位履职能力。加快推进全面预算管理，从严从紧控制非生产性和管理性支出。推进“平安邮政”建设，机要通信连续三十三年保持质量全红。

【综合能力建设】加大核心能力投入。以便民服务站渠道叠加为基础，以农村商超为重点，建设邮乐购网点1055个，行政村覆盖率46.97%，累计吸收会员7.15万人。基础设施建设不断完善，全年投入1297万元。其中，中央财政拨款359万元、省公司投资669万元、市公司投资269万元，改造金融网点8处，报刊分发、投递场地1处，建设服务“三农”区域仓储配送中心1处，购置网点视频监控联网系统1套，市中心UPS主机2台，存折补登折机10台，排队叫号机7台，网点UPS 21台，路由器40台，网点监控设备20套、防护舱3套，安检机1台，自动填单机10台，清分机9台，邮政服务“三农”车辆6台。

（秦　志）

通信业

【中国移动通信集团河北有限公司秦皇岛分公司】位于建兴街31号。经营范围包括国内、国际移动通信业务（含移动电话业务、数据业务、多媒体业务），国际互联网接入业务，IP电话业务，及其他电信与信息业务等。公司下设8个部门，有员工1163人，平均年龄33.6岁，大专以上学历达86.9%。开展4G网络建设，全年建设开通4G基站2200多个，4G基站规模达到5000多个，4G基站规模增长76%。为客户服务。除为客户提供基本的话音业务和留言、短信息、移动秘书、彩信、彩铃、手机上网、手机报、咪咕游戏、和校园、咪咕视频、和包、和通讯录、咪咕音乐、咪咕动漫、咪咕阅读、移动MM、和彩印、农信通、交管通、云视讯、千里眼、宝贝计划等新业务外，还拓展移动信息服务，通过各类专线、IDC、ICT等集团信息化行业应用业务，使客户通过手机即可获得信息服务。助力城市信息化建设，为政府、企业、家庭提供多维度移动信息化服务。投入资金2.4亿元，投入保障人员2205人次，车辆622车次，用于网络建设优化与服务提升。为山火指挥、国际马拉松、中超比赛、全国煤炭交易会等重要活动提供通信保障。公司被授予秦皇岛市精神文明建设工作先进单位、秦皇岛市宣传思想和精神文明建设工作先进单位称号。

【中国联合网络通信有限公司秦皇岛市分公司】位于秦皇西大街102号，是中国联通在秦皇岛市境内的分支机构，是秦皇岛市具有全业务经营资质的宽带通信和信息服务主导运营企业。主要经营GSM/WCDMA/LTE移动电话、固定电话、宽带和信息应用、信息内容、系统集成等通信和信息服务产品。辖6个县区分公司。聚焦4G、光宽带业务，落实“宽带中国”战略和京津冀一体化资费政策，新建4G基站520个，室分509栋。4G网络实现市区、县城、校园和重要交通干线的连续覆盖，乡镇实现100%。4G网路客户达到27.96万户，宽带客户达到41万户。年内联通电视客户达到20.19万户，渗透率提升27个百分点，增速居全省第一。手机版联通电视注册客户达到7.5万户。圆满完成暑期、国际马拉松赛、全国煤交会等通信保障，完成多起山火及“7·19”雨灾应急抢修及灾后恢复工作。坚持以服务促发展，实施“为客户提质计划”，完成132个重点场景4G网络优化。秦皇岛火车站等128个场景网络质量实现行业领先。提升IDC业务基础能力，IDC总带宽达到280G。通过自建和合作，形成2个自建IDC机房+3个合作机房运营格局，机柜达到167架。支撑本地数据产业发展，主动承接当地数据京津外溢业务。秦皇岛市“智慧网格”项目得到落地实施。全力支撑“城市WiFi”建设，北戴河区和海港区重点场景实现WiFi覆盖。整合物联网、互联网和通信网络等资源，完成数字社区、智慧林业、智慧旅游、智能交通、智慧工地、移动电子政务网等项目。

【中国电信集团公司秦皇岛市分公司】位于峨眉山北路1号。公司隶属于中国电信集团河北省分公司，成立于2003年2月18日，注册资本2000万元。主要经营电话业务、互联网接入及应用、数据通信、视讯服务、国际及港澳台通信等多种类综合信息服务，能够满足国际、国内客户的各种通信及信息服务的需求。下设14个职能部门和9个分支机构。新建移动网建设基站2362个，重点进行农村和室内分布的深度覆盖。承秦高速专项工程开通基站18个，使承秦高速覆盖率由81.14%提升至98.12%。开展LTE基站建设，投资1.1亿多元，开通2362个LTE基站，4G城区覆盖率达到99.8%以上，基本实现全面覆盖。开展“宽年惠民”工程。秦皇岛电信高度重视农村信息化建设，实现农村100%FTTH宽带覆盖，“宽带+手机+电视”的融合产品，实现农民时刻可以了解时事信息的愿望。开展宽带提速降价，全市百兆宽带占比达到90%。电信4K高清电视上市，为广大用户提供更清晰、更优惠、功能全面的有线电视服务，实现多数用户三网融合。秉承“当日装、当日修、慢必赔”理念，实现用户当日受理业务，当日进行装机，超时进行现金赔付，树立良好服务口碑。开展智慧校园、智慧城市、天翼对讲业务。长期为各级政府相关部门提供政务信息化服务，对“智慧城市”开展前瞻性市场研究，梳理整合各类行业应用，加快实施聚焦客户的信息化创新战略。面向高校校园全面推进光纤覆盖，实施提速降价、手机宽带实名认证登记；面向中小学、幼儿园搭建信息化教育云平台，引进全国优质教育资源，服务于电信用户，全面推进三通两平台建设。与秦皇岛市公安局签订合作协议，为全市保安公司配备天翼对讲机，用于指挥调度与安全保障。

（秦　志）

无线电管理

【概况】秦皇岛无线电管理局按照新形势下“三管理、三服务、一突出”（管资源、管台站、管秩序；服务于经济社会发展、服务于国防建设、服务于党政机关；突出做好重点无线电安全保障工作）的总体要求，结合机关作风整顿和“两学一做”专题教育开展工作，以党的建设、班子建设、队伍建设为主线，以讲政治、讲团结、讲贡献为要求，以促和谐、促发展、促创新为目标，全面推动无线电管理事业健康发展，全年各项工作取得较好成效，完成各项工作任务。

【暑期监管】制定周密的保障实施方案，全体人员取消休假，加强值守。开启辖区9座固定监测站，提前对全市开展保护性频率监测。对重点区域采取固定监测站和移动监测车结合。

派出技术人员和执法人员，对未经批准设置使用900MHz频段WCDMA技术试验网15座基站行为进行行政处罚；对秦皇岛移动公司2座4G基站超占频率、4座1800兆赫兹基站未办理行政许可等违反无线电管理法律法规的行为正在依法调查取证；对监管发现的津秦高铁、大秦铁路GSM-R部分基站、直放站地理坐标不准确、基站直放站地址不准确等问题报省局频台处协调处理。出动技术人员240多人次，到重点区域的景区、宾馆、酒店等公众场所进行无线电设备手续及频率的详细摸排比对，地毯式清查，不留死角，全面监控重点区域用频情况。旅游旺季，无线电安保工作实现零干扰、零事故、零失误。

【军地合作】与秦皇岛军分区和驻秦皇岛部队军地电磁频谱领域的合作交流，保持较为深入的业务合作。在军地频率协调、军地人员交流、军地无线电应急能力融合共享等方面，进行积极的探索实践。9月底，受邀参加全省“军事日”和民兵预备役应急力量展演。在工作任务重，人员缺少的情况下，积极协调，选派2名工作人员参加，就政治认识、参展纪律、宣传方式、安全保密等工作内容进行专项动员。活动中，秦皇岛局监测车展台接受省委书记赵克志和省长张庆伟等军地高层领导的检阅。

【行政执法】全年办理执法案件44起，罚款6.5万元，没收非法设备23套。特别是查处抚宁区涉嫌反动宣传的黑广播案，受到国家和省、市、区四级防范办的好评。国家防范办认定秦皇岛局发现及时、行动迅速、定位准确、处置果断、配合默契、战果辉煌，荣记集体二等功，3名工作人员荣记三等功。省防范办奖励秦皇岛市防范办现金5万元，市、区防范办对秦皇岛局通报表彰，分别赠送锦旗。年初，修订完善应急预案。4月26日，组织全体人员在奥体中心举行一次实战应急演练，锻炼队伍，检验装备。全年完成中超联赛、秦皇岛国际马拉松赛、市政府主要领导重要活动及各类考试等重大无线电保障任务36次。

【监测工作】完善数据整合，为省站“大数据”分析平台提供翔实的原始数据资料。全年累计监测近2万小时，对比、分析信号1500多个，标注数据库信号1000多个，整理2015～2016年监测数据1.06万条，将全部数据按年、月、站、频段进行分类、整理、保存，刻录备份光盘10张，为全省监测网“大数据”平台建设提供翔实的技术资料。完成频谱评估专项活动数据采集工作。提前完成固定站监测及路测工作，确保辖区8个固定站全部完成连续三天的监测任务，占空比达100%，完成率名列全省前茅。转变工作思路、主动服务社会、服务企业、迅速排查各类无线电干扰。全年为民用机场、军用机场、铁路、海事、防汛、电信运营商等各大企事业单位排查干扰频点49个。创新工作模式，开拓新思路，启用新设备，率先启用无人机用于信号侦测工作。经过前期调研，9月23日，利用无人机在东方明珠城社区侦测到黑广播设备及发射天线2套。

（秦　志）

秦皇岛长途通信传输管理

【概况】2016年，秦皇岛传输局一、二级干线障碍率：0次/年百皮长公里；光缆备用光纤：测试176条，测试率与合格率均为100%；一级干线光缆割接3次，二级干线光缆割接5次，传输系统割接合格率100%；全年安全生产无事故，治安保卫无案件；干线承担各层级重要通信保障任务25次/62天；当地网专线承担暑期北戴河重要通信保障90天，实现零障碍、零事故。受到国内专用通信局的表彰。获2016年度优秀领导班子、先进基层党组织、先进单位第三名、维护达标先进单位第三名；秦皇岛分局、卢龙分局被省局评为先进分局；干线运行维护部被评为先进集体；14名工作人员分获省局优秀党务工作者、优秀共产党员、巾帼建功标兵、先进个人、技术能手、维护明星、“7·19”抗洪抢险先进个人等称号。在省传输局2016年组织的第二次维护专业知识理论考试中，参考人员考试合格率100%，排名全省第一。

【维护工作】干线维护扎实推进。基础管理突出细化。对10大类37项主要维护任务进行再优化和细分解，确保各项工作有条不紊地开展。维护制度做好落实。落实省局“干线防障纪律”，各级巡回检查频次不动摇，以检查促落实。线路“重通”任务完成。完成如全国“两会”等各层级的“重通”保障任务62天，实现重通保障零隐患、零事故的工作目标。护线宣传适时开展。利用电信日和每季度的军警民护线宣传活动，走访沿线政府、村镇及施工单位70处，发送护线短信500多条。本地网维护成果显著。落实省局“3+N”“软硬”一起抓，与市公司建立沟通机制，优化完善城域网保障预案，确保预案的科学性、可用性。创新性开展工作。整合细分网络资源，制作“秦皇岛传输局网络资源”手机APP，有效压缩障碍历时。与市公司网维中心积极沟通，为电子派障提出合理化建议。卢龙试点分局系统录入率从45%提高到70%，非试点分局均超额完成指标要求。完成暑期北戴河90天的重要通信保障任务，接受总部、省（厅）、市各级领导的多次督导检查，多次受到认可及表彰。昌黎等分局在全省率先成立县级管线行业协会，得到省局领导的高度赞扬。突发险情表现出色。在“3·29”祖山山火抢险救灾及“7·19”抗洪抢险工作中，员工团结一心、不畏艰难，5天6夜连续奋战，抢通修复各通信运营商线路26条、50多千米，受到省、市领导赞扬与表彰。

【线路整治】 干线线路整治工作。开展各级人员走线路活动，发现并整改线路隐患19处。及时修复“7·19”线路水毁隐患。重点工作持续推进。加速推进干线光缆线路资源清查工作。线路标石采集工作全部完成；配合市公司完成干线机房整合搬迁工作。当地网线路整治工作。城域网整治成效明显。对重点枢纽机房的进线室、局前井等线路进行标准、规范、精细化整治，处理多年遗留的顽疾类隐患12处，对重要业务线路进行梳理，绘制重点线路网络图，获得市公司的高度认可，提升河北传输的品牌形象。提升客户感知。主动和市公司进行沟通并处理好双方关系，配合市公司对全区的线路进行异网核查，完成对市区异网清查工作。研制防鸟啄彩带、过路光缆防挂断临时过路槽等工具，提高光缆线路的安全性。

（秦　志）

商贸　旅游业

SHANGMAO LVYOUYE

SHANGMAO LVYOUYE

商贸行业管理

【概况】2016年，区商务局紧紧围绕全区经济发展目标，牢固树立大局意识、创新意识、服务意识，不断提高市场监管能力，完善市场服务体系，深挖城乡消费市场潜力，全局各项工作稳步推进，成效明显。实现社会消费品零售总额同比增长10.5%，增速高于全市平均水平0.1%，总量持续全市第一。生活必需品市场供应充足、价格稳定，全年撰写市场分析报告60篇。电商蓬勃发展，实现农村电子商务全覆盖，区、镇、村三级物流配送中心和262个村级服务站投入使用。

【市场运行监测】全区社会消费品零售总额累计实现308.62亿元，同比增长10.5%，增速高全市平均水平0.1%，总量持续全市第一。其中，餐饮收入累计实现41.53亿元，同比增长24.3%；商品零售额累计实现267.1亿元，同比增长8.6%。按照“保存量、控增量”的总体要求，联合统计部门实地走访商贸流通企业379家，筛选出达标入统限上商贸企业33家纳入统计系统数据库。较好完成社零指标年度增长计划。

2016年海港社会消费品零售总额情况一览表

表5-1

项目	金额（万元）	累计同比%
社会消费品零售总额	3086232	10.50
城镇	3086232	10.50
其中：城区	3086232	10.50
乡村	0	0

【农村电子商务全覆盖】5月，启动农村电子商务全覆盖项目，通过公开招投标，确定中国邮政秦皇岛分公司为海港区农村电子商务全覆盖项目中标企业。8月底，完成8个镇、北部工业区、临港物流园区，共计262个行政村的农村电商100%全覆盖工作。建成区级电子商务公共服务中心，杜庄镇、石门寨镇、驻操营镇各设有1个物流配送中心，三级物流配送体系建设完成。每个行政村服务站均安装由海港区农村电子商务全覆盖服务项目运营商——邮政秦皇岛分公司搭建的村邮乐购交易平台，为村民提供网上代买、代缴话费、代缴电费、快递收发等服务。形成“工业品下乡，农产品进城”的双向流通体系。采取以镇为单位分批次进行电商相关知识培训，提高服务站人员业务水平。组织培训7批次，培训人数346人次。全区农村电商服务站实现总订单数13.06万件，总金额512.05万元，所有服务站运转正常。

【再生资源】海港区再生资源回收经营网点多，但登记备案的较少。摸清全区再生资源行业现状，结合2015年度再生资源回收企业年检工作，对全区再生资源备案企业进行为期2个月的实地勘察，摸清各回收网点底数，掌握企业经营现状。依法注销经营资格12家，新增备案企业26家，全区有备案企业75家，其中注册资金50万元以上的47家。

【成品油市场管理】克服站点分布范围广、监管难度大的问题，创建区民营成品油企业微信群，将省、市商务系统非重要通知或文件精神传达到每个民营成品油站点，全年发放工作提示140多次。在成品油市场专项整治活动中，对22家加油站点进油台账、国五汽柴油库存量、销售量和安全生产工作落实情况进行全面检查，并与企业签订诚信经营承诺书、消防安全承诺书等。各站点国五油品置换、国五标识更换等工作已全部完成，服务承诺、安全生产制度上墙，经营场所整洁卫生。

【安全生产工作】组织召开由商贸企业、成品油企业、再生资源回收企业参加的安全生产会议12次，与企业签订安全生产承诺书、消防安全承诺书，强化企业安全生产意识和责任意识。按照新修订的《中华人民共和国安全生产法》规定及要求，结合重大节日和季节，根据不同时期安全工作重点，定期不定期组织开展单位自查和重点抽查，重点检查企业安全生产责任制度、规章制度、设施设备、应急预案备案情况，安全管理台账等。对大型商贸企业、超市等人员密集场所的防火卷帘、灭火器、喷淋系统、报警系统、仓库等易发生安全隐患环节，进行逐一排查，绝不放过任何存在安全隐患环节。开展安全生产宣传活动，发放宣传资料800多份，为群众讲解安全生产知识，提高广大群众安全意识，营造安全生产人人有责的舆论环境和社会氛围。

【早餐工程和蔬菜直供店】 经过企业申报和认真走访调研，确定红椒餐饮等6家早餐店为2016年度早餐工程示范店资金扶持对象，6家门店获总计10.98万元的扶持资金。从早餐工程示范店里选取2个试点(味多多汤饼店、好面道面馆)，面向社会弱势群体提供免费早餐等优惠，争取以商家为主，政府引导辅助的方式，扩大早餐工程福利范围。佳源超市和好又来超市通过新增蔬菜直供店审核，蔬菜直供店有30多家，蔬菜价格比市场平均价格低10%左右，广缘、艾欣等大型超市设立的蔬菜直供专区，每天有3～4种特价菜供市民选择，蔬菜销售量增加。

【商贸招商】 为有投资意向企业提供优质快捷的招商服务。全年接待有投资意向企业3家，涉及钢铁业、玻璃业、大型商业等众多领域，预计用地面积44公顷，总投资18亿元。引导企业开拓国际市场，提升国际化经营能力。对海港区外贸企业申报2016年外经贸发展专项资金项目进行初审，确保申报材料及其所附资料复印件与原件一致。申报分两批进行，第一批上报时间为6月20日前，第二批上报时间为2017年1月15日前（项目仅限2016年实施完成）。第一批共计4家企业提供申请，涉及考察项目1个，展会项目1个，产品认证2个，绿色认证1个，遍及6个国家和地区，共计申请金额7.42万元。第二批共计6家企业提供申请，涉及展会项目8个，考察项目1个，遍及7个国家和地区，申请金额36.2万元。

（杨常凯）

市场建设与管理

【概况】 海港区市场建设管理局以“服务经济发展、强化市场监管”为主线，积极落实区委、区政府提出的创建文明城市为工作中心，不断解放思想，真抓实干，着力抓好服务升级、管理创新、体制转型，全局上下团结一心，埋头苦干，市场秩序、环境卫生和安全管理成效显著，实现全区农贸市场工作健康有序发展，并持续保持繁荣。

【市场管理】 以创城活动为抓手，实现市场容貌秩序整体提升，通过市场行业协会动员，经营户统一服装，亮证经营，严禁市场内商户到路边经营；安排500名文明引导员开展文明引导工作；在各市场设置投诉箱、电子公平秤、投诉意见本、投诉处理登记本及投诉举报电话；增设蔬菜检测仪器10台，停车位120个；粉刷墙体面积3.5万平方米、维修破损路面面积6000平方米、下水道1000米，更换破损台案346节，清理垃圾220车，拆除市场内棚亭256间；对市场内公厕进行清理，安排人员定时保洁；对港北夜市、桥东里市场等群众反映强烈的市场进行取缔；对燕山早市、团结里早市等马路市场进行整顿；行业协会在所辖市场组织开展第四届“诚信经营户”“文明经营户”的评选活动，评选出诚信经营户46个，文明经营户38个。

【安全生产、食品安全】 以特色小吃街为试点，推行液化气罐统一管理工作，由液化气公司对小吃街商户的液化气管道、气瓶等提供专业检测、定期更换和质保等服务；对存在安全隐患的用火、用电、用气等情况开展专项排查，重点整治夜间留宿等安全隐患，取缔市场内所有燃煤炉子；对辖区内各农贸市场的电路及配电箱使用情况进行督导检查；完成经营户健康证的更换和新办工作，对辖区内食品安全经营户进行摸底调查，登记备案。全年抽检蔬菜样本6000多份，开展各类安全检查300多次。

【民心工程】 以秦皇小区、天开市场为试点，推进农贸市场肉菜追溯体系建设，运用信息技术手段，实现肉菜商品流通的索证索票、购销台账的电子化，形成来源可追溯、去向可查证、责任可追究的质量安全追溯链条，保障肉菜食品质量安全，为人民群众提供安全放心的肉菜产品。

【市场简介】 五道桥市场。位于海港区新二街内，南临河北大街，北靠海阳路，交通四通八达。原为大棚式农贸市场，市场内部为粗放型的摊位式经营模式。由于市场规模小，市场交易呈现脏、乱、差的局面，影响市容市貌，存在诸多安全隐患。2007 年 8 月 22 日，市政府召开专题会议研究市场改造问题，将其纳入 2008 年全市“迎奥运‘双十’工程”，区委、区政府从关注民生、改善民生、倾力打造宜居、宜业、宜游的滨海名区出发，把五道桥市场改建列为海港区民心工程的重头戏。改造后的五道桥市场以灰白色为主基调，全长 96 米，宽 12.34 米，建筑面积 1185 平方米，一层结构，有 136 个摊位，商品房 39 间，经营水果、生肉、干海鲜、杂货、蔬菜、熟食等商品。

团结里市场。团结里市场位于团结里小区西侧护城河旁，辐射团结里、人民里、市政小区、锦绣家园等片区，有经营户 180 户，为周边市民生活提供方便。2010 年 11 月，由六合公司出资开始翻建，翻建地点位于原址旁护城河上，为封闭型市场，2011 年 6 月 15 日竣工。市场主体分为西、中、东三段，市场面积约 2000 平方米，西段门市房 28 间；中段摊位 32 节，门市房 12 间；东段摊位 74 节，门市房 14 间。

天开市场。天开市场位于燕山大街西段广源超市西侧，是 20 世纪 90 年代修建的大棚式市场，市场由两侧门市房和中间两排台案构成。市场内空间小，仅有两条 1.5 米宽的过道，消费者和经营户感到诸多不便。2012 年，对天开市场进行升级改造。拆除市场中间两排台案；统一更换市场棚顶，门市房统一做防水；重新修建市场南出口；统一更换门市房卷帘门，市场内建有门市房 72 间。

2016 年海港区亿元以上商品交易市场成交情况一览表

表 5-2

单位名称	金额（万元）
合　　计	604390
海阳农副产品批发市场	400000
秦皇岛市旧机动车交易市场	112476
秦皇岛市华运建筑装饰材料城	26500
秦皇岛市供销合作社贸易服务公司果菜批发市场分公司	41000
马坊市场	13212
天桥市场	11202

（张　洋）

粮油流通

【概况】 2016 年，海港区粮食局以“确保粮食安全、服务发展大局”为第一要务，以深入开展“两学一做”学习教育活动为抓手，围绕效能建设，克服历史遗留问题复杂、干部队伍年龄老化等诸多不利因素，明确思路、突出重点、团结协作，狠抓落实，推动全区粮食工作全面发展。

【粮食执法】 全年开展粮食执法检查、粮食日常检查和专项检查 31 次，出动行政执法人员 96 人次，检查企业 58 家次，确保粮食市场稳定。做好粮食安全责任制考核相关工作。根据《秦皇岛市粮食安全责任制考核办法》要求，拟定《海港区关于落实粮食安全责任制的实施意见（征求意见稿）》《海港区关于分解粮食安全责任制目标任务的通知（征求意见稿）》《海港区落实粮食安全责任制考核工作实施方案》，加强与相关部门沟通协调，按程序征求意见、督促整改与汇总整理，圆满完成考核迎检任务。

【粮食流通】 做好粮食流通统计培训工作。组织相关人员参加省粮食局粮食应急监测体系培训和市粮食局统计工作培训，提高从业人员业务素质和工作水平，确保相关资料和数据真实有效。完成 2015 年度社会粮食供需平衡调查工作。采取统计报表全面调查与类型抽样调查结合的方法，以2015年年报数据为准，全面掌握辖区粮油购销存等情况，准确掌握辖区粮油购销存等基础数据。做好全区粮油经营企业最高、最低库存量的核定工作。为全区1家加工企业、3家收购企业、19家粮油经营企业进行库存量核定。

【粮食政策宣传】 开展2016年食品安全宣传周、爱粮节粮进社区、进农村宣传等活动，发放宣传册（页）1800多份，现场解答群众咨询30多人次，组织3家粮油企业集中对“放心粮油”产品进行展示，普及食品安全知识，提高群众爱粮节粮意识，营造爱粮节粮的良好社会氛围。

【安全生产】 开展安全生产大检查工作，加强重点时段安全生产隐患排查。全年开展安全生产检查21次，出动执法人员85人次，检查企业133家次，安全生产形势稳定。加大信访隐患排查疏理。坚持局领导接访制度，加大信访排查调处工作力度。主动出击，多方协调，争取政府相关部门的理解、支持与帮助，合理解决原改制企业退休人员独生子女一次性奖励兑现问题。协助区卫计局完成改制企业买断职工独生子女情况登记工作，已登记82人。做好区直领导包案工作，包案领导认真履行职责，加强与属地协调配合，选派局机关3名工作人员参与协助涉案稳控单位临港物流园区执勤维稳工作，发挥包案作用。做好开滦路粮站拆迁相关工作，加强与区房屋征收管理中心和8户房屋使用人的沟通协调。

（王　勇）

供销合作

【概况】 区供销合作社有干部职工29人，辖农业生产资料行业协会、柳春商场、海阳供销社、驻操营供销社、石门寨供销社等5个独立核算单位。按照“改造自我、服务三农”的总体要求，以组织体系创新为突破口带动其他体系创新，加快推进供销社综合改革工作，夯实为农服务基础，打造为农服务新平台。拥有农资配送龙头企业1家、农资综合服务站14家、日用消费品网点20家、新型基层供销合作社5家、农村社区综合服务中心（社）6家、供销社超市11家、金融超市3家、农民专业合作社联合社7家、专业合作社37家、行业协会10家。实现销售收入1.88亿元，实现利润30万元。

【企业管理】 新组建北港镇（含北部工业区）、东港镇（含临港物流园区）、驻操营镇、石门寨镇和杜庄镇镇级专业合作社联合社，实现全区镇级专业社联合社全覆盖。新发展农民专业合作社10家。对玉宽农民种植专业合作社、广存农民种植专业合作社、益中农民种植专业合作社的办公场所分别进行修缮改造，添加基础设施，提升对外形象，全年下发帮扶资金5.6万元。成立金融超市3家、发展助农点10个、推广“供销一卡通”560张，为供销社开展服务“三农”一站式金融服务工作打下坚实基础。对海阳供销社南大院、柳春商场和大旺庄门市房顶做防水，面积1800多平方米。在海阳供销社南大院安装监控设备6组，设施逐步更新，收益逐年增长，为综合改革推进提供有力的资金保障。将黄北村一处700多平方米多年存在纠纷问题的资产顺利收回，对外租赁使用。创新教育培训方式，将培训资金下拨给镇级联合社，将课堂培训转为实地培训，通过农技人员深入到田间地头实地讲课、组织各个专业社社员相互实地学习等方式，把优秀的管理经营思路运用到自身发展中，深受农民朋友和社员的好评，效果显著。

【农资供应】 农业生产资料公司是海港区供销合作社为农服务的龙头企业，全区拥有农村综合服务站14家。坚持从正规生产厂家进货，严把进货质量关。加大对各村级农资综合服务站的配送力度，尽量减少流通环节，直达销售终端，最大限度地降低农资流通成本。通过专家现场咨询、专题培训、服务热线答疑等形式及时为农民处理疑难问题，加强科技服务，帮助农民提高化肥利用率，助农节支增收。春耕期间，开展便民服务，延长经营时间、电话预约、送货上门、送药送肥到田间地头等便民措施。坚持免费向农民提供测土配方和科技咨询、利用供销社网站向农民宣传党的惠农政策和市场信息，组织农民进行科技培训和参观考察，提高农民科技种田水平。举办园林绿化养护新技术交流会。与秦皇岛园林植保公司联合聘请园林植物保护培训师对草坪、花卉养护、病害的识别及防治技术等进行讲解。农资协会200多名会员参加。全年累计销售各种化肥853吨、农膜11吨、农药6吨、种子54吨、农机具740件。

【项目建设】 建设完成“供销社超市”11家。“供销社超市”为村民营造更加安全便捷的消费环境，进一步展示新供销的形象，扩大新供销的影响。建立镇级综合服务社2家，服务石门寨镇、驻操营镇周边数10个村。2家服务社以经营农资为主，经营人员均是供销社的老职工，深得农民朋友的喜爱。改建综合服务中心1家，服务中心集农资、日用品供应、家电农机具维修、文化娱乐、幼儿教育等多种经营服务功能于一体，方便周边村民。

【防汛应急抢险物资储备】 制定《海港区供销社防汛应急管理应急预案》，加强储备物资管理，做到账、物相符，对超过保质期、影响使用效果的4.5万条塑料编织袋报废处理，并及时增补防汛物资，确保汛期物资调得出、用得上、有保障。针对防汛物资专项资金连年递减的情况，将海阳基层社原有库房改建成为防汛应急物资储备库，节俭开支。汛期，向全区各单位调拨防汛物资塑料膜700公斤、铅丝2950公斤、尖镐315把、铁锹910把、编织袋4.26万条、编织布3600平方米、无纺布2400平方米、安全网10片、安全帽60顶、断线钳10把、木桩4立方米、雨衣13套、喷雾器1个、橡皮艇1艘、污水泵4台、泥浆泵8台、救生圈10个、救生衣57件、发电机2台、雨鞋13双、喊话机5台、强光手电筒31个、棕绳子550公斤、丝绳子45公斤、长把铁耙50把、铁锤10把、断丝1捆、油锯2台、斧子62把、手锯22把、镰刀30把、竹扫帚10把。

（张　楠）

太阳城商业区

【概况】 太阳城管委会以“推动跨越发展，建设美丽太阳城”为目标，以“两学一做”专题教育和文化项目建设为抓手，统筹推进，协调发展，全面促进太阳城持续健康发展。积极推动信息宣传工作，全年上报信息100多篇，市级以上媒体采用50多篇；上报舆情信息251篇，省级以上网络媒体采用120多篇。

【重点项目】 实施特色产业招商，成功引进“好妈妈孕婴优品”“爱居兔”等品牌门店落户太阳城；引进内资1100万元，圆满完成区委、区政府下达的招商引资任务，商业区业态进一步优化，功能品位显著提升。积极推动太阳城爱与梦想涂鸦墙项目建设，打造独具特色的中心地标；依托互联网技术，打造指尖上的太阳城商圈，成功引进聚美客智慧商业项目落户太阳城，着力实现辖区商业线上线下互动，激发商业活力，提升商圈影响力和服务水平，打造智慧商圈。

【城区治理】 创优管理，全面规范城区经营秩序。着力实施城区精准管理，采取疏堵结合、分街包片、定点值守、机动巡查、错时管理等有效措施，对高发问题、高发地段、高发时段实施重点监控，严把城区难点地段、问题时段管控关。深入开展专项整治活动，重点对流动商贩、店外占道经营、棚亭摊点、广告牌匾、小广告、交通秩序、城区噪音和市场区进行综合治理，全面规范城区经营秩序，没收违规小广告2吨，整治违规占道经营商户14家，暂扣经营设施8套，治理噪音污染7家，查处暂扣音箱设备18套，规范店外促销53次，规范店外摆放35项。

【安全生产】 加强安全生产管理，健全安全管理机制，深化辖区企业法人安全目标责任制，全面落实“党政同责、一岗双责”，组织召开商业区安全生产会议12次，与40家商家企业签订安全生产目标管理责任状、安全生产承诺书和消防安全责任状。深入开展安全生产大检查与专项整治活动，出动安全检查工作人员500人次，摸排安全隐患97处，整改85处，杜绝各类消防安全隐患，确保辖区安全生产形势稳定。

【食品安全】 加强食品安全监督管理，着力提升食品安全管理水平，对涉及食品安全商户进行重点检查，检查中小餐饮企业500多家，消除隐患24个。健全从业人员安全档案，发放备案卡90家，办理健康证100个。加强食品安全宣传，组织开展“3·15”食品安全宣传日活动，设置展板24块，发放宣传资料3000多份，接受咨询180人次，营造商业区食品安全的良好氛围。

【治安维稳】 开展社会矛盾纠纷排查化解和社会治安综合治理，引导群众依法公正处理各种矛盾纠纷，主动为群众排忧解难。成功调处太阳城11号楼房主与敖海物业公司、大爱城与麦当劳、520地下街与房主、13号楼业主与天乙商贸及厚德物业等4起矛盾纠纷，关注宏盛物业与厚德物业矛盾纠纷问题，引导当事人通过法律途径解决双方矛盾纠纷，消除信访安全隐患，确保辖区安全稳定。

【城区环境】 加强城区绿化环保工作力度，对城区中心广场、主要干道进行绿化，种植花草面积224平方米；加强城区基础设施维修保养、环境卫生保洁工作力度，严格作业标准，细化保洁责任，健全严管精管举措，采取错时管理、延长保洁时间等措施，完善勤查细巡体系，深入开展“全民洗城”活动，提升城区环境质量和水平，疏通污水管道3761延长米、雨水管线210延长米、雨污水井417个；维修城区道路235平方米，对道德街文化长廊破损立柱进行修复，更换污水井盖13个，施划交通禁停线196平方米。

（孙亚男）

金梦海湾商务旅游度假区

【概况】 金梦海湾片区以项目建设为抓手，全面提升片区景观品质；以招商引资为动力，营造和谐繁荣的商业环境；以宣传推介为载体，打造海洋文化的旅游休闲区；以管理服务为重点，树立精益求精的工作理念，各项工作都较好完成全年工作任务。

【项目建设】 省重点项目莲花岛项目2013年12月23日正式开工建设，已经完成环带区护岸及部分工程；海螺岛人工填海基本完成围海造陆工程。金梦海湾一号项目总投资18亿元，已完成投资9亿元，总建筑面积32.05万平方米；嘉里·海碧台项目总投资33亿元，总建筑面积55万平方米。金梦海湾第一观项目总投资10亿元，总建筑面积20.35万平方米，已交付使用。金梦海湾8号项目，总投资2.4亿元，总建筑面积7.6万平方米，建成两幢33层住宅楼并交付使用。海螺岛项目水域建设全部完成，正规划开发陆域建筑；茂业万豪酒店（暂定名）项目正进行项目调研、经营定位及方案设计。

【基础设施建设】 加快西浴场改造三期工程。在完成西浴场改造二期工程评审收尾工作的基础上，积极跑办西浴场三期工程各项前期手续，推动项目10月9日正式进场施工，已完成累计投资740多万元，绿化铺装、照明工程已完成工程进度的50%。抓实绿化品质提升工程。栽植乔灌木5800株，种植绿篱、草花面积1242平方米，增加钢架花盆、花钵2.48万个，补植补种绿植面积1700平方米，消除绿化死角，全面维护片区高端的绿化形象。抓细基础设施维护工程，疏通清理排水管线。重点清理河滨路文安路至秦皇皓月城路段雨水管线，保证雨水管线畅通，确保防汛工作开展；开展西浴场一期污水管网改造工程，完成顶管改造60多米，砌筑污水检查井2座，彻底解决西浴场一期延长区域污水排放问题；修缮片区围挡广告。对片区各个施工地块的施工围挡、围墙广告进行全面检查，更换维修围墙围挡面积8000多平方米；维护检修片区道路。加强道路日常巡查，发现破损及时进行修复，重点对岭前街主干道进行维护保养，共维修人行道破损面积880平方米，树坑石387块，路缘石41.5米，安装挡车石柱15个，有效维护金梦海湾片区道路安全及美观；进行木栈道刷漆保养。6月中旬开展木栈道刷漆修复工作，完成刷漆保养面积1.6万平方米；增设太阳能路灯等基础设施。在金梦海湾木栈道两侧安装太阳能照明设施38盏，太阳能手机充电桩2台，推广新能源使用，完善片区服务设施。开通铁路平交路口。11月，文昌路铁路平交路口开通工作正式开展；11月30日，路口正式开通，金梦海湾片区出入口过少的问题得到彻底解决。

【环境卫生管理】 坚持旺季每天4～22点、淡季5～18点不间断清理街道、浴场环境卫生，确保各类垃圾随见随清，全面推进机械化保洁，配置沙滩清洁车、速洁车、水冲式清洗车等专业保洁车辆十多台，不断提升片区环卫保洁效能。开展“全民洗城”活动，多次组织片区环境卫生整治活动，清理浴场、主次干道垃圾，重点抓好木栈道、自行车道两侧及“三公一桶”的保洁工作，保证整个片区垃圾随见随清，维护片区干净整洁的城市形象。

【旅游市场监管】 加强巡查监管，严格监督片区旅游经营企业依法依规经营、明码标价收费，严厉打击停车乱收费、非法商贩、欺客宰客、景区倒票等违规经营，持续净化旅游市场环境。停车场管理成效卓著，通过设置收费公示牌、公开投诉举报电话、严惩停车乱收费行为、开展停车管理员培训等方式，规范停车秩序，做到辖区停车场零投诉。

【宣传推介活动】 依托大型主体活动、会展等不断拓宽宣传广度，全年主办、协办各类大型主题活动40多次，秦皇岛国际马拉松大赛、第12届世界徒步大会、帆船帆板锦标赛、秦皇岛第三届原创歌曲大赛、海港区“彩色周末”“海湾·印象”手机摄影大赛等文体活动精彩纷呈，全国煤交会等大型活动保障有力，全面提升金梦海湾的知名度与影响力。做好社会宣传，全力开展创城宣传工作，联合片区企业，共同设置创城宣传横幅、围挡、宣传橱窗、灯箱广告等260多块，LED宣传屏6块，安设路灯灯箱广告100块，打造文明城宣传一条街、“国旗海湾”，为全市文明城市创建工作营造良好氛围。

（李　敏）

旅　游

【概况】 2016年，全区接待游客734.35万人次，同比增长10.72%；实现旅游综合总收入75.1亿元，同比增长17.37%。“五一”期间，接待游客42.09万人次，同比增长18.16%；实现社会旅游总收入3.8亿元，同比增长22.97%。景区共接待游客4.11万人次，同比下降3.97%，门票收入98.95万元，同比下降28.3%；“十一”期间，接待游客71.63万人次，同比增长12.13%，实现社会旅游总收入7.63亿元，同比增长17.75%。景区共接待游客7.87万人次，同比增长51.93%，门票收入167.44万元，同比增长6.91%。全年引进内资1.49亿元、外资1000万美元。

【旅游发展规划编制】 以板厂峪村、西连峪村、房庄村三个省级乡村旅游示范村为重点，聘请资质单位，编制完成村域旅游发展规划，为开发当地旅游资源奠定基础。委托中国旅游研究院编制《海港区旅游产业发展总体规划》，优化旅游业发展的要素结构与空间布局，完成初稿已报区政府。

【项目平台建设】 按区委、区政府要求，整合旅游发展产业大会涉及项目，包装“海港区北部片区美丽乡村环境综合提升工程”，申请成立秦皇岛市海港区海旅旅游发展有限公司，完成银行开户及各项证照的办理。以公司为建设主体，搭建工程招标及争取专项资金、跑办贷款、后续跟踪、验收结算和资金拨付等工作的平台。

【旅游招商引资】 成立专业化招商小组，将全区旅游资源与项目包装统筹结合，实现资源动态管理，依托资源、面向市场，认真包装东山文化旅游区（秦皇求仙入海处提升改造）、板厂峪长城文化小镇等一批特色旅游项目，通过多种渠道积极招商引资，与省旅投公司、新奥集团、绿地集团、首旅寒舍文化旅游发展股份有限公司等多家意向开发商进行接触，陪同实地考察，推介旅游资源。

【旅游项目建设】 争取省、市旅游发展专项资金132万元，对全区乡村旅游示范村规划编制、旅游厕所及公共服务设施建设等工作予以扶持，重点旅游项目取得突出进展。秦皇求仙入海处基础设施提升改造工程。投资1200万元，完成景区东侧生态停车场、步游路、游客中心改造、室外配电、栈道维修、旅游码头、栈道和雨水等景点和配套设施的改造提升工程，正在进行竣工验收。秦皇国际游轮游艇港海螺岛项目。总投资84.9亿元，水工工程完工，完成绿化5万平方米，制作安装浮码头泊位64个，建成临时接待中心面积600平方米。圆明山沙河生态文化旅游综合开发项目。总投资71亿元，打造集休闲度假疗养、生态文化体验等功能于一体的省级文化旅游产业聚集区，37幢住宅楼和2幢综合楼主体完工，正在进行内部装修。茂业城市综合体，预计总投资20亿元，已取得土地证和用地规划许可证，通过招投标确定总包单位，两个塔楼的地下结构已完工，裙楼建设完成1.4万平方米。环长城旅游公路建设工程。估算总投资约7.18亿元，按四级公路标准建设，路面宽6米，主线全长58.67千米，道路完工通车3.7千米，混凝土稳定层已铺设完成30千米，山体降方正在进行，小型桥梁施工已基本完成。旅游厕所改扩建工程。全年新建5座，改扩建2座，全部达到A级旅游厕所建设标准。连峪山庄工程。完成光伏大棚建设和北朝长城修复并开始接待游客；老君顶景区，完成河道清理、冷库建设、绿色餐厅、艺术创作中心、垂钓中心修复等工程；龙凤山庄，完成葡萄长廊建设5千米、上山水泥路硬化7千米；宝润生态园，千米葡萄长廊和游客中心、2座生态大棚改造完工，文化书院改造完工，举办第一届大樱桃采摘节。

【行业管理】 规范旅游标志系统建设。对全区范围内道路两侧旅游标识牌设置的现状进行现场查看、调查摸底，登记、建档、造册，统一规范管理。对不符合设置规范要求的旅游标识牌限期整改，或依法予以强制拆除。包装打造大众喜好的旅游商品。在第八届中国国际旅游商品博览会“2016中国旅游商品大赛”上，选送的“骨瓷变色杯”获铜奖。推行服务标准。对老君顶景区进行实地对标指导，通过国家AAA级旅游景区评审。编制完成《海港区旅游景区ISO 9000质量管理体系认证工作方案》，督导辖区内AAAA级景区与认证机构对接，新澳海底世界完成认证、秦皇求仙入海处完成内审。加强旅行社管理。完成2家国内旅行社的设立初审和1家旅行社的AAA等级初评，受理42项旅行社业务变更登记、4家旅行社服务网点备案、2家旅行社分社备案，现场查看旅行社经营场所26家。配合市旅游委做好智慧旅游项目相关协调对接。明确专人负责做好协调沟通和平台对接工作，督导各景区完成监控设备及光纤线路保护工作。

【特色旅游节庆活动】 举办老君顶和紫云山冰雪节等活动，举办“第十一届秦皇望海祈福文化旅游节”“秦皇求仙杯”海港区旅游技能大赛、“庆中秋”求仙景区市民公众日、“华艺风采·星光梦之声”拉票赛暨景区优质客户感恩答谢演唱会、“万人广场舞”大赛等系列精彩活动，打造海港区节庆旅游亮点。

【开发淡季旅游市场】 以“玩热寒冬”为主题，举办老君顶首届冰雪嘉年华、紫云山冰雪节等系列旅游活动，展示海港区冬季的静美风光，进一步挖掘冰雪旅游资源，延长旺季、缩短淡季，拉动全区冬季旅游消费，打造全域、全景、全季宜游旅游新格局。

【规范旅游市场秩序】 认真贯彻执行《中华人民共和国旅游法》《河北省旅游条例》，强化执法力度，着力提高游客满意度。规范旅游市场秩序。全年出动检查车次180多台次、检查人员400多人次，对辖区128家旅游企业进行巡查，其中，规范经营旅游企业13家，整改1家。完善投诉机制。成功与“12345”市长公开热线进行对接，确保投诉电话24小时畅通，全年接待旅游咨询85个，受理旅游投诉23起，全部办结，为游客挽回经济损失2000多元，游客满意率100%。定期检查，规范各涉旅经营单位的经营行为，有效遏制各种非法经营、扰乱市场秩序的行为。积极防范突发事故。修订完善《海港区旅游局安全事故应急救援预案》，组建3支抢险应急小分队，提高安全突发事故的快速反应能力，确保安全生产零事故。做好安全风险提示，特别是加强雷雨大风天气游客的管理与疏导，建立预警机制，及时掌握和发布客流信息。深入开展“强化责任严执法、打牢基础保暑期”“安全生产月”“安全生产攻坚行动”“安全生产打非治违”等系列专项活动，检查求仙入海处、游船公司、羊城酒店等旅游企业110多家，发现隐患4处，全部整改到位。强化东山浴场管理。暑期旅游旺季，全力做好海蜇防治和防溺水工作，设置8块防治海蜇蜇伤宣传牌、500多米加密型防鲨网，配备多种急救药品，成立20人的应急救援分队，配备救生专用摩托艇、救生衣、救生圈等装备。暑期过后，按照上级收回浴场经营管理权限、恢复沙滩公共性能的要求，深入东山浴场走访、排查，根据东山浴场实际情况及时制订收回浴场经营权方案，按计划逐步落实。

（姜　洋）

交通运输业

JIAOTONG YUNSHUYE

JIAOTONG YUNSHUYE

公路运营

【概况】 2016年,全区交通运输工作紧紧围绕“规范、高效、廉洁、便民”的服务方针，以规范运行为核心，以廉政高效为目的，以人为本，恪尽职守，内强管理，外树形象，扎实推进重点项目建设，强化客货运输行业监管，优化美化公路环境，狠抓安全生产不放松，不断提升服务质量和工作效率，圆满完成全年各项目标任务。

【公路管养】 辖区内国省干线总里程为88.93千米，其中，国道20.98千米，省道67.95千米。农村公路总里程650千米，其中，县道14千米，乡道220千米，村道416千米。以国道、省道干线为主骨架，以重要农村乡道为支骨架，“村村通”水泥混凝土公路的公路网络基本形成，有力地推动全区经济的发展。国道、省道干线管养，增加全线日常清扫频率，保障清扫车日清扫作业不少于2个频次；对边沟垃圾进行全面清理，出动运输车122台班，钩机55台班，清理垃圾1.2万立方米；加大对管养市区周边西外环、秦青公路、高速东、西两出口等主要路段的降尘治理，重点路段每天洒水不少于4次；开展公路沿线绿化补植工作，共补植各种植被1900多株；加强重点道路108线的管养，及时进行清理道路边沟，修剪路树，保洁路面；加大路政和公路部门日常巡查，及时发现和制止倾倒建筑和生活垃圾行为，及时清理违法宣传品；对秦青公路、102国道复线进行全天24小时不间断固定值守，专项治理超限超载车辆。加强路政管理，有效保护路产路权。全年修补坑槽沥青路面面积1.02万平方米、水泥路面面积5469平方米，路面灌缝1.58万延长米，做到全线无坑槽；完成全线标线设施，对公路设施粉刷2次；加强对设施的维护，对秦青线等4条重点路段挡墙、石器边沟等公路设施进行修缮，全线共修复标志标牌103块、更换标志标牌78块，维修五桩1298根，保证各项设施的完整；坚持每月1次桥梁检查制度不放松，对存在安全隐患及时上报解决，确保公路桥涵的安全畅通；加强值守，完成防火护林任务。

【超限、超载治理】 以东港路治超检测站点为依托，与公安部门加强协作，加大对辖区主要公路的监控，严查严打超限车辆，在源头上加强对重点治超企业的监管，严格企业合法装载，规范运营，确保无超载车辆行驶上路，全年处理超载车辆582台，卸载货物1.86万吨；按照“秦皇岛市整治公路货车违法超限超载行为专项行动”要求，10月17日开始，与交警支队开展联合执法，处罚违法车辆23台，卸载货物832.9吨。

【客、货运行业管理】 货运。辖区道路运输经营业户1.26万户；货运挂靠车队20家；道路危险品货物运输业户19家。营运货车1.32万辆，其中，营运货车2吨以下5547辆，2～5吨3241辆，5～10吨520辆，10吨以上3510辆，30吨以上375辆。

客运。辖区长途客运站点有长途客运车站、海阳路汽车站等2个，营运班车448台，班线198条。全年营运里程3684万千米，运量634万人次，周转量7.5亿人/千米；辖区有出租车挂靠公司4个，出租车2928台。

【机动车维修市场监管】 辖区拥有机动车维修企业477家，其中，一类企业18家，二类企业79家，三类企业380家。规范运输市场管理，确保营运市场规范有序，以加大监管力度为保障，严格落实各项客、货运行业和机动车维修市场的检查、考核等制度，实行专项整治，提高管理水平和监管力度。强化客、货运输行业监管，严厉打击非法运营行为。查处各种违法、违规运营车辆634台，其中“黑车”296台。提升客运行业服务水平。完成2016年春运工作任务，发送客车2.4万班次，安全运送旅客23.2万人次。强化对火车站出租车的监管，深入落实出租车层级式网格化管理，抽调职工50人，加入全市交通系统志愿者小组，加强与出租车司机的沟通联系，组织出租车司机签订《2016年出租汽车驾驶员文明经营承诺书》，组织志愿者签订《志愿服务管理责任状》，坚持月例会、周见面制度，听取出租车行业从业人员反映的意见，解决他们反映的问题，提高行业管理和服务水平。全年更新车辆310台，办理转变出租汽车经营权手续860台，处理投诉举报3000多件。开展汽车维修企业质量信誉考核活动，促进企业质量管理体系建设，严厉打击无证从事维修经营和超越许可事项等行为，入户检查215次，消除隐患16处；处理非法经营活动89起；调解纠纷4起。完善货运行业监管。定期对货运场站、危货企业、驾培学校等企业和业户的场地条件、车辆状况、安全设施等进行检查，规范货运行业管理，保障辖区货运行业良好的运营秩序。

【农村路网改造】 启动海港区农村路网改造暨环长城旅游路建设项目，建设全长58.6千米的环线工程。工程包括修建大桥4座，中桥8座，小桥39座，涵洞66道，需实施山体爆破120多万立方米。工程起点为北港镇出海路复线麻念庄村，终点至驻操营镇义院口村。道路公路建设标准为四级公路等级，沥青混凝土路面，路面宽6米，路基宽6.5米。到年底道路主体工程完成80%，其中，道路竣工通车4千米，全部小桥、涵洞建设完成，中桥完成6座。

【公路建设】 秦青公路综合整治，设立秦青公路综合整治办公室，与各领导小组成员单位通力协作，攻坚克难，确保各项工作有效落实，整治成效显著。全线拆除违章棚亭101个，拆除违章建筑537处；完成高速北口至海阳大桥段道路西侧全长2.1千米路段4处节点及东侧8米范围内绿化施工建设；迁移大小储煤场125家，腾出土地面积48公顷，按照清理—洽谈—测量—租赁—绿化的程序进行，完成迁移后储煤场绿化面积16.8公顷；完成公路两侧及可视范围内高标准绿化造林面积91.55公顷；对沿线门牌字匾进行统一规划，共拆除439块，新安装532块，改造面积5500平方米；粉刷清洗建筑外立面面积1万多平方米，围墙粉刷580延长米，秦青公路沿线重新粉刷桥梁护栏11个（全长1500多米）；完成杜庄镇路沿石铺装工程示范段、杜庄段路沿石北延伸、杜庄沿线停车场、旱厕改造提升及新G102—北环路（腰占庄段）人行道铺装工程；对沿河沿线垃圾、废弃煤矸矿渣等进行起底整治，清理垃圾10多万立方米。京哈高速祖山连接线征拆工作顺利进行，全力配合市交通运输局做好道路的征拆工作，按照征拆方案，积极督导调度，确保征拆工作的顺利进行。全长14.88千米的道路征拆工作，海阳镇段完成95%，石门寨镇段完成90%，杜庄镇段完成90%。

【农村公路】 做好农村公路桥梁水毁重建工作，加大灾后恢复重建工作。7月19日，大雨过后，利用3天时间对石门寨浅南大桥及时进行抢修，对冲毁的30多米桥梁护栏进行修复，实现临时通车；全力抢修石门寨镇响水村至驻操营镇九门口村出现的3处全长300米的路基掏空路段，实现临时通车。加强国道、省道干线及农村公路的安全防范，确保不发生次生灾害，保障人员及车辆通行安全。全面排查，摸清底数，积极争取灾后重建资金。8月8～11日，对全区公路、桥梁、隧道水毁情况进行全方位现场摸底调查，将核实统计受灾情况及时上报省交通运输厅。抓紧组织开展灾后评估工作，积极联系具有道路、桥梁检测资质的部门，对水毁的道路、桥梁进行检测，确定维修或重建。通过努力，经省厅审核、批准的水毁重建项目，涉及全区29个：道路3条，2.7千米；桥梁26座，其中，维修加固14座、807延长米，拆除重建12座、300延长米，争取恢复重建资金1620万元。前期设计全部完成，正积极组织施工。

【民心工程】 成立民心工程领导小组，制定民心工程实施方案，选派优秀的勘测、设计人员，为道路的设计、施工等方面提供有力的技术支持，多渠道沟通协调，筹措资金50多万元，确保民心工程顺利完工。驻操营镇花厂峪村210米河道护坡工程和海阳镇大里营至西街1.6千米村级公路建设全部完工。环长城旅游路按要求完成主体工程的80%。

【打击盗采矿产资源】 严格按照行动要求，召开专门会议，传达全区严厉打击盗采矿产资源行为攻坚行动会议精神，成立领导小组，制定行动方案，确保行动扎实有效。与海港公安分局、市场监督管理局开展联合执法，以秦青公路为重点，专门安排执法人员紧盯主要城区及道路出入口，进行封堵；坚持日常稽查、检查与突击稽查结合，严厉打击盗采矿产资源。多次组织公安、运管、路政、治超、稽查部门开展联合执法和夜间突击稽查，坚持路政巡查24小时不间断，严查严打运输矿产品的违法违规运营、超限超载和遗撒车辆，严禁杜庄镇、石寨镇、驻操营镇违规运输矿产品行为。组织专项稽查、检查12次，查处各类违规运营车辆160台，其中，超载车辆109台，卸载货物2550.48吨；违规运输矿产品车辆9台。

【**安全生产**】 坚持“安全第一、预防为主、综合治理”方针，按照“党政同责，一岗双责”的要求，认真落实国家、省、市安全生产工作会议精神，严守安全“红线”。深入各监管企业开展安全生产检查，特别在春运、“两节”“两会”及暑期等重点时期，开展专项安全检查，增强责任意识，查改隐患，打牢基础，严防各类安全事故发生。对辖区运输企业检查2200多次，发现问题160多起，全部予以整改，确保辖区道路运输行业安全运营无事故；开展安全生产月、应急演练周、平安交通创新年等活动，拉紧“安全之弦”，营造良好的氛围；制定和完善公路防汛抢险预案，对防汛物资进行检查，对老旧物资进行更新更换，确保随时调配；协调组建好班线应急车队和货运应急抢险车队，确保遇有突发事件“召之即来，来之即战”。

（张　涛）

铁路运营

【**秦皇岛车务段**】 下设19个二等及以下中间站和秦皇岛站、秦皇岛南站2个段管一等站。年末共有职工1635人。管辖京哈线215千米至312.498千米，津山线325千米至433.950千米，津秦高铁线255.554千米至287.539（285.778）千米，龙山联络线426.559（423.907）千米至432.391千米，进出港线上下行各（南大寺—秦皇岛南站）13.9千米，龙联线（龙家营—秦皇岛东站）1.28千米，哈港联线（北戴河—南大寺）277.601（277.485）千米至284.953千米。是年实现运输收入11.62亿元，运输总支出3.05亿元，旅客发送量862万人，货物发送量371万吨，日均装车159车，日均卸车449车，中转时间20.1小时，停站时间22小时。非运输业收入359.3万元，实现利润102万元。12月31日，实现连续安全生产2004天。

【**秦皇岛工务段**】 下设汉沽、南堡、唐山、唐山南、唐山东、古冶、迁安、卢龙、抚宁、秦皇岛、龙家营、唐山西、唐海等13个线路车间，秦皇岛、汉沽、唐山西等3个桥梁车间，秦皇岛探伤车间、唐山探伤车间、综合机修车间、唐山重点维修车间、工程车间、动力设备车间、卢龙采石场车间等，共23个车间、116个班组。年末职工2243人。管辖线路总长1503.447千米。机械动力设备2710台，能够承担线路大修换轨、换枕、换岔，线路中修清筛、桥梁平改立、换梁等施工任务。担负线路、桥梁等设备大中维修任务及防洪工作。全年完成更换钢轨7.196千米、放散线路17段16.189千米、股道更换再用轨6.7千米、道岔焊联16组、更换新道岔18组、再用道岔1组、更换再用枕4277根，更换再用轨15.96千米，大修清筛线路2千米，线路中修35千米、配合、清筛线路29.17千米、大机线路捣固406.6千米、大机道岔捣固210组、大机线路打磨50千米；完成津山线更换桥面1座、392米、桥枕1032根，公铁并行区段加装公路标准A级波型梁防护栏2560米、桥梁维修109座、2.29万米，涵渠维修13座、1225.3米，更换人行道板18座、面积157平方米。人行道托架加固油漆8座、693个，钢梁上盖板防锈6孔、800米，人行道栏杆及吊围涂装23座、2081米，限高防护架整修10座，限高防护架油漆16座，护轨整修43座、2.37万米，涵洞清淤11座、面积28平方米，钢梁桥枕防腐12座、8056根，桥上线路整平3座、2192米，清理影响安全的“碴土山”230万立方米，砍伐危树23株，拆除铁路地界内违章建筑33处、面积1.4万平方米，安装护网3200片、滚笼18千米等。圆满完成全年大中维修任务和各项重点工作。12月31日，实现连续安全生产222天。

（秦　志）

秦皇岛港

【概况】 秦皇岛港采取系列组合措施，统一思想，凝聚力量，鼓舞士气，实现生产经营企稳回升，全年完成吞吐量1.8亿吨。港口货类结构得到优化，杂货吞吐量比重提升，集装箱吞吐量再创新高。跨域发展、节能减排、环境保护等工作保持良好势头，主要生产设备完好率达到98.59%，安全生产实现0611奋斗目标。

【生产运行】 面对市场需求疲软、煤炭去产能等不利因素影响，秦皇岛港狠抓办事效率和服务质量，确保运输生产有序进行。煤炭。开展网格化、精准化营销。实行大客户经理一对一负责、首问责任制，提高业务办理效率。开展多元化战略合作，签订战略合作协议，稳定市场份额。优化业务模式，提升配煤质量，开发智能化交通组织平台，发挥合署办公优势，提高调度系统运行效率。依靠科技手段解决冻煤接卸、除尘洒水等涉及客户切身利益问题，赢得客户认可和信赖。油品。多次走访中海油、中石油等单位进行市场调研，推进错位经营，广揽油品货源。协调中燃公司，增加外贸燃料油数量。加速推进8号储罐海关监管场所项目、秦皇岛联彩石油项目、10万吨级石油码头项目建设，打造油品集疏良好条件。杂货。积极开拓市场，多次走访北京铁路局唐山货运中心、葫芦岛锌厂等新老客户，扩大市场份额。改进装卸工艺、提升装船效率，以优质服务吸引艾尔姆公司主动增量。新增桥梁构件、大型钢管接卸等业务。实施11号码头硬化、散粮筒仓改造、304泊位轨道梁施工、秦港股份杂货分公司港庆路拓宽等配套工程，提高设施利用率，为承揽接卸超长风扇叶片等业务创造条件。发挥港口自有铁路优势，加大火车疏港力度，保证杂货集疏港正常运转。集装箱。稳定当地货源，重点进行远程货源开发。与新疆、内蒙古等烧碱客户对接，实现烧碱进港量持续增加。在秦皇岛进境水果航线尚未正式开通的情况下，通过中运公司争取到每周从大连港中转小批量香蕉柜份额。启动水渣罐装箱业务，实现绥中港水渣粉货源转至秦皇岛港装运。多次跑办太原局，完成秦东站首列海铁联运集装箱块煤班列接卸任务。借助国家“一带一路”倡议实施，4月，秦皇岛港至广州南沙港集装箱直航航线正式开通；11月，秦—连—蒙国际集装箱直达列车正式运营，促进港口集装箱运输发展并首次实现扭亏为盈。

【经营管理】 坚持“服务生产经营、助推改革发展”方针，审时度势，推进各项经营管理工作。组织开展全员营销活动，层层分解任务指标，压减经营成本、节约开支，管理性成本支出同比压减20%。坚持重大问题集体研究决策，有效防范决策风险。加强规章制度体系建设，开展规章制度废改立工作。规范投资企业议案审核，严格履行决策程序，强化议案审核力度。加强法律事务管理，提升法律风险防控水平。加强固定资产投资计划管理，开展投资项目示范推广，计划兑现率创新高。强化人力资源基础管理，深入开展外包业务清退，清退劳务工250多人，压减劳务费约680万元。优化工资总额调控，坚持新增效益工资与超额利润整体联动，构建收入分配调控机制。发挥内部审计监督职能，工程审计共审减造价294万元。

【企业改革】 集团、股份两级机关完成整合，机关部室由22个减至16个，人员编制由321人减至227人。整合物流、投资和资产管理业务，成立国际物流公司、投资管理公司、资产管理公司，完善管理职能。严格控制成本，管理性支出下降20%。拓宽安置渠道，结合业务整合与优化人力资源配置，安置秦港股份三分公司120名富余职工转岗，深入推进三分公司转型发展。推进企业分离社会职能工作，积极对接上级主管部门，组织开展秦港股份电力分公司社会职能分离移交和资产摸底调查。探索港口餐饮业务改革，谋划设立秦港股份餐饮服务中心。

【设备管理】 完善基础管理。开展固定资产普查，摸清设备设施家底。严格设备报废、转让、租赁管理，盘活闲置资产。健全管理制度体系，编制《设备运行管理办法》《设备使用维护管理办法》等规章制度。加强现场管理。下发《2016年装卸设备现场管理工作要点》，组织季度设备、设施联查，开展设备安全保护装置、安全运行状况、防风应急预案演练、暑期安全隐患排查、冬季环保除尘、特种设备打非治违等专项检查。针对现场设备存在的问题，及时提出完善要求，加强检测维修，跟踪隐患整改，保持港机设备性能可靠，运行安全。推进自主维修。实施《股份公司取消设备维修外委工作方案（试行）》，制发《关于流动机械分公司承担机动车辆维修工作的通知》。开展“三外”清理和机动车辆自主维修工作，全年完成自修项目2.65万项。

【项目建设】 实体工程。煤一、二期污水治理工程交工验收；煤一、二期及煤一扩容堆场防风网工程主体完工；煤二期预留堆场防风网工程灌注桩施工完成；煤二期预留堆场水除尘系统改造工程基本完工，完成预验收；304泊位卸船机更新土建改造工程完成轨道梁基础施工；秦皇岛港港池及泊位维护性疏浚工程完成；煤一期中配室高低压柜及皮带机控制系统改造项目完成设备制造、安装、调试、切换及试运行，已交工验收；煤二期取料机更新项目完成二次招标，进入设计制造阶段并完成B阶段审查；304泊位卸船机更新项目、船舶岸电项目均完成合同签订，进入实施阶段；流机购置项目到货并通过验收，拖轮购置项目完成签订合同。前期工作。西港搬迁改造工程签署合作协议，制定推进方案，成立工作组并开展推进工作。东港区煤尘清扫人员候工设施整合项目完成地质勘查，进行施工图设计联合审查。

【安全生产】 坚持安全发展理念，强化红线意识，着力构建安全风险防控体系，确保港口生产安全形势持续稳定。落实安全生产责任制。层层签订安全生产承诺书，推行“定格、定人、定则”的安全生产网格化管理，构筑“横到边、纵到底、全覆盖、无缝隙”安全生产责任体系，使责任层层承担、措施层层落实。以创建一级安全生产标准化企业为引领，持续改进安全生产管理长效机制。启动港航企业一级安全生产标准化创建工作，下发《创建安全生产标准化一级企业实施方案》，全面开展创建工作，提升企业安全生产水平，秦皇岛港具备申报交通行业“安全生产标准化一级企业”条件。加强安全生产制度体系建设。以安全生产规章制度建设年为契机，全面推进安全生产制度建设。健全完善安全生产规章制度25项，打造衔接配套的规章制度网络，使安全生产规章制度覆盖生产经营管理全方位、全过程。开展安全隐患专项整治活动。组织完成安全教育培训、风险辨识、风险评价、措施制定等基础工作，建立港口安全风险管控档案。按照“全覆盖、零容忍、重实效”的工作要求，深化相关方安全管理、危险货物运输等专项整治工作，与港区12家关联单位签署联防协议。

【环境保护】 港区主要大气环境指标稳定向好。TSP同比下降8.01%，PM10同比下降8.30%，均达国家二级标准，降尘符合地方考核标准。海水水质优良，大部分指标优于国家规定的四类海水水质，港口海域沉积物监测指标均优于国家二类指标。未发生任何港属责任环境污染事件、集体食物中毒事件，港区环境状况稳定可控，港区容貌整洁有序。海域油污染防控治理。严格重点部位油污染防控管理，规范油品作业区围油栏布放，对污水处理和围油栏作业进行跟踪防控，强化油品作业码头对含油污水处理的过程监控。有序组织海域清捞，出动清捞船460艘次，清捞港池漂浮物101吨，保持港池海域环境整洁。规范危险废物处置管理，安全转移危险废物426.05吨，有效避免危废泄漏、入海。生产作业粉尘防治。重视作业过程控尘管理，加强易起尘货种预防预控，强化环节重点监控，从源头做好粉尘防控。加强环保设备设施运行使用管理，落实科学洒水要求，有效削减粉尘排放。港区环境应急管理。完成《突发环境事件应急预案》《防治船舶及有关作业活动污染事故应急预案》修订，开展层级应急演练，提升应对突发环境事件的处置能力。组织实施应急设备（设施）、应急物资的日常检查与维护保养，及时进行消耗型应急物资的补充购置。组织应急响应，消除突发事件对港口环境的不利影响。打造环境容貌与环境秩序常态化管理机制。实行属地管理和网格化管理模式，层层分解落实岗位责任，调动基层单位积极性。健全“全天候”保洁机制和快速清理制度，开展“清洁港区爱我家园”“雨天洗港”活动。先后发动职工2600多人次，清扫道路面积19万多平方米，清除杂草面积1万多平方米，清理垃圾200多立方米，整改落实各类问题82项。

【节能减排】 开展节能减排专题教育。在闭路电视播出节能专题节目，在企业报刊开设节能专栏，组织节能答卷、专项联查，收到良好宣传教育效果。加强能源成本控制。制发《2016年秦皇岛港股份有限公司能源费用及机电设备维修费考核办法》，组织现场专项检查，推广能源成本控制先进经验，补强港口能源成本短板。推进绿色港口创建活动。组织2016～2018年节能减排项目调研，完成2016年《绿色港口主题性项目实施方案》《绿色港口重点支撑项目报告》。开展绿色港口等级评价活动，落实绿色港口建设理念、行动、管理、效果标准要求，推动港口节能减排工作深入发展，煤三、煤四期码头分别获评首届中国绿色港口（四星级）称号，秦港股份六分公司被授予“亚太绿色港口”称号。

【秦港股份5个项目通过省级科技成果鉴定】 召开秦港股份2016年度科技成果鉴定会，与会专家认真听取各项目组关于生产技术、效益分析、科技创新及实际应用等工作报告，经过质疑答辩和讨论，同意秦港股份申报的5个项目通过技术鉴定，其中，基于移动互联网的港口客户视频服务系统、带式输送机拉线开关闪断故障自动诊断系统项目达到国际先进水平，秦皇岛港煤四期取装线电气控制系统优化升级等3个项目均达到国内领先水平。

【秦皇岛港成为中国石化唯一指定海运煤炭下水港】 3月22日，中国石化战略合作供应商会议暨合作协议签字仪式在北京举行，秦皇岛港与中国石化签订为期五年的战略合作协议，标志着全球最大大宗干散货公众码头运营商与世界500强排名第二位的特大型央企建立长期稳定的战略合作关系。秦皇岛港成为中国石化唯一指定海运煤炭下水港，中国石化经环渤海其他港口下水的煤炭将全部归由秦皇岛港装船下水运往各地。双方将根据各自发展需求在资源、物流、技术、信息、商务、“互联网+”、供应链金融等领域开展全面务实合作，以期共同规避风险，分享市场利益，共享优势资源，在“煤炭+”上形成新的经济增长极。

【秦港股份与联彩石油签订战略合作框架协议】 4月22日，秦港股份与联彩石油有限公司签署战略合作框架协议，在秦皇岛港1号塘面积66.67公顷港口用地上建设200～300万立方米储罐；利用秦皇岛港1号塘岸线配套建设油品码头项目；推进能源现货交易中心建设，共同打造集产品定价、电子交易、金融服务、信息服务和交割中心于一体的能源现货交易平台；组建秦皇岛港联彩石油商业库项目工作组，秦港股份参与联彩石油正在实施的《江苏商业性能源战略储备研究》《上海国际石油期货交易中心（所）研究》等重大课题研究工作，发挥在码头建设运营方面优势，为研究提供有力的专业支撑；联彩石油将把双方共同致力于构建中国自有原油期货交易所的相关构想向国务院进行报告。

【秦皇岛港开通至广州南沙港集装箱直航航线】 4月19日，中国远洋海运集团“新苏州”集装箱轮满载1410标箱货物驶离秦皇岛港25号泊位，开往广州南沙港，标志着秦皇岛港至广州南沙港集装箱直航航线正式开通。免去集装箱货物中途倒运环节，凭借船型大、班期多的优势，降低货主海运成本，使两地货物周转时间节省一半，为秦皇岛及周边地区企业提供更加便捷、高效、低成本的“门到门”物流服务。

【秦港股份获纳入MSCI中国小型股指数成分股】 根据摩根士丹利资本国际公司（简称MSCI）公布的全球小型股指数成分股最新调整名单，秦港股份获纳入MSCI中国小型股指数成分股，2016年5月31日收市后生效。MSCI是一家向投资者提供全球指数及与基准相关产品和服务的世界领先供应商，在考虑指数的组成部分时，MSCI以流通股市值为依据，纳入各行业中最具有代表性的公司。MSCI中国小型股指数旨在量度中国市场小型股板块的表现，涵盖具良好经营业绩和潜力的公司，为机构投资者广泛采用的选股及投资监察基准之一。秦港股份获纳入MSCI中国小型股指数成分股，标志着秦港股份的业务发展获得资本市场的认可，显示投资者对秦港股份发展策略的认同。

【西港搬迁改造项目签署合作协议】 7月14日，河北港口集团有限公司、秦皇岛市、北京北控置业有限责任公司、中豪金山投资控股有限公司就西港搬迁改造项目签署四方合作协议。签约方以“政府主导、市场化运作、项目公司化管理”为开发思路，在秦皇岛市发展规划和城市总体规划的指导下，发挥秦皇岛市和港口集团的资源优势，利用北京北控置业的投融资及全产业链平台，中豪金山投资的产业运营能力和开发经验，以及广泛的战略合作伙伴共同参与的优势，进行密切合作。签约方自协议签订之日起尽快启动成立项目公司及相关工作，项目公司的股东为签约方或经其授权的相关单位，自项目公司成立之日起6个月内完成该项目的产业定位和规划方案设计，为项目立项及规划方案的上报审批做好各项前期工作；待西港片区控规及项目其他前期工作完成后，由项目公司进行增资或成立新的相关项目公司用于该项目的开发。

【秦港股份七分公司蝉联全国优秀质量管理小组】 9月23日，经过全国第38次质量管理小组代表会议评选，秦港股份七分公司技管先锋QC小组被中国质量协会、中华全国总工会、中华全国妇联、中国科学技术协会联合授予“全国优秀质量管理小组”称号，秦港股份七分公司技管先锋QC小组第二次获此殊荣。QC活动从提升皮带秤精度出发，以《提高BQ线皮带秤的测量合格率》为课题，提升皮带秤精度，避免水尺与皮带秤数据的反复核算，缩短装船作业中结仓统计和增补料的时间，取得良好的经济效益和社会效益。

【秦皇岛口岸核心能力通过复核验收】 10月28日，国家质检总局口岸核心能力建设督导组对秦皇岛口岸核心能力建设工作进行复核验收。2013年，秦皇岛口岸顺利通过国家质检总局口岸核心能力建设考核验收，标志着秦皇岛港具备口岸突发公共卫生事件监测和应对的基本能力。秦港股份全面履行《口岸核心能力建设标准》中有关口岸运营者的责任和义务，苦练内功，全面提升秦皇岛港突发公共卫生事件防控能力，为通过复核验收奠定坚实基础。考核组听取秦港股份工作汇报，进行材料验证询问，现场查看位于秦港股份杂货分公司的秦皇岛口岸突发公共卫生事件应急指挥中心运行情况，秦皇岛口岸核心能力建设工作以河北省海港口岸第一名的成绩通过复核验收。

【秦港股份六分公司获“亚太绿色港口”称号】 11月8日，秦港股份六分公司被亚太港口服务组织（APSN）授予“亚太绿色港口”称号，成为亚洲首批入围“亚太港口绿色奖励计划”（GPAS）的7家港口（码头）企业之一。6月，秦港股份六分公司获评首批四星级中国绿色港口，作为绿色发展前列的港口单位被推荐参加“亚太港口绿色奖励计划”项目评选。“亚太港口绿色奖励计划”评估委员会对申请材料与自评估情况进行专家评估，评定秦港股份六分公司符合《亚太绿色港口奖励计划实施方案》所确定的亚太绿色港口标准，在马来西亚槟城举行的“亚太港口绿色奖励计划”颁奖仪式上正式授予秦港股份六分公司“亚太绿色港口”称号。

【韩中蒙国际海铁联运直达列车正式开通】 11月9日，装载100标箱韩国进口过境货物的海铁联运首列直达班列从秦皇岛港驶出，途经二连浩特发往蒙古人民共和国，标志着秦皇岛港贯彻国家“一带一路”倡议、助力韩中蒙国际海铁联运直达班列业务取得突破性进展。秦—连—蒙国际集装箱直达列车依托秦皇岛至韩国仁川客货混装班轮航线，定期每周三发运一班，每次装载100标箱，货物从秦皇岛港经二连浩特到蒙古乌兰巴托只需5天，比原来至少缩短4天，大大减少区间运输中转时间，真正实现班轮与直达列车无缝对接。

（秦　志）

秦皇岛新港

【概况】 秦皇岛市新港港务总公司是秦皇岛市的地方港，是隶属于秦皇岛市国资委的国有港口服务企业。公司位于海港区东南部，因港口坐落于新开河入海口处，也被称为新开河港。1994年2月，港口开通运营；1998年6月，被批准为国家一类开放作业港口。港口年吞吐能力300万吨。开港22年，港口致力于服务秦皇岛、唐山及辽西周边腹地的各大厂矿企业、粮库、贸易公司等相关单位及货主。1998年前以煤炭为主，1998年后主要货种为钢材、粮食、水渣、水渣粉、矿砂、水泥、熟料、石膏、化肥等，农牧产品占一定比例。与秦皇岛首钢、耀华玻璃、中阿化肥、华瀛磷酸等大型生产企业、仓储物流公司以及唐山地区众多钢厂、水泥厂建立长期战略合作伙伴关系。全年装卸船只233艘，完成吞吐量101.95万吨，为年计划的85%，为上年同期的85%，主营业务收入1039.5万元，利润-842.3万元。同比主营业务收入减少233.83万元，利润增加-109.3万元。

【港口泊位】 新港有4个泊位，其中，3个杂货泊位，1个散货泊位。凭借秦皇岛优越的地理位置和自然条件，新港港池常年不冻、不淤，无枯水期，可全年进行港口作业。港口航道水深为-9米。其中，1号、2号泊位为5000吨级泊位，水深-7.5米；3号、4号泊位为1万吨级泊位，水深-9米。港口货物堆存场地面积3万平方米，可同时堆存8万吨钢材（钢坯、带钢等）及其他货种。新港所处地理位置优越，交通便利。唐山地区及辽宁方向的集港车辆沿京沈高速公路直达秦皇岛高速东出口，直行约4千米即可到达新港。

【企业管理】 筹谋公司经营生产方略，推动资产整合。保证港口固有货源保有量，开拓出口磷石膏的货种，共完成磷石膏1.89万吨，收入近20万元。完成朝鲜煤船58艘，实现吞吐量25.3万吨，创收500多万元。克服全港生产设备不足问题，最大程度上发挥主观能动性，合理安排，谋划场地，加快周转，每个泊位不空船，每块场地不空闲，让有限的场地发挥最大效益，实现效益最大化。

【环保工作】 公司下大力度，花大投入，控制环境污染。成立环保领导小组，明确分工和责任范围，加大投入，投资20多万元，购置清扫车，每天坚持早晨、中午2次清扫洒水，暑期清扫洒水3～4次，扫完即喷淋，重要时段喷洒到港区外路段。加强苫盖工作，投资十多万元，购置防尘网、苫布，全时段、全方位覆盖，防止粉尘污染。每条船坚持装卸完成即苫盖，控制煤尘的污染。加强场地机械通道净化和扬尘抑制，降低粉尘污染。

（秦　志）

金融业

JINRONGYE

JINRONGYE

银行业

【概况】2016年，全市银行业总资产2869.01亿元，比年初增加170.1亿元；负债总额2812.53亿元，比年初增加182.65亿元；实现盈利12.55亿元，同比减少14.44亿元，同比下降53.42%。各项存款余额2621.81亿元，在全省排名第九位，同比增长7.83%；比年初增加190.35亿元。其中，住户存款余额1756.11亿元，比年初增长187.41亿元；单位存款余额525.23亿元，比年初增长13.74亿元。

【中国人民银行秦皇岛分行】全年资产总额2869.01亿元，比年初增加170.1亿元；负债总额2812.53亿元，比年初增加182.65亿元；实现盈利12.55亿元，同比减少14.44亿元，全省排名第十一位；各项贷款余额1556.73亿元，比年初减少10.27亿元，下降0.66%，低于全省平均增速16.46个百分点，全省排名第十一位；各项存款余额2601.77亿元，比年初增加204.39亿元，增长8.53%，低于全省平均增速5.58个百分点，全省排名第十一位。不良贷款余额87.23亿元，比年初增长22.54亿元，不良贷款率5.6%，比年初上升1.47个百分点。不良贷款增加，银行业经营压力较大。全市涉外收支总额为60.64亿美元，同比下降19.37%；总体为净流入14.06亿美元，同比增长18.85%。从交易项目看，经常项目净流入扩大，资本和金融项目由净流入转为净流出。其中，进出口收付汇总额为48.51亿美元，同比下降3.27%；进出口收付汇顺差17.35亿美元，同比增长28.42%。从币种看，本币净流入减少，外币净流入扩大。其中，以人民币结算的涉外收支金额折合7.56亿美元，同比下降46.91%；在涉外收支总量中占比12.46%，下降6.48个百分点。从交易主体看，对公主体净流入增长，对私主体净流出缩减。银行结售汇总额为35.83亿美元，同比下降2.64%；结售汇逆差5.21亿美元，同比增长236.13%。

【中国农业发展银行秦皇岛分行】全年累放各类贷款26.67亿元，同比多投放10.64亿元，增幅66.38%；年末各项贷款余额43.98亿元，剔除政府债券置换13.73亿元因素，比年初增加10.71亿元。各项存款余额18亿元，比年初增加10亿元，增幅119%；各项存款日均余额17亿元，同比增加9.5亿元，增幅127%。全年实现中间业务收入206万元；累计办理国际结算业务502笔、2427万美元。全年实现利润4987万元，同比增加1751万元，增幅54%，完成省分行下达年度利润计划160%。

【中国工商银行股份有限公司秦皇岛分行】全年存款余额316亿元，增量7.47亿元，各项贷款余额342亿元，与上年持平。个人住房按揭贷款全年新增13.97亿元，是上年增量的2.33倍，市场占比上升至同业第二。储备各类优质贷款40.5亿元，投放优质项目贷款26亿元，项目贷款余额为98亿元，占全部贷款比重的29%。优化贷款结构，从产能过剩和高风险行业退出8.16亿元。全年清转不良贷款18.84亿元，缓释潜在风险56.87亿元，不良总额控制在计划之内。

【中国建设银行股份有限公司秦皇岛分行】做好转型发展、风险防控、不良贷款处置三大重点工作，紧盯存款、贷款、中间业务收入及不良经营四大核心业务，各项工作稳中向好。一般性存款时点余额332.57亿元，新增25.45亿元，同业第一。一般性存款日均余额322.39亿元，新增15.81亿元，同业占比30.38%，同业第一。各项贷款余额239.71亿元，剔除政府债务置换影响，实际新增10.57亿元，新增第一。个人贷款首破百亿至101.74亿元，新增17.64亿元，同业第一，市场占比46.06%，系统第一。实现中间业务收入2.1亿元，占比29.45%，实现利润6.23亿元，占比30%，均为同业第二。不良贷款额11.41亿元，不良贷款率4.51%；处置不良贷款3.14亿元，其中现金回收1.14亿元，系统第一。

【中国交通银行股份有限公司秦皇岛分行】服务实体经济和社会民生发展，加大对基础设施、先进制造业、民生保障、消费升级、"三农"、旅游等重点领域支持力度。注重产品运用，加强厅堂一体化营销、社区营销，为客户提供全方位、多层次金融服务。投行业务、掉期业务实现零突破，同业客户开户实现全覆盖，小企业银票贴现业务、缴税通快速发展，秦皇岛市新建商品房预售资金监管系统正式上线，贵金属、保险销售业绩突出，重点托管基金销售、信用卡、手机银行、房贷业务等发展势头良好。全行资产总额 151.31 亿元，本外币各项存款余额 143.39 亿元，本外币各项贷款余额 71.05 亿元，实现中间业务净收入 6257 万元，实现经营利润 1.15 亿元。

【中国邮政储蓄银行股份有限公司秦皇岛市分行】全行共有员工 516 人。有营业网点 74 个，其中，自营网点 17 个，代理网点 57 个。全年实现业务收入 2.51 亿元，同比下降 18.57%；实现利润 -1875.07 万元，同比下降 155.51%。全辖存款余额 144.45 亿元，较年初增加 8.76 亿元，增幅 6.46%。其中，个人储蓄存款余额 122.75 亿元，较年初增加 7.24 亿元，增幅 6.27%；公司业务存款余额 21.71 亿元，较年初增加 1.53 亿元，增幅 7.58%。全辖各项贷款结余 55.43 亿元，增加 3.71 亿元。其中,公司贷款结余 9 亿元,下降 2.28 亿元;个人贷款结余 46.42 亿元，增加 5.99 亿元。全年票据直贴金额 20.67 亿元。截至年末,不良贷款 1.52 亿元，不良率 2.52%，较年初增加 0.03 个百分点。存贷比 41.71%。全年发放有效信用卡 1.02 万张，位列全省第四，自主开发的“邮缘一族联名卡”，成为邮储银行全省首张发行年度内进件数量破万的联名卡，荣登 2016 年上半年全国银行业卡类创新产品光荣榜。

【中国银行秦皇岛分行】有网点 43 家，在岗员工 932 人。全行全年实现计费收入 8.39 亿元，实现拨备前营业利润 5.58 亿元，同比增长 2.1%，实现税后净利润3.6亿元,同比增长2.11%,净利润增幅、增长额均列全省第四。本外币各项存款日均余额 314.28 亿元，较年初增加 14.6 亿元，其中，人民币储蓄存款日均余额 182.25 亿元，较年初新增 18.45 亿元，日均新增排名四行第一。人民币公司存款日均余额 116.13 亿元,日均余额排名“四行”（中国工商银行、中国农业银行、中国银行、中国建设银行）第一，人民币两项核心存款的稳定性不断提升。本外币各项贷款余额 216.31 亿元，四行占比 23.37%，排名第三，其中，人民币各项贷款余额 205.71 亿元，较年初新增 20.19 亿元，成为同业唯一正增长的金融机构。票据贴现累计完成 31.72 亿元，再创历史新高，同业排名第一。公司账户较年初新增 1146 户，总量达 1.2 万户，其中，行政事业客户较年初新增 103 户，达 1081 户。个人客户较年初新增 6.15 万人，存量有效客户达到 73.34 万人。国际结算、跨境人民币两项市场份额继续保持同业第一。全年完成国际结算量 28.66 亿美元，实现逆市增长，市场占比 52.48%；完成跨境人民币结算量 32.16 亿元，市场占比 70.32%，继续领跑同业。

【秦皇岛银行股份有限公司】总部位于河北大街西段 560 号。秦皇岛银行股份有限公司（以下简称秦皇岛银行）成立于 1998 年，是秦皇岛市唯一一家具有独立法人资格的地方性股份制商业银行。在全市拥有 42 家支行，48 个营业网点，1090 名员工。全行资产总额 507.47 亿元，首次突破 500 亿元，同比增加 144.32 亿元，增幅 39.74%；负债总额 482.33 亿元，同比增加 140.43 亿元，增幅 41.07%。各项存款余额 425.23 亿元，同比增加 106.43 亿元，增幅 33.38%；各项贷款余额 169.67 亿元，同比增加 1.56 亿元，增幅 0.93%。全年实现利润总额 5.42 亿元，同比增加 0.56 亿元，增幅 11.48%。

【河北银行秦皇岛分行】积极服务实体经济发展，加大信贷投放力度，强化金融服务，提升发展质效和管理水平，各项事业取得新进步。到 2016 年末，总资产 26.79 亿元，较年初增加 9.58 亿元，增长 55.67 个百分点；各项存款余额 26.18 亿元，较年初增加 11.5 亿元，增长 76.3 个百分点。其中，储蓄存款余额 10.35 亿元，较年初增加 3.55 亿元，增长 52.21 个百分点；对公存款余额 15.83 亿元，较年初增加 7.82 亿元，增长 97.63 个百分点；各项贷款 19.28 亿元，较年初增加 11.83 亿元，增长 158.79 个百分点。

【中国民生银行股份有限公司秦皇岛分行】下设

机构8家，社区支行16家；有员工181人，其中，正式员工158人，派遣员工23人。截至年末，各项存款余额49.75亿元，其中，对公存款余额26.66亿元，储蓄存款余额23.09亿元。零售金融资产余额75.29亿元。各项贷款（含贴现）29.65亿元，其中，对公贷款余额21.16亿元，小微贷款余额7.18亿元；个人贷款余额1.31亿元。不良贷款余额5469.43万元，不良率1.84%。全年实现经营利润1.28亿元。

（秦 志）

保险业

【概况】 2016年，全市保险业实现保费收入72亿元，同比增长25.14亿元，同比增长率为41.32%，累计赔付29亿元；其中，财产险公司保费19.3亿元，赔付10亿元，赔付率为52.14%；人身险公司保费52.69亿元，综合给付19.02亿元。

【秦皇岛市保险行业协会】 全市有市级保险公司41家，县级及以下分支机构230家。有保险专业中介法人机构和分支机构66家，各类兼业代理机构305家。从业人员达2.3万人。2016年，全市保险业实现原保险保费收入71.79亿元，同比增长26.69%；其中，财产险业务保费收入18.91亿元，同比下降1.57%；人身险业务保费收入52.88亿元，同比增长29.16%。截至年底，市保险公司总资产155.03亿元，比年初增加31.76亿元。全市保险公司缴税及代收代缴税费3.07亿元，同比持平，其中，保险公司、保险从业人员直接缴纳税费1.68亿元；保险公司代收代缴车船税1.39亿元。

【中国人寿财产保险股份有限公司秦皇岛市中心支公司】 经营业务范围涵盖车险、财产损失保险、农业保险、责任保险、信用保险和保证保险、短期健康保险和意外伤害保险，以及中国保监会批准的其他业务。2016年，实现保费收入1.62亿元，同比负增7.47%，为全年任务目标2.05亿元的78.85%。市场份额8.34%，同比下降0.58个百分点，在全市17家财险主体中排名第四位。车险案件结案率94.59%，金额结案率72.18%，结案周期25.8天，未决赔案件数660笔，未决金额2997.43万元，综合赔付率58.22 %，综合费用率35.05%，综合成本率93.27%，实现报表利润1087.78万元。农险工作是全年的重点工作，建立健全农险承保理赔业务服务网络，农业保险工作延伸到乡镇和行政村。全年农险保费收入117.52万元。坚持优化承保险种结构。育肥猪保险92.72万元，林险19.67万元，小麦种植险2.78万元。成功新保、续保一批大项目、大客户。益海嘉里集团投保企业由最初的22家到全国统保，保费规模也增至3000多万元；提升全市28家公立医院医疗责任保险项目保费标准，按份额收取保费460万元；如期完成河北港口集团、中信戴卡、唐山禹天、海景假日酒店、中信渤海铝业、朗格斯酒庄、五兴能源的船舶险等单位保险业务续保工作，确保大中客户无一流失；成功中标山煤集团太行海运有限公司的船舶险业务，获承保秦皇岛市市直行政事业单位和社会团体2017 ~ 2018年度公务用车定点保险资格。

【中国人民财产保险股份有限公司秦皇岛市分公司】 机关设置14个部门，全辖分支机构17个，员工547人。开办机动车辆保险及其附加险产品30种；各类财产保险产品105种；责任信用保险128种；意外伤害保险48种；船舶货运险20种；各类农业保险12种；代理其他保险公司办理有关保险产品。全市系统累计承担风险保额3359.8亿元，实现保费收入5.8亿元，同比负增10.6%。累计为全市6175家企业、11.03万辆车和9.47万家庭提供3359.8亿元的风险保障。全年处理赔案6.2万件，支付赔款3.3亿元。向地方政府缴纳各类税金7427万元。其中，营业税及附加2855万元，个人所得税368.8万元，代收车船使用税4045万元。发挥保险风险保障职能。为秦皇岛港务集团、河北远洋、戴卡轮毂等重要企业和重大项目提供车辆保险、船舶险、财产险、责任险、工程险、意外险等保险保障，支持企业安全生产。为2016秦皇岛国际马拉松赛提供保险保障201.5亿元。做好2016年干旱、暴风、虫灾等自然灾害善后理赔工作。启动农险大灾理赔查勘工作应急预案，抽调人员力量，成立农险大灾理赔查勘工作小组。凭借完备的服务网络优势、强大的理赔事故应急处理能力，以最短的时间圆满完成救灾、查勘、定损等工作，为5.74万受灾农户支付赔款2300多万元。服务“三农”工作。农险实现保费收入3134.39万元，同比负增31.67%。其中，养殖险承保政策性能繁母猪1.6万头，承担风险1571.6万元，支付赔款80.2万元；承保政策性奶牛0.44万头，承担风险2801.53万元，支付赔款185.87万元；承保政策性育肥猪39.63万头，承担风险1.93亿元，支付赔款634.99万元。种植险承保政策性玉米面积3.8万公顷，承担风险2.21亿元，支付赔款2319.64万元；承保政策性小麦面积306.67公顷，承担风险209.65万元，支付赔款16.54万元；承保政策性花生面积1393.33公顷，承担风险1034.44万元，支付赔款12.08万元；承保政策性水稻面积566.67公顷，承担风险501.44万元，支付赔款25.59万元；承保政策性大豆面积40公顷，承担风险8.85万元，支付赔款3.08万元；承保政策性马铃薯面积5000公顷，承担风险3748.33万元；承保政策性森林保险面积6.27万公顷，承担风险5.67亿万元，支付赔款28.38万元，为10.46万户农民朋友恢复生产生活提供保险保障。

【中国太平洋财产保险股份有限公司秦皇岛中心支公司】 2016年，实现保费收入1.67亿元；为全社会提供风险保障248亿元；支付各类赔款1.11亿元；上缴和代扣代缴税款0.12亿元。发挥社会稳定器的功能作用，为秦皇岛港务集团、山海关船舶重工有限公司、中国移动等重要企业和重大客户提供车辆保险、财产险、责任险、工程险、意外险等保险保障。实现政策性农业保险保费收入633.2万元。累计赔款156.3万元。

【中国平安财产保险有限公司秦皇岛中心支公司】 经营业务范围涵盖车险、财产险、工程险、货运险、责任险及意外健康险等一切法定产险业务及开发推出电话营销专用车险、环境污染责任险、食品安全责任险、诉讼财产保全责任险、国内贸易信用保险、移动通信费用信用险、个人账户资金损失险等符合市场需求的新险种。2016年，全公司实现保费收入4.23亿元，同比增长4.5%，市场占有率23.1%，在当地财产保险主体中保费规模名列第二，保费规模连续两年突破4亿元大关。其中，车险实现保费3.94亿元，同比增长6.3%；财产险实现保费1504万元，同比增长-32.4%。意健险实现保费1363万元，同比增长16.2%。全年缴纳营业税及附加、增值税等税费2375万元，代扣代缴个人所得税334.3万元，代扣代缴车船使用税4144.3万元，共计6853.6万元。全年发生赔款支出1.96亿元，其中，车险赔款支出1.79亿元，财产险赔款支出952万元,意健险赔款支出708万元。

【中华联合财产保险股份有限公司秦皇岛中心支公司】 经营保险产品4400多个，包括机动车辆保险、企业财产保险、家庭财产保险、工程保险、船舶保险、货物运输保险、责任保险、信用保证保险、农业保险以及短期健康保险和意外伤害保险等。2016年，实现保费收入1.3亿元。其中，机动车辆实现保费收入9583.37万元，同比下降3.67%；农业保险实现保费收入2010.6万元，同比下降16.55%；非车财产险保费收入792.33万元，同比下降21.22%；短期意外保险及健康保险实现保费收入323.91万元，同比下降22.39%。有效报案2.41万件，同比增长36.36%；已决案件2.35万件，同比增长36.11%，已决赔款7697.05万元，同比增长1.71%。未决案件1603件，同比增长42.36%，未决赔款3565.21万元，同比增长4.69%，承保年度制满期赔付率58.11%，其中车险承保年度制满期赔付率57.27%。查获假骗赔案44笔，挽回经济损失142.06万元。

【华泰财产保险有限公司秦皇岛中心支公司】 主要经营企业财产损失保险、家庭财产损失保险、建筑工程保险、安装工程保险、货物运输保险、机动车辆保险、一般责任保险、短期健康保险、意外伤害保险等险种。公司具备一流的承保能力，拥有丰富的承保经验、卓越的产品创新能力和风险管控能力。拥有一支诚信、专业、高效的承保、理赔服务队伍，全国统一客服热线40060-95509实行全年365天、全天24小时接入，能够为客户提供报案、咨询、理赔、投诉等全方位保险服务。

打造形成华泰专属代理人EA模式。以社区门店为载体，以“好邻居，好帮手——你身边的华泰保险”服务理念为原则，为社区居民提供保险咨询、承保出单、理赔受理等方便、快捷的综合性保险服务。

【中银保险有限公司秦皇岛中心支公司】 全年实现保费收入3644.41万元，同比增长21.48%，其中，车险保费收入3320.88万元，非车险保费收入323.53万元。全年累计赔付金额2164.07万元，其中，车险赔付1648.46万元，非车险赔付515.61万元，年末案件结案率96.02%。缴纳营业税、增值税、城建税、教育费附加、河道管理费、印花税及个人所得税，代扣代缴车船使用税，累计税额达587万元。

【都邦财产保险股份有限公司秦皇岛中心支公司】 主要经营机动车辆保险、财产损失保险、责任保险、信用保险和保证保险、短期健康保险和意外伤害保险，以及上述的再保险业务；国家法律、法规允许的保险资金运用业务，经保监会批准的其他业务。公司实现保费收入712.28万元，纳税额79.1万元。

【中国大地财产保险股份有限公司秦皇岛中心支公司】 经营范围包括企业财产保险类、机动车辆保险类、工程险类、责任险类、家庭财产保险类、货物运输保险类、船舶险类以及短期健康保险和意外伤害保险类等。2016年底，实现保费收入6122万元，同比增长17.32个百分点，其中，完成车险保费5490万元，同比增长18.85个百分点；完成财产险保费513万元，同比下降2.71个百分点；完成意健险保费118万元，同比增长67.42个百分点；全险种报案6715笔，已决赔款3212.1万元。实现利润112万元。

【阳光财产保险股份有限公司秦皇岛中心支公司】 设有7个职能部门，辖3个营销服务部、3个支公司，员工100多人。是经营财产保险业务的全国性保险公司，主要经营的险种有财产损失保险、责任保险、信用保险、保证保险、短期健康保险以及经中国保监会批准的其他保险。公司本着“诚信”“关爱”的理念，以崇高的道德水准，高效健全的管理和高素质、高境界、高度职业化的员工队伍，竭诚为广大客户服务。全国范围内，实行全年365天，7×24小时现场查勘服务，7×8小时车辆定损服务，5000元以内的闪赔案件，现场完成定损，5000元以内的非闪赔案件，报案后4日内完成定损。报案、结案、赔款支付等理赔的各个关键环节，主动向客户发送告知短信。现场免费为出险客户提供“一瓶水、一份报纸、一把雨伞（一件大衣）”。为符合一定条件的客户提供全年365天的7×24小时，不限次数的非事故道路免费救援服务，服务内容包括紧急搭电、紧急加水、紧急送油、更换备胎、现场快修和拖车牵引。全年实现保费收入9262.77万元，保费收入同比增长23.82%。

【渤海财产保险股份有限公司秦皇岛中心支公司】 辖2个县级机构，设5个部门，在岗员工19人。主要经营人民币、外币的各种财产保险、工程保险、运输保险、交通工具保险、责任保险、信用保证保险、意外伤害保险、短期健康保险和上述保险的再保险业务，及国家法律法规允许的各类保险业务和资金运用业务。全年完成保费收入839.73万元，同比上升74.1%，其中，车险808.23万元，非车险31.5万元。共接报案810件，已决案件468件，注销320件，撤案5件，赔款支出313万元，未决案件20件，未决金额150万元，满期赔付率59.6%，历年制赔付率68.38%。

【安邦财产保险股份有限公司秦皇岛中心支公司】 主要经营机动车辆保险、企业财财险、家庭财财险、责任险、信用保险、意外伤害保险、船舶货运险等险种。通过出众的资源配置能力、卓越的创新精神，坚持为客户提供优秀的产品、优质的服务、优惠的价格，实现客户增值。2016年，实现保费收入3896.59万元，其中，交强险589.02万元，商业险3215.15万元，非车险92.42万元。商业险保费中，电销保费19.56万元，占比0.61%。公司秉承集团“一个客户，综合服务”的宗旨，为客户提供超值服务。

【太平财产保险有限公司秦皇岛中心支公司】 经营范围有财产损失保险、责任保险、信用保险和保证保险、短期健康险和意外伤害保险，上述业务的再保险业务，经中国保监会批准的其他业务。多年形成“团结、协作、务实、克己”的企业文化。2016年，实现保费收入1.05亿元，首次突破亿元大关，全市财险公司18个，公司排名第六位，与上年末排名持平；保费同比增速27.68%，高于市场增速28.94个百分点；市场份额占比5.45%，比上年末增加0.93个百分点。综合赔付率40.02%，承保利润690万元。

【天安财产保险股份有限公司秦皇岛中心支公司】 业务和机构建设快速发展。在工程险、财产险、特殊风险、意外及健康险等领域承保众多重大项目，专业经验日臻成熟，承保能力稳步提升。与2000多家中介机构建立业务合作关系，累计客户量550多万个，成长为全国性的大型现代金融保险企业。2016年，完成保费2613万元，保费规模同比增长22.27%，在全市18家财险公司排名十一位，市场份额占比1.45%，同比增长0.56%。

【中国人寿保险股份有限公司秦皇岛分公司】 设置9个部门，辖分支机构84个，员工284人，各类销售人员6000多人。2016年，实现保费总量14.57亿元，其中，长险首年标准保费5.86亿元；长险首年期交保费3.07亿元；10年期及以上期交保费1.82亿元；短期险保费6545万元；财险互动业务保费4993万元。总保费、长险首年期交、10年期三项指标市场份额占秦皇岛地区首位。全年中国人寿秦皇岛分公司向地方政府缴纳各类税金2137.99万元，同比增长5.93%，其中，缴纳营业税、增值税及附加337.14万元，代扣代缴营业税、增值税及附加170.28万元，代扣个人所得税1522.28万元，其他税金108.29万元。满期给付7.82亿元，年金给付3196万元，赔款支出3454万元，死伤医疗给付3574万元。

【中国太平洋人寿保险股份有限公司秦皇岛中心支公司】 辖7家支公司，7家营销服务部；有公司内勤193人、外勤业务人员3850人组成的庞大服务及销售团队。主要经营承保人民币和外币的各种人身保险业务，包括人寿保险、健康保险、意外伤害保险等保险业务；办理各种法定人身保险业务；与国内外保险公司及有关机构建立代理关系和业务往来关系，代理外国保险机构办理对损失的鉴定和理赔业务及其委托的其他有关事宜；经批准参加国际保险活动；经保监会批准的其他业务。开办险种100多个，囊括人寿保险、健康保险、意外伤害保险等保险业务；特别是承保城镇职工大额补充医疗保险，城镇职工意外伤害保险，全市新农合基本医疗保险和大病保险，城镇居民大病保险，是全市唯一一家涵盖各种寿险业务的综合性保险公司。2016年，个人渠道（大个险）标保达成5.66亿元，达成率111.22%，同比增长43.16%，超额达成全年目标。营销长险期缴保费位居秦皇岛寿险第二位，市场份额15.06%；总保费排名市场第二位，市场份额10.74%；意外险保费收入1006万元，市场占比27.95%；共赔付6919笔，理赔支付金额5936万元。上缴地方税金777.55万元。

【新华人寿保险股份有限公司秦皇岛中心支公司】 设置8个部门、4个营销服务部，有内勤员工50人。主要经营个人和团体意外伤害保险、定期死亡保险、两全寿险、终身寿险、年金保险等；安装工程保险、保证保险、船舶保险、飞机保险、航天保险、货物运输保险、机动车辆保险、建筑工程保险、能源保险等多类险种。2016年，实现保费收入1.46亿元，同比降低3.8%；其中，个人业务保费收入2878.64万元，同比增长16.2%；续期保费收入9862.14万元，同比增长10%；银行代理保费收入1629.78万元，同比降低43.23%；法人业务保费收入278.82万元，同比降低69.6%。赔付1009件，同比增长10.27%；理赔给付822.85万元，同比增长36.21%。

【民生人寿保险股份有限公司秦皇岛中心支公司】 设总经理室、综合室、运营室、营销室、收展室、团险部、银保部以及市区本部和4个县域服务部。截至2016年底有内勤28人，外勤391人。2016年，个人代理、银行保险业务、团体保险、续期收展四项业务线齐头并进。个人代理业务全年承保标准保费803万元，银行代理业务新单4.56亿元，团险全年累计完成保费169万元。

【中国人民人寿保险股份有限公司秦皇岛市中心支公司】 设4家县支公司、3家互动部。有内勤员工65人，有营销人员887人。秉承“人民保险，造福于民”的企业使命，所售产品涵盖人身保险、健康保险、意外伤害保险各个方面，在秦皇岛市场销售的产品主要有：百万身价惠民两全保险；鑫享至尊年金保险（分红型）；幸福保年金保险；惠民幸福一号两全保险（分红型）；美好生活年金保险（分红型）（B款）；鑫鼎年金保险（D款）；无忧一生重大疾病保险；美好生活年金保险（分红型）；惠民两全保险（分红型）；惠民福寿年金保险；康宁人生终身寿险；福寿年丰年金保险（分红型）；岁岁盈盈年金保险；健康一生两全保险；金色朝阳少儿定期寿险（A款）；美丽一生两全保险等。2016年底，全市累计实现总保费收入3.68亿元，同比增长21.67%，达成全年保费计划的136.43%，其中，长险新单期交业务2916.14万元，同比增长404.75%，年计划达成率为109.3%；中高价值首年期交保费1322.21万元，年计划达成率59%；短期险业务371.01万元，与上年同期持平，年计划达成率为46.38%；续期保费收入1641.83万元，同比增长14.85%。个险、银保、团险、互动、收展五大渠道都实现业务同比增长。长险新单期交业务实现快速增长，超额完成全年任务目标。个险渠道总保费收入5274.98万元，其中期缴保费1092.06万元，同比增长168.16%；在册人力449人，全年新增人力278人。团险渠道总保费收入1759.26万元，同比增长100.96%；其中期缴保费123.59万元，同比增长660%；在册人力300人，全年新增人力43人。银保渠道总保费收入2.45亿元，同比增26.41%；其中期缴保费1416.9万元，同比增长1024%，在册人力24人，全年新增人力35人。互动渠道规模保费4004.33万元，同比增长1.45%；其中期缴保费84.03万元，同比增长1038 %，在册人力70人，全年新增人力23人。收展渠道规模保费1287.61万元，同比增长-3.24%；其中期缴保费199.55万元，同比增长856%，在册人力44人，全年新增人力23人。

【泰康人寿保险有限责任公司河北秦皇岛中心支公司】 有5家支公司，14家营销服务部，2000名组成销售服务团队，遍及秦皇岛四区三县，形成个人保险、银行保险、续期收展三大业务体系。经营的产品有个人意外伤害保险、个人定期死亡保险、个人两全寿险、个人终身寿险、个人年金保险、个人短期健康保险、个人长期健康保险、团体意外伤害保险、团体定期寿险、团体终身保险、团体年金保险、团体短期健康保险、团体长期健康保险。是秦皇岛保险市场实力雄厚、诚信专业的寿险公司之一。公司坚持“诚信、稳健、创新、分享”的核心价值观，以服务为基础，合规经营，开拓进取，努力实现又快又好发展。2016年，实现保费收入1.35亿元，其中，个险新契约保费收入2588万元，续收保费1.01亿元，银行保险保费收入145万元，团体保险保费收入652.56万元。理赔案件623件，其中，正常赔付案件590件，赔付金额608万元。

【平安养老保险股份有限公司秦皇岛中心支公司】 主要经营范围为团体养老保险及年金业务、团体人寿保险及年金业务、团体长期健康保险业务、个人养老保险及年金业务、个人长期健康保险业务、短期健康保险业务、意外伤害保险业务、上述保险的再保险业务；国家法律、法规允许的保险资金运用业务、养老保险资产管理产品业务；受托管理委托人委托的以养老保障为目的的人民币、外币资金；与健康保险有关的咨询服务业务及代理业务、与资产管理业务相关的咨询业务、经中国保监会批准的其他业务。公司始终秉承坚持可持续、稳健、创新、规范的发展理念，以参与和推动多层次养老保障体系的建立、健全为己任。发展以企业为投保人的团体保险业务，其中包括意外险、医疗险及企业年金业务，充分展现商业保险在社会保障体系中的重要作用。2016年，保费收入1213.04万元。

【富德生命人寿保险股份有限公司秦皇岛中心支

公司】 内设机构9个，支公司5个。业务涵盖个人意外伤害保险、个人定期死亡保险、个人两全寿险、个人终身寿险、个人年金保险、个人短期健康保险、个人长期健康保险、团体意外伤害保险、团体定期寿险、团体终身寿险、团体年金保险、团体短期健康保险、团体长期健康保险业务。经营的个险产品有富德生命福星高照A款终身寿险（分红型）、德生命尊养无忧老年防癌疾病保险、富德生命吉祥安康两全保险（分红型）、生命安行无忧两全保险、富德生命创富人生年金保险（分红型）、生命富贵宝年金保险（分红型）、生命福上福终身寿险（A款）、生命鑫宝贝少儿年金保险、富德生命富赢二号年金保险（分红型）、富德生命尊养无忧老年防癌疾病保险、生命富贵花年金保险（分红型）、富德生命鑫享事成年金保险。经营的银代产品有富德生命如意宝一号年金保险、富德生命财富宝一号年金保险、富德生命理财三号年金保险（万能型）、富德生命财富宝一号年金保险、富德生命如意宝一号年金保险、富德生命固鑫B、C款年金保险等。以富德生命人独有的激情和执着、勤奋和智慧、责任与进取，把富德生命推向新的发展阶段。2016年，总体保费收入4.8亿元，其中，个人业务保费收入1403万元、银行代理保费收入4.56亿元、团险保费收入20.45万元、专业代理保费收入35万元。

【太平人寿保险有限公司秦皇岛中心支公司】 主要销售的个人寿险产品有太平畅享世家两全保险（分红型），太平福佑金生终身寿险（分红型）、太平福利健康+终身寿险（分红型）等。银行保险产品有太平金生恒赢年金保险（分红型）；太平幸福无忧恶性肿瘤疾病保险、太平财富安泰终身寿险等。公司秉承“用心经营、诚信服务”的经营理念，以“创造富裕的安宁生活”为使命，致力于为港城客户提供周全的保险保障和金融理财服务。2016年，总保费收入为2.08亿元，同比净增保费465.1万元。其中，个险保费6553.57万元，银行代理保费收入1.41亿元。全年支付理赔款295.1万元。四项继续率指标完成预定目标，个险13月保费继续率90.8%、25月保费继续率96.9%、银保13月保费继续率96.1%、25月保费继续率96.4%，均处于卓越状态。

【合众人寿保险股份有限公司秦皇岛中心支公司】 设置7个部门，1个营销服务部，有内勤员工21人。2016年，个险承保标费768.66万元，业务达成率69.12%，同比增长1.02%，个险续期保费年累计3479.58万元，达成率100.31%。银保业务实现转型，规模型保费743.70万元，达成率65.24%，价值型保费94.37万元，达成率125.83%；继续率发展健康、稳健。续期个银通算年累计13月继续率89.42%，年累计25月保费继续率94.05%。人员流动及经营稳定。个险人力283人，增员率9.81%，平均长险活动率超过30.62%，金星率超过16.93%，人均产能1677.38元，业务队伍稳定增长。

【光大永明人寿保险有限公司秦皇岛中心支公司】 主要经营个人意外伤害保险、个人两全保险、个人终身寿险、个人年金保险、个人短期健康保险、团体意外伤害保险、团体定期寿险、团体终身寿险、团体年金保险、团体短期健康保险、团体长期健康保险、保险咨询等业务。2016年，保费收入134.7万元，其中，团险全年承保76.51万元，银保全年承保33.74万元，中介全年承保24.44万元。

【农银人寿保险股份有限公司秦皇岛中心支公司】 经营产品涵盖人身保险、健康保险、意外伤害保险各个方面，共36种。农银珍爱一生终身寿险（分红型）；农银附加珍爱一生终身重大疾病保险；农银万世鸿福年金保险计划；农银鸿福齐天年金保险计划；农银常青树两全保险（分红型）；农银年年富贵两全保险（分红型）；农银如意人生两全保险（分红型）；农银爱永远定期寿险；农银附加岁岁平安定期寿险；农银附加财富宝终身寿险（万能型）；农银爱相守重大疾病保险；农银专属版爱一生防癌疾病保险；农银祥瑞意外伤害保险；农银意外伤害保险（2014）；农银附加意外伤害保险（2009）；农银附加残疾意外伤害保险；农银爱自由两全保险；农银附加意外伤害医疗保险（2009）（A/B款）；

农银附加意外伤害住院津贴医疗保险；农银附加住院费用医疗保险（2009）（A/B 款）；农银附加住院津贴医疗保险；农银旺旺财两全保险（分红型）（A 款）；农银金凤凰两全保险（分红型）（D 款）；农银稳得福两全保险（分红型）；农银财富天下两全保险（分红型）；农银财富人生年金保险（分红型）；农银健康人生重大疾病保险；农银金穗 1 号年金保险保障计划；农银爱相随年金保险计划；农银爱成长年金保险；农银附加爱成长重大疾病保险；农银附加爱成长长期医疗保险；农银爱鑫宝年金保险保障计划；农银附加同悦重大疾病保险；农银附加同康防癌保险；农银爱立方二代健康优选保障计划。2016 年，受理新单 2809 件，实现新单保费收入 1.05 亿元，其中，银保实现保费收入 9701.1 万元，完成任务目标的 134.74%，达成率全省排名第三位；银保期交保费收入 795.2 万元，完成任务目标的 113.6%，达成率全省排名第六位；银保财富保费收入 137.5 万元，完成任务目标的 171.9%，达成率全省排名第六位。团险保费收入 376.49 万元，完成任务目标的 125.5%，达成率全省排名第二位。个人保险实现保费收入 392 万元，完成全年任务目标的 115.2%；其中，市区实现保费收入 79 万元，完成全年任务目标的 82.2%。续期个险 13 月年累计 87.17%，个险 25 月年累计 93.07%；续期银保 13 月年累计 98.94%，银保 25 月年累计 98.99%。银保两项指标表现优异。续期于 12 月 1 日提前 30 天完成省公司下达的 1776 万的保费任务；全年整体实收保费 1880 万元，超额完成任务，任务达成率 105.86%。累计赔付 31 件，赔付支出为 115.3 万元，保全业务 2908 件，业务品质控制良好，整体稳定。

【中国人民健康保险股份有限公司秦皇岛中心支公司】 设有 8 个部门，有内勤员工 40 人，营销人员 107 人。主要经营与国家医疗保障政策配套、受政府委托的健康保险；各种人民币和外币的健康保险、意外伤害保险、与健康保险有关的咨询服务业务及代理业务等。利用专业健康保险公司的优势改善全市城镇职工大额补充医疗保险的经营状况，提升市民的医疗保障待遇，提高市民对政府的满意度。配合市人社局和医保中心建立健康管理、医疗巡查、定点医院驻点核查、医疗费用审查等制度，实现“健康保险 + 健康管理”先进理念，将“病前健康管理、病中诊疗监控、病后赔付核查”三位一体风险管理技术引入全市职工大额保险项目。全年受理理赔案件 9884 件，赔付金额 6030.04 万元。实现保费收入 1.45 亿元，其中，社保渠道保费收入 6849.83 万元，互动渠道保费收入 4817.6 万元，个险渠道保费完成 1288.91 万元，团险渠道保费完成 624.09 万元，银保渠道保费完成 963.77 万元。

【长城人寿保险股份有限公司秦皇岛中心支公司】 以“有长城，更保险”为使命，以“让每个家庭拥有保险”为企业愿景，打造以客户为中心的服务体系，为服务民生贡献力量。长城人寿“保障 + 服务”的差异化经营得到社会认可，连续五年跻身“中国服务业企业 500 强”。2016 年，保费收入稳中有升。实现个险收入 402 万元、经代 198 万元、续期 312 万元、银行保险部 3579.78 万元（趸交：3452.4 万元，期交：127.38 万元）。承保的营销新契约保单中，主险件数期缴比例约 100%，且 90 % 都是 10 年期以上的业务。满期给付 124.45 万元。

【阳光人寿保险股份有限公司秦皇岛中心支公司】 有外勤在册人力 261 人，活动人力 105 人，活动率为 40.2%。经营产品。个险主打产品有阳光人寿金祥裕终身寿险（万能型）、阳光人寿金喜连连年金保险、阳光人寿金娃娃少儿两全保险 B 款（万能型）、阳光人寿爱随行两全保险 B 款（爱随行 B）、阳光人寿财富宝两全保险（分红型）、阳光人寿孝顺保恶性肿瘤疾病保险。全年总体保费收入 1113.7 万元。

（秦　志）

证券业

【概况】 全市有证券营业部 13 家，其中，财达证券营业部 7 家，银河证券营业部 1 家，广发证券营业部1家，海通证券营业部1家，长江证券营业部1家，东莞证券营业部1家，华林证券营业部1家。2016年，全市证券业交易总额2512亿元，同比下降40.36%；营业总收入1.77亿元，同比下降62.28%；净利润6054万元，同比下降77.61%。

【中国银河证券股份有限公司秦皇岛证券营业部】 1995年1月成立，是银河证券在秦皇岛市唯一一家营业部。先后隶属于中国银行河北省信托投资公司、中国东方信托投资公司、中国银河证券有限责任公司。营业部设总经理、副总经理各1人，下设4个部门，有管理服务人员21人，销售类客户经理13人。营业部共代理股票基金交易额477.66亿元，实现营业收入4517.99万元，利润1934.1万元。

【财达证券股份有限公司秦皇岛河北大街证券营业部】 前身为秦皇岛市信托投资公司证券交易部，隶属于秦皇岛市财政局。2002年5月，与财政脱钩，归属河北财达证券经纪有限责任公司。2002年5月10日，经中国证监会批准，正式成立河北财达证券经纪有限责任公司秦皇岛河北大街证券营业部。2010年2月26日，更名为财达证券有限责任公司秦皇岛河北大街证券营业部。2016年7月26日，更名为财达证券股份有限公司秦皇岛河北大街证券营业部。主要经营通道业务、类通道业务和协同业务。营业部设总经理1人，总经理助理1人，下设4个部室，有员工19人，全部具备证券从业资格。全年实现营业收入2352万元，客户保证金余额2.1亿元，托管市值20.4亿元，营业支出1439万元，实现利润905万元，两融利息收入544万元。新增开户数4776户。全年完成金融产品销售70.5万元，完成全年任务的153%。融资融券333户，融资余额1.18亿。签署一家新三板协议，股票质押业务实现质的突破，在公司领导和信用交易部的大力支持下，将金花投资集团的6个亿的股票市值托管，并成3.5个亿的股票质押。

【财达证券有限责任公司秦皇岛迎宾路证券营业部】 财达证券秦皇岛迎宾路证券营业部（以下简称营业部）成立于2002年6月26日，位于秦皇岛市迎宾路83号泛亚大厦三楼，营业面积1280平方米。有正式员工13人，全部具有证券从业资格。其中，6人具有证券投资咨询资格，11人具有期货从业资格，9人具有投资基金资格，11人具有发行与承销资格。下设4个部门。服务项目有代理开立A、B股股东账户，代理基金销售，发售理财产品，为客户提供融资融券、投资顾问服务，代理买卖沪深A、B股股票、基金、权证、债券。2016年，营业部托管客户资产总额17.71亿元，全年实现交易量346.79亿元，营业收入2341.38万元，利润955.24万元，上缴营业税42.53万元。

【广发证券股份有限公司秦皇岛和平大街证券营业部】 广发证券秦皇岛和平大街证券营业部成立于2007年3月。营业部是广发证券股份有限公司在秦皇岛市唯一一家分支机构。设有6个部门，有职工21人，营销人员26人。截至年末，营业部股民开户总数8.38万户，总资产79.27亿元。

【华林证券股份有限公司】 华林证券股份有限公司秦皇岛迎宾路证券营业部成立于2015年6月18日，11月2日正式对外营业。类型为股份有限公司分公司（非上市），属于华林证券股份有限公司的分支机构。营业部位于迎宾路与燕山大街交叉路口秦发酒店二楼，有职工21人。经营业务范围有证券投资咨询、证券投资基金代销、融资融券，与证券交易、证券投资活动有关的财务顾问，代销金融产品，证券资产管理，证券承销与保荐。

【海通证券秦皇岛迎宾路证券营业部】 营业部于2013年12月取得经营许可资格，设正式员工4人，证券经纪人7人。全年完成交易量49.48亿元，同比降幅94.74%。其中，A股交易量44亿元，降幅94.7%；B股交易量折合人民币28.2万元；基金交易量3568.98万元；债券交易量1.21万元；债券回购交易量5.12亿元，降幅93.88%。股票基金市场占有率0.02‰。平均佣金率0.3‰。客户托管市值1.7亿元，全部为个人投资者。截至2016年底，有合格资金账户1.38万户。新开资金账户 4284 户，有效户 1256 户，占比 29.32%。新开信用资金账户 19 户，全年累计交易量 2.26 亿元。其中，融资融券交易量 0.45 亿元，佣金及息差净收入共计 12.98 万元。全年累计完成基金、理财产品销售总额 3.09 亿元，完成年初分公司下达目标（0.3 亿）的 296%。

【长江证券股份有限公司秦皇岛证券营业部】 2015 年 7 月，正式营业，位于秦皇西大街 18 号。营业部有正式员工 18 人，全部具有证券从业资格。主要为客户提供证券投资、理财咨询、新三板、PB 业务、期货、期权等方面服务，截至年底，营业部共有客户 5173 人，客户资产 2.74 亿元。

上市公司

【概况】 2016 年，秦皇岛新增挂牌上市企业 22 家，同比增长 22%。其中，新三板 8 家，石交所 14 家。年末全市挂牌上市企业 50 家，康泰医学等 5 家新三板挂牌企业实现直接融资 2.37 亿元。

【秦皇岛港股份有限公司】 秦皇岛港股份有限公司（以下简称“秦港股份”）成立于 2008 年 3 月 31 日，是河北港口集团控股子公司，为全球最大的大宗干散货公众码头运营商。秦港股份于 2013 年 12 月 12 日，成功在香港联交所主板挂牌上市，成为香港资本市场上第一家以干散货业务为主的码头运营商，主要承担货物装卸、堆存、仓储、运输及物流等业务，经营货种包括煤炭、金属矿石、油品及液体化工、集装箱及其他杂货，并为客户提供拖轮、理货、配煤等港口增值服务。秦港股份经营的秦皇岛港、曹妃甸港区、黄骅港区均位于环渤海地区。

秦皇岛港始建于 1898 年，是中国清代光绪皇帝御批的自开口岸。经过百年经营发展，秦皇岛港拥有原油、成品油和世界一流的现代化煤码头及装备先进的杂货和集装箱码头，成为以能源运输为主的综合性口岸，全球最大的煤炭港。在曹妃甸港区，秦港股份控股（相对控股）建设曹妃甸矿石码头一期、二期工程，年设计通过能力 6550 万吨。参股建设曹妃甸煤炭码头一期工程及煤炭码头一期续建工程，控股建设曹妃甸煤炭码头二期工程，3 座码头的年设计通过能力均为 5000 万吨，巩固秦港股份在国内煤炭贸易运输企业中的领先优势。在黄骅港区，秦港股份控股建设黄骅港综合港区一期工程，拥有散杂货和集装箱泊位 8 个，年设计通过能力 1800 万吨。控股建设 2 个 20 万吨级金属矿石泊位，年设计通过能力 3000 万吨。秦港股份加快“走出去”步伐，推进跨地域经营战略，相继组建渤海津冀港口投资发展有限公司和唐山港口投资开发有限公司，两家公司将作为平台公司重点谋划和布局区域内港口项目，助力将河北三大港口打造成为重要港口商贸物流枢纽、环渤海第一大港口群和欧亚“新丝绸之路”的重要出海口，在更大范围、更广领域、更高层次融入经济全球化的浪潮。

秦港股份将巩固煤炭业务优势，做大做强矿石业务，保持世界港口干散货业务的领先地位，建成区域性油品集散中心，推进集装箱业务实现跨越式增长；实施跨港发展战略，抢抓京津冀协同发展和“一带一路”倡议机遇，不断优化资源配置，拓展战略合作伙伴；建设智慧港口，构建“互联网 + 港口服务”运行新模式，拓展港口服务功能，引领国际化发展水平；推进“港产城一体化”发展，加快港口基础设施建设，创建绿色港口，推动港口转型升级，实现港城和谐共赢。

【秦皇岛天业通联重工股份有限公司】 秦皇岛天业通联重工股份有限公司始创于 2000 年，是集研发设计、制造安装、销售服务为一体的重大装备制造骨干企业。有员工 1000 多人。公司以“强企业塑造强人才，强人才创造强企业”为用人理念，培养高水平的研发队伍及专业化的技工队伍，打造充满活力、极具创新能力的高效团队。

公司产品覆盖装备制造业、氟化工、工程服务、采矿业四大板块，涉及交通工程、能源工程、采矿工程、物流工程等国家重点工程领域。通过企校联合、企研合作、委托开发等方式完成众多产品领域的重大技术课题。公司的隧道掘进装备盾构机在两年时间里研制成功并实现批量制造，国内首台地铁最大直径的 10.22

米土压平衡盾构于 2011 年 7 月成功下线；自主研发制造的 TT0M100/TTM50 矿用自卸车陆续下线并销售海外。

公司拥有国家专利 100 多项。独立研制的 TTSJ900 吨隧道内外通用架桥机组已申报并被受理 10 项国家专利，其中，发明专利 7 项，3 项实用新型已授权。

公司多次获得国家科技进步奖，天业通联陆续获得国家火炬计划重点高新技术企业、国家知识产权试点单位、河北省质量效益型先进企业、秦皇岛市长特别奖等荣誉。公司的工程设备被评为河北省名牌产品。

2010 年 8 月 10 日，成功上市，开启公司发展的新纪元。公司不断完善组织结构，调整战略部署，制定中长期的发展战略，力争成为“行业一流、产品一流、服务一流”的一等创新型企业。

【茂业通信网络股份有限公司】 始于 1993 年，2014 年由传统零售业向现代通信服务业的全面升级转型，主营智能信息传输和通信网络维护。

茂业通信网络股份有限公司（简称公司），主营智能信息传输和通信网络维护。股票简称：茂业通信，股票代码：000889。

通过 2014 年、2015 年的重大资产重组，公司退出百货零售及商业地产业务，实现由传统零售业向现代通信服务业的全面升级转型，成为持有北京创世漫道科技有限公司、广东长实通信科技有限公司 100% 股权的控股型公司。

公司曾是河北首家主营零售业的上市企业，是中国资本市场上第一家以新设合并方式成立并公开发行股票的企业、第一家在二级市场被公开收购的上市公司。1997 年，公司首次公开发行股票 3000 万股，之后通过配股、送增股本、非公开发行股份等事项，总股本由 1997 年末上市时的 110050000 股，增加至 2014 年末以来的 621826786 股。

公司前身是从事商业零售的国有独资企业秦皇岛华联商厦和秦皇岛商城。1993 ~ 1994 年，经河北省政府体制改革委员会批准，华联商厦和秦皇岛商城先后分别整体改制为国有控股的定向募集股份制企业。1997 年，经河北省政府批准，公司从上述两家定向募集股份制企业的新设合并中诞生，通过公开发行股票后，于 12 月在深圳证券交易所主板上市。

1999 年，由公司、原国有大股东秦皇岛华联商厦集团有限公司和民营战略投资者安徽新长江投资股份有限公司之间三方跨省异地合作进行并购重组，公司成为民营控股企业。

2016 年秦皇岛市上市挂牌企业情况一览表

表 6–1

企业名称	挂牌板块	股权代码	企业简称	挂牌时间
河北羿珩科技股份有限公司	新三板	835560	羿珩科技	1.18
秦皇岛同力达环保能源工程有限公司	新三板	838519	同力达	7.22
秦皇岛市惠斯安普医学系统有限公司	新三板	838857	惠斯安普	7.27
秦皇岛花千墅物业服务股份有限公司	新三板	839277	花千墅	9.05
秦皇岛亿德力科技股份有限公司	新三板	839845	亿德力	10.27
爱迪特（秦皇岛）科技股份有限公司	新三板	870132	爱迪特	11.28
秦皇岛市傲森尔装具服装股份有限公司	石交所转新三板	839844	傲森尔	10.27
秦皇岛玖和能源发展有限公司	石交所	660263	玖和发展	11.18
秦皇岛景清创富科技股份有限公司	石交所	660164	景清创富	5.06
秦皇岛市夏都菌业股份有限公司	石交所	660276	夏都菌业	12.07
秦皇岛市兆丰纸业有限公司	石交所	500762	兆丰纸业	12.16
秦皇岛市宏都养殖股份有限公司	石交所	660303	宏都养殖	12.23
秦皇岛光宇玻纤制品股份有限公司	石交所	660305	光宇玻纤	12.23
秦皇岛丰禾农业股份有限公司	石交所	660261	丰禾农业	12.23
秦皇岛燕大恒远高技术股份有限公司	石交所	660327	燕大恒远	12.23
河北御享天源健康产业发展股份有限公司	石交所	660297	御享天源	12.23
秦皇岛汃龙生态园股份有限公司	石交所	660312	汃龙生态	12.23

续表 6-1

企业名称	挂牌板块	股权代码	企业简称	挂牌时间
秦皇岛正洋祥业金属结构股份有限公司	石交所	660317	正洋祥业	12.23
秦皇岛星晟科技股份有限公司	石交所	660306	星晟科技	12.23
秦皇岛干将自动化科技股份有限公司	石交所	660319	干将公司	12.23
秦皇岛燕山大学计算机软件中心股份有限公司	石交所	660311	燕大公司	12.23

2016 年秦皇岛市上市挂牌企业情况一览表

表 6-2

挂牌企业名称	挂牌交易所
秦皇岛博硕光电设备股份有限公司	新三板挂牌企业
秦皇岛市碧螺塔旅游开发股份有限公司	新三板挂牌企业
秦皇国际旅游开发股份有限公司	新三板挂牌企业
秦皇岛天秦装备制造股份有限公司	新三板挂牌企业
河北鹏远光电股份有限公司	新三板挂牌企业
河北中振博盛新材料股份有限公司	新三板挂牌企业
秦皇岛燕大源达机电科技股份有限公司	新三板挂牌企业
秦皇岛市傲森尔装具服装股份有限公司	新三板挂牌企业
秦皇岛天道物产股份有限公司	天交所挂牌企业
秦皇岛环亚设备股份有限公司	天交所挂牌企业
河北海纳电测仪器股份有限公司	天交所挂牌企业
秦皇岛夏都菌业股份有限公司	石交所挂牌企业
秦皇岛丰硕生态农业开发股份有限公司	石交所挂牌企业
秦皇岛粮丰海洋生态科技开发股份有限公司	石交所挂牌企业
秦皇岛秦来路桥工程股份有限公司	石交所挂牌企业
秦皇岛燕山大学计算机软件中心股份有限公司	石交所挂牌企业
秦皇岛正洋祥业金属结构股份有限公司	石交所挂牌企业
秦皇岛玖和能源发展股份有限公司	石交所挂牌企业
秦皇岛汎龙生态园股份有限公司	石交所挂牌企业
国信通源电力燃料（秦皇岛）股份有限公司	石交所挂牌企业
秦皇岛景清创富科技股份有限公司	石交所挂牌企业
河北中铸爱军建设工程股份有限公司	石交所挂牌企业
秦皇岛燕大恒远高技术股份有限公司	石交所挂牌企业
秦皇岛乾源科技开发股份有限公司	石交所挂牌企业
秦皇岛丰禾农业股份有限公司	石交所挂牌企业
秦皇岛市傲森尔装具服装股份有限公司	石交所挂牌企业
秦皇岛星晟科技股份有限公司	石交所挂牌企业
秦皇岛秦抗电气科技股份公司	石交所挂牌企业
秦皇岛光宇玻纤制品股份有限公司	石交所挂牌企业
秦皇岛市宏都养殖股份有限公司	石交所挂牌企业
河北御享天源健康产业发展股份有限公司	石交所挂牌企业
秦皇岛干将自动化科技股份有限公司	石交所挂牌企业
河北人华机械股份有限公司	石交所挂牌企业
秦皇岛木兰菌业股份有限公司	石交所挂牌企业
秦皇岛新军装饰工程股份有限公司	石交所挂牌企业
秦皇岛满药本草药业股份有限公司	石交所挂牌企业
秦皇岛市兆丰纸业股份有限公司	石交所挂牌企业
秦皇岛丽春海洋生物科技股份有限公司	石交所挂牌企业
秦皇岛鸿泰科技股份有限公司	石交所挂牌企业
河北大恒装饰工程股份有限公司	石交所挂牌企业

（秦　志）

其他金融业

【小额贷款公司】 全市有小额贷款公司20家，其中正在办理退市4家。正常营业小额贷款公司15家，其中，一般小额贷款公司6家、科技小额贷款公司6家、扶贫小额贷款公司3家。累计发放贷款185户、681笔、累放额2.95亿元。其中，累计发放农户贷款1.99亿元，占比达67.46%；小微企业贷款0.96亿元，占比达32.54%。贷款结存1035户、3112笔、余额12.18亿元。

秦皇岛市海港区金茂科技小额贷款有限公司。位于建设大街187号22层。2013年2月6日成立，注册资本1亿元，公司设信贷部、财务部，员工9人。2016年，发放贷款4783万元，收回贷款7120万元。公司贷款主要投向小微企业的商贸和物流行业，本期实现利息收入711万元、上缴税金187万元、实现净利润434万元。

秦皇岛市海港区荣达科技小额贷款股份有限公司。位于河北大街金阳大厦197号。2011年12月22日成立，注册资本金1亿元。公司设立综合部、财务部、业务部、风险控制部，有员工8人。2016年，累计发放贷款3893万元，累计收回贷款4214万元，年末贷款余额9699万元，实现营业收入572万元，税金24万元。公司主要向海港区辖内农户、小微企业、个体工商户提供小额抵（质）押贷款、保证担保贷款。

【担保公司】 2016年，全市已建融资性担保机构10家，总注册资本8.24亿元，其中，亿元以上（含亿元）担保公司6家。从资本构成看，国有资本出资额2.4亿元，所占比重29.12%；民间资本出资额5.84亿元，所占比重70.88%。全市融资性担保机构与工商银行秦皇岛分行、农业发展银行、中国银行秦皇岛分行、中国建设银行秦皇岛分行、交通银行秦皇岛分行、秦皇岛银行、民生秦皇岛分行、河北银行、秦皇岛市区联社及县级联社等签约开展业务。全年为138户中小企业和个体工商户提供贷款担保5.03亿元，有效缓解中小微企业融资难、融资贵的问题。

秦皇岛市恒嘉投资担保有限公司。成立于2004年11月，注册资本金1亿元。公司与中国农业发展银行秦皇岛市分行、秦皇岛市区信用联社、秦皇岛银行、秦皇岛市交通银行和民生银行秦皇岛分行等金融机构签订合作协议。由多品种的贷款担保业务转向专业为中小企业提供融资服务，年内公司开展业务14笔，担保金额8148万元。

秦皇岛市金财担保有限公司。成立于2010年2月，注册资本金1.1亿元。公司与秦皇岛市交通银行、秦皇岛银行、秦皇岛市建设银行、秦皇岛市中国银行、秦皇岛市邮政储蓄和民生银行秦皇岛分行等金融机构签订合作协议。年内公司开展融资性担保业务15笔、担保金额7492.3万元。

【拍卖公司】 全市现有拍卖企业11家，分别是河北价信拍卖有限公司、秦皇岛仕邦拍卖有限公司、河北亿诚拍卖有限公司、秦皇岛金翰拍卖有限公司、河北宝都拍卖有限公司、秦皇岛天诚拍卖有限公司、秦皇岛经纶拍卖有限公司、秦皇岛九策拍卖有限公司、秦皇岛高氏拍卖有限公司、河北振海拍卖有限公司、秦皇岛如意山海拍卖有限公司。全市拍卖市场秩序良好。

【典当公司】 全市现有典当行19家，分支机构3家。典当行分别是融通典当行、建业典当行、汇集典当行、龙信典当行、金鑫典当行、华融典当行、泰顺典当行、金柜典当行、首信典当行、昌兴典当行、华旗典当行、佳成典当行、鼎和典当行、融发典当行、磐鼎典当行、宝通典当行、如意乾元典当行、渤海典当行、融诚典当行。分支机构有同祥典当行、汇丰源典当行、唐山天益典当行抚宁分公司。全市典当企业未出现违法违规问题。

（秦　志）

口岸管理

KOUAN GUANLI

KOUAN GUANLI

秦皇岛海关

【概况】 秦皇岛海关坚持深化改革，稳中求进，加强监管，夯实基础，改进作风，增强活力；坚持以创新力驱动业务改革，高质量履行海关职责，全心全意服务地方发展，整体工作取得良好效果。

【通关服务】 全面做好审价、原产地、归类、减免税等各项基础工作，全年共征收税款21亿元。提升通关便利化水平，深入通关作业无纸化改革受惠企业达到95%左右。在操作模式上拓展区域通关模式功能，完善与相关海关的联系配合机制。完善7×24小时全天候、无假日预约通关、提前报关、担保验放等便捷通关措施。做好过境转关服务，打造高效、安全、快捷的过境运输通道，服务于"一带一路"建设。坚持党组成员定期下企业调研，联系地方单位共同组织送政策上门活动，主动到有关外贸进出口企业了解企业进出口情况，及时宣传海关最新优惠政策。积极落实国家重大技术设备、科学研究、技术开发、中小企业等进口减免税优惠政策，主动跟踪经济发展重点项目，加快减免税项目备案及审批办理速度，引导企业用足用好税收优惠政策，全年实际审批减免税货值3967万美元，减免税款3362万元。主动融入地方重点项目，服务大局，积极参与北戴河机场筹建工作，积极献言献策，提供海关视角。做好特殊监管区域监管工作。出口加工区审核报关单4445票，监管货运量9.29万吨，监管货值2.08亿美元，征收税费1722万元。

【海关监管】 加强正面监管，提高监管场所巡查频率，加大机动巡查和船舶登临检查力度，全年监管货运量1377万吨。油气液体化工品物流监控系统顺利上线运行。规范查验业务操作，建立"双随机"查验机制，提升查验效能，稳步提高随机布控查验比例。发挥机检设备使用效能，做好设备及辐射源更新升级工作，参加岗位练兵，提高业务水平。加强行邮监管，规范秦仁航线旅客通关流程。全年监管进出境旅客5.15万人次。做好免税店监管工作，加强对供船免税品从出库到上船的全程监控，严格检查免税品出入库、销售、核销等情况。优化保税监管，加强加工贸易中期管理，完善单耗管理，加强内销价格监控。全面深化综合治税。积极作为，拓源挖潜，主动走访本地注册、异地纳税企业，宣讲一体化改革后的便利措施，扩展新税源。与口岸海关联系，协调解决当地报关企业在口岸通关时遇到的困难，稳定现有税源。

【海关缉私】 开展"国门利剑2016"联合专项行动。成立海关联合专项行动领导小组和办公室，各科设立联络员，定期召开例会，分工合作。对"农产品走私、集成电路等高新电子产品走私、重点涉税商品走私、毒品枪支走私、骗退税和虚假贸易违法行为"等重点领域走私重拳出击。全年刑事立案3起，案值2085万元，涉税460万元，刑事拘留1人，取保候审2人。有罪判决1起、3人，罚金1150万元（2015年案件）；行政立案41起，立案案值2021.1万元，涉税20.67万元，调查终结41起，罚没49.34万元，补税8.85万元。完成协查任务19起，调取证据86份，协助抓捕犯罪嫌疑人1人。

【海关统计】 定期分析外贸运行情况，开展进出口信息动态跟踪，每月通过"秦关信息"等载体向市政府报送相关统计分析。与地方党政部门建立多层次、多渠道、常态化的联系合作机制，密切跟踪地方外贸发展动态，有针对性地分析原因、提出建议，向市政府报送报告8篇，牵头召开口岸单位联席会议，邀请市领导及相关单位深入海关走访调研，全面反映海关深化改革、服务发展成效。

（秦　志）

出入境检验检疫

【概况】 秦皇岛检疫检验局检验检疫出入境货物1.22万批，货值34.62亿美元，同比批次增长21.52%。其中，入境货物3503批、货值21.69亿美元；出境货物8667批、货值12.93亿美元。检出不合格货物299批，货值8.88亿美元。

【提升质量管理】 开展“三项行动”，多举措提升质量管理。开展业务质量提升行动。规范业务管理。组织开展 2015 年总局业务督察整改、检验检疫业务印章核查、业务数据风险信息核查、检验检疫窗口建设和“三互”落实自查、出口食品农产品专项自查、原产地工作自查等，提升业务工作的规范性和符合性。严格开展签证审核。及时处理纠正证稿拟制错误、证稿格式错误等问题，组织完成检验检疫证单梳理，持续提升证单质量。改进认证监管。合理调整监管频次，延续备案审核 15 家、变更备案审核 6 家、对外注册审核 6 家，注销出口食品备案企业 3 家，定期监管 50 次，受理免办 3C 业务 73 次。开展业务对标活动。瞄准沿海强局和省局系统的标杆，全面开展对标活动，学习先进经验和做法，补齐业务不足和短板，完成 4 项省局考评对标项目。开展监管创新行动。深化分级分类管理。对企业实施分类管理，开展差异化监管；对出口水产品、肠衣等食品按风险等级，实施基地调研、原料监测、过程监控等监管措施，由注重产品检验评定转向出口前检验检疫验证。推动质量共治。印发《创建“全国质量强市示范城市”工作方案》，部署检测能力提升、口岸商品质量监管等 7 项重要任务；推进水产品出口质量安全示范区建设，帮助企业持续改进质量管理和食品安全管理体系，“昌黎出口食品农产品质量安全示范区”顺利通过省级示范区考核验收，填补秦皇岛市安全示范区的空白。完善信用管理。加强检验检疫“进出口企业信用管理系统”的信用信息采集和信用等级评定，开展目录外商品监督抽查，完成 3 种 6 批次样品抽查工作；加强信用等级评定结果应用，对信用等级高的企业给予无纸化报检、申报放行、验证放行等便利措施，对重大违法案件当事人直接纳入企业诚信 D 级管理。开展商品质量提升行动。加强质量分析。开展出口水产品、进出口饲料等重点产品质量状况调查分析、不合格货物及索赔情况报告等，全面掌控辖区主要出口商品的宏观质量状况。加强风险监控。开展饲料、粉丝、肠衣、花生、板栗、水产品、水生动物、玉米蛋白等高风险产品的安全风险监控。推动出口食品企业内外销“同线同标同质”行动。协助 9 家企业成功注册“同线同标同质”信息服务公共平台。

【维护口岸安全】 推进“四项工程”(口岸公共卫生安全工程、口岸生态安全港工程、出入境食品安全港工程、出入境贸易放心港工程)，全方位维护口岸安全。推进“口岸公共卫生安全港”工程。严格口岸检疫查验。检查出入境人员 8.57 万人次，卫生检疫船舶 1583 艘次，检疫查验集装箱 3.59 万标箱。严格疫情防控。加强医学巡查和可疑病例排查，开展健康检查 4841 人次，预防接种 2704 人次，发现病例 896 例。严格口岸卫生监督。卫生监督船舶 685 艘次，供船食品 180 次，饮用水 69 次。严格口岸医学媒介监测。实施入境船舶媒介监测 655 艘次，首次截获输入性跳虫和茸毛铺道蚁。加强口岸核心能力建设，通过检疫检验总局督察组复核验收。推进“口岸生态安全港”工程。严守进境动物检疫安全。隔离检疫进境奶牛 1 批、2410 头，检出疫病抗体阳性牛 4 头；隔离检疫南美麦哲伦企鹅 1 批、18 只，日本宽吻海豚 2 批、8 只，乌拉圭南美毛皮海狮 2 批、31 只。严守植物疫情安全。加强进境粮食检疫监管，在全部进口大豆、大麦、小麦中截获检疫性杂草 19 种、541 种次，疫情截获率 100%。严守环境安全。安全检验查验进出口危化品 250 多批，对进口氯化钾、磷酸氢二铵等大宗化工品进行放射性和有害重金属监测；落实进口煤炭检验监管措施，加强环保项目检测，对汞含量超标的朝鲜无烟煤实施退运处理。推进“出入境食品安全港”工程。加强进口食品监管。检出 2 批进口毛豆油残留溶剂超标，检出 1 批进口起泡葡萄酒添加“金箔”。加强出口食品监管。加强对出口食品企业安全防护体系及产品追溯体系的检查，形成对原辅料、生产、包装、仓储、自检控制、检验检疫验证等全过程的监管链条；加强食品包装检验监管，定期检查企业管理体系、食品包装材料安全卫生项目、原辅材料进货验收报告，确保食品包装产品质量。落实出口食品化妆品安全监督抽检计划和食品防护计划。抽查水产及制品、蔬菜等二十二大类产品，抽检样品 332 个；指导 34 家企业建立食品防护计划。推进“出入境贸易放心港”工程。大宗商品检验监管把关作用明显。检出入境铁、铜、锌矿干吨短重1.4万吨，挽回经济损失约550万美元；检出进境大豆品质不合格6.21万吨、2343.21万美元，进口大麦品质不合格5.61万吨、1584.69万美元。进口商品鉴定工作效益显著。检出进口商品短溢重1.16万吨，货值474万美元。加强进口商品的后续监管。对11家4S店进行进口汽车缺陷消除监督管理，妥善解决斯巴鲁车主投诉问题。

【服务经济发展】 助力三个领域，零距离服务经济发展。助力企业竞争力提升。提供政策指导。对顺意水产公司等4家新建企业开展备案指导，推荐4家企业对俄罗斯、越南等国家注册，推荐美烨食品等4家企业参加供港生鲜供应商发展大会，帮助企业产品打入国际市场。帮扶骊骅公司晋升为“一类”企业，帮助白酒、速冻果蔬等中小企业发展特色产品，扩大出口份额。提供信息指导。建立秦皇岛检验检疫微信公众平台、水产品微信平台、进口缺陷消费品召回平台，及时向企业宣贯国外重大技术性贸易措施，受理消费者质量投诉；开展机电、轻纺、金属材料等国外技术性贸易措施影响问卷调查，确保数据信息准确完整。提供技术指导。开展免费质量对比检测服务，提高企业自检自控能力；深入出口企业进行指导，协助迎接日、美、韩等国官方检查；协助市场监管部门开展贝类毒素检测，为贝类养殖行业应对食用海虹中毒事件提供数据支持。助力对外贸易便利化。落实产地证政策优惠。开展原产地签证属地备案异地通签，为3家企业办理异地通签手续；宣传中韩、中澳自贸协定，落实原产地签证降税政策。签发各类产地证为出口企业减免关税约2234.65万美元。推进通关便利化。全面实施京津冀一体化出口直放；推进关检合作“三个一”（一次申报、一次查验、一次放行），与秦皇岛海关签署“三个一”联系配合办法。完成11起退证查询调查，保证玻璃纤维纱、一水葡萄糖等出口货物顺利清关。助力口岸开放和功能升级。协助北戴河机场首次临时对外开放，检疫查验韩国旅游包机4架次、出入境旅客193人次。支持远东粮食、水产品进口项目，提供政策信息指导。推进秦皇岛口岸通过进口水果指定口岸考核验收，协助企业取得2000吨菲律宾香蕉检疫许可证，完成首批香蕉检疫进境，为打通进口水果海运通道、促进物流产业发展发挥积极作用。

【深化科技支撑】 科研创新成果丰硕。申报2016年度总局科技项目7项，组织申报行业标项目3项，省级科技立项1项，7项检验检疫行业标准复审工作圆满完成。5种煤灰熔融性标准物质获质检总局颁发的“制造计量器具许可证”和“国家标准物质定级证书”。实验室基本建设进展顺利。食品实验室改造工程图纸设计及监理、施工招标工作已经完成；国家医学媒介生物重点实验室（秦皇岛）完成基建工作。实验室检测资质获得突破。技术中心实验室通过CNAS专家评审组换证复评审加扩项评审，认可参数由24类、6514项增至30类、8074项，植物检疫实验室同步通过扩项评审，首次获得认证认可资质；中检集团秦皇岛公司实验室通过CNAS认可和CMA证书；煤检中心实验室通过CANS“能力验证提供者”复评审及扩项评审，认可参数由8个增加至15个，涵盖煤炭能力验证主要项目，成为国内第二家环保项目能力验证提供者。实验室检测能力进一步提升。煤检中心在“煤炭有害元素分析能力验证”中5个项目、10个数据结果均为满意。技术中心在欧洲第18次水果蔬菜水平测试中获得A等级实验室，在FAPAS-Gemma能力验证计划取得满意结果。“蜚蠊（成虫）种类鉴定”能力验证计划项目6个蜚蠊成虫标本鉴定结果全部正确，获满意结果。领军人才不断涌现。崔宗岩博士入选第二批“河北省青年拔尖人才”名单，是河北局系统唯一入选者。

（秦　志）

海上安全监督

【概况】 秦皇岛海事局管辖岸线从环海寺地嘴灯塔到滦河口，总长约162.7千米，海域面积约5900平方千米。辖区有泊位109个（含造船坞1个、修船坞5个），锚地5个，航道11条，旅游船艇出船点42个。全年安全监管大型船舶进出港1.52万艘次，保障水上货物安全运输1.89亿吨，安全监管旅游船艇载客出航9.24万多艘次，安全载运游客100.36多万人次，连续11年保持旅游船艇安全监管零事故、零伤亡、零污染；启动应对大风、大雾等恶劣天气临时交通管制47次，协调组织海上搜救行动22起，成功救助遇险人员151人，救助船舶19艘，救助成功率98.05%。

【电煤运输】 组织编制新版秦皇岛VTS服务指南，降低海上交通事故发生率，提高港口电煤营运效率。建立海事智能化交通组织信息平台，消除制约港口经济发展的信息孤岛和协同配合不畅两大不利因素。与常熟、太仓海事局签订“苏冀电煤直通”共建协议，推出10项创建举措，提升电煤运输通道安全畅通的保障能力。推进“平安船舶”创建，有效解决水上安全监管薄弱环节。全年安全监管电煤运输船舶0.88万艘次，保障电煤运输1.68亿吨。

【港航经济】 深化口岸查验合作，主动推进电子口岸一体化建设，支持口岸对外开放，提升秦皇岛港口整体竞争力。指导和服务秦皇岛渤海船务工程公司生产泊位对外开放，推动地方港口经济发展。向市政府提交《关于助力秦皇岛市沿海经济发展若干建议的报告》，以海事专业视角提出助力港航经济发展的5方面12项建议。

【旅游船艇监管】 深化“四方联动”安全共管机制，同县区一级地方政府建立安全共管平台；开展沿海旅游船艇联合执法检查和督察行动，打击旅游船艇违规行为，连续十一年保持旅游船艇安全监管零事故、零伤亡、零污染。对海上飞伞、休闲平台等新生事物，探索创新管理模式，为新兴旅游产业发展壮大培育安全“土壤”。规范私人游艇管理，支持帆船运动项目，助推运输码头向高端旅游客船营运码头转变，提升区域经济发展形象。推进海上旅游巴士项目，制定不同阶段的项目推进海事指导意见、建议和帮扶措施，保障海上旅游巴士试航活动。

【船舶污染管理】 实施“蓝海卫士”船舶非法排污监管工程，建立船舶非法排污检查示范区。开展船舶载运危险化学品安全整治专项活动，及时排查海上船舶污染隐患，严厉打击违法违规行为。推进船舶排放控制区监管，防治船舶使用劣质燃油对大气造成污染。帮助秦皇岛市沿岸污染受损景区成功向船舶油污损害赔偿基金申请到赔偿金。撰写2016～2017年西北太平洋行动计划地区受油污野生动物应急反应的国别技术报告，跟踪北太平洋海岸警备论坛合作动态，初步建成由中国牵头的北太平洋地区有毒有害物质（HNS）防备与反应资源数据库。

【海上应急】 召开海上应急处置成员单位联席会议，开展海上搜救装备使用、险情处置后评估培训，初步建立标准化、程序化的海上搜救工作机制。与秦皇岛海上溢油应急反应中心建立应急协作机制，与港航管理部门共同推进建成秦皇岛市首个港口单位码头污染应急联防体，完成市级防治船舶及其有关作业活动污染海洋环境应急能力建设规划（2015～2025年），辖区船舶突发溢油污染应急处置能力不断增强。举行海上搜救通信应急、溢油等涵盖多项科目的应急演练十多项，不断提升应急队伍的实战水平。成功处置多起海上重大险情事故，其中9月29日“冀昌渔养4495”渔船救助行动得到市长张瑞书批示表扬。

【港口建设费征收】 组织开展规费征管专项稽查，探索海事监管模式改革后规费征稽工作新模式，确保应征不漏；贯彻惠民政策，对水转水运输货物只征收一次港建费，为企业减负；推进秦皇岛港网上营业厅项目的开通，建立“互联网+港建费”征收新模式；完成承担交通运输部海事局项目研发任务——“港建费义务缴费人与预收款管理软件”，提高资金核算准确率，降低管理风险。全年上缴港口建设费7.2亿元，其中，上缴中央国库5.76亿元，上缴秦皇岛地方财政1.44亿元，无错收漏收现象。

（秦　志）

边防治安管理

【概况】 秦皇岛市公安边防支队开展“春雷行动”“利剑行动”“固边1号、2号”等专项行动，治安、刑事案件发案率大幅下降，共查破各类案件523起，打击处理违法犯罪嫌疑人354人，抓获网上逃犯35人、吸毒人员27人。依托各专项行动先后破获系列盗窃案2起、系列诈骗案1起，串并破案25起，成功侦办“金成大组织他人偷越国边境案”“7·8运输毒品案”“杨鹤贩卖毒品案”，缴获冰毒2989.98克，抓获违法犯罪嫌疑人6人，查处传播、非法持有宣扬恐怖主义、极端主义物品案1起，抓获邪教组织人员3人，收缴各类邪教宣传品300多份。完成“两会”、秦皇岛国际马拉松赛、北戴河暑期警卫、中共十八届六中全会等大型安保任务。国家边海防委员会对“十二五”期间海防基础设施建设及促进地方经济发展建设方面取得的成果给予高度评价。在全省边防部队评比中获情报比武第一、执法评比第一、稽捕抓逃第一。

【沿海船舶管理】 与秦皇岛市港航管理局、秦皇岛海事局、海警支队、秦皇岛边防检查站、辽宁葫芦岛支队建立联勤协作，签订《暑期警卫联勤联动协作协议》，协调市政府出台《关于禁止私人出海装置出海的通告》，联合协议单位开展“蓝盾2016”“净港查船”等联合清查行动。全年开展沿海船舶联合清查行动16次，清查沿海船舶3198艘次，查处违法违规船舶案件14起，劝阻拦截私人摩托艇、小型游艇194艘次，救助遇险船舶5艘、船员13人，为平安沿海建设营造安定和谐的治安环境。

【爱民固边战略】 深入推动爱民固边战略活动，不断巩固群众工作经验、转变工作作风、夯实基础工作，用实际行动为辖区经济建设发展保驾护航。开展集中爱民大走访，推进关爱困难儿童、春节大拜年等富有特色的关爱系列活动。完善民警村官任职及工作量化制度，健全困难群众摸排登记制度，推进北戴河新区爱民固边模范区域创建活动，做到社情民意清、治安问题清、矛盾隐患清，群众见警率、熟悉率、满意率等测评数值明显提升。边防辖区30%的行政村实现“零发案”，49%的行政村实现矛盾纠纷“零激化”，97%的行政村实现涉法涉诉“零上访”，16个模范村受到省、市、区（县）各级表彰，“党政引领、边防搭台、部门参与、社会联动”的治安维稳大格局得到巩固提升。

【执法规范化建设】 以争创“执法安全零事故、执法办案零过错、执法服务零投诉”为目标，选派2批、57名民警到外部进行为期3个月执法跟班培训。创新执法管理体系，制发“执法周例会”“执法问题晾晒平台”等制度，派出执法帮扶小分队，定期深入基层进行指导。在年度执法资格考试中，基本级执法资格考试通过率达92%，中级执法资格考试通过率达88%。投入专款330万元，对14个边防派出所办案区进行彻底改造。新（改）建库室69间、910平方米，更换各类标牌508块，彻底解决部队执法场所数量不够用、结构不合理的问题，实现库室完善、装修统一、防范措施健全的既定目标。

（秦　志）

城市建设与管理

CHENGSHIJIANSHE YU GUANLI

CHENGSHIJIANSHE YU GUANLI

综 述

【概况】 2016年，全区城乡建设工作以“旅游旺季保障”“创城”等活动为抓手，攻坚克难，团结奋进，全力推进旧城改造和环境建设，城市管理水平和城市环境容貌实现较大提升。完成北部片区融合发展、美丽乡村、祖山连接线沿线景观等7个专项规划编制。创建光华路、耀国路等10条精品街巷路，秦皇大街成为全市精品示范街。火车站周边综合改造顺利实施。启动杜庄镇、石门寨镇、驻操营镇垃圾收运项目建设，完成石门寨污水改造工程。完成环长城旅游公路建设，环线道路全长58.6千米。完成汤河公园等5个公园游园新建及改造提升工程。改造完成农村危房203户。

【旅发大会沿线48个美丽乡村规划】 以“创新、协调、绿色、开放、共享”的发展理念为指导，以“打造全域、全季、全时、大系统、大格局旅游，促进产业融合升级、旅游扶贫、暑期工作上水平，让城乡全域美起来、旅游业态兴起来、四季旅游火起来、旅游品牌亮起来、人民群众富起来”为目标，通过对每个村庄的深入走访调研和现场踏勘，经过多轮论证、修改、完善，完成48个美丽乡村（含6个精品村、13个重点村）规划方案设计工作。组织开展海港区秦皇山谷片区美丽乡村总体规划编制工作。对北部片区189个村庄进行深入研究，以山海旅游大通道和环长城旅游公路为纽带，串联祖山、长城等众多景点，重点打造沿线美丽乡村。

【城市管理】 打响“双违”整治和创建全国文明城市攻坚战，拆除违法建筑物160万平方米，城乡面貌焕然一新。完成秦皇东大街（东港路口至海阳路口）人行道、市城管局门前、建国路（河北大街—燕山大街）人行道维修工程。购置新能源环卫作业车辆44台。完成全部市定燃煤锅炉淘汰整治任务，关停非煤矿山33座，清理取缔堆煤场132家，捣毁盗采井口101处，封堵改造排污口87处；超额完成市定绿化造林任务，秦青公路综合整治成效明显。

【城市建设】 全年实施长江道西延伸一期、民族路北延伸二期、民族路北延伸给水管线工程等3项重点工程。稳步推进森林港城建设，城市出入口景观旧貌换新颜。彻底整治秦青公路沿线（北环路至驻操营镇，全长约25.5千米）污染源，完善交通性干道的道路职能，改善沿线绿化景观，展现特色街区风貌。

【环境保护】 全年空气质量有效监测天数366天，达标270天，达标率73.77%，达标天数增加14天，PM2.5下降2.1%。将总量减排作为改善环境质量和转变经济增长方式的重要抓手，创新思路、强力推进，拓展减排空间。削减化学需氧量、氨氮、二氧化硫和氮氧化物分别为1140吨、357.93吨、560吨、727.51吨。

城乡规划

【概况】 区规划局坚持高起点规划，高标准建设，高强度投入，高效能管理，加快推进规划编制，强化城乡规划管理，提升规划服务质量，尽职尽责做好规划服务工作，以城促镇，城乡联动，较好地完成各项目标任务。

【旅发大会祖山连接线沿线景观规划】 按照市政府要求及区委、区政府的工作部署，扎实开展旅发大会祖山连接线沿线景观规划编制工作。祖山连接线南起兴凯湖路，北至石门寨镇车厂村，全长约40千米。对道路两侧进行通道绿化，种植15米景观林、100米经济林，综合设置驿站、主题公园、骑行绿道等功能，打造1个慢行廊道、2个主题公园、3个主题分区、3个休闲驿站和多个周边村落。

【旅发大会环长城旅游公路沿线景观规划】 环长城旅游公路位于海港区东北部，始于京哈高速秦皇岛东出口，贯穿石门寨镇及驻操营镇，在车厂村结束，全长约60千米。规划根据现状环境，以乡土植物为主对道路两侧进行景观设计，分段特色绿化，营造花海彩林的植被特色。结合现状和山体及景点分布特征，突出古长城军事文化，打造一村一景（品）。规划通过交通上的线面整合，利用沿线的历史文化景观资源、自然山体特色和植被资源，串联蟠桃峪、九门口、董家口等多个景点（景群），将沿线景观和规划景点、旅游服务设施及旅游小镇建设融为一个整体，带动沿线特色小镇和美丽乡村的挖掘和开发，打造一条集休闲健身、风景游览、文化保护于一体的山体慢行绿道。

【北部片区融合发展规划】 谋划定位杜庄镇、石门寨镇、驻操营镇功能，合理优化空间布局，科学预留建设用地规模，聘请深圳市城市规划设计研究院有限公司多次对杜庄镇、石门寨镇、驻操营镇进行深入走访调研和实地踏勘，开展规划编制工作。从开放、协调、创新、绿色、共享五个维度促进杜庄镇、石门寨镇、驻操营镇尽快融入全区发展建设。已完成用地布局、交通路网等规划部分。

【秦青公路综合整治项目规划】 彻底整治秦青公路沿线（北环路至驻操营镇，全长约25.5千米）污染源，完善交通性干道的道路职能，改善沿线绿化景观，展现特色街区风貌，编制《秦青公路综合整治项目规划方案》，在各相关部门提供方案的基础上，通过现场踏勘，对各方案进行汇总、提升，细化节点设计，形成一套完整的秦青公路综合整治项目规划方案。

【杜庄镇、石门寨镇、驻操营镇总规及控规修编】 结合北部片区融合发展规划深入杜庄镇、石门寨镇、驻操营镇走访调研、实地踏勘，了解规划诉求，解决杜庄工业园区无规划审批依据问题，推进杜庄镇北新庄村等旧改项目建设和村庄安置，收集规划修编所需的相关资料，完成初步方案沟通。

【项目服务】 完成北港镇圆明山返迁安置房用地规划审批、方案审查工作，积极进行批后跟踪管理。完成大润发项目、小高庄小学新建教学楼项目、王庄小学加固改造等十几个项目的方案审查和初审，协助做好相关规划调整工作，帮助项目单位捋顺报批手续。

【项目包装】 开滦路项目，结合开滦路改造相关情况，了解现状，核算改造面积，区综开办协助进行测算，形成项目说明和图纸。杜庄工业聚集区市政基础设施配套建设项目，对规划中的道路进行研究和筛选，对片区供水、排水、环卫、供热、燃气等市政基础设施规划配建情况进行梳理，提出可行性思路，移交杜庄工业聚集区等相关部门做投资估算。

【市级权力下放承接工作】 按照区政府印发的《关于做好承接市本级下放行政权力事项的通知》（海政办〔2016〕4号），承接区政府投资项目、区属重点项目、园区内物流项目、园区内工业项目、旅游项目、旧城旧村改造项目和大型市政设施项目的规划初审及临时建设规划审批权。与市城乡规划局进行沟通和对接，制定相应的承接方案，研究对应初审程序、所需审批资料及流程图。按照市政府市长办公会议纪要（市纪〔2016〕70号）中对杜庄镇、石门寨镇、驻操营镇管理体制问题的议定内容"'北三镇'的审批权限，按原抚宁县权限由海港区办理"，多次与市城乡规划局和抚宁区规划局就建设项目审批有关问题进行沟通。按照市城乡规划局文件要求制定完成承接方案、审批流程和建设项目审批明白卡。

【市政管理】 对北部片区污水处理厂、归提寨给水泵站等多处市政工程建设项目进行规划批后监管。对圆明山返迁房放验线，现场跟踪圆明山返迁房施工现场，确保现场按规划要求进行。对中俄东线天然气管道工程线路走向、杜庄镇50兆瓦光伏电站项目等提出规划意见。华润燃气公司拟在圆明山片区建卸气站，经审核上报材料并现场审核后出具初审意见，报市城乡规划局。

【规划执法监察】 全年接群众举报电话270多次，接待上访群众7次、50人，接"12345市长热线"交办件718件、网上信访交办案件11件，全部到现场进行调查并进行回复，按时回复率 100%。全年立案查处 22 起，移交街道办事处转办函 306 份。开展整治“双违”专项行动，对 2013 ~ 2015 年下达行政处罚决定书的 77 处违法建筑逐一进行现场核实，对下达行政处罚决定书后增建扩建的违法建筑逐一进行登统，全部上报区政府履行催告、行政强制决定及执行工作。依据各街道对违法建筑的摸底情况，开展临违建筑认定 1300 多处。对认定工作中存在的问题，及时与市城乡规划局进行沟通，确保临违建筑认定无误，全区拆违工作扎实开展。对市、区规划局下达行政处罚决定书及列为“双违”整治范围内的项目，按照规划要求，逐一现场踏勘，严格审查方案，确认实际情况，采取疏堵结合的方法，分情况进行处理。起草《海港镇范家店村片区违法建筑专项整治实施方案》，联合海港镇政府对范家店村公产房顶、大马坊河两侧及北环路两侧占用人行道的违法建设行为进行认定。

（吴晓璇）

国土资源管理

【概况】 区国土分局围绕区域经济社会发展大局，强化用地保障和资源配置，完善各项监管机制，加大执法监察力度，积极主动适应新常态，不断提升国土资源服务保障能力。扎实开展“两学一做”专题教育活动，狠抓队伍建设、廉政建设和行风建设，进一步改进工作作风，提高和树立国土资源队伍的新形象，完成年初确定的工作目标。

【重点项目用地】 用好增量，盘活存量，不断增加建设用地有效供给。省国土厅安排省重点项目圆明山文化旅游一期农用地指标 13.33 公顷（含耕地 10 公顷）；市国土局下达海港区农用地指标 41.73 公顷（含耕地 18.8 公顷）。根据省国土厅、市国土局的安排部署，主动与市储备中心、秦皇皓月城指挥部、圆明山管委会等单位联系，将用地指标与项目用地实际需求结合，合理利用土地指标，确保省、市、区重点项目用地需要。摩诃寺、西部片区医疗用地、北新庄旧村改造、秦皇皓月城、圆明山返迁房配套卸气站项目使用市统筹指标 21.67 公顷。对重点项目选址、审核报批等环节实行全程跟踪服务，落实专人紧盯、专人服务、专人跑办责任制，加强对用地指标使用工作的督导。全年报批征转用土地 3 个批次、5 个项目，面积 31.2 公顷。加强建设项目用地预审审查，对不符合国家产业政策、不符合国家供地政策、不符合土地利用总体规划的建设项目不予通过。全年为海港区（归提寨）输配电工区项目、邹吕庄规划支路（海阳路—西港路）道路工程等 19 个项目出具建设项目用地预审意见，受理各类建设项目用地意见申请 67 个。

【规范土地供应】 全年办理划拨用地 7 宗，其中，区级审批权限 4 宗，面积 13.19 公顷；市级审批权限 3 宗，面积 24.86 公顷。对北部工业区给水加压泵站建设工程、秦皇岛成东物流有限公司项目等 6 宗闲置土地进行现场踏勘，拟定 5 宗土地处置方案上报区政府。按照《海港区“一问责八清理”专项行动实施方案》要求，就违规出让土地问题专项清理工作拟定工作方案，对 2014 年 1 月 1 日 ~ 2015 年 12 月 31 日全区出让 3 宗土地进行清理，发现问题线索 2 条，全部完成整改。全面清理 2011 ~ 2015 年批而未征、征而未供和供而未用土地。全区获批国有建设用地 1723.65 公顷；办理供地手续 578.26 公顷，占获批国有建设用地总量的比例为 34%。按照“政府主导、全面清理、逐级负责、分类处理、依法处置”的原则，对所有征地批准情况、征地补偿情况、土地供应情况及供后利用情况进行逐地块排查，建立工作台账，结合每宗土地具体情况提出合理的处置建议。整改面积 90.6 公顷，供地率由 34% 提高到 39%。

【耕地保护】 成立永久基本农田划定工作领导小组，制定工作方案。中心城区范围内下达全区核实图斑面积 2785.27 公顷，对不适合划为永久基本农田的图斑进行调查举证，完成举证面积 1877.53 公顷。全区永久基本农田划定后实际数量 7960.67 公顷（中心城区 3398.13 公顷），调整后基本农田保护面积 6960.67 公顷（核减杜庄镇、石门寨镇、驻操营镇基本农田 1000 公顷），调整后的基本农田保护率为 65.3%，方案已通过省厅初审。

【土地利用总体规划】 开展区级土地利用总体规划（2010 ~ 2020 年）调整完善工作。编制土地利用总体规划调整完善方案，将市追加建设用地规模 533.33 公顷全部落实到圆明山文化旅游产业聚集区、海阳镇、杜庄镇等重点村镇，以满足全区基础设施建设、保障和改善民生用地，确保旅发大会旅游设施及配套项目等建设用地需求。

【农村集体土地确权登记发证】 在完成原海港区农村集体土地所有权登记发证外业核查的基础上，6 月开始对杜庄镇、石门寨镇、驻操营镇农村集体建设用地和宅基地使用权进行外业调查及地籍测量工作。年末，完成驻操营镇全部 52 个村、石门寨镇 70 个村、杜庄镇 2 个村集体建设用地和宅基地使用权的外业调查、测量和内业资料整理工作。规范土地登记工作，保证土地登记权属合法、程序到位、主体正确。全年完成市城区土地登记发证 2.13 万宗，其中，个人住宅 2 万宗，企事业单位 63 宗，商业门市 939 宗。开展不动产统一登记业务学习培训，设立不动产登记窗口，在 10 月 31 日按上级要求停办老证，发新证。

【农村宅基地管理】 加快农宅清理换证工作，严格把握尺度，妥善解决权属纠纷。全年换发集体土地使用证 372 宗。对已审核符合宅基地审批条件的村进行分类梳理，对不符合规划需要调规的北港镇李新庄村等 8 个村和海阳镇鲤泮庄村等 3 个村，总面积 9.91 公顷，逐地块落实并上图，按地类进行调规，土地类型调整为村域范围内建设用地，并逐步完善农宅审批手续。

【海洋管理和地质灾害防治】 做好涉海企业经济调查，及时准确上报 42 家涉海企业数据，通过市局审核。开展环渤海近岸海域溢油、海藻等巡查监视，结合暑期海洋环境监视监测，加强浴场岸线海域的巡查，建立浴场岸线海域巡查责任制。全年累计巡查 116 天，出动车辆 116 次，人员 232 人。按照秦皇岛市蓝色海湾整治行动统一要求，完成新开河口至南山岸线整治修复工程项目建议书（代可行性研究报告），并通过省国土厅专家评审。推进县级海域动态监管能力建设项目工作，完成机房、视频会商室、办公室建设及自采项目工作。对辖区内已建在建涉海危化品企业进行排查，完成秦皇岛港务集团等 4 家涉海危化品经营单位的排查登记工作。做好矿山地质环境调查及地灾防治工作。对辖区 37 处地质灾害隐患点进行摸底调查，制发《2016 年度海港区地质灾害防治方案》《海港区突发地质灾害应急预案》。全面落实汛期 24 小时值班、群测群防、预警预报、巡查监测、应急处置等防灾抗灾措施，对全区重点地质灾害隐患点巡查 47 次。

【矿山管理】 矿山污染整治工作。按照《海港区露天矿山污染深度整治专项实施方案》要求，联系区环保、安监等部门，制定矿山关闭分类处置意见和海港区露天矿山污染深度整治专项行动企业名单，在区政府网站公布。出让合同到期、采矿证到期的 9 家企业全部停产；对环保不达标的 23 家矿山进行停产整治。针对矿山关闭的复杂情况，制定分类处置意见，向政府上报《关于我区露天矿山污染深度整治情况报告》。进矿山修复治理工作。按照全省旅游产业发展大会要求，组织专家对祖山连接线公路沿线、九门口至义院口环长城旅游公路周边可视矿山进行核查。经实地勘测，旅游公路沿线分布 22 家露天开采矿山（12 家责任主体灭失矿山、10 家矿权矿山企业），破坏面积约 97.56 万平方米，治理资金需 8392.22 万元。到年底，旅游公路沿线 22 家露天矿山全部完成编制可行性研究报告，并经发改局批准建设。

【土地执法监察】 认真开展卫片执法检查工作。结合 2015 年动态遥感监测疑似图斑影像，对全区 2015 年度卫片执法检查所涉的每个图斑进行实地勘测，详细核实每个图斑的用地面积、地类、规划等内容，做到底数清楚，台账翔实。加快对卫片所涉违法图斑的整改落实，做到罚款到位、拆除到位、没收到位、移交移送到位。全区违法图斑 188 个，监测总面积 37.44 公顷，其中耕地面积约 9.24 公顷，全部查处到位。发挥基层所动态巡查作用，做到对国土资源违法行为的“早发现、早制止、早处置”。全年巡查 800 多次，发现国土资源违法行为 135 起，下达停止违法行为通知书 123 份，有效制止国土资源违法行为 12 起。加大对无证采矿的打击力度，及时调整充实打击盗采工作巡查队伍。牵头组织公安、安监、镇政府、电力等部门，对检查发现有疑似盗采迹象井口进行集中毁闭，毁闭封堵井口66处。开展打击非法占用海域专项行动，与公安、边防派出所、海监联合执法对辖区海域非法占用海域养殖的海上养殖设施，进行强制清理。连续清理6天，清理船只36船次，清除浮球1万多个，清理海域面积约1733.33公顷。

（刘　彬）

市政建设

【概况】 保持务实、高效的工作作风，积极提升管理理念，创新工作举措，工作呈现出亮点多、特色足、重点突出的工作局面，圆满完成全年工作目标任务及各项工作任务。出色完成防汛及创城工作，工作战果显著；组织实施10条街巷路改造、石门寨污水改造项目、区人武部营院改造等工程，完成工程产值3943.2万元。其中，政府工程3564万元，外协工程379.2万元；行政审批收费1060万元。工程建设水平显著提高，市政设施管养工作更加精细化、制度化，为市政设施完好提供保障。全年安全生产零事故，未发生信访案件；获省、市、区等各级集体荣誉8项、个人荣誉9人次。

【防汛工作】 4月中旬，开始对辖区内13条主次干道及16条街巷路雨水管网进行全面清掏，清掏雨水井1万多座、雨水沟451延长米，清运淤泥1671吨，保障汛期雨水管网畅通、排水顺畅。汛期，班子成员分头把守、现场调度，队员们坚守排水口、及时抢修随时疏通，确保路面无积水。对防汛预案进行3次调整，深化细化防汛工作流程及处置方式，对严重积水点制订专项解决方案，第一时间自行赶制防汛警示标志50件，确保汛期人员及车辆通行安全。组建微信工作群，及时了解各积水点汛情，随时发布防汛指令，及时向市区平台上报防汛信息，形成科学组织、统筹协调、上下联动、攻坚克难的防汛体系，实现城区大雨无积水的防汛目标，确保市民生命及财产安全。防汛过后，及时疏通和抢修，对强降雨造成淤堵的雨水井进行再次清掏，第一时间修复由暴雨导致的破损路面。全年启动防汛紧急预案8次。

【创城工作】 完成海阳路、建设大街、迎宾路等8条道路的维修任务，维修车行道面积2203.3平方米、人行道面积9918.6平方米、路缘石759延长米。完成自行巡查发现的修复点位3685个，维修车行道面积7075.3平方米、维修人行道面积5.3万平方米、路缘石1.3万延长米及部分桥梁、排水设施。实施河北大街水门洞人行道扩宽改造，通过缩减快车道宽度、增加人行道宽度，有效缓解交通拥堵；实施新一街车行道扩宽改造，通过设置单侧停车位，有效缓解停车难问题，恢复人行道功能。维修时，改变原贴饼式修补方式，保证维修点位美观，根据道路实际破损情况对点位进行规范切割，与周边路面统筹考虑，使修补过后的路面颜色统一、平整顺滑。在创城工作的最后攻坚阶段，加强巡查力度，抽调机关各科室人员53人下沉到基层各所、各中队，合理安排巡查人员及巡查区域，充实创城一线的人员力量，有效提升巡查发现率和维修效率。

【市政工程建设】 石门寨污水改造项目。作为中央资金建设项目，投资2000万元（400万元拨付石门寨镇作其他污水改造、400万元用于购买污水处理设备、1200万元用于污水管道铺设及路面恢复），铺设污水管道5790延长米，恢复路面面积1.5万平方米，在石门寨镇高井村和顺城村各建设安装1台日处理量500吨的污水处理设备。工程于9月中旬进场，12月中旬完工。街巷路改造工程。争取资金600万元，完成金舍德园小区门前、西沙滩路等10条街巷路的升级改造，打通宏达路、东环路，将断头路变为循环路。9月底，陆续进场施工；11月中旬，全部完工。护城河清淤工程。完成护城河（红旗路—民族路段）清淤及维修。6月4日，进场施工；7月中旬，完工，共清理河道长2千米、清运淤泥3000多吨、维修护城河河堤道路面积190.8平方米、新增树池砖54套、新增路缘石8.6延长米，共投入资金200万元。区人武部营院改造工程。施工项目包括武装部院内场地平整硬化、绿地建设、自行车棚施工及院门等院内改造，共投资 120 万元。3 月 21 日，进场施工；7 月底，基本完成。秦青公路整体改造提升工程。配合秦青公路改造指挥部对秦青公路沿线人行道进行改造提升。第一批工程试验段（杜庄段路缘石铺装工程）8 月 20 日竣工；第二批杜庄段北延伸路缘石铺装及腰占庄段人行道改造工程 12 月中旬完工。双违拆除后恢复工程。涉及建设大街街道、文化路街道、河东街道等 5 个街道办事处所辖区域，包括和苑路、文建里、十五中学等 20 多个拆违点位的恢复，恢复路面面积 4.6 万平方米、新建花岗岩路缘石 1450 延长米、修砌挡墙 182 延长米、粉刷墙体面积 3850 平方米、安装铁艺栅栏 6 处 90 延长米、制作安装墙体文明宣传标牌 13 块，累计投入资金 644 万元。外协工程。承揽国家体育总局秦皇岛训练基地（中国足球学校）改造、恒大城沥青砼摊铺、北戴河小街小巷改造等 6 项外协工程，完成产值 379.2 万元。

【市政设施管理】 完善和改进市政设施管理模式，在落实预防性破路挖掘管控上取得实效，发现率和处理率明显提升，执法公信力和执法形象明显增强，得到市、区领导和群众的一致好评。加强巡查力度，确定以网格化管理为方向，以精细化管理为目标的全新管理模式；成立巡查中队和执法中队，将巡查与执法分离，使道路管理工作目标明确，职责清晰；提升执法管理力度，执法中队采用“首办负责制”，对违法挖掘占道行为全程跟踪执法；成立执法机动队，对超面积、超期限挖掘行为及时处理，严格施工现场的监督管理，确保挖掘占道施工现场规范整洁，工完场清。对私设停车桩、地锁等占道行为零容忍，全年开展大规模的集中清理整治 10 次；审批事项按时办结，做到零纠纷、零投诉，全处办理行政审批手续 104 件、下发责改通知单 86 份、洗车场经营性场所门前临时占道办理审批手续通知 44 份。

【市政设施维修养护】 市政道路维修养护精细化。全年完成秦皇东大街（东港路口至海阳路口）人行道、市城管局门前、建国路（河北大街—燕山大街）人行道维修工程，改造人行道面积近 2.4 万平方米、树池砖 3899.2 延长米、路缘石 7422.8 延长米、增设隔离桩 94 个。争取区财政资金 400 万元，对秦皇东大街（东港路口至海阳路口）进行机动车道沥青修补、人行道彩砖修葺及路缘石、树池砖调修更换，成功打造“精品景观道路”，并注入生态工艺，在人行道改造方面结合及应用“海绵城市”理念，使用新型生态材料透水砖，改善道路使用功能的同时，更营造出高质、优美的道路环境，成为海港区的样板示范街。市政桥梁维修养护精细化。加强过街天桥卫生、秩序督导及地道桥日常巡查管养，定期清洗河北大街、民族路 3 座过街天桥栏杆。全年清洗天桥玻璃 4 次，面积约 7000 平方米；维修胶皮垫面积 98 平方米、桥面面积 91 平方米、加固台阶螺丝 270 个、更换警示牌 36 个、钢化玻璃 4 块、栏杆 6 处、雨水警戒线 4 条；放置隔离护墩 4 处；在夜间没有路灯或事故多发桥梁地段放置反光防撞桶 16 个；维修损坏桥面面积 52 平方米；清除粘贴性广告 286 处、条幅 26 幅、废弃灯箱 32 个及积雪面积 5000 平方米；没收宣传广告 2000 多张；对天桥商贩进行规范，劝退商家宣传广告人员近 400 人。

2016 年海港区市政基本情况一览表

表 7–1

	单位	2016 年
道路长度	千米	258
道路面积	万平方米	593
人行道面积	万平方米	125
桥梁	座	100（实际接收）
其中：过街天桥	座	6
铁路桥	座	9
公路桥	座	85

（戴红梅）

城乡建设管理

【概况】 城乡建设局以民生实事工程为牵引，以加强城乡重点项目建设为重点，以提升城乡品位为主导，精心组织实施，狠抓责任落实，强化目标管理责任，提高行政执行能力，全面、有序地推进城乡建设等各项工作，全力冲刺各项目标任务，确保各项工作圆满完成。

【重点城建项目】 全年实施长江道西延伸一期、民族路北延伸二期、民族路北延伸给水管线工程等3项重点工程。长江道西延伸一期道路工程。东起横断山路，西至南岭路，全长1.2千米，总投资约5981万元。横断山路至南岭东路区间全长700米的路段已贯通，绿化、雨水、污水等配套工程已完工，正进行后续施工。民族路北延伸二期工程。道路全长2.65千米，工程投资概算2.4亿元。完成路缘石、人行道板及部分沥青路面灌缝等维修工作，对所有绿化项目进行必要的养护，道路部分已移交区市政处。民族路北延伸给水管线工程。工程全长6.5千米，总投资约2167万元。配合圆明山文化旅游产业聚集区管委会，完成道路拆除、绿化移植及72%的管道铺设。在村民返迁前完成所有管道的施工并投入使用。

【工程招投标】 全年完成监督公开招标项目海港区小高庄小学幼儿园教学楼工程的勘察、设计招标，海阳片区改造项目（C14地块）的勘察、设计招标等13项。完成监督邀请招标项目圆明山片区返迁安置房一期（圆明馨苑）绿化景观设计招标1项。完成直接招投标备案项目海阳片区（秦皇皓月城）范庄返迁安置房工程施工及监理招标等2项。

【建筑行业行政监管】 顺利承接全区审批监管范围内的建筑工程施工许可审批、施工图设计文件审查备案、建设工程质量生产监管、建设工程安全生产监管及建设工程招投标监管等12项原市属行政审批业务。全年完成一重机械采矿设备备件生产及数控轧辊埋弧堆焊机生产线（一期）消防水池及泵房项目等建筑工程施工许可审批4项，办理迪特明公司年产26万只LED生产线等项目施工图设计文件审查备案6项。办理各项工程监理押证业务12次。参加市、区政务中心组织的项目联合指导8次，施工图联审4次。完成4个工程项目的抗震设计审查工作，并出具审查合格通知书。完成建筑劳务实名制和农民工工资保证金、预储金工作。实名制考勤系统实行每日专人监管制度，对监管工地实名制打卡落实情况进行不定期检查40多次；完成工程农民工工资保证金收缴2项，办理农民工工资预储金拨付备案2项。

【工程造价管理】 完成各类备案147项，备案金额11.7亿元。多次走访建材生产、销售、采购部门、施工等企业，向市造价站上报建材价格12次，确保材料指导价格信息的发布。

【城区防汛】 完善工作预案，建立全区防汛工作微信群。积极开展城区内道路、绿化、居民区等重点地段的防汛及汛期抢险工作。通过政府采购方式，建立救灾抢险工作的社会服务体系。在汛期出动人员2553人次、车辆420台次、水泵12台次、沙袋500多条、清理雨水篦子300多座、清除倒伏树木1600棵、转移居民176户共395人，确保城区安全度汛。

【秦青公路整治】 按照责任分工，牵头负责实施承秦高速连接线与秦青公路交叉口立体护坡工程。为石门寨镇护坡改造工程提供全面技术指导，完成文化墙建设约300米，改造承秦高速连接线与秦青公路路口处护坡面积约2000平方米，制作金属字体展牌，宣传海港精神，并成为秦青公路一个新亮点。工程进入施工决算阶段，投资总额约64万元。完成秦青公路全线25千米道路两侧的建筑外立面粉刷面积的调查、统计、造册工作。

【农村危房改造】 采取分村逐步推进、分片集中改造的方式，且改造工作向农村分散供养“五保户”、低保户、贫困残疾户和其他特困户倾斜，充分体现“最贫困、最危险、最优先”改造原则。全年改造目标任务200户，实际完成改造214户，其中，新建81户，维修133户。涉及7个镇23个村，全区所有危房改造任务全部完成，顺利通过竣工验收，完成投资约410万元。

【中小学及街道拆违修复】 负责迎秋里小学、西港路小学、教师发展中心附属实验学校、第九中学、第十五中学、第十二中学及港城大街、东环路和西港路街道辖区部分地段的拆后修复工程。施工内容包括建筑外墙粉刷、绿化、地面硬化、围墙修复或新建等。9月下旬正式开工，11月中旬全部完工，第三方审计机构全程进行跟踪审计，工程总投资约293万元。完成墙体粉刷面积约8278平方米，地面铺装或硬化面积约1.4万平方米，围墙修补1064米，绿化面积约450平方米，新建自行车棚4个。

【美丽乡村建设】 根据《2016年河北省美丽乡村建设实施方案》要求，承担14个重点村的民居改造任务（含5个精品村），共改造130户（屋顶改造119户，危房改造11户）。经过6个月的改造实施，改造工作全部竣工并验收合格。

（李大维）

建筑业管理

【概况】 2016年，有区属建筑业施工企业30家，建筑设计企业1家。施工总承包企业17家，一级资质企业3家、二级资质企业2家、三级资质企业12家；专业承包企业8家，劳务分包企业5家。全年完成产值25亿元，实现利税0.6亿元。全区建筑企业获省级以上奖励4项，分别为：秦皇岛海三建设工程发展股份有限公司承建的秦皇半岛一区（二期工程）二组团4～6号楼、三组团1～6号楼工程，秦皇半岛五区1～10号楼工程，秦皇半岛七区二期一段3号、4号、7号、8号、11号、12号、16号、17号、22号楼工程，秦皇半岛八区一期6～13号楼及26号楼工程获2016年度河北建设工程安济杯奖。

【安全生产管理】 按照区政府《安全生产目标管理责任书》的要求，对建设系统安全生产工作各项措施进行细化、量化，将责任落实到人。在7个工地组织较大规模安全生产检查28次，下达限期整改通知单23份，发现安全隐患68处，检查总面积24.5万平方米，对检查中发现的问题限期整改，并对整改情况进行复查，做到不留隐患、不留死角。全年管辖范围内的建筑工地未发现重大安全隐患和重大安全责任事故。

【文明施工管理】 根据《海港区城乡建设局大气污染防治工作方案》，全年对监管范围内的建筑施工现场及政府投资项目进行监督检查13次，下发隐患整改通知单13份，对于督导中发现的大气污染施工扬尘问题，召开现场工作会议并提出整改要求，对发现的隐患进行跟踪处理。

【清理“两个拖欠”】 会同区人社、公安等部门，妥善处理杜庄镇光辉休闲养老中心房建工程欠薪案、驻操营镇天和矿业厂房工程欠薪案在内的建设领域农民工欠薪投诉24起，涉及工程项目11个、661人，涉及金额661.33万元。全年未发生因欠薪问题解决不力而产生的赴省进京上访。

【建筑市场信用信息综合评价体系管理】 完成全年信用信息采集统计。指导圆明山片区返迁安置房一期（圆明馨苑）项目施工单位到市城乡建设局办理信用体系信息录入。实名制考勤系统实行每日专人监管制度，对监管工地实名制打卡落实情况进行不定期检查40多次。完成2项工程农民工工资保证金收缴，缴存金额605.7万元。办理农民工工资预储金拨付备案2项，共缴存农民工工资预储金246.5万元，监督拨付124万元。

（李大维）

城市管理

【概况】 海港区城市管理综合执法局把加强城市管理作为树立城市形象、打造城管品牌、促进全区经济发展的战略举措，以创新的思路破解城市管理难题，以务实的作风促进工作落实，坚持精细化管理、市场化运作、法制化规范、长效化巩固，努力营造干净整洁、和谐有序、安全通畅、文明和谐、宜居宜业宜游的城市环境。积极做好数字化考核工作，利用终端设备及时采集反馈城市管理问题，通过系统平台迅速交办有关责任部门限期处理。

【市容综合整治】 严管多发违章。严厉整治易发的破坏市容秩序的行为，制定长效管理机制防止反复。全年处罚流动商贩5488人次，治理店外经营1126起，联合交警治理利用机动车占道经营

57起；清理乱堆乱放、乱贴乱挂1993处，收缴违法小广告2.2万张。规范广告牌匾。对沿街门店未办理审批手续、擅自安装不符合要求的门牌字匾等行为进行查处，责令限期整改；完成和平大街、建设大街沿线门牌字匾规划设计工作；开展主要道路户外广告和门牌字匾专项整治，拆除违规广告牌匾2932块；在重要路段的工地围挡设置公益内容，产权单位修缮破损或不符合设置标准的工地围挡23处。狠抓道路遗撒。完善信息化管理系统，对车辆运输、渣土消纳情况实施全程跟踪；对登记在册的63辆渣土运输车辆设置统一标识；坚持24小时不间断巡视，定期与交警开展联合执法，严厉查处车辆不密闭运输措施等违章行为。全年查处违章运输车辆52台次，规范工地6处。治理露天烧烤。5月底，联合公安部门每晚17～21时，对主次干道露天烧烤问题进行专项整治，登记保存烧烤炉具27套。联合整治后，持续对烧烤门店比较集中的路段进行夜间巡查，保持对露天烧烤行为治理的高压态势。参与“双违”整治。集中执法力量拆除违章棚亭52座、集装箱3座、活动板房2座；主动对接各镇、街道办事处、园区，出动人员、车辆全程配合拆违行动，全区“双违”整治顺利推进。

【强化环卫作业】 严格执行组长跟班作业制度，确保扫保达到“五净七无”（路面净、边沟净、空闲地净、路边至墙净、水面净；无垃圾袋、无污泥脏水、无人畜粪便、无杂草杂物、无纸屑、无垃圾袋挂树、无卫生死角）标准；每日上门收取沿街门店袋装生活垃圾并合理安排收集时间，有效减少垃圾点位；调整部分垃圾收集站闭站时间，提高生活垃圾转运效率。将管理重心由部门负责人前移至一线组长，发挥一线管理优势；每日进行3次洗扫和4次洒水作业（遇重污染天气增加至6～8次），确保道路洁净程度并减少积尘；每日出动小型高压清洗设备30台，冲洗非机动车道路面污渍。定期邀请邢台环卫专家、骨干进行业务讲座和现场指导；建立环卫专项巡检队，对人工扫保进行监督考核；对城乡一体化垃圾清运、水冲式公厕管理、粪便处理等工作进行综合考核，保证市场化环卫作业项目的管理质量。更换、新设果皮箱753个，定期检查设置、使用情况；购置新能源环卫作业车辆44台；跑办相关手续，推进张桥庄生活垃圾填埋场封场项目和秦皇岛市海港固体废弃物处置场项目。

【开展专项治理】 全民洗城。全年组织参与全民洗城集中行动12次，出动洗扫车204台次、洒水车132台次、小型高压清洗设备120台次，对城区路面进行冲洗；出动人员对各类垃圾杂物进行捡拾清理，对沿路公共设施进行擦洗、擦拭。打造秦皇大街。增加作业及管理人员50人，保洁时间延长到22时，每日由组长、环卫所长、考核员进行不定时考核；定期检查果皮箱洁净、完好程度和摆放位置，发现问题及时处理；出动各型专业车辆，定时进行清扫、洗地作业；每日上门收集门店垃圾4次；强化沿线户外广告及门牌字匾监管，分段统计建档，对逾期未按要求整改的予以拆除；成立示范街执法中队实行网格化管理，每日出动执法车4台进行12小时不间断巡视。整治秦青公路。对大汤河东支小河子支流南岸围墙进行整治，粉刷围墙600延长米，绘制文化墙240块。对秦青公路杜庄镇、石门寨镇两个节点的门牌字匾进行整治，拆除514块，新装600块，增加包边造型面积570平方米，粉刷楼体立面面积1.96万平方米。每周对秦青公路巡视3次，配合杜庄镇、石门寨镇对秦青公路沿线进行综合整治。

【改善街巷环境】 通过开展综合整治、组织联合执法等举措，重点加强对商贩占道、店外经营、露天烧烤、牌匾乱设等行为的惩处力度，确保街巷路的市容秩序稳定。全年处理占道商贩7310人次，规范门店经营行为3720起，收缴非法广告2950张，清除户外广告面积8000多平方米，规范、拆除违规牌匾697块，登记保存烧烤炉具66套，配合拆除违建面积40多万平方米。按照环卫工作标准，全面加大对街巷路的清扫保洁力度；维修、增配果皮箱等环卫基础设施，确保垃圾有处可投；购置高压清洗设备定期冲洗路面污渍，提升路面洁净程度；配置20台小型电动清扫车每日进行作业2次，提高清扫工作效率。全年清运各类垃圾杂物4410吨，更换、新增果皮箱100个。配合各街道办事处打造耀国路等10条精品街巷路。严格市容秩序和环卫作业管理，确保道路容貌干净整洁；及时更换、增设果皮箱等基础设施；统一粉刷墙体并绘制“爱护城市环境”公益宣传画，制作宣传栏弘扬社会主义核心价值观。

【安全维稳工作】 对全区各种场所、设施、车辆及管辖范围内的大型户外广告进行拉网式巡查，摸排安全隐患；组织防火、安全驾驶、安全作业等各类学习、培训活动，强化安全意识。认真受理上级派件和群众信访，确保信访稳定；每日定时巡视，持续加强对非法宣传品的清理工作。

【新增环卫设施】 全年投资2278.55万元，用于新增设施的购置及工程投资。投资777.6万元，购置洗扫车（2扫盘）8台；投资388万元，购置洗扫车（4扫盘）4台；投资135.6万元，购置清洗车2台；投资316万元，购置大型干扫（吸式）车4台；投资328.9万元，购置小型电动（扫路）车13台；投资169.65万元，购置小型电动（保洁）车13台；投资42.8万元，购置自卸车2台。投资120万元，改造公厕5座。

2016年海港区环境卫生基本情况一览表

表7-2

	单位	2016年
年末实有垃圾转运站	座	36
全年清运垃圾	万吨	25.50
年末实有垃圾清运车	辆	44
年末实有洒水车	辆	15
年末实有公共厕所	座	50
年末实有粪便清掏车	辆	4
年末实有吸粪车	辆	3
全年清扫马路面积	万平方米	1243（含街巷）

【舆论宣传】 依托电视、电台、报纸、网络、微信平台等各类新闻媒体，积极宣传城市管理中的重要举措、亮点工作，让社会各界了解、理解、投身城市管理。全年发送新闻稿件及信息180篇，其中，国家级2篇、省级4篇、市级52篇、区级38篇，上报区委、区政府信息部门稿件84篇。在户外大屏幕滚动播放城市管理公益宣传片，在作业和执法车辆播放各类城市管理宣传广播，多角度、立体式传播文明理念。推进“文明港城拍拍拍”活动，向广大市民有奖征集文明和不文明行为的影像资料，通过多种媒体形式进行正面宣传或公开署名曝光，全年曝光各类不文明行为1400起，向车外抛洒杂物的车主主动接受经济处罚186人。创新推出“小手拉大手，共建美家园”公益活动。通过开展城管宣讲进校园、学生实地体验等主题子活动，建立城管课堂走进校园的长效机制。

（徐　杨）

城市园林

【概况】 区园林局以“打造一流主城区”为总目标，对标国内一流滨海城市，以“三城同创”为契机，推进全区园林绿化工作，悉心打造阳光园林，城区园林绿化工作取得显著成效。全年完成栽植各类乔灌木6.48万株，绿篱面积3500平方米，球类1600株，宿根花卉面积10.27万平方米，各类草花1.3万盆，蔷薇、月季、地锦等适生植物7.92万株。建成区绿化覆盖率31.57%，绿地率29.47%，人均公园绿地面积10.95平方米。

2016年海港区园林绿化基本情况一览表

表7-3

	单位	2016年
园林绿地面积	公顷	1027.15
公共绿地面积	公顷	700.14
人均绿地面积		
其中：园林绿地	平方米/人	25.66
公共绿地	平方米/人	10.95
绿地率	%	29.47
覆盖率	%	31.57
绿化情况		
新增绿地面积	万平方米	49.20
其中：公共绿地	万平方米	15.15
育苗	公顷	1

【重点建设项目】 园林绿地综合整治。针对城区绿地黄土露天、缺株断垄、人为踩踏等现象，从3月7日开始，分3期进行春季、秋季和冬季3次大规模的苗木补植工作。栽植法桐、云杉、榆叶梅等乔灌木1.26万株，球类1245株，蔷薇、

月季、地锦5.51万株，景天、丹麦草等宿根花卉面积5.6万平方米，整理、合并绿篱面积1447平方米，降土方面积近2000立方米。综合整治工作历时6个月，投入资金900万元，城区绿化景观效果明显提升。森林港城建设（北出口增绿）。项目以突出森林高速、原生态景观为理念，共栽植金叶榆、桧柏、太阳李等乔灌木4.22万株，萱草面积800平方米，铺植草坪面积4000平方米，道路西侧播种野花组合面积1.3万平方米。通过补植常绿树、大型乡土乔木，点缀山桃、太阳李等花灌木，塑造微地形等多种手段，将大色块野花组合、草坪等地被植物与乔灌木自然融合，使道路景观与周边景观合理呼应。精品示范街建设。通过优化、调整植物群落，合理降低土层高度，扩大树穴、设置服务型功能设施等方式对秦皇大街绿地进行高标准、高质量绿化改造。栽植法桐、西府海棠等乔灌木2785株，球类298株，景天等宿根花卉面积1.03万平方米，蔷薇、月季、地锦1.06万株，铺植草坪面积1130平方米，设置围树坐椅26处、树篦子1130个、长条座椅20个，降土方1637立方米。营造科学的植物生长空间，实现道路绿地在色彩、密度、绿量上的大提升。民心工程建设。对新世纪公园、汤河公园、汤河带状公园、红桥里游园、春沁园等5个公园游园进行新建改造提升。通过栽植乔灌木和宿根花卉，增设廊架、座椅等设施，凸显“一园、一品、一特色”的精品景观。108线道路沿线景观提升工程。以自然化、生态化为标准，对108线沿线绿化植物进行整合、调整。通过栽植景天、狼尾草、玉簪等适应性强的植物品种，增强自然、生态的道路景观。栽植竹柳500株，播种狼尾草、千屈菜等宿根花卉面积2347平方米，播种野花组合面积800平方米。节点塑景工程。对河北大街西段分车带顶点花柱、汤河桥花箱、迎宾路渠化路口、火车站前等城区重要节点实施植物造景，通过对各类植物的科学配置，栽植特色时令花卉、造型植物、彩色树种，提升景观层次。河道绿化综合整治。做好全市河道整治工程，完成护城河（文化路至民族路段）路南侧及（民族路至东环路段）黄土露天处绿化景观改造，栽植竹柳847株，宿根花卉2万多株，铺植草坪面积2700平方米，播种野花组合面积300平方米；完成大、小马坊河两岸部分补植工作，栽植柳树5株。在河道沿岸设置阻车柱3000个。

【城区绿化养护管理】 聘请专家授课，针对城区多发、高发、易发且难防的病虫害进行实时监测监控，抓准最佳防治时期采取多种措施（除卵斑、药物喷施、悬挂诱捕器、针管注射、缠草绳、挂粘板、涂黏胶圈等）进行及时防治。首次引用低碳、环保的生物防治技术——释放美国白蛾、杨毒蛾、柳毒蛾等鳞翅目害虫的天敌“周氏啮小蜂”进行防治，共投放周氏啮小蜂蜂蛹1200个，减少化学药剂的使用。全年累计出动药车1124车次，喷洒药液3000多吨，投入药品采购资金41.6万元。针对秦皇大街行道树法桐、油松、杜仲及河北大街、文化路等主干道的国槐、油松、白皮松等开始少数出现发芽迟、叶片小、长势衰弱等症状，邀请各地专家进行会诊，在落实常规养护措施的同时，侧重施肥促壮。采取打孔施肥、叶面喷肥、悬挂营养液、根部埋施等各种施肥方法，累计施用复合肥近20吨，有机肥100多吨，喷施磷酸二氢钾、氨基酸水溶液等叶面肥若干次，投入资金10万元。开展植物整形工作。抽调各处精干力量，成立绿化修剪处。全年完成秦皇大街、建设大街、红旗路、东环路等主要道路行道树（法桐等）整形修剪共1000多株，花灌木3万多株，伐除隐患危死树300多株，保证道路景观效果。健全应急机制，倾力保护绿化成果。7月底和8月上旬，遭遇2次特大暴雨，造成大量树木倒伏倾斜，严重影响道路通行和百姓的日常生活。以雨晴为令，冒雨作业，不分昼夜对倒伏树木进行清理，排查事故隐患，共伐除倒树80多株，去头扶正2000多株，及时清理障碍，最大限度保护绿化成果。落实《河北省行政执法全过程记录实施办法》要求，建立《园林局行政执法全过程记录制度》，规范行政执法程序。坚持“主次干道一日两巡，街巷、游园每日必巡”的原则，将重点清理与持续整治结合，点面兼顾，对巡查发现的问题及时责令改正。全年清理、纠正绿化违规行为447件（次），查处违规案件2起；对接市权力下放。4月12日，全区范围内建设项目绿化工程规划方案及施工图设计方案审核（含绿化用地面积审核、审批）、建设项目附属绿化工程竣工验收（市政府投资或者市政府投资占主导地位的建设项目除外）等行政审批权力下放，全年办理行政审批事项 36 件，办理新下放的审批事项 23 件。

【创建全国文明城市】 加大基础设施建设投入，优化、完善配套服务功能。全力做好“全国文明城市”创建工作，投资 162 万元对辖区绿地内的园林设施进行系统的装饰、维修。对广场砖、木栈道、花架、休闲座椅等休闲服务设施进行更新、油饰。维修木栈道面积 212 平方米、座椅 22 个、石材面积 60 平方米、护栏 400 多延长米。以迎宾路、文化路为试点，增设硬质护栏 800 延长米，规范园林绿地条件，提升绿化整体水准；对汤河带状公园大型景观喷泉进行改造维修，使水、景相融的临河公园更显得浑然一体。助力文明城创建工作。积极宣传，根据文明城市创建测评标准，在秦皇植物园、新世纪公园、汤河公园、汤河带状公园及 30 多个街头小游园内，设置社会主义核心价值观、讲文明树新风、遵德守礼等内容的展板、提示牌 400 多组；设置文明引导志愿者服务站，提供药品、饮用水、纸巾、咨询等服务，印发宣传册；帮助东环路街道东华里社区完成绿化带垃圾清理、绿篱修剪工作，累计出动 100 多人，货车、高架修剪车 20 多次。组织局机关职工到文化路街道，结对帮扶人民里社区、团结里社区、新一街社区，进行违建拆除、墙面粉刷及小广告清理等工作。打造特色防寒，提高冬季园林景观效果。为提高冬季园林景观效果，增强城市文化内涵，助力文明城市创建工作，投资 200 万元在秦皇大街、迎宾路等主干道开展以“美丽港城”为主题，以展示社会主义核心价值观和海港精神为内容的特色防寒工作，确保植物安全越冬，营造文明、整洁、美观的冬季城市街景。

（张　洁）

房地产开发管理

【概况】 区房产开发公司坚持以改革为举措，以发展为目标，解放思想，锐意进取，突出“服务为本”，深入推进“住有所居”“住有宜居”，改进工作作风，规范管理，严格执法，以顽强拼搏的实干精神、求真务实的创新精神、团结奋进的工作作风，有序开展房屋发证、房地产抵押登记、城市房屋拆迁、村居私房换证、房地产执法监察、危房鉴定等工作，为全区经济和社会发展做出积极贡献。

【道南片区改造】 切实解决开滦路片区改造项目历史遗留问题。严格按照征收程序制定《道南片区推进工作意见》《征收补偿安置方案》等 7 项工作方案和计划书；发布各类通知、函件 50 多份；制作征收工作管理平台，为有序推进项目做充分准备。本着依法征收、客观公正、公开公平的原则，认真开展入户调查及征求意见工作。完成地块二相关审批手续办理，地块二抵押贷款 3.24 亿元，市财政部门为民族南延伸项目拨付资金 7300 万元，从区内其他棚改项目协调资金 1500 万元，全部到位。取得国开行政策性贷款 10.4 亿元，累计支付 1050 万元。

【棚户区改造】 拟订《2015 ~ 2017 年棚户区改造计划》《2018 ~ 2020 年棚户区改造规划》，制订 2016 年和 2017 年棚改计划共 3 个，目标任务 1634 套，上报市、区政府及市房产部门。交建里、前道西、富家营项目安置房未能开工，致使目标任务无法完成，经协调将公富庄、东王岭项目列入 2016 年改造计划，确保全年任务目标顺利完成。加大对上年 6 个棚改贷款项目督导力度，确保贷款资金及时足额投入使用，并将督导结果定期反馈市、区督查局。配合省审计组完成贷款项目审计工作。配合区建设局、棚改办完成基础设施配套贷款项目申报工作。配合海阳镇、海港镇做好征收与补偿方案拟定工作；组织审计局、西港镇和专家进行研究，做好新店子等项目重新核算成本增加评审工作，形成报告，上报市、区两级政府；会同市房产局完成东盐务二期项目拆迁安置成本评审工作，并上报市政府。

【固定资产投资】 区属房地产企业在建项目有金屋和远洋置业 2 家。做好区属房地产开发企业固定资产投资统计汇总工作，金屋和远洋置业2家地产累计投资4.5亿元。

（石　悦）

房产管理

【概况】以加大住房保障、着力改善民生为根本出发点，不断推进保障房建设及后期管理工作，圆满完成秦皇岛军分区燕山大街家属院、海建里棚改项目民心民生保障工程建设目标任务；敢于碰硬，集中力量攻坚交建里、大润发、万达广场、耀华玻璃设计院等征收重难点项目；按照“统一标准、分批改善”的原则，加大老旧小区改造力度，创新工作方法，老旧小区管理水平整体提升；提前谋划、周密部署，做好各项行政权力下放的承接管理。

【保障性安居工程建设项目】全年全区无新开工保障房建设任务，基本建成公租房918套（在杨道庄项目中），完成目标任务。配合市保障房管理中心做好918套公租房、310套廉租房的接收工作，市中心统一分配、管理。加强与市房产局、发改局、国土局、规划局等部门的沟通配合，协助企业逐步完善办理各项目相关手续。杨道庄保障房项目。项目总占地面积14.33公顷，总建筑面积50.43万平方米，总户数5485户，分南北两区。其中，公租房2865套，廉租房508套，限价房2112套。项目主体施工已完成，部分内外装修已完成，完成投资3.93亿元。公富庄保障房项目。项目净用地面积12.47公顷，规划建设公租房1980套、限价房2908套，总建筑面积约48.3万平方米。2908套限价房已竣工交付使用。北部工业区保障房项目。分两个地块：北城一号商品房项目中含限价房800套，总建筑面积9.31万平方米，占地面积3.67公顷。新地块位于北港大街与红旗北路东北角，总建筑面积12.62万平方米，总占地面积6.46公顷。

【保障性住房管理】严把审核关，做好各项保障房日常受理审核、信息变更工作。全年受理一类保障性住房申请98份、二类保障性住房申请8份、三类保障性住房申请546份，受理公共租赁住房申请323份，受理保障性住房家庭信息变更421份，接待群众保障房政策咨询5000多人次。多角度宣传、开展保障性住房年度审核工作。加大宣传力度，将保障房中心各部门集中到一楼大厅办公，为群众提供“一站式”服务。完成货币和实物配租保障家庭4590户的年审工作，其中入户年审187户，对已实物配租的705户家庭的保障证进行更换。扎实强基础，做好档案管理、打分排序信息录入工作。全年接收各类新增保障性住房档案815份，变更信息材料401份，接收市保障性住房管理中心移交的退出保障及变更信息材料68份，提供保障性住房档案信息查询316份。

【征收项目】集中力量攻坚交建里项目。交建里片区改造项目启动近10年，累积问题重重。市、区政府高度重视交建里片区改造工作，市政府先后召开办公会议4次，根据项目情况先后调整具体推进路径，专门成立“交建里片区改造项目推进工作领导小组”，第一时间进驻现场，开展入户调查工作。按照市政府确定的具体实施路径，制订交建里项目货币化安置推进方案，确保各项工作稳步推进。完成大润发（燕安里7号楼）项目模拟搬迁。燕安里7号楼房屋模拟搬迁是国务院颁布实施《国有土地上房屋征收与补偿条例》后秦皇岛市第一例采取纯货币化安置方式实施模拟搬迁的项目，9月25日晚，第三十六户居民协议签订完成，燕安里7号楼模拟搬迁工作圆满完成。推进万达广场（钢化楼）项目征收工作。6月18日，张瑞书市长到海港区调研专题研究万达广场项目征收有关问题，提出具体意见责成海港区房产局负责项目房屋征收工作。区房产局提出回购安置方式，即货币加购房券的形式签订协议，模拟拆迁迅速推进，20天96%住户签署拆迁协议，完成钢化小区1～4栋和玉峰南里小区21栋、22栋共254户居民的征拆工作，创造全市城市拆迁史上争分夺秒、勇于超越的“海港速度”，确保万达广场项目按计划实施建设。

【物业管理】全区有老旧小区200多个，其中区房产局下属物业公司管理148个。区政府印发《海港区老旧小区改善提升五年计划和实施方案》，计划用5年时间，对所有未进行改善的老旧小区进行“统一标准、分批改善”。全年对金港花园、先茂里、文明里、耀华片区等30个典型老旧小区进行整体改善提升。配合街道完成“拆违”后小区的恢复重建工作，新增道路面积8万多平方米，新增停车位3000多个，硬化路面面积7万平方米，外墙翻新面积3万多平方米，手绘文化墙面积2000平方米。完成“创城”任务。投入资金249万元，工作人员40多人，外聘工人400多人，雇佣车辆300多台，分10个小组，每天10多个小时连续作业，对各小区堆积的生活垃圾进行彻底治理。累计清理陈年垃圾近4000吨，清理小广告面积20万平方米，粉刷面积10万平方米；在社区开展义务劳动20多次，清除杂草、清理白色垃圾面积15万平方米。联合街道社区绘制文明标语近1000条，树立广告牌及宣传栏700多块。开展各项物业管理工作。全年受理物业矛盾纠纷4000多件，各类投诉回复率100%，群众满意率90%以上。加强对物业企业的监管，建立企业档案218份，完成企业备案64家。推进“三供一业”对接工作。按照秦皇岛市人民政府办公厅关于印发《秦皇岛市国有企业职工家属区“三供一业”分离移交工作方案》的要求，部署与28家国有企业“三供一业”对接工作。10月21日，召开“三供一业”工作对接推进座谈会，建立“三供一业”工作群，接受企业工作咨询并部署相关工作。完成50个小区、3.5万户企业家属区的测算摸底工作，为推动国有企业家属院物业分离移交工作奠定基础。

【产权产籍管理】 灵活调配人员，加班加点进行集中办证。从1月25日起，集中办理海政里小区产权证，经积极协调国土、规划等部门，通过设置排号系统，增加受理窗口和受理人员等方式，尽力提高出证效率，较好完成集中办证工作，从根本上解决“海政里小区不能办理房本”的历史遗留问题。创新工作方法，提高工作效率。杜庄镇、石门寨镇、驻操营镇纳入海港区管理范畴后，抚宁区停止办理其房产业务。三个镇存量房档案1.8万多件，本着特事特办的原则，进行“随时登记，优先取档”，先行审核取回群众房屋档案，在第一时间进行补录，缩短群众的办证时间。做好业务对接，保证不动产衔接工作开展。10月31日起，依据《不动产登记暂行条例》，按照国家、省、市有关推进不动产统一登记工作的总体部署，在全区范围内实施不动产统一登记，配合市产权产籍管理处及土地相关部门进行业务对接，参加不动产统一登记业务培训。全年受理产权业务4689件，其中，转移登记3027件，抵押登记1662件。办理抵押注销1736件，拆除注销213件，查封房产189处，补契491件。

【行政权力承接】 自2015年10月，共承接商品房预售、物业服务企业三级资质核准（含三级暂定）、房地产开发企业（暂定）资质核准、保障房建设项目法人招投标、小区物业企业招投标及备案、前期物业公开招投标前公开招投标备案、新建小区物业用房验收审批等行政权力7项。2015年10月，开始承接商品房预售；2016年4月初，开始承接其余6项，4月底完成承接。提前谋划、周密部署、第一时间进驻审批中心为民服务。商品房预售业务承接后，第一时间进驻市政务中心房产分中心；9月，房地产开发企业资质审批和物业服务企业资质审批工作进驻区政务服务中心，开展各项受理审批工作，保证全部承接业务按时运转。完善审批、强化督导，规范房地产市场秩序。不定期组织相关工作人员学习业务知识，熟悉相关法律法规，联合区统计局与市房产局对区属82家房地产企业进行业务培训。做好商品房预售审批工作。办理商品房预售许可审批35卷，预售面积86.55万平方米；办理商品房预售许可变更3卷；开发企业注册3家；开发企业从业人员注册19个；共发出密匙19个；营业执照变更8份；在建工程抵押3份。汇总第二、三季度82家房地产开发企业的供应情况信息，全部建立电子与纸质档案，制定2016年商品房预售台账。做好房地产开发企业资质及物业服务企业资质的审批工作。受理房地产开发企业各类申请10份，经审核及现场踏勘，颁发房地产开发企业资质证书6份；完成物业服务企业三级资质（含三级暂定）核准审批工作15件，其中，三级暂定7件，资质变更8件。

（武汐烨）

环境保护

【概况】2016年，全区环保工作以大气污染防治、污染减排、近岸海域环境综合整治为重点，以优化环境质量为己任、以保障群众环境权益为目标，全力推进各项重点环境整治工作，为打造沿海一流旅游城市奠定环境基础。

2016年海港区环境保护基本情况一览表

表7-4

	单位	2016年
工业废水排放量	万吨	178.77
工业废水排放达标量	万吨	178.77
工业废水处理量	万吨	178.77
工业废气排放量	万标立方米	91654.46
其中：经过消烟除尘的	万标立方米	91654.46
工业固体废弃物产生量	万吨	62.43
工业固定废弃物综合利用量	万吨	61.79
烟气黑度达标率	%	–
“三同时”执行率	%	75
限期治理监频次	次	0
限期治理家数	家	0
冬季锅炉监测	台	35

【完成主要指标】污染物总量减排，实施钢铁、玻璃、水泥行业烟气脱硫工程，有玻璃企业3家、水泥企业2家、钢铁企业1家配套高效脱硫脱硝设备，全区所有企业严禁使用高污染燃料。全年换发排污许可证81家。削减化学需氧量、氨氮、二氧化硫和氮氧化物分别为1140吨、357.93吨、560吨、727.51吨；大气污染治理，淘汰燃煤锅炉114台，清理取缔储煤场123家，关停蜂窝煤厂12家，关停非法露天矿山34家；发放机动车环保标志2.13万个，认定黄标车798台；空气质量有效监测天数366天，达标270天，达标率73.77%，达标天数增加14天，细颗粒物（PM2.5）浓度下降2.1%。完成各类监测322家次，出具各类监测报告530份，获有效监测数据2400多个。

【环境管理】着力营造“环境一流、服务一流、效率一流”的环境准入服务氛围，为企业和群众提供便捷的服务，为新、改、扩建项目和建成项目进行环保审批和验收。全年审批新、扩、改建设项目114个，验收73个，审批、验收现场踏勘265次，解答咨询1700多次，否决不合规项目18个，召开项目联审会议12次，对6大项、45类项目试行环评审批豁免制度。依托网格开展环保工作。依托网格体系开展生态环境监察、“十五小”“新六小”企业排查、河道排查、燃煤锅炉治理排查等工作，对辖区204个污染源定期开展排查工作，形成排查台账。

【总量减排】将总量减排作为改善环境质量和转变经济增长方式的重要抓手，创新思路、强力推进，拓展减排空间。在总量减排空间缩小的形势下，大力发展新能源、节能环保、康养等战略新兴产业，替代高排污企业，实现结构减排，降低污染物排放总量。强化重点工程减排。开展攻坚，实施钢铁、玻璃、水泥行业烟气脱硫脱硝工程，6家钢铁企业配备高效脱硫脱硝设备，所有企业严禁使用高污染燃料。坚持“严格把关、高效服务”的原则，全年换发排污许可证81家，按要求对32家重点排污企业的技术报告进行评估。

【污染防治】加快燃煤锅炉改造。淘汰燃煤锅炉114台、232.85蒸吨，超额完成市定任务。储煤场整治。取缔储煤场123家，关停蜂窝煤厂12家。狠抓餐饮油烟治理。联合区城管局、市场监督管理局开展规范露天烧烤和餐饮油烟整治执法行动，取缔违规经营露天烧烤摊点157处，登记保存烧烤炉具27件，排查餐饮单位1224家，安装油烟净化设施的餐饮单位825家。开展露天矿山污染深度整治。按照《海港区露天矿山污染深度整治专项行动实施方案》要求，关停非法露天矿山34家。扬尘污染治理。对北部工业区、西港镇等多处裸露土地及建筑工地扬尘进行治理，苫盖各类建筑工地堆场面积10万平方米。开展机动车污染整治。发放环保标志2.13万个，认定黄标车798台。

【水污染防治】 制发《海港区2016年水环境污染防治行动方案》《海港区涉水重污染企业退出方案》《海港区污染水环境十小项目取缔工作方案》等，开展涉水企业治理工作。落实“河长制”。组织开展涉水工业企业集中排查行动3次，对辖区56家涉水工业企业污染治理设施进行逐家评估。将汤河、新开河、石河、归提寨河、前道西河、排洪河、沙河等7条河流纳入常规监测，暑期加密监测频次，掌握水质变化情况，为精细化整治入海河流提供数据基础。加强饮用水源地保护。完善全区畜禽禁养区、限养区划定工作，明确石河上游水源地保护区范围，水源地保护区范围内全部划为禁养区。联合相关部门，对禁养区进行详细踏勘，针对禁养区内畜禽养殖场制定整治方案。对规模化养殖企业下达限期整改通知，严格要求执行养殖废水处理措施，确保“一滴污水不入河”。关停取缔养殖场户102家，搬迁养殖场7家，完成沉淀池、储粪池等处理设施建设213家，所有养殖场户的排污口全部关闭。开展“美丽乡村”污水处理工作。完成安装分散式太阳能微动力污水处理设施76套；石门寨镇蟠桃峪村安装集中式污水处理设施，已完成地下管道的铺设。

【环保执法】 依法行政，强化环境执法。全年累计出动现场监察人员1886人次，监察企业900多家次，先后对秦皇岛市宏远医疗垃圾处理厂、秦皇岛方圆包装玻璃有限公司、秦皇岛方圆玻璃有限公司等9家公司立案查处，下达行政处罚决定书9份，按日连续处罚决定书3份，执行罚款总额1372.7万元。开展“利剑斩污”联合执法专项行动。与公安等部门开展联合检查10次，出动执法人员82人次，执法车辆31台次，检查企业29家，查处环境违法企业4家。开展工业企业污染物达标排放专项整治行动。全区排查排放污染物的工业企业185家。治理超标工业企业8家，关停违法企业16家，停产限产企业81家，评估污染治理设施69套。开展环境应急工作。修订完善《海港区重污染天气应急预案》《海港区突发环境事件应急预案》。完成《海港区重污染天气应急预案》11个职能部门实施方案的编制备案工作和16家企业应急响应操作方案的编制备案工作。修订《突发环境事件应急预案》和9家企业的环境应急预案编制和修编工作，参与华瀛磷酸有限公司氨气泄漏突发环境事件应急演练。启动重污染天气三、四级应急响应各2次。全年受理各类环境信访案件1013件，案件处理率100%，群众信访满意率98%。绿色护考工作。对辖区3个高考考点、8个中考考点及司法考试考点周边进行严密巡查，对考点附近的在建工地进行严密防控，张贴《秦皇岛市人民政府关于加强中高考期间环境噪声管理的通告》50多份，出动执法人员124人次，对24个建筑工地重点防控，对46家企业进行现场监察，有效防止各种噪声对中、高考造成影响。

【环保监测】 水污染防治监测。加强主要河流水质监测，对辖区内8条主要河流的10个监测断面实行每周采样分析1次，共采样50次，获有效监测数据200多个；对石河水质2个断面、新河交界河流水质6个断面进行常规监测，采样监测19次，获有效监测数据300多个；对前道西河、归提寨河和南大寺河沿河巡查20多次，完成沿河排水企业采样分析。污染减排监测。完成排污许可证办、换证监测38家，出具排污许可监测报告164份；完成建设项目现场勘察、验收监测13家（次），出具验收监测报告52份。重点污染源企业监督性监测。监测工业企业123家（次），出具监测报告246份；完成30多家重点企业监督性监测，获取有效监测数据300多个；完成城镇污水处理厂远程执法抽查，对3家污水处理厂进行4次远程执法取样监测。环境信访监测。完成14起环境信访案件监测，出具监测报告42份。委托监测。完成各类委托监测15家（次），出具监测报告45份。

【环保督察】 对中央环保督导组交办的17件群众举报环境问题落实整改，逐人逐件落实责任，明确具体责任人和二级网格责任人。开展信访案件“回头看”工作，确保查处整改到位，坚决杜绝反弹。省环保督察组下沉督察，实地踏查企业环保工作落实情况16家及大马坊河、护城河排污口节流封堵情况，分别约谈12家企事业单位主要负责人、相关领导和具体工作人员。对省督察组发现和指出的问题，立即整改，立行立改；对少数短期内不能整改到位的，制订整改方案，明确整改时限、责任单位、责任领导和责任人，逐项抓好整改落实。督察期间，共受理举报案件689件，其中，涉及企业污染、设备噪声类案件332件（重复163件），环境卫生、违章建筑类案件156件，餐饮油烟污染类案件69件，占道经营、露天烧烤类案件25件，河道污染类案件18件，畜禽类案件18件，社会生活噪声类案件20件，其他类案件51件，办结666件，案件办结率96.6%。

【环保宣传】 开展“法律八进”活动。向22个镇、街发放“七五”普法环保宣传资料2110册，加强对学校学生的环保知识教育，联合东港里小学开展纪念“世界环境日”暨第三届社团文化节展演，深入农村开展法律服务进村入户等活动，提高居民的环境法治意识。开展形式多样的宣传活动。开展地球一小时、环保知识进大集、环保知识进校园、第45个世界环境日和“六五”普法等环保宣传活动40多次，发放环保宣传材料3000多份，整理和存储影像资料100多个，剪辑视频5条，上报信息200多条，被各级媒体采用60多条。

（杨安行）

城建管理调度

【概况】 2016年，区城调中心以“建好班子，带好队伍，做好工作”为目标，结合全区“一流主城区和沿海经济增长极”发展战略，圆满完成各项目标任务。全年接听热线405个，督导发现各类问题389个，使用应急资金解决污水外溢积存垃圾问题32个。清理47条主次干道小广告260万条。对全区144条街巷路进行全覆盖式巡查考核20次。向各类新闻媒体报送信息新闻稿件十多篇。

【督导协调工作】 做好市容环境巡查工作。加强应急资金管理，及时解决产权关系不清、责任不明、市区职能交叉又事关居民生活的难点、焦点问题。坚持和完善舆情监测制度，实现媒体报道问题的全面介入，全力解决。做好市长热线下派问题办理工作，通过确定专人、加强培训、合理分类、严格时限等措施，圆满完成办理工作。完善数字化城市管理平台管理工作，确保数字化城管平台发挥城市管理响应、指挥、应急的作用。全年办理数字化城管案件3.68万件。

【街巷路环境卫生考核】 核实各街道街巷路实际情况，修改考核办法并征求各方意见，而后认真整理和吸收，修改、完善、提高考核办法。为街道办事处提供物资和技术上的帮助。为街道提供多功能污迹清除机、高压清洗机、手推式电动扫地机、电动驾驶式扫地车等机械，用于街巷路乱贴乱画非法小广告的清理和路面清扫保洁。

【非法小广告治理】 做好47条主干道的非法小广告的治理工作。通过加强巡查、定期检查、按合同规定进行处罚等措施，及时清理主次干道非法小广告。针对居民区街巷路非法小广告污染严重的情况，筹划便民服务平台建设工作。

【杜庄镇、石门寨镇、驻操营镇垃圾收集转运项目】 推动新接收的杜庄镇、石门寨镇、驻操营镇农村垃圾收运系统建设项目。明确专人紧盯项目，采取倒排工期、挂图作战等措施，做好可研、环保、预审等前期工作。与省、市、区相关部门沟通协调，做好资金争取工作。做好项目开工前的准备工作。完成项目立项审批，可行性研究报告的编制及审批，土地规划预审手续及初步选址，设计、监理、地堪、设备采购招投标等工作，共争取中央资金2500万元，预计2017年10月底前建成。

【杜庄镇、石门寨镇、驻操营镇垃圾外运服务外包项目】 村庄保洁垃圾收运服务外包项目是根据3个镇环卫基础设施缺失、村镇经济基础薄弱、没有村庄保洁垃圾收运专业服务，需要尽快建立农村环卫保洁垃圾收运制度的实际情况，按照全市农村垃圾治理长效机制建设工作的整体要求，学习和借鉴卢龙模式，经区农村垃圾治理长效机制领导小组研究决定并经区主要领导同意实施的。项目主要任务是在杜庄镇、石门寨镇、驻操营镇所包括的161个村、秦青公路部分路段、镇驻地尽快建立起环卫保洁、生活垃圾收集转运体系，实现村镇环卫保洁生活垃圾的及时收集、转运，解决当地生活垃圾随意处置、影响百姓生活和污染村镇环境的问题。项目经公开招标，确定合同总金额为每年 667 万元。3 月 23 日，开始接收试运行，3 个镇 160 个村（驻操营镇义院口村未接收），秦青公路“北三镇”段 5.5 千米、秦兴公路 1.0 千米等全部实现村庄保洁和垃圾收运服务外包管理。项目运转平稳，每天收集清运垃圾约 300 立方米（其中，杜庄镇约 70 立方米，石门寨约 150 立方米，驻操营约 80 立方米），3 个镇村庄生活垃圾无人管理、村庄环境脏乱的情况得到初步改善。

（武建军）

秦皇岛火车站广场管理处

【概况】 以“实现环境卫生的洁净化、实现秩序管理的有序化、实现基础设施的服务化”为主要目标，做好保洁、抓好秩序，搞好服务，全面推进站前管理工作稳定发展。

【环境卫生】 狠抓日常保洁。坚持每天环卫扫保 24 小时不断档，每日实行 4 ~ 6 次洒水作业，主次干道每平方米浮沉不超过 5 克，地面垃圾停留时间不超过 5 分钟。实现保洁工作全天候作业。吸收借鉴国内及周边先进地市火车站站前广场的保洁标准，探索环卫工作新举措，细化《站前广场环境卫生考核细则》，提升卫生保洁工作水平。全年累计清运垃圾 76.4 多吨、清理垃圾死角 4 万多处、铲除小广告 4 万多张，处理化粪池垃圾 56.6 吨，张贴文明用语 200 多张。

【秩序管理】 联合站前派出所组成治安巡逻小组，不间断对站前广场周边地区进行巡逻，逐一排查可疑人员、可疑车辆，确保站前广场周边秩序稳定。继续采用警告、锁车、罚款等方式，加强站前广场车辆停靠管理。在每天上下班车流高峰，将交警人员分成 4 队，分别对迎宾路口、北环路东西出口、社会车辆停车场出口的交通秩序进行维护，保证交通道路畅通。对出租车乱拉散客、扰乱客运秩序的行为，开展联合执法行动，区交通局驻站办成立专项行动小组，负责管理出站口喊客、拉客和出租车待发区的客运秩序，维护出租车司机和旅客的正当权益，规范运营秩序。

【便民服务】 以提升旅游服务质量为目标，牢固树立服务至上的理念，确保人性化服务落到实处。通过工作人员推介、流动宣传牌展示、电子设备播放等方式，实现“文字、图片、语音、视频”四位一体的全方位沟通互动，为旅客、游客提供旅游信息咨询等服务。在广场层设立志愿服务站（其中包括急救包、雨伞等）和旅客存包处，方便旅客物品储存。发挥职能优势，加大与火车站的沟通协调力度，全力为旅客、市民搞好服务。增设出租车待发区、出站口人和车分流栏杆 260 米，安装盲道路块、地脚线瓷砖 465 块，管道改造 30 多处，改造雨天下水、伸缩缝漏水点位 90 多处，新增便民指示标牌 49 个，做好人好事 1148 件。

【资源利用】 通过引入市场化机制，破解融资瓶颈，开发与利用火车站周边片区闲置资源，补齐火车站周边之城市发展短板，将火车站周边的停车场、商铺等进行全面整合，谋划成立火车站周边综合开发公司。将秦皇岛火车站广场管理处负责管理区域内的闲置用房、场地进行统一管理、规划和开发利用。

（曹　聪）

社会事业

SHEHUI SHIYE

SHEHUI SHIYE

教育事业

【概况】2016年，全区有中小学校87所，其中，初中21所（城市16所、农村5所），小学64所（城市41所、农村23所），九年一贯制学校2所（含1所民族学校，为民办一贯制学校）。有教学点10个，教育部门办幼儿园5所，小学附属幼儿班39所，校外教育机构4个（青少年活动中心、中小学生社会实践基地、社区教育管理中心、教师发展中心），在册民办教育培训机构146个，民办幼儿园95所。有教职工6878人，其中，中学教职工2589人、小学教职工3626人、教育部门办幼儿园职工230人、校外机构职工298人。中小学在校生7.71万人，教学班1618个，其中，小学在校生5.54万人，教学班1170个；中学在校生2.17万人，教学班448个。区教育局以办人民满意教育为宗旨，以推进义务教育均衡发展为主线，全面落实科教兴区战略，积极开展课程改革，持续深化素质教育，不断加快“教育强区”步伐，各类教育始终保持均衡、协调发展态势。顺利通过国家义务教育发展基本均衡县的评估认定。获省级以上集体奖励89项、市级集体奖励203项、区级集体奖励95项，承办省级教育现场会2次、市级教育现场会6次。

2016年各级各类学校基本情况一览表

表8–1

	学校（所）	班级（个）	在校学生（人）	教职工数（人）	专任教师（人）
中学合计	24	467	22075	2527	1951
城市中学	15	345	16873	1954	1501
农村中学	7	103	4574	573	450
厂办学校	0	0	0	0	0
民办学校	2	19	628	0	0
小学合计	67	1649	55086	3565	2983
城市小学	30	710	37349	2059	1733
农村小学	35	453	17303	1506	1250
厂办小学	0	0	0	0	0
民办小学	2	19	434	0	0
农民成人教育	–	—	—	0	0

【德育工作】加强德育队伍建设。组织参加京津冀一体化班主任共同体年会和“新经典”大讲坛研修班，通过班主任基本功大赛、优秀班主任风采展示和“魅力班级”评选、案例评选等活动的开展，打造一支素质过硬的德育队伍。校园体育、艺术活动蓬勃开展。组织全区中小学生春季田径运动会和篮排球比赛，7000多名师生参与。组织开展京津冀中小学师生美术书法作品展、传统文化艺术课评比、校园艺术节、农村学校篆刻艺术联展等活动，活跃学校文化生活。体育、艺术教育取得丰硕成果，在市级篮排球比赛中获女排第一、男篮第二、男排第三的好成绩；在全市中学生运动会上蝉联团体总分第一名，获体育道德风尚奖。主题教育活动丰富多彩。以主题活动为载体对学生进行爱国主义、文明礼仪、环保、行为习惯养成等教育，组织主题队日、普法夏令营、创建中华诗教先进单位、中华经典诵读、汉字听写大会、书写大赛等各具特色的活动，争创心理健康教育特色学校和省级绿色学校，开展健康知识宣传教育和传染病防控工作，组织科普讲座，素质教育不断深化。

【教学改革与创新】增强学校的教改成效。以提升基层学校的责任意识、主体意识、改革能力为目标，开展“海港区首批课堂教学改革实验校”“海港区课程建设实验校”现场展示暨区级验收活动，组织“海港区课程改革推进会”“海港区课程建设现场展示”系列活动；以促进学校树立全面的育人观，推动学生全面发展为目标，开展小学中高年级、初一、初二年级质量跟踪监测和初一学力水平测试，召开中小学各学科教学质量分析会，开展音体美、科学学科单项飞行检测；以提高基层学校的管理能力、管理水平，全面提升教研队伍的服务意识和指导能力为目标，进行教学评估机制改革，规范评估流程，最大化发挥教学评估的管理、指导、服务职能。提升校长的教改理念。以转变校长的价值观、教育观，增强校长责任感和领导力为目标，组织开展“课堂教学改革校长论坛”及“第二届副校长主持下的校本研修评比展示”活动，全区80名校长参加。提高教师的教改水平。以转变教师的课程观、教学观，提升教改能力和执教水平为目标，组织开展“第三届课堂教学改革全员岗位区级练兵竞赛”“第二届一课一名师、一师一优课评比”及第三届教学能手课改课展示活动；以提升教师学科素养，提高课堂效率和校本研究质量为目标，组织开展“第二届优秀教研组评选活动”；以提升教师作业设计能力、提高学生练习质量、减轻学生课业负担为目标，组织开展海港区第一届中小学学科创新作业设计评比活动。组织开展评估视导活动80多次，听课1500多节，参与指导校本教研活动300多场，有350多名教师在国家级、省级、市级学科教学竞赛中获奖，各等次奖项均名列各县区之首。8月，海港区被评为秦皇岛市课堂教学改革整体推进实验区。

【学校规范化建设】 加强学校章程建设，完善各项管理制度，规范学校教辅材料、课程实施、作业量、作息时间等常规事项管理，做好法律顾问选聘等工作。促进教育公平。推进招生改革，试点剩余学位随机派位工作，调整施教区，扩大优质教育资源覆盖范围，确保适龄儿童、少年全部顺利按时入学。各中小学新生入学全面实施“阳光分班”，全程公开、透明，接受家长监督，社会反响热烈。将高中招生计划的90%按照同等比例分配到各初中学校。开展校园欺凌专项治理工作。指导学校做好校园欺凌事件的预防、教育、处置工作，组织月报和自查活动，建设安全和谐校园。倡导文化育人。持续推动学校文化建设，主要针对杜庄镇、石门寨镇、驻操营镇中小学开展文化建设观摩培训活动，制定完善本校文化建设方案并逐步实施，提升学校文化品质。

【教育投入】 改善办学条件。落实民生工程各项任务，投资270万元，完成萃文中学土质运动场的改造。投资500多万元，完成慕义寨小学等11所学校厕所的改造；投资18万元，为东港路小学等14所学校安装50台热饭设备。投资1130多万元，完成慕义寨小学等13所学校的屋面防水改造，第十三中学等7所学校输电线路改造，第九中学等12所学校的门窗、上下水维修改造，第十二中学等7所学校取暖设施及锅炉的更换、改造，为和美实验学校等4所学校更换草皮操场，为迎秋里实验学校新建平房教室，完成建设路小学幼儿园和启航幼儿园的维修改造，保障学校基础设施的完备。增长教育投入。投资120万元，改造计算机教室1个，建设数字化地理教室2个，配备班班通15套，为教师发展中心配备便携式自动录播设备1台；投资200万元，完成教育云平台建设一期工程；投资18万元，建设区域性图书管理平台;拨付教育专款625万元，用于改善办学条件。

【校园足球】 制定《建设全国青少年校园足球试点区三年规划》，明确任务目标、实施策略和保障机制，分步落实。定期开展培训。组织教练员、裁判员、体艺教师参加各级别培训900多人次，通过足球教学基本功大赛、足球优质课评比和岗位练兵说课比赛、啦啦操培训和比赛等活动锻炼队伍，在全市啦啦操比赛中分获中小学组一等奖和优秀表演奖。建立联赛机制。区级联赛参赛人数和学校数逐年攀升，班级联赛逐步铺开，学生裁判员崭露头角，夺得市级联赛小男、初男两个组别第一名、初女组第三名、省级联赛第七名的好成绩。做好存量优化。全国青少年校园足球特色学校增加到33所，通过专项督导，提升特色学校的创新能力、建设能力和发展水平，建立后备梯队机制，发展一批校园足球项目推广学校。展示海港区足球文化特色。积极参与国家级、省级足球夏令营，夺得省级冠军、体育道德风尚奖及最佳阵容奖、“河北省未来之星”等称号。承办“全国青少年校园足球新长征”河北站大型宣传推广活动，在3所学校举办河北省校园足球特色学校课外活动专项培训班现场展示活动。第七中学代表海港区组队参加“河北省第八届青少年运动会”获男子组第一名，参加“我爱足球”中国足球民间争霸赛，获得山东赛区冠军、全国总决赛第七名。

【改善杜庄镇、石门寨镇、驻操营镇学校办学条件】 提高3个镇学校的办学条件，缩小城乡办学差距。投资1300万元，为27所学校配备39台蒸饭柜，26个校区进行旱厕改造，将杜庄学区初级中学纳入供热管网，对驻操营小学、驻操营初级中学等4所学校的锅炉及取暖设施进行改造，对黄土营小学等2所学校的屋面防水和路面进行改造，为浅水营等5所学校打井，解决学校生活用水问题。投资750多万元，更新学生课桌椅7000套，增加学生用计算机641台，配备班班通115套，改造计算机教室14个，新建录播教室3个，更新科学实验室11个。投资75万元用于学校网络改造及网络服务。安排专项资金425万元用于补充学科仪器、图书等。全年支付代课教师工资28.4万元，对驻操营中学、驻操营小学水门寺校区及石门寨中学寄宿制学校的双岗教师给予岗位补助，所需经费纳入政府年度财政预算。

【教育信息化】 信息化基础设施建设继续完善。新建精品录播教室12套、简易录播教室4套和云录播教室8套。为杜庄镇、石门寨镇、驻操营镇中、小学配备交换机、计算机教室和多媒体教学设备，将3个镇中小学校、城区4所国办幼儿园和2所校外机构接入城域网，全区实现班班通。信息化教学应用进一步融合。积极探索睿课堂和电子书包等新媒体在教学中的应用，聘请东北师范大学教授为全区骨干教师和新教师进行讲座，对电子白板的使用、微课制作应用等进行培训。在信息化教学活动中，12人次获国家级奖励，18人次获省级奖励。申报河北省现代教育技术课题47项，均顺利结题。

【国检评估】 动员系统干部教师上下一心，同频共振，做好迎国检各项准备。教育局采取集中调度、督学包校指导、预检复检、专项督导、一对一蹲点等形式，对全区中小学和10个教学点进行多轮拉网式检查，对突出问题现场下发督办卡，责令整改，限时督办，确保迎检工作不出纰漏。经过评估，海港区顺利通过国家义务教育发展基本均衡县的评估认定。

【学前教育】 全区学前教育稳步推进。规范幼儿园管理。制作海港区注册幼儿园公示牌，将民办幼儿园收费标准、等级、年检情况向家长公示，接受社会监督；对全区幼儿园进行评估验收和安全检查，建立安全检查台账，对存在问题的幼儿园限期整改；探索国办园招生工作新办法，规范招生行为，顺利完成国办园招生工作；开展学前教育宣传月活动，克服幼儿教育“小学化”弊病，提升办园水平等。召开幼儿园管理工作现场会，发挥启航、为明两所幼儿园的引领示范作用，带动全区各类幼儿园管理升档提质；组织幼儿园园长、教职工958人参加国家、省、市、区级培训，提高其管理及保教水平。依法治理未注册幼儿园，拟定《海港区未注册幼儿园分类治理方案》，对31所未注册园下达责令整改通知书，对拒不执行处罚决定的未注册园，按法律程序移交人民法院强制执行。扶持学前教育发展。为市直机关幼儿园等5所幼儿园发放扶持资金132万元，为44所普惠性民办幼儿园发放资金75万元，用于改善办园条件。为49所幼儿园的324名幼儿发放资助资金32.4万元。

【民办教育】 全区民办教育日趋规范。规范民办教育管理。完成134所民办教育培训机构的年检工作，对民办学校的组织机构、办学条件等10个方面进行检查。召开海港区2016年度民办教育培训机构工作会，明确办学要求。加大民办教育公开公示力度，通过网络宣传、悬挂公示牌等方式，引导学生家长择优选择符合自身需求的正规校外教育机构。加大无证办学机构查处力度。经群众举报、街道寻访，先后查处49所无证办学机构，停止办学41家。举办第一届海港区民办教育培训机构教师素能大赛。29所机构的41名教师参赛。加强成人教育工作。召开8个镇成教校长工作会、农民培训会。根据农民的需求，聘请心理学专家，为农村家长开展家长应该如何与孩子沟通等家庭教育培训。

【校外教育】 全区校外教育多样化发展。青少年活动中心图书馆、科技馆继续向全区青少年免费开放，40多个科技、艺术和体育类传统项目培训学生近3万人次，组织合唱、古典益智玩具等项目的免费培训5000多人次，组织科技节、才艺大赛等赛事20项，参赛学生达3000人，在省级赛事中获奖28人次。在27所中小学开展“机器人进校园”活动，通过发放器材、培训教师、巡回指导等形式，推动学校机器人课程的开展。“流动青少年活动中心”先后走进黑山窑后村小学等边远学校开展科技教育活动，受益学生1000多人。中小学生社会实践基地不断丰富手工活动课内容，开发“长城文化”主题系列实践活动，进行社会实践活动20期，接待参训师生近2000人次。

【社区教育】 全区社区教育办出特色。社区教育管理中心倡导全民终身学习，在20个社区开设培训班30个，首次在北港镇开设乡镇教学点，涉及专业12个，在册学员1000多人。中心一级培训班31个，涉及10个专业，在册学员500多人。举办社区摄影展、文化作品展等活动，教师参与组织社区少年宫活动370次，受益学生达1万多人。承办全国首届“手动之情，镂空之美”社区剪纸大赛。4月，海港区成为第六批全国社区教育实验区，5月，获批河北省社区教育示范区。

【安全稳定】 深入开展隐患排查整治，全系统层层签订安全工作责任状，形成各校自查、局领导包校拉网检查的隐患排查机制。提升应急处置能力，全系统应急演练常态化，全年共组织开展各类学生应急演练800多次。加强“三防”建设，引进校园保安服务竞争机制，按规定配足配齐安防、消防器材。为“北三镇”学区升级改造视频监控系统，安装一键报警系统，市区40多所中小学实现视频监控重点部位全覆盖。深化安全教育，开展丰富多彩的安全教育活动，集中进行交通、消防、食品、防溺水等安全教育，提高师生的安全意识和防范能力。严格校车和接送学生车辆监管，开展校园周边治理，为维护学校正常教育教学秩序提供有力保障。

【教师队伍】 教师队伍管理日益强化。推进高素质人才引进计划，通过赴高校和面向社会公开招聘等方式补充新教师153人，其中研究生21人。统筹规划师资，完善区域内教师交流轮岗制度。为乡村教师提供政策倾斜，落实省、市、区乡村教师支持计划，提高乡村教师待遇。制定《海港区农村教育发展资金分配方案》，以乡镇工作补贴和交通补助的形式为乡村教师发放农村教育发展资金1400万元。放宽乡村教师职称评审条件，提高乡村中小学校中高级职称岗位设置比例。首次评选区级优秀乡村教师7人、区级优秀乡村教育工作者3人，提升乡村教师荣誉感，发挥其引导、示范和激励作用。开展课程领导力讲座、暑期校（园）长书记培训等活动，参加培训530人。成立青年干部培训班，对系统61名青年干部进行为期一年的培训学习。实行领导干部工作日志制度，通过分级阅批、随机检查、组织考核等方式，激励领导干部争先创优、干事创业。继续开展城乡干部挂职交流，校际间交流中层以上业务干部36人。发挥名校长工作室的龙头带动作用，充分利用名校长蕴涵的教育资源，促进中青年校长尽快成长。

（周光欣）

【学校选介】 第四中学。位于和平大街45号。始建于1958年9月，校园占地面积2.03万平方米，有教学班14个，在校生580人，教职工121人，专任教师85人，其中，研究生学历2人，省级优秀班主任1人。以校本课程和学生社团活动为办学特色，开展flash动画、女工课、趣味化学等17个门类。教师自行开发出毽球、陶艺、舞蹈、健美操和中学生营养与健康等校本教材，使教学内容更好地开展和传承。打造精品大课间活动。走科研兴校之路，加强教师学习、培训，提升教师先进理念。引导教师树立“行动即研究”“问题即研究”的小目标研究理念，对研究过程资料实行规范化管理，教师课题研究资料规范归档，被认定全区教育课题档案规范化管理的典范。获河北省成人高考优秀考点、绿色学校、教育综合督导评估工作先进单位、省运会优秀组织奖、中小学校一级图书馆；秦皇岛市学校卫生先进单位、招生考试先进单位、文明学校、电化教育工作先进单位、交通示范学校；海港区安全生产管理先进单位、先进基层党组织、教育收费规范学校、教育系统先进集体等称号。

（张　颖）

第十七中学。位于河北大街东段98号。始建于1965年9月，原名为秦皇岛市河东中学。1976年1月，由秦皇岛港务局接管，更名为秦皇岛港务局第一中学。2004年1月,因国企改革，变更为秦皇岛市第十七中学，隶属于海港区教育局。学校占地面积2.76万平方米，有初中3个年级，教学班13个，在校学生662人。教职工81人，其中，研究生学历4人，本科毕业73人。学校以“体育是精神、体育是文化、体育是力量”为办学理念，坚持一年举办两次运动会，为体育特长生提供展示的机会，让更多的学生享受运动的快乐。开展阳光体育活动，以自编舞和学生自选项目活动为特色，形成十七中模式，在大课间评比中连获一等奖。学校高度重视校园足球工作，在普及足球基本技能和知识的基础上，抓好学校足球队训练。以体育工作促进学校全面发展，把体育精神渗透进各项工作,成为德育工作的亮点。推广“和谐教学法”，开展三级教研，推动学校课堂改革。获河北省绿色学校、创新教育实验学校、普教系统教育工作先进学校、“五四”红旗团委；秦皇岛市校风建设最佳学校、教学管理达标学校、学籍管理先进学校、中小学生校园足球联赛优秀承办单位；市总工会先进职工之家、工人先锋号等称号。

（尚云霞）

北环路小学。位于盛达鑫苑小区。始建于1952年,占地面积1.3万平方米。有教学班40个，在校学生2257人。教职工98人，其中，研究生学历10人，本科毕业81人。市级骨干教师2人，区级骨干教师12人，区级学科带头人1人。秉承“纯真、健康、和谐、阳光”的校训，“求真求实、求美求乐”的校风、“千教万教教人求真”的教风，“千学万学学做真人”的学风，紧扣教育改革的时代脉搏，秉承“多元育人，自主发展，人人成功”的办学理念，以“阳光运动、阳光德育、阳光课堂”为教育主线，开展教育活动，使学生快乐健康地成长。开发适应学生年龄特点的阳光课程，为学生搭建展示自我的舞台。发挥教育科研在学校教育教学中的先导性、基础性作用，追求教育科研的实效性。获全国青少年校园足球特色校、青少年校园足球啦啦操特色校；河北省示范家长学校、校本课程开发与实施实验校；秦皇岛市教育系统先进单位、德育工作先进单位、课堂教学改革实验学校、书香校园、和谐校园、学校安全工作先进单位、中小学节约型校园建设绿色示范校、巾帼文明岗、先进职工之家、防震减灾科普示范学校、“依法治校”先进单位等称号。

（张景然）

石门寨小学。位于石门寨镇北斜街村。始建于光绪三十四年（1908年）。占地面积7620平方米，有教学班18个，在校生710人；教职工46人，其中本科生38人。市级骨干教师2人，区级骨干教师1人。以“张扬个性，发挥潜能”为办学理念，全面创建书香校园、阳光校园，以篮球运动为抓手，以体启智，以体育德，将篮球运动与学校文化融为一体，开设篮球社团，作为秦皇岛市篮球传统项目校，多次获市篮球传统项目校比赛冠军。用经典感化学生，启动经典诵读工程，开展篆刻艺术进校园活动，推进写字教育，丰富德育工作内涵。教学工作以整体改革课堂教学状态为切入点，班子成员深入教学一线,关注课堂状态，了解学情。在语文、数学、英语、科学、思品学科上推行适合本学科的三步学习法。改革课堂教学模式，关注学生学习方式。遵循全面均衡、以校为本的原则，使课程建设科学化、规范化。被评为河北省优化学生心理健康项目实验学校、一级图书馆；秦皇岛市先进课改实验校、德育工作先进学校、语言文字先进单位、基础教育信息化先进学校、素质教育示范校等称号。

（杨　娜）

先盛里幼儿园。位于先锋路中段先盛里小区。始建于1991年。2014年9月，在原址重建；2016年，新址投入使用，占地面积3072.71平方米，有教学班5个，幼儿132人；教职工26人，其中本科学历16人，是区教育局直属公办幼儿园。以家园共育为办学特色。坚持做好家长学校工作，定期组织家长学习，让其了解幼儿园的教育新形式与新方法，介绍、汇报孩子在幼儿园的成长过程。开展亲子携手体验活动，组织“大手拉小手亲子诵读”等活动，成立舞蹈、绘画、口才、跆拳道等社团。坚持以教育科研为先导，为孩子创设丰富多彩的学习空间。力求教学形式多样化，观察了解幼儿、尊重幼儿的需要，通过混龄游戏活动和区域个别化学习，为幼儿打造宽松愉悦的环境，提高孩子们动手动脑实际操作能力，提高教师研究和解决问题的能力。获河北省卫生保健达标园，秦皇岛市示范性幼儿园，海港区学前教育先进集体、安全工作先进单位等称号。

（周　颖）

科学技术事业

【概况】 以建设创新创业平台为重点，以提升自主创新能力为核心，以实现科技惠民为目标，实现科技与经济社会发展的结合，推进全区科技事业的发展。完成市、区重点工作目标17项。全年新增高新技术企业3家，新增市级工程技术中心11家，新增省级科技型中小企业95家，新增科技小巨人企业4家，列入市级以上科技计划项目28项，高新技术产业增加值7.2亿元，增长率16.47%，每万人拥有发明专利7.79件。获全国县区防震减灾工作优秀单位、河北省地震工作先进单位、海港区精神文明单位、年度先进基层党组织等。

2016年海港区事业、企业单位各类专业技术人员基本情况一览表

表8-2

	年末实有人数（人）
各类专业技术人员合计	7470
按职称分类	
1. 高级职称	1007
其中：正高级职称	48
2. 中级职称	3247
3. 初级职称	3216

【“双创”建设】 鼓励引导众创空间发展，激发创新创业热情，专门申请安排“双创”建设引导资金100万元，列入2016年区财政预算，支持“双创”建设。对众创空间情况开展专题调研，分析发展现状及存在问题，形成《海港区发展众创空间调研报告》。围绕国家、省、市对众创空间建设工作的总体要求和指导意见，起草《海港区发展众创空间支持政策》，在政策扶持、发展环境等方面为全区众创空间建设提供服务和支持，以政策导向促进全区大众创业、万众创新。建成众创空间6家：山果科技大学生创业孵化器，孵化面积3300平方米，主要培育大学生创业团队。组织创业未来星比赛3场、燕软设计大赛4场，从72个创业团队中筛选出15个优秀团队优先入驻孵化器。有臻诚科技、乾丰文化等44家创业团队入驻，其中，在校大学生比例为16.1%，应届毕业生比例为16.8%，毕业三年内大学生比例为37.3%，提供就业岗位220多个，年产值预计1000万元。青豆荚云科技孵化器，孵化面积8500平方米，主要为成长型企业搭建项目落地平台，入驻君唯集团、创信科技等50多家创业团队，提供就业岗位800多个，年产值预计3000万元。金北众创空间，孵化面积3000平方米，培育对象主要是小微企业和创业团队，孵化方向为生物医药产业、大医疗健康产业、在线教育产业、环保新能源产业。入孵企业17家，年产值5000万元。董事汇众创空间，孵化面积2700平方米，主要为有市场前景的科技项目提供投融资服务，入驻创业团队近20家，年产值1200万元。创服汇众创空间，孵化面积800平方米，孵化培育科技型中小企业十多家。安快科技企业加速器，孵化面积为1.2万平方米，为已经孵化成形或技术成熟的小微企业提供生产和办公场所的一体化平台，运用“高新技术成果+孵化器+市场”的模式，解决传统众创空间内入孵企业因无生产车间而导致科技成果难于转化成有效生产力的难题，有5家企业入驻。

【科技招商】 集聚科技创新要素，促进合作和资源共享。引进泰创能源科技有限公司清洁燃料项目和美巢科技有限公司云智能购物项目落户海港区。克服科技企业研发生产场地不足等问题，转变工作思路和方式，以众创空间、企业孵化器建设为抓手，拓展科技招商平台。通过6家众创空间吸引科技型企业140多家，创业团队200多个，提供就业岗位1000多个，年产值近1亿元。其中，安快科技企业加速器专门为5家因无生产车间而导致科技成果难于转化的企业提供场地、资金、技术等创业服务。通过创新科技平台，形成科技型企业产业聚集区，实现产值税收双增长。

【科技惠民】 解决全区农村和无市电地区照明问题，制订3年安装1000盏太阳能路灯的计划。在北港镇、石门寨镇、驻操营镇、海阳镇、杜庄工业园区的19个行政村组织安装太阳能路灯250盏；在新102国道安装太阳能路灯40盏；在金梦海湾木栈道安装太阳能景观灯50盏；在海边浴场、游客中心等公共场所安装企业自主研发的太阳能手机充电站。研发太阳能路灯远程控制系统，对路灯运行情况进行实时监测，由企业自主研发的"太阳能路灯远程控制系统"获国家专利。建成海港区光伏农业科技示范项目，位于北港镇西连峪村，占地面积4000平方米，大棚年发电量近10万千瓦，实现发电年收入8万多元，成为全市首家并网发电的光伏大棚。将棚顶光伏发电与棚内无土栽培技术有机结合，邀请河北科技师范学院专家对大棚内部进行设计，将采摘、餐饮、旅游观光融为一体，按标准打造省级农业科技示范园。培育市级农业示范园，推广农业新品种。连峪生态观光旅游园、杰艺荔园蔬菜农业科技园、昊兴农业生态科技园获批市级农业科技示范园。引进迷你卷心菜、小指胡萝卜、菠萝玉米等15个蔬菜新品种开展试验种植。引进特种蔬菜基质和营养液无土栽培技术，进行示范种植，为高品质、高营养、高附加值特色蔬菜的种植推广积累经验。开展科技特派员选派工作。将20名科技特派员安排到有技术人才需求的宝润生态园、向华果树服务部、海阳镇温家洼村和侯庄村，对农民及园区工作人员进行技术培训、种植讲解、新品种推广等相关服务，使农业科技创新落地扎根。

【创新型海港区建设】 加强创新型县区建设，提升自主创新能力，依据《建设创新型海港区工作实施方案》，开展创新型企业、创新型园区、创新型社区等创新型单位建设。安排资金100万元，对全区创新型企业园区提供资金支持，征集项目20个。通过资金支持和政策引导，提高企业科技创新积极性，助力企业成为科技创新主体，对7家单位予以资金支持。

2016年海港区省级科技计划项目情况一览表

表8-3

项目名称	承担单位	资金（万元）	级　别
基于DCS的苯乙烯工厂安全操作半实物仿真系统	秦皇岛博赫科技开发有限公司	30	省科技型中小企业发展资金
基于SaaS应用模式下分布式在线训练考核管理平台	秦皇岛科智汇软件开发有限公司	20	省科技型中小企业发展资金
太阳能集热养护型混凝土砌块生产线	秦皇岛宏阳机械制造有限公司	30	省科技型中小企业发展资金
基于互联网的科技创新全流程公共服务平台建设	秦皇岛瑞兹科技服务有限公司	40	省级支持市县科技创新资金
单层陶瓷电容器芯粒智能检测与网络测分机器人	秦皇岛视听机械研究所	50	省级科技计划
浮法玻璃熔窑综合节能关键技术	秦皇岛玻璃工业研究设计院	60	省级科技计划
玻璃熔窑炉尾气脱硫脱硝除尘一体化技术和装备的研发	秦皇岛玻璃工业研究设计院	40	省级科技计划
基于互联网的科技创新全流程公共服务平台建设	秦皇岛瑞兹科技服务有限公司	40	省级科技计划

2016 年海港区市级科技计划项目情况一览表

表 8-4

项目名称	承担单位	资金（万元）	级　别
基于云计算的 ERP 移动办公平台的设计与实现研究	秦皇岛飞拓计算机科技有限公司	5	市计划（第一批）
玻璃深加工设备一体化	秦皇岛市奥晶玻璃制品有限公司	6	市计划（第一批）
秦皇岛市复合材料工程技术中心运行经费	秦皇岛耀华玻璃钢股份公司	8	市计划（第一批）
秦皇岛市仿真实训设备工程技术研究中心	秦皇岛博赫科技开发有限公司	8	市计划（第一批）
创新型分布式光热发电系统研究与开发	秦皇岛市瑜阳光能科技有限公司	5	市计划（第一批）
玻璃熔窑低 NOx 排放梯度增氧助燃技术及装备的研发	秦皇岛玻璃工业研究设计院	4	市计划（第一批）
单层陶瓷电容器芯粒在线检测机器人	秦皇岛视听机械研究所	5	市计划（第一批）
地面网养技术饲养七彩山鸡示范基地建设	秦皇岛极光农业开发有限公司	2	市计划
太阳能路灯远程控制系统	秦皇岛华日升电子有限公司	6	市计划

2016 年海港区获市级科学技术进步奖二等奖情况一览表

表 8-5

项目名称	完成单位	主要完成人	推荐单位
环冷机包容式机械密封系统	秦皇岛鸿泰科技股份有限公司	公丕学　吕　鑫　孟令彪　于　洋　李　洋	区科技局
联动式太阳能全自动组件层压机	河北羿珩科技股份有限公司	张俊昌　伊丽娜　赵　静　刘馨禧　张立顺　陈博辛　俞　辰　肖慧婷	区科技局
笨乙烯半实物虚拟现实仿真工厂	秦皇岛博赫科技开发有限公司　河北建材职业技术学院	李国友　李灵锋　郑　伟　孙　杨　王　彦　郭晓蒙　董　敏	区科技局

2016 年海港区获市级科学技术进步奖三等奖情况一览表

表 8-6

项目名称	完成单位	主要完成人	推荐单位
智能化住宅小区	中冶东方工程技术有限公司秦皇岛研究设计院	孙国杰　田　爽　张　文　隋　鑫　林　野　任美君	区科技局
曲美他嗪治疗慢性心力衰竭及高血压合并左室肥厚的临床观察	海港医院	王春梅　文　军　丁润会　刘　叶　刘星明　张　铁　张立欣	区科技局
Inter Tand 等手术方案治疗老年髋关节骨折疗效分析	海港医院	刘星明　王彦人　卫陈刚	区科技局
护理管理策略在护士工作压力形成中的应用研究	海港医院	常玉杰　刘金英　赵　蕊　陈　桐　李鸿雁	区科技局

【创推科技企业】 加强科技政策环境建设。将国家、省、市 、区各级支持企业发展的科技政策进行搜集整理，印发《科技政策汇编》1000 册；出台《海港区人民政府关于促进科技型中小企业加快发展的意见》等相关文件，为企业科技创新提供支持和保障。深入科技型中小企业进行调研指导，推动科技型中小企业与驻秦高校、科研院所开展合作，探索产学研深度结合的有效模式。全区共有省级科技型中小企业 282 家，同比增长 50.8%；科技小巨人企业 12 家，同比增长 50%，正逐步形成科技型企业集群。深入科技型中小企业进行指导帮扶，组织协助各企业申报国家、省、市、区各级科技项目，争取上级科技部门经费支持和提高项目档次，将科技含量较高的项目向上级科技部门推荐申报。年内被列为市级以上科技项目 28 个，获上级科技经费扶持 200 万元。加

快科技研发机构建设。掌握企业的生产情况及科研开发情况，明确高新技术企业、创新企业培育对象。与企业沟通，协助企业开展工程技术研究中心和企业技术中心创建工作，走访全区大中型企业18家，组织企业申报材料13家，企业成功获批11家。加强国家高新技术企业培育。精心筛选符合条件的企业，进行动态培育管理，将博赫科技开发有限公司等企业作为高新技术企业培育对象，组织4家企业完成高新技术企业材料申报工作，成功批复3家，全区国家高新技术企业已达18家。加大知识产权保护力度，在纪念"3·15""4·26"等知识产权宣传日开展"提高全民意识，保护知识产权"宣传活动。发放《中华人民共和国专利法》《中华人民共和国专利法实施细则》等宣传资料500份，提高企业自主创新成果保护意识。

2016年海港区辖区省级科技型中小企业名录一览表

表8–7

企业名称	联系人	行业类别
第一批（77家）		
美铝渤海铝业有限公司	吴玉哲	制造业
秦皇岛索乐电子有限公司	高　志	新能源
秦皇岛博硕光电设备股份有限公司	晁　莉	制造业
秦皇岛华电测控设备有限公司	田秀芬	制造业
秦皇岛君鼎科技开发有限公司	曹国荣	玻璃
秦皇岛科力汽车零部件有限公司	崔　萍	制造业
秦皇岛尼特智能科技有限公司	刘　丹	电子信息
秦皇岛华日升电子有限公司	王　飞	节能环保
秦皇岛中港船舶重工有限公司	李　星	制造业
秦皇岛市桑格电气控制设备有限公司	吕　芳	制造业
秦皇岛视听机械研究所	杨　锋	制造业
秦皇岛双轮环保科技有限公司	王光磊	节能环保
秦皇岛五洲电力设备有限公司	谢亚茹	制造业
香海粮油（秦皇岛）工业有限公司	田立群	食品加工
秦皇岛耀优工程玻璃有限公司	宋海燕	制造业
河北羿珩太阳能科技股份有限公司	张婷婷	新能源
秦皇岛天大海德自动化工程有限公司	杨晓茹	电子信息
秦皇岛爱迪电力制造厂	杨　娜	制造业
秦皇岛市港兴锅炉有限公司	李　历	制造业
秦皇岛鑫美源自控设备有限公司	苏勇杰	新能源
秦皇岛市学海医疗器械制造有限公司	孟庆勇	制造业
秦皇岛科维克科技有限公司	杨铁军	制造业
秦皇岛市德盛伟业粮油有限公司	张志德	食品加工
秦皇岛迪特明科技有限公司	陆园美	节能环保
秦皇岛耀华工业技术玻璃有限公司	卢秉君	制造业
秦皇岛市牧羊源食品有限公司	王　雪	农业
秦皇岛耀华玻璃机械制造有限公司	晋　梅	制造业
秦皇岛市标旗环保科技开发有限公司	陆　赏	环保
秦皇岛博赫科技开发有限公司	董　敏	服务业
秦皇岛市宝润生态园有限公司	陈晓丽	农业
秦皇岛德邦电气设备有限公司	李春歌	新能源
秦皇岛市科瑞尔树脂有限公司	常佩森	新材料
秦皇岛新禹机械设备有限公司	石　磊	新能源

续表 8-7

企业名称	联系人	行业类别
秦皇岛乾晖节能科技有限公司	毕　博	节能环保
秦皇岛索蓝光电科技开发有限公司	韩俊华	服务业
秦皇岛华本科技有限公司	赵　丽	制造业
秦皇岛邦力德密封科技发展有限公司	刘凤杰	新材料
秦皇岛市萌兴机械有限公司	李红梅	制造业
秦皇岛耀华玻璃钢股份公司	杜丽云	制造业
秦皇岛诺华电子有限公司	韩　伟	制造业
秦皇岛隆青环保节能设备有限公司	赵青学	新能源
秦皇岛穆旺机械设备有限公司	杨宝勇	制造业
秦皇岛海川科技有限公司	杨立山	电子信息
秦皇岛高鹏泡沫塑料有限公司	丁春风	新材料
秦皇岛新维工业用布有限公司	张海宁	制造业
河北日泰新型管材有限公司	陈彩华	制造业
秦皇岛市瑜阳光能科技有限公司	刘振中	新能源
秦皇岛市傲森尔装具服装有限公司	单学彬	制造业
秦皇岛市奥晶玻璃制品有限公司	孙海波	制造业
秦皇岛市宏程机械工程有限公司	沈　芳	制造业
秦皇岛市吉百利防水材料有限公司	杨　菊	制造业
秦皇岛市德控电气有限公司	佟德光	电子信息
秦皇岛市华科煤矿机械有限责任公司	郑月景	制造业
秦皇岛华叶电机有限公司	胡宝纯	制造业
秦皇岛众百嘉橱具有限公司	于　泳	制造业
秦皇岛格瑞英科技开发有限公司	樊晓东	电子信息
秦皇岛易数科技有限公司	樊晓东	电子信息
秦皇岛求索信息技术有限公司	刘　凯	电子信息
秦皇岛山泽科技开发有限公司	赵小刚	电子信息
秦皇岛中燕机械设备有限公司	孙德杰	制造业
秦皇岛燕大创新科技开发有限公司	薛宏宇	服务业
秦皇岛鸿通机械有限公司	杨锦松	制造业
秦皇岛温特玻璃技术有限公司	张焕平	玻璃
秦皇岛明信环保节能设备开发有限公司	赵作明	节能环保
秦皇岛东控电子科技有限公司	韩　笑	制造业
秦皇岛冀煤机械设备有限公司	白广辉	制造业
秦皇岛炫德科技有限公司	隋文龙	服务业
秦皇岛东丰重工机械制造有限公司	邹广丽	制造业
秦皇岛市太极环纳米制品邮箱公司	曲　源	制造业
秦皇岛揽月起重机有限公司	乔玲燕	制造业
秦皇岛风日和科技有限公司	谢游洋	新能源
秦皇岛市恒焱玻璃有限公司	张海燕	制造业
秦皇岛市亿德力计算机技术工程有限公司	李淑娟	电子信息
秦皇岛市晶发光电科技有限公司	刘克新	节能环保
秦皇岛市秦园冶金机械有限公司	田绍奎	制造业
秦皇岛尼特信息科技有限公司	刘　丹	电子信息
秦皇岛市佳美铝散热器制造有限公司	赵秀铃	制造业

续表 8-7

企业名称	联系人	行业类别
第二批（10 家）		
秦皇岛市金亚环保科技有限公司	刘永年	节能环保
秦皇岛鸿大科技开发有限公司	王凤兰	电子信息
秦皇岛腾创应用玻璃技术有限公司	郭占法	玻璃
秦皇岛耀华建筑装饰玻璃有限公司	曹国荣	玻璃
秦皇岛通宝光电科技有限公司	叶　文	制造业
秦皇岛联安机械科技有限公司	张广祥	制造业
中冶东方工程技术有限公司秦皇岛研究设计院	张立颖	服务业
秦皇岛绿之翊环保资源开发有限公司	弓志成	节能环保
秦皇岛正道科技有限公司	吴　坤	制造业
秦皇岛智隆网络科技有限公司	王　志	电子信息
第三批（14 家）		
秦皇岛思信计算机网络有限公司	田恒丽	电子信息
秦皇岛维拓科技有限公司	郭栋梁	电子信息
秦皇岛龙玺环保科技有限公司	侯月圆	服务业
秦皇岛智信科技有限公司	周志军	电子信息
秦皇岛市爱诺科技开发有限公司	顾宝国	制造业
秦皇岛天鼎节能环保科技开发有限公司	李天成	节能环保
秦皇岛鹏鹞环保工程有限公司	王建立	节能环保
秦皇岛飞拓计算机科技有限公司	路　颖	服务业
秦皇岛钢天科技有限公司	苏艳萍	新材料
秦皇岛中钛环保科技有限公司	李泰伟	节能环保
秦皇岛富滋食品公司	姜　杨	农业
秦皇岛德邦玻璃钢有限公司	李春歌	新能源
秦皇岛国众京港	安宇昆	制造业
秦皇岛鼎元科技开发有限公司	金宁宁	制造业
第四批（34 家）		
秦皇岛市德港环保科技有限公司	王　威	节能环保
秦皇岛加多亮光电科技有限公司	王昌华	新能源
秦皇岛威立雅环保科技有限公司	童夏敏	节能环保
秦皇岛集智科技有限公司	李天宇	服务业
中国建材检验认证集团秦皇岛有限公司	稽书伟	服务业
秦皇岛达善科技开发有限公司	刘林梅	电子信息
秦皇岛城市网络有限公司	夏　高	服务业
秦皇岛千渡网络科技有限公司	夏　高	服务业
秦皇岛盛妆经贸有限公司	王晓珊	服务业
秦皇岛国润网络工程有限公司	于　丹	服务业
秦皇岛莆东玻璃钢有限责任公司	张　东	新材料
秦皇岛安志电气设备有限公司	孙元元	制造业
秦皇岛科智汇软件开发有限公司	刘　强	服务业
秦皇岛周边云科技开发有限公司	王　峰	服务业
秦皇岛智群科技有限公司	陈秋军	服务业
抚宁县鑫胜达欧式构件厂	寇玉石	制造业（驻操营）
抚宁县龙凤板栗产销专业合作社	王平忠	农业（驻操营）
秦皇岛瑞思科环保科技有限公司	萧作平	节能环保（石门寨）

续表 8-7

企业名称	联系人	行业类别
抚宁县华昌隆玻璃有限公司	徐家术	玻璃（杜庄）
秦皇岛世元新型合金有限公司	耿开元	新材料（杜庄）
秦皇岛铭晶源安全技术玻璃有限公司	李清华	玻璃（杜庄）
秦皇岛浩天电力设备有限公司	陈光义	制造业（杜庄）
秦皇岛天昊科技有限公司	韩　明	新材料（杜庄）
秦皇岛亿丰电机有限公司	苏世超	制造业（杜庄）
秦皇岛鸿泰机械有限公司	孙　燕	制造业（杜庄）
秦皇岛宏阳机械制造有限公司	于洪波	制造业（杜庄）
秦皇岛炫金塑料制品有限公司	苏艳秋	新材（杜庄）料
秦皇岛方圆玻璃包装玻璃有限公司	金镇东	（杜庄）玻璃
秦皇岛市硕阳农业机械制造有限公司	蔡满胜	制造业（杜庄）
秦皇岛德昌电器设备有限公司	景　冀	制造（杜庄）业
秦皇岛方圆玻璃有限公司		（杜庄）玻璃
抚宁县海中涂料有限公司		新材料（杜庄）
秦皇岛兴首炉料有限公司		新材料（杜庄）
秦皇岛奥晶特种玻璃有限公司		玻璃（杜庄）
第五批（6 家）		
秦皇岛恒起包装新材料有限公司	廖　敏	新材料
秦皇岛海涛殡葬用品有限公司	孙志勇	制造业
秦皇岛瑞兹科技服务有限公司	孙正阳	服务业
秦皇岛环亚设备股份有限公司	孟晓英	制造业
河北信成联合科技开发有限公司	敖　爽	电子与信息
秦皇岛市清青环保设备有限公司	张明明	节能环保
第六批（47 家）		
秦皇岛煜城塑业有限公司	韩静洁	制造业
秦皇岛市连铸耐火材料有限公司	边仁杰	制造业
秦皇岛振荣机械加工有限公司	燕秋玉	制造业
秦皇岛可视自动化设备有限公司	杨　征	制造业
秦皇岛市鼎创电子科技有限公司	马晓斌	电子与信息
秦皇岛力拓科技有限公司	李　涛	电子与信息
秦皇岛易达新能源科技有限公司	周宏宇	新材料
秦皇岛兴贤科技有限公司	杨景辉	制造业
秦皇岛科普铁科实用技术开发中心（普通合伙）	张　辉	制造业
秦皇岛德芃科技开发有限公司	史莉洁	服务业
秦皇岛享炭环保设备制造有限公司	张晓飞	制造业
营口金辰太阳能设备有限公司秦皇岛分公司	郑艳慧	制造业
秦皇岛市锐齐模具制造有限公司	杨飞龙	制造业
秦皇岛昌德冶金科技有限公司	罗平双	制造业
秦皇岛为农农业科技有限公司	倪宏卿	农　业
秦皇岛三兴工程材料检测有限公司	徐　静	服务业
秦皇岛市荣创科技发展有限公司	杨　征	电子与信息
秦皇岛连峪生态旅游开发有限公司	吕艳梅	农　业
秦皇岛市奥彩彩印有限公司	孙金影	服务业
秦皇岛栋梁管业有限公司	王延国	制造业
秦皇岛市荣创科技发展有限公司第一分公司	杨　征	电子与信息

续表 8-7

企业名称	联系人	行业类别
秦皇岛市连旺机械有限公司	连　欢	制造业
秦皇岛市新鲜到家电子商务有限公司	李志国	服务业
秦皇岛市军强装具服装有限公司	崔海燕	制造业
秦皇岛清溪农业科技开发有限公司	王建华	农　业
秦皇岛中仕科技开发有限公司	郭金粉	电子与信息
秦皇岛天恩帐篷有限公司	于天恩	制造业
秦皇岛市启鸣门窗有限公司	代景峰	制造业
秦皇岛市昊兴农业技术开发有限公司	张晓丹	农　业
秦皇岛市寨花商贸有限公司	王孝江	服务业
秦皇岛昌恒冶金设备有限公司	李洪志	制造业
秦皇岛金诺船舶机械有限公司	马爱辉	制造业
秦皇岛弘华特种玻璃有限公司	佟　力	制造业
秦皇岛市信源科技开发有限公司	朱建怡	电子与信息
秦皇岛市广兴科贸有限公司	赵威力	服务业
秦皇岛市金海马海产品有限公司	常媛媛	服务业
秦皇岛金建钢绞线有限公司	王建立	制造业
秦皇岛市盛卓基帐篷有限公司	赵志坚	制造业
秦皇岛五弦维爱科技开发有限公司	赵立虎	制造业
秦皇岛雷曼电子科技有限公司	任燕男	电子与信息
秦皇岛天泽同创企业管理咨询有限公司	刘　利	服务业
秦皇岛东帆电子科技有限公司	张春义	电子与信息
秦皇岛中晟太阳能科技有限公司	王成维	制造业
秦皇岛宏业包装制品有限公司	都珊珊	制造业
秦皇岛鑫业达机械加工有限公司	赵　巍	制造业
秦皇岛鸿泰机械有限公司	孙　燕	制造业
秦皇岛松禾复合材料发展有限公司	程晓峰	新材料
第七批（6 家）		
秦皇岛市戎马帐篷有限公司	车培峰	制造业
秦皇岛市军之友装具有限公司	车培峰	制造业
秦皇岛军之友帐篷有限公司	车培峰	制造业
秦皇岛掌控易科技开发有限公司	郑永超	电子信息
秦皇岛博酿酒类技术服务有限责任公司	刘玉杰	农业
秦皇岛源道科技开发有限公司	刘英伟	电子信息
第八批（21 家）		
秦皇岛海妮娃水产有限公司	王金玲	农业
秦皇岛甲壳橙网络科技有限公司	张　南	电子信息
秦皇岛冠盛科技有限公司	常赫男	电子信息
秦皇岛网奇网络科技有限公司	田　野	电子信息
河北汇卓科技开发有限公司	孙美慧	电子信息
乐活秦皇岛电子科技有限公司	陈　勇	电子信息
秦皇岛昊福农业技术开发有限公司	张　昊	农业
秦皇岛百纳网络科技有限公司	奚卫平	电子信息
秦皇岛领航水处理有限公司	刘作成	节能环保
秦皇岛高天节能环保设备有限公司	刘占义	节能环保
秦皇岛市对外供应有限责任公司	吉永洁	服务业

续表 8–7

企业名称	联系人	行业类别
秦皇岛市求仙岛旅游休闲食品有限公司	王金玲	农业
秦皇岛盛赫环保科技有限公司	张　辉	节能环保
秦皇岛科云工贸有限责任公司	赵芳芸	制造业
秦皇岛新谊工程有限公司	杨淑丽	制造业
秦皇岛惠威航达科技有限公司	王　威	电子信息
秦皇岛棕榈炙科技有限公司	陈　田	制造业
秦皇岛蓝海燃气设备有限公司	赵敬辉	制造业
秦皇岛市泰润科技开发有限公司	纪灵军	服务业
秦皇岛龙宇科技有限公司	陈宝峰	制造业
秦皇岛讯领科技开发有限公司	朱秀珍	节能环保
第九批（11 家）		
秦皇岛嘉日隆机器人技术有限公司	杨　旭	制造业
秦皇岛禾洋科技投资有限公司	张　晔	服务业
秦皇岛虚现科技有限公司	于东兴	服务业
河北润联科技有限公司	赵秀红	电子信息
秦皇岛绿缘环保科技开发有限公司	丛　岩	节能环保
秦皇岛康博四零标志服装有限公司	王维康	制造业
秦皇岛航天华世自动化设备有限公司	郑娅楠	制造业
抚宁县布雷水果种植专业合作社	雷永学	农业
秦皇岛港旺电子科技有限公司	胡振英	制造业
秦皇岛三清环境工程有限公司	张晓飞	节能环保
秦皇岛秋国绿化工程有限公司	马秋国	农业
第十批（57 家）		
秦皇岛市信合水泥有限公司	张有才	新材料
抚宁县石门寨冀星玻璃纤维制品厂	李天笑	新材料
秦皇岛市达广科技开发有限公司	林永生	电子信息
秦皇岛商之翼网络科技有限公司	贾大勇	电子信息
秦皇岛市嘉维科技开发有限公司	王　磊	电子信息
秦皇岛隆正科技有限公司	方　慧	制造业
秦皇岛青豆荚云科技孵化器有限公司	刘　然	服务业
秦皇岛市卓越科技发展有限公司	冯桂霞	电子信息
秦皇岛君唯餐饮管理有限公司	满晶晶	服务业
秦皇岛金洋腾森电子科技有限公司	王　伟	电子信息
秦皇岛冉旭商贸有限公司	马晓鹏	电子信息
秦皇岛市恒睿电子有限公司	尚颖杰	电子信息
秦皇岛杰艺荔园蔬菜种植有限公司	刘存玉	农业
艾芬芳森香氛科技秦皇岛有限公司	葛　超	制造业
秦皇岛市四通电器开关厂（普通合伙）	陈久福	制造业
秦皇岛辉盛塑料制品有限公司	吴　静	新材料
秦皇岛胜天石化有限公司	郭　磊	新材料
抚宁县亿阳玻璃纤维厂	黄爱荣	新材料
抚宁县旭利玻璃纤维制品	杨志旭	新材料
秦皇岛诺思凯机电设备有限公司抚宁首秦分公司	胡少娟	制造业
秦皇岛市兴桐商品混凝土有限公司	焦淑华	新材料
秦皇岛长勤科技有限公司	冯晓英	电子信息

续表 8–7

企业名称	联系人	行业类别
秦皇岛丰众矿渣有限公司	蒋兴殿	新材料
抚宁县顺达玻璃原料有限公司	刘继满	新材料
秦皇岛星惠商贸有限公司	苏惠新	电子信息
秦皇岛市三信建岳混凝土有限公司	张雨田	新材料
秦皇岛市腾之鸿科技开发有限公司	任金雪	电子信息
秦皇岛市必应商贸有限公司	郜　雪	电子信息
秦皇岛靖扬商贸有限公司	于　飞	电子信息
秦皇岛莲庆商贸有限公司	韩　庆	电子信息
秦皇岛嘉通康联科技有限公司	刘艳丽	电子信息
秦皇岛坦途网络科技有限公司	李增顺	电子信息
河北金世纪建设有限公司秦皇岛分公司	李继雪	新材料
秦皇岛思诺科技有限公司	钱存有	电子信息
河北忠诚捷泰工程咨询有限公司	陈　君	服务业
秦皇岛康添商贸有限公司	董香华	新材料
秦皇岛坤赢贸易有限公司	张志海	新材料
秦皇岛麦芒科技有限公司	李　阳	电子信息
秦皇岛长运贸易有限公司	曹明卓	电子信息
秦皇岛市洪林混凝土搅拌有限公司	周洪波	新材料
水木润泽旅游开发秦皇岛有限公司	孙艳丽	电子信息
秦皇岛华文环境艺术工程有限公司	王建红	节能环保
秦皇岛首钢机械厂	张咏梅	制造业
秦皇岛市博茂知识产权咨询服务有限公司	邵艳芬	服务业
秦皇岛远祥大农业开发有限公司	王华容	农业
秦皇岛极光农业开发有限公司	王会容	农业
秦皇岛鹏远程农业开发有限公司	赵媛媛	农业
秦皇岛邦耐维诺建材有限公司	邵文兵	新材料
秦皇岛高星外加剂有限公司	姜红霞	新材料
秦皇岛仙岛酿造有限公司	李淑丽	农业
秦皇岛龙风化工涂料有限公司	赵少华	新材料
秦皇岛市晓微科技有限公司	王治鑫	电子信息
秦皇岛市秦星冶金设备有限公司	刘玉超	制造业
秦皇岛日泰建筑安装工程有限公司	郑乐勇	新材料
秦皇岛市东新科技有限公司	曾　丽	新材料
秦皇岛巨信科技开发有限公司	于佶泳	电子信息
秦皇岛洁奥环保科技有限公司	何　鹏	节能环保

注：小巨人企业：香海粮油（秦皇岛）工业有限公司、秦皇岛高鹏泡沫塑料有限公司、秦皇岛双轮环保科技有限公司、秦皇岛尼特智能科技有限公司、秦皇岛耀华玻璃钢股份公司、秦皇岛环亚设备股份有限公司、秦皇岛方圆玻璃包装有限公司、秦皇岛炫金塑料制品有限公司

2016 年：河北羿珩科技有限责任公司、秦皇岛博硕广电设备股份有限公司、秦皇岛奥森尔装具服装有限公司、秦皇岛市清青环保设备有限公司

【防震科普】 落实《海港区地震应急预案》，争取中央补助地方专项资金 100 万元，建设完成海港区地震应急救援培训中心，设防震减灾知识宣教厅、图文展示厅、抗震救灾物资展示厅、地震模拟体验厅等 4 个展厅。培训中心的建立，对在全区普及震害防御知识、提高全区各级震

时应急指挥水平和协调联动救援能力起到推动作用。9月，全面承接市科技局（地震局）下放权力事项工作。包括《地震应急预案备案》的行政监管工作、建设工程地震安全性结果审定及抗震设防要求确定事项。根据市政务服务中心建设项目联合指导通知单要求，对10家项目单位进行实地踏勘，正在审批的项目有4件，已经审批完成的项目共5件。为提高社会防震减灾意识，提高全民自救、互救能力，最大限度地减轻自然灾害的损失，联合燕山大街街道办事处在迎春里社区举行防震减灾知识讲座，内容包括地震知识、地震避险、地震自救及震后互救等，发放《地震知识手册》300份。对涉及震防科普工作的20个区直单位开展科普统计调查，完成全区震防科普统计工作。获全国县区防震减灾工作优秀单位称号。

（刘瑞峰）

卫生和计划生育

【概况】 海港区卫生和计划生育局有职工100人，管辖各级各类医疗机构838个。其中，二甲综合医院1个、疾病预防控制中心1个、妇幼保健站1个、计生服务站1个、社区卫生服务中心10个、社区卫生服务站79个、镇卫生院8个、村卫生室253个、个体诊所479个、医务室5个。全区人口自然增长率为6.12‰，低于6.5‰的责任目标。以深化卫生计生改革、提升群众满意度为主线，强化管理和服务，完善规章制度，培训卫生执法队伍，规范执法行为，提高执法能力和水平，围绕社会和群众关心的问题，以食品卫生、职业卫生、饮用水卫生、学校卫生、公共场所卫生、医疗执法监督等为重点，加大执法监督力度，保障人民健康权益，促进全区经济社会和谐发展，建设“健康海港”。

2016年海港区卫生事业情况一览表

表8-8

项　目	床位数（张）	人员数（人）	卫生技术人员数（人）
总　计	1071	3205	2605
海港医院	804	936	828
疾控中心	—	74	34
卫生执法监督所	—	62	34
妇幼保健站	—	33	21
西港路社区卫生服务中心	20	26	20
东环路社区卫生服务中心	30	33	27
燕山大街社区卫生服务中心	20	2	—
北环路社区卫生服务中心	30	31	19
海港镇卫生院	15	13	11
西港镇卫生院	15	13	11
东港镇卫生院	20	10	7
海阳镇中心卫生院	20	23	13
北港镇卫生院	20	10	6
石门寨镇中心卫生院	30	28	18
驻操营镇卫生院	25	21	14
杜庄镇卫生院	22	22	14
城市个体医疗机构	—	1503	1503
农村乡医（每个镇填写）	—	301	25
卫生和计划生育局机关	—	26	—
社区卫生服务管理中心	—	38	—

【新型农村合作医疗】 全区新型农村合作医疗参合15.03万人，参合率96%。其中，享受低保待遇的1576人，享受“五保”待遇的625人，参合率100%。筹资总额8418.14万元，其中，农民

个人缴费由110元提高到150元，农民个人筹资总额2221.84万元，民政代缴33.02万元，财政配套由380元提高到420元，各级财政配套资金6313.61万元。

8月11日，在海港区医疗保险管理中心加挂“海港区城乡居民基本医疗保险基金管理中心”牌子，新型农村合作医疗划归区人力资源和社会保障局管理。

【公共卫生服务均等化】 发放2015年度城乡基本公卫补助资金2749万元，做好2016年基本公卫补助资金预拨前期工作，推进杜庄镇、石门寨镇、驻操营镇村卫生室实施药品零差率销售，完成赤脚医生养老补助摸底工作，推选驻操营镇卫生院为省级“群众满意卫生院”。4月下旬，海港区代表秦皇岛市迎接省级2015年度基本公共卫生服务项目复核，建设大街中心慢性病管理工作、北环路中心预防接种工作得到省级复核组高度评价。

【医药卫生体制改革】 继续推进分级诊疗体系建设，开展海港区乡村百姓“健康大坝”工程，力推海港医院卫生资源向乡镇、农村延伸，海港医院派出专家及技术骨干639人次,免费授课39次，义诊医疗设备及耗材投入17.7万多元，惠及1.3万人。巩固完善基本药物制度，全区8家镇卫生院和4家社区卫生服务中心全部实施国家基本药物制度，实施网上采购，网采率达100%，及时进行回款支付。探索县级公立医院改革，3月16日，区政府正式委托市妇幼保健院管理海港医院，开启海港区县级公立医院改革发展的新阶段。探索开展医养结合工作，在天洋新城社区开展“新家庭”试点工作，指导军工医院与“老来福”老年公寓签订协议书,开通老年人就医“绿色通道”。

【卫生基础设施建设】 完成西港路国医堂项目建设，面积230平方米，进行中医特色装饰，采购熏衣机和煎药机，配备中医师4人，选派2名医务人员到天津中医院进行针灸培训，已开展针灸、艾灸、推拿、拔罐多项中医药适宜技术，中医药收入占门诊收入的63%。

【医政管理】 海港医院建立委员会管理制度，重新制定《秦皇岛市海港医院医疗质量安全核心制度执行落实情况督导检查工作方案（草案）》，加大病历环节质控和终末质控力度，共质控病历1.49万份，甲级率达97%。强化对一线医务人员的“三基三严”（“三基”即基本理论、基本知识、基本技能；“三严”即严肃的态度、严格的要求、严密的方法）训练和考核，提高医务人员的医疗技术水平和综合素质，年内共组织各类培训学习41场次。持续改进医疗质量。选派18名优秀护理人员到北京301医院、304医院，河北医科大学附属三院等地进修学习；选派20名优秀护理人员到北京大学口腔医院、北京大学第三医院等地培训学习；选派2名伤口、助产专科护士参加河北省护理协会培训。

【联合协作办医】 海港医院与天津医科大学眼科医院共同签署联合办医协作方案，建设天津医科大学眼科医院秦皇岛海港分院，打造冀东、辽西地区高品质眼科中心；与河北医科大学附属燕达医院共同签署技术合作协议，为院院合作深入推动奠定基础；与北京大学第一医院介入血管外科筹备合作协议，举办全市范围的介入方面业务推广活动。

【行业监管】 办理卫生计生许可3820件（其中，行政许可项2039项，公共场所卫生许可514件，医疗机构设置、变更及注销317件，卫生技术人员执业注册及变更544件，放射诊疗许可25件，再生育审批381项）。加强监管体系建设，配备执法记录仪和终端19台，组织业务学习及培训20次，开展从业人员集中培训1.9万多人次。专项整治效果显著，检查公共场所1003家次，立案处罚32家。检查医疗机构703家，立案处罚2家。进行饮用水检测240份，确保饮用水安全。配合区教育局等多部门关停黑园5所。处理违法生育案件6起，罚款25.3万元。

【疾病预防控制】 全区报告法定传染病3124例，其中，乙类1538例、丙类1586例，无传染病的暴发和流行。传染病防控稳步开展。对83名HIV感染者及病人进行随访，开展自愿咨询检测789

人，HIV抗体检测结果阳性5人；完成性病哨点监测800人，干预高危场所及外来务工人员9000人次。免疫规划工作成效明显。开展麻疹疑似病例监测及疫苗查漏补种工作，脊髓灰质炎疫苗查漏补种工作，共漏种1664人，补种1640人。对全区的二类疫苗进行专项检查，对发现的问题提出改进意见。一般性公共卫生事件处置。年内全区共处置疫情事件16起，流调疑似食物中毒人员171人，其中海关学校和自食海虹死亡事件已报国家一般公共卫生事件。

【妇幼保健】 全区产妇住院分娩率100%，产妇健康管理率89.56%，产后访视率89.47%，高危孕产妇住院分娩率100%，新生儿访视率85%，全年入托儿童1121人，再托儿童6001人；发放出生医学证明1.22万份，补发235份；免费婚前医学检查1970对。农村孕产妇住院分娩补助887人、26.61万元。

【民心工程】 组织开展送医送药义诊服务，开展义诊活动70次，服务群众9573人次，发放健康宣传资料6000多份，免费送医送药价值11.51万元；落实儿童口腔疾病综合干预项目，确定市军工医院、秦皇岛口腔医院和海港口腔医院作为窝沟封闭定点医院，为3200名适龄儿童免费实施窝沟封闭，完好率85%以上；组织军工医院为11.53名已婚育龄妇女进行免费的生殖健康检查，为1200对计划怀孕的夫妻进行免费孕前优生检查。开展爱国卫生工作。开展海港区无烟党政机关创建工作，发放相关宣传资料150多份；对城区重点地段投放鼠药13吨，鼠密度降低到0.69%。

【旅游旺季卫生工作】 制发《海港区卫计局2016年暑期医疗保障工作方案》，成立暑期医疗保障工作领导小组，加强门诊（急诊）值班，增加120急救门诊的人员配置，保障暑期医疗服务和应急救治工作开展。收治14名海蜇蜇伤患者，由于病情均较轻微，很快治愈出院；实行24小时网络疫情监测，加强手足口病防控，指导基层医疗机构开展传染病防控应急演练；对全区131家托幼园所和18家基层医疗机构下发消毒液、泡腾片等防控物资，全区防控工作有序进行；及时补充储备库应急物资，保障用之所需；定期对辖区内4家餐饮具集中消毒单位进行监督检查。对各医疗单位三级网防人员开展培训，接收肠道病人331人，检索病人231人，确保暑期肠道门诊开诊。

【流动人口管理与服务】 推进流动人口管理和服务均等化工作，在全市率先对居住1～6个月的流动人口进行健康建档，免费体检3348人，流动人口建档率85.5%。开展流动人口卫生计生关怀关爱活动，为流动人口家庭提供免费健康检查服务1400多人；对贫困家庭开展送温暖活动，走访慰问50人次，发放慰问品价值8000元。组织开展流动人口卫生计生动态监测调查，深化跨区域管理协作，加强与流动人口户籍地的协查反馈。

【性别比治理】 将性别比综合治理工作列入区委、区政府“两办”督察的重点内容，组织力量联合查处“两非”案件2例，确保出生人口性别比趋于正常。制定《海港区“十三五”期间“关爱女孩行动”暨综合治理性别比偏高问题的工作实施方案》，开展主题为“助你起航”“金秋助学”关爱女孩主题活动，为56名品学兼优贫困女孩发放助学金4万元。对36名孕妇进行妊娠14周以上胎儿有畸形缺陷需要终止妊娠手术审批。

【计生利益导向】 为新增奖扶人员2479人、特扶人员155人发放资金245.25万元；为81户计生特殊家庭发放一次性救助金97.9万元；为2009年（含2009年）以前下岗买断退休职工518人和2016年财政拨款的92名退休人员发放独生子女父母奖励金183万元；制发《海港区对计划生育特殊困难家庭扶助工作实施细则》，指导全区334名特扶人员与人民医院、海港医院等15家医院签署“医疗授权书”，为889名特扶人员建立“一户一档”个案资料，建立逐级帮扶机制。

【实施全面二孩政策】 在节假日期间，组织开展集中宣传活动60多场，在市级以上主流媒体发表宣传计划生育稿件32篇，编印政策汇编、组织大型面对基层计生干部的业务培训20次，使新政策知晓率和指导率明显提高。1月1日起，全区各镇、街网上办事大厅全部投入使用，方便群众办事。截至计生考核年度，办理一胎登记3308人次，再生育审批381件，独生子女光荣证新办301本，补办1720本，中考加分286人，高考加分209人。

【计生协会建设】 加强基层建设。全区合格协会达90%以上，先进协会达40%以上，优秀会员之家达40%以上。有志愿者1.5万多人。深化群众自治。探索建立“四议三审两公开一监督”(“四议”即涉及村发展和村民切身利益的重大事项，要经村党支部会提议、“两委”会商议、党员大会审议后，提交村民会议或村民代表会议讨论作出决定；“三审”即决策前预审，决策后审核，全过程审计；“两公开”即实行村级重大事务决议内容公开和实施结果公开；“一监督”即村重大事项的决议和决议实施全过程要自觉接受党员、村民的监督）的群众自治模式，促进村级计生工作的落实。

【基层卫生院】 海港区政府管理的基层卫生院共8家，包括海阳镇中心卫生院、北港镇卫生院、西港镇卫生院、海港镇卫生院、东港镇卫生院、石门寨镇中心卫生院、驻操营镇卫生院、杜庄镇卫生院，达到乡镇医疗机构全覆盖。8家镇卫生院全部实施国家基本药物制度，实施网上采购，网采率达100%。完善基层医疗服务模式，扩大区级医院医生与基层医疗卫生机构的医务人员组成团队签约服务模式；强化上级医院与乡镇卫生院对口支援、双向转诊、上下联动工作机制。“以网络互通、数据集中、信息服务共享”为目标，推进基层医疗卫生机构管理信息系统建设，实现诊疗信息共享，为分级诊疗、医疗协同提供条件，实现“大病在医院，小病在社区”规范模式，使全区医疗卫生资源发挥最大作用。

【海港医院】 秦皇岛市海港医院是海港区唯一一家二级甲等综合医院，年服务门诊患者48万多人，住院患者1.9万多人。3月16日，区政府正式委托秦皇岛市妇幼保健院管理海港医院，开启海港医院发展的新阶段。成立“基建改造项目委员会”“招标采购委员会”“行勤管理委员会”，使各项工作更加公开透明、公平公正。召开海港医院首届员工论坛，促进全院每位职工参与医院管理。始终将“人才强院”作为医院发展战略的根本，在医疗科研实践中加快培养年轻的学科带头人，引进中医内科学博士1人，弥补医院医学博士空白。通过政府贴息贷款方式，申请贷款9000万元，用于改善医疗环境及硬件设施建设。坚持科技兴院的方针，高起点、高科技装备科室，先后引进64排128层螺旋CT机、1.5T超导型核磁共振机、肿瘤放疗瓦里安直线加速器等300多台件大中型先进医疗仪器设备，并配备11间层流净化手术室，8张层流ICU室，提高医院的综合诊疗能力。坚持“院有重点、科有特色、人有专长”的学科发展方向，把人才培养、学科建设、振兴科技放在优先发展的重要地位，全面提高医院的综合实力。肿瘤科和口腔科均为市级“医学重点发展学科”。多种诊疗技术在全市处于较高水平，有的已达到国内、省内先进水平。有139项科研成果获省、市科技进步奖。

（崔　涛）

文化艺术事业

【概况】 以迎接国家对公共文化服务体系示范区建设复检工作为抓手，深入实施“文化铸市”战略和全民健身工程，实现全区公共文化事业跨越发展，打造体育名城;强化市场监管，搞好综治维稳工作；以党风廉政建设和文明机关创建为基础，抓班子、带队伍，搞好机关建设，圆满完成各项工作任务。

2016年文化事业基本情况一览表

表8–9

	单位	2016年
电影院	个	5
工作人员	人	121
文化馆	个	35
工作人员	人	12
举办展览会次数	次	70
组织文艺活动	次	1700
举办训练	期	18
文化站	个	20
其中：镇（园区）办文化站	个	10
街办文化站	个	10

【公共文化事业】 以国家公共文化服务体系示范区创建复检工作为载体，做好巩固成果、查漏补缺、提档升级、搞好配套、拓展创新等5个方面工作，构建完备的公共文化服务体系。制定中长期发展规划，全区公共文化服务体系建设得到充分的制度保证。形成“两馆一站”（文化馆、图书馆，镇街综合文化站）覆盖城乡的公共文化服务体系。“两馆”活动丰富，文化馆全年谋划组织舞蹈培训、舞蹈比赛、文化知识讲座等馆内馆外活动300多场。区图书馆藏书12万册，依托区图书馆建成7个图书分馆，满足全区人民群众阅读需求。全年“两馆”接待居民群众十多万人次。各镇街综合文化站利用图书阅览室、多功能厅、室外健身场所等文化设施，开展丰富多彩的文体活动，坚持按制度实施开放，每周开放时间不少于42小时。全年为文化馆，镇、街综合文化站配发免费开放资金110万元。为全区113个村配送图书，每个村平均配送116册。公共文化基础设施建设得到完善，通过整合、新建等方式对不达标的综合文化站进行提档升级。石门寨镇、海港镇新建综合文化站已投入使用。申请上级补贴资金43万元，完成北港镇木砟峪村、海阳镇郭高庄村、东港镇龙家营村文体广场建设。公共文化供给形成品牌带动、面向群众、全民参与的良好局面。打造全区特有的节庆文化、假日文化工程、彩色周末、望海祈福旅游文化节等区域特色品牌，发挥品牌示范效应，带动文化活动普及。举办2016年海港区春节联欢会、农家春晚、春节花会展演等节庆活动，组织的京剧票友月演、交响乐季演、广场（民族）舞大赛、合唱展示交流、第三届原创歌曲大赛等文化项目成为全区品牌性文化活动。彩色周末、沙滩音乐季演出40场。开展“百姓大舞台”走基层活动14场。为纪念长征胜利80周年，组织长征记忆群众诗词咏诵会。

【文化遗产保护】 申报板厂峪石筒峡亿年火山口遗址、板厂峪灵仙洞古化石遗址、海员俱乐部旧址、锅伙等10个单位为第六批省级文物保护单位。全区有国家级文物保护单位13个；省级文物保护单位12个。推进董家口城堡、大毛山城堡、义院口长城、板厂峪窑址群遗址等国家级、省级重点文物保护单位安防、消防、防雷设计安装工作。挖掘和传承优秀历史文化，新增锯瓷技艺、齐冰剪纸技艺、吴氏太极拳等非遗项目10个，丰富海港区非遗项目种类。全区有省级非遗项目2个，市级非遗项目17个，区级非遗项目8个。与河北科技师范大学合作，举办为期3天的海港区非遗精品展、“秦风雅韵、秋月匠心”和全国社区剪纸大赛活动，汇聚全区众多优秀的非遗项目，全方位展示海港区浓厚的历史文化、和谐的民俗风貌，传承海港区历史文脉。

2016年秦皇岛市海港区文物单位情况一览表

表8-10

文物名称	级　别	公布时间	位　置
板厂峪砖窑群遗址	国家级	2013.5.3	驻操营镇板厂峪村北
九门口点将台	国家级	1996.11.20	驻操营镇九门口村
港口近代建筑群—开滦矿务局秦皇岛电厂	国家级	2013.5.3	海港区东环路
港口近代建筑群—津榆铁路基址	国家级	2013.5.3	海港区迎宾路
港口近代建筑群—大码头	国家级	2013.5.3	海港区港务局内
港口近代建筑群—南山信号台	国家级	2013.5.3	海港区港务局南山山崖
港口近代建筑群—开平矿务局秦皇岛经理处办公楼	国家级	2013.5.3	海港区港务局院内
港口近代建筑群—秦皇岛开滦矿务局车务处	国家级	2013.5.3	海港区港务局机厂院内
港口近代建筑群—开滦矿务局办公楼	国家级	2013.5.3	海港区港务局外轮理货公司
港口近代建筑群—南山特等一号房	国家级	2013.5.3	海港区港务局内
港口近代建筑群—秦皇岛开滦矿务局高级员司俱乐部	国家级	2013.5.3	海港区南山街13号

续表 8-10

文物名称	级　别	公布时间	位　置
耀华玻璃厂旧址	国家级	2013.5.3	海港区
万里长城	国家级	2001.6.25	驻操营镇、石门寨镇
板厂峪塔	省级	1982.7.23	驻操营镇板厂峪村
白云山庆福寺遗址	省级	2008.12.23	驻操营镇温庄村
傍水崖古战场碑刻	省级	1993.7.15	石门寨镇北未庄村北 1 千米
北朝长城（三段）	省级	1987.6.16	石门寨镇、北港镇、板厂峪
港口近代建筑群—开滦路老街	省级	2008.12.23	海港区开滦路
港口近代建筑群—南山饭店	省级	2008.12.23	海港区港务局南山街
港口近代建筑群—秦皇岛开滦矿务局外籍高级员司特等房	省级	2008.12.23	海港区光明路
港口近代建筑群—南栈房	省级	2008.12.23	海港区港务局一货区仓库
港口近代建筑群—老船坞	省级	2008.12.23	海港区港务局南山
港口近代建筑群—老港站磅房	省级	2008.12.23	海港区港务局机厂院内
港口近代建筑群—南山高级引水员住房	省级	2008.12.23	海港区港务局南山
港口近代建筑群—秦皇岛开滦矿务局高级员司特等房（4 处）	省级	2008.12.23	海港区海滨路 16 号、27 号、求仙入海处东侧、西侧
长城古桥遗址	市级	2012.6.22	驻操营镇西沟村东北 2 千米山谷中
宗峰寿塔	市级	2012.6.22	石门寨镇柳观峪村
长城煤矿旧址	市级	2012.6.22	石门寨镇上庄坨村
中国煤炭工人学校	市级	2012.6.22	石门寨镇上庄坨
菩萨寺	县区级	2007.8.15	驻操营镇板厂峪村北 2.5 千米
临渝县委遗址	县区级	2007.8.15	驻操营镇板厂峪村北劳动沟北山上
青龙寺遗址	县区级	2007.8.15	驻操营镇板厂峪村北 2 千米
双泉寺	县区级	2007.8.15	驻操营镇大道岭村东 300 米
游击将军阮宁方墓	县区级	2007.8.15	驻操营镇东部落村东南 500 米处
天然寺遗址	县区级	2007.8.15	驻操营镇板厂峪村东 50 米
姑子庵遗址	县区级	2007.8.15	驻操营镇城子峪村东 50 米
石门寨城墙及西城门	县区级	2007.8.15	石门寨镇
双龙禅院遗址	县区级	2007.8.15	石门寨镇柳观峪村西北 3 千米山谷中
侯教谕家墓	县区级	2007.8.15	石门寨镇石岭村西 30 米丘陵上
汤泉寺遗址	县区级	2007.8.15	杜庄镇老 408 院内
太子坟	县区级	2007.8.15	石门寨镇下花野村东 100 米山谷中
三等房、四等房	未定级		海港区光明路
老天桥道口	未定级		海港区
闯王洞	未定级		北港镇
九龙口洞	未定级		驻操营镇甘城子村
娘娘庙遗址	未定级		
莲花洞人类遗址	未定级		石门寨镇柳观峪村
高家大院	未定级		石门寨镇沙河寨村 391 号
五峰山水音寺遗址	未定级		石门寨镇孤石峪村
板厂峪灵仙洞古化石遗址	未定级		驻操营镇板厂峪村景区售票口前 500 米
板厂峪石简峡亿年火山口遗址	未定级		驻操营镇板厂峪村
开滦广场及主席台	未定级		海港区三角花园

2016 年秦皇岛市海港区非物质文化遗产项目一览表

表 8-11

项目名称	级别	传承人
民间文学		
秦始皇东渡求仙传说	省级	王再林
古代诗文美读	区级	
传统音乐		
张家班唢呐	市级	戴振武
杨家班唢呐	市级	常玉华
传统美术		
木刻粘帖版画	市级	刘文菁
周氏剪纸	区级	周瑞珍
高氏纸刻画	区级	高明洁
德庆堂沙土画	市级	王爱民
周德荣剪纸制作技艺	区级	周林萍
魏氏烙画	市级	魏　昆
敬氏烙画	区级	
树叶粘帖画	区级	
酒葫芦烙画	区级	
葫芦雕刻画	区级	杨洪军
铜版画	区级	倪　伟
传统舞蹈		
海港区小刚地秧歌	区级	赵永刚
杨氏秧歌	区级	
霸王鞭	区级	
传统技艺		
老二位饺子制作技艺	省级	牛育民
海阳白腐乳制作技艺	市级	刘恩和
海阳焖子制作技艺	市级	张宝军
北港镇椁栎叶饼制作技艺	区级	张宝军
陈氏花生米制作技艺	市级	王　强
传统扎染、蜡染制作技艺	区级	李　洁
鲁班锁制作技艺	市级	张兴久
古法琉璃制作技艺	省级	张晓娟
手工蚕丝绣制作技艺	市级	杨春秀
吴尔哈拉氏荤锅	市级	张　辉
海港区锔瓷技艺	区级	吴太浩
齐兵剪纸技艺	区级	
传统制刀技艺	区级	胡晓涛
张氏古瓷无痕修复技艺	区级	
宋氏根雕	区级	王丽岩
古法锔瓷技艺	区级	何　凯
传统木刻字技艺	区级	
古法皮制雕刻技艺	区级	张　锐
古法烟锅制作技艺	区级	刘　庆
传统玉石手雕技艺	区级	李小东
韩氏大漆制作技艺	区级	韩洪波
王氏纯银手作技艺	区级	王毅超
孙老大酒传统酿制技艺	区级	孙继旺
裴氏面塑制作技艺	区级	
王氏剪影技艺	区级	王　峰
传统体育、游艺与杂技		
古彩戏法	区级	李学文
通背太祖苗刀	区级	吴军生
六和梅花刀	区级	张焕生
吴氏太极拳	区级	
陈式太极拳	区级	
八级拳	区级	李玉发
混元太极拳	区级	曹　立
民俗		
传统婚礼花轿习俗	市级	魏玉峰
龙狮缘舞狮	区级	彭小龙

【文化市场管理】 完善文化市场监管机制，构建新型监管体系。简化审批流程，提供优质服务。开展“清源”“净网”“护苗”“秋风”和校园周边环境净化、扫黄打非、暑期文化市场专项保障等专项行动，检查各类场所 1500 多家次，开展专项整治行动 20 多项，受理群众举报 20 件。加大版权执法监管力度，打击侵权盗版行为。推进政府机关软件正版化工作，以 98 分的优异成绩通过省政府验收。开展“4·26 知识产权宣传周”等活动。集中清理网络中含有淫秽色情内容的音视频、动漫、图片和文字信息，集中打击非法报刊、非法报刊机构，深入整治违法违规编印传播的内部资料性出版物。

（王大鹏）

体育事业

【概况】 以增强人民体质、提升人民生活质量为目标，加快公共体育服务体系建设；开展丰富多彩的群众体育活动，推动全民健身运动；着眼打造体育名城，坚持普及与提高结合，把大众体育与品牌赛事结合，抓基层、打基础，实现群众体育与竞技体育的协调发展和相互促进。

2016 年海港区体育事业基本情况一览表

表 8-12

	单位	2016 年
教练员	人	10
全区举办运动竞赛次数	次	22
参加运动竞赛数	万人	2.14
传统项目布局学校数	个	—
其中：省传统项目学校	个	3
市传统项目学校	个	0
区传统项目学校	个	12
传统项目布局个数	个	—
其中：田径	个	1
篮球	个	1
乒乓球	个	7
国际象棋	个	1

【社会体育】 全区有全民健身中心 1 个、体育广场 20 个、体育场 108 个、篮球场 106 个、健身路径 330 套及其他健身场所 570 个，总面积 75.3 万平方米，核算人均拥有公共体育设施用地面积 0.73 平方米。全民健身活动丰富多彩。组织棋类、乒乓球、羽毛球、台球、广场舞大赛、趣味运动会、沙滩体育节、“三对三”篮球联赛、千人太极展演、体育彩色周末、雪上趣味运动会等 20 多项全民健身活动。以区全民健身中心为依托，组织羽毛球、乒乓球、气功、太极拳等各种培训和夏令营活动。连续七年承办秦皇岛市大众体育项目创纪录大赛，其中“跳绳、踢毽子、掰手腕”比赛，赛事知名度不断提升，丰富人民群众健康生活。

【体育品牌】 成功举办第十一届秦皇望海祈福文化旅游节“翔健文化杯”秦皇岛第五届龙舟大赛，参赛队伍 32 支、运动员 510 多人。提高龙舟运动竞技水平，打造海港区品牌体育赛事。承接 2016 秦皇岛国际马拉松赛海港区参赛组织工作和赛场周边环境布置，组织全区 900 名运动员参加迷你马拉松，受到市、区一致好评。成功协办“2016 重走海上丝绸之路（东线）”启航仪式。承办 2016 年全国青少年帆板锦标赛，全国 11 个省市 80 多名运动员参加比赛，得到国家体育总局水上运动中心领导和各参赛队的高度评价。

【体育基础设施建设】 列入 2016 年全区民心民生工程的区文体中心文体广场建设项目（10 站位健身路径和塑胶篮球场）建成并对外开放。通过整合社会资源方式，新建全民健身中心分中心 8 个。争取上级体育部门支持，村居安装健身路径 25 套、健身器材 10 套和室外乒乓球台 10 副。在创建全国文明城市工作中，投资 8.6 万元，对辖区内 100 多件健身器材进行维修更新。定期对村居晨、晚练点负责人进行培训指导。

（王大鹏）

镇　园区

ZHEN YUANQU

ZHEN YUANQU

海港镇

【概况】 2016年，海港镇辖16个村（居）。其中，城市居民区15个，农业村1个。总面积15平方千米，耕地面积62.47公顷。总户数5523户，总人口1.18万人。全年实现经济总收入22.68亿元，利润6270万元，税金3246万元，增加值5.4亿元。全年固定资产投资8.2亿元，完成目标任务的48.23%；实际利用内资7.2亿元，完成目标任务的120%。

【党建工作】 全镇有基层党组织39个，党员1124人，年内发展新党员5人，按期转正党员32人。实施“两学一做”学习教育，组织开展“亮身份、学标兵、作表率”和“机关作风整顿”等专项活动，召开“两学一做”学习教育动员部署暨专题辅导培训会，党委书记兰鹏作动员讲话，区委党校教师李春玲作专题讲座，创新班子成员领学、股级干部导学、草根宣讲员讲学的学习方式；组织机关全体党员瞻仰革命烈士纪念碑、参观花场峪抗日战争纪念馆、重温入党誓词，进行爱党、爱国教育。全年组织专题集中学习12次，专题讨论3次，发放党徽800多枚，制作宣传条幅16条、展牌20个，评选出“党员示范岗”6个。挂牌办公、亮明身份，接受群众监督。严格落实“一岗双责”制度和“书记抓全面、班子成员各负其责、纪检部门组织协调”的工作机制，将党风廉政建设、安监查办、行业纠风、效能监察、廉政风险防范等重点任务进行细化分解，责任到人。认真执行“2+2”例会制度，组织召开党风廉政建设专题会议5次，听取纪委案件办理等专项工作汇报2次，开展专题教育5场，发放学习资料300多份，受教育人数达400多人次。健全案件查办机制，完成区纪委信访专版初核案件2件，在查案件1件，党纪处分1人，诫勉谈话1人，党风廉政监督室转办核实案件3件。开展“一问责八清理”专项行动，自查上报问题线索17条，约谈村（居）书记7人次。

【党委换届】 做好党委换届工作。《镇党委关于换届改选工作的请示》经区委批复同意后，及时召开党委会议，认真总结此届党委工作；成立由镇党委书记任组长的换届工作领导小组，加强对换届工作的领导和统筹。领导小组细致安排，超前谋划，确保党委换届有序开展。具体工作中，调查“摸”底先行，掌握党员情况。组织专人对全镇的所有党员逐一进行摸排，确定好党员基数，为换届工作奠定基础。召开支部书记会议，布置换届改造工作；召开党员大会，组织学习民主集中制、党员权利和义务等。严格落实“四必谈”内容，采取单独谈话与集体谈话结合的方式，组织开展专题谈心谈话。镇党委书记与13名党政班子成员、51名村“两委”班子成员、12名参与换届的工作人员和17名镇党委管理的其他重点岗位干部进行谈心谈话。教育培训先行，严格纪律要求。通过张贴换届纪律宣传资料、印制下发严肃换届纪律《提醒函》《承诺书》《知识测试试卷》、设置换届问题举报箱等方法，强化换届纪律意识。8月19日，组织镇机关全体党员干部观看《镜鉴》电教片，引导大家严格遵守换届纪律。8月25日，组织镇党政班子成员学习《严肃换届纪律文件选编》，增强党员干部严守换届纪律的责任意识。10月17日，组织召开换届纪律警示教育培训大会，就如何开展好换届风气监督工作做出重要部署。谋划关键先行，严格换届程序。严格按照换届流程，结合镇情实际，明确时间节点，抓好关键节点和步骤，确保镇换届选举工作顺利完成。选举冯立志为党委书记，王立斌、马轩岐为党委副书记，龙宝亮、张宇、卞宁、刘颖、焦玉庆、王文龙为党委委员。

【镇域经济】 深化“靠城兴镇”发展战略内涵，发挥“城中镇”地理位置优势，整合稀缺土地资源，大力发展商贸服务业等新兴立镇产业，积极落实奖励政策，多方培植招商中介人队伍，营造大招商环境。招商引资中实施千万元以上的项目有5个，其中续建项目2个，分别是总投资8.6亿元，建筑面积30.5万平方米的紫金嘉府C1区项目；总投资5.9亿元，占地面积6万平方米，建筑面积21.5万平方米的星光大道项目。新开工项目3个，分别是总投资1700万美元的全市重点项目美铝熔铸生产线；总投资5000万元，占地面积4770平方米，建筑面积9709平方米的雨田大厦项目；总投资6亿元，建筑面积16万平方米的铁路职工经济适用房项目。

【城镇建设】 李姓安庄村、东李庄村及火车站片区（范家店村、土台子村）旧村改造是全镇旧村改造工作的重点。李姓安庄村村址拆迁2011年启动，2012年因故停滞。镇党委、政府积极协调中冶天津总部，先后派驻两批工作组，推进拆迁重新启动，经过不懈努力，拆迁工作有新的进展，顺利完成60多户的征收任务。东李庄村村址拆迁作为全市首个政府征收项目，是全区首个货币资金的发放单位。完成6个宅基地1840.21平方米的征收工作，补偿金额803.27万元，置换房屋4套、407平方米；完成实物转货币协议309份，转换金额1.41亿元，转换房屋395套，转换面积3.51万平方米。范家店村和土台子村旧村改造工作，由区政府牵头成立火车站周边片区拆改项目推进领导小组，制定《火车站周边片区拆改项目推进工作方案》，落实征收启动资金、办公场所、办公用品购置及办公设备调试等前期准备工作，完成465户的征收前期摸底丈量及制图工作，丈量摸底结果已组卷完成。“双违”整治工作按照“先难后易”的原则开展整治行动，以查处和整治重点典型为“突破口”。拆除违法用地1处，面积1267平方米；拆除违法建筑37处，面积13.23万平方米。集中整治辖区内4条主要河段，清理河道4600延长米，设立警示标志12处，出动铲车170台次，累计清除垃圾7500多立方米，拆除旱厕4座，封堵排污口19个，关闭直排养殖场和迁移沿岸小作坊14家。

【社会事业】 完善政务服务功能。加快落实三级政务服务体系建设，镇党委、政府在平台建设、制度管理、代办服务、政务公开等方面下足功夫，坚持按照“四个一”标准严格要求，始终以“四个不让”作为服务准则，对服务群众做到“五个满意”，取得良好的工作成效。年内镇政务服务中心（含中心窗口和村居便民服务中心）受（办）理各类行政审批服务事项735件，接待居民1.11万人次。开展医疗救助16人次，共计6.39万元，累计发放各类定期定量补助金60多万元。累计登记企业下岗失业人员196人次，办理就业困难认定36人次，办理城乡居民养老保险706人次，办理小额贷款2人，转移劳动力15人，办理企业退休人员资格认证3491人次，采集企业退休人员基础信息156人。落实独生子女父母奖励29.59万元，开展出生缺陷干预和免费生殖健康筛查4300人次。新出生人口101人，人口出生率5.1‰，办理一胎登记卡138个，二胎生育证39个。

【综治维稳】 采取强化班子成员包案责任、加大排查稳控力度、积极争取上级支持、做好信访人感情联络等有效举措，千方百计维护信访稳定。全年接待群众访66件次（其中重访40件），完成上级交办件8件，出具信访事项答复42件，召开座谈会5次，党政领导约访、下访25件次，群众上访接待率100%，上访结案率98%，实现重大节日、敏感时期非正常访“零纪录”。健全调解机制、加强平安队伍建设、完善社区矫正功能、深抓安全防范和建立一村一法律顾问等措施，有效维护辖区平安。全年调解矛盾纠纷142起，成功率92%；开展帮教活动9次，集中劳动学习6次，心理辅导2次，受教育人数达430人次，开展法律宣传活动4次，发放宣传资料1200多册，新接手矫正人员16人，解教14人，在矫94人，社区服刑人员无再犯罪。扎实开展“安全生产月”活动，全面落实“一岗双责”责任，建立健全15项安全生产工作制度，确保辖区企业全年无安全生产事故。全年检查企业61家，发现和整改隐患31处，开展集中培训3场，宣传活动2次，组织安全应急演练2场，制作展牌120多幅。检查食品企业安全160家，发现隐患10处，出动人员60人次，整改率100%。实现辖区安全生产和食品安全零事故。

【精神文明建设】 完善“善行讲习所”“周末课堂”“草根宣讲团”“万人大宣讲”等平台建设，利用“海港一家人”博客、“今日海港镇”微信公众号等互联网载体，宣传党的政策、传播党的声音。全年上报工作信息547篇，长信12篇。被省级以上媒体刊发通讯4篇，市级媒体刊发45

篇，区级媒体刊发32篇，专版1篇。改建图书馆、电子阅览室、非遗传习所等多个活动场所在内的公共文化服务中心，总面积600多平方米。组建各类群众爱好者队伍13支，有队员500多人。举办演出40场，新编节目15个，新改编的抗战题材评剧《宝儿岭》作为庆祝建党95周年献礼节目，登上彩色周末的舞台。春节期间，举办“廉政游园会”“新春故事会”“文化年货”等活动受到广大群众的欢迎。开展“创城”活动。镇党委、政府高度重视“创建省级文明城区暨全国文明城市”工作，专门成立由镇党委书记任组长的“创城”工作领导小组，多次召开专题会议研究部署相关工作，为“创城”工作提供坚强有力的组织保障。大力宣传社会主义核心价值观、文明新风等公益内容，发挥典型引领带动作用，注重培植典型人物，评选出“七星级”以上文明户4859户，其中“十星级”文明户809户；评出区级文明村干部、文明职工30多人。23年致力基层文化事业发展的文化站长陈金龙被评选为第六届“感动港城”平民偶像，瑞通发展有限公司还被评为市级学雷锋示范点。开展“最美海港人”365百姓故事汇大型集中宣讲活动，现场对10名具有代表性的先进典型进行宣讲，收到良好效果。充分发挥志愿者服务队伍作用，在建好科普志愿者、公务员志愿者、巾帼志愿者、青年志愿者4支志愿者队伍的基础上，将有劳动能力和一技之长的低保户人员组建成志愿者队伍。全镇志愿者队伍发展到1276人，年内开展义诊、义务劳动等志愿者服务活动4次。

【村（居）简介】 东李庄村　总户数940户，总人口2660人，耕地面积62.47公顷。

西盐务居民区　总户数642户，总人口1108人。

邵岭居民区　总户数110户，总人口220人。

东盐务居民区　总户数600户，总人口1765人。

前马坊居民区　总户数258户，总人口364人。

东王岭居民区　总户数615户，总人口1476人。

南李庄居民区　总户数73户，总人口82人。

兴隆村居民区　总户数68户，总人口76人。

百姓王庄居民区　总户数247户，总人口284人。

网匠庄居民区　总户数140户，总人口181人。

张庄居民区　总户数81户，总人口95人。

安子寺居民区　总户数147户，总人口167人。

李姓安庄居民区　总户数527户，总人口1035人。

邹吕庄居民区　总户数176户，总人口407人。

土台子居民区　总户数237户，总人口534人。

范家店居民区　总户数662户，总人口1339人。

【领导班子主要负责人】

党委书记：兰　鹏

镇　　长：王立彬

人大主席：温长池

（田　燕）

东港镇

【概况】 东港镇辖12个行政村，总面积16.8平方千米，耕地面积517.07公顷，总户数5599户，总人口1.54万人，是秦皇岛城市发展规划中的临港工业区和现代物流发展区。2016年，完成全社会固定资产投资11.9亿元，千万元重点项目投资完成11.9亿元，引进内资完成5.1亿元，超额完成全年任务指标。

【党建工作】 镇党委带头紧扣管党责任，不断强化镇党委班子的主业主责意识，严格落实镇党委书记抓党建工作责任清单，建立“一岗双责”领导体制。明确党建工作分工，建立党建工作联系制度，每名班子成员联系1个基层党支部，落实管党责任。制定《村班子年度实绩考核办法》，逐年提高村干部待遇，倡导“实干有为”的精神，营造“落实达效”的氛围。严格实行党员分类写实管理制度，严格党员干部学习教育的管理，把政策理论学习列入党委会议第一项内容。实行重点加强远程教育站点建设，全镇所有村实现电教标准化。实施“强村带弱村”工程，努力使后进村变成先进村。活化载体聚合力。结合“两学一做”学习教育，在党员干部中广泛开展“知村情、体民忧、问民计、解民需—包村联心”“支部冲在前、党员当先锋—常态化义务服务日活动”

等实践活动，使每个党支部都成为“一面旗帜、一盏明灯”，使每个党员都成为“一个标杆、一根脊梁”。在全镇培树推广西向河寨村服务群众“110”、孙庄村“红色义工”网格化品牌。累计投入资金60多万元，重点打造“沿海示范村”“沿路示范村”。建立“村党支部书记抓党建责任清单”和“村干部言行负面清单”，给“村官”定责任、立规矩，划清“应为”“不为”界限。为各村订制39项“农村小微权利清单”，严格办事程序，全程监督防控，打通服务“盲区”。

【镇域经济】 实施推进重点项目21项，其中，续建项目4项，新开工项目8项，在谈项目9项。投资亿元的秦皇岛精神卫生中心项目主体建设已完工；秦皇岛渤海船务工程有限公司渔业船舶修造基地项目已竣工投入运营；由河北晨砻科技有限公司投资7438万元建设的海水淡化项目，主设备间建筑主体已完工，蒸发器、储水罐已安装，厂内配套工程基本完工；由秦皇岛中昊物流有限公司投资7500万元建设的中昊物流项目，6号仓、7号仓基本完工，正进行扫尾；6号汽轮机组功热汽轮机改造工程项目由秦皇岛秦热发电有限责任公司投资4185万元建设，增设2台用于发电的6000千瓦多级功热汽轮机组和2台用于驱动热网循环水泵的2200千瓦的功热汽轮机组，主体已竣工，进入设备调试阶段；150航道项目由河港集团投资17.2亿元，已开工建设，正进行航道挖掘，已挖泥60万立方米，完成投资5317万元。

【城镇建设】 完成466.67公顷农村土地承包经营权确权测绘工作，累计投资145万元，修砌蓄水池、塘坝等农田水利设施；完成龙家营村、孙庄村、徐庄村的人饮工程，受益群众2500人。完成百亩造林计划，绿化面积13.33多公顷。累计投资1000多万元，对南五村、中七村两大片区主要道路、近岸海域和养殖小区进行连片集中整治。清理建筑、生活垃圾2万多立方米，摸排排污口32个，取缔排污单位7家，查处储煤场10个、取缔2家。摸排10吨以下燃煤锅炉25家，推广使用洁净型煤482吨，炉具629个。设置垃圾集运点18处，配备村级垃圾车9辆、垃圾桶9826个。完成黄南村、黄北村、孙庄村双瓮式厕所改造706个，全镇人居环境明显改善。开展“四清四化”，全面治理污染，建有地坑垃圾收集站18个，垃圾池、箱、桶共380个，全镇的农村垃圾处理采用集中收集模式，采取定期与不定期检查有机结合，对各村垃圾治理的开展情况进行专项考核。完成百亩造林计划，实施环村绿化工程，绿化面积13.33公顷。打造卸粮口村、孙庄村农村面貌改造提升亮点村，美丽乡村建设显现成效，人居环境明显改善。

【园区建设】 园区路网体系建设基本完成，港城大街东延伸线、龙港路、进站路、秦二路、东榆路等多条道路建设顺利完工，园区主通道及贯穿园区南北的主要交通干道基本具备通车条件。基础配套设施逐渐完善，华北电网公司出资2.2亿元建设的20万伏室内变电站项目已投入使用，新上1250千伏安箱变已整体完工。自来水、天然气管道等已实质性延伸至园区，具备连接条件。园区入驻企业115家，其中规模以上企业3家，主要为机械制造业、非金属矿物质制造业、交通运输仓储业、交通运输设备制造业和纺织业等，机械制造业所占比重较大，为整个行业的40%。

【西港搬迁】 “西港搬迁”腹地腾挪初见成效。完成244户渔铺、9个场院的清点及评估工作。完成西港搬迁16.66公顷新增建设用地指标落地及富家营村、徐庄村旧村改造片区10公顷新增指标落地。累计完成南四村旧改土地征转面积142.53公顷，中五村旧改土地征转面积4.67公顷，徐庄村、富家营村旧改土地征转面积42.33公顷。积极对接西港搬迁工作，成立东港镇西港搬迁改造工作领导小组，组织专门人员对卸粮口渔港进行清点，完成200多间渔铺的清点及评估工作，6月对清点评估结果进行首轮公示。南四村旧改项目前期入户摸底、拆迁安置成本测算、村址内外面积为152.13公顷的土地转用等工作均已完成。依据规划，对南四村旧改重新调规，上报申请规划设计条件。富家营村、徐庄村联合旧改项目，依法定程序已完成房屋征收补偿方案制定、面积为44.67公顷土地转用及村址内外房屋征收工作，正办理环评审批和安置房建设法人招标手续。

【社会事业】 扩大社会保险覆盖面，农村养老保险、医疗保险参保人数逐年递增。全面落实最低生活保障制度，开展“阳光低保”行动。制定辖区移民重大疾病救助办法，对重大疾病移民进行救助，做好边缘群体的帮扶救助工作，累计帮扶居民50多人。落实计划生育利导政策，稳定人口生育水平。建成标准化农村卫生室7个，农村幸福院11处，参保人数逐年递增，医保参保率年均达99%以上。拨付资金1.1万元，对有重大疾病患者的6户移民进行帮扶救助。免费开展生殖健康服务1.24万人次，孕前优生健康检查174对次。

【综治维稳】 加强社会治安防控体系建设，深入开展“平安东港”创建活动，依法打击违法犯罪活动，试点运行智慧网格化管理，加大卸粮口村、西寨村技防安全设施配备，提高全镇电子监控覆盖率。发挥“六员联防”作用，完善三级网格化管理。改进社会矛盾治理方式，信访局面稳步向好。严格落实安全生产“党政同责，一岗双责”，对科瑞尔树脂、昊昌石化有限公司千世风商贸（氨冷库）、常永租赁站（氨冷库）等重点企业进行常态化摸排检查，加强对生产、建筑、交通、消防等领域的安全防范，严防安全生产事故发生。注重食品药品安全监管，完善三级网格化管理，发挥“六员联防”作用，强化执法检查，保证人民群众“舌尖上的安全”。改进社会治理方式，深入开展“三位一体”调解体系建设和“‘双六’工程”建设，加大对信访积案的解决力度，化解一大批矛盾纠纷和问题隐患，信访案件呈现出低增可控的良好态势。

【精神文明建设】 开展“浓浓粽香情，欢乐迎端午”“善行功德榜”“功德录”等系列善行行动。培树卸粮口村、西寨村村级群众文化示范基地。西寨村承办全市农家书屋管理示范现场会，西寨村被评为全国示范农家书屋，全省服务农民、服务基层文化建设先进集体，东港镇文化站被评为国家一级文化站。承办海港区第六届全民运动会乒乓球赛事，蝉联乒乓球比赛男子组第一的好成绩。

【村简介】 卸粮口村　总户数443户，总人口1348人，耕地面积15.9公顷。

王庄村　总户数594户，总人口1714人，耕地面积29.26公顷。

东向河寨村　总户数889户，总人口2388人，耕地面积63.73公顷。

西向河寨村　总户数684户，总人口1764人，耕地面积2.9公顷。

上营村　总户数469户，总人口1179人，耕地面积45.97公顷。

龙家营村　总户数242户，总人口649人，耕地面积37.1公顷。

孙庄村　总户数339户，总人口950人，耕地面积23.2公顷。

中心庄村　总户数271户，总人口736人，耕地面积5.59公顷。

黄南村　总户数402户，总人口1052人，耕地面积39.1公顷。

黄北村　总户数481户，总人口1251人，耕地面积31.47公顷。

徐庄村　总户数514户，总人口1503人，耕地面积55.7公顷。

富家营村　（已拆迁）总户数291户，总人口891人。

【领导班子主要负责人】

党委书记：王维民
镇　　长：张　鹏
人大主席：郭　文（6月免）
　　　　　费静波（8月任）

（纪　冉）

西港镇

【概况】 西港镇辖16个行政村。其中，城市村3个，农业村13个。总面积29平方千米，耕地面积800公顷，总户数8700户，总人口2.2万人。2016年，完成固定资产投资28.88亿元，为年任务的111%；引进内资6亿元，为年任务的100%；引进外资2000万美元，为年任务的100%。

【党建工作】 扎实开展“两学一做”专题教育活动，制订实施方案，抓好党员亮身份、党员家庭户挂牌工作，为每名党员购买《中国共产党章程》、党徽。采取自学、交流、集体学习结合的方法，学习中共中央总书记习近平系列讲话精神《中国共产党章程》21次，学习笔记1.2万字。发挥典型示范引领作用，在归提寨村打造党员教育示范基地，搭建党员党性教育的新平台，接待各类培训班学员参观20批，2000多人次。按照村书记抓党建“三张清单”要求，制定全镇村书记抓党建工作清单，严格落实“三会一课”、各项学习等制度。抓好村干部坐班制度，统一印制坐班值班日志，制定考勤制度，填报考勤表，加强对坐班村值班工作的督查。开展后进村转化工作，对偏坡村、小乐安寨村党支部委员进行补选。培树典型，宣传杨家琛先进事迹，发挥示范带动作用，激发党员干部创业干事激情。归提寨村党总支被省委授予“全省先进基层党组织”，被列为全市首批基层党建示范点。加强党风廉政建设，落实“两个责任”。落实“双征四议两公开”程序，制定《村级财务管理制度》，严格审批程序，杜绝村干部乱作为现象；利用党课、月末课堂载体，组织镇村党员干部学习《中国共产党廉洁自律准则》《中国共产党纪律处分条例》等法规，增强干部的勤政廉政意识；落实谈心提醒和“三项谈话”要求。对党员干部苗头性倾向性问题，做到早发现、早提醒、早教育、早纠正；在重要时间节点，强化监督执纪问责，严格纠正“四风”，重申“八条禁令”，开展监督检查；拓宽信访举报渠道，加大信访件查办力度，受理各类信访件6件，已办结4件，正在调查处理2件；开展“为官不为”专项整治活动，以问事、问效、问责为手段，提高履职尽责能力；开展“一问责八清理”专项整治活动，自查自纠出问题线索24条，除5条信访问题线索暂时无法解决外，其他全部完成整改；开展反腐败工作抓早抓小活动，紧盯领导干部在落实中央“八项规定”、遵守廉洁自律有关规定中的“小病灶”、微问题，督促及时整改；开展整治和查处侵害群众利益的不正之风和腐败问题专项活动，全镇机关干部走访上访户、老党员、老干部等197人，成立检查组5个，分别在惠农政策执行、农村集体三资管理等方面进行监督检查；配合区委第二巡察组做好乡镇巡察工作，对巡察中发现的问题及时整改。

【镇域经济】 继续推进六大产业布局：打造行政教育服务中心；集中谋划建设一批商贸、物流服务业项目综合体；对现有的房地产项目进行消化吸收，发挥其优势；建设总部型经济；建设文化创意产业园；建设旅游、休闲、养老示范基地。年内实施秦皇半岛、南岭国际社区、香邑溪谷、橡树湾和茂业城市综合体等续建项目12个，总建筑面积485万平方米，总投资159.5亿元；实施青竹雅苑项目、西部旧改4～5地块项目和秦皇岛中级法院审判庭工程等3个新开工项目，总建筑面积11.2万平方米，总投资5.2亿元；谋划苏宁生活广场、合力东升、华美立家、欢乐水世界等在谈项目7个，总建筑面积252万平方米，总投资134亿元。茂业城市综合体项目已进入施工阶段，正进行双塔楼建设，主体工程已封顶完工。利用秦皇岛良好的气候和天然的海岸线，以碧海金沙、森林公园和佛教圣地法云寺为依托，打造养老、旅游、休闲养生基地，建设中高档养老示范区，吸引京津老年人入住，安享晚年，已和中大集团、卓成公司等进行接触、洽谈。抓住西部快速路和兴凯湖路西出口工程建设机遇，打造港西绿地，建成森林、油葵和牡丹基地面积200公顷，形成“春秋有花，夏有阴凉”游玩消暑胜地。

【城镇建设】 开展近岸海域环境综合治理。集中治理河道，对辖区内大乐安寨河道、小乐安寨河道、慕义寨河道、归提寨河道、新店子河道、下庄河道等6条河道进行彻底整治，清理河道1.57万延长米，其中，清理沿河生活垃圾4700立方米，倒运垃圾2470立方米，建筑垃圾9000立方米；重点对108沿线南大寺河采取净化措施，种植水葫芦、水藻等水生植物。加强对河道周边养殖场、企业、小作坊的监管，取缔108车站门前养鹅场和养羊场各1家；整改养殖场2处；停用、改造各类厕所7处；修建渗水井8处；封堵各类排污口20多个，确保所有沿河住户及养殖场的污水不外溢。开展美丽乡村建设。重新硬化大乐安寨小学门前的道路600延长米；完成绿化造林面积228公顷，在慕义寨村打造“秦皇岛市义务植树基地”；将大乐安寨村、小乐安寨村、慕义寨村引入市场化运行机制，全部由专业的保洁公司负责，清理生活垃圾90吨、建筑垃圾40吨和柴草30车次，放置垃圾箱30个，新建垃圾池10个，村民生活居住环境明显改善。推进西部城市新中心建设。征地拆迁工作进展顺利。西部污水管网工程涉及下庄村、南大寺村、慕义寨村、大乐安寨村、小乐安寨村，已完成土地面积13.33公顷、107户地上附着物补偿工作。市文化艺术中心、博物馆项目已完成下庄村土地面积8公顷、45户种养殖大院地上附着物清点及测量工作，已完成博物馆项目中2户大院征拆补偿工作。西部片区医疗用地项目涉及公富庄村，完成前期勘察现场工作，预征用地面积20公顷，对41户种养殖大棚大院的地上附着物进行概摸。归提寨110千伏变电站项目已完成前期勘察现场工作，对预征用的临时、永久土地和涉拆的20户大院的地上附着物进行概摸。推进秦抚快速路、兴凯湖路南延伸等项目征地拆迁补偿收尾工作。筹备第十六中学、武山集团、南岭西路北延伸、横断山路北延伸、河北建材学院新校址等项目征地前期准备工作。“双违”整治工作成效显著。开展清理整治违法违规用地和违法违章建筑，制订完整的“双违”整治工作流程，采用动员自拆与强拆结合，下大力整治“双违”。排查违法占地、违法建设28处（其中违法建设4处），面积4.73万平方米。已拆除26处，完成比例为92.86%；已拆除面积4.22万平方米，完成比例为89.22%。旧村改造工作稳步推进。7月，公富庄村完成返迁。山东堡村完成28户征收工作。前道西村返迁房完成施工单位招投标，已动土施工。新店子村完成剩余9处中2处征收补偿工作，配合法院等相关部门对剩余7处房屋进行国有土地收回程序。

【社会事业】 大气污染防治工作，对辖区3处裸露土堆进行苫盖处置，发现1处裸露渣土已函告相关单位；拆除或改造燃煤锅炉企业4家，浴池4家；下发餐饮油烟及露天烧烤整改通知12份。防汛工作，成立防汛应急队伍和抢险应急小分队，制定防汛抢险救灾预案，储备抢险物资，对水库、塘坝、涵洞进行全面排查，及时处置出现的紧急问题，确保发生特大暴雨平安度汛。防火工作，镇、村防火队员全天巡逻，节假日不休，及时完成各项突发任务，确保人民生命财产安全。社会保障工作，完成新农保年度缴费人数4385人，共计68.84万元；发放定期补助款及10%药费合计22.22万元，发放高龄补贴11.52万元，为24名在乡“五保户”发放供养费9.63万元；为35名移民特殊群体发放补贴合计1.87万元。开展生殖健康检查2420人，落实奖励扶助政策，确定奖扶对象161人，为农村独生子女办理高考加分71人，发放关爱女孩宣传材料300多份、横幅16条，为品学兼优贫困女孩发放救助金1000元。国防教育、征兵工作，积极开展宣传教育，制作条幅32条，标语10条，发放宣传资料300多份，完成民兵整组演练，18周岁适龄青年兵役登记率100%，征兵工作做到“零”责任退兵。

【综治维稳】 不断加强信访稳定工作。高站位部署，形成信访维稳工作合力。年初，成立以党委书记为组长的信访稳定工作领导小组，精心谋划，召开全镇信访稳定工作会议，制发《关于进一步规范信访稳定的工作方案》，对全年信访稳定工作进行周密安排部署，迅速形成以领导小组为统领的信访稳定工作合力。创新工作机制，强化信访案件动态管理。在落实好区联席办“七包一”工作责任的同时，建立包村包案工作组，重点做好日常信访隐患排查、矛盾化解和重要时期稳控工作。上半年，对全镇信访隐患进行3次动态调整，为做好信访稳定工作奠定基础。“一把手”挂帅加强信访矛盾化解，严防大规模群体访和恶性群体事件发生。镇党政“一把手”主动分包最难、最急、隐患最大的信访案件，各班子成员结合职能分工和包村情况，主动上手，排查隐患，化解矛盾。全力做好重点时期信访稳控工作。加强全国“两会”“全会”、市区“两会”、马拉松国际赛事、旅游旺季等重点时期信访稳定工作，积极开展约访、下访等工作，做好稳控工作，全年未发生进京、赴北戴河非访事件。全面强化综治防范工作。以创新社会管理方法为导向，开展智慧网格建设工作。组织召开全镇网格化工作现场会，对网格化工作进行深入部署。建立镇、村智慧网格中心和网格站，全部达标。对全镇各村网络进行全面升级，配备专用电脑，收集村情信息，全面展开录入工作。积极协调派出所、卫生院，对全镇精神障碍人员、暑期重要点位、参与非法集资人员等各类群体进行矛盾隐患排查，为做好维稳工作奠定基础。加强日常特别是旅游旺季治安巡查工作。组织平安志愿者加强铁路护路值班巡防工作，组织全镇人员参加国际马拉松赛事、龙舟大赛、秦皇岛自行车邀请赛等重要活动安保巡防工作，为治安维稳发挥积极作用。落实“双清”工作，维护和谐环境。加大对归提寨片区、南大寺片区、市政府周边巡查密度，清理、收缴反宣品400多条（处）。安全生产工作，出动33人次，检查企业61家次，发现并整改安全隐患29个；与辖区16个村全部签定食品药品安全目标责任状，抽查2批次，检查食品生产、经营户35户，发现安全隐患16个，全部整改完毕，确保重要时期全镇食品安全形势的持续稳定；联合区消防大队、辖区派出所对14家废品收购点进行整治，对东白塔岭村设置的15个灭火器存放点进行巡查，对不合格的灭火器全部进行更换。

【精神文明建设】 紧紧围绕社会主义核心价值观，依托“善行讲习所”“道德讲堂”“周末讲堂”等教育平台，通过开展“360百姓故事会”活动，设立宣传展牌，宣传平民偶像和“八好”镇民等身边的先进人物事迹，不断提升干部、群众的道德素养。以镇文化站为依托，以16个村为平台，以9个农村书屋、20多支文体队伍为网点，开展多种形式的群众文化活动，利用新形势下多元文化优势，组织开展歌曲、舞蹈、诗朗诵、书画摄影展、图书进农村、全民阅读征文等活动。组织参加龙舟赛、象棋赛、羽毛球赛、创纪录大赛、广场舞培训、徒步大赛、迷你马拉松、彩色周末百姓舞台、“共创文明城市，同建美丽乡村”、文化下乡等各项文体活动。积极培植各村文化队伍建设，在原有的舞龙舞狮队、秧歌队、篮球队、舞蹈队及广场舞队的基础上，新增广场舞、太极柔力球、太极拳等20多支队伍。扎实开展全国文明城市和省级文明城区创建工作，专题召开创城工作调度会，安排创城对标工作，制作安装创城公益广告、讲文明树新风、社会主义核心价值观、保护未成年人等内容的展牌70多块，有效提高创城知晓率。发挥各类志愿团体作用，开展义务植树、卫生保洁、雨后救灾等志愿服务活动，营造和谐文明的社会氛围，为创建全国文明城市和省级文明城区贡献力量。

【村简介】 东白塔岭村　总户数1047户，总人口2418人。

山东堡村　总户数320户，总人口830人。

前道西村　总户数386户，总人口881人。

杨道庄村　总户数185户，总人口516人。

偏坡村　总户数329户，总人口839人。

倪庄村　总户数250户，总人口670人。

后道西村　总户数248户，总人口583人。

西白塔岭村　总户数783户，总人口2200人。

慕义寨村　总户数1132户，总人口3048人，耕地面积233.4公顷。

归提寨村　总户数1360户，总人口3121人。

新店子村　总户数563户，总人口1536人，耕地面积91.87公顷。

南大寺村　总户数338户，总人口856人，耕地面积28.01公顷。

下庄村　总户数410户，总人口990人，耕地面积31.01公顷。

公富庄村　总户数662户，总人口1740人，耕地面积75.4公顷。

大乐安寨村　总户数472户，总人口1256人，耕地面积104.01公顷。

小乐安寨村　总户数169户，总人口470人，耕地面积41公顷。

【领导班子主要负责人】

党委书记：马　馨

镇　　长：陈庆杰

人大主席：刘建新（5月免）

　　　　　朱大为（12月任）

（徐国栋）

北港镇

【概况】 北港镇辖32个行政村，总面积54.42平方千米，耕地面积1800公顷。总户数5523户，总人口1.8万人。2016年,以“富民强镇”为根本，不断强化基础设施建设，促进产业发展，推进重点项目实施，团结拼搏，真抓实干，较好地完成全年的各项目标任务，完成固定资产投资6.26亿元；引进内资4.28亿元。

【党建工作】 建立党建工作机制。建立健全党委定期研究基层组织建设、班子成员党建联系点及镇村书记抓基层党建“三个清单”等项制度，强化党建责任制落实。镇党委成员和镇政府党员领导干部明确党建分工，落实“一岗双责”，实行“包片驻村”抓党建，因村施治、一村一策，形成主要领导亲自抓，分管领导具体抓，班子成员配合抓，纵横联动，齐抓共管的工作格局。坚持集体领导与分工负责有机结合，凡重大问题的决策，严格按程序办事，由党委集体讨论决定。认真落实党代会年会制，发挥党代表参政议政职能。开通手机短信群发，及时向党员传达中央和省委、市委、区委的部署要求，定期推送《中国共产党章程》和中共中央总书记习近平系列重要讲话的学习要点。建设党建政务网，开设“两学一做”学习教育专栏。加强后进支部整顿。加强领导，落实责任。镇党委专门召开会议研究部署，成立由镇党委书记任组长的整顿工作领导小组，分别成立由相关班子成员为具体负责人的4个整顿工作组，严格相关责任，明确整顿工作的“第一责任人”和“具体责任人”，集中精力进行整顿。认真调查摸底，建立整顿台账。按照深查细究、实事求是、群众认定的原则，包村干部入户走访、个别座谈、民主测评，对全镇农村党组织建设情况逐一排查。召开党政班子会议，对排查情况进行研究并分类排队，最终确定党支部班子不健全的长桥岭村，村组织活动场所建设不达标、党的阵地建设落后的芽子山村、北张庄村，党务、村务各项制度落实不到位的高岭沟村为需要整顿的软弱涣散党组织，将相关情况上报区委组织部。对4个村党支部情况进行登记造册，建立整顿工作台账，深入分析形成的原因，明确整顿的目标任务和方法措施，实行销号动态管理。强化整顿力度，抓好工作落实。严格落实主体责任，一村一策制订整顿方案。选派镇纪委书记胡晓昆代理长桥岭村党支部书记；对高岭沟村“两室”进行布置，建立健全各项规章制度，达到规范化的要求；对北张庄村、芽子山村采取与帮扶单位搞好对接、完善转化措施、建立健全各项制度、规范村级组织活动场所、加强阵地建设等措施，强班子、建制度、抓规范、促转化。落实村干部坐班、值班制。推动落实村干部坐班制，负责接待村民访，调查处理各种矛盾纠纷，帮助群众代理服务事项等，解决群众老吃“闭门羹”，常跑“冤枉路”的问题。全镇32个村实行村“两委”成员周一至周日坐班、值班制度。

【镇域经济】 以陈庄村的紫云山滑雪场、连峪景区、姚周寨村的宝润生态园为重点，带动全镇乡村旅游。坚持把项目建设作为加速园区发展的抓手和提升园区综合实力的立足基石，下大力抓好夯实。落实科级领导全程跟踪服务等项目工作机制，实现招商引资和项目建设的全面提升。村民安置房一期工程，总投资7.85亿元，共37幢、8种户型，单套户型面积70～115平方米，主体已封顶，已完成房屋分配，进入内部装修施工及外网配套工程；圆明山南三村（魏家沟村、河东村、陈庄村）安置房二期项目,完成前期入户摸底、拆迁安置成本测算等工作。引水上山工程，已完成1:1000地形图测绘、项目建议书可行性研究报告，待相关意见完善后办理项目立项等前期手续。航空小镇项目，投资50亿元，占地面积4平方千米，是集航空运动、休闲度假、旅游教育为一体的航空主题小镇，放置5～10架2～4座通用飞机，已完成选址。奔月影视主题乐园旅游综合体项目，总投资58亿元，占地面积0.8平方千米，建设风情商业街、旅游码头、国际会展中心、大型游乐园和高端公寓。基础设施建设。按照两纵三横（纵向：民族路北延伸、东港北路；横向：圆明山大街、圆明湖大街、规划新102国道）的规划打造园区路网，计划实施民族路北延伸三期、圆明山大街、圆明湖大街、支十九路（安置房环路）、支二十路、支二十一路等多条道路。其中，圆明湖大街等4条道路项目区政府常务会已通过，委托秦皇岛市政设计院编制完成项目建议书并通过发改部门批复，正在与各部门对接，抓紧跑办其他前期手续。民族路北延伸三期、圆明湖大街西延伸工程，建设局开展路由定线踏勘、征地补偿摸底等工作，下步待北京五建集团资金到位，逐步开展前期征收、立项等工作，通过PPP的模式加快路网建设。

【城镇建设】 围绕建设“环境整洁、设施配套、田园风光、舒适宜居”的美丽乡村目标，全力打好东连峪村、西连峪村、闫庄村和高岭沟村美丽乡村建设。确立“因地制宜，量力而行，分类实施，规范运作”的工作原则，对群众最急需的道路硬化、厕所改造、危房改造、垃圾处理、河道治理、村庄绿化等多个重点项目进行谋划。充实、调整美丽乡村领导小组，组建领导小组办公室，发挥村“两委”作用，形成“镇级指导，村组主导，全民参与”的工作机制。通过展板宣传、喇叭广播以及逐户发放致广大村民的一封信，宣讲美丽乡村建设的种种好处和美好愿景，以党员干部的模范行动带动全体村民，激发村民参与的动力和热情。5月，组织重点村的村干部和镇政府工作成员到邯郸馆陶进行参观学习。与相关部门联系，逐项对接，争取资金，全力推进。建设完成分散污水处理设施39处、双翁式厕所209个、村内街道道路硬化1万米、危房改造4户、立面改造面积5580平方米、院墙改造450米、文化广场面积500平方米、互助幸福院1座、“两改一清一拆”和垃圾治理全部完成。“双违”整治工作。开展秦青公路沿线违建、2013～2014年卫片执法、2015年卫片执法和2016年新增“双违”集中整治工作，需拆除“双违”191宗，其中2013～2014年卫片3宗，2015年卫片和2016年新增卫片24宗，秦青公路沿线违法建筑167宗。已拆除整治2015～2016年违建21宗，拆除面积2.7万平方米，其余3宗已完成相关手续。拆除秦青公路沿线违法建筑159处，拆除建筑面积2.75万多平方米，拆除土地面积9.2万平方米，完成台账外目标任务的95%。

【社会事业】 坚持“抓好试点、全镇铺开”的工作思路，以西连峪村、陆庄村、刘家河村等为试点，规范各村党务村务行为及村级政务服务平台建设，设立便民服务室，完善村级代办制度，着力解决服务群众“最后一公里问题”。集中力量解决群众比较关心的农业用水问题，实施10个村的水库塘坝加固工程。完成人口计生的各项目标任务，出生政策符合率98%，农村妇女生殖健康免费服务率达到90%以上，新婚录入115对，新生儿出生169人，办理一胎生育登记99个、二胎生育登记92个、独生子女父母光荣证88个。发放关爱女孩救助金5000元，独生子女死亡救助金1万元，18周岁以下独生子女父母奖金19.04万元，群众对计生工作的满意率达到95%以上。做好农村低保及优抚对象、困难群众补贴发放和救济工作，落实“阳光低保”政策，发放医疗救助金6898元，发放优抚对象定期定量补助金14.99万元，发放高龄补助8.72万元，申请办理残疾证44个。

【综治维稳】 狠抓信访工作制度及长效运行机制建设。建立健全领导信访接待日和预约接待制度长效机制，实行分级接待、归口办理。对涉及面较大的案件，统一在主要领导信访接待日进行集中接待办理。全年接访100多次。做到群众到访有人接、有人管、有人办。坚持信访工作联席会议制度。坚持每月至少召开一次信访工作联席会议，听取汇报，分析形势，研究解决信访工作中的突出问题，协调处理各类重大信访案件。全年召开信访联席会议12次，协调处理重大信访案件8件。建立和完善信访案件查办制度。对上级交办和辖区内重点信访案件，按照“一个案子、一名领导、一套工作方案、一抓到底”的要求，严格落实“五包一”“七包一”规定，全年受理信访案件20件，受理率100%，应答复8件，按期答复8件，按期答复率100%，根据相关法律法规与2015年底河北省新修订的《信访条例》，通过当面传达与网上答复，不受理不属信访受理范围的案件十多起，做到信访案件件件有着落、事事有交待、案案有结果。对高度重视查办的村进行通报表扬；对工作不力、措施不到位、办理工作不及时导致引发群众越级上访、群体性事件或造成不良影响的村，在全镇予以通报批评，推动信访问题的妥善解决。坚持重要会议和重大活动期间信访值班制度，由主要领导亲自带班值班，机关干部到北戴河火车站、秦皇岛火车站与汽车站进行全天维稳值班，全面维护社会稳定。

【精神文明建设】 8月初，承办以“共筑中国梦、共建文明城”为主题的彩色周末北港专场晚会，发挥“巾帼文明队”在妇女维权中的主力军作用。开展文明创建活动，以“十星级文明户”“善行功德榜”等评选活动为重点，开展文明村、卫生示范户、道德模范、文明家庭等评选活动，设置“功德榜”“功德录”，广泛宣传上榜“好人”的典型事迹，弘扬社会正能量。开展“最美北港人”“身边好人”等系列评选活动。成立志愿服务队，开展关爱空巢老人、残疾人、留守儿童等志愿服务20多次，受益群众150多人。组建以本村“身边好人”“道德模范”“优秀村干部”等上榜人物为主体的志愿服务队，深入开展“学雷锋、树新风、讲文明、做好人”等群众性道德实践活动。建立并完善农村书屋31个，覆盖率96.8%，收藏科技、法律、少儿读物等图书十几类，共计5万多册。建立农村文化活动室，为广大农民群众提供乒乓球、羽毛球、篮球、象棋等体育活动器材，组织开展各类培训、讲座16场次，组织体育活动8次，参与群众2000多人。开展各类文体活动，参加羽毛球、乒乓球、庆端节龙舟大赛等各种体育赛事。挖掘各村文艺骨干，发挥文艺爱好者特长，培养舞蹈、乐器、书画等方面的文艺骨干100多人，广场舞、秧歌等文艺队伍20多支。成功举办城乡文艺互动演出、广场舞联谊会、登山比赛、篮球赛、彩色周末演出等活动十多次，在紫云山滑雪场举办迎新年农村滑雪比赛，全镇十多个村的130多人参加比赛。

【村简介】 北张庄村　总户数327户，总人口916人，耕地面积67.6公顷。

徐庄村　总户数320户，总人口940人，耕地面积26.33公顷。

新华村　总户数164户，总人口527人，耕地面积39.93公顷。

姚周寨村　总户数356户，总人口1146人，耕地面积130.8公顷。

芽子山村　总户数340户，总人口1050人，耕地面积118公顷。

小旺庄村　总户数460户，总人口1431人，耕地面积132.13公顷。

大旺庄村　总户数680户，总人口2086人，耕地面积186.2公顷。

太平寨村　总户数92户，总人口269人，耕地面积30公顷。

街里村　总户数202户，总人口556人，耕地面积49.2公顷。

小河村　总户数136户，总人口480人，耕地面积51.73公顷。

陈庄村　总户数135户，总人口420人，耕地面积46.8公顷。

张桥庄村　总户数145户，总人口543人，耕地面积51.53公顷。

河北村　总户数73户，总人口238人，耕地面积20.47公顷。

河东村　总户数135户，总人口550人，耕地面积50.13公顷。

魏家沟村　总户数85户，总人口350人，耕地面积29.13公顷。

南王庄村　总户数69户，总人口265人，耕地面积32.33公顷。

麻念庄村　总户数70户，总人口250人，耕地面积33公顷。

陆庄村　总户数152户，总人口520人，耕地面积50.67公顷。

尹家沟村　总户数50户，总人口170人，耕地面积13.2公顷。

刘峪村　总户数121户，总人口435人，耕地面积50.47公顷。

刘家沟村　总户数80户，总人口275人，耕地面积36.67公顷。

拦马庄村　总户数79户，总人口292人，耕地面积32.7公顷。

李新庄村　总户数70户，总人口265人，耕地面积30.47公顷。

木矿峪村　总户数135户，总人口465人，耕地面积61公顷。

西连峪村　总户数130户，总人口447人，耕地面积51.33公顷。

东连峪村　总户数102户，总人口320人，耕地面积40.27公顷。

长桥岭村　总户数80户，总人口273人，耕地面积41.67公顷。

刘家河村　总户数168户，总人口640人，耕地面积79.67公顷。

石科子村　总户数94户，总人口327人，耕地面积47公顷。

暴庄村　总户数250户，总人口869人，耕地面积95.53公顷。

高岭沟村　总户数150户，总人口510人，耕地面积54.6公顷。

闫庄村　总户数73户，总人口235人，耕地面积24.53公顷。

【领导班子主要负责人】

党委书记：郭宪彬

镇　　长：李晓颖

人大主席：李贵林

（陈艳芝）

海阳镇

【概况】 海阳镇辖17个行政村，总面积25.4平方千米，耕地面积1066.67公顷。总户数8312户，总人口2.03万人。2016年，全镇上下创新突破，狠抓落实，奋力攻坚，经济运行保持平稳增长的良好势头，完成固定资产投资35.6亿元；引进国内资金0.9亿元；完成重点项目建设投资35.6亿元。

【党建工作】 深入开展“两学一做”学习教育，创新“党章党规学习自选日”，做到党员学习教育全覆盖，增强党员党纪观念和规矩意识。以农村党员电教网络为平台，以农村干部“月末课堂”和“党员活动日”为抓手，定期组织农村党员干部就村级事务管理、财务管理、党风廉政建设、农村法律法规等内容进行培训教育。出台《海阳镇农村干部管理办法》，完善书记主任述职制度、村干部坐班制度及为民服务代办制度，推动村级事务公开、规范运行。加强党员干部教育管理，制发《中共海阳镇委关于党员管理办法》，落实基层党建工作“三个清单”，建立党员年度评议考核及写实分类管理制度。开展非公党组织“攻坚”行动，成立非公企业党支部28个，其中，正式党支部8个，特设支部20个，覆盖企业76家。

【镇域经济】 农业产业优化升级。引导和扶持农业园区建设。初步建成以青石山村、鲤泮庄村、栗园村为中心的无公害蔬菜园区面积200公顷，以小苇芝港村、温家洼村为中心的林果种植园区面积66.67公顷，以郭高庄、侯庄为中心的大地草莓种植园区面积20公顷。引进错季春桃、蓝莓、绿芦笋、纸皮核桃等新品种十多个。成功举办“郭高庄村草莓采摘节”“小苇芝港村大樱桃采摘节”。以富农蔬菜种植合作社、众益养殖合作社、庆志肉牛养殖为代表的专业合作组织扩大到28个。创新农产品经营方式，推进“农超”对接，鲤泮庄平顺蔬菜种植合作社“农产品—餐桌”的电子商务和宅配经营模式顺利运营。宝洪果菜专业合作社成功申报市级农业科技园区。种植业结构调整稳步推进，完成调整后农作物播种面积300公顷，占需调减玉米种植面积60%。完成耕地总面积40%的农村土地承包经营确权登记颁证工作。项目建设。试点推进项目一级开发模式，《推进海阳片区工作方案》《海阳片区一级开发合同》分别通过市政府和区委常委会审批。全年签订房屋补偿安置协议889户，拆除房屋占地面积19.4万平方米，流转集体土地面积146.67公顷，发放补偿资金15亿元。完成海国街、北大街、海民街、大小汤河水系建设及景观整治等项目施工图设计及送审工作。西王岭村征拆工作全面推进，累计签订协议332户，占总户数（360户）的91%。完成大里营村整体搬迁项目土地征转事宜，土地指标已获批。积极对接上级部门和政策性金融机构，争取国家发改委专项扶持资金1.36亿元，国开行棚改贷款11.9亿元。

【城镇建设】 试点环卫市场化运作机制，推进农村垃圾治理工作常态化，设立镇级环境卫生专项奖补资金40万元。对各村实施面貌提升，投入资金400多万元，出动人员1000多人次，清理垃圾8万多立方米，粉刷整修墙体面积1万多平方米。开展农村旱厕改造工作，改造鲤泮庄等12个村旱厕1000多个。完成总面积80%的“双违”整治工作。近岸海域环境和大气污染整治成效显著，投入资金130多万元，铺设排污管道200米，修建污染处理池十多个，回填平整河岸4000平方米，关停河道沿岸污水排放企业及小作坊7家。紧盯改造目标任务，投入近400万元，拆除燃煤锅炉2个，完成热力联网改造。

【社会事业】 实施惠民工程十多项，解决群众关心的热点、难点问题。新增农村劳动力转移270人，发放就业补贴资金40万元，被省政府评为“农民工服务中心示范性单位”。救助政策全面落实，发放各类救助资金100多万元。农村养老保险参保人员达5977人，新农保、新农合参保率分别达到90%和95%。全面落实“两个代办”制度，17个村建立村级事务代办室，构建“村级代办、镇级集中办理”的一站式服务体系。健全村级计生管理服务网络，全年出生人口246人，计划生育率94.6%。完成征兵任务，确保素质过硬的青年参军入伍。大里营长青剧团等十多支文艺队伍发展壮大，全年举办活动30多次。推进基层工会建设，组建企业群众工作室20多家。

【综治维稳】 推行日报告、周例会、月调度以及首问负责制、承诺必践制、限时办结制和行政问责制。深入推进行政权力公开透明运行，强化监察审计监督和制度建设，从源头防治腐败。自觉接受人大监督，办结人大代表建议提案5件，满意率100%。市长公开电话转办件解决率100%。综合治理、信访排调、安全生产常抓不懈，紧扣农村工作中心，以镇调解中心为主轴，调解工作辐射村居，企业。建有行政调解和司法调解组织，形成“三位一体”调解格局，在化解社会矛盾、维护社会稳定、维护公平正义、服务经济发展、构建和谐海阳做出应有的贡献。全年排查矛盾纠纷80起，调解率100%，调解成功率100%。确保辖区社会的安全稳定。以镇综治维稳中心为纽带，成立综治小区22个，巡逻队5支。推进“智慧网格”建设，按照“一长四员”模式建立管理员、协管员队伍，提供综治管理精细化服务。应急体系逐步完善，安全稳定形势良好，被评为全市模范人民调解委员会、安全生产目标管理考核优秀单位和食品安全工作先进单位。

【精神文明建设】 以“善行海阳”行动为抓手，坚持典型引路，表彰并树立邓军利、张克华、韩顺敏等一批榜样，营造“处处有善行、人人有善举”的社会氛围。举办“弘扬海港精神，推动海阳科学发展”书画摄影作品展。开展“接力沈汝波为民做好事”“美丽乡村我参与”等党员系列活动和农村志愿服务活动。组建“党员红色志愿者”队伍17支，主动担当“巡逻信息员”“纠纷调解员”“法律宣传员”的角色，推动幸福党建“微心愿”活动，用实际行动增强社会正能量。攻坚开展创城工作，建立分包到户、点对点宣传的工作体系，累计悬挂社会主义核心价值观宣传标语、展牌80多处，新增宣传文化墙500延长米。小苇芝港村、大苇芝港村先后被评为市级文明村。

【村简介】 海阳一村　总户数984户，总人口2278人，耕地面积33公顷。

海阳二村　总户数1126户，总人口2620人，耕地面积73公顷。

海阳三村　总户数1012户，总人口2313人，耕地面积27公顷。

海阳四村　总户数1112户，总人口2609人。

范庄村　总户数290户，总人口715人，耕地面积14公顷。

侯庄村　总户数324户，总人口813人，耕地面积60公顷。

郭高庄村　总户数159户，总人口433人，耕地面积42公顷。

栗园村　总户数 281 户，总人口 783 人，耕地面积 52 公顷。

鲤泮庄村　总户数 786 户，总人口 2314 人，耕地面积 265 公顷。

大苇芝港村　总户数 161 户，总人口 415 人，耕地面积 56 公顷。

小苇芝港村　总户数 127 户，总人口 287 人，耕地面积 47 公顷。

温家洼村　总户数 377 户，总人口 872 人，耕地面积 134 公顷。

青石山村　总户数 162 户，总人口 446 人，耕地面积 106 公顷。

大里营村　总户数 501 户，总人口 1182 人，耕地面积 37 公顷。

西王岭村　总户数 529 户，总人口 1278 人，耕地面积 60 公顷。

田家沟村　总户数 66 户，总人口 180 人，耕地面积 21 公顷。

新周庄村　总户数 183 户，总人口 452 人，耕地面积 33 公顷。

【领导班子主要负责人】

党委书记：杨忠权（4 月免）
　　　　　王　军（4 月任）
镇　　长：王　军（4 月免）
　　　　　刘　勇（4 月任）
人大主席：苏大忠

（王泰然）

石门寨镇

【概况】 石门寨镇位于海港区北部，东与山海关区接壤，西北与青龙县搭界，南接杜庄乡，北与驻操营镇毗邻，距市区 20 千米，辖行政村 70 个，总面积 179.28 平方千米，耕地面积 3384 公顷；总人口 4.5 万人，人口自然增长率 -0.85‰。2016 年，镇党政班子一心一意谋发展，聚精会神抓党建，持之以恒改作风，以“建设生态宜居的旅游城镇”为目标，呈现出人民群众安居乐业，农业、旅游业互促双赢，社会事业健康发展的良好态势。实现地区农业生产总值 2.1 亿元，林业生产值 862 万元，牧业生产值 2.4 亿元，渔业生产值 44 万元；完成社会固定资产投资 3.65 亿元，规模以上 8 家企业产值 3.5 亿元，增加值 1780 万元。

【党建工作】 以学习型党组织建设、“两学一做”教育活动为契机，加强领导班子政治理论和业务知识的学习，不断提高班子成员的理论修养和业务水平，将学习融入到各种教育活动中。通过开展教育活动、学习讨论中共中央总书记习近平系列重要讲话精神，进一步促使班子成员解放思想，更新观念，树立起加快发展的理念；坚持对机关干部的学习教育经常化，每周四下午统一组织学习，促使其素质得到提高，能力得到增强，作风得到转变，工作得到促进；注重农村干部的培训实效，采取灵活多样的培训方法使其深入浅出地掌握农村工作的基本技能和农技知识，增强其发展经济的紧迫感和责任感；强化对农村党员的技能培训，利用各村远程教育网、党建指导员入村指导等多种方式提高农村党员的党性修养，拓展其知识层面，增长其实用技能。出台《石门寨镇“八项规定”落实办法》，领导班子带头践行中央“八项规定”。实施“双征四议两公开”工作法，认真落实村务公开，努力提升村级事务管理水平。按照村级“三项承诺”的目标任务和工作谋划，推行包村干部挂职制、村干部述职制、年度百分考核制，加强对村级工作的总体指导、定期调度、严格考核，将工作实效与工资补贴挂钩。加大执纪问责力度，重点核查群众反映集中的问题和线索，尤其对中共十八大后的不作为、乱作为问题，采取零容忍的态度，坚决予以查处。全年立案 16 件，查结 10 件，给予党纪处分 11 人，核实诫勉谈话 15 人。以“美丽乡村我参与”“接力沈汝波为民做好事”等系列活动为载体，先后培养选树刘乃吉、房文平、朱开利、何秀丽等先进农村干部典型。

【镇域经济】 围绕区委“一核两翼”发展战略，依托优良的自然资源和柳江地质资源，确立“优化环境为中心，做好旅游业和农业发展”的总体思路。大力发展生态经济、绿色经济，把绿色农业作为乡村旅游中的重要内容，实现“农

业 + 旅游”的双赢发展。设施蔬菜种植面积达到86.67 公顷，干鲜果品发展强劲，总种植面积达到4533.33 公顷。立足镇域农业经济发展优势，通过改善农业生产条件、培植扶持精深加工农业龙头企业，重点打造蟠桃峪、房庄现代农业休闲观光采摘园区，实现农业与旅游业的互动发展，经济与环境的互促共赢。借力全省旅发大会，祖山连接线、车房路、环长城旅游路全面开工建设，在全镇形成覆盖全域的环形旅游交通路网。打造镇域特色产业。坚持走生态化路子，发展生态经济、绿色经济，把绿色农业作为旅游中的一个成分，实现“农业 + 旅游”的双赢发展。在农业发展上，粮食总播种面积 4333.67 公顷，蔬菜种植优质高效，完成蔬菜播种面积 785.67 公顷，年产量 5.81 万吨，其中菌类产量为 4500 吨，年出口日本滑子菇 1000 多吨,向韩国每年出口香菇菌棒 400 万棒；设施蔬菜种植面积为 84.33 公顷，建成英武山村、潮水峪村 2 个百亩蔬菜园区。干鲜果品规模强劲，核桃面积 713.67 公顷、板栗 2610.67 公顷、鲜果面积 1227 公顷。在旅游资源开发上，在实施“旅游强镇”发展战略的大背景下，镇党委充分利用地处柳江地质公园中心优势，包装推进旅游项目。柳江地质博物馆于 2014 年 4 月正式开馆，新石门八景熠熠生辉，车厂艺术家部落人文气息浓厚。镇内有各类景点 8 个，被旅游部门批准项目 6 个，即傍水崖风景区、车厂风景区、天门山风景区、英武山风景区、老君顶风景区和蟠桃峪风景区，乡村旅游初具规模，傍水崖、英武山、老君顶和蟠桃峪等风景区年接待游客 27.5 万人次。在农业与旅游融合上，立足镇域农业经济发展优势，通过改善农业生产条件、培植扶持精深加工农业龙头企业，打造蟠桃峪、房庄现代农业休闲观光采摘园区，谋划沙河寨生态旅游度假项目，利用农业开发旅游业，利用旅游业反哺农业，更好地保护生态环境，变“脏乱差”到“洁净美”。生态观光农业、柳江山水游、农特产品正逐渐成为石门寨“农业+旅游”的新名片、新“三宝”。

【城镇建设】 确立一把手统筹管，镇党委成员分段管，城建办等科室齐抓共管，主次干道各村协助管的“四级管理”模式，将辖区主次干道划分为 3 个片区 10 个路段进行全面管理。开展秦青公路沿线环境综合整治工作，清理储煤场 117 家，配合相关部门完成土地流转绿化工作，新增绿化面积 33.33 公顷；以秦青公路为重点全面推进“双违”整治工作，按“五步工作法”开展拆除行动，采取“强制 + 人文”的工作模式，在坚持依法整治的同时，注重人文关怀。对于秦青公路两侧违建，综合考量群众和违建经营户的生产生活需要，启动商贸功能新区选址，引导沿线拆违商户进入，力争使其谋生有去处、经营有场所，引导群众从被动接受到主动配合，最大限度降低群众损失，提升城镇形象和业态水准。拆违面积 22.8 万平方米，自拆率 90% 以上。集中攻坚，平整路面面积 4000 多平方米，清理店外经营散户 20 家。完成绿化造林面积 1533.33 公顷。投资 3 亿元的环长城旅游路和车房路已经开工建设；投资 2000 万元的蟠桃峪村污水收集处理设施和镇域污水收集管网基本完工，蟠桃峪村污水排放得到很好解决。镇内生活污水全部封堵，产生的污水由吸污车定期清理运送至区污水处理厂。采煤沉陷区综合整治项目已完成项目可研及论证工作，正积极申请中央补助资金。

【社会事业】 教育事业稳步发展，学生成绩扎实提高，是年考入秦皇岛市第一中学 39 人、实验中学 13 人、山海关一中 5 人。法治建设纳入镇域经济社会发展全局，坚持推进“七五”普法活动。全年发放各类救助资金 26 万元，各类救助物资近 50 吨，对生活困难家庭及符合条件的患病家庭发放临时救助资金 26 万元，发放抚恤金、农村低保、“五保”、城市低保 406 万元，发放农业三项补贴 1700 万元，城乡居民参保率持续增加，社会养老保险基本实现全覆盖，新型农村合作医疗参保人数达 95%。抓好农村劳动力的输出和培训工作，转移劳动力 750 人，培训 900 人。正式启动投资 1000 万元覆盖 28 个村的人饮保障工程。开展农村环境综合整治工作，清理各类垃圾 20 万立方米，清理河道 17 条，清理秦青公路两侧垃圾 1.5 万吨，粉刷墙体面积 1.6 万平方米。完成农村垃圾治理市场化对接工作，70 个行政村全部纳入管理范围，基本实现日产日清。认真做好土地卫片执法监督检查和违法占地巡查工作，利用集市日、土地日契机，开展土地法治宣传，在全镇主要位置设置基本农田保护区标志牌。

【综治维稳】 镇党委、政府以创建平安乡镇为载体，推进社会治安综合治理和司法调解工作，落实区联席办“七包一”包案制度，明确目标任务、工作措施和具体要求，做好人员、资金、车辆配备。解决历史遗留问题多、整体维稳压力大的问题，组织梳理各类群众信访诉求，加强社会隐患排查力度并整理量化分类，把信访问题梳理为区域划转属地形成的信访问题、村级账务混乱不公开、移民问题、地质灾害影响四大类，实现分类治访、依法治访、主动下访，对村级财务不公开的，由镇纪委介入澄清或处罚；对移民访、塌陷区访集中精力逐个攻坚克难。明确村干部信访责任，把信访人员吸附到村，逐渐形成规矩和定式。在“减少信访存量、遏制信访增量、防止发生变量”上下功夫，化解矛盾纠纷200多起，排除信访隐患310多个。打击盗采。作为原历史煤炭开采老城镇，时刻绷紧打非弦，特别是在半壁店透水事故发生后，镇综合执法组以昼夜巡查和突击检查结合的方式，对9个重点村、102个盗采隐患点进行密集巡查并对隐患点井口实现影像资料比对。配合区直有关部门，对发现疑似盗采的井口、采矿点，严格执行“三不留一毁闭”，最大限度降低已毁闭井口重新恢复生产的可能性。打击非法开采国家资源行动工作已完成验收，转入日常巡查。严格落实新实施的《中华人民共和国安全生产法》，制定《石门寨镇安全生产月活动实施方案》，每年以不同主题认真开展安全生产月活动。利用广播、短信、宣传车、标语等载体，在70个村、建筑建材企业、加油站、液化气站、玻纤厂、超市、17所中小学开展安全生产宣传活动。组织2个非煤矿山、6家加油站、5家砖厂、2家面粉厂、2家机械厂、6家纤维厂和信合水泥厂等26家企业进行各项事故救援预案演练。防火防汛。以镇护林防火指挥部、防汛指挥部为中心，从领导干部到村干部层层落实责任制，制定各类责任状1100份。向群众广泛宣传冬春防火知识，刷写宣传牌9块；防汛工作，由镇防汛指挥部组织专职人员24小时对域内所有的水库、塘坝水位进行监测。对于地质塌陷区的群众，联合区国土局组成专项工作组，入户进行说服教育，确保群众安全。“7·20”暴雨期间，组织党员值班巡查，特别对塌陷区实行“白+黑”巡查，保障群众生命财产安全。

【精神文明建设】 把精神文明建设纳入重要议事日程，切实加强舆论宣传和思想教育。建立健全行为规范制度，开展各种科学知识性文化活动。在70个村开展科普宣传教育，利用村民学校阵地，开展学习《公民道德建设实施纲要》及农业科技知识和法律知识活动，增强群众抵御封建迷信、各种错误思潮的能力和致富本领。在各中小学校及公众场所开展爱国主义、集体主义和社会主义教育。加强文化市场管理，组织公安、文化站等部门联合检查，对网吧、音像店、报刊书店进行清理整顿。以泥土文化做好移风易俗工作，开展丰富多彩的文化娱乐活动。全镇村村有文化活动，年活动次数超200天，举办广场舞大赛等文艺专场表演十多场。发挥党建带团建、带群团作用，团委、妇联、工会、慈善、残疾人、老干部事业持续健康发展，涌现、挖掘石春友、张少崎等52人“最美石城典型”。

【村简介】 北斜街村　总户数470户，总人口1510人，耕地面积108.4公顷。

南关村　总户数248户，总人口798人，耕地面积27.3公顷。

高井村　总户数465户，总人口1400人，耕地面积41.2公顷。

顺城街村　总户数380户，总人口1145人，耕地面积38.7公顷。

北河村　总户数413户，总人口1224人，耕地面积40.5公顷。

杨家坪村　总户数131户，总人口446人，耕地面积20.1公顷。

邱庄村　总户数62户，总人口228人，耕地面积14.7公顷。

北赵庄村　总户数130户，总人口370人，耕地面积22.6公顷。

南峪村　总户数282户，总人口948人，耕地面积65.4公顷。

北峪村　总户数220户，总人口590人，耕地面积53.8公顷。

欢喜岭村　总户数39户，总人口107人，耕地面积11.9公顷。

黑山窖前村　总户数425户，总人口1295人，耕地面积117.9公顷。

黑山窖后村　总户数268户，总人口804人，耕地面积95.4公顷。

夏家峪村　总户数98户，总人口298人，耕地面积34.6公顷。

柳江村　总户数203户，总人口569人，耕地面积58公顷。

潘庄村　总户数140户，总人口390人，耕地面积30公顷。

付水寨村　总户数187户，总人口545人，耕地面积41.3公顷。

东侯庄村　总户数219户，总人口574人，耕地面积58公顷。

卞庄村　总户数135户，总人口327人，耕地面积34.1公顷。

王木庄村　总户数100户，总人口304人，耕地面积16.8公顷。

南林子村　总户数300户，总人口873人，耕地面积99.7公顷。

北林子村　总户数474户，总人口1400人，耕地面积108.1公顷。

南刁部落村　总户数305户，总人口1005人，耕地面积56.5公顷。

北刁部落村　总户数440户，总人口1307人，耕地面积112.1公顷。

鸭水河村　总户数180户，总人口529人，耕地面积60公顷。

蟠桃峪村　总户数208户，总人口576人，耕地面积40.7公顷。

上平山村　总户数292户，总人口937人，耕地面积103.3公顷。

下平山村　总户数210户，总人口732人，耕地面积98公顷。

孤石峪村　总户数88户，总人口239人，耕地面积31.5公顷。

柳观峪村　总户数110户，总人口339人，耕地面积44.3公顷。

山羊寨村　总户数221户，总人口664人，耕地面积56公顷。

柳条庄村　总户数90户，总人口230人，耕地面积27.5公顷。

老岭村　总户数80户，总人口240人，耕地面积22.9公顷。

闫家峪村　总户数48户，总人口167人，耕地面积20.9公顷。

老观峪村　总户数169户，总人口560人，耕地面积46.7公顷。

李河沟村　总户数90户，总人口286人，耕地面积49.7公顷。

车厂村　总户数120户，总人口420人，耕地面积31.5公顷。

秋子峪村　总户数196户，总人口681人，耕地面积38.9公顷。

张赵庄村　总户数75户，总人口296人，耕地面积23.5公顷。

北杨庄村　总户数93户，总人口332人，耕地面积35.9公顷。

大傍水崖村　总户数70户，总人口217人，耕地面积25.9公顷。

小傍水崖村　总户数56户，总人口167人，耕地面积14.4公顷。

北未庄村　总户数88户，总人口314人，耕地面积20公顷。

北庄坨村　总户数45户，总人口140人，耕地面积12.2公顷。

黑峪沟村　总户数170户，总人口535人，耕地面积57.1公顷。

西上庄坨村　总户数152户，总人口520人，耕地面积22.7公顷。

上庄坨村　总户数482户，总人口1308人，耕地面积52.7公顷。

沙锅店村　总户数400户，总人口1290人，耕地面积54.9公顷。

槐树店村　总户数185户，总人口522人，耕地面积71.1公顷。

潮水峪村　总户数 440 户，总人口 1449 人，耕地面积 158.1 公顷。

半壁店村　总户数 214 户，总人口 570 人，耕地面积 40.8 公顷。

石岭村　总户数 480 户，总人口 1528 人，耕地面积 102.1 公顷。

小刘庄村　总户数 139 户，总人口 389 人，耕地面积 9.7 公顷。

揣庄村　总户数 48 户，总人口 164 人，耕地面积 21.2 公顷。

北徐庄村　总户数 30 户，总人口 96 人，耕地面积 12.4 公顷。

房庄村　总户数 65 户，总人口 206 人，耕地面积 8.3 公顷。

浅水营北村　总户数 330 户，总人口 1090 人，耕地面积 80.8 公顷。

浅水营中村　总户数 240 户，总人口 740 人，耕地面积 48.7 公顷。

浅水营南村　总户数 320 户，总人口 1030 人，耕地面积 12.6 公顷。

上花野村　总户数 398 户，总人口 1160 人，耕地面积 65.3 公顷。

下花野村　总户数 210 户，总人口 601 人，耕地面积 55.6 公顷。

东赵家峪村　总户数 145 户，总人口 425 人，耕地面积 61.4 公顷。

西赵家峪村　总户数 120 户，总人口 420 人，耕地面积 54.5 公顷。

东塔村　总户数 127 户，总人口 421 人，耕地面积 44 公顷。

沙河寨村　总户数 896 户，总人口 2245 人，耕地面积 260 公顷。

响水村　总户数 80 户，总人口 245 人，耕地面积 18.1 公顷。

朱清峪村　总户数 196 户，总人口 596 人，耕地面积 62 公顷。

苇子峪村　总户数 51 户，总人口 204 人，耕地面积 14.4 公顷。

代家楼村　总户数 55 户，总人口 184 人，耕地面积 26 公顷。

英武山村　总户数 152 户，总人口 504 人，耕地面积 54.3 公顷。

【领导班子主要负责人】

党委书记：张　波（4 月免）
　　　　　杨忠权（4 月任）
镇　　长：刘　策
人大主席：王迎海（4 月免）
　　　　　张晓刚（6 月任）

（杨　华）

驻操营镇

【概况】 驻操营镇地处海港区北部，距市区 35 千米，辖 52 个行政村，总面积 243.6 平方千米，总户数 8957 户，总人口 2.5 万人。2016 年，以“生态美、产业兴、百姓富”为指导思想，谋划“一带一园多基地”的空间发展布局和整合煤矿、整顿石矿、限制养殖、发展林果、壮大旅游，大力发展农产品深加工项目的产业定位，全镇经济和社会各项事业稳步发展，完成固定资产投资 4.04 亿元；完成招商引资 1.5 亿元；上缴税金 156 万元。

【党建工作】 重基层强基础，筑牢管党根基。牢固树立抓好党建就是最大政绩工作理念。建立规范的党建运行制度，包括“三会一课一服务”制度、“双征四议两公开”民主议事机制、民主评议党员制度等，逐步逐项进行规范，激发党组织的活力。开展“基层基础工作规范村”创建活动，规范党务、村务运作。上报后进支部 8 个，组织召开后进村“两委”干部座谈会，结合“干部下基层，建功在一线”工作，成立整顿转化工作小组，每个工作小组配备 1 名领导班子成员、1 名机关干部，形成齐抓共建合力。完善防瘫预警机制和奖惩机制，下力度破解不作为村干部罢免难和村班子合力不强等党建难题。定期召开推进会、调度会，积极深入一线现场解决难题。重班子强队伍，打造管党骨干。对软弱涣散的村级党支部进行整顿。免去张庄村党支部书记职务，下派中层干部张旭到张庄村任党支部书记；停止平顶峪村、王家峪村党支部书记职务，下派中层干部王宏、陈迎春为第一书记。搞好党员教育管理。以“两学一做”专题教育活动为契机，一手抓党员素质提高，强化培训，优化队伍，有针对性地对党员培训，提高他们的领富带富本领，组织30名党员参加省级示范培训班，建立村级后备干部人才库及农村实用人才信息库，提升村级骨干队伍；一手抓党员发展工作，充实党员队伍，增加新鲜血液。严把入口关，成熟一个发展一个。全年发展党员28人。扎实开展“两学一做”专题教育活动。加强学习教育，提高思想认识。坚持立足岗位，亮明身份。组织全体党员佩戴党徽，亮明党员身份。开展党员服务活动，组织机关党员进行街道垃圾清理、农村党员开展村内环境整治活动，对村内及“两室”内外开展环境治理，清理垃圾和杂草，保持干净整洁。机关支部全体党员重温入党誓词，每人做出一句话承诺，在大厅入口处进行公示，增强党性意识。充分发挥党员的先锋模范作用和先进典型的示范带动作用，开展“党员先锋岗”评选活动，评选党员先锋科室8个、党员先锋岗个人10人。培树典型，增强动力。将全镇划分5个片区，每个片区打造多个示范点，分别以“发挥党员先锋，建设美丽家园”“加强支部建设，促后进转化”“规范两室建设，打造和谐村庄”“发挥党员模范，志愿服务为百姓”“党员送技术到田间，提高果树管理水平”为主题，推出9个示范点，通过示范点带动该片学习教育活动的开展。

【镇域经济】 加快发展区域特色，夯实农业基础。狠抓春季造林，加快农业结构调整。大面积种植栗树、苹果树、核桃等经济林。全年完成造林绿化面积800公顷，驻板线旅游公路两侧栽植果树面积26.67公顷，取消玉米种植，优化农业种植结构。抓好测土配方施肥技术推广工作，在九门口村、花厂峪村、义院口村、板厂峪村、董家口村等建立测土配方施肥技术示范点。推进新型农村社会化服务体系建设。成功申报板栗产业园区1个，新增农业合作社2家，申报市级家庭农场3家。加快推进项目建设，积蓄发展后劲。加快非煤矿山整顿。关闭取缔全部无证采矿企业，拆除地面设施，查封设备，防止“死灰复燃”。有15家露天开采非煤矿山，关停12家，其余3家要求其证照齐全。加快煤炭资源整合。3家待整合煤矿与中煤集团已经签订协议，第一批资金已发放到位，中煤集团已经接管。加快重点项目建设步伐。投资2亿元的东岩石料加工厂已竣工；拟投资1.6亿元的中硅20兆瓦光伏并网发电项目，4号地块太阳板安装完毕，其他地块太阳板支架已完工，正在办理征地和及林业使用批复手续。加快旅游业提升发展，发挥资源优势。依托深厚的长城文化，大力发展旅游业，坚持以老带新，以点带面，将长城文化与自然景观紧密结合，打造以长城为主线集观光、休闲、采摘、垂钓、住宿为一体的无景点精品旅游。打造花厂峪、大道岭集休闲体验、自由采摘、摄影采风为一体的生态农业示范园，实现农业发展与生态旅游互动双赢。扶持兴建义院口鑫宝乡村旅游景点、九门口旅游景点、花厂峪建友生态旅游景点3个旅游项目。加快推动环长城旅游公路建设，暑期集中时间，完成48千米环长城旅游公路的划线、清点和征拆工作。

【城镇建设】 推进美丽乡村建设，改善乡村面貌。组织板厂峪村、龙泉庄村、唐苏村、花厂峪村、刘家房村5个美丽乡村重点村外出参观学习，为5个村办理招投标手续（由于板厂峪村和龙泉庄村被定为旅发大会节点村，因此其招投标工作中止）。刘家房村、花厂峪村、唐苏村美丽乡村完成改厕149座，安装分散式小型污水处理设备13套，“两改一清一拆”完成清理杂物4600立方米，清理残垣断壁102处。整饰临街建筑立面9700平方米，建文化广场面积600平方米，打机井1眼。开展农村垃圾治理，完成与银湾公司的交接，建立垃圾清理长效机制。依法取缔镇域内非法采矿、磕石企业5家，严格控制畜禽养殖污染，石河上游17家养殖场全部建设污水处理池，确保污染物达标排放。秦青公路整治，清理煤场占地面积5.33公顷，清理煤炭10万吨，绿化面积3.33公顷。“双违”整治工作。建立违法用地动态巡查工作制度，启动领导包片、机关干部包村机制，全部深入一线，耐心细致做思想引导工作，动员群众自拆，形成“主动自拆为主，依法强拆为辅”的整治“双违”强大声势。有67处违建当事人进行自拆或政府协助拆除，拆除面积9.27万平方米。做好旅发大会的准备工作。做好环长城旅游公路沿线土地流转工作。对辖区山体毁坏情况进行排查，经排查被毁山体主要为原11处小矿山开采企业破坏，全镇合计毁坏面积17.25万平方米。开展河道治理。石河流域完成拦截潜流14道，为保证旅发大会水景观效果，提前在义院口村、杨蒋山村、板厂峪村、张庄村和邹刘贺村等处储水。规划建设板厂峪文化休闲度假区，配合相关部门做好板厂峪景区资产评估工作。

【社会事业】 健全社会保障体系。组织开展救灾、救济工作。7月20日，镇域发生严重的暴雨灾害，造成镇域经济损失1.4亿元。灾情发生后，积极组织各村报灾核灾工作。10月，争取救灾资金24.8万元，及时发放到群众手中。发放低保金65.01万元，发放分散供养“五保”金89.51万元。危房改造28户，完成重度残疾人护理补贴194人，困难残疾人生活补贴132人，为3名水库移民申请项目扶持。做好劳动保障服务工作。加强就业再就业工作，为农村剩余劳动力提供就业、培训信息、就业服务及就业前培训工作，引导农村剩余劳动力合理转移。全年新增就业劳动力转移累计300人。加强社会保障工作。全年新农保参保9868人，收缴保费111.23万元。推进计生工作。推进依法行政、综合治理出生人口性别比，扎实做好统计求实与流动人口服务管理，开展阳光计生行动，符合政策生育率97.96%，人口自然增长率-1.95‰。

【综治维稳】 严抓信访维稳工作。坚持“日排查、周调度、月汇报、季分析”工作机制，对排查出的信访问题逐一建立台账，全年共排查信访隐患32件，接待信访群众49批、57人次，其中集体访4批、26人次。完善信访维稳工作制度，研究试行镇信访联席员制度，加强流程管理，完善“一案一档”；注重积案化解，协调各方解决群众合理诉求。安全生产常抓不懈。对辖区34家企业分行业领域进行安全生产大检查，不定期对停产整顿企业进行巡查。深入开展“非法开采矿产资源‘百日攻坚战’专项行动”，检查48处盗采点1600多次，其中夜间检查400多次。采用机械毁闭、爆破毁闭等方式毁闭非法矿点300多次。坚持不定时、不定方向24小时不间断巡查，对发现盗采行为的井口、采矿点，严格执行“三不留一毁闭”的原则，依法进行处罚。

【精神文明建设】 参加“彩色周末·百姓舞台”专场演出，参加活动的演职人员180多人，全场演出节目13个。组织演职人员100多人到海滨路街道举行“城乡文艺互动互访”专场演出，促进单位间的文化交流。结合发展新形势，开展青年思想政治教育，提高青年的思想道德素质。结合自身工作需求，加强岗位练兵，提高团员队伍的业务技能水平和服务水平。开展青年志愿者活动，展现驻操营镇团员青年的风采。占领青年活动阵地，发挥团支部战斗堡垒作用。5月18日，召开驻操营镇妇联第一次会议，选举产生驻操营镇第一届妇女联合会执行委员会执委15人。选举产生妇联主席1人，专职副主席1人，兼职副主席3人。利用驻操营中心小学放学人员比较集中的优势，开展“11·25国际反家庭暴力日”为主题的宣传活动。与计生办联合开展“让爱永驻，携手圆梦”关爱留守儿童活动，让缺失关爱、亲情的孩子们体会到社会大家庭的关爱和呵护。

【村简介】 九门口村 总户数408户，总人口1136人，耕地面积103.2公顷。

黄土岭村 总户数58户，总人口182人，耕地面积22.6公顷。

东贺庄村 总户数49户，总人口140人，耕地面积14.5公顷。

甘城子村 总户数161户，总人口429人，耕地面积40.5公顷。

大道岭村 总户数60户，总人口191人，耕地面积16.4公顷。

平房峪村 总户数167户，总人口446人，耕地面积43.6公顷。

王家楼村 总户数161户，总人口483人，耕地面积37.4公顷。

山水峪村 总户数49户，总人口154人，耕地面积 28.6 公顷。

何庄村　总户数 196 户，总人口 559 人，耕地面积 58 公顷。

张岩子村　总户数 114 户，总人口 283 人，耕地面积 34.2 公顷。

黄土营村　总户数 444 户，总人口 1173 人，耕地面积 124.8 公顷。

龙泉庄村　总户数 127 户，总人口 363 人，耕地面积 48 公顷。

小河营村　总户数 81 户，总人口 205 人，耕地面积 18.4 公顷。

西沟村　总户数 40 户，总人口 88 人，耕地面积 14.6 公顷。

温庄村　总户数 279 户，总人口 725 人，耕地面积 76.4 公顷。

程庄村　总户数 139 户，总人口 358 人，耕地面积 28 公顷。

李庄村　总户数 171 户，总人口 420 人，耕地面积 44.4 公顷。

王家峪村　总户数 141 户，总人口 385 人，耕地面积 41.6 公顷。

王铁庄村　总户数 67 户，总人口 169 人，耕地面积 15.4 公顷。

东部落村　总户数 203 户，总人口 658 人，耕地面积 104.6 公顷。

西关村　总户数 244 户，总人口 664 人，耕地面积 60.4 公顷。

孟庄村　总户数 189 户，总人口 514 人，耕地面积 48.4 公顷。

郭庄村　总户数 243 户，总人口 907 人，耕地面积 61.6 公顷。

南关村　总户数 290 户，总人口 759 人，耕地面积 31 公顷。

崔庄村　总户数 303 户，总人口 888 人，耕地面积 92.7 公顷。

东王庄村　总户数 271 户，总人口 761 人，耕地面积 61 公顷。

马家峪村　总户数 138 户，总人口 407 人，耕地面积 33.3 公顷。

邹刘贺村　总户数 238 户，总人口 733 人，耕地面积 68.3 公顷。

董家口村　总户数 130 户，总人口 455 人，耕地面积 30.8 公顷。

张庄村　总户数 220 户，总人口 648 人，耕地面积 33.5 公顷。

查庄村　总户数 194 户，总人口 584 人，耕地面积为 30.3 公顷。

半壁山村　总户数 240 户，总人口 698 人，耕地面积 23.9 公顷。

庄河村　总户数 275 户，总人口 766 人，耕地面积 46.6 公顷。

平顶峪村　总户数 376 户，总人口 1041 人，耕地面积 60.3 公顷。

城子峪村　总户数 114 户，总人口 317 人，耕地面积 22.2 公顷。

水门寺村　总户数 107 户，总人口 266 人，耕地面积 9.9 公顷。

龚家楼　总户数 43 户，总人口 86 人，耕地面积 10.4 公顷。

长城村　总户数 71 户，总人口 147 人，耕地面积 10.4 公顷。

东山根村　总户数 242 户，总人口 629 人，耕地面积 22.3 公顷。

六瓦房村　总户数 62 户，总人口 160 人，耕地面积 12.6 公顷。

板厂峪村　总户数 337 户，总人口 983 人，耕地面积 12.6 公顷。

义院口村　总户数 631 户，总人口 1907 人，耕地面积 60.1 公顷。

拿子峪村　总户数 119 户，总人口 312 人，耕地面积 22.9 公顷。

杨蒋山村　总户数 95 户，总人口 232 人，耕地面积 12.2 公顷。

李毛大村　总户数 79 户，总人口 199 人，耕地面积 12.6 公顷。

唐苏村　总户数 105 户，总人口 246 人，耕地面积 10 公顷。

龚庄村　总户数 50 户，总人口 122 人，耕地面积 9.2 公顷。

王庄村　总户数 74 户，总人口 209 人，耕地面积 13.2 公顷。

吴庄村　总户数 147 户，总人口 413 人，耕地面积 42.6 公顷。

刘家房村　总户数 49 户，总人口 160 人，耕地面积 16.4 公顷。

花厂峪村　总户数 37 户，总人口 112 人，耕地面积 10.8 公顷。

北沟村　总户数 29 户，总人口 81 人，耕地面积 4.4 公顷。

【领导班子主要负责人】

党委书记：张　斌

镇　　长：梁永斌

人大主席：王占宽（5 月免）

　　　　　李志兴（5 月任）

（李　明）

杜庄镇

【概况】 杜庄镇辖 42 个行政村，总面积 92.6 平方千米，耕地面积 2055.5 公顷，总户数 9100 户，总人口 2.49 万人。2016 年，全镇上下转变工作作风，统筹推进新型工业化、新型城镇化协调发展，扎实推进各项重点工作，全镇经济发展和社会事业登上一个新的台阶。完成社会固定资产投资 8.1 亿元，完成工业总产值 75 亿元，实现营业收入 70 亿元，税收 1.89 亿元。

【党建工作】 强化班子建设。镇党委充分发挥“主心骨”和“领头羊”的作用，制发《会议制度》《学习制度》《值班制度》《考勤考核制度》《公文管理制度》《信访工作制度》等规章制度，规范党政班子，实现高效有序运转。镇党委明确分工，强化工作责任，做到分工合作，班子整体战斗力和凝聚力明显增强，形成人人想做事，人人能做事，人人做好事的良好局面。全年镇党委召开专题会议十多次，研究、部署重点难点村的推进、后进村整顿转化等项工作，选派 3 名优秀的机关干部下村任第一书记，促进村级组织的凝聚力和服务能力的提高。深化党员干部队伍管理。健全各项制度，使党建工作有章可循。适应镇内经济及社会事业的新变化，更新《农村干部工作目标责任制与工资奖惩挂钩的实施办法》，从引领富民强村、维护和谐稳定、推进基层民主等方面具体明确村党支部书记职责目标。年内，确定后进村 6 个（山前村、廖庄村、大深港村、高新庄村、东苏子峪村、徐山口村），镇党委制定相应的转化方案，分门别类地进行整顿、转化。主要领导和班子成员逐村与村两委、区直驻村帮扶单位会诊剖析，找准症结，定准措施，分类施治。年末 6 个村全部转化成为“党建工作示范典型”。深入开展“两学一做”教育。制定《关于在全镇党员中开展“学党章党规、学系列讲话，做合格党员”学习教育实施方案》，对总体要求、学习教育内容、主要举措和组织保障等四个方面提出具体要求，以确保“两学一做”真正落到实处，为助推“四个全面战略布局”、落实“五大发展理念”、打造“一流主城区和沿海经济增长极”提供坚强组织保证。

【党委换届】 坚持全面从严治党，坚持把加强党的领导贯穿换届工作全过程，成立杜庄镇换届工作领导小组及办公室，党委书记董育松任组长。他亲自主持党委会研究部署，指导制定工作方案，亲自研究新问题新情况。组织学习《严肃换届纪律文件选编》150 多人次，组织观看《镜鉴》120 多人次，并通过张贴宣传画、悬挂条幅等方式进行宣传学习。召开党委会 3 次，专题研究换届相关工作，发放提醒函 200 多人次，开展谈心谈话 80 多人次，牢牢把握换届的领导权和主动权，顺利完成换届工作的各次任务。选举出新一届党委委员 9 人，选举董育松为党委书记。

【镇域经济】 重点推进抚宁县煜桐园温泉度假山庄有限公司开发的摩诃寺复建项目、武汉日新科技有限公司投资的光伏发电项目和北新庄片区旧村改造项目。摩诃寺项目已列入 2017 年省重点项目，项目总投资约 4 亿元人民币，占地面积 12.07 公顷，总建筑面积 6 万平方米，正在办理前期手续；光伏发项目，预计投资 4 亿元，占地面积 66.67 公顷，项目前期手续齐全，正等待光伏发电指标；北新庄片区旧村改造项目，已签订《北新庄村旧村改造拆迁补偿协议》326 份，拆除房屋 550 套、9.69 万平方米；协议安置置换面积 10.23 万平方米。发放过渡费、搬家费和奖励共计2114万元。签订《终止承包合同协议书》251份，涉及251户，占地面积114.38公顷，开荒地涉及118户、面积21.24公顷，发放各类补偿1.51亿元。由于该片区规划未纳入全区总规，正在等待杜庄工业区总规、控规进行审批。旅发大会涉及的项目主要为道路征拆及配合做好两侧绿化、美化。温泉小镇道路征拆工作。道路全长2.7千米，占地面积8.07公顷，贯穿3个村，征拆资金预估约2094万元。道路两侧拆违工作，旅游专线所涉温泉小镇道路、祖山连接线道路和承秦连接线道路两侧存有闲置大院7处、违建门市房1处、种养殖场4处。京哈高速祖山连接线两侧绿化及汤河景观带建设工作。投资24万元打造2条水景观带，在汤河支流、徐山口桥已修建拦水坝4条、长150米，形成上下游以野鸭、候鸟栖息的自然生态景观；在汤河支流、石庄桥修建拦水坝4条、长270米，水面面积8.67公顷，已在景观带一侧护坡及漫水桥围栏上安装景观灯带2条，长740米，安装LED景观射灯16盏，在截留水域种植荷花3.33公顷，放置木船2只，打造白天以乡村旅游、晚上以群众休闲为特色的美丽乡村水景观带。

【城镇建设】 开展环境综合治理工作。对秦青公路两侧环境进行彻底治理，动用人工980人次、车辆210台次、重型工程车95台次，清理垃圾等杂物4.3万立方米、回填土方2500立方米、人工平整2.05平方米；联合城管中队在秦青公路和秦兴大街开展临街门店、流动商贩、占道经营、乱搭乱建等市容环境专项整治工作。集中攻坚“双违”整治。共排查各类违法建筑物、大院236处，总面积9.52万平方米。全年拆除违建161处，拆除总面积7.48万平方米。旅发大会及美丽乡村建设工作。董家沟村通过改造双瓮式厕所、修河道、修马路、清理残垣断壁、石头勾缝、墙体加帽等工作，村容村貌焕然一新，顺利通过美丽乡村建设验收。旅发大会涉及汤河景观带建设。投资24万元在汤河支流、徐山口桥修建拦水坝4条，形成上下游野鸭、候鸟栖息的自然生态景观；在汤河支流、石庄桥修建拦水坝4条，并在景观带一侧护坡及漫水桥围栏上安装景观灯带和LED景观射灯。抓好环境保护工作。按照《关于加快推进全区财政支付单位燃煤锅炉改用清洁能源的通知》的要求，辖区4家乡镇机关事业单位和1家金融机构完成燃煤锅炉的改造，改用清洁能源；8家中小学锅炉的改造因时间问题延期到2017年4月以后统一改造。做好限期关停秦青公路周边储煤场工作。关停储煤场3家，补贴款发放到位。

【社会事业】 辖区有建成小区14个，总户数1.11万户。成立蓝图嘉园社区居委会和兴桐社区居委会，启动入户信息采集。成立社区学校，强化社区教育。开展环境综合治理。加强公共卫生服务，做好疫苗接种、流行病防治、慢性病管理、儿童保健等工作。42个村实现新农合全覆盖，参合人数共计1.74万人，参合率96.3%；新申报审批慢性病患者107人；新型农村养老保险参保率89.7%，年满60岁以上人员全部享受基础养老金，375万元全部按月发放；在失地农民中推行最低生活保障制度；社会福利、优抚安置稳步推进，发放临时救助、大病医疗救助金14.2万元，发放城镇最低生活保障金1.97万元，农村低保金29.2万元，发放优抚费55.93万元，发放移民生产扶持资金18.4万元，发放粮食直补和农资综合直补资金共计146.5万元。

【综治维稳】 从“保稳定，促发展”的大局出发，加大信访工作调处力度。全年接待群众信访225批次、1325人，其中，个人访161批次、190人，集体访64批次、1135人。在重点时期、敏感时期，进行矛盾纠纷集中排调，排查出各类纠纷28起，及时调解处理，未出现矛盾纠纷激化事件和民转刑案件。拧紧“安全生产”阀门。做好重要节假日和重要时间节点的安全生产监管工作。开展“全国第15个安全生产月”活动。参加并指导企业应急演练2家，督导检查企业43家，发现问题和隐患90多条，全部整改完毕。扎实推进安全生产攻坚行动。对重点行业、重点企业加大执法检查力度和频率，确保行动取得实效。

【精神文明建设】 组织第一届广场舞大赛。与西港路街道办事处联合举办“城乡文艺互访互动”

专场演出；在金梦海湾举办海港区“彩色周末·百姓舞台”杜庄镇专场演出。组织参加市、区组织的各项文体活动。获秦皇岛市第五届龙舟大赛第六名，海港区2016年乒乓球比赛和台球比赛中乒乓球比赛女子组单打第三名、台球比赛团体第二和个人第三、第四名。星语欣愿舞蹈队表演的规定曲目《站在草原望北京》、自选曲目《策马奔腾》获2016年广场健身操大赛海港区分站赛第二名，成功晋级复赛。举办“五四”纪念活动、“我与祖国共奋进”教育、“民族精神代代传”等活动，加强对青少年思想政治教育工作。发挥妇女在家庭中的影响力，开展“中华好家风”活动，挖掘优秀家风故事，发挥家教家风的精神力量，引导广大家庭建设文明向上的家庭文化。

【村简介】 杜庄村　总户数136户，总人口410人，耕地面积34.46公顷。

赵庄村　总户数360户，总人口1090人，耕地面积95.75公顷。

杨家山村　总户数260户，总人口810人，耕地面积41.58公顷。

大道村　总户数148户，总人口393人，耕地面积28.19公顷。

黄庄村　总户数221户，总人口598人，耕地面积24.41公顷。

高庄村　总户数222户，总人口599人，耕地面积42.41公顷。

紫峰坨村　总户数326户，总人口889人，耕地面积39.11公顷。

祝庄村　总户数252户，总人口771人，耕地面积54.31公顷。

杂宇部落村　总户数278户，总人口743人，耕地面积52.45公顷。

碑庄村　总户数190户，总人口540人，耕地面积74.15公顷。

徐家沟村　总户数143户，总人口403人，耕地面积64.61公顷。

肖家岗村　总户数137户，总人口406人，耕地面积53.75公顷。

蒋家洼村　总户数270户，总人口815人，耕地面积65.28公顷。

小部落村　总户数344户，总人口1119人，耕地面积117.36公顷。

吴家房村　总户数127户，总人口348人，耕地面积30.64公顷。

八岭沟村　总户数147户，总人口463人，耕地面积78.87公顷。

长兴店村　总户数147户，总人口454人，耕地面积66.82公顷。

焦庄村　总户数136户，总人口474人，耕地面积95.52公顷。

焦杨庄村　总户数102户，总人口320人，耕地面积39.33公顷。

董家沟村　总户数78户，总人口230人，耕地面积32.46公顷。

韩庄村　总户数134户，总人口402人，耕地面积47.61公顷。

马庄村　总户数54户，总人口175人，耕地面积38.5公顷。

东徐庄村　总户数63户，总人口168人，耕地面积35.14公顷。

北新庄村　总户数364户，总人口1153人，耕地面积99.66公顷。

平山营村　总户数252户，总人口703人，耕地面积42.34公顷。

高新庄村　总户数258户，总人口623人，耕地面积71.54公顷。

代庄村　总户数330户，总人口938人，耕地面积75.35公顷。

车庄村　总户数152户，总人口393人，耕地面积29.83公顷。

小深港村　总户数155户，总人口456人，耕地面积28.85公顷。

大深港村　总户数506户，总人口1395人，耕地面积82.2公顷。

东苏村　总户数137户，总人口384人，耕地面积55.78公顷。

西苏村　总户数92户，总人口274人，耕地面积45.45公顷。

山前村　总户数96户，总人口246人，耕地面积37.82公顷。

徐山口村　总户数330户，总人口904人。

周庄村　总户数117户，总人口312人。

石庄村　总户数158户，总人口529人，耕地面积34.62公顷。

甘庄村　总户数137户，总人口470人，耕地面积36.05公顷。

廖庄村　总户数149户，总人口467人，耕地面积22.63公顷。

王庄村　总户数240户，总人口723人，耕地面积34.11公顷。

黑山嘴村　总户数69户，总人口200人，耕地面积9.51公顷。

三义庄村　总户数68户，总人口180人，耕地面积16.7公顷。

温泉堡村　总户数76户，总人口233人，耕地面积5.3公顷。

【领导班子主要负责人】

党委书记：李　彬（4月免）

董育松（4月任）

镇　　长：李锦锋

人大主席：仇喜兴（4月免）

董政民（4月任）

（冯佳星）

北部工业区

【概况】 秦皇岛北部工业区辖13个行政村，规划面积17.2平方千米，建成区面积6平方千米。辖区总户数4232户，总人口1.23万人。2016年，完成固定资产投资22.63亿元，同比增长14.05%；引进内资11.5亿元，同比增长4.55%；实现规模以上工业产值32.6亿元，同比增长5%；实现工业增加值9.34亿元，同比增长14%，实现主营业务收入28.65亿元，同比增长5%。

【党建工作】 深入开展“两学一做”学习教育。以党支部为基本单位，以“三会一课”为基本形式，将“两学一做”学习教育常态化。督促和规范党员佩戴党徽标识，设立党员责任区、党员先锋岗，悬挂“党员家庭户”标牌等形式，规范党员行为，展示党员形象。依托基层党建平台的建设，在党建网站内设立“两学一做”学习教育专题窗口，方便辖区党员参与学习活动。加快解决基层党组织存在的软弱涣散问题，实行一村一策一方案，针对不同的后进问题，制定不同的转化措施,新庄村完成转化。完成企业党支部全覆盖。对辖区137家企业的党员数量进行详细摸底，制定台账，成立25个联合特设党支部，6个独立特设党支部，实现对辖区非公企业的党组织全覆盖。追缴欠缴党费。有党员774人，需补缴党费党员201人，应补缴党费14.4万元，党费追缴排查率99.6%。加强党风廉政建设，提高拒腐防变能力。制定《北部工业区2016年党风廉政建设责任制实施意见》，对党风廉政建设和反腐败工作的任务进行分工。强化宗旨意识，针对农村“两委”干部开展廉政培训。对“一问责八清理”专项行动进行自查自纠，查找出问题40个，进行深入的整改落实，做好“回头看”。落实党工委的主体责任和纪工委的监督责任，完成“两个责任”及党风廉政建设考核工作。

【项目建设】 全年工业区在建千万元以上项目13个（续建项目5个，新开工项目8个），其中亿元以上项目5个；拟开工项目4个，其中亿元以上项目1个；前期项目3个，全部为亿元以上项目。市重点项目4个，其中亿元以上项目2个。竣工投产项目4个。连续三年被评为固定资产投资暨重点项目建设先进单位。在建的8个项目中有2个如期竣工，羿珩高铁全自动智能装备项目、德能商贸光电一体化暖浴设备项目实现当年开工，当年建成投产。5个拟开工项目，其中，3个正在办理施工许可证，2个正在办理土地招拍挂手续。北方商贸、国药物流项目正准备土地挂牌相关资料。力超电机项目正在办理施工许可证。在落地环节上下功夫。谋划包装10个亿元以上重大储备项目，其中，5亿元以上项目3个，50亿元以上项目1个，涉及装备制造、新能源、基础设施及棚户区改造等多个领域。谋划项目尽早落地，结合市土地总体规划和“多规合一”规划编制工作，向区政府申请调整部分土地规划，解决工业区建设用地分散的问题。争取将兴龙九里桃源项目以北、新102国道以南、民族北路以东至韩石路以西地块进行调规。保留临近民族北路的医疗用地、部分文化设施及商业用地，面积16.6公顷；其余均调整为工业和物流用地，面积32.53公顷；将原有中小学教育用地及部分商业用地，调整到北港大街以南新经济产业园地块内。对新102国道与高速之间、民族北路两侧的有条件建设区土地进行合理利用。对田家沟村址以西约20公顷土地进行整理开发，引进部分产业项目，在民族北路以西建设城市公交总站及体育设施。利用有利资源，培训、指导、引领企业转型升级。指导有扩容能力的企业做好扩建项目的谋划和前期手续办理，推荐有研发能力的技术型企业参加各类招商推介活动，组织有资金需求的企业参加各类银企见面会，邀请金融、股权交易专业人员为企业集中授课，为企业搭建多渠道融资平台。全年新开工技改项目2个，完成投资7040万元；计划开工技改项目2个，计划总投资5000万元。年初，羿珩科技在“新三板”成功上市；10月28日，傲森尔公司在“新三板”上市。走访工业区重点企业50多家，为企业带去多方位政策信息，与企业实现良性互动。组织正道科技、新维工业布2家企业参加第四届中国（北京）国际贸易交易会，中运机械新建年产2万吨船用阀门项目在“京津冀百名企业家走进海港区主题招商会”上签约。指导羿珩科技等9家企业完成省发改委重点项目三年滚动计划库注册申报工作；推荐博硕光电、瑜阳光能、德能光电、香海粮油、日泰管业5家企业共6个项目申报市节能项目资金。为45家企业发放2014年土地使用税奖励资金611.34万元。

【基础设施建设】 为解决辖区部分企业用水难的问题，投资3.76万元完善入区企业自来水工程。积极谋划，做好和月大街、规划四路、华美路、和美路、耀华东路等道路的亮化工程，已完成工程拦标价约200万元，正在进行招投标。协调相关单位，推动迎宾北路道路建设工程的实施。投资4000万元的污水加压泵站工程已完成工程总量的60%。总投资3.31亿元的污水处理厂建设工程主体已经完工，正进行设备调试。给水加压泵站工程，招投标已完成，正办理施工许可和施工备案。和美幼儿园建设工程，设计方案完成，正在编制项目建议书。规划四路南段建设工程，施工图设计完成，正在办理立项手续。谋划韩庄周边片区土地整理项目，可整理土地面积217.73公顷，有效解决工业区发展空间受限的难题。

【园区建设】 开展河道治理工作，落实“河长制”，拆除大汤河违章大院1个、鱼塘7个、大汤河小新庄支流旱厕5个，关停豆腐作坊3个，对沿河9家养殖场进行整改修建储粪池和沉淀池，解决沿河养殖场直排问题。加大对河道垃圾、淤泥清理力度，清出9010立方米，拆除封堵旱厕、各种排污口41个。以“全民洗城、美化环境、争创一流”为主题，开展“全民洗城”大会战活动11次，并对车辆乱停乱放、占道经营、露天烧烤等行为进行严查，圆满完成各项“创城”工作任务。加大环境卫生的整治力度，查处马路遗撒、乱倒垃圾、车轮带泥上路等现象60多起，清理新102国道、民族北路、广缘超市周边、生态谷周边等重点区域垃圾3万立方米。对运通物流、北港物流、鑫帅建材3家企业不符合要求的燃煤锅炉进行拆除。加强对辖区内土堆、料堆和储煤场的排查，督导其进行扬尘网遮盖，严禁焚烧秸秆、燃烧垃圾废弃物等行为，有效抑制大气污染源的产生。加大“双违”整治工作力度，拆除违法用地49宗，拆违面积10.24万平方米，完成“双违”台账内数量的84%。全力推进涂庄村、韩庄村棚户区改造工作，多次与市、区两级财政沟通，申请返还土地出让金2642.45万元，保证部分困难群众土地补偿款及时发放。

【社会事业】 认真落实《被征地农民基本生活补助保障暂行办法》等5个配套办法，发放一、二季度失地保障金1606.91万元。12个村、3882户、1.16万人享受失地保障政策。加大对困难群众的救助力度，筹集资金约30万元用于发放困难群众救灾粮、特困补贴、残疾人员救助、退役老兵津补贴。积极联系万科、生态谷等小区建设单位，申请成立万科小区和生态谷小区的社区居委会。加大对育龄“妇女”和计生特殊人群的帮扶力度。圆满完成征兵工作，为部队输送合格兵员。开展以“想群众之所想，急群众之所急”为目标的主题活动，服务辖区群众，政务中心全年受理各类咨询业务 1.1 万多次，办理业务 6000 多次，提升园区整体服务水平。

【综治维稳】 开展领导接访日活动，每天安排一名班子成员进行接访，通过接访日和定期研究重要信访问题有机结合的方式，将矛盾纠纷化解在基层、人员稳控在当地。开展普法宣传，张贴法律标语 40 多条，发放宣传资料 800 多份，与区法院、检察院、司法局等执法部门在万龙社区开展法律宣传活动。人民调解成效显著，全年调解各类矛盾纠纷 110 件，调解成功 108 件，调解率 98%。开展安全大检查工作，贯彻落实上级部署的各项安全生产活动。与各村、企业签订“安全生产责任状”，明确安全职责和企业主体责任。组织辖区 13 家企业参加区安监局组织的应急预案编制培训活动。开展“安全生产月”活动，组织辖区企业进行安全生产自查。联合区安监局，开展入企全面普查，从安全生产管理制度、三级教育培训、现场操作、特种人员管理等方面进行检查和督导。全年检查和复查企业 82 家，查出并督促整改隐患 429 个。加强食品经营单位监管工作，规范辖区食品市场经营秩序。开展辖区食品经营单位摸排补漏工作，共摸排登记食品经营单位 256 家。加大食品安全宣传力度，开展宣传活动 3 次，发放宣传单 400 多份，发放明白卡 200 多张，悬挂条幅 14 条，提高群众食品安全防范水平和意识，有效震慑违法犯罪，全年未发生食品安全案件。

【精神文明建设】 以学雷锋活动为契机，组织开展“雷锋精神我们传承”青春志愿活动。开展“践行社会主义核心价值观，争做向上向善向美海港青年”活动，推选一批好青年，带动正能量的传播。开展的创建文明城市活动，引导和带领辖区团员青年发挥示范带动作用。积极参加秦皇岛龙舟大赛、海港区沙滩体育节等活动。开展青少年理想信念教育。组织开展“与信仰对话”主题活动，坚定青年跟党走的信念。以群众路线活动为契机，组织青年开展学习焦裕禄的群众观活动以及讲文明树新风等活动；深化青少年志愿服务事业；加强青少年权益保护工作；不断融入中心工作，全面服务辖区建设。开展各类家庭评选，展示幸福和谐精神风貌；开展“三八”维权周系列活动；以妇代会换届为契机，扩大妇女参政议政。

【村简介】 腰站庄村　总户数 540 户，总人口 1481 人。

晒甲会村　总户数 297 户，总人口 724 人。

杨庄村　总户数 358 户，总人口 1172 人。

石庄村　总户数 279 户，总人口 838 人。

缪庄村　总户数 430 户，总人口 1296 人。

涂庄村　总户数 372 户，总人口 1012 人。

韩庄村　总户数 367 户，总人口 1252 人。

田家沟村　总户数 452 户，总人口 1372 人。

新庄村　总户数 95 户，总人口 227 人。

四合庄村　总户数 120 户，总人口 305 人。

新崔庄村　总户数 282 户，总人口 902 人。

小高庄村　总户数 302 户，总人口 884 人。

石山村　总户数 338 户，总人口 845 人。

【领导班子主要负责人】

党工委书记、管委主任：祖旭波

（王　静）

临港物流园区

【概况】 园区规划面积 34.38 平方千米，启动区面积 12.78 平方千米，辖 7 个行政村，总户数 2587 户，总人口 7495 人。2016 年，园区立足“市区当示范、全省争一流、全国有影响”的目标，在招商引资、项目建设、资金运作、环境治理等方面取得阶段性进展。完成固定资产投资 3.3 亿元，引进内资 8 亿元、外资 4000 万元。年度获全国优秀物流园区称号。

【招商引资】 年内参加廊坊经贸洽谈会、河北省产业聚集区招商推介会、上海物流年会、全国物流年会、西安国际物流博览会，对接上海物流协会、中物天成公司、安能物流公司、广东林安物流集团、北京泛华集团、深圳国际集团、上海天地汇集团、首农集团、中建城市发展公司、秦皇岛港务局等单位。牵头成立海港区港口贸易及现代物流招商工作组。聘请秦港股份公司田云山和中物天成公司孔庆广为招商专业顾问，协助园区开展招商推介和小团组拜访，促进港产城融合。提早谋划招商项目18个，其中重点谋划保税物流、期货交割市场、港航商务区、绿色有机食品、公路港、多式联运、医药物流城、儿童商贸广场等8个重点推介项目在市发改委和市贸促会的招商宣传册上发布。联系发改、商务、重点项目办、规划、国土、工商联和贸促会等部门，共享资源和信息，推进项目和企业洽谈。探索“零用地”项目开发，搜集园区内闲置土地和楼宇资源，与地主和投资方双向对接，盘活老地块，嫁接新项目。

【项目建设】 旅游产品孵化基地的2座主体楼全部封顶，并接受全市重点建设项目观摩督导，预计2017年5月投产运营。华润雪花啤酒搬迁扩能项目已办结4个标段的施工许可，项目方进场进行基础施工准备工作。秦皇岛食糖交易流转市场项目完成立项、环评、规划设计条件和土地招拍挂组卷工作。彩龙电商城项目成功签约并协调相关部门积极推进。金融物流产业中心项目和天晖塑料电商物流园项目正在进行选址论证，申请规划设计条件和开展征地拆迁。冀物流信息平台项目完成软件开发测试，托管冀盛物流公司上线运营。

【基础设施建设】 北环路和燕塞大道临时给排水管网配套工程。修建北环路（东港路至华润雪花项目南侧段）和燕塞大道（东港路至燕塞大道段）的给排水管网体系。完成全部北环路给水管道施工，完成280米燕塞大道给排水管道施工。北环路剩余十多米排水管道待2017年3月复工后完成。华润雪花项目基础配套工程。加快推进国防光缆改迁工程、华润雪花项目场地平整工程、10千伏高庄支线改迁工程、华润雪花项目东侧临时道路、雨水管网工程施工。其中，国防光缆改迁工程经过积极与部队和施工单位沟通协调已全部完工；华润雪花项目场地平整工程已完工；10千伏高庄支线改迁工程已完工，保证华润雪花项目顺利进场施工；东侧临时道路工程已完成全部手续办理工作，计划2017年3月进场施工，雨水管道工程完成全部手续办理工作，已进场施工，完成雨水管道铺设100多米，剩余管道待2017年3月复工后完成。城肥停车场外雨水管工程。解决区城管局城肥停车场雨水排放问题，在城肥停车场外修建一条雨水管线，工程已完工，正准备工程决算资料。成东物流项目土地平整工程。委托设计公司、造价咨询公司完成成东物流项目土地平整施工图设计、清单拦标价编制工作，土地平整工程招投标工作已完成。世伏物流草坪砖停车场工程。委托造价咨询公司完成世伏物流草坪砖停车场工程清单拦标价编制工作，完成世伏物流草坪砖停车场工程招投标工作，签订施工合同，地面、花坛等基层施工已完成。

【园区民生】 将粮食直补、粮食综合补助和良种补贴合并为三补合一，补贴1349户，补助面积198.86公顷。中秋节慰问困难群众，发放慰问品、慰问金1.09万元；春节，为困难群众送去防寒服、棉被、米、面、油等慰问品。发放困难群众和残疾人临时救助金7000元。完成残疾人入户调查工作。全年发放复员军人优抚金1.92万元。发放高龄生活补助5.19万元。发放优抚对象春节“解三难”物品，米、面、油45套。开展企业离退休人员养老金领取资格认证工作，共认证企业退休人员81人。每月按时上报辖区居民到龄情况，新型农村养老保险参保2689人，已享受养老保险1284人。养老保险返还工作已完成审核，有8名村民符合返还政策。

【园区稳定】 加强对基层人民调解工作的指导和管理，全年化解矛盾纠纷3起。开展矛盾纠纷排查调处和社会治安突出问题排查整治。全面落实基层网格管控“日排查”制度。通过网格工作人员在网格内集中性与经常性入户走访，实现信息掌握准确化，变群众“走上来”为干部“走下去”，变被动应付为主动服务，从源头上预防各种社会矛盾的发生。网格化建设平台已完成7个村人口基础数据信息的采集录入，并将各村按实际情况进行网格划分，确定各村“一长四员”名单。全面推行“四定”（定帮教领导、定帮教人员、定帮教措施、定帮教责任）和“五必访”（对辖区内重点人员做到：出监、出所时必访；思想出现波动时必访；重大节庆日、敏感日期必访；家庭出现重大困难或发生重大变故时必访；身体有重大疾病时必访）制度。加强情报信息力量建设，充分调动园区治安、保安员工作积极性，发动片区工作人员、党员、居民骨干、环卫保洁员等参与，构成防范、监控工作“第一道防线”。

【村简介】 小李庄村　总户数340户，总人口960人，耕地面积94.87公顷。党员46人。村民主要以外出务工、从事第三产业及经营蔬菜大棚、苗木栽植为主。村集体经营收入60万元，村民人均纯收入6600元。

大高庄村　总户数330户，总人口950人，总面积166.27公顷。党员45人。村民主要以经营蔬菜大棚、外出务工为主。村集体经营收入7万元，村民人均纯收入6300元。

柳村　总户数280户，总人口790人，总面积48.33公顷。党员45人。村民主要以外出务工、种植水果类经济作物为主。村集体经营收入15万元，村民人均纯收入6000元。

小张庄村　总户数252户，总人口692人，总面积109公顷。党员45人。村集体经营收入21万元，村民人均纯收入4500元。

东付店村　总户数495户，总人口1505人，总面积235.05公顷。党员54人。村集体经营收入23万元，村民人均纯收入7200元。

西付店村　总户数670户，总人口2000人，总面积213公顷。党员52人。村民主要以果树种植，发展挖掘机、装载机和外出打工为主。村集体经营收入85万元，村民人均纯收入8500元。

崔庄村　总户数220户，总人口598人，总面积49公顷。党员36人。村集体收入由园区拨款，村民人均纯收入1万元。

【领导班子主要负责人】

党工委书记、管委主任：董云鹏

（朱　宇）

杜庄经济开发区

【概况】 2016年，秦皇岛杜庄经济开发区完成固定资产投资超170亿元；完成主营业务收入87.42亿元，同比增长0.5%；完成税收1.89亿元，同比增长23.5 %；完成工业增加值15.78亿元，同比下降4.8 %；引进内资2000万元；固定资产投资8.09亿元，同比增长1.17%。

【产业定位】 以金属压延、新型建材、装备制造、仓储物流为主导，加快推进高新技术、现代服务等新型产业全面发展。有注册企业140多家，其中，规模以上企业23家，合资企业5家，解决就业1.3万人。初步形成工业企业聚集、主导产业突出、骨干企业支撑带动作用明显的产业格局。

【招商引资】 积极推动云艺众创和首秦孵化器2个平台建设。云众创空间与首秦公司已多次对接，双方合作意向明显，原办公楼及部分厂房用于对外招商、孵化，有入驻企业2个，在谈项目10个。做好外来客商接待工作。全年接待客商60批、180多人。参加市区组织的招商、培训活动。通过各类会议，以发放宣传资料等形式宣传推介开发区。全年印制宣传资料500册。自行组织小团组招商，深入企业，主动对接八达物流园、奥星管业等项目。有重点在谈项目30个，其中亿元以上项目10个，占地面积252公顷，总投资178亿元；千万元以上项目20个，占地面积16.33公顷，总投资4.76亿元。主动对接市劳动局下属就业孵化基地，对已孵化成功，且能达到规上企业标准的军强工装、正道科技等5家企业分别见面、洽谈，达成初步意向。通过安置有发展潜能的小微企业，逐步在园区成立小微企业的成长摇篮。

【项目建设】 分梯次推进项目建设。按照建成一批，在（续）建一批，新开工一批，储备一批的思路，保证项目工作连续性和可持续性。全年落地工业项目 26 个，其他非收储地块项目 3 个。其中，亿元以上项目 11 个，千万元以上项目 18 个；竣工项目 17 个，在建项目 6 个，筹建项目 6 个。重点推进奥晶玻璃、光辉休闲 2 个项目。奥晶玻璃项目，占地面积 10 公顷，投资 3.6 亿元，已建成 1 万平方米厂房 2 座，正办理 1 号厂房的规划建设手续。光辉休闲项目，占地面积 20 公顷，投资 14.9 亿元，已建成一期面积为 5 万平方米养老公寓 6 栋，完成周边道路、绿化等基础设施建设，公交汽车直达养老中心；正办理一期养老公寓的验收工作和二期工程前期手续。重点做好拟开工项目前期手续完善工作。摩诃寺复建项目，占地面积 12.07 公顷，总投资 4 亿元，已进场施工，林业正在办理砍伐证，国土指标面积为 8.47 公顷已经省厅批复。全力做好去产能工作。10 月，区发改局下达淘汰落后产能的工作任务，要求 11 月底完成迅发玻璃公司的格法平板玻璃窑炉的拆除工作，企业主动联系相关部门，停产整顿，拆除主要生产部件，停水停电，做好停产后职工善后工作，11 月底通过省发改部门的验收检查。

【基础设施】 谋划路网建设并做好前期准备工作。对拟全线建成开通南物流路、兴澄路，已完成路线的路由确定和项目前期的可研、立项。重点跟进汤河改造涉及杜庄镇北新庄村、黄庄村、紫峰坨村和海阳镇郭庄村的工程，工程投资 1.5 亿元，总长 2.4 千米。推动开展园区内市政管网等市政基础设施建设工作，重点是污水管网及垃圾转运站。

【土地收储】 北新庄村位于秦青公路西侧，东临汤河西支流，首秦公司西南，海阳镇北侧且与栗园村接壤。南距京哈高速出口 4 千米，西距规划中的祖山连接线 3 千米。北新庄村旧改项目涉及 384 户、1100 人，拆迁村民住房及宅基地面积 14 万平方米，其他非宅基地建筑物面积 5 万平方米，置换安置房面积 15 万平方米（含主房和下房）。改造后北新庄片区将整理土地面积 268.13 公顷，可规划居住用地面积 113.87 公顷，可出让面积 92.69 公顷（含北新庄二调村址面积 20.5 公顷）；工业用地面积 154.27 公顷，可出让面积 107.59 公顷。项目占地以北新庄村为主，紫峰坨村、黄庄村、平山营村、高新庄村等占用部分飞地。全村 360 多户土地及附着物补偿协议、土地承包权解除协议及拆迁补偿协议全部完成。签订《终止承包合同协议书》251 份，涉及 251 户，面积 114.38 公顷，开荒地涉及 118 户，面积 21.24 公顷，发放各类补偿共计 1.51 亿元。

【领导班子主要负责人】

党工委书记、管委主任：陈德耀

（王新华）

街　道

JIEDAO

JIEDAO

文化路街道

【概况】文化路街道管辖区域东起文化路，西至友谊路，南到老京山铁路，北至建设大街，总面积2.97平方千米。辖7个社区：人民里社区、河涧里社区、团结里社区、红旗里社区、新一街社区、海建里社区、碧海云天社区。总户数2.67万户，总人口5.69万人。2016年，坚持“创新超越，事争一流”的工作理念，发扬“忠诚担当奉献”的文化路精神，上下同力、街居一心、拼搏奋进，圆满完成各项工作任务。获省级志愿服务先进社区、市级文明单位标兵等称号。

【党建工作】“两学一做”学习教育。利用党建微信群、QQ群、远程教育终端站点等现代化信息手段，打造移动课堂；坚持“三会一课”等制度，组织集中学习；对行动不便、新兴媒体运用不熟练的老党员，采取“年轻+年老”的形式，结对帮学。团结里社区党支部“党员e家”博客点击率近7万人次。红旗里社区党委在全区率先开展“手抄党章100天”活动。党员与困难居民结成“一帮一”对子35个，入户帮扶100多人次，解决问题42个。完成党建七项重点工作。党工委书记主抓，明确具体时间表、任务清单、责任人，指派专人到各党组织指导。按照查阅档案、列出不足、限期整改的“三步走”工作法，逐项检查。成立督查组，采用暗访抽查、集中督导等方式推进工作。完成1436名党员的党费排查工作，补缴党费7万多元。新成立非公企业党支部6家、联合特设支部27家，辖区129家非公企业实现党组织全覆盖。履行党组织主体责任。提升党组织书记管党意识，社区党组织书记、非公党支部书记向街道党工委述职1次。开展“街居干部上讲台”活动4次。完善党工委对大额资金的使用、工程类的项目、干部提拔任用、评先评优等重大事项的议事规则和决策程序。完成对人大代表候选人、党代表候选人、政协委员候选人的考察工作。圆满完成社区党组织、居委会换届工作。调研文章《关于全面推行现场工作法》在《海港调研》发表。完善自我巡查制度，由纪工委书记牵头，定期对街道机关、社区的工作纪律、工作状态、工作作风，进行明查暗访。结合狠刹“四风”、为官不为和“一问责八清理”等工作，对照“九个禁令”严格规范街居干部行为。组织党员干部反复学习中共十八届五中、六中全会，中纪委十八届六次、七次全会精神和中共中央总书记习近平系列讲话精神。集中收看《作风建设永远在路上》《打铁还需自身硬》等警示教育片。清理、改造办公用房121平方米。开展端午、中秋、国庆等重点节假日纠“四风”专项检查15次，发送廉政提醒12次。加强资金物品廉政风险点防控，梳理出廉政风险点14个；加大“三公经费”管理监督，重点对计生、民政、工会等涉及向居民发放资金、物品的科室严格把关，每月底进行公示。

【项目建设】多措并举，完成固定资产投资19.5亿元，为全年任务的195%；引进内资4900万元，为全年任务的122%。掌握项目信息。建立49家辖区企业参与的交流群、微信群，及时共享信息。召开企业联谊会2次，通过主动与企业交流，将市社会福利院投资9900万元的搬迁项目纳统。构建招商网络。利用身边资源，构建全覆盖招商网络。利用个人资源建立联系，将市交通局项目纳统4.1亿元。上门争取项目。为破解见面难、理解难、要资料更难等问题，项目建设初期，上门为企业服务，全力使项目纳统；多次到市直部门“打亲情牌”，将项目纳统到办事处。在博川大厦和鑫阳商务项目建设初期，通过社会风险评估工作与企业建立联系，协助企业开展入户调查24户，提供各项服务12次，纳统投资2.3亿元。

【社区建设】贯彻落实区委提出的“六种意识”（问题、责任、标准、带头、全民、长效），推进各项工作。老旧小区的环境整治。采取全体机关干部与社区工作人员、城管队员“打捆使用”的办法，对团结里小区、康乐里小区、长城村小区、河涧里南区小区、金沙滩小区、红旗西里小区等老旧小区实施改造，粉刷楼体面积9.5万平方米、清除小广告面积15万平方米、清理杂草面积13万平方米、清运垃圾杂物1450车；城管中队加密对街巷路、市场外溢、占道经营等巡查频次，清理游商散贩、占道经营、私堆乱放等门店531家。居民自发加入创城队伍，组织开展“爱我家园”环境整治义务劳动31次，参加810多人次，动手拆除菜园子、宰杀家禽、清扫路面。协调帮扶，对接各方力量。市直帮扶单位热力总公司、市委办公厅、交警支队等单位，为海建北里、兴隆里、红旗西里等老旧小区，粉刷楼房35幢，粉刷面积2.3万多平方米，清运垃圾110车。将区交通局、区园林局110多名下派人员，划分到社区网格，与街居干部共同清理垃圾杂物、粉刷墙体、日常保洁巡查。“双违整治”。拆除总存量的82.16%。摸清底数，建立台账。逐路逐户摸排“双违”，做到“一户一档”，每户均有影像资料、调查记录、数据留档、时间推进表，保障信息数据准确无误。宣传到位，营造声势。采取公告、条幅、板报、宣传单等多种载体，集中在主次街道两侧、小区人流密集处和违法建筑旁，悬挂条幅270多条、制作宣传展牌18块、张贴公告2700多张、发放宣传单8200多份。动员先行，稳中有进。对难度大的问题，采取社区干部首轮入户劝导、包居领导二轮针对劝导、主要领导三轮攻坚劝导的“三轮劝导工作机制”，动员违建户主动自拆。主要领导现场指挥，联合区城管局、公安、规划、“双违办”等部门，按照“先难后易，中心开花，辐射周边”的思路，先解决难度最大的团结里市场、人民路；建立“回头看”长效机制，对已拆除违建，组织专人每天巡查，控制新增。组织集中拆违7次，拆除面积4.79万平方米，参与人员630人次，全部实现自拆、代拆。成功打造碧海云天“无违建社区”。拆违经验做法被《河北经济日报》《河北工人报》予以专题报道。

【社会事业】 就业工作。加大高校毕业生等重点人群就业创业服务力度，街道“创业沙龙”扶持大学生朱某的创业项目，被确定为市级重点选送项目，在全市青年创新创业大赛中获第三名，并准备参加全省青年创新创业大赛；指导9名未就业大学生创业；为1名大学生争取到助业贷款40万元，为1名大学生申报创业补贴5000元。新增城镇就业人员901人，失业人员实现再就业355人，公布用人信息275次，组织23人参加技能培训。认定就业困难人员155人，社会保险返还52.52万元。社会保障。新增低保户14户、注销59户，录入到全国低保信息系统308户；为困难居民发放米面油等441套。办理城乡居民医保6755人。办理医疗救助43人次，共计9.6万元。为1002名80岁以上老人发放补贴27万多元。参加全国残疾人需求普查485人次，为2名残疾人家庭进行无障碍设施改造，为242名残疾人办理困难残疾人生活补贴和重度残疾人护理补贴。计生工作。为城市无业居民兑现独生子女父母奖金13万元，为11户奖励扶助对象发放一次性扶助金8.8万元，落实率均为100%。发放独生子女退休一次性奖励5.7万元。为340名育龄妇女提供免费生殖健康检查。建立独生子女死亡、伤残家庭档案55份，建档率100%。开展“亲情关爱”活动，确立帮扶对象56户，进行入户走访、慰问150多次。网格代办服务。缩短办事距离，代办员主动到所包网格中办理企业退休人员资格认证、残疾人燃油补贴等事项。开通“特需式VIP”服务，为工作时间不灵活的居民提供预约、延时服务。开办“服务宅急送”业务，提供各种服务132项。

【精神文明建设】 举办“新春畅想”第七届社区音乐节等活动，人民里社区举办的留学生感受茶文化活动在《人民日报》上报道。成立文化路街道星光志愿服务队，建立社区志愿服务站7个，实名注册志愿者1500人，开展关爱空巢老人等志愿服务47次，送帮扶物品45份。河涧里社区低碳环保科技馆、红旗里社区防震减灾地震馆接待居民、小虎子参观470多人次。汪长春被评为“海港区第五届平民偶像”。河涧里社区被评为“省级志愿服务先进社区”。完成9800名工会会员普查、录入工作，其中新增企业会员1500人；为困难职工发放慰问金、米面油等物资折款3000元；做好工会普惠化工作，发放秦工卡67张。碧海云天社区开展“向燃放烟花爆竹说不，从我做起”等系列小虎子活动；河涧里社区被评为“市级青年文明号”。省妇联领导对海建里社区“法治型”社区建设的做法给予高度肯定。组织人大代表团开展视察调研活动4次。

【综治维稳】克服人员少、多项工作叠加的困难，化解信访积案3件、息诉罢访3人，实现“零非访”。处理市长热线2021件，回复满意率90%以上。全年无重大安全事故。推动信访积案的化解。成功化解渤海明珠10名业主到北京集体访、人民里南院和北院居民私装地锁等多起集体访隐患。配合做好“三车”整治，收回残疾人代步证34个。转化“诬告滥诉”人员6人，清理各类反动宣传品2700多份。成功化解信访积案3起。建立高标准的街道综治中心和司法所，红旗里智慧网格工作运行良好，得到省政法委领导认可。区政法委书记高骥恩、区法院院长刘光明多次到社区接访，稳定信访人情绪。科学管理社区矫正人员。完善“三色管理”制度，将矫正人员分为“严管、普管、宽管”三个等级，分别用“红色、黄色、蓝色”标注。社区共有在矫服刑人员43人，其中，管制1人、假释1人、监外执行2人、缓刑39人。全年接收社区矫正人员26人、期满解除社区矫正19人。核查安置帮教人员8人，核查成功4人，分别制订帮教方案。组织矫正人员教育学习、义务劳动560人次、96小时。在各敏感期，全面开展隐患排查。排查人员密集场所45家、商贸个体612家，客货梯196部，发现安全生产隐患159处，整改率100%。发现消防安全隐患32处，全部整改完毕，消防工作档案在全区推广。完成食品小摊点排查、建档备案230家。排查涉食单位982家次，未发现重大食品安全隐患。打造碧海云天社区安全宣传教育基地，设置宣传栏17处、安全提示36处。通过邀请专业人员入居定位、入企定点和上街流动宣传等形式，增强辖区居民和企业安全意识，累计组织培训35次、发放宣传资料5400多份、悬挂条幅87条。

【社区简介】人民里社区　总户数3624户，总人口8493人，其中流动人口2337人。总面积0.72平方千米。辖人民里、康乐里、轻安里、康健里、文百里、市委楼、锦绣家园、天贺公寓8个自然小区。社区以建设管理有序、文明和谐为目标，以强化功能、服务群众为重点，以强化基础、突出特色、注重实效为原则，以实际行动为构建和谐社区、和谐社会添砖加瓦。社区推出“百姓微联盟”的工作方式，为居民提供网上互动式解答问题，预约式办证等服务。

河涧里社区　总户数3786户，总人口1.02万人；总面积0.56平方千米。由河涧里、金龙景园、燕赵国际、宏扬铂郡、红旗里13～16栋等5个小区组成。获市级优秀志愿服务社区、优秀志愿服务团队等称号。社区通过建设完善的文化阵地、优秀的文化队伍、丰富的文化活动，打造“文化型”特色社区。开展“两学一做”专题教育活动，组织党员重温入党誓词、抄写党章、学习廉政自律准则、观看庆祝中国共产党建党95周年大会等，增强党员组织观念。开展创城工作。在小区内重要路段和显著位置设立大型公益广告，喷绘粉刷宣传标语，创城宣传画等47处，清理小广告300多条，清运各类垃圾30多车，1000多平方米，整治社区乱堆乱放60多处。

团结里社区　总户数5128户，总人口1.12万人；总面积0.73平方千米。由团结里、兴隆里、红旗里、鸿雁里、市政小区、博维新座标6个自然小区组成。社区不断强化服务意识，规范窗口设置、办事流程、文明用语，承诺办结等，丰富特需服务VIP、服务宅急送、预约办理制、错时工作制、代办制等便民服务措施，完善“一网三管五服务”党建服务管理平台“12371智慧党建平台”“党建e家”“微博社区”等平台建设，推广“互联网+社区服务”模式，对辖区20家非公企业设立4个特设党支部，为每家企业配备1名企业党建顾问。

红旗里社区　总户数2437户，总人口5247人，其中流动人口346人，60岁以上的老人697人。在册党员143人，在职党员97人。总面积0.38平方千米。是由多个小区合并而成的“敞开式”社区。有住宅楼48幢，商业网点332家。社区党委坚持“党建领航、为民务实清廉”的工作思路，打造以社区“党群服务站”为主阵地的党建网络，抓住“双向互动、双重孵化”服务模式，定期组织党员参加“三会一课”活动，吸纳辖区单位及入党积极分子参与各支部活动。社区党委被评为区先进基层党组织、社区被评为先进职工之家、优秀科普示范社区。创建文明城活动清理垃圾125车，拆除违建面积1300平方米，清除杂草面积 1200 平方米，清理小广告面积 380 平方米，粉刷墙壁面积 2800 平方米。

新一街社区 总户数 4639 户，总人口 1.1 万人；辖区总面积 0.37 平方千米；辖 12 个自然小区。推进“双违”整治工作。排查出商业区、街巷路、居民小区内私搭乱建、超期临建、改变用途等违法建筑 206 处，面积 1.47 万平方米。拆除违建 49 处，面积 1.03 平方米，其中，代拆面积 4430 平方米，自拆 5857 平方米。

海建里社区 总户数 1226 户，总人口 3464 人；总面积 0.3 平方千米。由海建里小区、海建北里小区、红旗里小区、长城村小区等 4 个小区组成。坚持“进千家门、知千家情、解千家难、暖千家心”的工作方针，开展以争创文明和谐家庭为切入点的创建和谐社区各项活动，开展系列迎庆建国周年的活动，创建“法制社区”活动。社区获秦皇岛市先进司法社区、河北省妇联法制宣传示范社区等称号。

碧海云天社区 总户数 2900 户，总人口 7200 人；在册党员 85 人；总面积 0.13 平方千米。有高层住宅 19 幢，商用楼 1 幢，公寓 1 幢，辖区大小门店 108 家。以党建为龙头，以社区建设为基础，以社区服务为核心，形成“班子过硬、队伍得力、设施齐全、载体丰富、服务到位”的党建工作新格局。获河北省无障碍设施建设示范社区、秦皇岛市绿色社区、十大便民利民社区等称号。

【领导班子主要负责人】

党工委书记：王文斌

办事处主任：孙和平

人大工委主任：刘　丽（女）

（姜　伟）

海滨路街道

【概况】 海滨路街道管辖区域东起新开河，西至汤河，南起渤海，北至老京山铁路，总面积 7.95 平方千米。辖 7 个社区：滨海城社区、吉星里社区、开滦路社区、南山社区、铁路里社区、耀华社区、耀中里社区。总户数 2.78 万户，总人口 6.12 万人。2016 年，完成固定资产投资 2.5 亿元，招商引资 4000 万元。获省级充分就业社区，团市委“五四”红旗团委，区宣传思想文化工作先进单位、全民健身工作先进单位、先进基层党组织、优秀志愿服务团队、先进职工之家、优秀科普示范社区、最美社区、优秀社区等称号。

【党建工作】 依托“两学一做”学习教育，开展党员“戴党徽、亮身份”“两学一做，两代两提升”等活动，培树社区先进党支部、先进党员干部两代表典型，激发党员干部奉献社区热情。开展“遵党规、守党纪、誓做合格共产党员”重温誓言活动，签订“为党旗添亮，为党旗增辉，争做合格党员承诺书”，引导党员干部牢固树立政治意识、大局意识、核心意识和看齐意识。以开展“基层党建提升年”活动为抓手，围绕“三个清单”“五个引领”，全面加强街道党建工作，开创“网格化”党建管理格局，打造开放型、服务型党组织，通过搭建“网格党建 +”“四型服务”等载体，建立党建服务特色品牌。高标准打造铁路里社区和南山社区的办公环境。开展非公企业党组织组建工作，单独组建非公特设党支部 2 个，联合组建非公特设党支部 15 个，聘用党建顾问 19 个。推进基层党组织换届工作，建立滨海城社区党委，探索党组织建设渠道。开展党费补交排查工作，补交党费 3.53 万元。履行党风廉政建设“两个责任”，把廉政建设工作纳入总体目标管理。开展“四风”问题专项整治，开展“四风问题人人拍”，根除党员干部“四风”之弊。开展“一问责八清理”专项行动，加强干部作风建设，强化责任担当，提高工作效能。完善廉政建设责任制，实施领导干部重大事项报告、谈心谈话、公务用车管理等制度，从源头上堵住腐败现象的滋生。

【社区建设】 以创城迎检为契机，对接港务集团公司、农业银行秦皇岛分行、市国税局、市航标处、区人社局等 30 多家帮扶单位，对仁和里、海安里等小区进行路面硬化、修复，对新村二段居民楼墙体进行粉刷，清运垃圾和小广告 20 多次。与进驻老旧小区的物业公司主动对接、加强沟通，全力推进老旧小区改造，耀华老村东西段、吉星里、耀东里、福寿里等多个小区通过硬化、绿化、墙体粉刷、修复基础设施等，实现老旧小区面貌新提升。将耀国路、方大路作为重点打造的精品街巷路，投入资金7.7万元，粉刷道路两侧墙体面积3600多平方米。以“营造清洁卫生环境，共建健康美好生活”为主题开展全民义务洗城活动。开展全民洗城活动11次，清理垃圾55多吨，铲除小广告1400多处，刷洗路面面积200多平方米。以走访、定点宣传等方式发放倡议书2000多份，发放创建文明城市手册2.2万多份，出动4500多人次，清运垃圾3500多吨，清理小广告6.94万条，粉刷墙体面积10万多平方米，修整路面面积800多平方米，绿化美化面积100多平方米。以“垃圾及时清理，土地合理利用，环境逐步改善”为目标，与辖区多家物业公司沟通，按照“拆、清、改、建”的思路，违建户自拆与集中拆除结合，推进“双违”整治，在全区率先提出打造无违建小区目标。拆除违法建筑面积2万多平方米，在全区街巷路市容秩序和环境卫生考核排名中多次位居第一。

【社会事业】 为低保户、残疾人、老年人、优抚对象、困难群众等发放购物小票7.35万元，发放临时救助金13人次、2.83万元。医疗救助金80人次、20.32万元。发放高龄津贴6755人次、65.44万元。落实计生奖励、救助、扶助和各项优惠政策，按时发放补贴和奖励，落实率100%。建立计划生育特殊家庭信息档案，将“精准帮扶，亲爱关爱”行动落实到位，为新增11名特别扶助人员发放扶助款4.8万元。全年新增就业968人，完成全年任务的101%，下岗失业人员实现再就业412人，完成全年任务的111%。就业困难对象再就业184人，完成全年任务的102%。完成辖区企业退休人员养老金资格认证8056人。为辖区城镇居民养老金资格认证531人，居民养老保险缴费14万元。对防汛工作做到早动手、早安排、早部署，精心制订应急预案，超前做好防汛人员、设施的组建和准备。在“7·20”暴雨灾害面前，完成110户、238人的转移安置，确保平安度汛。开展“安全生产月”行动，制作法律、法规、消防安全、生活常识等的知识宣传条幅14条、展牌1块，更新黑板报100多块，印发宣传手册5000份、宣传读本80本。打造耀中里社区为安全生产示范社区，制作橱窗展牌4块、灯杆展牌20块，更换黑板报10块，制作楼道内、单元门外展板300多块，以图文并茂的方式实现安全生产知识全覆盖。

【精神文明建设】 依托“道德讲堂”“善行讲习所”等载体，发挥“草根宣讲团”优势，加强道德教育。开展“最美老人”事迹巡讲及才艺展演活动，弘扬社会主义核心价值观。建立学雷锋志愿服务队伍，有队员150多人。开展“及时雨在行动”“春雨行动”等志愿服务活动。利用社区女校、群众艺术基地、文化站等平台，开展家庭教育、手工编织、文体竞赛等活动。利用党建带妇建，创建巾帼服务品牌，打造滨海城省级示范妇女之家。通过组织社区干部参观学习北京市朝阳区的三里屯、团结湖、潘家园、建外等街道优秀社区，提升社区干部自身素质，强化服务水平。开展“我们的节日在社区”“悠悠社区心，浓浓端午情”“情满七夕节，爱在铁路里”等主题活动。开展“最美老人”事迹巡讲及才艺展演活动，展示“最美老人”的风采。通过制作宣传板、张贴宣传标语，开设道德讲堂、微信平台等渠道宣传创城迎检，制作核心价值观、讲文明树新风、美丽河北、未成年人思想道德建设等各类展牌、彩绘墙、老旧小区便民广告栏共计329块。

【综治维稳】 实行“五包一”责任制，把任务层层分解，责任落实到人，通过“春雨行动”、民政救济、司法救助等途径帮助信访人解决生活中的问题，从源头上化解隐患。推进人民调解工作制度化、规范化、法治化，建立人民调解委员会组织7个，有专兼职人民调解员50多人。全年调处民间纠纷83件，疑难复杂纠纷12件，调解成功率100%。建立刑释解教人员微机档案库，责任帮扶率100%。“暖心矫正”取得良好收效，辖区无重新犯罪及脱管、漏管情况，接收社区矫正对象6人，解除矫正20人。按照“党政同责、一岗双责、失职追责”要求，对辖区内大小企业的安全生产监管力度。结合“3·15”消费者权益日、重大节假日和重要时期，开展食品安全宣传活动4次，制做横幅30条、展板12块、警示牌4块，印发宣传手册6000多份，有效震慑不法行为，提高群众的安全意识。

【社区简介】 滨海城社区　总户数3093户，总人口6600人，有在册党员151人；总面积20万平方米；辖2个居民小区。完善党员“三访”制度，为社区优秀党员韩桂芬编写“一分钟微电影”脚本。与每位党员签订“为党徽添亮，为党旗增辉”、争做“四讲四有”合格党员承诺书。建成社区居家养老服务中心，组织开展“我们的节日在社区”、“爱心苹果欢乐购，情暖果农我接力”义卖活动。组织小虎子开展“小手拉大手，共创文明城”主题教育实践、“拒绝家庭暴力，共享幸福生活”“最美家庭”、孝道儿女评比等活动。组织4支学雷锋志愿服务队开展扶贫帮困、文化乐民、政策宣传、法律援助、弘扬社会主义价值观等各类志愿服务活动20次。举办“情随运动齐飞扬，携手企业共辉煌”运动会。为61名高龄老人发放高龄补贴1.93万元。协助办理残疾证4个，代办老年证34个。新增就业100人，为5名“4050”人员办理社保补贴2.49万元。办理城乡居民医疗保险系统录入778人。开展优生促进工程，组织已婚育龄妇女参加生殖健康检查，新婚家庭参加婚检、孕检，组织早教活动4次。社区工会联合会在3家规模企业中推行企业工资集体协商机制，对39家门店105人进行工会会员普查。制作悬挂创城展板78块，发放宣传册和倡议书2000多份，动员18家辖区单位在LED屏上滚动播出创城标语。集中拆除45处违建车棚，拆除违建53处，面积1150平方米。组建由12人组成的食品安全志愿者队伍和“六员联防”队伍，定期到18家食品企业检查，与52家企业签订安全生产承诺书，为食品小摊点办理备案登记证4个。借助市“12371”智慧党建平台，建立微信群。依托网格化管理服务信息平台，预防和化解矛盾纠纷26起。邀请秦皇岛市中级人民法院、海港区法院的法官为居民解答法律难题、提供法律咨询100多人次。获海港区优秀志愿服务团队、先进基层党组织、先进职工之家、优秀科普示范社区、“美丽河北·最美海港”最美社区等称号。

吉星里社区　总户数4455户，总人口1.11万人；有党员310人；总面积1.6平方千米；辖9个小区及部分平房。自制《“两学一做”学习手册》100多本，撰写1万字以上的学习笔记及心得体会。组织支部党员观看党史、先进人物事迹，通过远程教育受教25场次，参会230多人。为173名失业人员办理失业保险登记。对1700名企业退休人员进行资格认证，办理灵活就业人员社保补贴35人。城镇居民养老保险参保102人，城镇居民医疗保险参保2800多人。依托“老年人日间照料站”，解决15位老人用餐，提供公益性岗位3个。为6名居民申请临时救济，18名低保户申请大病救助。发放燃油补贴11人。为175位残疾人进行需求登记。开展义务劳动30多次，清理垃圾20多车，清理面积6000多平方米。为100多只鸽子打预防针，投放鼠药26箱。与辖区内110多家餐饮企业及门店签订消防安全责任状。开展学雷锋志愿服务月活动，开展志愿服务20多场次。通过微信公众服务平台发送各类信息52次，关注人员800多人。社区活动室开设舞蹈、音乐、棋牌、书法、文明礼仪等居民课堂，群艺馆和文化馆的老师定期进行辅导。组织“乐高机器人搭建”活动，培养青少年创新的精神。组织“各种职业我来体验”活动，培养青少年学科学爱科学的兴趣。在重要时期，组织治安志愿者定点定时执勤、巡逻。全年清理非法广告89条、大条幅2条。调解纠纷16起，调处率100%。

开滦路社区　总户数4667户，总人口1.4万人，少数民族居民46人；有在册党员238人；总面积2平方千米；由6个自然小区组成。驻区单位有港务集团公司机修厂、秦港物资采购中心、秦港铁运公司开滦路站、秦港海湾公司、港务局退休活动站等5个企事业单位。构建打造党建工作“核心工程”，完善“12371”智慧党建平台功能建设。严格落实党的组织生活、“三会一课”制度，定期组织党员参加“党员活动日”活动。组织党员学习党章，开展“接力沈汝波为民做好事”活动，开展“一对一”困难家庭帮扶等志愿服务活动，开展在职党员进社区大型红色义工活动6次。成立夕阳红老年合唱团。为辖区145户低保家庭发放春节慰问品。为50名贫困残疾人申请生活补贴，为43名重度残疾人申请护理补贴1.09万元。发放高龄补贴12万多元。为辖区132户独生子女家庭发放独生子女费2.64万元。组织208名育龄妇女到社区医疗服务机构进行义诊。解决下岗失业人员缴纳社会保险金额大的困难，进行就业困难认定8人，为“4050”人员办理社保补贴20人，退休职工认证800多人，居民养老人员认证170人。办理医疗保险认证900人，新增20人。开展除“四害”活动，发放鼠药20箱，粘鼠板25箱，鼠夹30个。开展“阳光下的温暖，社区里的幸福”主题活动。制作创城宣传展牌50多块，组织党员和群众志愿者50多人参加创城活动，清理垃圾65车，去除小广告2500多条，铲除杂草面积2000平方米，粉刷外墙面积1.92万平方米，硬化路面面积500平方米。6月28日，对煤厂小区进行统一拆除，拆除面积500平方米。开展“平安港城，法制同行”活动，发放宣传手提袋，悬挂条幅。汛期为解放里20多户危房户发放塑料布3捆共150多公斤。开展“未成年人保护法”维权讲座、交通安全进社区等宣传活动。排查信访隐患13起。人民调解14起，调解率100%。

南山社区　总户数2673户，总人口6203人，其中流动人口746人；总面积2.1平方千米；驻区单位30多家。开展“两学一做”学习教育活动，每月18号组织党员干部集中学习党章党规、习近平系列讲话。春节前为71户、103名享受最低生活保障人员发放米、面、油春节慰问品。完成改建社区办公用房，完善社区公共服务中心设施，新建综合活动室和独立的阅览室。组织社区支部与全体党员签订“为党徽添亮，为党旗增辉”争做“四讲四有”合格党员承诺书。组织党员、巾帼、青年、辖区单位志愿者300多人开展“争做合格党员”志愿服务活动52次。全国“防震减灾日”，到东山小学进行海洋知识宣传活动。拆除主干道违建41平方米和街巷路违建248平方米，完成率100%。自拆9处、面积104平方米。暑期，成立党员文明岗、安保志愿岗、文明志愿岗，为游客、居民服务500多次。组织党员60多人参加“红色七月”党员亮身份、做表率活动，开展卫生整治活动20次。开展扶贫帮困“春雨行动”，对辖区内的9户贫困家庭进行定点帮扶。办理老年优惠证47人。办理残疾人车辆置换3人。新增就业人数145人，下岗失业人员再就业60人，认定就业困难7人，为4名困难职工办理发放工会卡。为185人发放无业人员独生子女费1.72万元。组织常住与流动人口育龄妇女生殖健康体检2次。开展创建全国文明城宣传活动，发动800多人次，开展全民义务洗城活动11次，清理小广告800多处。筹集资金4.5万元，制作公益展牌和路标57块，清理建筑垃圾52车，组织350多人次参加公益劳动，粉刷楼体面积1万多平方米。全年调处矛盾纠纷15件，成功率100%。发放安全生产文件和安全生产宣传册102份，发放安全防火倡议书600多份。对23家饭店、8个早点摊、6家超市、2家小饭桌进行上门服务、宣传检查。发放《海港区五小食品业态调查统计实施方案》60多份和食品摸底调查明白页80多份。办理摊点摆放许可证32份。

铁路里社区　总户数2801户，总人口7141人；有在册党员182人；总面积1.3平方千米。开展“两学一做”学习教育。完善“12371”智慧党建平台，定期召开专题组织生活会。暑期，组织“小虎子”开展各种活动。“三八”节，举办中医养生讲座，慰问一线女工。端午节，开展包粽子比赛。助残日，看望残疾母亲，举办趣味运动会。“双违”整治活动中，发放宣传单、宣传册2000多份，义务劳动335人次，清理小广告2000多条，制做各类展牌54块，粉刷墙体面积1.7万多平方米，清理垃圾32车，硬化路面面积1800平方米，制作文化墙面积40平方米，拆违面积5128平方米。开展安全生产、食品安全大检查，走访辖区单位及门店32家，建立健全安全生产台账。发放高龄补贴6.58万元，办理老年证16份，采集用工信息160条，帮助60名失业人员实现再就业，认定困难人员14人，为12名灵活就业人员办理社保补贴6.79万元，办理企业退休人员认证524人次，城乡居民养老医疗保险登记812人次。为育龄妇女提供免费体检100多人次，办理独生子女证11份，发放独生子女一孩奖金1.02万元。

耀华社区　总户数4027户，总人口9047人；总面积1.4平方千米。社区阅览室藏书2000多册，面向居民开放。利用社区活动站、市民学校、老年大学等阵地，举办环保讲座，宣传环境知识。组织清理社区杂草、铲除小广告活动。"三八"期间，为100多名育龄妇女做免费生殖健康检查。开展捡拾白色垃圾、清理非法小广告活动，粉刷清理小区楼体楼道。为160户低保户进行体检，建立个人档案。为特困家庭发放医疗救助金7万多元。办理离退休认证3000多人。收缴居民养老保险3.5万多元。办理老年优待证80本。发放老人高龄补贴20万元。做好群防群治、防火防盗工作，在社区各个出口安装监控摄像头。

耀中里社区　总户数2518户，总人口7060人；总面积0.3平方千米；有4个生活小区；有驻区单位8家。加强社区党建阵地建设，把楼道"空白墙"变成"党建文化墙"。开展"两学一做"学习教育活动，召开座谈及意见建议征集大会，掌握热点难点问题，梳理群众意见建议20多条。推动"互联网+党员教育"，推广"12371"智慧党建平台，建立社区QQ群、微信群。对低保户、残疾人、80岁以上高龄老人实行动态管理，全年发放各类补贴3.9万多元。为60岁以上老年人及空巢老人建立台账，为社区6户低保家庭送去米、面、油等慰问品。发挥社区文艺队伍作用，编演现代京剧《红梅赞》《红灯记》等曲目。开展青少年宣誓签名活动及节俭养德全民节约行动，推选勤俭模范。中秋、重阳时，开展"喜在中秋、乐在重阳"活动，让老年人感受到节日的温暖及社会的关爱。完善组织网络和规章制度，开展群防群治工作。在敏感时期，加强执勤巡防，对于矫正人员，适时帮教，让他们重新融入社会。开展"春风化雨平安幸福家"活动，维护妇女权益。开展全民洗城活动，清理卫生死角、捡拾白色垃圾、清理乱贴乱画，除杂草、刷楼道，提升居民幸福指数。

【领导班子主要负责人】

党工委书记：侯瑞雪

办事处主任：李　越（女）

人大工委主任：单志琴（女）

（杨　喜）

燕山大街街道

【概况】 燕山大街街道管辖区域东起建国路，西至红旗路，南与燕山大街相邻，北和北环路接辖，总面积2.97平方千米，辖6个社区：燕山一社区、燕山二社区、燕北里社区、铁新里社区、迎春里社区、天洋新城社区。有居民楼304幢，总户数1.99万户，总人口3.53万人，其中流动人口约2677人；有党员1415人；残疾人420人；享受国家最低生活保障金人员593人。2016年，全力打造先锋燕山品牌，各项工作稳步提高。获2014～2015年度市级文明单位、全市基层党建示范点、市级"五四"红旗团委等称号。

【党建工作】 开展"两学一做"学习教育，强化党建责任，树立品牌意识，推进基层党建工作迈上新台阶。制发《关于开展"学党章党规、学系列讲话，做合格党员"学习教育实施方案》，按照"'两学一做'——三本四结合五落实"（记好《学习日志》《工作日志》《为民服务日志》等三本纪录；把握与"基层党建提升年"结合、与"解放思想大讨论"结合、与作风建设结合、与推进重点工作结合等四个结合；做到落实到为民服务上、落实到作风建设上、落实到难点问题突破上、落实到考核排名上，落实到长效机制建立上等五个落实）的工作思路，采取领导干部带头学、固定时间集体学、灵活方式自主学、讨论研讨交流学等方式，组织学习《中国共产党章程》《中国共产党廉洁自律准则》《中国共产党纪律处分条例》、中共中央总书记习近平对开展"两学一做"学习教育作出重要指示精神等内容，开展学习讨论、撰写心得体会。全年组织集中学习20多次，专题学习研讨3次。开展2008～2016年党费核查工作，完成所有在册党员党费核查，共补缴党费4.13万元。

【社区建设】 按照"示范引领、一居一特、整体提升"的工作思路，结合社区特点，实行"1+X"（1是以社区服务为基础；X是针对辖区特点），打造特色社区建设模式。天洋新城社区各项基础比较好，打造精品型社区；燕山一社区老年人多、困难群体多，打造居家养老型社区；燕山二社区文化能人多，打造文化型社区；燕北里社区管辖楼栋公安局家属较多，打造法治型社区；迎春里社区单位家属楼较多，打造平安型社区；铁新里社区辖区单位较多，打造共建型社区。加强网络化建设，将社区党建、综合治理、城市管理、安全生产、食品安全、环境保护、民生服务等工作全部纳入网格管理，实行“大厅服务＋走动式办公”结合的工作模式，启动社区网格长—单元网格长—网格管理员三级工作机制，每名社区干部作为网格长分包一个片区，带领楼栋长、单元长处理片区内的所有民生事项，实现采集数据的动态化变更和为民服务的方便快捷。“双违”整治工作。制定“包居干部联户”“一线办公”“一户一档”“定时回访”等工作机制，做到每处违建有编号、有照片；通过悬挂横幅、张贴公告、发放宣传资料、音频宣传广播等方式，宣传控违、拆违相关法律法规及相关政策，把控违拆违的重要性和必要性向群众说清楚、讲明白。拆除铁新里市场、妇幼小路、燕秀里、燕阳里、燕锦里、燕河里、迎春里、燕安里等地违建631处，面积5.76万平方米。修复铁新街、站前街硬化面积8000平方米。硬化修复路面面积500平方米。创城迎检工作。严格按照创城工作测评标准，从宣传氛围营造、外部环境整治、迎检材料收集、创城入户调查准备等方面进行精心部署。投入20多万元制作宣传展牌、公益广告、指示牌等500多块，绘制彩绘墙体面积200平方米，利用电子屏和LED显示屏宣传创城内容和公益广告；自制创城音频向居民宣传创城知识。打造燕会路、燕凤街两条精品路和燕阳里微广场，成为宣传创城工作的主阵地，两条精品路设置创城展牌长2000延长米。粉刷墙体小广告面积7.45万平方米，清理垃圾460吨，硬化路面面积1.43万平方米。12月15日，全国考核组入户调查20户，测评满意率100%，社区文明氛围、环境秩序、居民素质得到考核组高度评价。

【社会事业】 街道政务服务中心办理各项服务1666件，代办服务497件。重点打造劳动就业和社会保障服务基层平台，设立公益性岗位8个。开展企业退休人员养老金资格认证4103人；城乡居民社会养老保险待遇领取人员认证324人；参保缴费125人，共计12.15万元。巩固、完善群众帮扶管理机制，结合帮助身边人、“七彩燕山”服务联盟等品牌，开展关爱女性健康周、服务步行街等活动，加大对孤寡老人、贫困母亲、残疾人等弱势群体的帮扶力度。新增低保29户，调整43户，注销31户，分类施保24人，实现动态管理下的应保尽保；医疗救助48人，申请发放医疗救助金12.3万元;发放困难户临时救助存单10人，救助金2万元；协助39名残疾人到指定医院进行评残认定，上报残疾人困难生活补贴104人、重度护理补贴108人;发放高龄补贴资金35.06万元。推进免费孕前检查，全年为45对夫妻提供免费孕前优生检查。开展对计生困难家庭和失独家庭的关爱行动，重点帮扶28户独生子女死亡或伤残的计生家庭，发放特别扶助金18.12万元。全年出生人口392人，出生政策符合率99.49％。

【精神文明建设】 以创建天洋新城社区省级示范妇女之家为契机，继续完善天洋新城党建示范社区建设，通过采取“一网管理两平台”（一网管理：网格化管理“包居领导—社区党委—党支部—支委—党小组长—党员中心户—党员网格员—群众信息员”的分层次包联党员管理体系，形成社区党委统揽全局、楼院支部创建到面、支部委员分管到片、党小组长联系党员中心户、党员中心户联系党员、党员联系群众的“点线面”立体网格管理体系；两平台：智慧党建平台、云科普平台。）“三社联动四携手”（三社联动：“专业社会组织＋社会工作者＋社区”三社联动的社区管理服务模式；四携手：“社区在册党员＋在职党员＋流动党员＋辖区共建单位党员”四携手志愿服务模式联合开展“红色义工”志愿服务活动）服务模式，为居民提供智能化、精细化的社区服务。实行“望闻问切”错时工作法，做到社区人、情、事、物动态管理。深化品牌党建活动。拓展深化有8年历史的街道党建品牌——“党员红色服务月”活动，开展“两学一做”学习教育、“港城先锋·红色义工”志愿服务活动，组建街道“七彩燕山”服务联盟，传承“沈汝波为民做好事”精神，扩大志愿服务队伍、拓展志愿服务平台、完善志愿服务机制、整合志愿服务资源，扩大党员志愿服务品牌“红色服务月”的影响力。

【综治维稳】 深化推进街道综治维稳中心建设，在6个社区按照“七有”标准健全综治工作站，配齐配强人员力量。发挥平安志愿者的主体作用，“红袖标”遍布街巷，促进社区治安稳定。健全和完善信访工作机制，落实领导干部“包案制”和大接访活动，定期开展矛盾纠纷排查化解工作，全年调解纠纷32起，受理信访11起，处理10起，防止群体性事件1起，无民转刑案件的情况发生。依托市“法学会”创建社区“法律专家服务站”，提供法律咨询200多人次，开展集中宣传5场次，调解纠纷23起。燕北里社区“法律专家服务站”多次迎接全国、省、市法学会的领导视察指导，得到好评。

【社区简介】 燕山一社区　总面积0.45平方千米，有居民楼70幢，总户数3012户，总人口8780人。驻区单位有市检察院、玻璃设计院、中煤公司、燕山派出所、小海燕评剧团。秉承“以人为本，服务先行”的服务理念，满足社区居民的不同需求。社区老年人服务中心为老年人提供就餐、保健医疗、下棋、打牌等活动场所。社区图书馆藏书1000多册，设有电脑网络阅览室，为居民提供学习知识、健身休闲的场地。

燕山二社区　总面积0.5平方千米，有楼房66幢，平房32户；总户数2382户，总人口5700人，其中流动人口556人；驻区单位10个；有低保户59人，残疾人114人，高龄老人240人。有舞蹈队、腰鼓队、合唱队、模特队、电子琴队、秧歌队等文艺团体队伍6支；乒乓球队、键球队、健身操队、羽毛球队等体育团体队伍4支。获文明和谐社区创建工作先进单位、人口和计划生育工作先进单位、文化体育工作先进社团、食品安全工作先进集体、市十大暖心社区等称号。

燕北里社区　总面积0.5平方千米；有居民楼38幢；总户数2098户，总人口4495人；划分7个网格，网格长7人，网格员7人，楼栋长38人。有低保户17户，下岗失业人员155人；离退休221人；残疾20人。采取走出去的方式与区司法局、法院等单位开展共驻共建活动，创建社区法治公园、普法长廊等普法宣传阵地。

迎春里社区　总面积0.3平方千米，有家属楼37幢、118个单元；总户数1454户，总人口4280人。驻区单位有市日报社、秦皇岛银行、建行、肯德基，中储公司、广缘超市等。搭建活动平台，设立专职教师，组建6支文体队伍。请专职教师培养居民绘画、手工、声乐、电子琴、太极拳的兴趣爱好。做到每月大活动、周周小活动、日日有活动。开展“爱心传真情，服务暖人心”“关爱失独老人”“真情七夕”“共唱和谐”消夏晚会等活动，完成居民的“微心愿”。

铁新里社区　总面积0.57平方千米，有居民楼64幢；总户数3038户，总人口5985人，60岁以上1074人；有在册党员381人，其中离退休党员占党员总数的88%。驻区单位有市妇幼保健院、市骨科医院、秦皇岛第十九中学、铁新里小学、铁新里幼儿园、人民银行、工商银行、中国银行、蜀川天府、民航、铁道大厦等。社区设有服务中心、党员管理服务中心、党员电教室、图书室、综合活动室。社区以为居民群众办实事、办好事为落脚点，以整合辖区资源、共驻共建为原则，围绕和谐社区建设开展工作。以主动、热情的精神风貌，谦虚、务实的工作态度，团结一心，克服困难，带领居民创建和谐家园。

天洋新城社区　辖天洋新城、长城花园、红星小区3个自然小区，总户数3065户，总人口6019人；有在册党员143人。社区有办公用房450平方米，设有电话、电脑、打印机、复印件、传真机等办公设施，综合活动室300平方米，有电视机、DVD、图书、棋牌、健身器材等。坚持“社区以民为本、民以社区为家”的工作理念，围绕“创建文明和谐社区和党建精品社区”的总体目标，设计活动载体，优化社区服务功能，营造支部创先进、党员争优秀的浓厚氛围，使党员的先进性得到充分体现，先锋模范作用得到有效发挥，社区党支部的凝聚力、战斗力不断增强。

【领导班子主要负责人】

党工委书记：才汇强

办事处主任：李一波

人大工委主任：刘怀东

（杜天琪）

河东街道

【概况】 河东街道管辖区域东起东港镇、西至老京山铁路、南起海边、经新开河至省渔业公司门前铁路、北至建设大街，管辖面积5.14平方千米。辖7个社区：东港里社区、安居里社区、工人北里社区、工人南里第一社区、工人南里第二社区、煤港里社区、新开里社区。总户数2.07万户，总人口4.57万人。有驻区企事业单位、机关院校、部队22家。2016年，围绕构建“品质河东、和谐家园”主线，发扬“河东创城精神”，以“乘风启航·破冰前行”的士气，开创街居工作的新局面。全年完成固定资产投资1.53亿元，招商引资4000万元。

【党建工作】 开展“两学一做”学习教育，把尊崇党章、遵守党规，深入学习中共中央总书记习近平系列重要讲话精神和中共十八届六中全会精神，并落实到实际行动。坚持民主集中制，定期召开党工委会议、党政班子会议、民主生活会议、组织生活会议、工作调度会议等，落实“三重一大”制度。在工人北里社区设置“两学一做”成果展示墙，对电脑、电视、机顶盒等远程电教设备进行及时更换和维护。以社区“两委”换届为契机，成立安居里社区和工人南里第二社区党委，调整多个社区党组织书记，优化干部配置。组建“红色义工”党员志愿服务队，为孤残人、困难党员、留守儿童等群体提供志愿服务十多项，累计160多次。设立党员先锋岗、示范岗16个，挂牌“党员家庭户”470个，党员责任区40个，要求党员佩戴党徽。开展书记讲党课、“中共十八大精神”宣讲、“社会主义核心价值观”主题演讲、“永远跟党走”彩色周末专场文艺演出、“回顾光辉历程，讲好秦皇岛故事”等形式多样的党员活动，教育引导党员增强“四个意识”。街道党工委及各班子成员履行党风廉政建设主体责任，制定《关于建立健全班子成员下社区调研办公制度的意见》《“首见首办”责任制》《关于进一步严肃旅游旺季工作纪律的通知》等规章制度。街道纪工委对照《中国共产党章程》《中国共产党廉洁自律准则》《中国共产党纪律处分条例》，加强监督，强化追责，年内开展“一问责八清理”专项行动、廉洁自律监督等专项治理行动40多次，开展工作纪律及在岗情况检查50多次，对查出的迟到、早退等违反工作纪律问题，约谈15人次，开展谈心提醒和廉政谈话20多次，始终保持预防腐败高压态势，让街居党员干部“不敢腐、不能腐、不想腐”，牢牢筑起遵章守纪的思想堤坝。严格执行《河东街道选拔推荐社区后备干部工作方案》《河东街道选拔推荐机关股级后备干部工作方案》等制度，充实干部后备力量。

【社区建设】 对工人南里第一社区办公房进行翻建，已投入使用；对东港里社区办事大厅及党员活动室进行改造，建立安居里女红文化传习馆；开启“宣传、整治、维护、督查、志愿”五位一体模式，全方位立体式宣传“创城”。制作展牌1200多块，设置公益广告栏17个，绘制“创城”主题文化墙1000多延长米，发放核心价值观主题环保购物袋5000多个，设置流动广播站8个。清理粉刷小广告墙面面积18万多平方米，清理垃圾杂物1000多车，治理占道经营1000多人次。对河东浴场路进行改造提升，绘制文化墙、文明墙面积300平方米，安装太阳能路灯6盏，休闲座椅4套，打造集“硬化、绿化、美化、亮化、休闲化”于一体的精品街巷路。组织工作人员、志愿者等，每天对小广告、各类垃圾进行巡查和清理，城管中队实行错时工作制度，工作时间改为早7:30～晚6:30，重点巡查和劝阻占道经营现象，增加街巷路清扫频次，保证路面清洁。开展“双违”整治行动，制订工作方案，成立专门工作组，明确职责及分工，提出拆违工作“十步工作法”，形成“河东拆违模式”，推行与之配套的“三个结合”工作法。“十步工作法”和“三个结合”工作法受到上级领导的认可。全年拆违面积10.22万平方米，拆除比例90.17%，拆除违建总面积和拆除比例均位列全区第一。做好拆后修复工作，分批次上报拆后待修复点位 48 处，面积 5.67 万平方米；完成修复 13 处，面积 1.3 万平方米。探索创新城市管理工作方式，坚持按照主干道的清扫标准，对街巷路实行日清扫 4 次，垃圾日清掏 2 次，不间断巡回保洁，清理卫生死角死面，保持道路清洁通畅。重点对城区主次干道两侧、背街小巷等部位占道经营现象进行规范和取缔。开展露天烧烤整治行动，组成专门工作组对辖区烧烤摊点、店铺进行全面的环境卫生整治和食品安全监测。强化河道沿岸污染源管控，做好河道沿岸生活污水和雨水排放口的收集上报，加强日常监测。将大气污染防治与推广洁净型煤工作有机结合，抓好洁净型煤的推广使用，提高居民环保意识。

【社会事业】 优化为民服务“软硬件”，着力保障和改善民生，街居社会事业成效显著。建立公众微信平台，加强和扩大信息共享，以“互联网+”模式，公开办事流程，把“微服务”融入到每个家庭中，提升街道全方位的服务功能。全年发布街道重点工作信息 100 多条，实现零距离服务常态化。全年新增低保 38 户，为 46 名低保户申请医疗救助，为 6 名低保户申请临时救助。开通“一键通”呼叫服务，让老年人享受 24 小时紧急救助。做好辖区 57 名残疾人“三车”车主手续回收及帮扶救助工作。全年办理各类计生证件 591 本，均实现网上在线审批。计生特扶人员住院护理补贴保险出险赔付 1.15 万元。举办全面二孩政策主题知识竞赛、“金秋助学”、免费育龄妇女体检等活动。辖区残障女孩钱某某成功圆梦机场，体验坐飞机，并在《河北日报》上进行报道，被多家国家级网站转载。全年为 52 人办理就业困难认定，完成就业再就业目标任务 1044 人，为 100 名符合就业困难人员进行社保补贴审核申报总计 60 多万元。

【精神文明建设】 开展创建文明城市活动，成立以党工委书记为组长的督查组，“创城”期间，每天对辖区工作进展情况进行专项督查。打好“创城”攻坚战，铸就“河东精神”。动员老党员、楼栋长、热心居民、青年志愿者等主动参与“创城”工作，争当“文明引导员”。辖区参与创城的各类人群累计 1.4 万多人次。着力打造“一居一品”“党员志愿者服务”“红色义工”等工作亮点，各社区突出自身优势，整合资源，在创新服务模式上进行新的尝试。打造志愿服务工作新渠道，引进河北德政社工进驻安居里社区，11 名社工及志愿者成功为 200 多名残疾人、低保户等进行心理咨询和心理疏导服务。开展为残疾人免费上门体检、爱护“天使之眼”眼科检查、慰问社区孤寡老人、清理辖区环境卫生、清理海滩等志愿服务活动 60 多次，扶贫帮困“春雨行动”累计帮助群众 110 人次。开展“六一”亲子徒步走、亲子做国旗、“变废为宝”手工剪纸等寓教于乐的青少年活动 50 多次。在工人北里社区设置衣物捐助“爱心墙”。

【综治维稳】 安全稳定工作。维稳与安监并重，确保辖区居民群众安居乐业。实行包案领导、工作人员、社区干部与辖区派出所配合抓教育和引导，关注和倾听他们的诉求，化解矛盾，解决问题，数名市、区挂号的重点人员得到有效稳控。建立以司法所为枢纽、社区调委会为基础、居民调解小组为补充的调解网格。依托“非常帮助调解室”成功调处矛盾纠纷 81 起，调解成功率 100%。加强 31 名矫正人员的监督管理，建立基本信息台账，开展走访谈话、心理疏导等活动，社区矫正工作得到河北省社区矫正局局长的肯定和评价。8 月，街道司法所所长在北京人民大会堂接受全国先进司法所颁奖。在暑期等重点时期，设置 14 个治安巡防点，28 名志愿者 12 小时不间断巡防，有效预防各类上访案件和群体性事件的发生。安全生产工作。全面落实“一票否决”制，建立“党政同责、一岗双责、齐抓共管”的责任体系，紧扣元旦、春节、“五一”、暑期、国庆五大时段，加强社会面安全生产防控工作，严防发生重大安全事故。全年进行安全生产大检查 60 多次，指导隐患整改 19 处。开展宣讲新颁布的《中华人民共和国安全生产法》、播放警示教育录像、开展安全生产知识竞赛等活动，普及安全生产知识，推进安全文化进社区。开展安全生产讲座 7 次，张贴、悬挂宣传标语、条幅 300 多幅，制作大型安全宣传广告牌 5 个，印制、发放宣传折页 500 多份。规范市场经营秩序，推出上门服务办理健康证及食品小摊点备案登记卡的便民举措。完善食品安全管理制度，组建专项整治队伍，重拳整治校园周边“三小”商户，确保学校、幼儿园门口百米范围内无小摊点经营行为。汛期，班子成员深入一线，逐一检查排水口，出动防汛应急车辆23台次，组织街居干部、志愿者、低保户等100多人组成防汛抢险队伍，保障汛期无人员伤亡及财产损失。

【社区简介】 东港里社区　总户数5634户，总人口1.24万人。深入践行“两学一做”教育实践活动，为党员佩戴党徽，在党员责任区及党员家庭户挂牌，让党员亮出身份，增强党员意识和责任感。在“拆违”和创城工作中，组织200多名志愿者清理小广告1000多条，为社区添置图书1000多册，粉刷楼体外墙面积2800平方米，清理无主垃圾约105车。发放独生子女费2.78万元，发放老龄补共计6.8万多元，办理残疾人双向补贴96人。成功解决东港里集体访案件。

安居里社区　总户数4192户，总人口8584人。深入践行“两学一做”教育实践活动，坚持“三会一课”制度，开办社区党支部微信平台，及时发送微党课。实行写实分类管理，严格党费收缴补缴。开展为老党员免费体检和节日慰问特困党员活动。开展区域化党建共建活动，发挥社区特设联合党支部作用，营造和谐共建氛围。在文明城市创建、全民洗城、“双违”整治、老旧小区改造、暑期防汛等活动中，组织各类志愿者1500多人次，清运垃圾200多车，粉刷内外墙面积5.5万多平方米，清除小广告5000多条，清理大型彩喷广告牌匾100多处，拆除违建92处，面积7554平方米。打造阳光法制型特色社区。开办女红文化传习馆，组建爱手工学习沙龙。引入秦皇岛首家社工组织为居民提供专业服务。介绍就业11人次，开展免费手工培训6次。

工人北里社区　总户数2055户，总人口4995人。以“两学一做”教育实践活动为动力，以“满足居民生活需求，提升居民幸福指数”为抓手，落实年度工作目标和上级交代的各项任务。在“拆违”和创城工作中，清理小广告300多条，清理电线杆、广告牌、垃圾箱等50多个。成立环卫工人之家，设立捐物、捐衣爱心墙。开展地震演练，打造防灾减灾示范社区，多次在国家、省、市级媒体上宣传社区亮点工作，增强社区知名度。

工人南里第一社区　总户数2188户，总人口4688人。社区启用500平方米新办公用房。开展“两学一做”学习教育实践活动。结合“拆违”和创城活动，打造成“无违建”社区，粉刷楼体面积5400平方米，清理小广告1000多条，制作创城展牌53块。发放“4050”人员补贴款8.37万元，为居民办理好事实事50多件。

工人南里第二社区　总户数2146户，总人口5000人。成立社区党委，为党员群众办实事好事88件，调解各项纠纷26起。采取“感情战”“心理战”“车轮战”三大战略，拆除违建106处，拆除面积125万平方米，账上违建全部拆除，取得“拆违”工作阶段性胜利。秉承“办法总比困难多”的工作理念，组织党员、志愿者500多人，开展义务劳动68次，粉刷楼体面积2000平方米，为通往海边小路及河东14段安装路灯9盏，清理64栋堆积近20年的垃圾等，改善小区整体环境。

煤港里社区　总户数3200户，总人口7460人。定期开展主题学习讨论等活动。开展“拆违”和创城活动，在显著位置安装宣传展牌70多块，组织志愿者义务劳动30多次，清理小区垃圾105车，拆除违建90%以上，社区整体环境明显提升。全年低保注销8户，新增3户，办理分类施保21人，对16户进行调整，临时救助1户，做到应保尽保。办理廉租房低收入确认59人，发放高龄补贴477人次，资金4.55万元，新增9人，注销9人；残疾人110人，办理残疾人两项补贴68人次，办理老年证56本。

新开里社区　总户数1292户，总人口2603人。开展“两学一做”教育实践活动，通过党员活动室、流动党员服务站、党员责任区等活动阵地，组织社区在职和退休党员参与社区活动、为党旗增辉、为社区奉献。在“拆违”和创城工作中，拆除违建73处，面积5000平方米。发放文明城创建宣传手册200多份，组织义务劳动25次，在每栋楼的东侧喷绘社会主义核心价值观，在辖区显要位置设置宣传标语20多块。全年发放困难家庭救助金1万多元，为居民办好事实事十多件，调解纠纷8起。

【领导班子主要负责人】

党工委书记：王进国（6月免）

蔡　岩（6月任）

办事处主任：蔡　岩（8月免）

王春光（8月任）

人大工委主任：靳桐松

（徐　凡）

建设大街街道

【概况】建设大街街道管辖区域东起东环路，西至文化路，南临老京山铁路，北到建设大街，总面积2.47平方千米。辖6个社区：交运里社区、新征里社区、上秦家园社区、秦皇社区、幸福里社区、文明里社区，有驻区部队、院校、机关及企事业单位35家，其中较大的商业民营企业6家。总户数2.4万户，总人口6万人。辖9个党支部，有在册党员1534人。2016年，以“两学一做”学习教育为主线，团结一心、锐意进取、创新管理、求真务实，街道工作继续保持健康发展的良好势头，圆满完成年初既定各项目标任务。

【党建工作】组织开展“亮身份、学标兵、做表率”活动，党员统一佩戴党徽，在一站式服务窗口设立党员服务区、党员示范区、党员先锋岗，发挥党员带头作用，规范窗口服务。坚持和完善“三会一课”制度，依托党员活动主题日、支部书记讲党课、“12371”智慧平台建设等资源，为党员开展理想信念、宗旨意识及红色教育，增强党员干部的党性修养和党性理念。利用远程电教“固定学习日”，开展党员教育电视片观摩展示活动，利用网站、QQ群、微信等新媒体平台加强党员教育培训。7月，开展党员组织关系集中排查，党代表和党员违纪违法处理情况排查，基层党组织换届情况专项检查，党费收缴工作专项排查，集中推进非公有制企业和社会组织“两个覆盖”，抓党建促脱贫攻坚，抓严抓实领导机关党员干部学习教育专项行动，成立社区党委等8项重点工作，基层党组织建设进一步加强，党员管理更加规范。以共驻共建为依托。继续推进“扶贫济困献爱心—志愿帮扶菜单”活动，37户贫困家庭与共驻共建单位结成帮扶对子，街道及14家共驻共建单位与5家爱心企业累计帮扶困难家庭100多次，捐赠物资20多万元。开展丰富的党建活动。重大节日、纪念日，开展党史图片展、聆听抗战故事、慰问军烈属、党章党史宣传册发放等20多项党建活动。开展“两学一做”学习教育，把全面从严治党的要求落实到每个支部、每位党员。加大宣传力度，利用橱窗、条幅、社区电子屏展示“两学一做”学习教育内容，下发宣传册、口袋书、习近平同志重要系列讲话、《怎样做合格党员》等重要书籍，将“两学一做”核心内容融入党员干部日常工作和行为规范。制订学习计划，街道书记带头讲党课，邀请党校老师专题授课，学习《中国共产党章程》《中国共产党廉洁自律准则》《中国共产党纪律处分条例》、中共中央总书记习近平系列重要讲话及党的历史、革命先辈事迹和先进典型。开展“两学一做”“坚定信仰信念，保持党员本色”和“强化看齐意识，严守纪律规矩”专题研讨，做到爱党护党，严守党的政治纪律和政治规矩，增强领导班子责任意识和担当意识，在街道拆违和防汛工作中发挥党员先锋模范作用，培树先进党员7人。

【社区建设】开展“全民洗城”活动14次，7200多人参加。累计清洗过街天桥16座，公交站牌280块，广告牌、路牌344块，垃圾箱296个，护城河栈道1200延长米，清洗路面1.4万平方米，交通护栏及绿化围栏近4.85万延长米。开展“双违”整治工作。辖区有违建1292处，面积3.93万平方米。下发《关于拆除小区范围内违法建筑的通知》2600多份，动员居民自拆违建。在辖区重点路段悬挂条幅30多条，发放宣传资料2400多份，采取领导巡街、群众举报、主动约谈、城管突击、台账管理、分步实施、重点突破“分解式”运作，建立违建动态数据库，确保拆违工作取得实效。倡导和谐拆违，班子成员及党员干部主动承担“难拆片”和“不拆片”，邀请律师和城管工作人员上门为违建户讲清政策，分析责任，缓和矛盾，化解冲突。全年下发限期拆除通知书365份，拆除违建541处，拆除面积2.74万平方米，占总任务的66%，超额完成年度拆违既定目标。文明里社区作为“无违建社区”样板，加大拆除力度，9月拆除226处，拆除面积2318平方米，完成率84.3%。做好拆后复建工作，完成拆后修复6处，路面硬化面积2564平方米，墙体粉刷面积915平方米，建成绿茵停车场1处。做好辖区内河道巡查工作。辖区有文化路—东环路、大马坊河建设大街桥—东环路桥两处涉护城河河道。加强对河道的日常巡查，悬挂宣传标语20条，由城管中队做好河堤道路的清扫保洁工作，全年清理河道两侧垃圾12吨。

【社会事业】 辖区新增就业岗位910人，完成年任务的101%；其中下岗职工就业360人，为年任务的100%；困难人员就业173人，为年任务的115%。开展“春风行动”专项活动，引领3名大学生创业，为1名从事建材行业的高校毕业生申领创业补贴款5000元。为160名就业困难人员办理社保返还资金86.7万元。为53名下岗失业人员办理就业困难认定。完成企业退休人员认证5243人，协助异地认证263人。开展各项残疾人服务工作。完成400多名残疾人审核录人，对79人开展助残评定，为98名残疾人体检，为2名残疾人申请假肢，为21名视力残疾人申请助视器，为10名聋哑残疾人申请助听器，为5个居家托养的精神残疾人发放救助金2500元。为3名营运残疾人三轮车主发放每人1.78万元的一次性补助。为20户特困低保户家庭申请临时救助，为4名特困残疾人发放电饭锅、电风扇、高压锅、盲人手机、微波炉等物品，为孤儿曹博申请生活补助金1000元，为30户受灾群众发放大米，为73户低保家庭报领医疗救助20.29万元。登记、审核、上报、发放80～99岁高龄老人补贴3931人次，资金38.59万元，全部及时足额发放。办理老年证208个。发放无业居民独生子女费人数1492人，资金17.32万元。为每户独生子女死亡、伤残家庭建立档案。全年独生子女户死亡3户，伤残2户，贫困救助5户，帮扶资金6.6万元。对辖区内流动人口实行跟踪服务，共登流动人口2527人，其中育龄妇女787人。

【精神文明建设】 借助“善行讲习所”“周末讲堂”“百姓故事会”等教育平台，开展社会主义核心价值观的宣传与教育。举办“善行讲习所”“周末讲堂”等市民教育活动43次，参与群众1000多人次。在党员干部、公众人物、青少年中开展规范守则教育实践活动，使社会主义核心价值观切实融入到干部群众的日常工作生活。各社区设立家长学校，组织开展传承“好家风好家训”活动，深化文明家庭创建活动。开展“我们的节日”主题活动，增强活动的群众性、广泛性和吸引力、感染力。统筹建设综合文化站，在社区建设综合文化服务中心，开展宣传文化、党员教育、市民教育、科技普及、普法教育等活动，每周免费开放42小时，街道12支文化团队的500名队员积极参与市、区政府和街道组织的各项活动。

【综治维稳】 在辖区设置12处固定巡防点和多条巡防线路，300多名平安志愿者开展巡防工作，确保辖区的和谐稳定。开展多种形式的法治宣传教育，结合“平安建设暨法治建设宣传月”活动，将法律知识普及到千家万户。全年开展各类宣传、讲座17场，接待咨询300多人次，发放宣传资料2000多份。开展人民调解工作。排查化解民间矛盾纠纷183件，排调率及化解率均达100%。强化对社区矫正人员管理。有在册社区矫正人员34人，其中，缓刑33人，暂予监外执行1人。每周组织社区矫正人员集中学习和参加社区服务，累计学习和劳动时间每月不少于8小时。邀请“七彩社工”对社矫人员进行心理辅导，防止二次犯罪的发生。网格化建设日趋完善。6个社区共设网格47个，网格员559人。经过采集信息、整合资源、划分电子示意图、加强人员管理、培训智慧网格平台应用，智慧网格建设日趋完善，在矛盾排调、灵通信息、政策宣传、巡查巡防等方面发挥巨大作用。开展“双清”工作。清理、收缴反宣品1500多条。完成上秦社区及秦皇社区开展无邪教社区创建工作。

【社区简介】 交运里社区 总户数3543户，总人口8900人；由5个自然小区组成，有居民楼67幢。社区划分8个网格，设立网格负责人，实行网格化管理，实现“管理到家门、服务到家庭”。组织“环保乐玩小秀场”“让学生走进社会，增加社会生活经验”“幸福女人、定制美丽——迎‘三八’靓妆小讲堂”“把爱献给母亲”活动。为下岗职工提供政策咨询，联系辖区单位，帮助下岗职工实现再就业。利用宣传栏、电子屏等多种形式宣传，对重病、行动不便的老人上门认证，办理企业退休人员认证491人，城乡居民基本养老保险认证39人。小区日间照料中心活动室和新建村小区康乐屋文体活动常年不断。实行食品安全网格化监管，对食品生产经营单位进行摸底、建档、录入信息库工作。登记食品生产经营单位92家，发放备案登记公示卡65张，完成建档、录入工作。协调城调中心解决老旧小区污水外溢问题30多处。

新征里社区 总户数3359户，总人口8806人；总面积0.4平方千米；辖6个自然小区，有住宅楼82幢。以“基层党建提升年”活动为契机，坚持一居一品特色发展思路，围绕“三个清单”“五个引领”“十项保障措施”开展社区党建工作，培育新亮点、创建新特色、树立新典型，打造“党员奉献型”特色品牌。开展“双违”整治工作。全年拆除违章建筑71处，面积3633平方米。其中，街巷路6处，面积1621平方米，完成拆违总量的72.9%。在创建全国文明城市暨全省文明城区工作中，打造社区优美环境，完善社区基础设施，提供优质公共服务，丰富群众文化生活，让百姓生活的幸福感得到提升。

上秦社区 总户数4635户，总人口1.05万人。总面积0.43平方千米。有党员279人，在职党员116人。围绕“让服务更加完美，爱心铸就社区一家亲”的工作目标，秉承“以人为本，服务群众”的工作理念，以社区党建为龙头，以提升、拓宽社区服务为中心，以治安巡防队伍建设为突破口，开展精神文明创建、社区民政、计划生育、城建卫生、劳动保障等各项工作，精心打造“平安型”品牌特色社区。获市级平安建设示范村居、老干部工作先进单位；区级人口与计划生育工作先进单位、平安建设先进单位、精品型文明和谐社区等称号。

秦皇社区 总户数4262户，总人口1.5万人。开展文化活动20次。慰问困难家庭11家；帮扶特困学生2人；办理医疗救助9人次；为3名特困精神残疾人申请免费国产药品；发放重残补贴31人，困难残疾补贴20人。发放老龄补贴4.49万元；新增低保家庭1户，注销62户。办理独生子女光荣证105人；核查出生51人，新婚37对；发放独生子女父母奖励2.59万元；新增计生特扶家庭1户。安全生产走访305户次，清理安全隐患11处；为39人缴纳城乡居民养老金3.46万元；完成企业退休人员认证1011人；新增法人141户，新增产业单位10户；新增就业人员150人，实现下岗失业再就业60人，就业困难再就业27人；完成54户，113人的1%人口抽查；办理城乡居民医保登记936户、1389人。组织青少年开展教育活动12次；开展妇联“最美家庭”评选活动，1户家庭被评为区级“最美家庭”。完成工会实名制普查128家，新增工会会员3家。完成河北省志愿者录入系统1200多人，完成网格区域化管理录入9000多人。

幸福里社区 总户数4743户，总人口1万人。有党员135人，其中在职党员36人。将整个辖区划分成5个党小组，党员骨干任组长，将服务的触角延伸至社区的每一个党员身边。社区以服务更完善，环境更优美，生活更便利，关系更和谐为宗旨，运用“一三五”工作模式，打造“关爱”型特色的社区，带动社区各项工作全面开展。

文明里社区 总户数3496户，总人口6800人。有党员220人，在职党员65人。春节前夕，文学社成员手写30多副春联赠送困难党员；“七一”前夕，组织党员与团结里供热公司举行“追忆峥嵘岁月，践行两学一做”庆祝建党95周年文艺汇演活动。加大对低保户的核查力度，有低保户64户、102人。有残疾人58人，60岁以上老人1446人，为80岁以上老人发放高龄津贴7.64万元。免费为老年人体检2次，为社区60周岁以上老人办理老年证13份。社区有下岗失业人员137人，帮助失业人员实现再就业12人。全年录入城乡居民基本医疗保险缴费人员724户、1003

人。开展城乡居民养老保险缴费工作，需缴费人员23人，缴费1.8万元。为12名灵活就业人员办理社保返还款7.73万元。为568名离退休人员进行认证，为16名不方便出门的老人上门认证，为27名外地退休人员进行协助认证。为城镇居民社会基本养老保险人员76人进行资格认证。登记食品生产经营单位102家。查处无餐饮许可证企业43家。对存在安全隐患的门店进行证照检查，消除各类隐患5起。落实独生子女优待政策，代办独生子女父母光荣证20例，申请独生子女费219人，其中新申请独生子女费18人，发放独生子女费2.47万元。享受特殊奖扶9人，发放特别扶助金2.82万元。

【领导班子主要负责人】

党工委书记：晁迎峰

办事处主任：吴卫涛

人大工委主任：郝轶凡（女）

（戴莉莉）

白塔岭街道

【概况】 白塔岭街道管辖区域为城市区和外围区两部分，城市管辖区域东起汤河、西至西港镇，南起海边、北至秦皇岛市经济技术开发区，总面积7.3平方千米。辖18个社区：文昌里社区、文体里社区、美岭社区、企业联合社区、北部联合社区、森林逸城第一社区、世纪海洋花园社区、海政里社区、燕大西苑社区、御品星城社区、万和郡社区、半岛书香社区、海悦公馆社区、秦皇半岛社区、博贤院社区、燕大社区、职院社区、文耀里社区。总户数4.47万户，总人口10.22万人。有党组织47个，其中，社区党委3个、社区党支部34个、机关党支部1个，非公企业党支部2个，临时党支部1个，特设联合党支部6个，共有党员1562人。2016年，街居上下团结一心，凝聚力量，乘势而上，奋力加快跨越崛起进程，向“西部强街、美丽白塔”迈出坚实步伐。完成固定资产投资2.75亿元，完成任务的137%，引进内资4000万元。

【党建工作】 开展党风廉政建设教育，落实党风廉政建设“两个主体责任”，严格执行中央“八项规定”，制定《白塔岭街道制度汇编》。开展“领导干部四下社区”等活动，到各社区指导社区定位、党员管理等工作。走访党员1900多人次。完善“三位一体”的流动党代表工作室相关制度，以文体里社区为标杆，建立13个规范化的流动党代表工作室，受到市委组织部领导肯定。开展“街居干部素质提升年”活动。开展理论学习、书记讲堂、业务培训、拓展训练等活动70多次。狠抓“两学一做”专题教育。把握“两学一做”基础在学、关键在做，坚持把学做结合贯穿始终，与解放思想大讨论、机关作风整顿活动统筹结合、并轨推进，依托“三会一课”、党员活动日、服务大集等，组织开展学习教育110多次，主题活动54次。组织党员参与“双违”整治、创城、服务身边居民等活动5000多人次，引导党员边学边做、知行合一。落实基层党建“三个清单”，对清单内容48项进行研读对照，认真落实。与社区书记签订党建工作清单责任状，通过认领“军令状”，传导党建责任的“压力泵”。以“街居党建提升年”为抓手，以“两学一做”“党建主题月”“一站六室”为载体，深化党员教育管理，开展党员专题学习100多次。围绕智慧服务型、文化生态型、志愿服务型、祥和康美型、绿色环保型等目标，开展主题活动150多次，“一支一特”“一支多特”的社区党建服务品牌全面形成。开启“互联网＋党建”工作模式。搭建“指尖上的党支部”“581红色义工”微信服务公众号、“天天党旗红”微信群、“网上e支部”工作群等平台，开启“网络信息+手机短信”互动方式，开展政策解读、学习教育、便民服务等。文体里“指尖上的党支部”组织开展的“两学一做”教育影响广泛，被《人民日报》、新华社等媒体先后刊发。落实非公党建扩面工作，开展深入排查，建立台账，组织建立民众体检等非公党支部2个，特设临时党支部1个，联合党支部2个，聘用党建顾问18人，实现非公企业党组织全面覆盖。推进社区大党委建设。建立文体里社区、森林逸城第一社区和文昌里社区3个社区大党委。组织召开社区党建联席会议5次，促进资源和服务深化共享，提升社区整体服务能力，迎接省市区各级检查50多次，得到各级领导的肯定。

【社区建设】将“互联网+”思维纵向深入，依托“一号一台一点一网”平台，深入推进指尖上的群众工作法创新服务模式，开辟新媒体服务平台，建立便民服务微信群等各类平台18个，发布办事流程、服务事项、义工服务等信息700多条，解决各种民生问题200多个，实现从“传统面对面”到“网上面对面”服务模式的转变，通过“指尖沟通”的形式打通服务群众最后一公里。接收海悦公馆小区、海怡学府小区、半岛书香小区、秦皇半岛一区等11个自然小区，新成立万和郡社区、半岛书香社区、海悦公馆社区、秦皇半岛社区、博贤院社区，管辖社区数量增至18个，新增管辖户数2.4万多户，成为全区管辖面积最大、常住人口最多的街道。完善社会保障服务站平台建设，新建标准化服务大厅4个，将“智慧+服务”作为工作的出发点和落脚点，18个政务服务中心共办理各种业务1.2万多件。加强街道政务服务大厅、社区便民服务室两级平台管理，落实好代办制、预约制、错时上下班等各项制度，年内受理居民代办申请520多件、预约申请100多件，提供代办服务460多次、预约服务90多次，其中街居设立的专职优秀党员代办员为居民提供代办服务230件。打好“双违”拆除和“创城”攻坚战。组织开展集中拆违整治行动22次，拆除违建1319处，面积5.45万平方米，完成拆违总量的65.42%。清运垃圾1.8万吨，取缔马路市场3个，清查各类流动商贩200多户，粉刷墙面面积7.6万平方米，拆除小区内违建2.4万多平方米，制作公益广告牌800多块，灯旗60多个，社区宣传广告栏55块，发放宣传资料1.2万份。市委书记孟祥伟亲临恒信集团拆违现场调研，对街道整体拆违工作给予高度评价。组织践行价值观、和谐邻里节、大学生志愿者义务劳动等活动100多次，参与人员达2万多人。建立“定区域、定标准、定任务”的捆绑式考核机制，全面整治店外烧烤、违规建筑、占道施工等影响城市环境的行为，建立环境卫生长效管理机制。加大环卫清扫力度，完善日常保洁制度，做到垃圾随产随清，确保街巷路整洁有序。年内新打造精品示范街巷路1条，清运各类垃圾300多吨，整治早摊点、烧烤等店外经营60多处，清理路牌、电杆、桥头上的非法小广告2万多张，拆除违规条幅200多条。加强沿河排污企业监管力度，对前道西河两岸卫生进行集中清理。完成10蒸吨以下20台燃煤锅炉整改工作。

【社会事业】做好低保监管和动态管理工作。深化街道“劳动保障服务网站”服务平台建设，继续实施彩虹工程，借助“春风行动”“再就业援助月”等活动，帮助960名待业青年、就业困难人员、下岗人员实现就业。年内收缴城乡居民养老金10.13万元，发放社保补贴金61万多元。开展医疗保险参保登记工作，完成1.18人次参保登记工作。开展青春健康进高校、进社区和进家庭“三进”活动，并携手高校开展“生育关怀”“青春健康高校行”等活动。依托全省首个高校计生协会——燕山大学计生协会，邀请相关专家开设讲座3场次，普及青春期健康知识。

【精神文明建设】做强社区党员志愿服务。创建红色581等“五彩社区”义工服务站5个，拥有各类义工志愿服务队64支，组织扶贫帮困、环境治理等志愿服务活动386次。御品星城社区党员志愿者义务支持服务“小饭桌”；文体里社区党员“送爱行动队”为老年人免费送餐；海悦公馆社区退休老党员“趣缘服务队”参与“幸福夕阳退管服务中心”送温暖服务；文耀里社区全省首家治安巡防队不间断的义务巡逻，让爱落地，志愿服务已在白塔生根开花，形成“需求—供给零距离”的“白塔模式”。启动“校街共建促发展，志愿服务进社区”活动，联合辖区内6所高校，建立大学生实践基地4家，结成助学、扶老、环境保护等志愿服务对子32个，成立协会组织10家，参与街道创城、慰问孤寡老人等活动5000多人次，实现大学生志愿服务活动常态化。拓展在职党员帮扶工作平台，调动在职党员走进社区积极性，通过组织岗位认领、结对帮扶、公益讲堂等活动，实现工作在单位、服务在社区、奉献双岗位。年内为辖区居民提供生活救助、心理疏导、环境整治等200多次。依托“善行讲习所”“周末讲堂”“社区少年宫”“草根宣讲”等平台，开展典型宣传、全会精神解读、政策宣讲、志愿服务技能、才艺培训和未成年人教育等活动120多次。弘扬传统文化，以森林逸城第一社区、燕大和燕大西苑社区为试点,开展“亲子经典诵读”“中华传统节日进社区”等活动86次，传统文化氛围日益浓厚。组建舞蹈队、合唱队、腰鼓队等文艺队伍35支。加强未成年人思想教育建设，打造青少年校外教育平台，依托18个少年宫阵地，开展“我爱我家”“环保小卫士”等小虎子活动130次。开展“最美白塔人”评选，培树先进集体和个人。举办以弘扬孝心为主题的彩色周末文艺演出，评选出“白塔十大孝星”，现场颁奖，宣传孝心事迹。

【综治维稳】 建立综治信访工作月例会制度，做到“一案一册”，对信访对象因人制宜分类对待。全年在册信访案件及隐患19起，均未发生进京赴省非访和集体访。做好刑释解教人员安置帮教工作，对矫正人员进行定期家访，防止脱管漏管，已解教13人，在册社区矫正人员33人。自筹资金，新建高标准街道司法所，改善硬件水平，完善档案管理，提高司法所的规范化水平。落实安全生产“党政同责，一岗双责”制度，做好监管人员培训、安全宣传、检查督导等工作，打造御品星城社区安全文化宣传长廊1个，让“安全发展、预防为主”理念深入人心。组织开展各类安全生产、消防演练等培训十多次，发放各种宣传材料1.5万多份。开展“安全生产专项检查”“安全生产活动月”等专项活动，检查督导680多人次。在海悦公馆社区、海政里社区、博贤院社区等8个社区指导建成微型消防站，火灾防控能力得到提升。全年未发生重大安全生产事故。

【社区简介】 文昌里社区　有居民楼64幢，别墅37幢，总面积0.6平方千米；总户数2982户，总人口6649人。开展“环保公益岗位认领”“困难帮扶1+1”和“周末环保先锋”等活动。组织社区党员、干部、大学生志愿者利用双休日及空闲时间与辖区空巢老人、残疾困难群众结对，提供帮扶服务26次，参与人数达100多人。集中开展“违建”拆除整治工作，小区环境卫生得到提升。

文体里社区　辖20个自然小区，总面积0.94平方千米；总户数4425户，总人口1.08万人。社区服务大厅面积176.32平方米，社区活动室683.68平方米。开展“两学一做”学习教育实践活动，深入生活困难的居民家走访400多次，为群众解决困难300多件。发挥581党员志愿者服务队的作用，暑假举办红色经典影片露天播放、庆“七一”红歌会、传统文化进社区系列活动，为老党员集体过生日，开展党史知识竞赛、红色文章征集活动，将社区的好人好事通过网站传播。获全市地震安全示范社区、中央财政支持社会组织参与社会服务“家庭手工进社区，扶弱帮困促和谐”示范项目执行社区、全市基层党建示范点等称号。

美岭社区　有居民楼58幢，总面积0.56平方千米；总户数2758户，总人口5596人。社区有办公用房550平方米。加强志愿者队伍建设，注重活动长效性，有环保、治安、文艺等志愿者队伍5支，队员200多人。燕山大学志愿者“温馨小屋爱心家教”义务辅导辖区学生功课16课时，受益学生80多人。开展“创城”活动，参与清理小广告和白色垃圾的志愿者1000多人次。组织辖区残疾人和低保户免费体检。开展社区文化活动，组织元旦茶话会、“用画笔画出新年愿望”小虎子活动、“三严三实”诗歌朗诵会、欢庆“六一”暨爱心家教成立四周年联谊会、“小手拉大手”共建美好家园活动、“歌唱中国梦，核心价值观记心中”演唱会，“纪念红军长征胜利80周年”文艺演出等活动。

企业联合社区　有高层住宅25幢、多层住宅22幢、两层住宅19幢、平房9间，总面积0.65平方千米；总户数4503户，总人口1.14万人。社区办公场所110平方米，活动室120平方米。通过“天天党旗红”微信工作群，不定时发布支部动态、学习内容，让党员们足不出户就能了解到社区党建动态、工作方向。发挥“一站式”服务大厅、全程代办服务、创新志愿服队的服务机制，为居民群众提供优质服务。以祥和康美型社区党支部创建为目标，以系列活动为载体，开展义务诊查、科普讲座培训，增强居民的健康意识，受益群众达750多人。

北部联合社区　有多层住宅36幢，双层住宅21幢，平房58栋，辖区占地面积0.28平方千米；总户数4019户，总人口7836人。通过建立微信群，安装宣传橱窗（3个）、宣传展牌（10个）、张贴宣传画（20张）、发放宣传单（1000多张）等方式扩大宣传。开展普法、义诊、免费理发志愿服务多样化群体性文化活动50多次。创建“平安社区”“平安家庭”，构建和谐社会。组织志愿者成立治安巡逻队，做好防火、防盗、防事故预防措施落实。

森林逸城第一社区　有居民楼185幢；总户数2755户，总人口6045人。12月，成立社区党委，下设4个支部，在册党员127人。提高党建水平，组织社区党员通过座谈会、茶话会、知识竞赛等形式，把学习方式搞活。对年纪较大的老党员，实行送党课上门服务。开展“一支部一特色”创建活动，组织社区医疗志愿者为社区老党员送健康上门，组织支部党员及社区居民100多人开展“森林逸城第五届环保健步走”活动。组织社区党员和文耀里小学、逸城小学的党员志愿者开展志愿者奉献日活动。丰富居民业余文化生活，每天上午在社区活动室、室外活动场地都有文化课堂。建成“逸城党旗红志愿者服务站”，有各类志愿者服务队6支，开展各类志服务活动20多次。

世纪海洋花园社区　有住宅楼10幢，总面积0.06平方千米；总户数2042户，常住户553户，总人口1817人。党支部委员与社区低保户、残疾人结成帮扶对子，优化便民服务流程，利用市民学校开展“健康育儿”讲座，成立助老服务队，开展心贴心服务。建立空巢老人联系卡，定期上门走访，联系社区卫生医疗服务中心对无法出门的老年人实行上门义诊；利用“邻里互助站”，帮助空巢老人，提供代买、家政等服务。召开居民恳谈会，听取居民对小区物业服务方面的意见。开展争创全国文明城市活动，社区居民、物业公司积极清理小区卫生死角，清除小广告。党员志愿者服务队开展认领志愿服务岗位活动。组建社区“齐乐合唱团”“墨香缘书画社”“民族舞蹈队”“太极拳社团”“和美民乐队”等文体团体。

海政里社区　有居民楼47幢，总面积0.41平方千米；总户数2360户，总人口7221人。开展党员“一助一”帮扶活动，组建合唱团、英姿舞蹈队、吉祥健身舞蹈队、交谊舞队、民乐队等多支文艺团队，每周为居民免费开设民族舞课、交际舞课、声乐课、电子琴课、剪纸课、美术课、英语课。开展“美在我们的节日”庆“三八”、第三届“欢乐邻里情，共品百家宴”“中秋茶话会”“退休姐妹舞起来”舞蹈展演、阳台菜园技能推广、小虎子的“孙子兵法在抗日战争中的应用”、航模手工等活动。

燕大西苑社区　有居民住宅楼65幢，总面积0.18平方千米；总户数1134户，总人口2847人。有在册党员31人。成立非公企业党支部。完成党支部换届选举工作。与燕山大学学生党支部联谊，开展志愿服务，与民众体检党支部联谊，开展“民安国泰，众川赴海”新年文艺联欢会。关注辖区空巢老人、低保户，举行送温暖活动。成立燕山大学西苑书画社，开展文艺汇演、亲子运动会。

御品星城社区　有居民楼20幢，总面积0.28平方千米；总户数1796户，总人口5386人。社区办公总面积416平方米。成立乒乓球队、合唱团、星光诗社、舞蹈队。每月组织科技师范学院体育系的志愿者为小区居民免费义诊按摩。开展迎新春联欢会、乒乓球比赛等。为高龄老人申请高龄补贴，及时发布退休人员年审信息，为行动不便的居民上门办理退休认证、异地退休认证、医保登记。成立20人的义务巡逻队，每天轮流在辖区内进行巡查。创办托教服务中心，面积200平方米，解除家长的后顾之忧。

万和郡社区　8月成立。有居民楼70幢（其中，在建3幢，未建3幢），总面积0.24平方千米；总户数723户，总人口1580人，其中流动人口505人。社区办公面积700多平方米，一站式便民服务大厅已投入使用。以营造文明和谐的氛围为宗旨，开展走千家进万户，访民心知民意的活动，了解群众诉求。以创建全国文明城市为契机，开展与文明同行、树和谐新风为主题的宣传活动。

半岛书香社区　8月成立。有高层住宅25幢，在建住宅8幢，总面积0.3平方千米；总户数4447户，总人口8625人。社区居民活动中心在秦皇半岛一区23栋，面积766平方米。内设一站式服务大厅、便民服务室、居民接待室、党员之家、妇女之家、综合文化服务中心等办公和活动场所。

9月党支部成立，有在册党员7人。办理老年证，为80岁老人办理并发放高龄补贴，办理就业困难人员社保补贴，办理城乡医疗保险登记。成立书香颐悦社区艺术团，下设器乐队、合唱队、舞蹈队、健身队和乒乓球队，开展社区丰富多彩的文体活动，成功举办“邻里欢歌春节联欢会暨最美家庭评选启动仪式”。

海悦公馆社区　8月成立。有居民楼27幢；总面积0.58平方千米；总户数3080户，总人口5852人。通过走访摸底，完善信息，打造以“院栋为中心”的党建工作特色和网格体系，促进党建工作长效管理机制。开展社区干部入户活动，了解居民所思、所想、所忧、所盼，挖掘社区内各类文体人才资源，推进文化活动室建设，组建合唱团、乐队、评剧团、诗社等。开展“退休人员趣味联谊会”“迎新春联欢会”“才艺大PK”“歌咏比赛”等活动。

秦皇半岛社区　8月成立。总面积0.47平方千米；总户数1784户，总人口5215人。11月成立党支部，有在册党员4人。社区居委会设一站式服务大厅、会议室、党支部、便民活动室、社区图书馆，面向居民开展党务、计划生育、民政、劳动保障、物业管理、城管卫生、经济安监等服务。开拓新的便民服务渠道，为居民创建温馨和谐的新型社区。

博贤院社区　8月成立。有高层住宅21幢，总面积0.46平方千米；总户数1210户，总人口3481人。开展综治和平安建设，整合社会力量，完善小区基础设施。成立社区太极队、舞蹈队2支，自编赞美社区和社区好人好事的歌曲、天津快板等节目，暑期在各小区巡回演出。

燕大社区　有居民楼47幢，总面积0.18平方千米；总户数2018户，总人口5876人。开展“党员活动日”、党知识竞赛等活动。定期开展矛盾纠纷排查活动，摸排社区矛盾纠纷，清查流动人口，排除不稳定因素。暑期、旅游旺季和创城期间，加大巡逻力度，确保治安稳定，全年未发生重大刑事案件、集体上访事件和安全事故。关注特殊群体生活，对孤、老、残、弱人员和离退休人员详细登记造册，定期走访特困家庭、特困残疾人、特困职工、特困党员，争取扶贫帮困资金，帮助解决实际问题。打造社区文化，支持社区合唱班、模特队、广场舞队活动，增添乐器、音响，选送优秀节目参加“彩色周末、百姓舞台”活动。举办“燕大社区全民健身大赛”。以“创城活动”为契机，规范社区管理和资料档案管理。开展“双违”拆除专项行动，违规建筑物、构筑物基本已拆除。建设健身广场，新装公共健身器材11套。

职院社区　有居民楼22幢，平房125间；总户数840户，总人口2081人。组织定期排查安全隐患，避免案件发生，未发生严重刑事案件。为困难群众办理社保、低保，发放生活补贴。在拆违工作中，深入住户，清查摸底，宣传政策，做深入细致的思想工作。联系学院团委开展学雷锋活动，为居民做好事。利用学院资源，协调职工活动中心，解决社区内非该单位退休职工到活动室健身，看报的问题。馆外晨练场地有舞蹈队、毽子队、秧歌队等。

文耀里社区　有居民住宅楼37幢，总面积0.08平方千米；总户数1844户，总人口3930人。平安巡防队坚持义务巡防不间断，辖区的治安状况得到明显改善，各类案件的发案率直线下降，全年查车2000多台次，盘查可疑人680人次，协助公安机关处理警情6起，文耀里平安巡防队义务巡防8年的先进事迹在《河北法制报》上刊登。

【领导班子主要负责人】

党工委书记：王　宏
办事处主任：张　磊（8月免）
　　　　　　王立平（8月任）
人大工委主任：郭俊玲（女，6月任）

（郑新杰）

西港路街道

【概况】 西港路街道管辖区域东起海阳路、友谊路，西至北环路，南达老京山铁路，北抵汤河，总面积7.07平方千米；辖11个社区：先盛里社区、桥东里社区、红卫里社区、先茂里社区、和安里社区、金龙花苑社区、滨河湾社区、和平花园社区、玉龙湾社区、在水一方社区、金舍德圆社区。总户数5.4万户，总人口数12.73

万人。2016年，把握“一流主城区和沿海经济增长极”奋斗目标不动摇，全面完成各项任务。完成固定资产投资11.2亿元，完成全年目标的125%；完成招商引资4300万元。获区级志愿服务工作先进单位，宣讲工作先进单位，创建文明城市工作先进单位等称号。

【党建工作】落实理论中心组学习制度,开展“千名讲师下基层讲党课”主题宣讲活动。深入社区走访调研54人次，集中学习12次，开展研讨十多次，形成调研报告2篇，撰写心得体会18篇，解决居民关注的热点、难点问题54件。通过召开党建研讨会、搭建平台的方式，对“两新”组织进行调研帮扶。召开纪律作风警示教育大会，书记带头讲廉政课，党员受教育面达96%。组建机关纪律作风巡查工作小组，对机关、社区干部进行不定期巡查50多次。狠抓“两学一做”学习教育活动。制定专题教育方案和任务分解表。邀请区委“千人讲师团”成员讲党课，100多名党员参加。下发口袋书、中共中央总书记习近平系列讲话等读本1590多本，各支部通过举办知识竞赛、“党在我心中”演讲比赛等形式提升教育效果。组织集中学习12次，完成主题研讨1次，召开党建研讨会2次。加快“一支部一特色、一社区一品牌”的创建，总结提炼更多特色品牌创新。推广和平花园社区基础党建档案管理经验，形成党建档案品牌。对社区党支部档案进行“电子相册”管理，购买IPAD平板设备，编辑制作10个社区档案电子相册。在街居党员干部中,弘扬“自强、厚德、笃行、担当”的西港街训，成立5个由街道机关全体党员组成的专项工作小组，形成小组长和相关支部责任同志为第一责任人的“分片包干”网络化管理。建立机关全体党员包案制度，组建下派“维稳队伍”开展“民情家访”，主动询问信访人疾苦，帮助解决问题。组织26名党员开展“接力沈汝波，延续正心愿”“美丽梦想，圆梦‘六一’”“扶贫助困，春雨行动”等志愿服务活动，建立扶危帮困对子35个，送去护眼灯、自行车等帮扶物品26份，实现志愿服务活动常态化开展。开展“党的光辉历程纪念章、纪念币红色藏品展”巡展，展出金龙花苑社区老党员捐赠的价值40多万元的藏品。

【社区建设】对街道政务服务中心大厅进行全面整修，4S星级政务服务大厅通过验收；在水一方社区和纤维里社区正式合并，积极打造首批市级党建示范社区；打造完成先盛里省级妇女之家，各项服务设施齐全；首批社区党委试点红卫里社区党委运转正常，省、市、区领导多次视察指导并给予肯定，获省级“十大”志愿服务培训基地称号。加强辖区环境整治。对11个社区进行“拉网式”摸排，共摸排疑似违建1686处，违建面积9.73万平方米。制定“拟订方案、规划认定、宣传劝导、拟定计划、限期拆除、片警训诫、实施强拆、拆后修复”八个规定动作，协调规划、城管、公安、“双违”办等部门，联动协作，出动300多人次。开展拆违“四大战役”，拆除铁路平房、先锋路沿线、和安路、和煦街等重点违建，共拆除违建755处，拆除面积6.05万平方米，占总面积的62%。加大市容市貌整治力度。采取定点监控与巡查结合的方式，对街巷路重要点位占道经营行为进行清理整治。全年接受处置城管督办件520件（次），处置率100%。组织社区党员、群众开展义务劳动、洗城行动200多次，共出动人员1500人次，清理各条街巷路和小区内积存的垃圾15吨，清除辖区卫生死角120处。

【社会事业】实现社会救助全覆盖。辖区有低保户545户，906人，其中，新增低保27户，注销109户，调整51户，分类施保79人。加快发展民生救助工作，打造街道阳光民生救助中心，推进困难群体和爱心企业精准对接，为辖区贫困户和因突发事件造成家庭生活困难的居民提供临时救助和大病救助等应急救助。安置衣物捐赠箱10个，收到衣物130多件。开办慈善超市1家，举行2次大型促销特卖活动。建立700名有救助需求的居民档案，搭建帮扶对子100多对，发放米面油664份，棉被褥30套，羽绒服29件，发放购药卡4.53万元。为89人发放36.6万元的低保户住院医疗救助金。推动玉龙湾社区“爱心停留站”、在水一方社区“心理咨询室”项目提升，发展精准对接式民生救助项目。推进劳动保障工作，加强就业再就业服务。全年城镇新增就业人数556人、实现再就业人数214人（其中就业困难人员实现再就业109人）。新增企业退休人员237人，协助异地退休人员领取养老金资格认证456人次，上报并停发死亡退休人员120人。为1.08万名市、区属企业离退休人员进行养老金资格认证。开发街道、社区公益性岗位8个。为30名大学生提供一对一就业帮扶及就业指导。为35名下岗职工发放一次性求职补贴4800元。为符合就业困难条件的4050人员、低保户、残疾人、失地农民、高校毕业生等共计95人进行困难认定。开展城镇居民养老保险认证工作。认证成功461人，待遇停发104人，待遇核实72人。新参保37人，退保41人，到龄享受23人，关系转入3人，收缴城乡居民养保险费18.05万元。通过社区张贴栏、宣传单等方式定期发布大量用工信息，在金龙花苑社区广场举行“春风行动”专场招聘会。

【精神文明建设】 规范“七彩”志愿者联合会建设，完善招募、运行、服务、评比等运行机制建设，瞄准辖区扶贫助困、环境卫生、治安巡防等公益服务项目，开展点对点精准志愿服务。打造社区志愿服务品牌。建立社区志愿服务站10个，拥有党员先锋、青春雷锋、“沈汝波”等志愿服务队伍11支，开展扶贫帮困、环境整治、治安巡防等活动100多次，为群众解决难题156件。启动志愿者文化节，开展志愿服务系列活动。“修身、立业、传美德”书法绘画展，展出居民创作书画作品50多幅；“走进社区、走入居民”志愿宣讲，邀请辖区5名宣讲团成员进行宣讲；“因为有你，心存感激”暨志愿服务感恩颂主题文艺演出等特色活动，培育志愿服务文化，实现志愿服务满西港。加大创城力度。制订街道创城任务分解表，落实街道领导分包任务制度，完善班子、科室、责任人三级项目分包机制，定期召开例会，协调解决创城推进过程中的困难和问题。召开创建全国文明城市暨省级文明城区工作培训会，增强创城档案工作的针对性和指导性。开展“365最美海港人”主题宣讲活动。通过周末讲堂、善行讲习所、社区文化活动平台开展宣讲活动，宣传创城意义。累计开展各种宣讲100多次，受众1000多人次。开展公益广告宣传、全民阅读、全民健身等活动。强化政务服务大厅星级评比机制，窗口服务场所环境整洁、设备齐全、服务规范、礼貌待人。深化“善行先锋”“平民偶像”“道德模范”主题道德实践评选活动。

【综治维稳】 倡导“预调导助”工作法，通过“讲法律、讲政策、讲道德”预防纠纷；对已发生的纠纷，实行街居分级调解；对于调解未果的，引导其走司法途径；对确有困难的，提供法律援助、司法救助、政府扶助，最大限度地把各类矛盾化解在萌芽状态。依托网格化管理，试行“网格微自治”，化解各类社会矛盾纠纷98件，调解率100%。全年接待群众访80多人次，发动街居干部展开排查60多次，发动群众1290人次，对11个社区和3个重点拆迁部位展开拉网式、地毯式的排查，排查出矛盾纠纷34起，在特殊敏感时期均未发生群体上访事件和进京赴省越级访事件，受到省联席办表扬。搭建约访平台，每天安排1名班子成员接访。成立街道包居领导—中层干部—社区干部包案制度，逐一落实包案领导、责任单位、包案人员和稳控措施，在春节、“两会”和节假日等重点时期对重点人员进行24小时稳控，未发生越级、非法上访。以“平安建设暨法治建设”宣传月为契机，以“法律八进”活动为载体，以“平安使者·法治宣传进万家”为全年主线，全面开展系列主题宣传活动。开展街居干部学法、走进社区普法、走进校园说法、打造文化墙看法、打造法律服务开放窗口用法五个行动。开展沿河小作坊、小餐饮专项整治、暑期食品安全保障、暑期重点品种食品专项整治、学校周边食品安全集中整治等工作，开展食品安全日常巡查及专项整治行动124次，巡查食品生产经营单位1530家次，发现一般隐患22处，下发整改通知单17份，已整改22家，整改率100%。设立食品安全宣传点11个，悬挂宣传横幅22条，发放宣传材料1000多份。

【社区简介】 先盛里社区　总户数3792户，总人口8361人。开展省级妇女儿童示范活动，形成“比、学、赶、帮、超”的良好氛围。围绕“婚育新风进万家”活动，开展各种文化宣传，加深对计划生育政策的认识。

桥东里社区　总户数 6541 户，总人口 1.79 万人。“红马甲”志愿服务队 24 小时为空巢老人提供应急服务，印制服务卡 2000 多张，发放到老年人手中。“社区是我家，建设靠大家”的理念在全社区干部居民中成为共识。

红卫里社区　总户数 3212 户，总人口 8600 人。以“孝、善、诚、爱”为重点，在社区实施以传统美德、家庭美德、社会公德、个人品德教育的“四德工程”，建立一榜（社区善行功德榜）、一墙（志愿服务爱心墙）、一所（善行讲习所）、一堂（家风家训堂）、一线（8100 好人热线）帮您忙五个特色载体。

先茂里社区　总户数 5052 户，总人口 1.48 万人，代管首府 1876 户。组建党义先茂里义务治安巡防队、党义先锋里义务治安巡防队、党义沈汝波志愿服务队等 3 支品牌志愿者巡防队伍，24 小时巡逻防范，做到无缝隙全覆盖。

和安里社区　总户数 2684 户，总人口 6840 人。有亲艺术团、亲爱心小分队等优秀团队，有舞蹈队、合唱队、腰鼓队、书法班、葫芦丝班、二胡班、乒乓球队等文体队伍，定期组织活动。

金龙花苑社区　总户数 3218 户，总人口 7082 人。建立“我们是一家人”社区 QQ 群、金龙花苑社区微信公共平台。建有社区艺术团、法律宣讲团、志愿者服务队、小虎子之家、红义工便民亭、微自治领导小组、邻里守望小分队等。

滨河湾社区　总户数 4822 户，总人口 6682 人。寒暑假，组织小虎子参观港口博物馆，慰问空巢老人，放生鱼苗等活动；组织居民学习传统文化，邀请专业人士讲解摄影，书法及养生知识；组织党员及志愿者开展志愿服务活动。

和平花园社区　总户数 4005 户，总人口 6287 人。成立“阳光志愿服务商圈”“青少年成长加油站”，开展邻里守望服务，助力青少年健康成长，提高居民生活质量。

玉龙湾社区　总户数 3500 户，总人口 6400 人。社区“爱心停留站”为环卫工人和出租车司机提供歇脚驻足、驱寒避暑、热饭喝水的场所。新增面向外来务工人员、流动儿童服务的“爱心 e 网通”，免费提供和亲人网络沟通、视频聊天的桥梁；面向文艺爱好者服务的“爱心俱乐部”。举办消防安全演练、警民恳谈会、国学讲堂、反邪教漫画展、防震减灾宣传和“中国梦我的梦，梦想家园”消夏晚会等活动。

在水一方社区　总户数 1.27 万户，总人口 3.3 万人；有在册党员 474 人；有 60 岁以上老年人口 2343 人；流动人口 856 人；育龄妇女 4900 人；下岗失业 456 人；退休人员 2243 人。

金舍德圆社区　9 月成立。总户数 3100 户，总人口 7280 人。有在册党员 70 人，低保户 48 人。社区工作人员已配备齐全。

【领导班子主要负责人】

党工委书记：陶剑锋

办事处主任：石建波

人大工委主任：刘　昕（女）

（赵　倩）

港城大街街道

【概况】 港城大街街道管辖区域东起建国路，西至红旗路，南起建设大街，北至燕山大街，辖区面积 2.99 平方千米，辖 8 个社区：新闻里社区、迎秋里社区、服务里社区、燕北里社区、建兴里社区、新风里社区、交建里社区、工农里社区，总户数 2.7 万户，总人口 7.42 万人。2016 年，以落实全面从严治党要求为主线，以“创幸福街居、建活力港城”为目标，围绕构建“13510”工作体系，开展“基层党建提升年”和“两学一做”学习教育，牢固树立群众观点，全面贯彻法治理念，坚持服务和改善民生，推动各项工作良性发展。完成固定资产投资 2.41 亿元，完成招商引资 4000 万元。

【党建工作】 将“两学一做”学习教育纳入落实从严治党主体责任内容，与 8 个社区党支部签订目标责任书。全年中心组通过集中学习、专题辅导、座谈讨论等形式集中学习 33 次，下发学习材料 150 多册，撰写学习心得 27 篇、调研报告 9 篇。开展学习培训 41 次，其中党员大讲堂授课 8

次。完善先锋党员评选办法，健全机关工作人员履职十项承诺机制，开展星级岗位评比和社区先锋党员评比活动。评选出“党员先锋岗”48人，党员中心户19家、党员示范户11家、党员家庭户77家。开展佩戴党徽，亮明身份，严明党纪，规范行为，树立形象活动。街居全体党员佩戴党徽上岗，在服务大厅设立意见箱，接受群众监督。扎实走访排查，实现非公企业党组织全覆盖。排查非公企业141家，其中，非本辖区企业14个，已建立党支部的非公企业10家；单独组建非公企业党支部1家；成立联合特设党支部31家，涵盖非公企业116家。

【社区建设】 搭建以信息技术为支撑的社区网格化管理新模式。按照“界线清晰，任务适当，责任明确，便于管理”的原则，8个社区全部建成智慧网格管理服务站，软硬件设施已配备齐全，为畅通社情民意搭建良好的沟通平台。完成司法所规范化建设，200多平方米的办公场所装修完毕，电脑、打印机、档案柜等基础设施配备齐全，规范性制度全部上墙，市司法局已完成验收并已正式入驻。开展创建文明城市工作。围绕“一年基本拆除，两年基本清零”的工作目标，成立拆违工作领导小组。印制宣传单1万多份，张贴宣传标语100多条。联合城管中队逐街逐巷逐小区进行排查，健全居民举报机制，完善工作台账。回复“双违”办交办单90多件，及时处理率100%，有效回复率100%，群众满意率100%。完成拆违拆旧478处，占总数的45%，面积2.88万平方米，占总面积的55%。开展环境卫生整治。大小马坊河排污口共70个，清理河堤路积存垃圾50车、102吨，更换破损、丢失垃圾桶55个。对金街、迎宾东西路、新闻路、新兴二街、政廉街等重点难点路段，落实“定岗、定人、定责”制度，采取“两扫全保”的工作模式。开展“全民洗城”活动13次。宣传“门前五包”各项责任，处理占道经营551起，清理流动摊点68处，规范门店904次，清理违章悬挂的条幅401条，清理灯箱308个，清理门牌字匾36块，清理学校周边散发小广告187起，清理户外小广告2118处。对41家烧烤门店全部下达限期整改通知书，收缴店外摆放的炉具32个，烧烤治理逐步形成常态化。将新闻路打造为精品街巷路，加大保洁力度，统一规范门店及摊位，更换部分垃圾桶，安装设置城市管理宣传栏、公示牌，弘扬社会主义核心价值观。

【社会事业】 严格落实社会救助机制。加强低保动态管理，有低保户375户，新增21户，注销53户，调整20户，分类施保56户。为11户困难户发放临时救助款2.2万元。实现医疗救助15人，发放医疗救助款1.1万元。上报贫困重度残疾人生活补贴146人，重度残疾人护理补贴182人。为80～89岁、90岁以上老人发放高龄补贴54.27万元。城镇新增就业950人，下岗失业人员实现再就业351人，其中就业困难人员再就业161人。有已婚育龄妇女1.11万人，全年出生人口390人，出生政策符合率99.74%。完成流动人口动态监测，定期走访流动人口家庭，完成1089户的信息采集工作。依托辖区卫生服务站开展流动人口健康教育讲座6次，免费生殖健康检查5次。强化国家实施全面二孩政策的法律法规知识宣传，印制政策宣传单5000份，无纺布袋1300个。

【精神文明建设】 依托街道养生馆、社区之声练歌房、“阳光健身”等载体，吸引群众参与社区文化活动。开展新年为老人送温暖、争做“低碳一族”、传递“两会福音”、打造“清明文化一条街”等主题活动40多次。开展志愿服务。每名党员每周至少为群众做1件好事已成自觉行动和不成文的规矩，促进党员志愿服务体系规范化和管理机制常态化。组建“百姓草根宣讲团”，开展365百姓故事汇、“周末讲堂”“道德讲堂”等系列活动97次，挖掘出道德模范、平民偶像以及身边好人、好事、好家风，在辖区掀起争做好人、无私奉献的热潮。以文明城市创建活动为契机，打造文明街居。下发提升市民素质倡议书5000多张；在27个自然小区出入口安装社区指示牌；悬挂社会主义核心价值观、秦皇岛文明公约等创建文明城市宣传展牌251块；创办社区宣传栏、黑板报20多块；

开展“文明城市你我同创，美好家园大家共享”“红色义工唱响创城集结号”等文化活动。全年刊登外宣信息163篇，其中，新华社等国家级媒体登载5篇，《河北日报》等省级媒体登载18篇，秦皇岛电视台、《秦皇岛日报》等市级媒体播报刊登91篇，《今日海港区》等区级媒体刊登59篇，各级网络媒体上登载119篇。

【综治维稳】 坚持筑牢信访维稳第一道防线。妥善处置各类矛盾纠纷240起，排查调处率均为100%。实行领导日接访制度，规范接访记录。对重点信访案件和信访人实行领导包案制并制订稳控预案，帮助信访人协调信访事项，引导上访人员依法有序上访。组织义务劳动12次，清理非法宣传品1650多份，迎秋里社区和新闻里社区完成无邪教试点社区建设。组织开展平安志愿者日宣传活动20次，发放宣传资料1500份，张贴海报33份，参加人数1000多人。开展楼宇社区“法律服务四个一”活动，8个社区与辖区律师事务所签订聘请法律顾问协议，以公开栏为平台将法律顾问相关信息进行公示。组织综治、司法、反邪、禁毒、安全消防、社区律师、“和事佬”等力量组成“十户法制宣传员”队伍，有队员1530人。发放法律知识宣传册300多份。与8个社区签订《2016年安全生产目标管理责任书》，与18家企业签订《法人代表安全生产承诺书》。开展春节、“两会”期间安全生产大检查、烟花爆竹安全检查、安全生产攻坚行动、“强化执法严责任、打牢基础保暑期”“安全生产领域打击非法违法”等专项行动。累计排查企业800多家次，排查隐患89处。做好安全宣传工作。在建兴里社区建立应急管理专题宣传长廊，在新闻里社区开展安全文化进社区专题活动，设置宣传画22幅。与8个社区签订责任书，建立食品安全监管责任制，建立“六员联防”工作队伍。发挥组织协调作用，建立由工商、质监、食品稽查大队等职能部门联合执法的联动执法机制。排查企业、个体户2000多家次，排查隐患42份，整改42份。办理食品小摊点备案卡40多份。组织开展食品安全宣传进企业、进学校、进社区和进家庭和食品安全宣传周等活动，发放宣传资料2000多份。

【社区简介】 新闻里社区　总面积0.52平方千米，总户数4256户，总人口1.3万人。通过学党章、“上门送学”“户外讲学”“红歌嘹亮”知识答题、重温入党誓词、“扬正气，促和谐”等活动，将“两学一做”活动落到实处。在驻区企业成立“联合特设党支部”5个，覆盖企业19家，为14家没有党员的企业聘请“党建顾问”，完成党组织在非公组织的全覆盖。完成集“心灵驿站”服务和“党代表”服务于一体的“特色工作室”建设，推出心理专家个案服务和在职党员行业服务。挖掘在社区建设和为民服务中涌现的先进典型，发挥典型引领带动作用，推动社区文明向上。做好治安巡防、安全隐患排查、矛盾纠纷调解等工作，把各种安全隐患和信访隐患化解在基层。发动广大党员和居民群众参与全民洗城和整治“双违”工作，摸排违法建筑122处及违法占地38处，全部拆除完毕，拆除面积3.88万平方米。

迎秋里社区　有居民住宅楼55幢，总户数2473户，总人口6909人。按照“两学一做”工作提示，制定学习计划，成立党员志愿服务队，联合市房产局党员志愿者开展全民洗城、义务劳动12次。有已婚育龄妇女1189人，为125人发放独生子女父母一次性奖励。有低保户21户，注销3户、新增1户。持证残疾人38人。为3名残疾人申请贫困重度残疾生活补贴，为6名残疾人申请护理补贴。为524名企业离退休人员进行生存认证，为17名“4050”与就业困难人员办理社保返还登记。每月为25名领取失业金的人员进行网上签到。统计辖区内违建63处，违建面积8542.5平方米。已拆除52处，拆除面积6349.5平方米。开展集中整治活动。粉刷墙体面积8200平方米，清理垃圾166车。全年调解纠纷26起，调解成功率100%，未发生越级上访事件。清理小区乱堆乱放、易燃物品排查39处。利用“社区百姓京剧团”开展丰富多彩的文艺活动。以社区少年宫为主阵地做好社区未成年人思想道德建设工作，寒暑假开展活动16次。

服务里社区　有居民楼111幢，总户数5775户，总人口1.57万人。“五账五卡”夯实党建基础。为在册党员“一人一卡”建卡入档，对不同类别党员实行分类教育、分类管理、分类活动。把28

家非公企业纳入社区党组织管理，为实现党组织工作全覆盖提供组织保障。开展“践行海港精神，弘扬道德新风”主题活动，百姓讲堂“365百姓故事汇”“争做好党员，永远跟党走”等活动深受群众欢迎。开展以“扶贫送温暖，欢喜迎新年”“服务连心卡，浓浓关爱情”等慰问帮扶活动，联系驻区单位与社区困难居民建立帮扶对子20多对，为困难家庭送去慰问金、物品。打造“1+1+1”（即1个社区志愿者+1个好邻居+1个帮扶单位的结合方式）志愿助贫服务模式，开展政策咨询、扶贫助残、植绿护绿、卫生治理等活动。打响创城拆违攻坚战。广泛宣传，提高广大群众对创建文明城市的知晓率、支持率和参与率。协调区财政局、区民政局、市政法委等单位开展“红色义工，扮靓家园”户外清洁日，助力创城活动十多次、制作创城展牌100多块、清理垃圾211立方米、粉刷墙面面积3万多平方米。排查违建115处，违建面积4584平方米，已拆除66处，占总面积的87.37%，为居民营造干净、亮丽的户外环境。

燕西里社区　总面积0.4平方千米，总户数3060户，总人口8998人。本着“五心”服务理念，设立服务热线、QQ平台、智慧党建公共服务平台等方式服务党员，形成党组织关爱党员，党员关爱群众的社区党建网络。开展创建全国文明城市活动，在醒目位置设宣传展牌236块、清运垃圾108立方米、粉刷外墙面积1.6万平方米、粉刷楼道面积1200平方米、发放创成手册及宣传品300多份。开展“双违”整治工作，排查违建225处、面积6610平方米，已拆除66处、面积4621平方米。协调各种城建事件67件。辖区治安巡逻队每天坚持巡逻，维护社区稳定，未发生任何上访事件，全年调处矛盾纠纷50多件，成功率98%，未发生民转刑案件。

建兴里社区　有居民楼49幢，总户数2301户，总人口5373人。拓宽宣传渠道，在各级媒体刊登稿件和活动信息21篇。提升社区整体环境，打造人防、安全、传统文化、文明礼仪等知识长廊；对小区外墙广告进行粉刷，粉刷面积1.3万平方米，粉刷楼道面积7000多平方米，清理杂物垃圾约200吨，治理绿地面积1.3万平方米。创建无违建社区，拆除违建77处，面积2.4万平方米。深化拓展“四知四清四掌握”工作机制，知道辖区住户的每个家庭成员基本情况及其社会关系，每个家庭经济状况，每个家庭成员的政治表现及每个家庭成员遵纪守法情况，对就业情况清，重点人员情况清，流动人口情况清，贫困群体情况清。推进“进百姓门、知百家情、解百家难、暖百家心”为内容的“四百”活动，以“民情日记”为依托，采取“一日一问、一日一记”的措施，做到群众有困难，及时解决；群众有意见，虚心倾听；群众有疑问，耐心释疑。认证企业退休人员700多人，上门服务139人次，对17人进行失业认证，受理“4050”人员社保补贴8人。

交建里社区　有住宅楼69幢，总面积0.22平方千米，总户数2464户，总人口5915人，其中流动人口586人。实现党建组织全覆盖。把党建工作向非公企业拓展，成立3个特设党支部，覆盖13家非公企业，选派13名党建指导员指导非公党建工作。每年举办1次社区干部及工作人员培训班，通过“请进来、走出去”的方式，学习党的方针政策和业务知识。建立干部服务问责制和服务承诺制，全面推行政务（居务）公开，接受居民监督。建立民情卡，开通“民情电话”、社区QQ群、微信群，悬挂“民情信箱”，畅通民意沟通渠道、解决服务群众“最后一公里”问题。建立志愿者队伍10支，开展帮困助弱、美化环境等服务活动。

工农里社区　有居民楼68幢，总户数3880户，总人口1.08人。加强非公经济党组织阵地建设，将11家企业纳入工农里社区驻区企业联合特设党支部，帮助6家企业聘请党建顾问。围绕创建全国文明城市，清理小广告，对楼体、墙体统一粉刷，通过安装展牌、发放倡议书等形式，提高居民参与意识。按照“双违”整治工作要求，逐个小区走访，逐户走访，摸清底数。有违建142处、面积8972平方米，拆违70多处，拆除面积8000多平方米。组织环保志愿者集中对小区乱堆放、乱搭建、乱种养、乱丢泼、乱停摆、乱张贴现象进行治理，协助疏通污水外溢16次，清理无主垃圾88车，清理粉刷小广告2000多条，捡拾白色垃圾200多袋，义务安放井盖2个。对患有重大疾病的36户、低保户165户、残疾人74人，分别建立档案，详细登记，定期走访。

新风里社区　有住宅楼88幢，总面积0.31平方千米，总户数2747户，总人口7524人。推进“两学一做”学习教育深入开展，不折不扣落实“三个清单”，全面推进“五个引领”，规范建设“三支队伍”，认真落实“三会一课”制度，提高党支部战斗堡垒作用，认真落实七项重点任务。围绕创建全国文明城，清理小区内各类垃圾和乱堆乱放100车，粉刷墙体面积1万多平方米。解决新风里9栋污水堵塞问题。组织社区工作人员和社区热心居民清理广告，捡识白色垃圾，为创建全国文明城市打下坚实基础。

【领导班子主要负责人】

党工委书记：王胤龙

办事处主任：韩淑耐（女，8月免）

　　　　　　康永林（8月任）

人大工委主任：（空）

（王永冬）

东环路街道

【概况】东环路街道管辖区域东起东港镇，西至建国路，南起建设大街，北至北环路，辖12个社区：东环里社区、燕海里社区、东华里社区、东环北里社区、临河里社区、热电里社区、红光北里社区、世极城堡社区、3544社区、东方明珠城社区、东盛世家社区、东方明珠城第二社区。总面积5.21平方千米，总户数4.59万户，总人口13.46万人。有驻区院校、机关、热电厂、中首板材等大型企事业单位32家。2016年，围绕“抓党建，惠民生，保稳定，促和谐”的工作目标，以加强基层党建为重点，以群众满意度为导向，努力做到“六个坚持”，开创经济社会发展新局面。完成固定资产投资5.08亿元，为全年目标任务的101.6%；引进内资4900万元。获全国文化信息资源共享工程基层服务点、省职工文化优秀示范阵地、市宣传文化先进单位等称号。

【党建工作】举办社区书记讲解大练兵、社区干部风采大赛等活动，搞好社区党组织换届工作，优选配强社区党组织带头人。采用远程教育网等现代化信息手段，实行“智能式”学习教育。开展学抄《中国共产党章程》100天、“两学一做”知识竞赛、“戴党徽，亮身份”等活动。社区党委为党员送“流动学习小书包”的做法，被《人民日报》《光明日报》等媒体刊载。开展党组织和工作覆盖“集中攻坚月”活动，组建联合特设党支部5个，选派党建指导员22人，延伸党的工作触角。与青龙县康丈子村党支部结成互助对子，为18户困难群众送去米、面、油等物资和爱心联系卡；为临港物流园区西付店村村民送去精彩的文艺晚会，加强与周边农村党支部的沟通联系。

【社区建设】完成金汇苑小区办公用房的临时交接协议，解决小区居民落户问题及日常所需事务办理。对红光北里、东环北里等11个社区办公用房进行改善提升，进行粉刷墙体、安装防盗门、增设居民活动室，优化办公环境。开展2次社区干部交叉岗位轮训活动，组织6名社区干部分别到先进社区东环里、燕海里、东华里学习。开展“爱我社区，清洁家园”义务劳动2次。燕海里、东盛世家社区被评为区科普示范社区。重拳整治违法建设行为。坚持“早、好、准、多、强”五力齐发，采取先难后易、逐级推进、拆管并重的方式，严厉打击整治违法建设行为。经排查，辖区有违建1100处，面积11.23万平方米；已拆除935处，面积10.5万平方米，完成总量的93.5%。成功承办区拆违现场观摩会。建立健全城市环境容貌路长责任制长效机制，发挥城管中队力量，加强对流动商贩、侵街占道经营等违规行为的整治，确保辖区环境整洁有序。开展“全民洗城”，组织街居干部、辖区单位、居民、老党员等人员开展集中行动15次，清理积存垃圾120吨。打造完成十三中小路、宏达路2条精品街巷路。做好违建拆后修复工作，改造地下管网、重铺路面、粉刷墙面，道路面貌焕然一新。

【社会事业】依法行政，拓宽计生服务载体。全年出生人口874人，其中，政策内出生872人，出生政策符合率99.77%；出生人口性别比为

81∶100。办理第一个子女生育登记卡486本，第二个子女生育登记卡166本，办理独生子女父母光荣证358本，受理再生育申请5份。举办计生知识培训、业务大练兵等活动12次。为辖区无工作的已婚育龄妇女和流动人口已婚育龄妇女免费健康检查3000多人。为40对流动人口中农村户籍计划怀孕夫妇进行免费孕前检查。为1845人申报、发放独生子女奖金22.89万元；为56个独生子女死亡或伤残的计生家庭发放特别扶助金23.5万元。为8户独生子女死亡或伤残的计生家庭发放一次性救助公益金7.7万元。为2户大病困难家庭发放救助公益金4000元。开展低保年检半年查活动，完成低保系统录入工作。新增低保户56户，调整26户，办理分类施保59户。为89个患病家庭发放医疗救助金29.35万元；为23名特困人员申请临时救助金5.2万元，为2名孤儿申请救助金1000元。办理城镇居民养老保险12人，注销32人。9月，开展城乡居民养老保险缴费工作，缴费15.34万元。办理异地养老金认证650人，企业新退休人员办理登记147人。为困难人员和"三无"人员发放羽绒服、棉被和过冬棉衣棉鞋等，为456户家庭发放米面油。组织辖区236名低保人员进行体检。为2户房屋受灾人员申请改造金5000元。组织困难群众技能帮扶培训会，邀请小儿推拿老师为困难群众培训小儿推拿人员。开展"技能帮扶培训会"，帮助居民实现就业再就业，为4名高校毕业生发放创业补助2万元，为6481户、9325人进行城乡医疗保险缴费登记。

【精神文明建设】 创办"红马甲"党员志愿服务队，开展义务为民服务活动80多次，做法被《人民日报》等多家媒体刊载。完善街居两级文化站（室）建设，为机关图书室、活动中心购置图书1000多册、台球及乒乓球桌各1台，在东环里社区打造"区文体中心分部"。壮大东环艺术团等文体队伍，举办"魅力东环，和谐家园"彩色周末等文体活动300多次。开展文明城创建工作，在重点路段悬挂大型宣传展牌400多块，发放宣传单、宣传物品1000多份，精心绘制文化墙，营造浓厚氛围。加大对乱堆乱放、乱贴乱画等环境问题治理力度，粉刷墙体1332个单元，总面积22.6万平方米。400多名居民自发粉刷楼道面积3000平方米。承办全区创城现场观摩会。设立好人榜，将好人的事迹广泛宣传。被评为区全民健身工作优秀单位。

【综治维稳】 深入推进平安志愿者治安巡防和"红袖标"平安志愿者活动，在全国普法宣传日等重要时机，举办法律讲堂等活动8场次。对99名刑释解教人员、70名社区矫正人员实施安置帮教，全年无一人重新犯罪。开展法律援助，帮助困难群众解决突出问题，办理各类法律援助案件5件，开展送法进社区8场次。开展无邪教街道社区创建，全年清理清缴各类反宣品3000多份，实现"零聚集、零进京、零传播"的工作目标。被评为区平安建设工作先进单位。落实领导班子包居、包案和接访三项制度，完善矛盾纠纷排查、预警、调解和处置四项机制，全年矛盾排调300起，调处成功率100%，未发生进京赴省非访及市政府群体访。严格落实食品、安全生产、防汛、防疫工作责任制，开展食品、安全生产等安全检查3000多次，解决处置典型风险隐患29起。总结提炼"87632"安全管理模式，建立社区微型消防站，办理小摊点备案卡237家，营造辖区平稳态势。食品、安监工作多次接受省、市、区各级领导调研指导，接待沧州、邢台市等多个兄弟单位参观学习，承办省、市食品安全网格化监管及市安全生产规范化建设现场会。

【社区简介】 东环里社区　总面积0.1平方千米。总户数4228户，总人口1.03万人。严格落实工作目标责任制和"三会一课"制度，开展"两学一做"学习教育。全年为居民解难事、办实事71件。创建"老唐工作室"，承办中央财政支持社会组织参与社会服务"家庭手工进社区，扶弱帮困促和谐"示范项目培训。以爱心超市为延伸，设置"爱心接力墙"。获省、市、区级奖励12项。

燕海里社区　总面积0.5平方千米。总户数4155户，总人口1.17万人。开展"红色图书馆"，传递"红色"正能量。创建全国文明城市，拆除违建275处，拆除面积1.24万平方米，拆除率95.5%。清除卫生死角、乱堆乱放460处，清除楼道及外墙小广告1.4万多条，清运垃圾120立方米，粉刷外墙面积2万平方米，居民自行粉刷15个单元。接待省老干部局、省妇联、省政法委、省安监局、省食品安全办公室及浙江、大连、沧州等外地领导参观检查26次。

东华里社区　总面积0.25平方千米。总户数3710户，总人口1.1万人。深化"'双拥'+国防教育"特色品牌建设，开展"双拥"和国防教育主题活动，元旦进干休所进行拥军演出、举行"弘扬伟大抗战精神，同心共筑强大国防"为主题的国防教育法颁布15周年主题活动；举办"军民携手颂党恩，共谱和谐新篇章"大型党日活动；开展"心系祖国领土，志做强国少年"的爱国主义国防教育活动；开展社区"一站式"服务进军营活动，在社区形成浓厚的"双拥"共建工作氛围。完成1%人口登记普查任务。狠抓创建文明城市和"双违"整治工作，通过张贴公示、制作展牌、手绘文化墙等方式，营造浓厚氛围。

东环北里社区　总面积0.1平方千米。总户数2382户，总人口7000人。以社区便民服务室为依托开展为民代办服务。建立社区党支部"两学一做"教育实践活动专题宣传栏，以社区文化长廊和党员特色楼道为载体，开展精神文明宣传活动。开展"我劳动，我先行"党员志愿者环境清理活动，以红色志愿服务超市为依托，开展情暖社区红色志愿服务月活动，为居民免费体检、理发、缝纫。联合辖区十三中等单位开展关注青少年心理健康世界卫生日、"节约水，爱护水"世界水日等系列主题宣传和"珍爱生命，远离毒品"禁毒宣传进校园等系列活动。

临河里社区　总面积0.48平方千米。总户数4471户，总人口1.49万人。立足居民所需，突出服务亮点，为居民群众解难服务，让居民感受到真心、贴心、细心的优质服务，营造管理有序、服务完善、文明和谐的社区。

热电里社区　总面积0.3平方千米。总户数1629户，总人口4293人。把创建安全、方便、优美、和谐社区作为总体建设目标，不断改善生活环境，提高居民生活品位和人文素养。开展创建文明城活动，对小区的乱堆乱放，私搭乱建全部清除。在小区内张贴创城标语和宣传牌。建立网格服务信息平台，将社区划分为三大网格，实现小事化解不出格，大事化解不出社区。打造亲民爱民、便民惠民、育民安民、助民乐民的全方位服务型社区。

红光北里社区　总面积0.09平方千米。总户数3822户，总人口9228人。举办"讲年俗，说典故，学传统，迎新春""防空知识讲座""趣味数独比赛——拓展思维快乐学习"等活动；清明前夕，开展"倡导文明祭扫，共度平安清明"活动。残疾人日，举办"残疾人趣味游戏活动"；"七一"前，开展"扶贫帮困，春雨行动"帮扶活动；端午节，开展"传承民俗文化，弘扬爱国主义精神"活动；母亲节，开展"巧手制作丝网花，感恩父母的爱"活动；重阳节，开展"孝心敬老、重阳献寿"活动，教育孩子弘扬中华民族敬老爱老的传统美德。

世极城堡社区　总面积0.17平方千米。总户数2170户，总人口4680人。集中整治小区内、外部环境，在小区外围墙悬挂扇形文明标语12块，在小区步行入口处两侧分别悬挂秦皇岛市文明公约及社会主义核心价值观宣传牌各1块；在绿化带放置遵德守礼宣传牌5块。开展"爱我社区，清洁家园"集中行动，对大广场进行地毯式清洁；清理小区外围环形路的建筑垃圾和生活垃圾17立方米。

三五四四社区　总面积0.06平方千米。总户数1285户，总人口3310人。以构建"平安祥和型"社区为宗旨开展工作，按时完成各项工作，及时排查各种安全隐患，发现问题及时处理，做好信访维稳工作，加强社区治安巡逻，坚持昼夜巡查，社区管理服务体系不断完善，社区平安稳定和谐。

东方明珠城第一社区　总面积0.12万平方千米。总户数6644户，总人口1.99万人。组建"东方明珠艺术团"，设舞蹈队、太极扇队、合唱团等6支文体队伍，节假日在社区广场义务为居民演出，丰富居民的业余文化生活。获"2016年秦皇岛广场舞健身操大赛优胜奖"。利用辖区资源优势，联合各共建单位，举办各类活动50多次，"为爱行走""阅读新体验""爱眼护眼大课堂"等活动被《河北工人报》《河北科技报》等媒体报道。

东盛世家社区　总面积0.27万平方米，有居民楼35幢，总户数4192户，总人口6200人。在“生态型”品牌特色社区基础上，拓展服务品牌，打造“生态+教育”型一居多品社区。建立健全集社区党支部、一站式服务大厅、市民学校、家长学校、图书阅览室、民事调解室、计生中心等办公、活动、服务场所于一体的综合性社区居民中心。建成社区早教中心，风情文化长廊、科普学校，满足社区居民需求。

东方明珠城第二社区　总面积0.56万平方米，总户数5196户，总人口1.31万人。加大党建工作宣传力度，通过文化墙、宣传橱窗、标语等多种渠道开展宣传教育活动，调动党员参与社区党建活动的积极性，营造“党建”的浓厚氛围；利用社区文艺团队带动社区居民群众，依托身边文体资源，搭建居民都能参与的活动舞台，着力打造文化型和谐社区。

【领导班子主要负责人】

党工委书记：王晓冬（女）

办事处主任：张炜之

人大工委主任：赵静宇

（张　颖）

北环路街道

【概况】 北环路街道管辖区域东起红旗路，西至海阳路，南起建设大街，北至北环路。辖10个社区：建新里社区、西港里社区、玉峰里社区、都市家园社区、军工里社区、迎秋西里社区、新世纪社区、文博城社区、玉峰南里社区、盛秦福地社区。总面积3.16平方千米，总户数4.07万户，总人口8.27万人。2016年，围绕“文明街道，品质北环”目标，坚持党建引领，全力推进“两学一做”、创建文明城、整治“双违”等重点工作，创新丰富“党建+”品牌模式，依托基层党组织和党员先锋模范作用，推动北环工作整体提升，完成各项目标任务。完成固定资产投资226亿元，完成招商引资4000万元。

【党建工作】 12月，成立“军工里社区党委”，下设7个社区党支部。实现组织设置强、党建阵地强、教育管理强、党建载体强、志愿服务强“五强”目标。推进非公经济组织和社会组织“两个覆盖”工作。辖区108家企业全部纳入覆盖范围，建立企业联合特设党支部26个，选派109名党建顾问指导企业开展党建工作。为206名党员办理组织关系调转手续，新发展党员7人，预备党员转正10人。补缴党费4.5万元，排查率100%，收缴党费7.51万元。开展“党员便民服务大集”“红色七月，品质北环”党员志愿服务大集暨纪念建党95周年、“党员干部驻点包居，密切联系群众进驻社区”等活动，树立党员先锋形象，使广大党员谨记身份、不忘初心。实施“社区党建+”模式，将社区党建与文化、服务、社会治理等项工作结合，打造军工里社区“党建+服务”、文博城社区“党建+科普”、西港里社区“党建+养老”等品牌，构建“开放式”党建服务体系。

【社区建设】 拆违工作。印制“双违”宣传布袋、明白纸5000多份，张贴宣传标语50条。对军工医院附近28间门店房、晨光街两侧、文景家园大鹏海鲜烧烤、华乡超市等违建实施强制拆除。成立5个拆迁工作组，主要领导亲自带队做工作，与区规划、城管、公安、“双违”办等部门密切配合、联动协作。拆除违建1374处，面积8.02万平方米。创建全国文明城市工作。发放创城倡议书及创城宣传单600多份、制作公益展板643块、宣传栏65块、便民广告栏21块；发动社区志愿者56人，利用社区微信号、QQ群向居民宣传创城知识。以玉峰里、西玻里散居小区为重点，连续奋战30天，清理垃圾、拆除菜地、擦涂小广告、粉刷墙，推进创城攻坚。加大人力物力财力投入，调动商户、居民的积极性，共同参与创城攻坚行动。市人防办组织义务劳动清理垃圾；市水务局提供资金粉刷墙壁；区城调中心帮助玉峰里解决污水泄漏问题，更换部分井盖。全街道清运积存垃圾8.5吨，拆除破旧广告牌匾、条幅1000多块，清洗道路面积20万平方米、擦洗果皮箱100多个，公交站亭30座、交通护栏1.4万多延长米、绿化带栅栏3000多延长米。规范各条街巷路上的门牌字匾60家，拆除门牌广告113

处，没收灯箱广告 97 块；清理粉刷小广告面积 1.7 万多平方米。制作“全民洗城”行动标识 30 个、条幅 11 个，旗帜 2 面。加强汛期应急值守，组织街居干部对辖区危险建筑和危险树木进行巡查。汛期共用沙袋 330 个、疏通排水沟 200 多延长米。冬季清雪战役中，按照“先主路，后支路，先重点区域，后全面铺开”的程序，快速清理街巷路、居民小区及便道积雪。全年受理市长热线群众投诉 700 多条。

【社会事业】 为 15 户 21 人办理城镇低保，为 73 名贫困人员申请医疗救助款 20.8 万元，为 13 名特困人员申请临时救济金 3.5 万元，为 6 户因病因灾贫困家庭申请临时救助。为 994 名 80 岁以上高龄老人发放高龄补贴 35.2 万元。为 531 名残疾人提供救助服务 1530 多次，申请辅助器具 3 件。创建“全国残疾人体育示范点”，街道政务中心被区委、区政府评为“文明窗口”。城镇新增就业岗位目标数为 950 人，10 月完成 950 人，为全年任务的 100%；下岗失业人员实现再就业 455 人，就业困难人员实现再就业 302 人，城镇失业率登记控制在 4% 以内。为 75 名就业困难人员进行认定并公示。为 2 名高校毕业生申请创业补助 1 万元。新增公益性岗 2 个。开展“聪明宝宝智慧大比拼”“大手拉小手，巧手做寿司”等系列活动，弘扬传播婚育新风。做好城镇新增无业独生子女父母奖金申请上报工作，上报 1779 人，申请资金 20.35 万元。开展独生子女伤残、死亡等贫困计生家庭救助活动，发放计划生育困难家庭救助 10.6 万元。实施关爱女孩行动，在文博城社区进行 2016 年“金秋助学”活动，成功申报 6 名困难家庭学生。西港里社区建立全区第一家“滨海情港湾基地”，为失独家庭服务并开展爱心帮扶活动，使失独家庭感受政府关怀。

【精神文明建设】 运用党员志愿服务平台，开展“邻里守望，党性闪光”党员志愿服务活动。打造新世纪社区“七彩七家七队”（七彩七家：组建以党员志愿者为主的红色先锋之家、关爱妇女儿童的橙色阳光之家、以老年文体团队为主的金色活力之家、以环境监督员为主的绿色环保之家、助力青少年成长的青色成长之家、以群防群治为主的蓝色平安之家、以心灵义工为主的紫色关爱之家。七队：生活“大家帮”、邻里“贴心人”、家园“美容师”、治安“红袖章”、健康“白天使”、文体“百家乐”、政策“你我通”7 支特色志愿者服务队）的志愿服务品牌，依托“红橙黄绿青蓝紫、七彩党建我先行”创建活动，通过七支特色志愿者服务队，开展志愿服务活动，服务时数累计超过 2000 小时，服务群众 1000 多人。志愿服务队连续两年被区文明办授予优秀志愿服务队称号。对涌现出的优秀典型进行多角度挖掘宣传，做法先后被中央电视台、省、市多家媒体刊登，以党员中心户带动党员志愿者在无物业管理小区开展志愿服务的做法得到社区居民和社会各界的好评，为无物业管理小区探索出全新管理模式。

【综治维稳】 把维稳工作放在首位，坚持一把手亲自抓、副科级干部分居包干，分解责任，传递压力。组织党员、楼栋长、志愿者积极参与治安巡防，带动居民群众自觉维护治安，形成严密的安全防范工作网络。按照“五个一”标准建立街道、社区智慧网格中心，划分网格 77 个，吸纳网格员 926 人，录入人员信息 5.64 万人，在各社区设立 1 ~ 2 个宣传栏，每月张贴治安防范简报，开展“我为安全防范献一招”“民警向你提个醒”等宣传活动，增强居民的防范意识。通过开办“社区普法学校”、开设普法课堂，全年授课十多次，受教人员 500 多人次。开展春节、“六打六治”“打非治违”、食品安全、“平安暑期”、中秋国庆、安全生产攻坚行动等专项整治活动。出动 1600 多人次，对辖区 752 家企业门店进行排查，下发隐患整改通知单 32 张。全年未发生安全生产事故。在全区科普日活动中，西港里社区、迎秋西里社区获优秀科普示范社区称号。加大对邪教排查力度，排查出诬告滥诉人员 11 人，转化 8 人，在“两节”“两会”等时日加大清除非法宣传品力度。邀请 10 名律师作为社区的法律顾问，为街道法律救助和法制宣传工作提供支持。加强对社区矫正人员的管教，接收矫正人员 15 人，解矫 16 人。

【社区简介】 建新里社区　总面积 0.3 平方千米，

有居民楼35幢；总户数4704户，总人口7982人。启动“四点半课堂”建设，开设葫芦丝和书法2门课程，活动室配备二胡、电子琴、扬琴等音乐器材。建立QQ群，发送各类用工、政策等信息，对遇到的问题，及时与各部门沟通与联系，做到早知道、早解决。

西港里社区　总面积0.36平方千米，有居民楼61幢；总户数4065户，总人口8500人。建立“父辈之家”日间照料中心，设书画室、棋牌室、健身康复室、乒乓球室、阅览室、电子阅览室、心理咨询室、亲子早教园、休息室，适合老年人“白天照料和参与活动，晚上回家享受家庭生活”的社区居家养老服务新模式。使老年人真正体会到“老有所学、老有所乐、老有所用、老有所依”。

玉峰里社区　总面积0.2平方千米，有居民楼54幢；总户数2862户，总人口8662人。深化“社区居民共商，社区资源共享，社区事务共管，社区难题共解”的工作思路，以社区党建为龙头，以“四心”（用细心防控实现居民居住安心；用爱心呵护实现居民居住舒心；用热心服务实现居民居住开心；用诚心相待实现参与社区建设齐心）服务为核心，以创新社区管理工作机制为手段，以加快社区基础设施建设为重点，创建“没有围墙的养老院”和“党员互助站”“残疾人互助站”。

都市家园社区　总面积0.2平方千米。有居民楼58幢；总户数2909户，总人口6310人。围绕“服务、健康、快乐、和谐”主题活动，以打造“康乐幸福型”社区为目标，发挥党支部战斗堡垒作用和党员先锋模范作用，整合辖区各类资源，创建康乐组织、打造康乐阵地、维护康乐环境、坚持康乐奉献，开展康乐活动，营造邻里互助、爱心传递的良好氛围。

军工里社区　总面积0.6平方千米；总户数2838户，总人口8662人。开展志愿服务、爱满社区活动，成立爱在社区志愿者服务联盟，开展多种形式的志愿服务，受惠居民达5000人。省民族宗教事务厅、石家庄市民宗局的领导先后到社区参观指导民族工作。获河北省优秀志愿服务社区、民族团结进步创建活动示范单位，市级优秀志愿服务社区、先进基层党组织、“五四”红旗团支部（总支）、最美社区、青年文明号、示范性社区少年宫等称号。

迎秋西里社区　有居民楼81幢；总户数3977户，人口8560人。注重创优质服务，开展进百家门，知百家情、办百家事、解百家愁等活动，做到全程代办，为民服务零距离，形成独具特色的和谐社区。强化社区管理，扩大基层民主，密切党群关系，维护社区稳定，全面履行支部和居委会的工作职责。

新世纪社区　总户数5723户，总人口8831人。实行老旧小区“政府主导，居民自治”管理模式；弘扬志愿精神，打造“一盏灯”志愿服务品牌。依托“七彩七家七队”创建活动，丰富活动内容，以党员志愿者为引领，推动志愿服务常态化。打造“红橙黄绿青蓝紫，七彩党建我先行”特色品牌。使社区工作服务于民、传递精神文明新风尚，聚集社区正能量，倾力打造环境优美、生活舒适的“宜居生活”型社区。志愿服务队被区文明办授予优秀志愿服务队称号。

文博城社区　总户数3610户，总人口7218人。社区设有一站式服务大厅、防震减灾科普馆、多功能活动室、科技展示馆、青少年科普活动室等。开展创新型科普社区创建，形成融合“科普与服务”两大主题功能的独特风格。搭建以科普为内容、以服务为宗旨、以惠民为根本的社区科普服务平台，倡导居民建立科学、健康、文明的生活方式，提高居民科学素质，促进社区和谐发展。

玉峰南里社区　总面积0.4平方千米，有居民楼67幢；总户数3239户，总人口8080人。打造人人参与的公共文化服务体系，实施文化惠民，七五七生活区舞蹈队、秧歌队、骄阳艺术团、评剧票友团、京剧票友团、广场舞队等6支文化队伍以群众喜闻乐见的形式进行艺术呈现，得到居民好评。

盛秦福地社区　总面积0.35平方千米，有居民楼69幢；总户数6724户，总人口9872人。本着“食品安全，幸福一生”准则，力求辖区内食品安全违法零标准。走访、排查辖区61家门店，规范执行“食品安全网格化”管理机制，积极配合相关部门监督管理，掌握各家门店的动态及变化，规范安全生产体制。

【领导班子主要负责人】

党工委书记：李连仲

办事处主任：高纯红（女）

人大工委主任：薛　利（女，6月免）

张　娜（女，6月任）

（李文昊）

人　物

RENWU

RENWU

先进人物

王　澍　男，汉族，1968年10月出生，秦皇岛人，中共党员，区民政局党组书记、局长。

2012年，王澍接任海港区民政局局长。上任伊始，他就意识到海港区空巢家庭日益增多，家庭养老功能弱化的严重性和老龄工作的重要性，认为老年人的养老问题已成为一个普遍关注的社会问题。他高度重视老龄工作，关注老龄事业的发展，用战略的眼光看待老龄工作，建立老龄工作保障机制。担任老龄工作委员会领导和老年大学筹备委员会名誉主任后，经常召开老龄工作会议，研究布署老龄工作任务，上心上手，亲力亲为。他亲自谋划，亲临工作现场，成立8家居家养老服务中心和31家老年人日间照料室，服务照料老人1.23万人。居家养老服务中心设有图书室、阅览室、台球厅、棋牌室和休息室。全区有老年协会185家，有基层老年协会560家。老年协会做到有专门的领导组织和办事机构，工作上下贯通，纵横有序，层层有人管、事事有人抓。在全省率先探索对老龄协会进行帮扶工作，开展为基层老年协会挂牌、制度上墙、完善登记簿、赠送音箱等系列活动，扶持部分基层老年协会建设，有5个社区老年协会受到省表彰。建立健全特困、高龄、残疾、空巢、百岁老人资料档案，加大帮扶和救助力度。他热心老龄事业，关心老年人，为老年人办实事、办好事，受到老年人的赞誉。将全区老年人全部纳入社保救助体系，依托社保救助平台，对老年人全部实施最低生活保障为主、临时救助、医疗救助为辅的社会救助。实现年满80周岁的城乡老年人发放津贴范围全覆盖，高龄补贴人数达到6335人。为70岁以上老人办理免费老年优待证和免费公交卡；做好“五保”户、优抚对象和“三无”老人的救助工作，免费为其上助老健康御险。“九九重阳节”“春节”深入困难老人家中进行慰问，把党和政府的温暖送到他们手中。看望百岁老人，带去近万元的奶粉等营养保健品，祝愿全区老年人节日快乐、健康长寿。树立起尊重、关心、帮助老年人的社会风尚，营造敬老维权的良好氛围。2016年，他被民政部授予全国“敬老爱老助老模范人物”称号。

黄秀红　女，汉族，1969年1月出生，湖南省道县人，大学学历，中共党员，海港区科技局、地震局局长。

2009年，任海港区科技局、地震局局长，按照“四个融合”工作理念，海港区科技、地震工作取得突出成绩。将科技创新与促进区域经济发展融合，全区有国家高新技术企业22家，科技小巨人企业15家，省级科技型中小企业356家，市级以上工程技术研究中心20家，科技型中小企业自主创新能力不断提升。将科技创新与构建产业集聚平台融合，全区建成众创空间6家，在建3家，其中，国家级众创空间1家，市级众创空间4家。孵化面积4.7万平方米，入驻创业团队190个，创业人员2100人，年产值逾3亿元，逐步形成科技型中小企业集群。将科技创新与统筹农业科技进步融合，发挥科技在农业发展中的引领示范作用，在连裕山庄开展光伏农业科技示范项目，成为全市首家并入国家电网发电的光伏大棚，占地面积4000平方米，大棚年发电量近10万千瓦时，棚内进行新特果蔬品种试种，被省科技厅评为农业科技示范园。将科技创新与实现科技惠民利民融合，组织实施海港区民心工程，安装带有远程控制系统的太阳能路灯和太阳能多功能充电站。以科技手段加强海港区应急救援体系建设，建设地震培训厅、图文展示厅、物资储备厅、地震体验厅，利用地震模拟体验屋、VR地震逃生体验系统等现代电子模拟技术，将防震减灾工作与现代高新技术结合，提升全区避震应急能力。在她的带领下，建成河北省首家“省级光伏企业孵化中心”，成功获批“河北省高新技术产业开发区”“河北省首批创新型试点县区”。海港区连续三次被国家科技部授予全国科技进步先进区，多次被河北省科技厅评为省科技管理工作先进单位。获得全国地震工作先进集体、河北省地震工作先进单位。黄秀红连续三次被评为全国科技进步先进个人；被河北省科技厅评为科技管理先进工作者，被秦皇岛市政府评为科技工作先进个人、创建全国县区科技进步考核工作先进个人等称号。2016年，被国家地震局授予全国地震工作先进个人。

周　健　男，1974年6月出生，上海奉贤人，大学本科，研究员，民建海港区委副主委，区政协常委。

2002年，他加入中国民主建国会。他始终牢记党派成员的责任与使命，在参政议政和社会服务中做出表率。2008年“5·12汶川地震”发生后，他积极参与组织和实施的救援工作，与4位同事立即奔赴救援一线，与中国科学院心理所合作进行心理辅导；与全国50家单位组成“5·12”救助公益联盟，筹集善款、物资，折款4000多万元；他被中国红十字会聘为“5·12”救灾观察员。事迹在中央电视台《新闻联播》节目播出；2009年6月，在中央电视台星光演播厅得到民政部副部长姜丽的接见。2011年，参与主持的“无汞医疗设备替换”河北省试点工作，得到环境保护部的认同。2012年4月，在环境保护部履约大厦，作为中国基层代表向欧盟的瑞典环保局和化学局官员介绍秦皇岛“无汞医疗设备替换”的工作开展情况，作为中国唯一“自下而上”实施的成功经验，形成“秦皇岛模式”填补国内相关领域技术空白，也在国际履约工作中做出中国基层先试先行的垂范。2014年7月，在南京江苏省政府宾馆获得联合国开发计划署30经典样板案例奖。2014年10月，开始主持联合国开发计划署全球环境小额赠款的工作，连续三年与民建秦皇岛市委共同在抚宁县、卢龙县、青龙县开展“秸秆综合利用，低碳环保示范”试点，先后培训养殖、种植大户194户，基层技术员27人，在秸秆饲料化的过程和养殖业产业关系上指导农户，初步形成卢龙县的育肥羊和青龙的育肥牛等试点，通过产业支撑确保秸秆的综合利用。编制《北方地区秸秆综合利用技术路线手册》，印刷5000册，分发给农户；帮助卢龙县成功申请中央财政支持的秸秆综合利用试点县，获得技术示范资金3400万元。逐步形成“技术+金融+市场”的促进模式，通过畜牧饲料的青贮饲料、秸秆生产食用菌、秸秆压块、产业化养殖等方面形成不同的技术路线，通过技术优化、成本控制和市场检验等方式为秸秆综合利用找到更适合的发展方式，以提高生态文明的意识，让农户逐渐改变露天焚烧秸秆的科学悖论，让秸秆作为农业废弃物由“一把火”变成“一沓钱”。

他积极参政议政。多年来，撰写各类文稿建议40多篇，得到国家、省、市级采用近30篇。2012年，针对小微企业税收优惠政策，撰写《完善小微企业税收优惠撬动市场活力》建言，获民建中央采用并报送国务院；2016年，针对科技孵化器创新中问题，撰写《一份场地免费试用证明让“双创”政策优惠打了折扣》建言，得到民建中央采用并报送全国政协。连续获民建秦皇岛市委、民建河北省委、民建中央的参政议政优秀个人、社情民意先进个人、调研报告先进、政协提案优秀等荣誉。2015年9月，获民建中央全国参政议政优秀个人，作为河北省唯一代表由副省长秦博勇带队在北京职工之家接受全国人大常委会副委员长陈昌智的接见。2016年10月，获民建中央全国社会服务先进个人。

荣　誉

RONGYU

RONGYU

集体荣誉

2016 年海港区获国家部委、省委、省政府级别集体荣誉一览表

表 9-1

获奖单位	荣誉名称	授奖单位
区委组织部	先进基层党组织	中共河北省委
区法院长城法庭	老年法律维权工作先进集体	国家老龄办、最高人民法院、最高人民检察院、公安部、民政部、司法部
海港区检察院	检察机关“检察委员会规范化建设示范单位”	最高人民检察院
海阳小学	青少年校园足球特色学校	教育部
迎宾路小学	青少年校园足球特色学校	教育部
第七中学	体育工作示范校	教育部
社区教育管理中心	第六批全国社区教育实验区	教育部
区科技局	县级防震减灾业务工作考核先进单位	中国地震局

2016 年海港区获省委、省政府委、办、局级别集体荣誉一览表

表 9-2

获奖单位	荣誉名称	授奖单位
北环路街道	优秀志愿服务社区	省委宣传部、省委组织部
北环路街道	民族团结进步创建示范单位	省委宣传部、省委统战部
文化路街道河涧里社区	优秀志愿服务社区	省委宣传部、省委组织部
区委统战部	2014 ~ 2016 年度统战工作先进集体	省委组织部、省委统战部
区志愿服务联合会	先进志愿服务组织	省委宣传部、省委组织部
区人武部	先进团级单位党委	省军区党委
区委办公室	党政系统机要密码工作先进集体	省委办公厅、省委组织部、省人社厅、省委机要局
区委办公室	保密工作先进集体	省委办公厅、省委组织部、省人社厅、省国家保密局
区委办公室	党委系统信息工作 2016 年度优胜单位	省委办公厅
区委办公室	《中办通讯》工作先进县（市、区）委办公室	省委办公厅
白塔岭小学	人文关怀和心理疏导试验点	省委宣传部
区信访局	信访工作先进集体	省信访局
区政协	政协宣传工作先进单位	省政协办公厅
区妇联	“三八”红旗集体	省妇联
公安分局	集体二等功	省公安厅
海阳小学	家长示范校	省教育厅、省关工委
建设路小学	依法治校示范校	省教育厅
建设路小学	防震减灾科普示范学校	省教育厅
建设路小学二年级三班	先进班集体	省教育厅
光明路小学五年级一班	先进班集体	省教育厅

续表 9-2

获奖单位	荣誉名称	授奖单位
北环路小学五年级一班	先进班集体	省教育厅
光明路小学	第八批河北省绿色学校	省教育厅、省环境保护厅
明珠学校	示范家长学校	省教育厅、省关工委
启航幼儿园	防震减灾科普示范学校	省地震局、省教育厅、省科技厅、省科学技术学会
石门寨镇	“7·19”抗洪抢险救灾工作先进集体	省委办公厅、省政府办公厅
西港路街道在水一方社区	社区科普益民先进单位	省科协、省财政厅
区园林局	志愿服务实践基地	省文明委、省志愿服务指导委
滨海大道警务工作站	暑期工作先进集体	省暑期工作领导小组
区国税局	国税系统先进基层党组织	省国税局党组
海阳小学	基层工会规范化建设先进单位	省教科文卫工会
区法院	法院信息工作先进单位	省高级人民法院
区审计局	优秀审计项目	省审计厅
区地税局征收一分局	工人先锋号	省总工会
区委办公室	县级机要密码工作先进单位	省委机要局
区畜牧局	畜禽屠宰执法工作先进单位	省畜禽定点屠宰管理办公室
区畜牧局动物卫生监督所	畜禽屠宰执法工作先进单位	省畜禽定点屠宰管理办公室
社区教育管理中心	“手动之情镂空之美”社区剪纸大赛暨全国非物质文化遗产传统美术——剪纸大赛优秀组织单位	教育部社区教育研究培训中心
青云里小学	少年儿童新闻出版总社阅读推广基地	中国少年儿童新闻出版总社
光明路小学	中小学节约型校园建设典型案例特色学校	《中国教育报》
区物价局	2015 ~ 2016 年度价格认定工作先进单位	国家发改委价格认证中心
青云里小学	中小学节约型校园建设典型案例特色校	教育装备行业协会、中国教育报
区财政服务大厅	2015 ~ 2016 年度全国青年文明号	共青团中央办公厅
社区教育管理中心	全民终身学习活动周成功组织奖	中国成人教育协会
青云里小学	国际象棋特色学校	中国国际象棋协会
光明路小学	五子棋特色学校	中国围棋协会
启航幼儿园	国际象棋特色校	中国国际象棋协会
区委组织部	创新型社区建设示范城区	中国社会工作联合会、社区工作委员会

2016 年海港区获市委、市政府集体荣誉一览表

表 9-3

获奖单位	荣誉名称	授奖单位
石门寨镇政府	整治“双违”工作先进集体	市委、市政府
海港镇政府	整治“双违”工作先进集体	市委、市政府
北港镇政府	整治“双违”工作先进集体	市委、市政府
杜庄镇政府	整治“双违”工作先进集体	市委、市政府
北部工业区管委会	整治“双违”工作先进集体	市委、市政府

续表 9-3

获奖单位	荣誉名称	授奖单位
文化路街道办事处	整治“双违”工作先进集体	市委、市政府
燕山大街街道办事处	整治“双违”工作先进集体	市委、市政府
东环路街道办事处	整治“双违”工作先进集体	市委、市政府
河东街道办事处	整治“双违”工作先进集体	市委、市政府
海滨路街道办事处	整治“双违”工作先进集体	市委、市政府
区水务局	河长制工作先进集体	市委、市政府
区畜牧局	河长制工作先进集体	市委、市政府
海阳镇政府	河长制工作先进集体	市委、市政府
区水务局	“7·20”抗击风暴潮先进集体	市委、市政府
区城乡建设局	“7·20”抗击风暴潮先进集体	市委、市政府
区市政工程管理处	“7·20”抗击风暴潮先进集体	市委、市政府
驻操营镇政府	“7·20”抗击风暴潮先进集体	市委、市政府
石门寨镇政府	“7·20”抗击风暴潮先进集体	市委、市政府
区法院	“5·08”盗采海砂案件先进集体	市委、市政府
区检察院	“5·08”盗采海砂案件先进集体	市委、市政府

个人荣誉

2016 年海港区获省委、省政府各委、办、局个人荣誉一览表

表 9-4

姓　名	工作单位	荣誉名称	授奖单位
宋庆国	区法院	个人一等功	省高院
郑　勇	区水务局	“7·19”抗洪抢险救灾工作先进个人	省委办厅、省政府办公厅
崔喜光	区畜牧局	河北省技术能手	省人社厅
崔喜光	区畜牧局	十佳动物卫生监督执法卫士	省畜牧兽医局
马永新	区畜牧局	畜禽屠宰管理工作先进个人	省畜禽定点屠宰管理办公室
杨俊光	区畜牧局	“我为动监行业添光彩”活动优秀执法能手	省畜牧兽医局
杨　鹤	区畜牧局	动物防疫工作先进个人	省动物疫病预防控制中心
刘宝艳	驻操营中学	优秀乡村教师	省教育厅、省财政厅、省人社厅
常艳英	北环路小学	先进班集体（班主任享受同级先进德育工作者待遇）	省教育厅
张秋妮	建设路小学	安全稳定工作先进个人	省教育厅
张秋妮	建设路小学	中小学骨干校长	省教育厅
赵　悦	建设路小学	先进班集体（班主任享受同级先进德育工作者待遇）	省教育厅
王　红	白塔岭小学	学校安全稳定工作先进个人	省教育厅
左　宁	启航幼儿园	学校安全稳定工作先进个人	省教育厅
段君红	文化里幼儿园	学校安全稳定工作先进个人	省教育厅

续表 9-5

姓　名	工作单位	荣誉名称	授奖单位
杨忠权	石门寨镇	“7·19”抗洪抢险救灾工作先进个人	省委办公厅、省政府办公厅
彼守存	区城管局	美丽河北·最美环卫工人	省总工会、省委宣传部、省住建厅
郭铁伟	区市政处	暑期工作先进个人	省委组织部、省暑期工作领导小组
范立新	海港公安分局	个人一等功	省公安厅
果立柱	海港公安分局	暑期工作先进个人，三等功	省委组织部、省暑期工作领导小组
陈树东	区国税局	国税系统优秀共产党员	省国税局
王景海	区人民法院	全省法院优秀信息员	省高院
范春媛	区档案局	档案系统先进工作者	省档案局、省人社厅
公爱民	区委农工委	美丽乡村建设先进工作者	省美丽乡村建设领导小组
马洪琪	区政协	政协宣传工作先进个人	政协省委办公厅

2016 年海港区获市委、市政府个人荣誉一览表

表 9-6

姓　名	工作单位	荣誉名称	授奖单位
刘淑媛	区水务局	河长制工作先进个人	市委、市政府
陈小宁	区水务局	河长制工作先进个人	市委、市政府
陈小宁	区水务局	“7·20”抗击风暴潮先进集体	市委、市政府

附　录

FULU

FULU

2016 年中共海港区委主要规范性文件一览表

表 10-1

发文机关	文号	文件名称
区委	海发〔2016〕1 号	关于中国共产党海港区第九届委员会第八次全体（扩大）会议决议
区委	海发〔2016〕2 号	关于制定海港区国民经济和社会发展第十三个五年规划的建议
区委	海发〔2016〕3 号	中共海港区委 2016 年工作要点
区委、区政府	海发〔2016〕4 号	关于印发《海港区 2016 年民心民生工程》的通知
区委	海发〔2016〕5 号	关于进一步加强少年儿童和少先队工作的实施意见
区委、区政府	海发〔2016〕6 号	关于大力推进供销合作社综合改革的实施意见
区委	海发〔2016〕8 号	批转区人大常委会党组《关于区镇两级人民代表大会换届选举工作有关问题的意见》的通知
区委、区政府	海字〔2016〕1 号	关于成立海港区公务用车制度改革领导小组的通知
区委	海字〔2016〕2 号	关于印发巡查工作实施办法的通知
区委	海字〔2016〕3 号	关于调整区委反腐败协调小组成员的通知
区委、区政府	海字〔2016〕4 号	关于印发《海港区严厉打击盗采矿产资源行为攻坚行动实施方案》的通知
区委、区政府	海字〔2016〕5 号	印发《关于开展全区机关作风整顿的实施方案》的通知
区委	海字〔2016〕6 号	印发《关于在全区党员中开展“学党章党规、学系列讲话，做合格党员”学习教育实施方案》的通知
区委	海字〔2016〕7 号	关于撤销区食品药品稽查大队党组的通知
区委、区政府	海字〔2016〕8 号	关于建立“四位一体”督考联动机制的意见
区委、区政府	海字〔2016〕9 号	印发《关于创建“中华诗词之乡”工作实施方案》的通知
区委、区政府	海字〔2016〕10 号	关于印发《海港区“干部下基层·建功在一线”工作实施方案》的通知
区委、区政府	海字〔2016〕12 号	关于印发《海港区区管优秀人才选拔管理办法（试行）》的通知
区委	海字〔2016〕13 号	关于梁伟同志工作分工的通知
区委	海字〔2016〕14 号	关于调整 2015 年度科级领导班子综合考核评价指标体系的通知
区委	海字〔2016〕15 号	关于印发 2016 年度科级领导班子综合考核评价指标体系的通知
区委、区政府	海字〔2016〕16 号	关于印发《海港区创建全国文明城市暨省级文明城区工作实施方案》的通知
区委	海字〔2016〕17 号	关于 2015 年度区委管理的领导班子和区委管理干部考核结果的通报
区委	海字〔2016〕18 号	关于同意召开中国共产党海港镇第四次代表大会的批复
区委	海字〔2016〕19 号	关于同意召开中国共产党东港镇第四次代表大会的批复
区委	海字〔2016〕20 号	关于同意召开中国共产党西港镇第四次代表大会的批复
区委	海字〔2016〕21 号	关于同意召开中国共产党北港镇第四次代表大会的批复
区委	海字〔2016〕22 号	关于同意召开中国共产党海阳镇第四次代表大会的批复
区委	海字〔2016〕23 号	关于同意召开中国共产党石门寨镇第九次代表大会的批复
区委	海字〔2016〕24 号	关于同意召开中国共产党驻操营镇第九次代表大会的批复
区委	海字〔2016〕25 号	关于同意召开中国共产党杜庄镇第二次代表大会的批复
区委	海字〔2016〕26 号	关于终止李秀巧中国共产党秦皇岛市海港区第九届代表大会代表资格的批复

2016 年海港区人民政府主要规范性文件一览表

表 10-2

发文机关	文号	文件名称
区政府	海政〔2016〕1 号	关于建立行政应诉案件统计备案制度的通知
区政府	海政〔2016〕2 号	关于印发海港区安全生产事故应急救援预案的通知
区政府	海政〔2016〕3 号	关于印发海港区烟花爆竹事故应急救援预案的通知
区政府	海政〔2016〕4 号	关于印发海港区危险化学品事故应急救援预案的通知
区政府	海政〔2016〕5 号	关于转发冀办发〔2016〕16 号的通知
区政府	海政〔2016〕6 号	关于转发秦皇岛市人民政府办公厅《秦皇岛市规范性文件制定规定》的通知
区政府	海政〔2016〕7 号	关于印发《秦皇岛市海港区人民政府关于落实粮食安全责任制的实施意见》的通知
区政府	海政〔2016〕8 号	关于分解粮食安全责任制目标任务的通知
区政府	海政〔2016〕9 号	关于印发《海港区区级粮食储备实施方案》的通知
区政府	海政〔2016〕10 号	关于印发海港区关于进一步开展好专业化招商工作的实施办法
区政府	海政〔2016〕11 号	关于印发海港区乡村百姓“健康大坝工程实施方案的通知
区政府	海政〔2016〕12 号	关于印发海港区关于加强市场监督管理工作的意见的通知
区政府	海政〔2016〕13 号	关于创建国家食品安全城市工作方案的通知
区政府	海政〔2016〕14 号	关于海港区创建全国质量强市示范城市工作方案的通知
区政府	海政〔2016〕15 号	关于农村路网改造项目有关问题的通知
区政府	海政〔2016〕16 号	关于印发海港区非煤矿山事故应急预案和海港区煤矿事故应急预案的通知
区政府	海政〔2016〕17 号	关于做好双基共建农村信用工程情况的通知
区政府	海政〔2016〕18 号	关于印发海港区区级储备粮管理暂行办法的通知
区政府	海政〔2016〕19 号	关于乡村教师支持计划（2016–2020 年）实施办法的通知
区政府	海政〔2016〕20 号	关于印发海港区农村电子商务全覆盖工作实施方案的通知
区政府	海政〔2016〕21 号	关于促进科技型中小企业加快发展的意见
区政府	海政〔2016〕22 号	关于印发《海港区突发地质灾害应急预案》的通知
区政府	海政〔2016〕23 号	关于授予高金山同志“见义勇为先进分子”荣誉称号的决定
区政府	海政〔2016〕24 号	关于印发《海港区法制政府建设情况报告制度》的通知
区政府	海政〔2016〕25 号	关于印发海港区关于整合城乡居民基本医疗保险制度实施方案的通知
区政府	海政〔2016〕26 号	关于印发《海港区食品安全事故应急预案》的通知
区政府	海政〔2016〕27 号	关于印发秦皇岛市海港区限制和禁止投资的产业目录（2016 年版）的通知

2016 年中共海港区委办、政府办主要规范性文件一览表

表 10-3

发文机关	文号	文件名称
区委办	海办发〔2016〕1 号	关于印发《海港区党风廉政建设主体责任和监督责任清单》的通知
区委办	海办发〔2016〕2 号	关于印发《区委九届八次全会重点工作任务分解》的通知
区委办、区政府办	海办发〔2016〕3 号	关于印发《海港区“一问责八清理”专项行动实施方案》的通知
区委办、区政府办	海办发〔2016〕4 号	印发《关于进一步完善法律援助制度切实加强法律援助工作的实施意见》的通知

续表 10-3

发文机关	文号	文件名称
区委办、区政府办	海办发〔2016〕5号	关于印发《中共海港区委、海港区人民政府2016年主要工作目标责任分解》的通知
区委办、区政府办	海办发〔2016〕7号	印发《关于加快构建现代公共文化服务体系的实施意见》的通知
区委办、区政府办	海办字〔2016〕1号	关于开展全区“农村民主议政日”活动的通知
区委办、区政府办	海办字〔2016〕2号	关于表彰2015年度政法平安建设工作先进单位和先进个人的通报
区委办、区政府办	海办字〔2016〕3号	关于转发《秦皇岛市安全生产委员会〈关于迅速落实孟祥伟书记和张瑞书市长重要讲话精神的通知〉》的通知
区委办、区政府办	海办字〔2016〕4号	关于开展2016年全民健身工作的通知
区委办	海办字〔2016〕5号	关于转发《区政协2016年度协商工作计划》的通知
区委办、区政府办	海办字〔2016〕6号	关于进一步健全完善督查工作网络的通知
区委办、区政府办	海办字〔2016〕7号	关于印发《海港区重点工作台账管理办法》的通知
区委办、区政府办	海办字〔2016〕9号	关于印发《海港区秦青公路综合整治行动实施方案》的通知
区委办	海办字〔2016〕10号	关于转发海港区美丽乡村建设领导小组《2016年农业农村工作要点》的通知
区委办、区政府办	海办字〔2016〕12号	关于印发《海港区河长制管理实施方案》的通知
区委办、区政府办	海办字〔2016〕13号	关于印发《海港区城市环境容貌片长责任制工作方案》的通知
区委办、区政府办	海办字〔2016〕14号	关于印发《海港区集中整治违法用地违法建设专项行动实施方案》的通知
区委办	海办字〔2016〕15号	关于做好党组（党委）规范性文件备案工作的通知
区委办、区政府办	海办字〔2016〕16号	关于印发海港区2016年区级领导分包重点项目和联系企业的通知
区委办、区政府办	海办字〔2016〕17号	关于转发《秦皇岛市生态环境保护“党政同责、一岗双责”暂行规定》的通知
区委办、区政府办	海办字〔2016〕18号	印发《关于全面实行农村干部坐班值班制度的实施意见（试行）》的通知
区委办、区政府办	海办字〔2016〕19号	印发《关于加快现代农业园区发展的实施意见》的通知
区委办、区政府办	海办字〔2016〕20号	关于转发董仚生同志在市防汛指挥部听取我市防汛工作汇报时讲话的通知
区委办、区政府办	海办字〔2016〕21号	关于印发海港区2015年度优秀示范社区和优秀社区党组织书记、主任名单的通知
区委办、区政府办	海办字〔2016〕22号	印发《关于发展壮大农村集体经济的实施意见》的通知
区委办、区政府办	海办字〔2016〕23号	转发中共海港区委防范和处理邪教问题领导小组办公室《关于对邪教违法犯罪活动实行有奖举报的实施办法（试行）》的通知
区委办、区政府办	海办字〔2016〕24号	关于印发《海港区农村“两委”班子及干部综合考评办法（试行）》的通知
区委办、区政府办	海办字〔2016〕25号	关于落实全面推进政务公开工作的通知
区委办、区政府办	海办字〔2016〕26号	关于印发《2015年度“与文明同行，铸和谐港城”创建活动文明单位和文明个人名单》的通知
区委办	海办字〔2016〕27号	关于做好2017年度重点党报党刊发行工作的通知
区委办	海办字〔2016〕28号	印发《关于学习宣传党的十八届六中全会精神的实施方案》的通知

续表 10-3

发文机关	文号	文件名称
区委办、区政府办	海办字〔2016〕29 号	关于在全区开展“博爱一日捐”募捐活动的通知
区委办、区政府办	海办字〔2016〕30 号	关于《认真做好全区社区党组织和第五届社区居民委员会换届工作》的通知
区政府办	海政办〔2016〕1 号	关于印发《海港区政府行政审批事项目录》的通知
区政府办	海政办〔2016〕2 号	关于转发《河北省行政执法统计规定》的通知
区政府办	海政办〔2016〕3 号	关于转发《秦皇岛市人民政府办公厅关于印发秦皇岛市行政审批问责办法（试行）的通知》的通知
区政府办	海政办〔2016〕4 号	关于《做好承接市本级下放行政权力事项》的通知
区政府办	海政办〔2016〕5 号	关于印发《秦皇岛市市长热线管理办法（暂行）》的通知
区政府办	海政办〔2016〕6 号	关于更换“秦皇岛市海港区安全生产委员会”等 4 枚印章的通知
区政府办	海政办〔2016〕7 号	关于开展雨天“全民洗城”活动的通知
区政府办	海政办〔2016〕8 号	关于印发《海港区全民洗城长效工作机制实施方案》的通知
区政府办	海政办〔2016〕9 号	关于印发《海港区畜禽禁养区限养区的规定》的通知
区政府办	海政办〔2016〕10 号	关于孙毅副区长负责区政府有关工作的通知